Barbara Helbling • Eine Schweiz für die Schule

D1723340

Barbara Helbling

Eine Schweiz für die Schule

Nationale Identität und kulturelle Vielfalt
in den Schweizer
Lesebüchern seit 1900

CHRONOS

Publiziert mit Unterstützung des Schweizerischen Nationalfonds zur Förderung der wissenschaftlichen Forschung.

Umschlag: Fritz Ritzmann
ISBN 3-905311-38-0

Vorwort

1985 hat der Bundesrat das Nationale Forschungsprogramm (NFP) 21 *Kulturelle Vielfalt und nationale Identität* in Auftrag gegeben. Ziel dieses Programmes ist es, über wichtige Fragen der kulturellen Vielfalt und der nationalen Identität Kenntnisse zu erarbeiten, die sowohl für das Verständnis als auch für das konkrete Handeln in den Bereichen der Kultur- und Identitätsproblematik nützlich sind.

Im Rahmen dieses Programmes sind zu speziellen Fragestellungen rund fünfzig Teilstudien durchgeführt worden. Ihre Ergebnisse sind zunächst in einer Serie von Kurzfassungen veröffentlicht worden. In den meisten Fällen werden auch die ausführlichen Berichte publiziert, entweder in einer französisch- und deutschsprachigen Reihe (L'Age d'homme, Lausanne, und Helbing & Lichtenhahn, Basel) oder als Einzelpublikationen. Im weiteren erscheint zum gesamten Programm ein zusammenfassender Schlussbericht.

Das NFP 21 *Kulturelle Vielfalt und nationale Identität* befasst sich mit Fragen, die unabhängig von der Zeitlage permanent diskutiert werden müssen. In der jetzigen Entwicklungsphase ist diese Auseinandersetzung jedoch besonders wichtig. Die Debatte um die schweizerische Haltung in der sogenannten Europafrage gibt der Thematik des NFP 21 eine spezielle Aktualität. Doch auch das EWR-Projekt und die weiteren Integrationspläne sind weniger die Ursache, sondern vielmehr eine von mehreren Folgen einer allgemeineren und tiefergreifenden Entwicklung, die dem NFP 21 und der vorliegenden Studie die eigentliche Aktualität verleiht: In jüngster Zeit mehren sich die Anzeichen, dass wir in einer Zeit leben, in der manche Selbstverständlichkeiten fragwürdig, Überzeugungen brüchig und Übereinstimmungen hinfällig geworden sind, in einer Zeit also der zumindest partiellen Neuorientierung und damit eines erhöhten Informations- und Reflexionsbedarfs. Die Studien des NFP 21 wollen und können dazu einen Beitrag leisten.

Der Programmleiter: Georg Kreis

5

Die vorliegende Arbeit ist Teil der Studie *Literarische und nationale Erziehung: Schweizerisches Selbstverständnis in der Literatur für Kinder und Jugendliche,* die 1986–1991 am Schweizerischen Jugendbuch Institut in Zürich entstanden und im Rahmen des NFP 21 *Kulturelle Vielfalt und nationale Identität* durchgeführt worden ist. Die Untersuchung umfasst drei Teilstudien zum Thema *Historische Jugendbücher und Lesebücher in der deutschen und französischen Schweiz und im Tessin:*

– Verena Rutschmann: *Fortschritt und Freiheit: Nationale Tugenden in historischen Jugendbüchern der Schweiz.*
– Barbara Helbling: *Eine Schweiz für die Schule. Nationale Identität und kulturelle Vielfalt in den Schweizer Lesebüchern seit 1900.*
– Doris Senn: *«Bisogna amare la patria come si ama la propria madre.» Nationale Erziehung in Tessiner Lesebüchern seit 1830.*

Der Arbeitsgruppe stand ein wissenschaftlicher Beirat zur Seite, dem Prof. Dr. Peter Grotzer, Zürich, Prof. Dr. Beatrix Mesmer, Bern, und Prof. Dr. Rudolf Schenda, Zürich angehörten. Er hat unsere Arbeit über drei Jahre hin mit richtungweisenden Anregungen und wertvoller Kritik unterstützt. Als Expertin für die französische Schweiz recherchierte Josiane Cetlin-Jeanhenry in Absprache mit den Verantwortlichen für die Teilprojekte und kommentierte die Ergebnisse aus der Sicht ihrer Sprachregion. Ihnen allen danken wir an dieser Stelle herzlich.

Die Leiterin des Instituts: Rosmarie Tschirky

Inhaltsverzeichnis

Einleitung

Das Thema *Nationale Identität und kulturelle Vielfalt in den Schweizer Lesebüchern seit 1900* steht in einem weiten Beziehungsfeld.

Grundlage für die Arbeit sind die obligatorischen Lesebücher der Schweizer Volksschulen für die Mittelstufe, wie man zumeist das 4.–6. Schuljahr der Primarschule bezeichnet. Weil das Schulwesen der Schweiz seit Beginn der allgemeinen obligatorischen Schulpflicht in kantonaler Kompetenz liegt, ist auch jeder der 25 – heute 26 – Kantone und Halbkantone der Eidgenossenschaft für seine eigenen Lehrmittel zuständig, und die meisten von ihnen haben bis vor kurzem eigene Lesebücher herausgegeben.[1] Rund 200 Lesebücher der deutschen und der französischen Schweiz bilden das Ausgangsmaterial dieser Untersuchung; die Lesebücher der italienischen Schweiz – des Tessins und der italienischsprachigen Bündnertäler – sind Gegenstand einer speziellen Studie, die Doris Senn durchgeführt hat.[2] Weil die Kantone selbständig Aufbau, Dauer und Lehrpläne ihrer Volksschule festlegen und erst in jüngster Zeit grössere Anstrengungen zur interkantonalen Koordination unternommen werden, waren hier beträchtliche Unterschiede zu berücksichtigen, und es fragte sich, wie weit der Rahmen gespannt werden müsse, damit von Kanton zu Kanton vergleichbare Ergebnisse gewonnen werden konnten.[3] Nahe gelegen wäre eine Beschränkung auf das 4. Schuljahr, das letzte, das in allen Kantonen noch zur Primarschulstufe gerech-

---

1 Koordinationsbestrebungen über die Kantonsgrenzen hinaus hatten zumeist ökonomische Gründe. So wurden die Lesebücher des Benziger Verlags in Einsiedeln um 1900 in mehreren katholischen Kantonen gebraucht, die sich die Herstellung eigener Lehrmittel nicht leisten konnten.

2 Vgl. D. Senn, «Bisogna amare la patria come si ama la propria madre».

3 Zur Schwierigkeit, eine gültige Vergleichsbasis zu finden, vgl. den Bericht der Nationalen schweiz. Unesco-Kommission, Lehrpläne und Schulbücher für den Geschichtsunterricht. Vorschläge zu ihrer Verbesserung, in: SLZ 102 (1957), S. 543–555.

net wird.[4] Gerade die Themen, die für unsere Fragestellung am meisten hergeben, werden jedoch in fast allen Kantonen erst im 5. und 6. Schuljahr behandelt. Ein pragmatisches Vorgehen schien deshalb gerechtfertigt, so dass je nach Kanton und Lehrplan für die Studie auch Lesebücher der Oberstufe respektive die Livres de lecture du degré supérieur herangezogen werden.

Das Material, das berücksichtigt wurde, findet sich in verschiedenen Teilen der Lesebücher. Im literarischen Teil präsentieren Lesestücke und Gedichte den Schweizer Kindern ihre engere und weitere Heimat und streben ihre Erziehung zum Kantonsbürger und Schweizer an. Zu dieser Kategorie gehören auch Vaterlandslieder, Schweizer Sagen und Erzählungen von den grossen Taten der Vorfahren. Sie alle dienen nach dem Sprachgebrauch der älteren Lesebücher als «Begleitstoffe» zum sogenannten «realistischen Teil», in dem jeweils Materialien für den Geschichts- und Geographieunterricht zusammengestellt werden: für unsere Arbeit die zweite wichtige Textgruppe.

Weniger explizit auf das Vaterland bezogen, für das Selbstverständnis einer Region aber höchst aufschlussreich ist die jeweilige Auswahl an Texten zur moralischen Erziehung der Jugend. In ihr drücken sich Leitbilder der Gesellschaft aus, denn in sie soll der Schüler ja hineinwachsen. Aus der dazu in den Lesebüchern ausgebreiteten Textmasse greifen wir im Lauf der Studie immer wieder einzelne Beispiele heraus, wobei nicht Vollständigkeit, sondern punktuelle Einblicke in gewisse regionale Spielarten pädagogischer Muster zu gewinnen das Ziel ist. Die graphische Gestaltung der Lesebücher kann in dieser Arbeit leider nicht berücksichtigt werden, obwohl klar ist, dass Illustrationen oft eine stärkere suggestive Kraft auf die Schüler ausüben als Texte und dass sie ihr Verhältnis zum Lesebuch wesentlich mitbestimmen. Hier liegt lohnendes Material für weitere Studien bereit.

Die Unterteilung der Arbeit in drei grössere zeitlich umschriebene Abschnitte hat sich vom Material her ergeben. In der Zeitspanne zwischen 1890 und dem Ersten Weltkrieg haben alle Kantone neue Lehrmittel herausgegeben oder die älteren überarbeitet. Sie werden hier als erste Generation Lesebücher bezeichnet. Die 1874 revidierte Bundesverfassung hatte für die Schweizer Volksschule neue Rahmenbedingungen geschaffen, auf die nun alle Kantone Rücksicht nehmen mussten. Artikel 27 der Bundesverfassung verpflichtete sie, für «genügenden», obligatorischen und unentgeltlichen Primarschulunterricht zu sorgen; zudem waren sie gehalten, das Fach «Vaterlandskunde» in ihre Lehrpläne und Schulbücher aufzunehmen.[5] In manchen Kantonen wurden nun erstmals eigens auf die Region abgestimmte Lehrmittel produ-

---

4   In Basel-Stadt erfolgt bis heute der Übertritt ins Gymnasium nach dem 4. Schuljahr.
5   Vgl. Kap. 1.1., S. 31 f.

14

ziert. Für unsere Fragestellung erwies es sich als lohnend, in einem ersten Kapitel die so entstandenen Selbstporträts aller Kantone kurz nachzuzeichnen. Manche ihrer Züge haben durch das 20. Jahrhundert hindurch eine erstaunliche Resistenz gegenüber allem zeitbedingten Wandel bewiesen. Weil hier die Aufmerksamkeit besonders der kulturellen und mehr noch der regionalen Vielfalt gilt, präsentiert sich dieses Kapitel wesentlich umfangreicher als die nachfolgenden. Im zweiten Kapitel werden die Mittel und Motive untersucht, mit deren Hilfe dieselben Lesebücher den Schülern die Schweiz als ihr Vaterland präsentieren und zur Bildung nationaler Identität beitragen wollen.

Die von 1920 bis 1960 in der Schweiz produzierten Lesebücher bleiben über vier Jahrzehnte hinweg einem kurz nach dem Ersten Weltkrieg entstandenen Konzept treu; sie werden hier als zweite Generation bezeichnet und sind in Aufbau und ideologischer Ausrichtung viel einheitlicher als ihre Vorgänger. In Parallele zu pädagogischen Erneuerungsbewegungen in Deutschland, jedoch in wesentlich schweizerischer Ausprägung betonten die Hauptinitianten dieses neuen Lesebuches, Otto von Greyerz und Josef Reinhart, dass der muttersprachliche Unterricht in der Schule besonders gepflegt werden müsse. Dialekt spielt in diesen Lesebüchern eine grosse Rolle, die Textauswahl ist mehr als früher auf die Schweiz ausgerichtet und pflegt ein bäuerliches Heimatbild, das bewusst der Realität des sozialen Wandels entgegengehalten wird. Reinhart fürchtete das Aufkommen eines «alle Tradition zersetzenden Zweckmenschentums, des Grossstadtindustrialismus», der die Muttersprache verwässere und «Entheimatung» bewirke.[6]

Das Lesebuch musste der richtigen Gesinnungsbildung dienen; die nun ausgewählten Heimattexte entsprachen denn auch so genau den Bedürfnissen der Geistigen Landesverteidigung, dass sie sich über den Zweiten Weltkrieg hinaus praktisch unverändert halten konnten. Aus dem Gesagten ergeben sich die Fragestellungen des dritten Kapitels: Wie werden in den Lesebüchern von 1920–1960 Mundarttexte eingesetzt, welche Heimatbilder vermitteln sie und wie werden die Kinder zu Schweizer Bürgern erzogen? Ebenso bezeichnend für die Epoche sind die Darstellungen einzelner Abschnitte der Schweizer Geschichte, die den feststehenden Kanon der Schweizer Schulbücher enthalten, aber auch regional abgestimmte Nuancierungen bringen. Einigen von ihnen ist das vierte Kapitel gewidmet.

Im Zentrum des dritten Teils steht das Schweizer Lesebuch, wie es sich seit Mitte der sechziger Jahre entwickelt hat. Schon einige Jahre zuvor setzte massive Kritik am veralteten Lesebuchmodell der zwanziger Jahre ein, an seiner überlebten Thematik,

---

6 J. Reinhart, Das Lesebuch im muttersprachlichen Unterricht, S. 7 f.

den falschen Heimat- und Gesellschaftsbildern, die von den modernen Realitäten noch keine Notiz genommen hatten. Im Jahr 1976 formulierte Josef Rennhard die neuen pädagogischen Zielvorstellungen:

Statt den jungen Lesern weiterhin die abgebrauchten Modelle einer etablierten Gesellschaft vor Augen zu stellen, sollten Kinderbuch und Kinderpresse Denkanstösse zum geistigen Frei- und Selbständigwerden vermitteln und den Jugendlichen Bausteine für die Errichtung der Welt der Zukunft bereitstellen.[7]

Nachdem sich im Lauf der sechziger Jahre eine Ausweitung des Themen- und Autorenkreises angebahnt hatte, beschleunigte sich in der Folge der Abbau «abgebrauchter Modelle», von denen Rennhard spricht, und betraf besonders die bisher so sorgfältig gepflegten nationalen Inhalte. Die Frage, ob überhaupt und wie «Heimat» und die Zugehörigkeit zu einer Region und zur Schweiz im Lesebuch noch auszudrücken sei, blieb weiterhin gestellt und offen. Sie erhielt einen neuen Kontext, als nun erstmals interkantonale Lesebücher geplant und realisiert wurden, die zusammen das Gebiet der ganzen Schweiz abdecken. Diese drei Reihen für die Mittelstufe liegen seit dem Sommer 1991 fertig vor. Ihnen ist der letzte Abschnitt der Studie gewidmet.

Weil Schulbücher als Erziehungsmittel mit grösster Breitenwirkung eingesetzt werden können,[8] gingen die kantonalen Erziehungsdirektionen schon früh dazu über, in eigener Regie obligatorische Lehrmittel herauszugeben. Es ist von hohem Interesse, die Mechanismen zu ergründen, die bei der Entstehung eines neuen Lesebuches jeweils mitspielen. Hier stehen für die Schweiz einige neuere Arbeiten zur Verfügung, die sinnvollerweise einzelnen Aspekten des Problems und einzelnen Kantonen gewidmet sind.[9] Gesamtschweizerisch ist das Thema noch nicht behandelt worden.

Der Auftrag, ein neues Lesebuch herauszugeben, kann einem einzelnen verantwortlichen Herausgeber – oder einem Team – anvertraut werden. Während in der deutschen Schweiz bis ins späte 20. Jahrhundert Lehrer und Fachleute der Pädagogik die meisten Lesebücher zusammengestellt haben und dabei von didaktischen Überlegungen her ihre Textauswahl trafen, waren in der französischen Schweiz und auch im Tessin seit dem 19. Jahrhundert literarische Gesichtspunkte wichtiger. So arbeiteten 1903 der Pädagoge Louis Dupraz und der Journalist Emile Bonjour gemeinsam das Lesebuch für den Kanton Waadt aus, und in den fünfziger Jahren übernahm es der

---

7 J. Rennhard, Notizen eines Lesebuchherausgebers, S. 31, in: Welt im Wort 4 (1976), 25–31.
8 Zu den Zusammenhängen zwischen Schulbüchern, pädagogischen Konzepten und Gesellschaftsstrukturen vgl. Zur Sache Schulbuch. Das Schulbuch – Produkt und Faktor gesellschaftlicher Prozesse, hg. von E. H. Schallenberger, Ratingen 1973.
9 H. U. Scheller, Das Bild des Mittelalters an den Zürcher Volksschulen; P. Scandola, «Schule und Vaterland»; R. Anliker und V. Schmid, «Frei und auf ewig frei!»

Schriftsteller Maurice Zermatten, die Lesebücher für den Kanton Wallis neu zu schreiben. Erst die 1979–1990 erschienene neueste Lesebuchreihe der Interkantonalen Lehrmittelzentrale (ilz) ist zum Teil von Herausgebern betreut worden, die selbst nicht Pädagogen, sondern Experten für Kinder- und Jugendliteratur sind.[10] Die Entstehung eines offiziell approbierten Lesebuches ist in den meisten Fällen ein komplizierter Vorgang. Das von den beauftragten Herausgebern entworfene Konzept muss einen beträchtlichen Instanzenweg durchlaufen. Es wird geprüft, begutachtet und kritisiert von Lesebuchkommissionen, Erziehungsbehörden und Lehrergremien, die in das Vernehmlassungsverfahren mit einbezogen sind, und schliesslich können auch nicht unwesentliche ökonomische Verlagsinteressen im Hintergrund mitspielen.[11] All dies zusammen bewirkt, dass Lesebücher in ihrer Realisierungsphase wohl von mancherlei Zufälligkeiten beeinflusst werden können, dass sie aber letztlich keine Zufallsprodukte sind, sondern jeweils recht genau den derzeitigen politischen und didaktischpädagogischen Stand eines Kantons und seines Schulwesens repräsentieren.

Lesebücher stellen eine besondere Art von Literatur dar; ein paar Beobachtungen, die sich während der Arbeit aufdrängten, seien hier kurz skizziert. Als Literaturgattung erwecken die Lesebücher das Interesse der Volksliteraturforschung, weil sie als vielfache Vermittler von älteren Erzählstoffen aus der Exempla-Literatur, von Fabeln, Sagen und Anekdoten, an ein breites Publikum fungieren.[12] Gerade ihr Anthologiecharakter, der immer wieder beanstandet wurde und wird – so schon im Lauf der Lesebuchdiskussion zu Beginn des 20. Jahrhunderts[13] – erweist sich hier als besonders einflussreich. Die Eigenheit des Lesebuches, dass es eine Vielzahl von Texten und Textsorten popularisieren kann, wird im Verlauf dieser Studie immer wieder zu bedenken sein. Im Unterschied zum Jugendbuch arbeitet das Lesebuch mit literarischen Kurzformen, speziell auch mit Gedichten und Liedern. Sie lassen dem Lehrer viel Interpretationsfreiraum und bleiben den Schülern oft besonders eingeprägt, weil sie zum Gedächtnistraining, zum Auswendiglernen oder auch zur Nacherzählung verwendet werden.

In den älteren, stets nach Themenkreisen aufgebauten Schulbüchern der Deutschen Schweiz stehen oft Beiträge verschiedenster Herkunft und von sehr unterschiedlichem Sprachniveau nebeneinander. Als einziges Kriterium galt den Herausgebern meist die Verwendbarkeit im Unterricht. Einige dieser Bearbeiter nehmen sich denn

---

10   A. K. Ulrich hat 1979–1990 die Lesebücher für das 2.–4. Schuljahr, T. Schelbert 1990 das
     Lesebuch für die 5. Klasse für die ilz herausgegeben.
11   R. Anliker und V. Schmid, «Frei und auf ewig frei!», S. 5–12.
12   Vgl. dazu E. Lindig, Lesebücher im Überlieferungsgefüge traditioneller Erzählstoffe.
13   O. Meyer, Die Überwindung des Lesebuches, in: SLiZ 27 (1923), S. 171–173.

auch erstaunliche Freiheiten im Umgang mit dichterischen Texten heraus, Freiheiten, die von vereinfachenden Eingriffen bis zu eigentlichen, sinnverändernden Umdichtungen reichen.

Die meisten Lesebücher erwecken den Eindruck, dass ihre Herausgeber auf ein leicht verfügbares Textangebot angewiesen waren und zumeist ohne weitreichende Literatur- und Quellenkenntnisse die schon vorliegenden Anthologien, Lese- und Geschichtsbücher auswerteten. Auch bleiben geeignete Themen – wie etwa lokale Sagen – dem Lesebuch oft solange verschlossen, als keine «taugliche» Bearbeitung existiert.[14] Sobald umgekehrt ein Herausgeber einen guten Text entdeckt hat, wird er auch in die Lesebücher anderer Kantone übernommen.

Mit der Aufgabe, ein neues Lesebuch zusammenzustellen, wurden zumeist ältere, erfahrene Lehrkräfte betraut. Sie und die zuständigen Gremien griffen auch meistens lieber auf Altbewährtes zurück, statt sich mit neuen Texten auf Experimente einzulassen. Das Phänomen der Generationenverschiebung begegnet deshalb häufig: die Kinder erhalten neue Lesebücher mit Texten aus der Zeit ihrer Grossväter.

Im Vergleich mit den eigentlichen Jugendschriften hat zumindest das Mittelstufen-Lesebuch den Nachteil, dass es in seiner Beschränkung auf kurze Texte nur relativ einfache Sachverhalte darstellen kann, dass auch keine längerfristigen Entwicklungen gezeigt werden können.[15] Dem steht der Vorteil gegenüber, dass bei geschickter Textauswahl ein Themenkreis von sehr verschiedenen Blickwinkeln aus beleuchtet werden kann. Zu dem eben Gesagten steht nur in scheinbarem Widerspruch, dass hier dichterische Texte von hohem Rang dank ihrer Kürze wieder möglich sind. So haben zum Beispiel einige Landschaftsbeschreibungen von C.-F. Ramuz ihren festen Platz in den Lesebüchern der Romandie.

Ein weiteres Faktum ist zu berücksichtigen: Lesebücher sind auf die vermittelnde Arbeit des Lehrers angewiesen. Was er aus dem Stoffangebot herausgreift, wie er es seinen Schülern präsentiert und mit ihnen zusammen verwertet, entzieht sich weitgehend der Kontrolle und Kenntnis der Schulbehörden, nicht zu reden von den Lesebuchherausgebern. Umgekehrt bestimmt gerade das im Schulbuch bereitliegende Material ja viel direkter als alle Lehrpläne den Schulalltag.[16] Es ist deshalb verständlich, dass die Herausgeber ihre Werke der Lehrerschaft stets mit einer gewissen Feierlichkeit anvertrauen, ihre Hoffnungen und Empfehlungen zur Benützung in

---

14 Sobald M. Lienerts *Schweizer Sagen und Heldengeschichten* vorlagen, übernahmen die Lesebücher eine Reihe von Sagen in seiner Fassung; zuvor wurden viel weniger Beispiele in Grimms Version zitiert.

15 Vgl. V. Rutschmann, Für Freiheit und Fortschritt.

16 P. Scandola, «Schule und Vaterland», S. 307–309.

Vorworten, Aufsätzen und Lehrerkommentaren darlegen. In der Realität des Schulbetriebs bleibt ihr Einfluss dennoch stark beschränkt. Hier muss dieses Auseinanderklaffen von vorliegendem Lesebuchmaterial und Schulrealität einfach zur Kenntnis genommen werden. Welche Texte wirklich gebraucht wurden und werden und mit welchem Erfolg, lässt sich nur ganz vereinzelt aus Rückmeldungen – Schulerinnerungen etwa – erschliessen. Ein Indiz für die Beliebtheit einzelner Texte bei der Lehrerschaft und für ihre Verwendbarkeit im Unterricht liegt am ehesten in ihrer langjährigen Lesebuchpräsenz. So bleiben ein paar Gedichte und Erzählungen von Johann Peter Hebel seit dem frühen 19. Jahrhundert allen Lesebuchgenerationen erhalten.[17]

Lesebücher sind in ihrem Aufbau und ihrer Textauswahl stets genaue Spiegel pädagogischer Konzepte. In der Art, wie um 1900 die Schweizer Lesebücher verschiedene Themen gewichten, drücken sich kulturell und politisch weit von einander abweichende Erziehungsprogramme aus. In den katholischen Kantonen bleibt das Lesebuch in erster Linie ein religiös-moralisches Erziehungsinstrument. «Religion» steht hier ja auch in den Lehrplänen an der Spitze der obligatorischen Schulfächer. Die «Lesestoffe zur Bildung des Geistes und des Herzens» werden entsprechend der Einteilung im Katechismus thematisch gegliedert in die Abschnitte «Gott», «Mensch» und «Natur». Die Schwyzer Lesebücher, die auch in anderen Kantonen der Innerschweiz gebraucht wurden, nennen diesen ersten Teil neutraler «Lese-Übungen» und lassen ihnen je ungefähr ein Dutzend hagiographischer Texte folgen unter dem Titel *Beschreibungen aus der Kirchengeschichte*. Auch die katholischen Lesebücher der französischen Schweiz – der Kantone Freiburg, Wallis und des Berner Jura – stellen die «Lectures morales» an den Anfang mit Überschriften wie «Devoirs envers Dieu [...] envers soi-même, [...] envers les parents et les maîtres [...] envers la nature».[18] In einem zweiten Teil folgen dann jeweils «Bilder aus der Heimat» geographischen und historischen Inhalts, die je nach Kanton sehr verschieden breit ausgeführt werden. Auch in den Kantonen Bern, St. Gallen und Basel-Stadt halten sich die Lesebücher für die Mittelstufe zum Teil noch an dieses ältere Grundschema und stellen die Gott, Familie und Mitmenschen thematisierenden Moralia an den Anfang der «Bilder aus dem Menschenleben», denen dann im zweiten, realistischen Teil Beiträge zur Geographie und Geschichte folgen.

Demgegenüber bevorzugten einige Kantone ein konsequent auf die Realien ausgerichtetes Lesebuch. Am entschiedensten wählte der Genfer Alexandre Gavard diesen Weg für sein *Livre de lecture à l'usage des écoles primaires de la Suisse romande*, das

---

17 *Der kluge Richter, Das Mittagessen im Hof,* auch *Kannitverstan.*
18 So das Ll dm BE (1918), dessen 1. Auflage 1885 erschien.

um die Jahrhundertwende in den Kantonen Genf und Neuchâtel benützt wurde. Im Vorwort betont der Herausgeber, dass für sein Buch nur eine Methode in Frage komme, die gegründet sei «sur la raison et sur la science pratique». Das Inhalts- verzeichnis zum ersten Teil liest sich denn auch wie ein Auszug aus *Brehms Tierleben*; dem «règne animal» folgen Darstellungen aus dem «règne végétal» und dem «règne minéral», sodann Abschnitte zur Geschichte und Geographie der Schweiz. Der Teil «contes et récits» ist im Vergleich dazu knapp gehalten; zusammen mit einigen ermahnenden Texten zu bürgerlichen Erziehungsanliegen machen sie nur einen Fünftel des Buches aus.[19]

Ebenso stark gewichten die Bündner Lesebücher die Realienfächer Geschichte, Geogra- phie und Naturkunde, denen Erzählungen und Gedichte als «Begleitstoffe» zugeord- net werden. Unter der Rubrik «Verschiedenes» finden nur noch vereinzelte mora- lische Erziehungsgeschichten Verwendung. Diesem Konzept schliessen sich 5.- und 6.-Klass-Lesebücher des Kantons Glarus an. Wie die Bündner Paul Conrad und Andrea Florin war auch der Herausgeber der Zürcher Lesebücher Adolf Lüthi ein Anhänger der deutschen pädagogischen Schule von Herbart-Ziller und versuchte, in seinen Lehrmitteln das Anschauungsprinzip konsequent durchzuführen: Spracherzie- hung sollte im Lesebuch vorzugsweise an Hand von Realienthemen geübt werden, wobei die Texte dem kindlichen Verständnis entsprechen mussten und zugleich auch ein hohes sprachliches, wenn möglich sogar literarisches Niveau haben sollten. Neben dem liberal-demokratischen Erziehungsprogramm des ausgehenden 19. Jahrhunderts wer- den hier didaktisch-methodische Überlegungen für die Gestaltung der Lesebücher zunehmend wichtig.

Kurz vor der Jahrhundertwende übernahmen die Nord- und Ostschweizer Lesebücher ein neues, ursprünglich aus Deutschland stammendes Schema, das alle Lesestücke thematisch dem Jahresablauf zuordnet.[20] Zumindest solange in vielen Kantonen der deutschen Schweiz das Schuljahr im Frühling begann, begleitete das so konzipierte Lesebuch die Schüler auch inhaltlich durch die Jahreszeiten. Während in den Ab- schnitten Frühling, Sommer und Herbst von Pflanzen und Tieren, von Wiesen, Feld und Wald, der Arbeit der Bauern und Hirten die Rede sein konnte, liessen sich im Abschnitt Winter auch häusliche Themen und Märchen, Sagen und Geschichten «aus alter Zeit» einbauen, zu denen man sich eine grossväterliche Erzählfigur an Winter- abenden vorstellen konnte. Die 4.-Klass-Lesebücher beider Basel, von St. Gallen,

---

19 Ll dm GE/NE (1910). Vorläufer dieses Lesebuches war das Livre de lecture von F. Renz, das 1890
    in 6. Auflage erschien und in den Kantonen Waadt, Genf, Neuchâtel und Bern gebraucht wurde.
20 Vgl. W. Jütting und H. Weber, Anschauungsunterricht und Heimatkunde für das 1.–4. Schuljahr.

Glarus und Zürich benützten schon vor 1910 dieses Schema; Adolf Lüthi verwendete es für die Zürcher Lesebücher der 4., 5. und andeutungsweise auch der 6. Klasse. Während und nach dem Ersten Weltkrieg übernahmen auch Bern, Schaffhausen und das deutschsprachige Wallis den Typus, der in die Zwischenkriegszeit besonders gut passte. Er legte all die Themen nahe, die nun ins Zentrum der Aufmerksamkeit rückten, die Pflege des Bauerntums, des Heimat- und Naturschutzgedankens – überhaupt «Heimatliches» in jeder Form.

Schon Ende des 19. Jahrhunderts legte die Mehrzahl der Kantone in ihren Lehrplänen eine Stoffeinteilung fest, die sich bis heute bewährt hat. In der 4. Primarklasse werden im Fach Heimatkunde die nahe Umgebung der Schüler, der Wohnort und seine Umwelt samt einigen Aspekten des Zusammenlebens behandelt. In der 5. Klasse steht der Heimatkanton im Zentrum des Geographieunterrichts, in der 6. Klasse dann die Geographie und Geschichte der Schweiz als Ganzes. Wenn sich so der Beobachtungsraum in konzentrischen Kreisen weitet, entspricht das dem Identitätsempfinden der Schweizer, das sich über das Zugehörigkeitsgefühl zur Heimatgemeinde und zum Heimatkanton aufbaut.

Das neue Lesebuchkonzept der zwanziger Jahre entsprach in seinem formalen Aufbau und der psychologischen Ausrichtung den Wünschen der damals fortschrittlichen Lehrerschaft. 1923 widmete die Schweizerische Lehrerinnen-Zeitung ihre Mai-Nummer der «Lesebuchfrage» und fasste darin die wichtigsten Desiderate zusammen:

Wir wollen heute im Deutschunterricht doch viel weniger mehr lehren und lernen, in erster Linie wollen wir erleben. [... Das Lesebuch] muss das Kind erfassen in seinem eigenen Lebenskreis, dort gleichsam seine Seele sachte an die Hand nehmen und sorgfältig von Erlebnis zu Erlebnis, über Freude und Schmerz [...] hinaufführen zum Verstehen – nicht der Literatur – sondern des Menschen und seiner Stellung im Leben.[21]

Im Konzept, das Josef Reinhart in Zusammenarbeit mit Arthur Frey und Leo Weber für das Aargauer Lesebuch entworfen hatte, sieht die Verfasserin diesen Wunsch am besten verwirklicht: «an Hand des Jahres ein Wandern durch Natur, durch Menschenleben und Schicksal, in herrlichem Wechsel von Ernstem und Heiterem, ein Miterleben und Mitempfinden.» (S. 160)

Weil Sprache das «Ergebnis der der Seele innewohnenden Ausdruckskraft» ist, sollte auch das Lesebuch vermehrt einer psychologisch orientierten Sprachförderung dienen, seinerseits einen Verinnerlichungsprozess durchmachen: das hiess, banaler ausgedrückt, ein belletristisches Lesebuch werden und den Ballast der reinen Stoff-

---

21   R. Gütlisheim, Zur Lesebuchfrage, in: SLiZ 27 (1923), S. 159 f.

vermittlung für die Realienfächer abstossen. Im selben Zusammenhang wurde darüber diskutiert, ob den obligatorischen Lesebüchern, diesen Sammlungen von «Bruchstücken», nicht «ganze, einheitliche Stücke», Erzählungen in Klassenserien vorzuziehen wären. Den unter anderem aus dieser Diskussion herausgewachsenen neuen Angeboten an Jugendschriften geht die Arbeit von Verena Rutschmann nach.[22] In der Folge behielten die deutschsprachigen Kantone das anthologische Lesebuch bei, während in der Romandie und im Tessin auch einige Lesebücher zur Wahl standen, die in einer durchgehenden Handlung den Schülern über längere Zeit hin dieselben Beziehungsfiguren anbieten.[23]

Direkter wirkt sich auf unsere Fragestellung aus, dass manche Kantone im Lauf der Jahre Geographie- und Geschichtsbücher in ihr Lehrmittelsortiment aufnahmen, die Stoffe zum Realienunterricht deshalb allmählich aus den Lesebüchern verschwanden, wie es die Neuerer in den zwanziger Jahren gewünscht hatten. Eine Vergleichsbasis für die einzelnen kantonalen Lesebücher ist nun auch deshalb immer schwieriger zu finden, weil die finanzschwächeren Kantone das alte Schulbuch viel länger beibehalten. Es deckt einen wesentlich breiteren Bereich ab und ist in einigen Gebieten weiterhin als eine Art Volksbuch konzipiert, das auch den Angehörigen der Schüler wichtige Allgemeinkenntnisse und Anweisungen zum praktischen Leben vermitteln soll. Indem es zum Beispiel Abschnitte über Hauswirtschaft, Hygiene, Grundinformationen aus Physik und Chemie oder Ratschläge für den Obstbau enthalten kann,[24] erweckt es den Anschein, ein viel breiteres Stoffangebot zu bieten als die nun rein belletristischen Lesebücher der grossen Kantone.

Der Spracherziehung mit deutlich deutschschweizerischer Prägung galt seit den zwanziger Jahren die besondere Aufmerksamkeit der pädagogischen Erneuerer. In ihren Lesebüchern stieg der Anteil der Mundarttexte und ganz allgemein der Beiträge von Schweizer Autoren markant. Vor allem entsteht nun unter dem Einfluss von Elisabeth Müller und Olga Meyer eine helvetisch gefärbte Art für Kinder zu schreiben. Was beide Autorinnen noch als sprachschöpferische Leistung für sich buchen konnten, wurde bald zum ideologisch unterlegten Standard für Schweizer Jugendautoren und galt nun als die einzig mögliche Schulsprache für Deutschschweizer Kinder. Lehrer und Lesebuchherausgeber fühlten sich berechtigt, ja verpflichtet, Texte deutscher Autoren nach ihrem Gutdünken dem helvetischen Sprachgebrauch anzupassen. Erst in jüngster Zeit ist hier eine Lockerung nach zwei Seiten hin festzustellen. Einerseits

---

22 V. Rutschmann, Für Freiheit und Fortschritt.
23 Zum Tessin vgl. D. Senn, «Bisogna amare la patria come si ama la propria madre».
24 Vgl. etwa 4. Sb VS (1929).

relativiert ein neuer, spielerischer Umgang mit Sprache, auch mit fremden Sprachen, ältere Sprachregelungen wohltuend, und andererseits wächst der Respekt vor der sprachlichen Form, die ein Autor seinem Text gegeben hat.

Die neuesten Lesebücher vermitteln schweizerische Sprachelemente ohne den früheren Nachdruck; sie lassen sie möglichst beiläufig wirken in witzigen Sprachassoziationen und -spielen und in den Texten, die Kinder geschrieben haben.

Lesebücher können nach verschiedenen Konzepten hergestellt sein, ihre Aufmachung und Zielsetzung mag ändern. Sie bleiben im besten Fall doch immer geprägt von den pädagogischen Vorstellungen und den aktuellen Themen ihrer Entstehungsjahre, übernehmen die Funktion eines «zivilen Katechismus».[25] Umgekehrt werden auch von verschiedensten Seiten Erwartungen und Forderungen an die Lesebuchherausgeber herangetragen, heute so gut wie früher. Es ist selbstverständlich, dass sie Texte zu den Fragen ihrer Gesellschaft und Umwelt bereitstellen, früher etwa zu technischen Errungenschaften und zur Landflucht, heute zu ökologischen Problemen, zur Verkehrserziehung oder auch zur Stellung der Frau in der Gesellschaft. Voraussetzung dazu ist aber auch, dass ein Problem seine lesebuchtaugliche Textform gefunden hat.

Zudem wird die Untersuchung zeigen, dass immer wieder brennende Fragen nicht zur Sprache kamen und kommen, weil sie zu aktuell oder zu kontrovers sind und deshalb in den Hürden der Vernehmlassungen hängen bleiben.

---

25 Vgl. A. K. Ulrich, «Das fliegende Haus», S. 2.

Teil I: Die Schweizer Lesebücher von 1900 bis zum Ersten Weltkrieg

1. Kulturelle und regionale Vielfalt

1.1. Der neue Bundesstaat als historische Voraussetzung

Wenn man die vielen und vielfältigen Schweizer Lesebücher zu überblicken sucht, welche die 25 – heute 26 – Kantone seit 1900 für das 4.–6. Schuljahr der Volksschule bereitgestellt haben, zeigt sich gleich, dass sie ohne einen Blick auf ihren politischen und gesellschaftlichen Hintergrund nicht zu interpretieren sind. Lesebuchkommissionen und -herausgeber werden von den kantonalen Erziehungsdirektionen ernannt; sie rekrutieren sich fast alle aus den Kreisen der Sachverständigen, das heisst der Primarlehrer und -lehrerinnen, der Seminarlehrer, der Schulinspektoren und Erziehungsräte. Erst in jüngerer Zeit finden sich unter ihnen auch Jugendbuchautorinnen und -autoren. Bei ihrer Arbeit haben sie die Lehrpläne zu berücksichtigen, die ihrerseits auf den kantonalen Schulgesetzen basieren, und selbstverständlich wird von ihnen erwartet und mehr oder weniger nachdrücklich verlangt, dass sie der Bildungspolitik und den Erziehungsvorstellungen Rechnung tragen, die im jeweiligen «Hier und Jetzt» Gültigkeit haben. Aufbau und Auswahl eines Lesebuches sind demnach nie zufällig, auch wenn sie dem Leser heute als eine heterogene Mischung von qualitativ höchst verschiedenen literarischen Texten, geographischen und historischen Schilderungen und Naturbeobachtungen erscheinen.

Einige Lesebücher der ersten Generation, die uns hier beschäftigen werden, sind in den letzten Jahrzehnten des 19. Jahrhunderts entstanden, wurden aber noch zu Beginn des unsrigen gebraucht; sie sind Produkte jener bildungspolitisch höchst bewegten Zeit, die auf 1848 folgte. Der neu geschaffene Schweizer Bundesstaat war das Werk der Radikal-liberalen Partei, die während Jahren alle sieben Bundesräte und die grosse Mehrheit der National- und Ständeräte stellte: Sie drängte in dieser Ausbauphase des neuen Staates auf eine Mehrung der Staatsgewalt für die Bundesbehörden, während die katholischen Orte, die Verlierer des Sonderbundskrieges von 1847, sich zunächst an die Wand gespielt sahen und für ihre Selbständigkeit auf verschiedenen Gebieten fürchteten, wenn das bisherige föderalistische System zugunsten der Zentralgewalt abgebaut wurde. In diesen Jahrzehnten nach der Bundesgründung verbreitete sich der Graben zwischen den beiden Lagern noch: in den Kantonen Aargau, Solothurn, Freiburg und Luzern hatten radikal-liberal Gesinnte die Führung übernommen und nutzten sie auch gegen den Willen eines Teils der katholischen Bevölkerung aus. Die meisten Klöster im Aargau und Thurgau wurden aufgehoben, ebenso St. Urban und das Kloster Rathausen im Kanton Luzern, drei Klöster im Kanton Freiburg und acht im Tessin.[1] In die Gebäude des säkularisierten Klosters Wettingen hatte der markanteste Politiker und Schulmann des Aargaus, der ursprünglich katholische Augustin Keller, schon 1846 das Lehrerseminar verlegt, das er selber leitete.[2] Dagegen blieben die Innerschweizer Klöster – mit Ausnahme Luzerns – von der Säkularisierungswelle unberührt. Das ist in unserem Zusammenhang von Bedeutung, weil ihnen einige der wichtigsten Mittelschulen der katholischen Schweiz angegliedert sind, und weil in den Frauenklöstern Menzingen und Ingenbohl Lehrschwestern für die Primarschule ausgebildet werden.

Im Anschluss an das Erste Vatikanische Konzil spitzten sich die konfessionellen Gegensätze noch weiter zu und führten schliesslich in den «Kulturkampf» der achtziger Jahre hinein. In dieser gespannten Atmosphäre wurde seit 1871 die Revision der Bundesverfassung leidenschaftlich diskutiert. Besonders umstritten war der von den Liberalen propagierte Schulartikel, der dem Bund eine Oberaufsicht über das Schulwesen der Kantone einräumen wollte. Vor allem der Schweizerische Lehrerverein wünschte dringlich, dass der Bund ordnend ins Schulwesen eingreife. Erst im zweiten Anlauf wurde die Revision der Bundesverfassung 1874 vom Volk angenommen. Der nun rechtskräftige Schulartikel enthält drei wichtige Bedingungen für die Volksschule: Die Kantone sorgen für genügenden Primarunterricht; dieser muss obligatorisch und unentgeltlich sein und unter staatlicher Leitung stehen. Dem liberalen Wunsch nach konfessionell neutralen Schulen trägt der Artikel nur in stark abgeschwächter Form Rechnung: Die öffentlichen Schulen sollen von den Angehörigen aller Bekenntnisse ohne Beeinträchtigung ihrer Glaubens- und Gewissensfreiheit besucht werden können. Auch wenn es dem Bund verwehrt bleibt, auf die Schulpolitik der Kantone direkt einzuwirken, weist ihm die Verfassung doch eine gewisse

---

1 P. Stadler, Kulturkampf, S. 98 f.
2 Zu Augustin Keller vgl. ebd., S. 74.

Oberaufsicht zu: «Gegen Kantone, welche diesen Verpflichtungen nicht nachkommen, wird der Bund die nötigen Verfügungen treffen.»

Bundesrat Karl Schenk, der damals lange Zeit das Departement des Innern leitete, erkannte und nutzte noch andere Möglichkeiten der Einflussnahme. Die Anstrengungen, welche die Kantone für ihr Schulwesen unternahmen, und die Resultate sollten von nun an ständig publik gemacht und verglichen werden. Auf Grund einer Umfrage bei allen Kantonen gab der St. Galler Reallehrer Johann Jakob Schlegel 1874 *Die schweizerischen Lehrerbildungsanstalten. Kurze Geschichte, Organisation und Statistik derselben* heraus. Er widmet das Buch dem Schweizerischen Lehrerverein und der Deutschen Lehrerversammlung und betont in seiner Vorrede:

Vor allen Dingen war uns daran gelegen, den wirklichen Bestand objektiv darzustellen. Es war nicht unsre Aufgabe, die Einrichtungen und Zustände der Lehrerseminare einer Kritik zu unterstellen; gleichwohl fanden wir keinen Grund, unsre fortschrittliche Gesinnung und unsre Ansicht für zeitgemässe Reform und Fortentwicklung [...] zu verbergen. [S. I]

Tatsächlich hält er mit seiner Meinung nicht zurück: Der Kanton Basel-Stadt zum Beispiel «leuchtet im Unterrichtswesen den Schwesterkantonen als rühmliches Beispiel voran» (S. 18), und das Schulwesen von Baselland «zählt zu den besten der ganzen Schweiz» (S. 19). Für das Berner Bildungswesen sieht er einen «erheblichen Fortschritt» im neuen Schulgesetz von 1870 (S. 20), Schaffhausen attestiert er «eine ehrenvolle Stellung im Erziehungswesen» (S. 49), wo die Bemühungen um die «Heranbildung einer strebsamen, arbeitsfreudigen Lehrerschaft und die Verbesserung der materiellen Stellung der Lehrer zu den besten Hoffnungen für das schaffhausische Schulwesen berechtigen». (S. 51)

Mit den Schulverhältnissen in der französischen Schweiz ist Schlegel offenbar nicht persönlich vertraut, da referiert er kurz und sachlich. Nur zu Neuenburg bemerkt er, dass das Schulwesen dieses jüngsten Schweizerkantons einen «erfreulichen Aufschwung» genommen habe; zu verdanken sei dies «vornehmlich der Hebung der Industrie, theilweise aber auch dem wohlthätigen Einfluss Preussens, das bekanntlich im Schulwesen rühmlich voranging.» (S. 45) Von dieser Position des fortschritts- und industrialisierungsgläubigen, kulturell dem deutschen Nachbarstaat verbundenen Liberalen aus erfolgt auch die Kritik an den katholischen Orten, zum Beispiel an Appenzell Innerrhoden:

Das rühmliche Beispiel vorangeschrittener Kantone blieb hier ohne Erfolg und Nacheiferung. Hartnäckig wehrte es dem Lichtstrahl besserer Schulbildung den Eingang und verharrte im geistigen Stillstand. Das katholische, eigenthümlich ausgeprägte, konservative, starr an hergebrachten Gewohnheiten festhaltende Hirtenvolk

Innerrhodens bildet auch im Erziehungs- und Unterrichtswesen zu dem reformirten, rührigen, fortschrittsfreundlichen und gewerbsamen Nachbarn A.-Rhoden [...] einen schroffen merkwürdigen Kontrast. Dem Volke fehlt die Einsicht, den Geistlichen der gute Wille; auch von den Klöstern geschah nichts für Schulbildung. [S. 14]
Wenn Schlegel auch für das 19. Jahrhundert einige Fortschritte im Appenzeller Schulwesen registriert, bleibt doch dieser negative Eindruck zunächst haften. Nicht viel besser ist sein Urteil über die Zustände im Wallis:

Das Schulwesen dieses Berglandes [befand sich] früher und noch in den ersten Jahrzehnden dieses Jahrhunderts im primitivsten Zustande. Bis in die 40er Jahre lag es ganz in den Händen der Geistlichen. [...] So oft die Liberalen in diesem Kanton auf kurze Zeit die Oberhand gewannen, so wurde die Verbesserung des Schulwesens in Angriff genommen; kamen aber die Klerikalen und die Jesuiten zur Herrschaft, so unterdrückten sie wieder jedes progressive Streben. [S. 74]

Auch im Tessin sind die Schwierigkeiten noch gross: «Armselige Lehrerbesoldung, schlechter Schulbesuch und der Mangel beruflich gebildeter Lehrer sind wohl die Hauptschuld, dass das Schulwesen bis in die neueste Zeit auf niedriger Stufe blieb.» (S. 62 f.) Immerhin werde hier nun einiges unternommen, um die Lehrerausbildung zu verbessern. Eine gewisse Anerkennung spricht aus Schlegels Bericht über die Lehrerbildung des Kantons Zug :

Um den Beruf eines Lehrers an einer öffentlichen Schule übernehmen zu können, ist nach dem Schulgesetz von 1850 vor allem Katholicität und die Ablegung einer Prüfung nothwendig. [...] Die Lehrerinnen und Arbeitslehrerinnen erhält der Kanton aus drei weiblichen Erziehungsanstalten, insbesondere aus dem Lehrschwestern-institut in Menzingen und aus der Erziehungsanstalt für Töchter beim hl. Kreuz in Cham. Auch die jüngst verstorbene Ida Stadlin, Vorsteherin eines Privatinstituts, erzog ihrem Vaterland manche wackere Lehrerinnen. [S. 76 f.]

Volle Bewunderung bringt der Ostschweizer Schlegel schliesslich der Zürcher Volks-schule entgegen:

Diesem Kanton wurde die hohe und bedeutsame Aufgabe zugetheilt, mit Basel, Aargau etc. den Mittelpunkt schweizerischer Kultur und wissenschaftlicher Bestre-bungen zu bilden und insbesondere im Volksschulwesen den andern Kantonen als Muster voranzuleuchten. [S. 78]

Schlegel fügt seinem Bericht die Auswertung der Schulstatistik in Tabellen bei, die über seine pointierten Urteile hinaus noch deutlicher und objektiver belegen, mit welchen Schwierigkeiten viele Kantone zu kämpfen hatten, wenn sie ihr Schulwesen dem neuen Artikel 27 der Bundesverfassung anpassen mussten: Die Ausbildungszeit eines Primarlehrers schwankte zum Beispiel zwischen den Extremen von drei Monaten im Kanton Wallis und vier Jahren in den Kantonen Luzern, Zürich, Aargau und Waadt. War da ein «genügender Primarunterricht» überall gewährleistet? Sehr grosse Unterschiede bestanden auch in den Ausbildungskosten und den Löhnen der Lehrer. Da wird deutlich, dass in manchen Bergkantonen das Geld für ein effizienteres Schulwesen ganz einfach fehlte, zumal wenn der Unterricht unentgeltlich erteilt werden musste. Es hat noch viele Jahre gedauert, bis der Bund hier mit Subventionen einspringen konnte.[3] Um so mehr waren diese Kantone auf billige Lehrkräfte angewiesen, was mit ein Grund war für die Beliebtheit der katholischen Lehrschwestern. Das Misstrauen der Liberalen gegen diese Lehrerinnen war freilich gross. In den folgenden Jahren wurde besonders in den konfessionell gespaltenen Kantonen darüber diskutiert, ob ihre Tätigkeit vereinbar sei mit Artikel 27, der ja bestimmte, dass die öffentlichen Schulen von den Angehörigen aller Bekenntnisse ohne Beeinträchtigung ihrer Glaubens- und Gewissensfreiheit sollten besucht werden können.

In den frühen achtziger Jahren löste der Versuch von Bundesrat Schenk, den Posten eines eidgenössischen Schulsekretärs zu schaffen, noch einmal starke föderalistische Emotionen aus. Die «Schulvogt»-Vorlage wurde in der Volksabstimmung 1882 mit grosser Mehrheit verworfen, denn auch die welschen Kantone wandten sich entschieden gegen die «Bevormundung durch Bern».[4] Dennoch machten die Schulreformen Fortschritte. Die Kantone mussten ihre Verfassungen und damit auch ihre Schulgesetzgebung der neuen Bundesverfassung anpassen. Das bedingte auch Revisionen der Lehrpläne und in den meisten Kantonen, sobald sie dazu in der Lage waren, neue Lehrmittel.[5] Hier half nun der Bund kräftig nach, indem er seit 1875 jährlich eine Rekrutenprüfung in den Fächern Sprache, Rechnen und Vaterlandskunde durchführen liess. Die Resultate ergaben eine Rangliste der Kantone, die von allen Erziehungsbehörden sehr genau beachtet und kommentiert wurde und so ihren Zweck prompt erfüllte. Die Rangordnung der ersten Jahre 1875–1882 entsprach recht gut den oben zitierten Einschätzungen durch Schlegel: an der Spitze standen die Kantone Basel-Stadt, Genf, Zürich, Thurgau, Schaffhausen und Waadt, während Uri, Wallis und

---

3 Für die Subventionierung kämpften Bundesrat Schenk und der Schweizerische Lehrerverein. Erst im November 1902 wurde die Unterstützung der Volksschulen aus Bundesmitteln vom Souverän angenommen.

4 Zur Diskussion um die Lehrschwestern und Bundesrat Schenks Schulpolitik vgl. J. Mösch, Schulvogt, S. 23–71 und P. Stadler, Kulturkampf, S. 565–568. 1880 standen 240 öffentliche Schulen unter der Leitung von Lehrschwestern. Zur Stellung der Frauen im Schuldienst vgl. B. Mesmer, Ausgeklammert – Eingeklammert, S. 134 f.

5 Diese Zusammenhänge am Beispiel des Kantons Bern sind detailliert aufgearbeitet in P. Scandola, «Schule und Vaterland».

Appenzell Innerrhoden den Schluss bildeten.[6] Jeder Kanton konnte nun jährlich das Schulwissen seiner jüngsten Stimmbürger im eidgenössischen Vergleich beurteilen; es entstand gewissermassen ein Wettbewerb, der auch die benachteiligten Kantone zu neuen Anstrengungen für ihre Volksschule zwang. Vor allem musste nun das Fach Vaterlandskunde in den Unterricht der Volksschule integriert werden.[7]

Die Landesausstellung von 1883 in Zürich bot einen besonders günstigen Anlass, den nun erreichten Stand des Schweizer Schulwesens nach einer Umfrage bei allen Kantonen aufzunehmen und zu präsentieren. Während in diesem Jahr einige Kantone nur zögernd Informationen lieferten,[8] verloren die alten konfessionellen Gegensätze in der Folge einiges von ihrer Brisanz. Sie wurden einerseits überdeckt von den viel drängenderen sozialen und finanziellen Sorgen, welche die Jahre der wirtschaftlichen Depression mit sich brachten. Andererseits waren auch die verschiedenen Bemühungen zur Förderung des schweizerischen Nationalgefühls nicht vergeblich: Der Annäherung über konfessionelle und deutsch-welsche Gräben hinweg dienten vor allem die nationale Gedenkfeier zur Bundesgründung von 1291 und die Landesausstellung in Genf 1896. Zum Hauptschauplatz der Bundesfeier war Schwyz ausgewählt worden, eine Geste, die zur Reintegration der Innerschweizer wohl mit beitrug.[9] Die Genfer Landesausstellung, die zunächst vor allem als Arbeits- und Leistungsschau der Schweizer Industrie und des Gewerbes gedacht war, brachte eine sehr nötige Begegnung von Deutschschweizern und Welschen, besonders auch für die Lehrer, denn in der Genfer Schulausstellung präsentierte nun jeder Kanton selber sein Schulsystem, seine Unterrichtsgesetze und seine Schulbücher.[10]

Die im Schweizerischen Lehrerverein organisierte Lehrerschaft rief ihre Mitglieder im Juli 1896 nach Genf zum Lehrertag, der zugleich der «Premier Congrès Scolaire Suisse» sein sollte. Welche positiven Auswirkungen man sich von dem Besuch in Genf erhoffte, zeigt der Aufruf in der Schweizerischen Lehrerzeitung:

Warum gehen wir nach Genf? [...] Mag der Kaufmann, der Gewinnsüchtige die Säle

---

6   O. Hunziker, Geschichte der schweizerischen Volksschule 3, S. 355.

7   Vgl. O. Hunziker, Das schweizerische Schulwesen, S. 77: Als günstige Auswirkungen dieser Publizität werden da die bessere Überwachung des obligatorischen Schulbesuchs, Erhöhung der Lehrerbesoldung, die Einrichtung von Fortbildungsschulen und «Vaterlandskunde» als neues Schulfach genannt.

8   Das statistische Material wurde verarbeitet von O. Hunziker, Handbuch der schweizerischen Schulgesetzgebung. Vgl. H. Büchler, Drei Schweizerische Landesausstellungen, S. 64–66.

9   D. Frei, Das Schweizerische Nationalbewusstsein, S. 239 f. und M. Stern, Das historische Festspiel, S. 325–328.

10 H. Büchler, Drei Schweizerische Landesausstellungen, S. 72–77 und A. Gavard, Offizieller Führer der Landesausstellung.

der Ausstellung durchmustern mit dem Streben, alles aufzudecken und zu erklügeln,
was ihn konkurrenzfähiger macht, [...] uns zeigen die Herrlichkeiten der Ausstellung
die Wunder, welche ein erleuchteter, aufgeklärter Verstand im Verein mit der Treue im
kleinen zu zeugen vermag. Der sittliche Wert der Arbeit, die in der Freude an dem
Gelingen ihren höchsten Lohn hat, tritt vor unser Auge.[11]

Man glaubt hier etwas von der laufenden Diskussion zu spüren, die sich bis zur
scharfen Kritik von sozialistischer Seite an dieser Leistungsschau der Industrie stei-
gerte.[12] Der Verfasser vertritt jedenfalls die liberal-bürgerliche Ansicht, dass die
Ausstellung auch als Loblied auf die sorgfältige Arbeit des kleinen Mannes und
Handwerkers zu würdigen sei. Im übrigen wird die Schulausstellung den Lehrern
wichtige Anregungen für ihre Berufsarbeit bringen. Ebenso wesentlich sollte die
Begegnung mit den Kollegen aus der Romandie sein:

Ein schweizerischer Lehrertag, der die Lehrer aller Sprachgebiete umfasst, steht uns
bevor. [...] Wir haben einander nötig. [...] Ungenügend besoldete Lehrkräfte, über-
füllte Klassen, mangelhafte Lehrsäle [...] gibt es in allen Sprachgebieten [...] soll die
Hülfe des Bundes für die Volksschule erschlossen werden, so ist Einigkeit und Solidarität
der Lehrerschaft nötig. [S. 226]

Wenn es um die Wahrung der Standesinteressen geht, sollten alte Divergenzen verblassen. Die Lehrerschaft könnte sich zusammenfinden «über die Grenzen der Kantone, über die Schranken der Sprache, der Konfession hinaus», ohne dass «ein
einzelner seine lokale Eigenart verleugnet oder seinem Glauben und seiner politischen Anschauung untreu wird.» Nach einer Phase des forcierten Drängens auf
Vereinheitlichung sah man nun das föderative Element nicht mehr als Hindernis,
sondern im Gegenteil als befruchtend und anspornend zum «Wetteifer der einzelnen
Landesgegenden».[13]

Das neu erwachte Interesse an regionalen Traditionen tat dem Nationalempfinden gar
keinen Abbruch, sondern konnte es im Gegenteil stützen.[14] Es war bezeichnend, dass
an der Landesausstellung das «Village suisse» mit verschiedensten Bauernhaustypen
aus der ganzen Schweiz und die Abteilung «Alte Kunst» besonderes Aufsehen erreg-
ten. In diesen Jahren entstanden das Schweizerische Landesmuseum in Zürich und die
Heimatschutzbewegung, Trachtenvereine und Bemühungen zur Pflege der Mundart.[15]

---

11 SLZ 41 (1896), S. 225.
12 F. Bächtiger, Konturen schweizerischer Selbstdarstellung, S. 232–238.
13 SLZ 41 (1896), S. 226.
14 Vgl. G. Heller, L'école vaudoise, S. 255 f.
15 Zu dieser fürs erste ganz summarischen Aufzählung vgl. H. von Greyerz, Der Bundesstaat seit
    1848, S. 1112 f., 1117 f.

Von all diesen Bestrebungen fliesst vieles unter dem Titel Heimatkunde in die Schulbücher ein. Einigen dieser Spuren kantonalen Selbstgefühls soll in den Kapiteln 1.2. bis 1.6. nachgegangen werden.

Wie in der Einleitung dargestellt wurde, sind die Lesebücher nach verschiedenen Konzepten aufgebaut. Ihre Herausgeber schufen je nach Bedürfnissen und Neigungen mehr realistisch oder mehr literarisch ausgerichtete Bücher. Trocken aufzählende Résumés zur Topographie, zur Bevölkerung und «ihrer Beschäftigung», mahnende pädagogische Texte, die Prioritäten in den Erziehungsbestrebungen verraten, Sagen, Legenden und heimatkundliche Erzählungen, schwungvolle «Bilder aus der Heimat» und der Schweizer Geschichte, vor allem auch Gedichte und Lieder: sie bilden ein Konglomerat von Textsorten, das sich in jedem Lesebuch wieder anders zusammensetzt. Aus ihm auswählen heisst Akzente setzen, die von der Optik der Schreibenden nicht zu lösen sind. Das Mosaik ist, der schweizerischen Vielfalt entsprechend, kleinteilig geblieben, doch fallen Gemeinsamkeiten und Gegensätze auf, von denen hier einige skizziert und als eine Art Lesehilfe dem Text vorangestellt werden sollen.

Wenn sie den eigenen Kanton und seine Stellung innerhalb der Eidgenossenschaft charakterisieren, können nicht alle Lesebücher auf ein so starkes Selbstgefühl aufbauen wie etwa Bern oder die Stadt Basel. Zürichs Lesebücher bleiben da viel zurückhaltender: seine Lehrerschaft – und damit auch die Lesebuchherausgeber – fühlten sich traditionsgemäss mehr der Zürcher Landschaft und der zweitgrössten Stadt im Kanton, Winterthur, verbunden und hielten kritisch-wachsame Distanz zur Stadt Zürich. Kleine Kantone wie Glarus, Schaffhausen und Zug betonen ihren Selbstwert viel direkter, während bei wirtschaftlich schwachen Kantonen wie Uri und Appenzell Innerrhoden ein fast trotziges Beharren auf ihrer stark katholisch geprägten Eigenart zu spüren ist. Sie liegen mitten in der Schweiz und mussten sich doch durch die politische Entwicklung seit dem Sonderbundskrieg immer noch bedrängt fühlen. Graubünden pflegt in den Lesebüchern seine eigene Befreiungsgeschichte, und diese findet auch am andern Ende der Schweiz, in der Romandie und speziell in Genf, mindestens so viel Echo wie die Innerschweizer Befreiungssagen. So macht zum Beispiel der wichtige patriotische Gesang des Genfers Jules Vuy *Le Rhin suisse* den Vorderrhein zum Symbol eidgenössischer Freiheit. Die Waadtländer Lesebücher erwähnen die lange Zeit der Berner Herrschaft nur sehr am Rande; sie knüpfen einerseits an die alten burgundischen und savoyischen Traditionen des Pays de Vaud an und weisen andererseits auf die wichtige Rolle hin, die bedeutende Waadtländer bei der Neuschaffung des Bundesstaates gespielt haben. Dagegen lassen die Aargauer und Thurgauer Lesebücher erkennen, dass die ehemaligen Untertanengebiete im Bereich kantonaler Eigenständigkeit noch ein Defizit verspürten, das sie auf verschiedene Weise zu kompensieren suchten.

Weil das Selbstverständnis, sei es nun regional oder gesamtschweizerisch ausgerichtet, so viel mit der Interpretation der eigenen Geschichte zu tun hat, ist die jeweilige Auswahl an Sagen, historischen Reminiszenzen und vorbildlichen Gestalten in den Lesebüchern besonders aufschlussreich. Aus der Erinnerung an die Anfänge der Eidgenossenschaft heraus wählen die meisten Deutschschweizer Lesebücher Sagen von bösartigen und gottlosen Adeligen. Sie berichten, wie der geplagte Landmann oder die tüchtigen Bürger einer Stadt sich je auf ihre Art gegen die Unterdrücker zur Wehr setzen, oder wie sie Zeugen des göttlichen Strafgerichts werden. Diese Sagen der Selbsthilfe gegenüber den Tyrannen finden sich auch im Oberwallis, fehlen aber in den Lesebüchern der Romandie. Dort erscheinen die gute Königin Bertha, die Beschützerin der Waadt, und Berchtold V. von Zähringen in günstigstem Licht. Freiburg und Bern gedenken des Zähringischen Städtegründers ebenfalls, während in der Ostschweiz neben Karl dem Grossen und ein paar Klosterstiftern nur Rudolf von Habsburg allgemein in Ehren gehalten wird. Der Aargau hingegen steht zu seiner alten Bindung an die Habsburger. Im Unterschied zur Deutschschweiz fehlte es der Romandie um die Jahrhundertwende offenbar noch an geeigneten lokalen Sammlungen von Sagen. So wird zum Beispiel die Sage von der Teufelsbrücke in der Ausformung, die ihr Alexandre Dumas gegeben hat, erzählt.

Gesamtschweizerisch gesehen ist in den Lesebüchern um 1900 der konfessionelle Gegensatz noch immer vordringlicher als der sprachliche, weil er auch tiefgreifende kulturelle Unterschiede mit einschloss. Die konservativ-katholischen Bergkantone kämpften mit grossen finanziellen Schwierigkeiten; mit Ausnahme des kleinen, aktiven Kantons Zug hatten sie noch wenig Industrie. Ihnen standen die ökonomisch stärkeren, zumeist protestantisch geprägten und liberal regierten Industriegebiete gegenüber. Da interessiert, ob und wie die Schulbücher der einzelnen Kantone wirtschaftliche Fragen aufgreifen. Sie erwähnen meist mit einem gewissen Nachdruck die Industrieunternehmen des eigenen Kantons und lassen auch nirgends eine technikfeindliche Haltung erkennen. Es fehlt jedoch um 1900 wie später an anschaulichen Texten zur Arbeit in der Fabrik. Wenn sie Fabrikarbeiter schildern, dann stets als müde, sorgenvolle Gestalten. Nur die Lesebücher des Kantons Neuenburg und des Berner Jura rühmen in Prosa und Gedicht die Uhrenindustrie, die ja auch mehr einer Kunst gleichkommt, und die Schweizer Produkte, welche der internationalen Konkurrenz standhalten können. Das Motto, das die Landesausstellungen des ausgehenden 19. Jahrhunderts gleichsam für die Schweizer Industrie geprägt hatten, taucht hier erstmals auf und wird seine Wirksamkeit auch in späteren Lesebüchern behalten: Die Schweizer exportieren heute nicht mehr ihre Kriegskraft, wie es einst die Ahnen taten, sondern die Produkte ihrer Arbeitskraft.

Als grösste technische Errungenschaft der neueren Zeit und zugleich als wichtigstes Gemeinschaftswerk im neuen Bundesstaat erscheint der Bau des Eisenbahnnetzes. Da ist auch Gelegenheit, der einfachen Arbeiter zu gedenken. Sie nahmen grosse Gefahren auf sich, manche opferten ihr Leben, und vor allem bildeten sie mit den Bauleitern zusammen eine solidarische Mannschaft im Dienst der Allgemeinheit. Die Nordschweizer Lesebücher erinnern an das Unglück im Hauensteintunnel im Jahr 1857. Besonders der Bau der Gotthardbahn ist als ideales Thema empfunden worden: es begegnet mit bezeichnend verschieden gesetzten Akzenten in vielen Lesebüchern. Für Genf steht sein Bürger Louis Favre im Vordergrund, der den meisten Schweizer Schülern als vorbildliche Gestalt präsentiert wird. Die Lesebücher der liberalen Kantone betonen mehr die technische Leistung und den völkerverbindenden Effekt des Bahnbaus, während sich die Urner zunehmend reserviert äussern.

Auffallend ist, wie positiv Heimarbeit überall dort, wo sie im 19. Jahrhundert eine Rolle spielte, eingeschätzt wird. Fleissige Textilarbeiterinnen der Ostschweizer Kantone, Bandweber und Strohflechter im Aargau, Baselland und Solothurn können sich den Lesebuchtexten zufolge im Familienverband einen Zusatzverdienst erwirtschaften, der der Altersvorsorge dienen kann. Nur im Kanton Freiburg sind Krisensignale aufgefangen. Die Lesebücher des ganzen Landes sind sich einig, dass Arbeitseifer und Sparsamkeit die einzigen Mittel gegen die Armut sind. Symbol dieser Vorsorge ist die Sparkasse.

Soziale Probleme werden zum grössten Teil nicht erwähnt. Armut kommt wohl in den erzählenden Texten vor, stets mit dem Grundton verbunden, dass sie selbstverschuldet oder durch extreme Schicksalsschläge bedingt sei, nie in Form einer sozialen Anklage. Auch wenn um 1900 entsprechende Texte greifbar gewesen wären, hätten sie keine Chance gehabt, in die offiziellen Schweizer Lesebücher aufgenommen zu werden. In heimatkundlichem Zusammenhang ist zwar hin und wieder angedeutet, dass die Schweiz Zeiten schwerer wirtschaftlicher Krisen durchgemacht hat und dass viele Familien auswandern mussten, um der Not in der Heimat zu entgehen. In belletristischen Texten wird dieses Thema erst später und auch dann sehr selten aufgegriffen. Dagegen waren Geschichten von Kindern aus armen Familien, die ihren Weg trotz allem machen, immer dann besondere Lesebucherfolge, wenn sie sich, mit Lokalkolorit angereichert, als eigentliche Identifikationsgeschichten anboten. Auf dem Rundgang durch die Kantone werden uns einige von ihnen begegnen.

Aus der älteren Erziehungsliteratur übernehmen besonders die Lesebücher der ländlichen Kantone noch viele Beispielgeschichten, die darlegen, dass nur jene Menschen zufrieden und innerlich frei leben, die ihren bescheidenen Platz im Leben mehr lieben als Reichtum. Das sind nach überliefertem Schweizer Selbstverständnis vor allem die

Bergbauern und Hirten: ein Topos, der auch später unbestritten stehen bleibt. Er tröstet offensichtlich über den Widerspruch hinweg, dass von den so besonders freien Schweizern verlangt wird, sich ohne Murren in eine immer noch ständisch geordnete Gesellschaft einzupassen.

Wie sehr der konfessionelle Unterschied die Lesebücher prägt, ist schon gesagt worden. Im katholischen Schulbuch gehören die Heiligen unseres Landes und die wichtigen Kirchenmänner der Gegenreformation so gut wie Tell und Winkelried zu den Vorbildern für die Jugend. Früher als in andern Regionen der Schweiz wird hier der Blick der Schüler hinausgelenkt auf Afrika und Asien, wo katholische Missionare wirken.

Besonders in ländlichen Kantonen hoffte man, über die Lesebücher auch die häuslichen Verhältnisse der Schüler beeinflussen zu können. Diese Beiträge zur Volkserziehung entsprechen genau den Programmen, die im Laufe des 19. Jahrhunderts von den gemeinnützigen Vereinigungen entwickelt worden waren. Im Vordergrund steht die Hygieneerziehung, welche richtige Wohnungs- und Körperpflege, gesunde Ernährung und körperliche Ertüchtigung umfasst. In jedem Lesebuch der Oberstufe erscheint auch eine Warnung vor Alkoholmissbrauch.

Natürlich mahnen alle Lesebücher die Schüler zu Fleiss, Sauberkeit und Gehorsam den Eltern und Vorgesetzten gegenüber, doch sind die Akzente je nach Region etwas anders gesetzt. Den katholischen Kindern wird versichert, dass die richtige Frömmigkeit und fleissiger Kirchenbesuch auch die Leistungen in der Schule verbessern können, dass hingegen schlechte Bücher einen durchaus verwerflichen Einfluss ausüben. Auf gute Schulleistungen legen die Lesebücher der Romandie besonders viel Gewicht, während das Solothurner Lesebuch unermüdlichen Arbeitseifer fordert, denn «vergäbe git is dä dört obe nüt».[16] In dieser Welt der tüchtig werkenden Bauern und Heimarbeiter erscheinen die Frauen und Mädchen als voll integrierte Arbeitskräfte in ihrer traditionellen Rolle und ohne Mitspracherecht. Schon 1908 konnte aber ein Text im Oberstufenlesebuch der Waadt hervorheben: «la femme, qui occupe dans la Suisse allemande une position subordonnée, a su conquérir dans la Suisse française une plus grande influence.»[17]

16 Lb IV/V SO (1910), S. 82; vgl. Zusammenfassung, S. 221.
17 Ll ds VD (1908), S. 169; vgl. Kap. 2.3.5., S. 191.

1.2. Zürich und die Ostschweiz

1.2.1. Zürich

Sucht man die Schweizer Kantone und ihre Lesebücher zu überblicken, drängen sich Gruppierungen auf, weil ähnlich gelagerten wirtschaftlichen und politischen Verhältnissen auch ähnliche Schulbücher entsprechen. Die mehrheitlich protestantischen Kantone der Ostschweiz Zürich und Thurgau und das paritätische St. Gallen sind in ihrem Schulwesen und ihren Lehrmitteln entscheidend vorgeprägt worden von Ignaz Thomas Scherr und seinen Schülern. Der junge Württemberger Scherr kam 1825 nach Zürich, wurde Mitbegründer und erster Leiter des Lehrerseminars Küsnacht und half mit bei der Abfassung des Zürcher Volksschulgesetzes von 1832. Er publizierte pädagogische Schriften und – dies in unserem Zusammenhang das wichtigste – Lesebücher für die Volksschule. Obwohl Scherr in Küsnacht nur zehn Jahre lang wirken konnte und seinen Posten verlor, als im politischen Umsturz nach dem «Straussenhandel» die konservative Partei an die Macht kam, blieb sein Einfluss bestimmend. Die Lehrerseminare der Kantone St. Gallen, Thurgau (Kreuzlingen) und Bern (Münchenbuchsee), später dann auch wieder Zürich-Küsnacht, wurden von Scherr-Schülern zum Teil während Jahren betreut.[18] Sie alle kämpften für eine sozial aufgeschlossene Volksschule und für eine von alten kirchlichen Zwängen befreite Erziehung, die konfessionslos, aber dennoch christlich sein sollte. Deshalb gerieten sie zeitweise in Konflikt mit den konservativen Kreisen des Bürgertums. So versuchte Scherrs Schüler und Freund Johann Kaspar Sieber als demokratischer Zürcher Erziehungsdirektor 1870 ein Fabrikgesetz durchzubringen, das die Arbeitszeit für Frauen und Kinder beschränkt hätte. Es scheiterte in der Volksabstimmung ebenso wie zwei Jahre später das neue Unterrichtsgesetz, das unter anderem eine Verlängerung der obligatorischen Schulzeit gebracht hätte. Beide Vorlagen wurden von Fabrikherren, Arbeitern und Bauern abgelehnt, die aus sehr verschiedenen Gründen auf die Kinderarbeit nicht verzichten wollten.[19]

---

18 Zu Scherr vgl. Chr. Schmid, Seminar Küsnacht, S. 7–11 und J. Th. Scherrs Erlebnisse im Zürichbiet, hg. von W. Klinke. Zu den Schülern Scherrs vgl. O. Hunziker, Geschichte der Schweizerischen Volksschule 3, S. 57: Heinrich Grunholzer kam 1847 nach Münchenbuchsee, Heinrich Zollinger 1848 nach Küsnacht, Johann Ulrich Rebsamen 1854 nach Kreuzlingen. Hans Rudolf Rüegg ging 1856 nach St. Gallen, dann 1860 nach Münchenbuchsee und wurde schliesslich Professor für Pädagogik an der Universität Bern.

19 Zu Sieber vgl. Th. Koller, Volksbildung, S. 171–259 und B. Humm, Volksschule und Gesellschaft, S. 57–94.

Scherrs Lesebücher waren während vielen Jahren obligatorische Lehrmittel in den Kantonen St. Gallen, Thurgau, Zürich (hier seit 1867) und auch in Glarus und im deutschsprachigen Graubünden. Ihr Konzept hat in zweierlei Hinsicht Schule gemacht: Sie bringen auf das 4.–6. Schuljahr abgestimmte Texte, die zunächst den engern Kreis des Heimatkantons und dann in einem nächsten Schritt die gesamte Schweiz darstellen. Die Folge von kurzen, in sich geschlossenen geographischen, geschichtlichen und naturkundlichen Schilderungen macht zusammen mit ein paar Gedichten und Liedern die «Vaterlandskunde» aus, während einige wenige Texte «aus dem religiösen, sittlichen und geistigen Leben» die Gattung der Erziehungsexempel repräsentieren. Nahe an diesem Gesamtprogramm bleiben die Lesebücher von Scherrs Schüler Hans Rudolf Rüegg, die in den achtziger Jahren mit einigen Anpassungen an die lokalen Gegebenheiten im Aargau, Thurgau und in St. Gallen eingeführt wurden und um 1900 zum Teil noch in Gebrauch waren.[20]

Einige von Scherrs Texten sind in den eisernen Bestand der Schweizer Lesebuchstücke eingegangen. Überlegt man sich, was sie so dauerhaft werden liess, ist es wohl ihr anekdotischer, aus der Schweizer Geschichte stammender Inhalt, der zur Beispielgeschichte ausgestaltet wird. Sie steht für eine gute Eigenschaft, ein vorbildliches Verhalten, das man den «alten Schweizern» zuschreiben möchte: «Die grossmütigen Solothurner» retten feindliche Österreicher vor dem Ertrinken aus der Aare, die Freiburger kommen nach einer Brandkatastrophe der Stadt Bern zu Hilfe, mit der sie kurz zuvor in Fehde gelegen hatten, und demonstrieren eidgenössische Solidarität im Unglück. Ebenso beliebt ist die mutige und schlaue Tat des Einzelnen, besonders, wenn es ein Kind ist und die Identifizierung mit dem Helden den Schülern sich ganz direkt anbietet: Das «mutige Thurgauermädchen» wagt sich in schwieriger Mission während des Schwabenkrieges ins feindliche Lager und bleibt unerschrocken und schlagfertig vor den rohen Kriegern. Während der «Mordnacht von Luzern» rettet ein Knabe die Bürger, indem er den drohenden Anschlag dem Ofen klagt.[21]

Gegen Ende des 19. Jahrhunderts kam eine lebhafte Debatte um eine neue Ausrichtung der Spracherziehung in Gang. Sie muss hier wenigstens am Rande erwähnt werden, weil sie in die Gestaltung der Lesebücher um 1900 stark hineinspielt. Lernpsychologische Theorien lenkten das Interesse auf die Entwicklungsphasen des Kin-

20 Lb V AG (1896) und Lb VI AG (1897), Lbb IV–VI TG (1885–1899) und Lb VI SG (1888).
21 Zur wichtigen Textgruppe «Tapfere Kinder» vgl. Kap. 2.4.1., S. 194 f. Die Anekdoten basieren zumeist auf Johannes von Müller, Geschichten Schweizerischer Eidgenossenschaft. Wirklich populär und zu eigentlichen Lesebuchexempeln wurden sie dank Heinrich Zschokkes Fassung in: Des Schweizerlands Geschichte für das Schweizervolk, Aarau 1822. Vgl. dazu H. Ryser, Johannes von Müller im Urteil seiner Zeitgenossen.

des, auf sein Denken und seine Möglichkeiten, die Realität zu erfassen. Anschaulichkeit des Unterrichts, das wichtigste methodische Prinzip der Pestalozzischule, sollte kombiniert werden mit der Konzentration auf stufengerechte Gesamtthemen. Entsprechend sollte auch die Spracherziehung von einem wirklichen Sprachverständnis ausgehen. Diese pädagogische Richtung geht auf Johann Friedrich Herbart (1776 bis 1841), den Zeitgenossen und Freund Pestalozzis zurück, der als Philosoph und Psychologe in Königsberg und Göttingen gewirkt hatte. Sein Schüler Tuiskon Ziller (1817–1882) war Professor für Pädagogik und Leiter des Seminars in Leipzig.[22] Adolf Lüthi, Lehrer der Pädagogik und Methodik am Seminar Küsnacht, der 1894 bis 1896 die Zürcher Lesebücher der 4.–6. Klasse herausgegeben hat, stellt sich im *Begleitwort* zu seinen Lehrmitteln als Vertreter dieser deutschen Schule vor und betont, dass zuerst und vor allem ein anschaulich erteilter Sachunterricht dem Schweizer Schüler die «Herrschaft über die Schriftsprache» vermitteln müsse. Weil sein Vorstellungsvermögen nicht zu hoch eingeschätzt werden dürfe, möchte Lüthi den Schüler nicht mit zu komplexen Sachverhalten strapazieren, ihm aber gleichzeitig nur sprachlich einwandfreie Texte vermitteln. Der Geschichtsunterricht, der nach seiner Ansicht «die Jugend mit Liebe zum Vaterland und seinen staatlichen Einrichtungen erfüllen, für sittliche Grösse begeistern und zur selbstlosen Hingabe an das Ganze befähigen soll», muss deshalb auf die Besprechung der grossen, schwer fasslichen Zusammenhänge und Hintergründe verzichten und dem Verständnis der Kinder angepasste Geschichten bieten.[23]

Der Aufbau von Lüthis Heimat- und Vaterlandskunde für die Mittelstufe entspricht dem bekannten Schema der sich erweiternden Erfahrungskreise. Im naturkundlichen Teil der Lesebücher für die 4. und die 5. Klasse sind dagegen alle Texte den vier Jahreszeiten so zugeordnet, dass sie auch mit dem Ablauf des Schuljahres übereinstimmen. Dieses Muster hatte wohl auch seine deutschen Vorbilder,[24] ist aber bis heute eine Spezialität schweizerischer Lesebücher geblieben.

Speziell Zürcherisches findet diesem Aufbau entsprechend seinen Platz im Lesebuch der 4. und noch mehr der 5. Klasse.[25] Wichtiger als die wenigen Dialektgedichte von

22 Vgl. Lexikon der Pädagogik 3, S. 205–212, 491 f. Ein Porträt dieser offenbar faszinierenden Lehrerpersönlichkeit zeichnet P. Conrad, Zu Zillers 100. Geburtstag, in: SLZ 62 (1917), S. 432 bis 434, 441–444.

23 A. Lüthi, Begleitwort, S. 92. Lüthi wählt diese «Begleitstoffe» wo möglich aus dem literarischen Bereich.

24 W. Jütting und H. Weber, Anschauungsunterricht und Heimatkunde für das 1.–4. Schuljahr.

25 1905 trat der neue Zürcher Lehrplan in Kraft. Die Geographie des Heimatkantons gehört seither zum Stoff der 5. Klasse.

Zürcher Schriftstellern[26] sind da die geschickt ausgewählten Landschaftsbeschreibungen. Sie machen deutlich, dass Heimatgefühle für viele Zürcher mehr mit dem See, dem Leben am und mit dem Wasser verbunden sind, als mit dem Leben in der Stadt: Die Ufenau, die Schiffe auf See und Limmat, die alte Badenfahrt sind dankbare Themen. Auf die Stadt bezieht sich nur die Schilderung des alten Sechseläutenbrauchs der Kinder.[27] Die Schüler sollen eine Ahnung von der Vielgestalt der Zürcher Landschaft erhalten, vom Oberland über das Tösstal nach Winterthur und hinunter bis nach Eglisau und an den Rheinfall, von der Lägern zur Kyburg und der Ruine der Burg Freienstein.[28] Die Stadt kommt bei Lüthi sicher nicht zufällig wenig zur Geltung: die Zürcher Landbezirke hatten sich im Lauf des 19. Jahrhunderts ihre Selbständigkeit mühsam genug erkämpfen müssen, sie sollten sie auch im Lesebuch behaupten. Im Text *Sitten und Gebräuche im Amte* unterhalten sich zwei Herren aus der Stadt mit einem «wackeren Landmann», der ihnen stolz erklärt:

wir Ämtler sind ein geselliges Völklein. Die Sänger, die Turner und die Schützen haben in allen Dörfern ihre Vereine, üben sich in ihrer Kunst und feiern gelegentlich frohe Feste. Im Winter finden Theateraufführungen statt, gewöhnlich auf der Bühne eines Gasthauses, nicht selten aber auch im Freien. Wenn ein grösseres Schauspiel, etwa «Wilhelm Tell» aufgeführt wird, beteiligt sich alt und jung, arm und reich. [...] Meine Herren, fragen Sie einmal die da draussen [die Kinder], ob es hierzulande je langweilig sei. Unsere gesunden Buben und Mädchen würden mit keinem Stadtkind tauschen. In der Stadt gäbe es keine «Spreggelennacht», kein «Tätschschiessen».[29]

Weil die Herren natürlich keine Ahnung haben, ergibt sich die günstige Gelegenheit, auch den Lesern die Bräuche ausführlich zu erklären, und einige patriotische Anmerkungen einzuflechten:

Es wird Ihnen bekannt sein, [...] dass jeder gesunde Schweizer Soldat wird und stolz darauf ist, ein guter Schütze zu heissen. Darum üben sich schon unsere Knaben im Schiessen mit der Armbrust. [S. 101]

Ob die Fünftklässler aus der Lektüre dieses Textes viel anschauliche Belehrung geschöpft haben, muss wohl bezweifelt werden, doch ist für uns dieser kleine Katalog

---

26 J. Stutz, *Blumen aus der Heimat*, Lb IV ZH (1896), S. 96 f.; E. Schönenberger, *Sylvester* und *Fasnacht-Chüechli*, ebd., S. 119–121, 123 f., sowie *De Zürisee im Hornig 1880*, Lb V ZH (1906), S. 64 f. und M. Usteri, *D'Störchli*, Lb V ZH (1896), S. 59–61.

27 Lb IV ZH (1896), S. 124 f.: «Die Mädchen zogen gruppenweise vor die Häuser und sangen Lieder, während die Knaben den ‹Bögg› auf einem Wägelchen durch die Strassen führten.»

28 Im Gedicht *Das Zürcherland* von Konrad Finsler, Lb V ZH (1906), S. 137–139 wetteifern die einzelnen Zürcher Landschaften miteinander, welche die schönste sei.

29 Lb V ZH (1906), S. 99.

zum besonders gerühmten schweizerischen Vereinsleben aufschlussreich: Die Schüt-
zen-, Turn- und Sängervereine sorgen über die sozialen Schichten hinweg für gesel-
lige Kontakte, das Volkstheater spielt wie in Gottfried Kellers *Grünem Heinrich* den
Wilhelm Tell, und dank dem Eifer der Kinder geht das alte Brauchtum nicht verloren,
das zugleich auch dem militärischen Vorunterricht dient.[30] Die Zürcher Sagen sind nur
mit den Erzählungen um Karl den Grossen und Graf Rudolf von Habsburg als
Verbündeten der Zürcher vertreten.[31]

Skeptisch beurteilte Lüthi den Nutzen von Biographien hervorragender Männer für
die Erziehung zu vaterländischem Bewusstsein:

*Das mag in monarchischen Staaten möglich sein; denn die Geschichte der Fürsten-
häuser ist ja zum guten Teil die Geschichte der Völker und umgekehrt. Aber bei uns, in
der Republik? Wenn wir das Leben eines Grossindustriellen, eines «Spinnerkönigs»
ins Zentrum des elementaren Geschichtsunterrichts stellen könnten oder wollten, so
würde das wahrscheinlich in weiten Kreisen abfällig beurteilt.*[32]

Man sieht: die Bedenken beziehen sich nicht nur auf den erzieherischen Wert, sondern
auch auf die Schwierigkeit, unter den Zeitgenossen geeignete Persönlichkeiten zu
finden, denn wer ist in diesen Jahren der sozialen Spannungen ein allseits akzeptierter
«Grosser»? Das Verlangen der Kollegen nach «modernen Texten» war aber offenbar
nicht zu überhören: in die 2. Auflage des 5.-Klass-Lesebuches nimmt Lüthi zwei
Texte auf zur Industrialisierung des Kantons Zürich: *Die Maschinenwerkstätten in
Winterthur* und *Die Seidenweberei als Hausindustrie*. Im Winterthurer Beitrag aus
den «Blättern für die Fortbildungsschule» heisst es:

*Die Mittagsstunde ist gekommen. [...] Bald wimmelt es auf der Strasse [...] von
Arbeitern. Mit schnellen Schritten eilen die kräftigen, berussten Gestalten zum wohl-
verdienten Mittagsmahl. Die einen kommen der Lokomotivfabrik, die andern aus
den Fabrikgebäuden der «Gebrüder Sulzer». Ein ausgedehntes Geschäft, das der
«Gebrüder Sulzer»! Ein Heer von nahezu 3000 Arbeitern ist hier damit beschäftigt,
Dampfmaschinen, Dampfschiffe, Eismaschinen, Heizungsanlagen zu bauen, die dann
in die weite Welt versandt werden.*[33]

---

30   Aus derselben Zeit stammen die Empfehlungen der Schweizerischen Gemeinnützigen Gesellschaft
     für die «Pflege des nationalen Sinnes»: vgl. B. Mesmer, Nationale Identität S. 18–21 und Kap. 2.1.,
     S. 161 f.
31   Zur Frage, warum die Gründung St. Gallens besprochen wird, nicht aber die Zürcher Kloster-
     gründungssagen, vgl. Kap. 4.2., S. 290 f.
32   A. Lüthi, Begleitwort, S. 95.
33   Lb V ZH (1906), S. 124–127, Zitat, S. 124 f. Vgl. U. Ernst, Der Geschichtsunterricht auf der obern
     Stufe der Volksschule, in: SPZ 2 (1892), S. 213–223. Der Wunsch nach biographischen Bildern
     war auch in den Lehrplan der Volksschule des Kantons Zürich vom 15. Februar 1905 aufgenom-

Damit ist die Beschreibung der Fabrikarbeit auch schon zu einem guten Ende gekommen, und der Text wendet sich nun der Gründerfigur Johann Jakob Sulzer zu, dessen Schaffenskraft und Anspruchslosigkeit sich ja auch zur Schilderung mit pädagogischer Absicht hervorragend eignet: «Der Lehrmeister [Sulzers Vater, der Drechslermeister und Metallgiesser war] schonte den Sohn nicht; die beste Arbeit war ihm gerade gut genug!» Nach der Lehre folgte die Ausbildungszeit in der Fremde: *Ganze Sonntage brachte er über dem Zeichenbrette zu. So wurde der lernbegierige Geselle immer tüchtiger, und doch blieb er anspruchslos und bescheiden. Als er in einem Juradorfe Arbeit gefunden hatte, begnügte er sich mit einer Schlafstelle unter der Treppe. [S. 126 f.]*

Nach Jahren im Welschland und in Frankreich kehrte er heim, übernahm den väterlichen Betrieb und baute ihn aus:

Jetzt erst war er rastlos tätig. Den Tag über griff er überall zu, wo die schwerste Arbeit zu tun war; in der Nacht besorgte er die nötigen Schreibereien. [...] Um zu sehen, was man anderswo leiste, machte der erfahrene Mann grosse Reisen ins Ausland. Jedesmal brachte er neue Verbesserungen und Pläne mit. Trotz seiner grossen Erfolge blieb er zeitlebens einfach und bescheiden. Johann Jakob Sulzer starb im Jahre 1883; aber das Geschäft, das er gründen half, blüht heute noch. [S. 127]

So wird der «moderne Text» zur Hagiographie für den Unternehmer. Der nun von der Ideologie der Gründerjahre beherrschte Liberalismus hat seine soziale Stosskraft verloren und setzt sich als offizielle Richtung auch im Grossteil der Lehrerschaft und im Lesebuch durch. Dagegen wird jede sozialistische Kritik an den Lebensbedingungen der Arbeiterschaft ferngehalten.[34]

Ähnlich verklärt wirkt im Vergleich zur harten Realität der anschliessende Bericht über die Seidenweberei im Zürcher Oberland:[35] Die Kleinbauern brauchen für ihre «zwei bis drei Kühe» und die «paar Äcker mit Getreide, Kartoffeln, Klee oder Rüben» keine Dienstboten, und auch die Hausfrau «muss nur zur Zeit der Heu- oder Getreideernte auf dem Gütchen mithelfen». So hat sie Zeit, als Seidenweberin etwas zu verdienen.

Sind Fabriken in der Nähe, suchen die heranwachsenden Töchter dort ihr Brot. Wenn dies nicht zutrifft, wird ein zweiter, oft sogar ein dritter Webstuhl an den Fenstern der

---

men worden: «An den Lebensbildern grosser Gestalten der Vergangenheit wird die Jugend begeistert für alles Gute, Wahre und Schöne.» (S. 31).

34 In manchen Zuschriften an die SLZ wurde den Anhängern sozialistischer Organisationen rasch der Stempel des «Materialismus» aufgedrückt, obwohl auch immer wieder von den dürftigen häuslichen Verhältnissen vieler Schüler die Rede war.

35 Lb V ZH (1906), S. 128–131. Zur Situation in der Textilindustrie vgl. R. Braun, Sozialer und kultureller Wandel, und R. Ruffieux, Die Schweiz des Freisinns, S. 686 f.

sonnigen Wohnstube aufgestellt. Dann entsteht unter den Weberinnen ein edler Wett-
streit; jede will mit ihrem Stück am schnellsten fertig werden. In das Schättern der
Stühle mischt sich das Schnurren des Spulrades. Ein fleissiges Kind spult an diesem
den feinen Seidenfaden von dicken Zapfen und Rollspulen. [...] Der [fertige] Stoff
wird in ein Wachstuch gehüllt und in die Ferggerei oder in das Seidengeschäft
getragen. Freudig kehrt die fleissige Weberin oder der brave Hausvater mit dem
Weblohn nach Hause zurück. [...] Das Geld, das der Hausvater nicht gerade braucht,
legt er für alte und kranke Tage zurück. [S. 128 f.]
Das friedliche Familienbild ist perfekt: der Schüler erhält wohl den Eindruck, dass die
Frauen aus Freude an der schönen Arbeit, und weil man ja nicht müssig sein möchte,
etwas mitverdienen und für die alten Tage zurücklegen wollen. Von den Existenz-
nöten, Kinderarbeit und der schweren wirtschaftlichen Depression in den achtziger
Jahren erfährt er kein Wort, es sei denn, seine eigene Familie hätte zu den Betroffenen
der Krise gehört.
Zu den Zürcher Lesebüchern, die Adolf Lüthi 1894/96 und in überarbeiteter Neu-
fassung 1906 herausgegeben hat, lässt sich zusammenfassend sagen, dass sie in ihrer
Konzeption stark von der Herbart-Zillerschen Schule beeinflusst sind: Spracherziehung
soll durch anschaulichen Sachunterricht erreicht werden. Aus der alten zürcherischen
Lesebuchtradition von Scherr und seinen Schülern übernimmt Lüthi manche Texte
zur Schweizer Geschichte und die Ansicht, dass vaterländische Erziehung über den
Heimatkanton, seine Geographie und sein Brauchtum, sowie über Geschichte und
Sagen vermittelt werden müsse. Nur zögernd nimmt Lüthi «moderne Texte» in sein
Lesebuch auf und sucht dabei Stücke aus, welche die brennendsten Probleme der Zeit
aussparen oder stark verharmlosen. Mit dieser Einstellung bewegt er sich ganz im
Rahmen der meisten Lesebücher nicht nur dieser Generation. In diesem Abschnitt ist
vom spezifisch Zürcherischen in Lüthis Lehrmitteln die Rede gewesen; auf die
Kapitel seiner Lesebücher zur Schweizer Geographie und Geschichte, die der Förde-
rung eines nationalen Bewusstseins dienen wollen, kommen wir im 2. Kapitel zurück.

1.2.2. Thurgau

Die Thurgauer Lesebücher der Jahrhundertwende stammen – es wurde schon gesagt –
aus derselben pädagogischen Schule wie die der Zürcher; sie beziehen sich aber auf
einen ganz anderen kulturhistorischen Hintergrund. Bis 1803 war der Thurgau
Untertanengebiet der Eidgenossenschaft, doch haben die Thurgauer diesen «Mangel»
in ihrem Geschichtsempfinden offenbar besser bewältigt als die Aargauer, die sich ja

in ähnlicher Situation befanden.[36] Das weithin noch bäuerliche Land richtete sich auf kein historisches Zentrum aus, und das thurgauische Selbstverständnis konnte sich weder auf eine Stadt noch auf ein freies Bauerntum berufen.[37] Da bleiben dem Schulbuch als frühe Ansatzpunkte im Mittelalter die Christianisierung und die Klöster, um so mehr als ein friedliches Zusammenleben von Katholiken und Protestanten im Thurgau besser funktioniert hat als in andern Kantonen. So erzählt das Thurgauer Lesebuch von 1885 den Viertklässlern ausführlich, wie der heilige Gallus am Bodensee missioniert habe und wie die Klöster Bischofzell, Kreuzlingen und Münsterlingen gegründet wurden.[38] Am beliebtesten ist die Legende der heiligen Ida von Toggenburg, die, verfolgt von ihrem grimmigen Ehemann, in einer Höhle während Jahren unerkannt lebt und sich schliesslich als Nonne ins Kloster Fischingen zurückzieht.[39]

Die früheren adeligen Herren des Thurgaus, unter ihnen vor allem die Habsburger, haben hier ein besseres Image als in den alteidgenössischen Orten. Der Beitrag *Im Thurgau dazumal* berichtet von einem relativ friedlichen Leben unter milder österreichischer Herrschaft, aber auch von Sympathien für die Zürcher und von schwacher Gegenwehr, als die Eidgenossen schliesslich den Thurgau eroberten.[40] Besonders verehrt wird die trauernde Witwe des Herrn von Hohenzorn, die an der Stelle, wo ihre Söhne in der Thur ertrunken waren, die Brücke von Bischofzell erbauen liess.[41]Diesen beiden leidenden und wohltätigen Frauengestalten folgt das Thurgauermädchen, das während des Schwabenkriegs ohne Furcht ins feindliche Lager geht und rohen Kriegern Rede und Antwort steht.[42] Drei weibliche Hauptfiguren regionaler Überlieferung also: in der Schweizer Geschichtsschreibung ein seltener, bemerkenswerter Fall.

Zwei Zürcher beschliessen im alten Thurgauer Lesebuch die Reihe der vorbildlichen Schweizer: Konrad Escher von der Linth und der Bauer Jakob Gujer, «Kleinjogg» genannt.

Im Dorfe Wermatsweil herrschte zur Zeit, da Kleinjogg ein so guter Bauer wurde, grosse Hinlässigkeit [sic]. Um die baufälligen Häuser lag viel Kot. Die Gärten waren

36 Vgl. F. R. Allemann, 25 mal die Schweiz, S. 319–329.
37 Von der geographischen Situation aus wäre die Stadt Konstanz das gegebene Zentrum: Allemann, ebd., S. 332.
38 Lb IV TG (1885), S. 105–108.
39 Lb IV TG (1912), S. 116 f. Die Sage von Ida von Toggenburg ist auch in den Lesebüchern anderer Kantone sehr beliebt.
40 Lb V TG (1912), S. 150 f.
41 Gedicht von Th. Bornhauser, *Die Thurbrücke bei Bischofzell*, Lb IV TG (1885), S. 37 f.; in Lb IV TG (1912), S. 115 f. erzählt O. Sutermeister die Sage; Lb V TG (1912), S. 56 f. bringt zum selben Thema ein Gedicht von A. Keller.
42 Lb IV TG (1885), S. 121 f.; vgl. Kap. 2.4.1., S. 195.

verwildert, die Zäune verfallen. Auf den unreinlichen Dorfplätzen tummelte sich die Jugend in zerfetzten Kleidern. Nun starb der alte Schulmeister, und zum neuen wurde Felix Gujer, der Bruder Kleinjoggs, gewählt. Dieser sagte freudig: «Jetzt ist der Weg offen, Böses auszurotten und Gutes zu pflanzen. Wir fangen bei der Jugend an.» Wer von jetzt an ungewaschen und ungekämmt zur Schule kam, musste zum Brunnen wandern. Zerrissene Kleider waren aus der Schulstube verbannt. Kleinjogg machte sich selber auch zum Lehrer der jungen Leute. Im Garten unterwies er ältere Schüler über die Pflege von Gemüse und Blumen und im Pfropfen von Obstbäumen. Bald entstand ein schöner Wetteifer unter dem heranwachsenden Volke. Die Knaben holten aus dem Wald wilde Baumstämmchen, setzten sie in guten Boden und veredelten sie. Die ganze Gemeinde fing an, längs den Hügelabhängen und Strassen Obstbäume zu pflanzen.[43]

Dem Musterbauern Jakob Gujer, der mit seinen Experimenten zur Verbesserung der Landwirtschaft in aufgeklärten Zürcher Kreisen Aufsehen erregt hatte,[44] wird hier in H. R. Rüeggs Text ein Erziehungsideal des 19. Jahrhunderts untergeschoben: An Stelle des «ausgerotteten Bösen» kann Gutes gedeihen, wenn durch die Erziehung zu körperlicher Sauberkeit und äusserer Ordnung auch die innere, sittliche Disziplin gestärkt wird.[45] Wenn sich schliesslich ein ganzes Dorf an der Pflege der Obstbäume beteiligt, hat dieses Gemeinschaftswerk einen symbolischen Sinn, der den Schülern leicht verständlich ist.

Bauernwelt und Bauernkultur stehen auch im Zentrum der 1912 neu erschienenen Thurgauer Lesebücher, die von drei Lehrern gemeinsam herausgegeben worden sind. Neu aufgenommen ist ein Dialektgedicht, das den Thurgau als Heimat preist: kein grosser Wurf.[46] Im belletristischen Teil kündigt sich schon deutlich der stilistische Wandel an zu Heimatdichtung einerseits und «kindgerechterem» Erzählstil andererseits. Es tauchen die Namen auf, die von nun an während Jahrzehnten die Deutschschweizer Lesebücher prägen werden: Peter Rosegger, Josef Reinhart, Meinrad Lienert und natürlich auch der Thurgauer Bauerndichter Alfred Huggenberger mit seinem meistzitierten Gedicht *Fahnenflucht*, das die Abwanderung des «Bauernsohns von

---

43 Ebd., S. 122 f. Zu Escher von der Linth vgl. Kap. 2.4.4., S. 214 f.
44 Zu Kleinjogg vgl. P. Stadler, Pestalozzi, S. 68–70.
45 B. Mesmer, Reinheit und Reinlichkeit, S. 476 f. und R. Schenda, Der gezügelte Bauernphilosoph, S. 220: Kleinjogg wird «Kristallisationsfigur für die moralische Indoktrination von oben».
46 Lb V TG (1912), S. 97. Im Gedicht von A. Keller heisst es: «Thurgi, du mis Heimatländli, / wie bist du so tusignett / i dim schmucke Sommergwändli, / wie nis gar nöd schöner wett: / Dunkli Wälder, grüeni Aue / goldni Felder, wenn is gschaue, / möcht i juchze: Huh-ju-hu! / Thurgi, 's git halt keis wie du!»

altem Holz» in die Stadt zum Thema hat.[47] Daneben malt die Erzählung *Aus dem Leben eines Hirtenbübleins* die Dienstzeit eines kleinen Buben beim reichen Bauern zur reinen Idylle aus, die in dem wunderschönen Moment gipfelt, da der kleine Held mit seinem Lohn – neuen Kleidern, einem Taler und einem Käs – im Herbst heimkehrt: *Das waren doch brave Leute, sprach der Vater. Wollen wir den Käs gleich versuchen? – Ja, ja, ja! jubelten die Kleinen, und nun hielten sie ihre geringe Mahlzeit mit solch unschuldiger Zufriedenheit, dass die Engel im Himmel sich darüber freuen mussten.*[48] Die sentimentale Skizze einer idealen Heimkehrsituation ist natürlich zugleich massive Mahnung an die Leser, mit Wenigem zufrieden zu sein, und schliesst in dieser Beziehung zwanglos an die alte Erziehungsliteratur an. Die echten Probleme der Landwirtschaft erklärt Alfred Weideli, der Verantwortliche für den geographischen Teil des 5.-Klass-Lesebuches, den Schülern sachlich informierend – und damit natürlich auch weniger das Gemüt ansprechend:

Die Landwirtschaft kann nicht mehr so betrieben werden wie zu der Väter Zeiten. Die Lebensmittel und die Arbeitslöhne sind teurer geworden. Viele junge Arbeitskräfte wenden sich der Industrie zu. An die Stelle der Menschenhand ist vielfach die Maschine getreten. [...] Wenn auch der Landwirt mit vielen Schwierigkeiten zu kämpfen und oft unter der Unbill der Witterung zu leiden hat, so ist er doch auf seinem Grund und Boden ein freier Mann. Er hat immer noch einen schönen und gesunden Beruf. [S. 105]

Im selben Zusammenhang erfahren die Kinder, dass 1905 im Thurgau 32'212 Personen in Industriebetrieben arbeiteten, während in der Landwirtschaft weniger Menschen, nämlich 31'495, beschäftigt waren: ein Verhältnis, das freilich die Lesebuchautoren selber noch lange nicht wirklich zur Kenntnis nehmen wollen.

Das 5.-Klass-Lesebuch enthält auch einige Seiten zur Staatskunde, die etwas trocken, aber didaktisch nicht ungeschickt den Schülern ihren Kanton als Staat mit seinen Aufgaben und seinem «Haushalt» präsentieren, vor allem auch die Souveränität des Volkes und dessen Verantwortung für das Gemeinwesen betonen.[49] Weil sie trotz einigen Aktualisierungsansätzen zu einem thurgauischen Selbstverständnis kaum etwas beitragen, müssen wir hier nicht auf sie eingehen. Dagegen nehmen die Heimatkundetexte des Lesebuches für die 4. Klasse den Stil der nächsten Lesebuchgeneration voraus.[50]

47 Ebd., S. 106. Zu Huggenberger vgl. Kap. 3.3.1., S. 247.
48 Ebd., S. 41–43, Zitat, S. 43. Die Erzählung stammt von A. Nielsen.
49 Ebd., S. 72–78. Der Krankenfürsorge und der Landwirtschaftlichen Schule auf dem Arenenberg sind besondere Beiträge gewidmet (S. 76–83).
50 Vgl. Kap. 3.4.2., S. 271–273.

Auf zwei Themen der Thurgauer Lesebücher – nicht nur ihnen zugehörig, aber für sie charakteristisch – sei noch kurz hingewiesen. Es wurde schon gesagt, dass der Thurgau als ehemaliges Untertanengebiet der Eidgenossenschaft sich auf keine «alte Freiheit» berufen konnte, was nach der üblichen schweizerischen Geschichtsauffassung als Mangel empfunden werden musste. Versuche, mit diesem Mangel umzugehen, fliessen in die historische Darstellung hin und wieder ein, was hier ein Beispiel belegen soll: Im Lesebuch für die 5. Klasse von 1912 berichtet ein sehr ausführliches Kapitel über die Freiheitskämpfe der Appenzeller gegen den «gewalttätigen und geldgierigen» Abt Kuno von St. Gallen:

Herrlich glänzt der Säntis beim Abendsonnenschein in den Thurgau herab. Wie glitzern dann die Fenster der schmucken Dörfer so freundlich! Es ist wie ein Gruss vom Appenzellerland und von den gemütlichen Leuten, die dort oben wohnen. – Vor fünfhundert Jahren etwa kamen die Appenzeller scharenweise in den Thurgau herab, nicht mit Alpenrosen aus den Bergen und mit frohem Jodel, sondern mit Hellebarden und Spiessen. Sie wollten das bedrückte Volk da unten auch so frei machen, wie sie es damals eben geworden waren.[51]

Der Aufstand der Appenzeller wurde so auch stellvertretend für die unfreien Thurgauer Bauern ausgefochten, als sich «in den aufgeweckten Sennen und Bauern der Trieb nach Freiheit und menschenwürdigem Leben» regte. Das geplagte Appenzellervolk verjagte die Amtsleute des Abtes «wie einst die Waldstätter die habsburgischen Vögte.» Nach den Siegen bei Vögelinsegg (1403) und am Stoss (1405) gingen die Appenzeller ihrerseits zum Angriff über:

In flammendem Zorn gegen die Volksbedrücker zerstörten sie Burgen und Schlösser, vertrieben die Edelleute und riefen die Bauern zur Freiheit auf. [...] Im Thurgau [...] widerhallte es von täglichem Waffengetöse. Feuersäulen stiegen hoch zum Himmel. Gebrochene Mauern, Trümmer von Burgen bezeichneten den Siegeszug der volksbefreienden Appenzeller. Eine neue Eidgenossenschaft, der «Bund ob dem See», vereinigte die befreiten Bauern. Abt Kuno, vom Alter und Unglück gebleicht, büsste seine Fehler mit bitterer Armut. [S. 140]

Sehr bald werden jedoch die «übermütig gewordenen Appenzeller» von einem Ritterheer bei Bregenz 1408 besiegt.

Jetzt hörte der ungestüme Freiheitswind auf zu blasen. Es wurde wieder stiller auf den Alpen oben, um den See und an der Thur. Der junge Bauernbund löste sich auf. Man schloss Frieden. Gegen eine Geldsumme verzichtete der Abt auf seine Herrenrechte im Appenzellerland. [S. 141]

---

51 Lb V TG (1912), S. 137–141, Zitat, S. 137.

So erscheinen die Plünderungszüge der Appenzeller verklärt zum Freiheitsappell an die Thurgauer Bauern, und den Thurgauer Schülern ist wenigstens eine Möglichkeit geboten, die Geschichte ihrer engeren Heimat mit dem Freiheitskampf der alten Eidgenossen verknüpft zu sehen.

Auf kompliziertere Weise ist das andere Thema, der Bodensee, mit dem thurgauischen Selbstverständnis verbunden. Komplizierter deshalb, weil sich der Thurgau geographisch zu einem beträchtlichen Teil auf den See hin ausrichtet, an den mehrere Staaten angrenzen.[52] Landschaftliche Schönheit und Grenzsituation sollen den Kindern bewusst gemacht werden; dazu eignet sich ein *Bericht von der Schulreise* am besten:

Am Morgen des 1. August wagten wir die Reise [...] Frohen Mutes marschierten wir im frischen Morgenwind dahin. [...] Auf einmal tat sich der Blick nach Norden auf. [...] Da lag er vor uns, der blaue See, mit seinem Kranz blühender Ortschaften und hellschimmernder Landhäuser, alle überragt von dem Münsterturm zu Konstanz. Ungehindert passierten wir die Landesgrenze. Unter den fröhlichen, jungen Wandersleuten vermuteten die Zollwächter keine Schmuggler. [...] Wie die deutschen Soldaten stramm und gerade davonmarschieren, auch wenn sie nicht in Reih und Glied stehen! Zwei Ansichtskarten aus fremdem Lande heimschicken, dachte ich mir. Was kosten sie? – Finfzehn Pfennich, zwei Stück! Da kam ich nun schon arg ins Kopfrechnen hinein. [...] Da spricht man die deutsche Sprache ganz anders als bei uns. [S. 94]

Der nicht sehr echt geratene Schülerbericht sucht zu formulieren, was dem Kind bei seiner ersten Begegnung mit dem Nachbarland auffallen könnte: deutsche Zöllner, stramme Soldaten, fremde Währung und ungewohnter Dialekt. Die pädagogische Absicht ist klar. Das Erlebnis der Grenzsituation soll auch die Aufmerksamkeit für schweizerische Eigenart wecken.

1.2.3. Schaffhausen

Grenzerfahrung prägt viel stärker noch das Selbstverständnis von Schaffhausen, dem einzigen Kanton, der auf dem rechten Rheinufer liegt, umgeben von Deutschland und nur durch kurze gemeinsame Grenzabschnitte mit dem Thurgau und dem Kanton Zürich verbunden. Die Situation eines exponierten Tors nach Norden teilt Schaffhausen mit Basel, dem es sich auch in mancher Beziehung verwandt fühlt.

---

52 Ebd., S. 88–90. Der Bericht aus der Zeit vor dem Ersten Weltkrieg konnte sagen: «Im weiten Erdenrund finden wir keinen See, an dem so viele Länder teilhaben»: Die Königreiche Württemberg und Bayern und das Grossherzogtum Baden wurden noch als selbständige Staaten gezählt.

Zu Beginn des 19. Jahrhunderts musste die Stadt Schaffhausen – wie die andern Schweizer Städte auch – den bis dahin beherrschten Landgemeinden politische Gleichberechtigung einräumen, und auf Grund der Verfassung von 1831 verfügten die bisherigen Untertanen im kantonalen Parlament sogar über die Mehrheit der Sitze.[53] Die Anstösse zum Ausbau der Volksschule gingen in den folgenden Jahrzehnten vor allem von demokratischen Vertretern der Landgemeinden aus. Sie wurden unterstützt von Gesinnungsgenossen in der Stadt und von Unternehmern, die seit 1850 den Aufbau der neuen Metall- und Maschinenindustrie vorantrieben und an Nachwuchs mit besserer Allgemeinbildung interessiert waren.[54] Eine wichtige Etappe auf dem Weg zum radikal-demokratischen Bildungsziel war 1851 erreicht mit der Gründung einer kantonalen Realschule, die zur obligatorischen Vorstufe des kantonalen Gymnasiums erklärt wurde. Als einer der ersten Kantone erhöhte Schaffhausen auch die obligatorische Schulzeit auf acht Jahre. An den Rekrutenprüfungen schnitten die jungen Schaffhauser immer bemerkenswert gut ab.[55]

1910 und 1911 gab der Kanton Schaffhausen neue Lesebücher für die 5. und die 4. Klasse heraus. Sie gehören innerhalb der Lesebuchgeneration, die uns hier beschäftigt, zu den jüngern, vergleichbar mit den Thurgauer Schulbüchern, und bringen eine neue Auswahl mit Texten von Alfred Huggenberger, Peter Rosegger und Josef Reinhart, auch einigen Gedichten von Christian Morgenstern. Es hängt mit dieser Modernität und ebenso sehr mit der politischen Ausrichtung Schaffhausens zusammen, dass diese Bücher ganz auf religiöse Texte verzichten; an ihre Stelle treten die Mahnungen zur Ehrfurcht vor der Natur.[56]

Der Geographieteil des 5.-Klass-Lesebuches stellt den Schülern gewissenhaft alle Gegenden des kleinen Kantons vor, in dem um 1910 trotz der kräftig aufstrebenden Industrien das Bauernland mit Ackerbau, Reben und Wäldern noch vorherrschte. Das wichtigste Element im Landschaftsbild und für das Schaffhauser Heimatempfinden ist jedoch der Rhein. Vom Rheinschiff aus lässt sich die Gegend am besten beschrei-

---

53 30 Abgeordneten der Stadt standen 48 Vertreter der Landschaft gegenüber: vgl. K. Schib, Geschichte von Stadt und Kanton Schaffhausen, S. 422.

54 Voraussetzung für die neuen Industrien war die bessere Nutzung der Wasserkraft des Rheins. Sie wurde möglich mit dem Bau von Rheindamm und Rheinkanal durch den Unternehmer Heinrich Moser: vgl. Schib, ebd., S. 440–443.

55 Schaffhausen belegte in der Rangliste der Kantone 1875–1886 im Durchschnitt den 5. Platz und hatte im Jahresmittel von 1886–1891 einen sehr kleinen Prozentsatz (5%) sogenannter Nichtwisser: vgl. O. Hunziker, Das Schweizerische Schulwesen, S. 40 f., 79.

56 Vgl. W. Jordan, *Heilig sei uns die Natur!*: «Das Blatt, die Blume und der Baum / rings in der Schöpfung weitem Raum, / es sei so schwach, sei noch so klein, / es soll uns alles heilig sein!», Lb IV SH (1915), S. 119.

ben; der Rhein liefert die so wichtige Wasserkraft, deren Nutzung durch die Turbinen des damals neuen Elektrizitätswerkes den grossen Aufschwung der Industrie erst ermöglichte.[57] Das Gedicht *Sonntags am Rhein* von Robert Reinick besingt zwar den deutschen Rhein und das deutsche Vaterland, doch drückt es offenbar auch die Empfindungen der Schweizer Rheinanwohner so gut aus, dass es in mehrere Generationen der Schaffhauser und Basler Lesebücher aufgenommen wurde.[58] Wenn die Rede auf den Rheinfall kommt, erfasst Begeisterung auch den sonst recht nüchternen Geographen: «Eine ihrer schönsten Gaben, den herrlichen Rheinfall, hat die Natur [dem Schaffhauser Ländchen] geschenkt»:

Welch Tosen und Brausen, welch Zischen und Schäumen! Ein unvergesslicher Anblick! In tausend feine Silberadern ist die ungeheure Wassermasse aufgelöst, oder sie steigt in die Höhe als glänzender Wasserstaub, in welchen die Sonne ihre prächtigen Regenbogen einzeichnet. Und welche Pracht des Nachts, wenn elektrisches und bengalisches Licht mit zauberhaftem Schein den Rheinfall übergiesst! Ist es da zu verwundern, dass Tausende und aber Tausende aus aller Herren Länder hierherpilgern, um sich an diesem wundervollen Naturschauspiel zu erfreuen? [S. 61]

Der Rheinfall ist nicht nur Touristenattraktion: Emil Wechsler greift in seinem Gedicht *Gesang des Schaffhausers* höher, wenn er die stürmische Kraft des Wassers mit menschlichem Vorwärtsstreben vergleicht und mit dem Anklang von Schaffhausen an «schaffen» spielt:[59]

Wo des Rheinstroms Fluten donnern
über trotzges Felsgestein [...],
wohnt ein Völklein, stark im Schaffen;
wackrer Sinn und froher Mut
streben vorwärts wagemutig,
wie des Rheines junge Flut. [S. 209]

Liegt es an der Kleinheit des Kantons und an seiner exponierten Lage, dass man ein etwas erhöhtes Bedürfnis nach Selbstbestätigung zu spüren glaubt? Im selben Geographieabschnitt des 5.-Klass-Lesebuchs wird festgehalten:

---

57   Lb V SH (1910), S. 50.

58   «Des Sonntags in der Morgenstund, / Wie wandert's sich so schön / am Rhein, wenn rings in weiter Rund' / die Morgenglocken gehn!» Und nach einer Aufzählung aller Schönheiten: «Das alles beut der präch'ge Rhein / an seinem Rebenstrand / und spiegelt recht im hellsten Schein / das ganze Vaterland [...].», ebd., S. 210.

59   Vgl. auch das Gedicht *Am Rheinfall* von Samuel Pletscher, ebd., S. 211 f. Beide Dichter benützen den Rhein als Symbol für die Schaffhauser und ihre Geschicke.

Die Schaffhauser bilden einen kräftigen, gutgewachsenen Menschenschlag. Sie sind arbeitsam und sparsam (sie schaffen und hausen), etwas zurückhaltend und überlegend. Sie wissen, dass neben einer guten Erziehung eine gründliche Schul- und Berufsbildung immer notwendiger wird. Deswegen schenken sie dem Schulwesen grosse Aufmerksamkeit und sind gerne bereit, für die Schule Opfer zu bringen. [S. 87]

Da weiss jedenfalls der Lehrer, was bei der Behandlung dieses Textes von ihm erwartet wird. Nachdem die Verdienstmöglichkeiten in Land- und Forstwirtschaft und in der Industrie kurz aufgezählt worden sind, kommt noch ein dunkler Punkt in dem so erfreulichen Heimatbild zum Vorschein:

Zu bedauern ist es daher, wenn gesunde, kräftige Leute leichtsinnig unser Land verlassen, um in fremden Ländern rasch reich zu werden. Mühsal und Entbehrung und meist schwere Enttäuschung warten ihrer, und mancher würde gerne wieder in seine Heimat zurückkehren, wenn falsche Scham ihn nicht ferne hielte. Bleibe im Lande, und nähre dich redlich! [S. 89]

Dieselbe Warnung vor trügerischen Hoffnungen auf ein besseres Leben in der Fremde wird uns in Josef Reinharts Spiel *Heimat und Fremde* im Solothurner Lesebuch von 1920 wieder begegnen.[60] In Schaffhausen bezieht sie sich auf eine damals noch sehr gegenwärtige Vergangenheit: Während der schweren Wirtschaftskrise um die Mitte des 19. Jahrhunderts waren viele Familien zur Auswanderung gezwungen worden, bis dann von etwa 1860 an die neuen Industrien in steigendem Masse Arbeitskräfte an sich zogen.[61]

Obwohl Schaffhausen einen beträchtlichen Teil seines neuen Wohlstandes den Industrien verdankt, schenken ihnen die Lesebücher nicht viel Beachtung. Sie werden wohl kurz aufgezählt und an einer Stelle ist auch ein kleines Stimmungsbild eingeflochten:

Das Mühlental [...] war früher ein stilles, ruhiges Tälchen und bot dem Städter schöne Spaziergänge. [...] Heutzutage hämmert und surrt, kreischt und zischt es. Wie die Kamine Feuergarben speien und das glühende Metall, Goldbächen gleich, in die Formen fliesst! Ausgedehnte Fabrikanlagen sind in das Tal eingezwängt. Hunderte von fleissigen Händen verarbeiten mit Hilfe sinnreicher Maschinen die unscheinbaren Eisenteile zu unentbehrlichen Industrieartikeln. Schwere Lastwagen bewegen sich auf der das ganze Tälchen durchziehenden Strasse. [S. 69 f.]

Schon 1910 wird so der Blick auf die Industrielandschaft von wehmütigen Erinnerungen an die verschwundene heile Natur überschattet, eine sachliche Orientierung über

---

60 Vgl. Kap. 3.2.1., S. 231 f.

61 K. Schib, Geschichte von Stadt und Kanton Schaffhausen, S. 423–445 und K. Waldvogel, Ländliches Leben im grenznahen Raum, in: Beilage Schaffhausen der NZZ, 27. Juni 1989, S. 77.

die hier geleistete Arbeit fehlt. Nur einmal erscheinen Fabrikarbeiter im Strassenbild der Stadt, doch bleibt die Skizze kurz und stereotyp:

[Die Arbeiter] verlassen eben die Fabriken, die sich im Industriequartier dem Rhein entlang durch die Rhein- und Mühlenstrasse hinziehen. Wie viele, von Arbeit und Sorge gebleichte und gefurchte Gesichter! [S. 49 f.]

Es fehlen aber auch Hinweise auf die profilierten Gründerfiguren, die in Schaffhausens Wirtschaftsentwicklung eine wichtige Rolle gespielt haben. Biographisches hat im Heimatkundekonzept dieser Lesebücher keinen Platz.

Mehr Gewicht liegt dafür auf den Sagen: da steht um 1910 die Schaffhauser Auswahl schon fest und wird später kaum mehr variiert. Bezeichnend für die Grenzsituation scheint mir, dass in ihnen die Mundart sehr bewusst und identitätsfördernd eingesetzt wird: Die Dialektversionen der Sage vom *Schimmilirüter* und *Die Sage vom Otterngut* wirken wie Vorlagen für Sprachlektionen, in denen die Mundart zelebriert wird. Andere Sagen stehen unter einem Dialekttitel: *Das Nüniglöggli* ist wohl die bekannteste Schaffhauser Sage. Sie erzählt vom unglücklichen Kreuzritter, der bei seiner Heimkehr im Rhein ertrinkt, weil der Sturmwind das wegweisende Licht gelöscht hat. Zu seinem Andenken stiftet seine unglückliche junge Braut eine Glocke, die jeden Abend um neun Uhr, zur Stunde des Unglücks, geläutet werden soll.

Das Ritterfräulein Berta ist längst gestorben, die Burg Emersberg längst verschwunden; aber noch heute erklingt vom Munot herab jeden Abend um neun Uhr das «Nüniglöggli».[62]

Der Munot, die grosse Befestigungsanlage, das Wahrzeichen der Stadt, wurde im Jahr 1589 erbaut. Zu Beginn des 19. Jahrhunderts drohte er zu zerfallen; er diente während Jahren als Steinbruch und wurde nur dank einer privaten Aktion 1839 vor der Zerstörung gerettet. Zu dieser heimatschützerischen Tat passt es, dass die zugehörige Sage besonders eifrig gepflegt und für eine historisch nicht sehr glaubwürdige Kontinuität in Anspruch genommen wird. Heute gehört das Läuten der Munotglocke zu den wichtigsten Pflichten des Munotwächters.[63]

Auch die Schaffhauser pflegen die Sage vom bestraften Übermut adeliger Herren: ein Blitz aus heiterem Himmel erschüttert den frevelnden Bischof von Konstanz, der mit seinem Tross den Hallauer Bauern die reifen Kornfelder niederreiten will. Der nächtliche Anschlag österreichischer Parteigänger auf die Stadt Stein am Rhein wird dagegen vom klugen Bäcker verhindert. Er hält die Krieger, die auf das Angriffs-

---

62 Lb IV SH (1915), S. 92.
63 R. C. Müller, Die Schaffhauser und ihr Munot, in: Beilage Schaffhausen der NZZ, 27. Juni 1989, S. 73.

zeichen warten, mit dem Zuruf «No-n-e Wili!» so lange hin, bis Hilfe zur Stelle ist.[64] Schaffhausens Verhältnis zur Eidgenossenschaft ist von der Grenzposition geprägt: die Alpen, örtliche und symbolische Mitte des Bundes, liegen in der Ferne und sind doch wichtige Horizontlinie jeder Aussicht. Wenn der Blick vom Randen, Schaffhausens Heimatberg, zu den Alpen gleitet, wird der Geograph feierlich: *Jenseits des Stromes [des Rheins] breiten sich die Talschaften des Thurgaus und die Niederungen des Kantons Zürich aus. [...] Und weit, weit im Süden, wie glänzen die Felsenhäupter der Hochalpen im silberweissen Festschmucke des ewigen Firnschnees!*[65] Der Kanton Schaffhausen hat nach der Auffassung dieses Lesebuchs von 1910 eine doppelte Aufgabe zu erfüllen als Wachtposten und als Kontaktstelle zum grossen deutschen Nachbarstaat: ein Gleichgewicht, das nach dem Ersten Weltkrieg nicht mehr so formuliert würde.

[Der Kanton Schaffhausen] soll Wache halten an der Nordgrenze des Landes und freundlichen Verkehr pflegen mit dem mächtigen deutschen Nachbar. Zwar ist er durch den Rhein von der übrigen Schweiz abgetrennt und ganz in deutsche Lande eingebettet. Aber warm und treu rollt das Schweizerblut in den Adern seiner Bewohner. Das wissen unsere Schweizerbrüder, und sie halten das Schaffhauserländchen in Ehren. [S. 86] Mit dem Pathos der Jahrhundertwende drückt Emil Wechsler denselben Gedanken aus im schon zitierten *Gesang des Schaffhausers*:

Lasst uns treu die Heimat hüten,
wie die Väter, frei und stark,
wir, zur Vorhut auserkoren
an des Vaterlandes Mark!
Treue Söhne freier Ahnen,
schaffen wir mit frohem Mut,
weihen unsrer lieben Heimat
und der Freiheit Gut und Blut. [S. 209][66]

---

64 Beide Sagen in Lb IV SH (1915), S. 93 f. An anderer Stelle ist die Burg Hohenklingen Anlass zu dem Kommentar: «Mächtige Herren hausten einst in ihren festen Mauern, die drohend hinabschauten auf die geknechteten Untertanen. Freiheit herrscht jetzt.», Lb V SH (1910), S. 57.

65 Ebd., S. 75.

66 Ein der Schulstufe merkwürdig wenig angepasster Text sei hier noch angemerkt: Eduard Frauenfelders Dialektepos *Drei Bitten am Randenquell* von nicht weniger als 150 Hexametern, Lb IV (1915), S. 86–90. Der Verfasser bittet darin die Quellnymphe, ihm drei Wünsche zu gewähren, und erhofft sich so für seine Heimat die hohen Güter Friede, Freiheit und Gesundheit. So Grosses kann die gute Fee jedoch nicht schenken; daran müssen die Schaffhauser unter der Anleitung der besten «Randemanne» selber arbeiten.

1.2.4. St. Gallen und Appenzell Ausserrhoden

Schwerer als Schaffhausen fällt es den St. Galler Lesebüchern, Identitätsmuster für ihren Kanton zu finden. Aus sehr verschiedenen Teilgebieten zusammengestückt und konfessionell gespalten, ist diese Schöpfung der Helvetik lange Zeit nicht zu einer Einheit geworden.[67] Auch nach 1874 hielten die Schulgemeinden hier besonders hartnäckig an den konfessionell getrennten Volksschulen fest.[68] Die 1890 revidierte Kantonsverfassung übertrug der Stadt die Aufsicht über die Primarschulen und damit die Produktion von verbindlichen Lehrmitteln, die kostenlos an die Schulen abgegeben wurden. Wenn es alle Beteiligten wünschten, konnten aber die konfessionell getrennten Schulen weitergeführt werden.[69] Es hängt wohl mit dieser Situation zusammen, dass die St. Galler Lesebücher der letzten hundert Jahre in relativ kurzen Abständen jeweils wieder neu bearbeitet wurden. Seit 1888 benützte man eine auf St. Galler Verhältnisse abgestimmte Version von H. R. Rüeggs Lehrmittel. Die Lesebücher für die 4. und 5. Klasse wurden in den späten neunziger Jahren ersetzt; 1911 erschienen neue Fassungen der Lesebücher für das 5. und 6. Schuljahr, für die der Geschichts- und Geographieteil neu konzipiert und stark erweitert wurde. Das Lesebuch für die 4. Klasse benützt für die erzählenden Texte das Jahreszyklusschema und fügt ein ganz allgemein gehaltenes Kapitel «Im Wohnort» an. Im historischen Teil «Aus alter Zeit» bringt es in erster Linie Erzählungen zum Wirken des heiligen Gallus, zur Gründung des Klosters und den Anfängen der Stadt St. Gallen; der zweite Teil ist dann Wilhelm Tell gewidmet.[70]

Das 5.-Klass-Lesebuch von 1911 enthält einen relativ ausführlichen Rundgang durch alle Kantonsteile, den Sagen und historische Anekdoten auflockern. Das Kloster St. Gallen wird dabei auffallend wenig berücksichtigt, aber auch die Stadt als Handels- und Verwaltungszentrum bleibt ohne grosse Strahlungskraft. Vermieden sind alle Anspielungen auf den konfessionellen Graben, der zwischen beiden verläuft: ein heikler Punkt, den man angesichts des noch immer nicht überall gelösten Problems der konfessionell gemischten Schulen wohl besser nicht berührte.[71]

Im historischen und geographischen Teil dieses Lesebuchs für die 5. Klasse wird ein Bild der Vielfalt auf kleinem Raum entworfen: Da ist die Rede von den weltlichen

---

67 F. R. Allemann, 25 mal die Schweiz, S. 262–269.
68 1879 entschloss sich zuerst die Stadt St. Gallen, die beiden Schulgemeinden zusammenzulegen: vgl. A. Schlegel, Schulgeschichte der Stadt St. Gallen, S. 12.
69 O. Voegtle, Der Kanton St. Gallen auf dem Weg zur Verfassung von 1890, S. 236–238.
70 Die Tellsage gehört in den meisten Kantonen zum Stoff der 4. Klasse.
71 Vgl. dazu P. Stadler, Kulturkampf, S. 478 f. und G. Thürer, St. Galler Geschichte, S. 331 f.

Herren, den Grafen von Werdenberg und von Toggenburg. Ihr Aufstieg, «Glanz und Verfall» werden recht nüchtern nachgezeichnet, ebenso die Versuche der Stadt St. Gallen sich von der Klosterherrschaft zu lösen.[72] Distanzierter als im Thurgauer Lesebuch klingt das Urteil über die Appenzeller Expansion um 1405, obwohl dieses Lesebuch auch im Kanton Appenzell Ausserrhoden verwendet wurde:

Doch ein einziger Unfall reichte hin, den Bund [ob dem See] zu sprengen. [...] Unversehens fiel [der schwäbische Adel] über die sorglos gewordenen Belagerer her und schlug sie in die Flucht. [...] Die Appenzeller verloren ihr Banner und etwa fünfzig Mann. [...] Sie kehrten ohne Zögern in ihre Berge zurück. Wie ein Strohfeuer war ihr Kriegseifer erloschen, und wie ein Kartenhaus brach der Bund zusammen. Die Edelleute kehrten wieder auf ihre Besitzungen zurück, und die Bauern waren wieder ihre Untertanen. [S. 110]

Wenn jedoch die Eidgenossen zu ihren Schlachten gegen die mächtigen Österreicher antreten, ist die Begeisterung ohne Vorbehalt.[73]

Im geographischen Teil erscheinen zwei Gegenden besonders profiliert: das Toggenburg und Appenzell. Im Toggenburg liegt Wattwil, der dank seinem «Baumwollengewerbe» rasch gewachsene Industrieort:

Wer eine Spindel drehen konnte, fing an zu spinnen und zu weben. [...] Die Toggenburger zeigten grosse Geschicklichkeit in der Herstellung bunter Gewebe, und dieses wurde immer begehrter. Einige Wattwiler [...] erwarben sich Reichtum. Sie bauten Fabriken, in denen man mit grossen Webmaschinen viel schneller und billiger arbeiten konnte. Die Thur lieferte die Wasserkraft zum Betriebe derselben. Hunderte von Arbeitern wurden angestellt. Sie fanden ihr reichliches Brot und legten sich einen Sparpfennig zurück. Der Reichtum des Dorfes mehrte sich. [...] Schönere Häuser wurden gebaut, und aus dem einfachen Bauerndorfe entstand ein grosser, schöner Fabrikort. [S. 161 f.]

Auch hier gilt das grosse Lob der Industrialisierung; da wir dank der neueren Forschung Einblick haben in die Notlage der St. Galler Textilarbeiter während den häufigen Wirtschaftskrisen,[74] tönt es falsch beschönigend, sogar zynisch, wenn vom reichlichen Brot der Arbeiter die Rede ist und von den Ersparnissen, die sie zurücklegen können. Dass der Profit höchst ungleich verteilt wurde, kommt nur ganz indirekt zum Ausdruck: *Eine Menge stattlicher Gebäude ziert den Flecken. Die Schulen sind in hübschen Häusern untergebracht. Die Gemeindebewohner, besonders die reichen Fabrikanten,*

---

72 Lb V SG (1911), S. 112–132.
73 Ebd., S. 84–90.
74 R. Ruffieux, Die Schweiz des Freisinns, S. 685 f.

liessen sich das Geld nicht reuen, wenn es galt, das Volkswohl zu heben und besonders die Jugendbildung auf eine erfreuliche Stufe zu bringen. Sie gründeten auch eine Webschule für die Weber und Kaufleute. [...] Man vergass aber auch die Armen und Kranken nicht; für sie errichtete man ein Armen-, ein Waisen- und ein Krankenhaus. [S. 162]

Das Kind soll in den stattlichen Bauten Wattwils die Hinterlassenschaft des bewunderten Unternehmergeistes erkennen lernen.

Zur behaglich ausgeschmückten Folkloreszene wird daneben die Schilderung einer Toggenburger Alpfahrt: in rituellem Zug führen Ende Mai die Sennen, begleitet von den Bauern, die Rinder und Geissen auf die Alp.

Die Buben müssen die 3–4 hellbraunen Geissen voraustreiben, damit diese im Gedränge nicht Schaden leiden. Jetzt schreitet, fröhlich jauchzend und jodelnd, der schmucke Senn daher. [...] Dem Sennen folgen, vom Handbuben getrieben, die drei schönsten Kühe mit den grossen «Schellen» an den Hälsen. Ihnen reiht sich die Sente an. [...] Den Schluss bildet der Bauer, begleitet vom keuchenden Hunde, dem «Bläss». [S. 163 f.]

Der Tag klingt in Geselligkeit aus:

Die behäbigen Bauern setzen sich in würdevoller Haltung an den Tisch, schmauchen ihre Pfeifen und reden von ihren Herden. Die Knechte, in ihrer Farbentracht, stehen im Halbkreis daneben und «schütten» genau im Takt um die Wette die «Schellen». Einige der besten Sänger stecken den kleinen Finger ins rechte Ohr und stimmen einen prächtigen Jodler an, wozu die übrigen Älpler mit leiser Stimme «gradhäbä» müssen. [S. 164]

Sobald von Bergbauern und ihren Bräuchen die Rede ist, bricht bei allen Schweizer Lesebuchautoren Begeisterung für urtümliche Hirtenkultur durch. Im St. Galler Lesebuch werden das Toggenburg und das Appenzellerland zu dieser Art reiner Bergwelt emporstilisiert, die auch schon der Fremdenverkehr entdeckt hat. Hier kann man sich erholen in der «frischen Alpenluft und bei guter Alpenmilch», und «von treubesorgten Lehrern werden schwächliche Kinder aus den Städten in Ferienkolonien ins Toggenburg geführt.» (S. 166)

Mit dem Appenzellerland lebt St. Gallen in einer merkwürdigen Symbiose, denn die beiden Halbkantone Appenzell Innerrhoden und Ausserrhoden pflegten zum grossen, sie umschliessenden Nachbarkanton bessere Beziehungen als untereinander. Auch wirtschaftlich waren sie auf St. Gallen ausgerichtet und stellten für die Textilindustrie Arbeitskräfte zur Verfügung. Beide benutzten zeitweise St. Galler Lehrmittel, doch während das reformierte, fortschrittsorientierte Appenzell Ausserrhoden dabei blieb, suchte das äusserst konservativ-katholische Appenzell Innerrhoden Anschluss an die Schulbücher der Innerschweizer Orte. Das St. Galler Lesebuch von 1911 berücksichtigt das Appenzellerland denn auch besonders und findet begeisterte Töne für seine Eigenart:

Im Appenzellerländchen triffst du überall saubere Häuser mit hellen Fensterscheiben
und blendend weissen Vorhängen. Es gefällt dir wohl, und du möchtest gleich bei den
heitern Menschen wohnen. In der Stube findest du die fleissige Hausmutter mit ihren
Töchtern. Sie sitzen am Stickrahmen und sind emsig beschäftigt, ihre Muster auf das
zarte Tuch zu sticken. Rasch gleitet die Nadel auf und ab. Ein niedliches Blatt
entsteht; eine Blume reiht sich an die andere. Die Arbeit wird an die Fabrikanten
abgeliefert; die feinen Stickereien wandern nach allen Ländern.[75]

Idyllisch wirkt das Bauernhaus auch von aussen:

Vor den Fenstern steht die wohlgefügte Scheiterbeige [...] Neben dem Hause ergiesst
ein kleines Brünnlein seine klaren Wellen in den gehöhlten Baumstamm. An das Haus,
das immer aus Holz gebaut ist, schliesst sich die Scheune an. Alles um und an
derselben ist sauber. [...] Der Appenzeller nennt das Haus mit dem dazu gehörenden
Boden eine «Heimat». Hundert und hundert solcher «Heimaten» breiten sich über
Halden und Höhen aus; man zählt in Ausserrhoden allein 5500; es ist, als ob man sie
hingesät hätte. [S. 178]

Wieder verkörpert das kleine Gütlein des bescheiden, aber unabhängig lebenden
Bergbauern offensichtlich Schweizerisches. Im übrigen erinnern die hier in den
Texten zum Toggenburg und zu Appenzell beschworenen Bilder schon an die Empfehlungen der Heimatschutzbewegung, die seit den neunziger Jahren zunehmend
Beachtung fanden: in alten Bräuchen und Trachten, aber auch in den Haustypen der
verschiedenen Regionen konnte die kulturelle Vielfalt der Schweiz entdeckt und
gepflegt werden. Zur Abrundung dieses Heimatthemas ist auch noch ein kurzer Text
in Appenzeller Mundart beigefügt, der inhaltlich wenig bringt, aber wohl auch für
St. Galler Kinder einen gewissen exotischen Reiz hatte.[76]

Mit einem Text zur Landsgemeinde profitiert das St. Galler Lesebuch direkt vom
kleinen Nachbarkanton, denn nirgends sonst wird den zukünftigen Schweizer Bürgern Demokratie so unmittelbar anschaulich:

Die Landsgemeinde ist des Appenzellers Ehrentag. Am letzten Sonntag im April
versammeln sich die Männer von Innerrhoden in Appenzell, diejenigen von Ausserrhoden
abwechselnd in Trogen und Hundwil. [...] Von allen Seiten strömen die Männer, mit
dem Degen bewaffnet, dem Versammlungsorte zu. Der geräumige Platz füllt sich
dichter und dichter. Alle in Ehren und Rechten stehenden Landleute finden sich hier

---

75   Lb V SG (1911), S. 177 f. Der Text steht auch im Lb V AI (1905), S. 155 f. Zur stickenden
     Appenzellerin vgl. die Erzählung *'s Laseyer Sepheli* von J. Hautle, ebd., S. 15–20 und Kap. 1.3.6.,
     S. 86 f.

76   J. Merz, *Das Weissbad*, ebd., S. 178 f. Der Text ist dem 5.-Klass-Lesebuch von Appenzell
     Innerrhoden von 1905 entnommen.

zusammen, um unter Gottes freiem Himmel mit Ernst des Vaterlandes Wohl zu beraten und zu stimmen. [S. 174 f.]

Die Mischung von feierlichem Zeremoniell und freier Meinungsäusserung fasziniert mehr als eine didaktisch noch so geschickt gebotene staatskundliche Belehrung.

Um ein Viertel vor elf Uhr stimmt die Musik das Landsgemeindelied an. Die Menge fällt ein, und mächtig rauschen die Töne dahin. Schlag elf Uhr ziehen die Mitglieder der Regierung, vom Ratschreiber und Landweibel begleitet, unter Glockengeläute und den Klängen der Musik vom Rathause her auf den Landsgemeindestuhl [...] Der Landammann eröffnet die Verhandlungen mit einer Rede an die «getreuen, lieben Mitlandleute und Bundesgenossen». [S. 175]

Nun werden die einzelnen Geschäfte aufgezählt, was zugleich einen kurzen Überblick über die Institutionen ergibt.

Am Schlusse der Geschäfte legt der Landammann vor allem Volke den Amtseid ab. Dann fordert er die Landsleute auf, den Eid zu schwören. Mit entblösstem Haupte und emporgehobenen Fingern geloben sie bei Gott dem Allerhöchsten, des Vaterlandes Nutzen und Ehre zu fördern, die Rechte und Freiheiten desselben [...] zu schützen, den Obrigkeiten nach den Gesetzen zu gehorchen und Rat und Gerichte zu schirmen. Nach dieser feierlichen Handlung erklärt der Landammann die Landsgemeinde als geschlossen. [...] Jeder zieht wieder seiner Hütte zu, und auch der Ärmste freut sich, Bürger eines freien Landes und Volkes zu sein. [S. 175 f.]

Der Text stammt im wesentlichen aus dem 1905 erschienenen 5.-Klass-Lesebuch von Appenzell Innerrhoden.[77] Sein Verfasser Josef Hautle hat es offensichtlich verstanden, das Wesen dieses Ehrentages in Worte zu fassen, die für Inner- wie für Ausserrhoder gültig waren. Der letzte Satz vom Ärmsten, der stolz ist, «Bürger eines freien Landes zu sein», könnte als Motto über einem Dutzend Schweizer Schulbuchtexten der letzten zwei Jahrhunderte stehen: er bezeichnet einen Kernpunkt schweizerischen Selbstverständnisses.

1.2.5. Graubünden

In Graubünden gestaltete sich ende des 19. Jahrhunderts die Suche nach Lehrmitteln, die allen Bevölkerungsgruppen gerecht würden, besonders schwierig. Abgesehen von den konfessionellen Gegensätzen mussten nebeneinander deutschsprachige, italienisch und verschiedene romanische Dialekte sprechende Bündner berücksichtigt

---

77 Lb V AI (1905), S. 33–37.

werden. Die südlichen Bündner Täler konnten sich in Schulbuchfragen dem Tessin anschliessen; für die Romanen jedoch erwies sich das Lesebuchproblem auch deshalb als so heikel, weil um eine schriftliche Form und Orthographie, die von allen akzeptiert werden konnte, erst mühsam gerungen wurde. Wie Gion Deplazes gezeigt hat, bemühten sich zwischen 1890 und 1900 die Leiter des paritätischen Churer Lehrerseminars in Zusammenarbeit mit der Erziehungsbehörde um einheitliche neue Lesebücher.[78] Seminardirektor Paul Conrad verfasste zusammen mit Andreas Florin in kurzer Zeit ein Unterrichtswerk, das von der Fibel für das erste Schuljahr bis zum Lesebuch der 8. Klasse konsequent die damals modernen Richtlinien der Leipziger Schule von Herbart-Ziller einhielt. Conrad selbst hatte längere Zeit bei Tuiskon Ziller am Pädagogischen Seminar in Leipzig gearbeitet.[79] Seit der Gründung des Bündner Lehrerseminars bestand eine enge Beziehung zu Zürich, von wo zuerst die Schulbücher Scherrs und diejenigen von Gerold Eberhard übernommen worden waren. In der liberalen Vorstellung von einer fortschrittlichen Volksschulbildung fühlte man sich ebenso verwandt.

Schwerpunkte eines jeden Bandes sind Texte zu einem bestimmten Themenkreis, dem sogenannten Gesinnungsstoff, durch den auf jeder Schulstufe, dem Entwicklungsstand der Schüler entsprechend, die sittliche Erziehung gefördert werden soll. Der von Conrad und Florin ausgewählte Stoff ist zum Teil sehr stark vom deutschen Sprach- und Literaturkreis geprägt. Die Lesebücher für die 2. und 3. Klasse bezogen den Lesestoff aus *Robinson* und den *Nibelungen*, was von den Romanen als zu deutsch empfunden wurde. So ist leicht zu verstehen, dass sich in den romanischen Gemeinden Widerstände regten gegen die ihnen von Chur aufgezwungenen Schulbücher, die nicht befriedigend ins Romanische übertragen wurden und zudem weit entfernt waren von den Bedürfnissen katholischer Gemeinden.[80] Pater Maurus Carnot verfasste ein Konkurrenzlehrmittel *Sigisbert*, das in offener Auflehnung gegen die Weisungen der Erziehungsdirektion im Vorderrheintal gebraucht wurde. Es erzählt eine Art Bündner Robinsonade: die Geschichte des Einsiedlers Sigisbert, der in der Wildnis der Desertina seine Zelle baut und zwei Knaben erzieht – dort, wo später das Kloster Disentis stehen wird.[81] Die Lesebücher für die 4.–6. Klasse wurden im ganzen Kanton besser aufgenommen. Es lohnt sich deshalb, die Bündner Stoffe, die sie enthalten, etwas näher anzusehen.

---

78 G. Deplazes, Sprachliche Schulbücher im romanischen Rheingebiet, S. 101–116.
79 Vgl. Kap. 1.2.1., S. 40.
80 G. Deplazes, ebd., S. 104–106. Vgl. C. Schmid, Der neue Lehrplan für die Primarschulen des Kantons Graubünden, in: SPZ 5 (1895), 213–233; darin besonders: S. 214–224.
81 Ebd., S. 111, 154 f. Zu Carnots *Sigisbert* vgl. V. Rutschmann, Für Freiheit und Fortschritt, Kap. 2.5.4.

Zentrales Thema des 4.-Klass-Lesebuches sind Befreiungssagen aus der Urschweiz und aus Graubünden. Auch die bösen Vögte von Fardün und Hohenrätien, die den armen Bauern das Leben schwer machen, ihnen die Jagd verbieten oder die Tochter entführen, büssen für ihren Übermut: ihre Burgen werden gebrochen, gehen in Flammen auf, der Bösewicht stürzt über die steile Felswand zu Tode.[82]

Dass die Auswahl absichtlich auf ein Motiv beschränkt bleibt, begründen die Autoren im Vorwort, wobei sie auch darauf hinweisen, dass längst nicht alle Heimatsagen ins Lesebuch gehören: manche «eignen sich infolge ihres rohen, zum Teil erotischen Inhaltes ganz und gar nicht für ein Schulbuch.» Dabei war es offenbar nicht einfach, Sagen zu finden, die alle Bündner ansprachen, denn «jedes Tal möchte wenigstens eine seiner Sagen im Lesebuch haben».[83] Conrad und Florin waren jedoch nicht gewillt, dem Bündner Partikularismus auf Kosten ihres didaktischen Konzepts zu weit nachzugeben. Allen gemeinsam könnte die Sage von Rätus sein, die ins 5.-Klass-Lesebuch aufgenommen wurde: Um nicht in Sklaverei zu geraten, habe sich der Etruskerfürst Rätus vor den anstürmenden Galliern in die wilden Alpentäler zurückgezogen und sei dort zum Stammvater der Räter geworden.[84]

Die geographische Vielfalt der Bündner Talschaften und die Geschichte ihrer komplizierten Herrschaftsverhältnisse vom Mittelalter bis um 1500 werden im Lesebuch der 6. Klasse ausführlich, aber immer sachlich besprochen. Die Nüchternheit ist Absicht, denn die Autoren wollen sich an die Ergebnisse der Geschichtsforschung halten und diese klar trennen von sagenhaften Überlieferungen. Die noch oft anzutreffende «Mischung von Wahrheit und Dichtung» in der Nachfolge von Aegidius Tschudi und Johannes von Müller erscheint ihnen als «durchaus unhaltbar». Sie wissen wohl, dass so «mancher kernige Zug und manches kräftige Wort» wird verschwinden müssen, doch dürfe man nicht länger «ein falsches Nationalgefühl, einen Patriotismus grossziehen, der sich im Ruhmesglanze der Väter sonnt und über einer einseitig verherrlichten Vergangenheit die Gegenwart vergisst.»[85] Das sind überraschende Worte aus den Jahren, die uns im Rückblick als eine Zeit des überbordenden Nationalismus erscheinen.

Der Rundgang durch die Täler ergibt eine Vielzahl kleiner, sorgfältig ausgearbeiteter

---

82 Lb IV GR (1909), S. 39–43.
83 Ebd., Vorwort, S. Vf. Jedem Lehrer stehe es frei, selber Sagen aus seinem Tal zu erzählen. «Er vergesse dabei aber niemals, dass nicht alle heimatlichen Überlieferungen […] ein würdiger Stoff des erziehenden Unterrichtes sind.» Man sieht die Spannung entstehen zwischen den didaktisch-methodischen Vorstellungen der Autoren und den Erwartungen von seiten der Lehrerschaft.
84 Lb V GR (1910), S. 1 f. Vgl. Kap. 4.1.3., S. 284 f.
85 Ebd., Vorwort, S. V. Zu Tschudi vgl. B. Stettler, Tschudis schweizergeschichtliche Gesamtkonzeption und Ders., Studien zur Geschichtsauffassung des Aegidius Tschudi.

Porträts, dürfte aber insgesamt den Sechstklässlern eine etwas mühsame Lektüre gewesen sein. Besonders charakterisiert werden jeweils die italienisch sprechenden Bewohner der südlichen Bündnertäler. So heisst es von den Puschlavern, dass sie «sehr tätig und infolgedessen ziemlich wohlhabend» seien; «Daher trifft man auch nirgends Bettler wie jenseits der Grenze.» (S. 130)

[Die Bergeller] lehnen sich staatlich und konfessionell den Engadinern an. Durch Gemeinsamkeit der Sprache und des Temperaments sind sie mit den Italienern verbunden. Sie unterscheiden sich aber doch ganz bestimmt von den einen wie von den andern und tragen so auch das Ihrige bei zu der anmutigen Mannigfaltigkeit, die einen Hauptreiz unseres Bündnerlandes bildet. [S. 134]

Eine leise Überheblichkeit der deutschsprachigen Bündner gegenüber der italienischen Nachbarschaft ist nicht zu verkennen.

Es gibt ein historisches Ereignis, das als gesamtbündnerische Leistung empfunden und entsprechend begeistert erzählt wird: Der grosse Abwehrkampf der Bündner während des Schwabenkriegs, als sie, mit den Eidgenossen verbündet, 1499 in der Schlacht an der Calven die Truppen Kaiser Maximilians schlugen und ihr Vordringen ins Münstertal verhindern konnten. Da fällt der Held Benedikt Fontana mit den Worten: «Frisch vorwärts, Kameraden! Achtet meiner nicht, ich bin nur ein Mann! Heute, Bündner, oder nimmermehr!»[86] In die spätere Auflage des 6.-Klass-Lesebuches wurde auch ein Bericht über die Calvenfeier von 1899 aufgenommen. Im Festspiel auf der Bühne wurde die Schlacht noch einmal ausgefochten und konnte nun mit dem grossen Pathos resümiert werden, das sich die Historiker zuvor weitgehend versagt hatten. Vor allem aber kommt in dem Bericht zum Ausdruck, worin die Bedeutung einer solchen historischen Gedenkfeier lag:

Den Schluss der Aufführung bildete ein farbenreiches Gemälde zum Andenken an die Vereinigung unserer rätischen Heimat mit der schweizerischen Eidgenossenschaft. Am ganzen Festspiel wirkten gegen 1500 Personen mit, reich und arm, jung und alt, hoch und niedrig, jeder gern auf dem Platze, wohin er gestellt worden war, jeder nach bestem Können. Nur so war es aber auch möglich, das grossartige Schauspiel würdig darzustellen.

Von nah und fern eilten Tausende und Tausende herbei, der Feier beizuwohnen. Die Probeaufführung war von über 3000 Schulkindern aus allen Teilen des Kantons besucht. Zu den drei Hauptaufführungen hatten sich wohl je 7000 bis 10'000 Zuschauer

---

86 Lb VI GR (1912), S. 65 f. Erst im 19. Jahrhundert wurde die an sich historische Gestalt Benedikt Fontana zu einem zweiten Winkelried zurechtstilisiert: Vgl. C. Willi, Calvenschlacht und Benedikt Fontana.

eingefunden: Bewohner der entlegensten Bündner Täler, Kinder und Greise, Männer und Frauen, Tausende [...] aus allen Gauen der Schweiz. Selbst vom Auslande her, aus allen Teilen Europas, ja vom fernen Amerika herüber war mancher Bündner gekommen zum Ehrentag seiner Heimat. [...] Mächtig rührten die Bilder aus Rätiens Vergangenheit an aller Herzen, sie zu neuer Glut für Heimat und Vaterland entflammend. Die Calvenfeier wird unvergessen bleiben in den rätischen Bergen![87]

Hier endlich ist das grosse gemeinsame, das identitätsstiftende Ereignis gefunden, an dem es sonst der Bündner Geschichte mangelt. Natürlich ist die Sprache hier von patriotischen Klischees durchsetzt, interessant jedoch, dass nur in dem Moment, da die Gegensätze vom grossen vaterländischen Schwung überdeckt werden, von «arm und reich, hoch und niedrig» die Rede ist.

Mögen die Talschaften und die Gemeinden in unüberblickbare Freund- und Feindschaften verstrickt sein, so bleibt doch eine grosse Einheitlichkeit in der Lebensweise der Bündner Bergbauern, und dieser bäuerlichen Umwelt sind recht viele Texte der Lesebücher gewidmet. Alpen und Alpwirtschaft sind ein gesamtschweizerisches Thema; hier in Graubünden wie in den andern Bergkantonen hat es jedoch für Schulkinder einen andern, ideologiefreien und umgebungsbezogenen Sinn, wenn von der Alpfahrt, den Alpkühen, vom Wildheuer und von Lawinen die Rede ist. Dafür muss hier ein Textbeispiel genügen: Im Lesebuch der Viertklässler stehen ein paar «Briefe», die «Seppi, der Handbub» an einen gleichaltrigen Freund schreibt, und in denen er genau berichtet, was er den Sommer über als Gehilfe des Senns auf der Alp zu tun hat.

Etwa um halb 3 Uhr beginnen der Senn, der Zusenn und der Küher mit dem Melken. Nicht wahr, das ist früh? – Wir haben 60 Milchkühe. Jeder muss also 20 Kühe melken. [...] Ich muss unterdessen in der Hütte das Feuer unter dem Kochkessel schüren und das Rahmmus oder den Reisbrei rühren.[88]

Das ist wohl in einem etwas pseudokindlichen Ton geschrieben, aber so realitätsnah, dass dem Lesestück eine grosse Zukunft beschieden war: es wurde von mehreren Lesebüchern auch anderer Kantone übernommen und jeweils leicht auf die dortigen lokalen Verhältnisse umstilisiert.[89] Das gilt auch für das Glarner 4.-Klass-Lesebuch von 1908: da schreibt der Handbub von einer Glarner Alp, ohne dass der Text verändert werden musste.[90]

87   Ebd., S. 206 f.
88   Lb IV GR (1909), S. 103–106.
89   Lb VI ZH (1912), S. 94–99; Lb VI ZH (1921), S. 67–71. In Lb V UR (1921), S. 116–119, heisst die Alp Urwängi.
90   Lb IV GL (1908), S. 111–115.

1.2.6. Glarus

Die Glarner Lehrmittel lehnen sich stark an das Zürcher Modell an und übernehmen auch Texte aus den Bündner und St. Galler Lesebüchern. Im Lesebuch für die 4. Klasse sind die Themen im Jahreszyklus angeordnet, worauf im heimatkundlichen Teil die üblichen Texte zu Wohnhaus und Wohnort folgen. Die Alpentexte gehören wie im Bündnerland zur «Umgebung des Wohnortes». Für das Glarnerland typisch ist die sehr gezielte Verwendung von Dialektstücken. Sie sprechen wohl für das schon um 1900 wache Bewusstsein, dass mit der Mundart glarnerische Eigenart erhalten bleiben könne, auch wenn der kleine Kanton mit seiner frühen Industrialisierung sehr vielen Fremdeinflüssen ausgesetzt war und ist.[91] Diese Spannung zwischen pflegenswerter Glarner Tradition und der schon früh notwendig gewordenen Öffnung nach aussen muss auch den Schülern – in wohlberechneter Dosierung – bewusst gemacht werden. Ein kleines Mundart-Theaterstück, *D'Alpfahrt* von Kaspar Freuler, schildert den Aufbruch von Bauern und Vieh mit viel Liebe zum Detail und sucht damit auch manchen altertümlichen Dialektausdruck den Viertklässlern lebendig zu erhalten.[92] Es folgt das Gedicht *D's Vrinelis Gärtli* von Jakob Hardmeyer-Jenny, in dem der Berg selber zum Glarner Heimatsymbol wird: eine poetische Gleichsetzung, die im kleinen, geographisch geschlossenen Kanton naheliegt, im weitläufigen Bündnerland jedoch trotz der grossartigen Berglandschaft nicht vorkommt.

Wenn Eine furtgaht us der Schwyz,
Dem liebe Land, dem chline, –
Wie lueget er so trurig zrugg,
So lang er d'Berg gsit schine!

[...]

Da rüeft er z'eismal: «Schint nüd det
Im Dunst nuch d's Vrinlisgärtli?
Ja, s'isch es; bhüet die Gott, leb wuel!»
Er seit's so warm, so zärtli.

Und chunt er us der Fründi hei,
Was suecht er mit de Blicke?
Denk, d's Vrinlisgärtli, dass er ihm
Si erste Gruez chän schicke.

[...]

Und wer di gsit, sig's z'Berg, sig's d's Tal,
Im ganze Ländli niemed,
Seid: «Det isch d's Vrinlisgärtli, ja;
Gottlob, i bi däheimed!» [S. 119 f.]

---

91 Zur Glarner Situation F. R. Allemann, 25 mal die Schweiz, S. 74–88 und J. Davatz, Glarner Heimatbuch, S. 193–204.
92 Lb IV GL (1908), S. 108–111.

Die in Heimatgedichten so gängige Figur von Aufbruch und Rückkehr hat im Glarnerland einen stärkeren Realitätsbezug als in manch andern Kantonen. Glarner, die die Heimat verlassen, um in der Fremde Arbeit zu suchen oder auch um die Produkte der Glarner Industrien zu verkaufen: die freiwillige oder durch wirtschaftliche Not erzwungene Auswanderung prägen die Geschichte des Kantons durch Jahrhunderte. Im kleinen Kapitel «Vor altem» nimmt das Lesebuch der 4. Klasse auf diesen Teil der Heimatgeschichte Bezug, nachdem zuerst der Schutzheilige Fridolin zu Ehren gekommen ist.[93] Da berichtet der Grossvater, die bewährte Erzählfigur, seinen Enkeln aus früherer Zeit: *Mi Urgrossvater ist gar früe i d'Fründi chu und hät früe fründs Brot gässe. [...] Vu Glaris äwäg hät er ghandlet dur Dütschland dure und äm Rhy na abe bis fast ä d's Meer. Ä schüners und sterchers Tuech hät kei Händler wit und breit ka. [S. 138]* Neben dem Tuchhandel nennt er den Viehhandel über die Bündner Pässe bis nach Mailand und schliesslich die Glarner Hausierer, die in den Nachbarkantonen das Bild vom Glarner geprägt haben: *Ander händ mit Griffel, Schiefertafeli und Tee g'handlet. Wit und breit hät mä die Glarner Handelslüt kännt und mänge hät planget, bis der Chrüterma us äm Glarnerland wieder chu ist. [S. 138]* Auch der letzte dieser Dialekttexte über die jungen Glarner in fremden Kriegsdiensten bewahrt seine auf Kinder abgestimmte Harmlosigkeit, doch wird im Lesebuch der 6. Klasse das Thema im Rahmen der Schweizer Geschichte nochmals aufgegriffen. Da kommen Probleme des 16. Jahrhunderts zur Sprache, die hier noch viel länger nachwirken. In Glarus hatte sich keine Glaubenspartei ganz durchsetzen können: die alten führenden Geschlechter waren katholisch geblieben und fanden Rückenstärkung bei den Innerschweizer Nachbarorten. Die protestantische Mehrheit rekrutierte sich zunächst aus wirtschaftlich schwächeren Schichten, holte dann aber stark auf dank der Industrialisierung. Erst im 19. Jahrhundert vereinigten sich beide konfessionellen Gruppen wieder zu einem gemeinsam verwalteten Staat. 1873 wurde die Schule dem Staat unterstellt und kirchlichem Einfluss entzogen.[94] Wie es die paritätische Situation im Kanton nahelegt, werden konfessionelle Fragen in den Glarner Lehrmitteln sehr zurückhaltend behandelt. Im 6.-Klass-Lesebuch erhält jedoch Ulrich Zwingli eine ausführliche Würdigung: *In jener Zeit zogen die Glarner, wie die übrigen Eidgenossen, als Söldner in die Mailänderkriege. Zwingli [seit 1506 Pfarrer in Glarus] begleitete sie als Feldprediger und hatte dabei Gelegenheit, das Übel des Reislaufens in seinem ganzen Umfange*

93 Ebd., S. 136–138. Die beiden in Mundart erzählten Anekdoten vom «heiligen Fridli» vermeiden jede Feierlichkeit.
94 Vgl. Davatz, Glarner Heimatbuch, S. 84–89, 149–158, 248 f.

kennen zu lernen Er musste zusehen, wie die einen Krieger für schnöden Sold auf fremder Erde ihr Herzblut verspritzten und wie andere an Geist und Körper zerrüttet in ihr Vaterland zurückkehrten und hier Laster und Seuchen verbreiteten. Mit heiligem Eifer predigte er darum nachher in Glarus gegen das Reislaufen und enthüllte das schändliche Treiben der Obrigkeiten und Vornehmen, welche das Blut ihrer Mitbürger an fremde Fürsten verkauften und das Geld verwendeten, um ein sittenloses Leben zu führen. Seine freimütige Rede gefiel den Glarnern nicht. Besonders die vornehmen Geschlechter, welche das fremde Geld mehr liebten als die Wahrheit und das Heil des Volkes, griffen den kühnen Prediger leidenschaftlich an.[95]

Die schlimmen Folgen der Reisläuferei und die verwerfliche Gewohnheit der herrschenden Geschlechter, von fremden Fürsten Pensionen anzunehmen, wird in den meisten Lesebüchern in drastischen Farben ausgemalt und getadelt. Hier aber wirkt die Kritik am «schändlichen Treiben der Obrigkeit und der Vornehmen» besonders scharf, denn mit der Reformation war diese zweifelhafte Form des «Exportes» für Glarus noch längst nicht abgeschlossen. Die einflussreichen katholischen Familien lebten zum Teil noch bis weit ins 18. Jahrhundert hinein von Einnahmen aus fremden Diensten, während die reformierte Glarner Bevölkerung sich mehr der Industrie zuwandte.[96]

1.3. Die Innerschweiz und Appenzell Innerrhoden

Von der schwierigen Lage der katholischen Innerschweizer Orte im neuen Bundesstaat war schon mehrmals die Rede: sie hatten in zwei entscheidenden Momenten militärische Niederlagen erlitten, und hatten beim Zusammenbruch der Alten Eidgenossenschaft ihre Herrschaftsrechte über das Tessin, den Aargau und den Thurgau verloren, was eine beträchtliche wirtschaftliche Einbusse bedeutete. Nach dem Sonderbundskrieg waren sie in den neuen Bundesstaat hineingezwungen worden, der ihnen einiges von ihrer staatlichen Souveränität entzog. Besonders empfindlich reagierten sie auf die Versuche des Bundes, die Entwicklung der Volksschule zu beeinflussen, denn diese war traditionsgemäss eine Domäne der katholischen Kirche.[97] Die wichtigsten Mittelschulen der Innerschweiz waren und sind ja Klosterschulen, und katholische Geistliche waren es auch, die sich zuerst um die Ausbildung der Volksschullehrer kümmerten.

95 Lb VI GL (1909), S. 44 f.
96 Davatz, Glarner Heimatbuch, S. 84, 91–102.
97 Vgl. U. Altermatt, Katholizismus und Moderne, S. 126–130, 224–231.

Der Benediktinerpater Gall Morel (1803–1872) führte seit 1844 Kurse für Primarlehrer durch, eine Vorstufe des 1855 gegründeten, seit 1868 in Rickenbach angesiedelten Seminars. Morel hatte eine Schweizer Geschichte verfasst, die in den dreissiger Jahren erschienen war und ein katholisches Gegenstück zu Heinrich Zschokkes vielbenutzter Darstellung bot.[98] Nach Morels Überzeugung kam dem Religionsunterricht in der Volksschule grösste Bedeutung zu: «Ohne Religion ist alle Bildung unnütz und gefährlich, der Unterricht in allen Fächern (Geschichte, Naturkunde) ist religiös zu behandeln.»[99] Obwohl er sich als überzeugter Föderalist gegen alle zentralistischen Strömungen im Schulwesen wehrte und in der Verfassung von 1848 gefährliche Tendenzen sah, wurde Morel auch ausserhalb des Kantons Schwyz als hochgebildeter Pädagoge und Schriftsteller geschätzt, und einige seiner vaterländischen Gedichte sind nicht nur in den Lesebüchern der katholischen Kantone anzutreffen.[100]

Derselben Generation gehörte der aus dem Münstertal stammende Kapuzinerpater Theodosius Florentini (1808–1865) an. Seine Antwort auf die «antichristliche Schulbildung» der Regenerationszeit und des neuen Bundesstaates und auch auf die Aufhebung der Klöster im Aargau war die Gründung einer Lehrschwesternkongregation. In den fünfziger Jahren entstanden dank seiner Initiative die Institute Menzingen im Kanton Zug und Ingenbohl im Kanton Schwyz, um nur die beiden wichtigsten zu nennen. Sie stellten in den nächsten Jahren den katholischen Schulgemeinden der Schweiz und des Auslandes eine stets wachsende Zahl von Lehrschwestern zur Verfügung.[101]

Wenn der Artikel 27 der Bundesverfassung von 1874 bestimmte, dass die Volksschule unter staatlicher Leitung zu stehen habe, änderte dies wenig am Einfluss der katholischen Kirche auf die Schulen der Innerschweiz. Das Misstrauen gegenüber eventuellen Eingriffen des Bundes war stets latent vorhanden und flackerte sogar im Jahre 1901/02 auf, als endlich eine längst geplante Vorlage über die Subventionierung der Volksschule durch den Bund im Nationalrat zur Debatte stand. Gerade die Vertreter der Bergkantone, die nach dem vorgesehenen Verteilerschlüssel am meisten von der Bundeshilfe profitieren sollten, verlangten eine gesetzlich verankerte Zusicherung, dass die kantonale Schulhoheit von der Geldspende in keiner Weise

---

98 «Es galt, dem Romanenhaften der Schweizergeschichte von Zschokke eine gediegenere und in richtigerem Geiste geschriebene Arbeit gegenüberzustellen», schreibt P. B. Kühne in Morels Biographie, in: O. Hunziker, Geschichte der Schweizerischen Volksschule 3, S. 159.

99 Ebd., S. 161.

100 Am bekanntesten sein Gedicht *In die Berge*, das u. a. in Lb VI ZH (1896), S. 90 f.; Lb VI BE (1896), S. 156 und Lb VI SG (1911), S. 239 f. erschien.

101 Zu Florentini und seinen Gründungen vgl. O. Hunziker, Geschichte der Schweizerischen Volksschule 3, S. 262–271.

tangiert werde.[102] Mit welchen Schwierigkeiten die Modernisierung der Volksschule in den kleinen Innerschweizer Kantonen zu kämpfen hatte, soll hier an dem einen Beispiel Schwyz kurz gezeigt werden. Ein Hauptproblem bestand darin, den obligatorischen Schulbesuch überhaupt durchzusetzen. 1874 liest man im Rechenschaftsbericht des Schwyzer Erziehungsdepartementes: «Der Entwicklung der Schule in Gebirgsgegenden stehen von seiten geographischer, klimatischer und wohl auch pekuniärer Verhältnisse Schwierigkeiten im Wege, von denen man in der Ebene keine Kenntnis hat.» Zwei Jahre später wird von denselben Berichterstattern beanstandet, dass die vorgeschriebenen dreissig wöchentlichen Schulstunden nicht überall eingehalten würden und die Ferien oft länger als acht Wochen dauerten.

Wir wissen, dass insbesondere die Landbevölkerung ein begründetes Anrecht hat auf die Hilfeleistung der Kinder bei ihren Arbeiten; allein trotzdem erwarten wir, dass [man ...] bestmöglichst auf die gesetzlich erlaubte Ferienzeit sich beschränke.[103] Diese Klage tönt vertraut: ob Bauern oder Fabrikarbeiter, alle waren auf die Mitarbeit ihrer Kinder angewiesen, glaubten ein Anrecht auf sie zu haben und wollten den Vorrang der Schulpflicht nicht anerkennen. So mussten sich in den meisten Bergkantonen vom Wallis bis Graubünden die Stundentafeln nach den Bedürfnissen der Bauern richten. Im Winter dann hinderte der oft mehrstündige Schulweg bei schlechtem Wetter die Kinder am Schulbesuch. Bedenkt man zudem, dass seit 1877 in den Schulen von Schwyz siebzig bis achtzig Schüler gemeinsam von einem Lehrer unterrichtet wurden, ist es begreiflich, dass bei einer obligatorischen Schulzeit von sieben Jahren die Lehrziele nicht hoch gesteckt werden konnten.[104]

1.3.1. Schwyz

Der Kanton Schwyz kümmerte sich seit dem frühen 19. Jahrhundert intensiv um das Niveau seiner Schulen.[105] 1855 wurde das Lehrerseminar gegründet, und wie in andern Kantonen waren seit 1849 die Schwyzer Lehrer verpflichtet, jedes Jahr an zwei Lehrerkonferenzen teilzunehmen, die ein Fortbildungsprogramm anboten.[106] Was in den

---

102 Vertreter dieses Minderheitsantrages waren Nationalräte aus Luzern, Uri, aus dem Wallis und katholisch Graubünden. Die Debatte im Nationalrat wurde als Beilage der SLZ 47 (1902) publiziert.
103 A. Dettling, Volksschulwesen im Kt. Schwyz, S. 30 f.
104 Vgl. auch G. Ab Egg, Beiträge zur Geschichte des Urner Schulwesens.
105 Vgl. W. K. Kälin, Der Kantonshauptort Schwyz und seine Lehranstalten.
106 M. Kälin, Die obligatorischen Lehrerkonferenzen.

Jahren 1849–1899 an diesen Konferenzen behandelt wurde, gibt einen wertvollen Einblick in die damalige Schulpraxis. Neben didaktischen und methodischen Übungen war der Erziehungsauftrag des Lehrers stets wiederkehrendes Thema der Konferenzen. Er war 1849 in der «Instruktion für Lehrer» definiert worden: «Der Lehrer hat das Kind nach dem Sinn und Geist der katholischen Kirche zu erziehen und durch die Schule auf seine körperliche, geistige und sittlich-religiöse Veredlung einzuwirken.»[107] Die *Verordnung über Schulordnung und Schulzucht* von 1850 enthielt Bestimmungen über «I. Das Kind in der Schule. II. Das Kind in der Kirche. III. Das Kind in seinen übrigen Verhältnissen».[108] Der Lehrer blieb auch ausserhalb der Schulräume und Schulstunden für das Benehmen seiner Schüler verantwortlich: 1876 hörten die Teilnehmer der Konferenz ein Referat «Wie eingerissenen Ungezogenheiten der Schüler in der Kirche und auf der Gasse zu begegnen sei», und 1882 – im Vorfeld der Abstimmung über die «Schulvogt»-Vorlage – fürchtete man, das Gesetz könnte sich «ungünstig für die Stellung der Lehrer» auswirken, weil «dem Lehrer durch Entzug des konfessionell religiösen Unterrichtes der wichtigste Hebel für gedeihliche Wirksamkeit aus der Hand gewunden sei – indem dasselbe [Gesetz] ihn dem Volke entfremde, weil es kein rechtes Vertrauen in ihn setzen könne».[109] Die Schulbehörden, in denen die Geistlichen stark vertreten waren, wollten den Lehrern ihre Doppelfunktion im Dienst von Schule und Kirche gerne erhalten.

Natürlich spiegelt sich diese Seite des Erziehungsauftrages auch in den Lesebüchern der katholischen Kantone. Die Lesestücke dieser Schulbücher entstammen zum grössten Teil der christlich-religiösen Erziehungsliteratur des 19. Jahrhunderts, die in den gleichzeitigen Lesebüchern der liberalen Kantone schon weitgehend ersetzt worden waren. Das katholische pädagogische Leitbild zur «sittlich-religiösen Veredelung» der Schüler bleibt wesentlich konservativer. Noch um 1930 steht das Innerschweizer 5.-Klass-Lesebuch unter dem Motto:

Willst du hier unten glücklich sein
und drüben nicht verderben,
tu, was du sollst und halt dich rein,
's ist gut für Leben und Sterben.[110]

Die Schulbücher beschreiben im Detail, wie sich «das anständige Kind in der Kirche» verhalten soll:

107 A. Dettling, Volksschulwesen im Kt. Schwyz, S. 23.
108 Ebd., S. 29.
109 M. Kälin, Die obligatorischen Lehrerkonferenzen, S. 36.
110 Lb V AI (1929), S. 6.

Erscheine immer rechtzeitig in der Kirche. Tritt still in dieselbe und gehe ruhig an deinen Platz. Knie schön und anständig. Vermeide jede Störung. Lache nicht, schwatze nicht, spiele nicht, schaue nicht umher und spucke nicht auf den Boden. Vermeide alles unnötige Geräusch. Verlass das Gotteshaus nicht, ehe der Priester vom Altar abgetreten ist. Gehe bescheiden, ohne Störung zu verursachen, aus der Kirche.[111]

Das Urner Lesebuch, dem dieses Zitat entnommen ist, warnt im selben Zusammenhang: «Woran erkennt man den Verführer? Wer über religiöse Gebräuche spottet, über die Geistlichen schimpft, dich vom Besuche des Gottesdienstes zurückhalten will, den erkenne als einen Verführer.»

Und das Appenzeller 4.-Klass-Lesebuch von 1925 gibt dem Kind zu bedenken: «Im Tabernakel wohnt in Brotsgestalt der göttliche Heiland. Er sehnt sich darnach, dass du zu ihm kommst und ihm deine Bitten vorlegest.»[112] Das «anständige Kind in der Schule» und «zu Hause» erhält ebenso detaillierte Anweisungen.

Im didaktischen Teil der Schwyzer Schulkonferenzen wurden bis in die siebziger Jahre vor allem Themen aus dem Sprach- und Rechenunterricht, hin und wieder auch zur biblischen Geschichte aufgegriffen. Dagegen war Realienunterricht zunächst nicht vorgesehen. Erst 1874 wurde für den schriftlichen Teil der Tagung das Aufsatzthema «Die Freude an der Natur, eine Quelle des Vergnügens für Lehrer und Kinder» gewählt, woraus sich eine «umfangreiche Diskussion» ergab.[113] Von «Vaterlandskunde» ist 1875 in bezeichnendem Zusammenhang erstmals die Rede. Die nach der revidierten Bundesverfassung militärpflichtig erklärten Lehrer waren in diesem Jahr zu einer besonderen Lehrer-Rekrutenschule während der Sommerferien nach Basel aufgeboten worden: ein Befehl des Militärdepartements, der schon Monate zuvor heftig diskutiert und kritisiert worden war.[114] Die Wochen in Basel verliefen für die Teilnehmer jedoch offenbar besser als erwartet. Kollegen aus der ganzen Schweiz trafen hier zusammen, und gerade die Lehrer aus den Bergkantonen schätzten die Gelegenheit, aus ihrer Isolierung herauszukommen. Sie brachten neue Erfahrungen und Anregungen nach Hause. An der Herbstkonferenz desselben Jahres berichteten sie, dass man in der Rekrutenschule «namentlich Disziplin und Turnen lernte», und im folgenden Jahr wurde das «Kartenlesen in der Lehrer-Rekrutenschule» vorgestellt (S. 33). Neu war an der Herbsttagung 1875 das Hauptthema: «Weckung und Pflege der Vaterlandsliebe in der Volksschule und Unterricht der Schweizer Geschichte nach

111   Lb V UR (1921), S. 18 f.
112   Lb IV AI (1925), S. 95.
113   M. Kälin, Die obligatorischen Lehrerkonferenzen, S. 32.
114   In der SLZ erschienen im Lauf des Jahres 1875 mehrere Zuschriften und Diskussionsbeiträge zu dem Thema.

dem neuen 5. Schulbuche.» 1879 wurden zwei Arbeiten eingereicht zu dem Thema
«Wie die Schweizergeschichte als Schulfach die Ausbildung des sittlichen Charakters
wecken und fördern kann», wobei man freilich bei der einen «das religiöse Moment
vermisste» (S. 32, 34).

Die Bemühungen um neue pädagogische Erkenntnisse und Methoden sprechen aus
den Konferenzberichten ebenso wie die Tatsache, dass der kleine Kanton wenig
finanzielle Mittel zur Verfügung hatte und vor allem nicht so viele und aufwendige
Lehrmittel produzieren konnte wie etwa der Kanton Zürich.[115] Dies galt natürlich für
alle Innerschweizer Kantone. Um so wichtiger waren in dieser Situation die neuen
Schulbücher für die 4. und 5. Klasse, die 1889 den Schwyzer Lehrern vorgestellt
wurden, denn sie sollten für viele Jahre ihr hauptsächliches Hilfsmittel bei der
Gestaltung des Unterrichts sein.[116]

Sieht man sich in den Lesebüchern der katholischen Innerschweiz nach den vorbild-
lichen Gestalten um, fällt auf, dass sie sowohl aus der Geschichte der katholischen
Kirche wie aus der Schweizer Vergangenheit stammen. Am beliebtesten sind die
Schweizer Heiligen. Im Lesebuch der 4. Klasse von Schwyz reicht die Reihe «Aus
der Kirchengeschichte» vom Drachentöter Beatus über die frühchristlichen Heiligen
Mauritius, Verena und Martin zu den Missionaren der Ostschweiz Fridolin, Gallus
und Meinrad. Den Abschluss bildet ein Gedicht Pater Gall Morels über Niklaus von
Flüe.[117] Das Urner 5.-Klass-Lesebuch berichtet im Kapitel «Glaubensboten und Hei-
lige» unter anderm auch vom heiligen Sigisbert in Rätien,[118] während sich das Appenzeller
Schulbuch für die 4. Klasse auf den heiligen Gallus und das Kloster St. Gallen
konzentriert.[119]

Erstaunlich ist, dass die Schwyzer Lesebuchherausgeber schon um 1911 in Mundart
erzählte Regionalsagen in ihre Textauswahl aufnahmen.[120] Die Sage *Der Tüfelsstei
am Rigiberg* nimmt einen grossen, seltsam gezeichneten Felsblock in ähnlicher Weise
zum Anlass wie die bekanntere Sage von der Teufelsbrücke: auch hier muss der Böse

115 Für den Kanton Schwyz war das Erscheinen der ersten Schulwandkarte 1898 ein wichtiges
    Ereignis: M. Kälin, Die obligatorischen Lehrerkonferenzen, S. 44.
116 Für diese Studie stand mir das Fünfte Schulbuch in der Ausgabe von 1895, das Vierte Schulbuch in
    der 7. unveränderten Auflage von 1911 zur Verfügung.
117 Lb IV SZ (1911), S. 65–82. Im Lesebuch für die 5. Klasse wird dem Schüler ein Ausschnitt aus der
    Kirchengeschichte vom Apostel Johannes bis zum heiligen Vinzenz von Paula präsentiert.
118 Zum Text von P. Maurus Carnot vgl. Kap. 1.2.5., S. 60.
119 Verfasser dieser Texte und des gesamten historischen Teils im Lb IV AI (1905) ist der St. Galler
    Lehrer C. Benz.
120 *Di wyss Frau*, Lb IV SZ (1911), S. 10 f.; *Chindlimord*, *Der Tüfelsstei am Rigiberg* und *'s Einsied-
    ler Chind*, ebd., S. 28 f., 34 f., 53 f. Das Lesebuch gibt den Autor dieser Dialektversionen nicht an.

den Felsblock fallen lassen, weil ihn ein frommes altes Weiblein am Zerstörungswerk hindert.[121]

Im übrigen waren die Innerschweizer Kantone insofern in einer komfortablen, wenn auch paradoxen Situation, als sie zwar den Einheitsbestrebungen des Bundesstaates gegenüber reserviert bis ablehnend begegneten, zugleich aber gar keine Sorgen mit ihrer eigenen historischen Identität hatten, denn ihnen gehört, von allen unbestritten und bewundert, die beste Urschweizer Tradition, die Befreiungssage der drei Waldstätte. Die Schwyzer profitierten noch zusätzlich von dem Umstand, dass sie dem Bund ihren Namen gegeben hatten; sie konnten so das Draufgängertum, den wilden und zugleich frommen Kampfeifer der alten Eidgenossen für sich beanspruchen: *Wie die alten Schwyzer in den Krieg ziehen. Oft zogen die alten Schwyzer über ihre Landesgrenzen hinaus in den Krieg. Ihr Banner war ein rotes Tuch mit einem weissen Kreuze in der obern Ecke. [...] Die Waffen der Schwyzer waren besonders die Hellebarde und der Morgenstern. [...] Im Kriege hatten die Schwyzer strenge Ordnung und Mannszucht. [...] Oft wurden die alten Eidgenossen vom Feind verhöhnt, wenn sie vor dem Kampfe auf die Knie niederfielen, um vom Lenker der Schlachten den Sieg zu erflehen. Aber voll Mut, Todesverachtung und Siegesbewusstsein stürzten sie dann in den Kampf, drangen unwiderstehlich in die feindlichen Reihen und gingen als Sieger, mit Ruhm und Beute beladen, aus den Schlachten hervor.*[122]

Nachdem das Heldenbild der alten Schwyzer aufgebaut ist, macht freilich die Besprechung der Niederlagen beim Zusammenbruch der Alten Eidgenossenschaft und im Sonderbundskrieg einige Schwierigkeiten. Im Lesebuch der 5. Klasse beschreibt ein Text den «Heldenkampf der Schwyzer» im Jahr 1798, die beschlossen hatten, «für Religion, Freiheit und Vaterland zu kämpfen oder zu sterben». Hier arbeitet der Chronist mit emotionalen Akzenten, schildert die Kampfstimmung, den Einsatz von Alt und Jung, Männern, Frauen und Kindern, und unterstreicht besonders, dass die anstürmenden Franzosen im Gefecht stets geschlagen wurden.

Überall hatten die Schwyzer gesiegt. Allein im nutzlosen Kampfe gegen die zehnfache Übermacht hätten sie an den eigenen Siegen nach und nach erliegen müssen [sic]. Darum hielten sie eine Landsgemeinde und beschlossen, die neue Verfassung anzunehmen. Ihrem Beispiel folgten Glarus, Appenzell und Uri.[123]

---

121 Vgl. Sagenerzähler und Sagensammler, S. 533.
122 Lb IV SZ (1911), S. 179–181. Zu Kriegstaktik und Frömmigkeit der alten Eidgenossen vgl. W. Schaufelberger, Krieg und Kriegertum und G. P. Marchal, Die frommen Schweden in Schwyz.
123 Lb V SZ (1895/1911), S. 312.

Es mochte wohl nicht ganz einfach sein, den Schülern die Logik dieses Textes begreiflich zu machen, doch bietet das Lesebuch der 4. Klasse als Kompensation zu der düstern Epoche die eigentliche Identifikationsgeschichte *Das mutige Kind*. Hier rettet ein Knabe zwei Frauen und sein kleines Schwesterlein vor herumstreifenden Soldaten. Sein mutiges Auftreten beeindruckt die Franzosen so sehr, dass sie die Wehrlosen unter ihren Schutz nehmen und auch ihre Hütte vor Plünderung und Zerstörung bewahren.[124]

Eine bewegende Anekdote aus schlimmer Zeit mit einer Hauptfigur, die dem kindlichen Leser nahesteht, trägt offenbar zur Bewältigung des historischen Traumas mehr bei als analysierende Darstellung, denn diese Geschichte hat sich in den Lesebüchern gehalten. Sie hat ja auch den die Gefühle ansprechenden Vorbildcharakter, den man sich von einem erzieherisch wertvollen Lesebuchtext wünschte. In einer nächsten Lesebuchgeneration sollte auch Unterwalden seine Identifikationserzählung zu diesen schlimmsten Tagen seiner Vergangenheit erhalten: die emotionsgeladene Geschichte von Isabella Kaiser, *Holi Ho! Dia hou!*, die den Opfertod eines Hirtenknaben schildert.[125]

1.3.2. Uri

Der Bergkanton Uri hatte mit noch wesentlich grösseren Schwierigkeiten als Schwyz zu kämpfen, als es galt, die obligatorische und genügende Volksschulbildung durchzusetzen. Die hier noch beinahe autokratisch regierenden wenigen Magistratenfamilien hatten besonders gravierende finanzielle Einbussen erlitten, als das Untertanengebiet im Tessin verloren ging und die Möglichkeiten, als Offiziere in fremden Diensten Karriere zu machen, immer mehr schwanden.[126] Die Urner Lesebücher, die mir zur Verfügung standen, stammen aus den ersten beiden Jahrzehnten unseres Jahrhunderts, sind also etwas später als die bisher behandelten herausgekommen, doch bleiben sie diesen durchaus vergleichbar. Wie sehr in ihnen die religiöse Erziehung im Vordergrund steht, ist schon erwähnt worden. Das Urner Selbstverständnis drückt sich auch hier in Regionalsagen aus. Neben der Sage vom Bau der Teufelsbrücke steht die Alpsage vom Uristier, der das Ungeheuer Gries überwindet. Die Geschichte vom Grenzlauf berichtet von der Festlegung der Grenze zwischen Uri und Glarus durch den Wettlauf des Urner und des Glarner Läufers.[127] Mit aufgenommen ist die Sage von den

124 Lb IV SZ (1911), S. 44–46.
125 Lb IV OW (1928), S. 21–24.
126 Vgl. U. Kälin, Strukturwandel in der Landsgemeinde-Demokratie, S. 188–190.
127 Lb V UR (1921), S. 103–113.

«Drei Tellen», die ähnlich wie Barbarossa im Kyffhäuser in einer Höhle beim Rütli auf ihren Einsatz in grosser Notzeit warten.[128] Diese gelehrt-konstruierte Sage weist auf die Hauptfigur der Urner Überlieferung hin, die alle andern in den Schatten stellt: Wilhelm Tell gehört den Urnern. Bürglen kommt als sein Geburtsort und auch als der Ort zu Ehren, wo er in den Fluten des Schächen den Tod gefunden haben soll, als er ein Kind retten wollte.[129] Die Texte über die Tellskapelle auf der Tellsplatte und das Telldenkmal in Altdorf geben Gelegenheit, nicht nur an den Urner Helden zu erinnern, sondern auch an eidgenössische Spendefreudigkeit zur Rettung dieser Gedenkstätten.

Schon früher gab es in Altdorf ein Telldenkmal. Es bestand aber nur aus Gips und fing an zu zerbröckeln. Da erscholl durch die ganze Schweiz der Ruf nach einem soliden, würdigen Denkmal für den mutigen Vaterlandsfreund Tell. [...]

Ernst und nachdenkend schreitet Tell mit seinem Sohne daher; er ist ein grosser, starker und schöner Mann; sein Auftreten ist fest und sicher, und das Antlitz zeigt Ernst und Entschlossenheit. [...] aus seinen Augen leuchtet Herzensgüte, aber auch männliche Entschlossenheit. Er ist ein Sohn der Berge, schlicht, einfach, kraftvoll. So tritt uns Tell entgegen, ein Hirte des Tales, im Hirtenhemd, Kapuze und, wie ein Jäger, in starken Pechschuhen, am Lendengürtel einen Köcher und über die Schulter gelegt die Armbrust. Das ganze Auftreten Tells spricht: «Ich tue recht und scheue niemand!»[130]

Der Sohn der Berge, der Hirte und Jäger: das ist der Urner in Person. Kaum ein anderer Bergkanton hat trotz dem stets zunehmenden Durchgangsverkehr zumindest in seinem Selbstverständnis an dieser Eigenart so hartnäckig festgehalten. Das zeigen die Lesebücher sehr deutlich. Dabei enthalten sie zwei Sorten von Alpentexten: die einen können in einer gewissen Realistik eigene kulturelle Identität vermitteln, andere entstammen jener Gruppe überhöhter Texte, die zum nationalen Alpenmythos beitragen.[131] Recht nüchtern heisst es im 5.-Klass-Lesebuch:

Uri ist ein Alpenland, und seine Einwohner sind daher hauptsächlich auf Land- und Alpenwirtschaft angewiesen. Man trifft da wohlgepflegte Heimwesen mit wohnlichen Häusern und gut eingerichteten Ställen, denen man die Wohlhabenheit der Eigentümer ansieht. Daneben gibt es auch manch' Bauerngut, namentlich in den höhern Tälern, das kaum den Mann nähren kann. Fast die Hälfte des Jahres sind diese «Heimeli» verschneit. Schneestürme, Runsen und Lawinen schneiden nicht selten die

---

128 Zu dieser Sage vgl. R. Schenda, Die drei Tellen.
129 Lb IV UR (1916), S. 98 f.
130 Lb VI UR (1900), S. 136 f. und Lb V UR (1921), S. 95 f.
131 Vgl. Kap. 2.2.1., S. 173–177.

Verbindung mit der nächsten Ortschaft [...] ab. Und wenn dazu noch Unglück in Haus oder Gaden einbricht, sind die armen Bergleute übel dran. [...] Zur Sommerszeit ist es freilich in diesen Gegenden schöner, viel schöner als in der Stadt.[132]

Beliebter und wirkungsvoller sind die Alpentexte, die Realität enthalten, aber im Fortgang der Erzählung so stilisiert werden, dass Mythisches anzuklingen beginnt. So zum Beispiel der Text über den altertümlich-frommen Alpsegen:

Da entblösst der Senn sein Haupt und beginnt langsam das Evangelium des hl. Johannes. [...] Darauf ruft er:

«B'hüet Gott alles hier in unserm Ring
Und die lieb' Mutter Gottes mit ihrem Chind!
B'hüet Gott alles hier in unserm Tal,
Allhier und überall.
B'hüet Gott und das walti Gott und tue der lieb' Gott! [...]»

Wenn in einem Umkreis mehrere Sennen ihren Gebetsruf erschallen lassen, wird die Seele inmitten der majestätischen Alpenwelt mächtig ergriffen; sie ahnt die Nähe der Gottheit.[133]

Diese Beschreibung stammt aus dem 1884 publizierten Buch *Heimat und Volk in Poesie und Prosa* des Baslers Wilhelm Senn, einer Fundgrube für Lesebuchherausgeber. Auch das Schwyzer 5.-Klass-Lesebuch zitiert sie.[134]

Seit die Urner Bauern ausschliesslich Alpwirtschaft und Viehzucht betrieben, wurde die Futterbeschaffung für den Winter ein Problem.[135] Aus dieser Notlage ist eine neue Heldenfigur erwachsen: der zähe und kühne Wildheuer, der dem Gemsjäger gleich die gefährlichsten Fluhen ersteigt, um für sein Vieh das kräftige Alpgras zu mähen und das Wildheu in grossen Ballen ins Tal zu schaffen.

Jetzt stemmt er den einen Fuss fest wider den Boden an; das Fusseisen greift tief in die harte Erde ein, und nun beginnt er rüstig zu mähen. Niemand stört seine Arbeit; nur einzelne Flühvögel sind die Gesellschafter des kecken Mähers, während über seinem Haupte der Bartgeier seine Kreise zieht.[136]

Hinweise auf andere Berufe der Urner sind viel seltener. Nur kurz ist im geographi-

132 Lb V UR (1921), S. 205.
133 Lb VI UR (1900), S. 98 f. und Lb VI UR (1914), S. 34 f.
134 Lb V SZ (1895/1911), S. 67 f. Etwas später widmet I. Kaiser dem Alpsegen ein langes Gedicht, das ins Lb V UR (1921), S. 121 f. aufgenommen wird.
135 J. Bielmann, Lebensverhältnisse im Urnerland im 18. und zu Beginn des 19. Jahrhunderts, S. 94–103.
136 Lb VI UR (1914), S. 36 f. Der Text steht auch im Lb V SZ (1895/1911), S. 81 f.

schen Teil des 4.-Klass-Lesebuches von der Gotthardbahn die Rede, die neue Verdienstmöglichkeiten, auch neue Menschen ins Tal, vor allem nach Erstfeld, gebracht hat.[137] Der Fremdenverkehr wird eher beiläufig erwähnt, etwa in einem «Brief an einen Freund»: der Briefschreiber hilft während der Sommerferien in einem Hotel in Göschenen seinem Vetter. Er verkauft den «Bergsteigern und reisenden Herrschaften» Ansichtskarten und hilft dem Kutscher beim Anschirren der Pferde und beim «Reinigen der flotten Wagen».[138] Im alten Urner Lesebuch von 1900 hält ein kurzer Text *Von der Gotthardbahn* ein paar Daten fest und bemerkt auch, dass ihr Bau «ein überaus kühnes Unternehmen» gewesen sei. Das Lesebuch von 1914 ersetzt diesen Beitrag durch einen allgemeinen *Vom Verkehr*, in dem nur ein Satz über die Gotthardbahn das problematische Verhältnis der Talschaft zum neuen Durchgangsverkehr andeutet: «Die Gotthardstrasse hat den grössten Teil ihres Verkehrs dem Bahnbetrieb abtreten müssen; dem Simplon und mehrern Engadiner-Routen harrt das gleiche Schicksal.»[139] Erstaunlich wenig hört man von dem früher so wichtigen Säumerwesen über den Gotthard, und der andere alte Beruf der Urner, das Reislaufen, wird kaum besprochen.[140] Dafür darf aber der «älteste Urner» nicht fehlen: der Föhn. Das Urner Lesebuch der 5. Klasse von 1921 enthält Florian Lussers Gedicht in Urner Dialekt *Läbeslaif vum Fehn*, das für Kinder geschrieben ist und diesem Naturphänomen harmlos-humorvolle Seiten abgewinnt.

Yer Lytä! Tiend-em d'Ehr nur a,
D'r Fehn, der isch ä stolzä Ma; [...]
Är het scho i-d'r altä Zyt
Vil vornähm's Volch a Bodä g'hyt; [...]
Zum Schluss nu bricht-i tryw und rächt,
D'r Fehn isch d's ältischt Ürnerg'schlächt.
Är isch zwar nur ä dummä Wind,
Doch het är glych sy Stierägrind![141]

Die pathetischen Föhngedichte, die den «dummen Wind», zum Orkan gesteigert, auch wieder ins Symbolhafte übertragen, sollen später erwähnt werden. Eines der

---

137 Lb IV UR (1916), S. 89 f.
138 Ebd., S. 95 f. Solche Briefe sind eine lesebuchspezifische Textsorte.
139 Lb VI UR (1900), S. 71–73; Lb VI UR (1914), S. 43. Vgl. K. Zurfluh, Gotthard, S. 6–11.
140 Von der kritischen Einstellung der Glarner dem Söldnerwesen gegenüber ist in Uri nichts zu spüren, weil hier Angehörige der angesehensten Familien länger als in andern Kantonen in fremde Dienste gingen.
141 Lb V UR (1921), S. 101–103.

wuchtigsten Stücke stammt aus der Feder Ernst Zahns, der in Göschenen das Bahnhof-restaurant führte und in seinen Schriften das Urnerland verherrlichte. Seine Texte fehlen in den Urner Lesebüchern.[142]

1.3.3. Unterwalden

Im Kanton Unterwalden liegt die Schulhoheit bei den beiden Halbkantonen Obwalden und Nidwalden. Beide haben zunächst keine eigenen Lehrmittel geschaffen, sondern sich andern Innerschweizer Orten angeschlossen: Nidwalden übernahm die Lese-bücher von Schwyz, denen ein rein beschreibender Heimatkundeteil zu Nidwaldens Tälern und Gemeinden beigefügt wurde. Obwalden gab 1928 ein eigenes Lesebuch für die 4. Klasse heraus, das in der Textauswahl die Zwischenkriegszeit repräsentiert und deshalb in späterem Zusammenhang behandelt werden muss. Immerhin sei hier schon daran erinnert, dass der kleine Kanton Unterwalden in der sagenhaften Über-lieferung und in seiner Geschichte einige wichtige Gestalten aufweist. Der Drachentöter Winkelried und sein Namensvetter, der Held in der Schlacht von Sempach, Arnold von Melchthal und die eindrückliche historische Gestalt des Niklaus von Flüe prägen die traditionelle Schweizer Geschichte wesentlich mit.[143]

1.3.4. Zug

Seit dem frühen 19. Jahrhundert bemühten sich die Stadt Zug und einzelne Gemein-den um den Aufbau der Volksschule.[144] In den Instituten von Menzingen und Cham wurden seit 1844 Lehrschwestern ausgebildet, die in den Primarschulen der katho-lischen Schweiz eine so wichtige Rolle spielten.[145] Fritz René Allemann nennt Zug «den kleinen Kanton mit vielen Gesichtern», der nicht nur geographisch zwischen Zürich und der Innerschweiz liegt:

Ökonomisch gehört [Zug] ins weitere Einzugsgebiet Zürichs, aber der sehr aktive, kloster- und ordensfreudige, zudem durch seinen unverkennbar pädagogischen Zu-schnitt ausgezeichnete Zuger Katholizismus schafft ein sehr kräftiges Bindeglied zu den Waldstätten.[146]

---

142 Vgl. Kap. 3.3.2., S. 248 f.
143 Vgl. Kap. 2.4.2. und 2.4.4., S. 199–202, 209–211.
144 E. Gruber, Geschichte des Kantons Zug, S. 133–136.
145 Vgl. Kap. 1.1., S. 31.
146 F. R. Allemann, 25 mal die Schweiz, S. 64 f.

Dieser Charakterisierung entspricht der Eindruck, den man aus den Zuger Lesebüchern gewinnt, recht genau. Als Beispiel kann hier das Schulbuch für die 4. Klasse von 1903 dienen.[147] Ein mehrseitiges Vorwort mit Vorschlägen zur Unterrichtsgestaltung zeugt von viel didaktischem Eifer. Die meisten Texte, die unsere Thematik betreffen, stehen in Abschnitt II des Buches, der unter dem Titel «Unsere Heimat» auf über hundert Seiten wie in einem Reiseführer Gemeinde um Gemeinde gewissenhaft beschreibt. Der Heimatstolz gilt vor allem dem Panorama um den See:

Der Zugersee ist einer der schönsten Seen der Schweiz. [...] Ein sanfter Hügelzug umrahmt lieblich das westliche Ufer. [...] So hat der See im untern Teile mit seiner breiten und weiten Wasserfläche ein ungemein liebliches und anmutiges Aussehen. [...] Aber welch grossartigen Anblick bietet der Rigi. Die gewaltige Felsenpyramide wächst gleichsam aus den blauen Fluten des Sees hervor, die ihren Fuss plätschernd umspülen.[148]

Daneben nimmt man es sehr genau mit Zahlen für die Seebreite, -länge und -tiefe, mit Angaben über den Fischreichtum (S. 187), aber auch die «Erzeugnisse des Kantons» von Obst, Getreide und Holz bis zum Nutzvieh (S. 188 f). Der Kanton Zug ist stolz auf seine Industrie, und so erfährt der Schüler Genaueres über die Verarbeitung von Baumwolle in der Spinnerei von Baar (S. 152–155), aber auch über die Papierherstellung und die Chamer Milchfabrik (S. 165–169). Die Zuger gelten als aufgeschlossen und haben es zu etwas gebracht:

Der Zuger ist durchweg arbeitsam. Er widmet sich mit Verständnis seinem Berufe, liebt eine selbständige, unabhängige Stellung und spricht seine Ansicht offen aus. Für Fortschritte und Errungenschaften der Neuzeit hat er ein offenes Auge und zieht dieselben in Handel und Gewerbe, in der Landwirtschaft und Haushaltung zu Nutzen. [S. 191]

Das Lesebuch erklärt den Kindern eindringlich den Zusammenhang zwischen Schulbildung und Konkurrenzfähigkeit in der modernen Wirtschaft. Es weist auf die grossen finanziellen Opfer von Kanton und Gemeinde für den Ausbau der Volksschule hin. Nach dem neuen Schulgesetz von 1898 könnten nun den Schulkindern die Lehrmittel «gratis verabfolgt» werden. Die Lehrerausbildung sei verbessert, neue Schulhäuser würden gebaut und bequemere Schulbänke hergestellt. (S. 192)

Auch über die Einstellung der Zuger zur Religion kann das Lesebuch Gutes berichten.

In religiöser Beziehung ist der Zuger seiner angestammten katholischen Religion treu. Schöne Gotteshäuser zieren alle Hauptorte und Nebendörfer. Der Gottesdienst wird fleissig besucht; der religiöse Unterricht eifrig gepflegt. Ein grosser Opfersinn

---

147   Das 5. Schulbuch behandelt die andern Kantone der Schweiz.
148   Lb IV ZG (1903), S. 187.

zeichnet die zugerische Bevölkerung aus; nach allen Seiten unterstützt sie kirchliche und patriotische Werke. Dafür ruht auf unserm Ländchen auch ein besonderer Schutz und Segen Gottes. [S. 193]

An hochgemutem Selbstbewusstsein mangelt es diesem dem Fortschritt zugewandten Katholizismus offensichtlich nicht; er muss sich auch nicht bedrängt fühlen von der Industrialisierung im Nachbarkanton Zürich.

Auch die Zuger haben ihre Burgenbruchsage: der gewalttätige Zwingherr heisst hier Werner Rycha. Als er einer braven Jungfrau nachstelllt, wird er von ihrem Vater erschlagen, sein Schloss wird von den ergrimmten Bauern zerstört. (S. 267 f.) Interessanter ist, wie das Schulbuch das Verhältnis Zugs zu Österreich und zu den Eidgenossen beschreibt. Nachdem sich 1351 Zürich mit den Waldstätten verbündet hatte, beschlossen sie, das österreichische Städtchen Zug zum Eintritt in den Bund zu nötigen. Sie belagerten die Stadt, als diese ihrem Herrn treu bleiben wollte. Die Bürger «wehrten sich wacker», mussten aber einsehen, dass sie dem Ansturm der Übermacht auf die Länge nicht widerstehen konnten. Sie handelten mit den Belagerern aus, dass sie drei Tage Frist erhielten, um sich Hilfe bei Herzog Albrecht in Königsfelden zu holen. Sollte dieser sie im Stich lassen, würden sie die Eidgenossen ohne weiteren Kampf in die Stadt einlassen. «Welch schöne Gesinnung sowohl von seiten der Zuger als der Eidgenossen zeigte sich in diesen Verhandlungen!» kommentiert der Erzähler. (S. 265 f.) Herzog Albrecht jedoch behandelt die Bittsteller schnöde.

Als ob er ihrer nicht achte, fragte er den Falkner, ob die Vögel zu fressen hätten. Solch stolzes Benehmen tat den Gesandten wehe, und ihr Anführer erklärte freimütig: «Herr, sind wir arme Leute euch weniger angelegen als die Vögel, so muss sich Gott unser erbarmen!» Darauf erwiderte der Herzog: «Ziehet nur hin, wir wollen bald alles mit einander erobern.» Mit dieser Botschaft ritten die Gesandten heim [...] Man denke sich die Erbitterung der Bürger! In Treue gegen ihren Herrn litten sie schon zwei Wochen schwere Not, und jetzt dieser schnöde Undank! [S. 267]

Die Anekdote vom Herzog, der in unbedachtem Dünkel die Sympathie seiner Untertanen verscherzt, ist Tschudis Chronik entnommen[149] und bot den Zugern das beste Motiv zur Begründung ihres Frontwechsels: von nun an werden sie besonders treue Eidgenossen sein, auch wenn sie im Bund nach dem nicht ganz freiwilligen Eintritt die erwünschte Gleichberechtigung noch nicht erhalten.

Die Herzoge von Österreich versuchten Zug bald mit List, bald mit Gewalt wieder in

---

149 Die Szene ist im Zuger Lesebuch illustriert, was ihre Bedeutung noch unterstreicht. Tschudi erzählt die Anekdote in der 2. Fassung seiner Chronik, in der Urschrift fehlt sie noch: vgl. A. Tschudi, Chronicon Helveticum 5, S. 66 und A. 34.

ihre Macht zu bringen. Mehr als einmal wäre es ihnen beinahe gelungen, das Ziel zu erreichen, wenn Zug nicht mit aller Treue am Bunde festgehalten und nicht mit Nachdruck besonders von Schwyz unterstützt worden wäre. [S. 269]

Es entspricht der konzentrischen Sehweise im historischen und geographischen Bereich, dass der erste Blick der Schüler über die Kantonsgrenze hinaus auf die Mitte gelenkt wird. *Ein Ausflug in die Urschweiz* führt einer Wallfahrt gleich zu allen Stationen der Befreiungstradition, die um den «herrlichen Vierwaldstättersee» angeordnet sind. (S. 196–200) So sucht und bewahrt Zug geschickt das Gleichgewicht zwischen der gefühlsmässigen Hinneigung zur Innerschweiz, dem «Quell der Freiheit», und der geschäftigeren, moderneren Zürcher Nachbarschaft, an die es den wirtschaftlichen Anschluss findet.

1.3.5. Luzern

Im Luzerner Erziehungswesen hatte sich nach 1848 eine eigenartige Konstellation herausgebildet: der katholische Ort, führend im Sonderbundskrieg, hatte nach dem Schock der Niederlage eine liberale Regierung erhalten. In dieser Regierung war Franz Dula, ein Gesinnungsfreund Augustin Kellers, Erziehungsdirektor. Er bemühte sich intensiv um die Verbesserung der Volksschule, obwohl ihm schon bald eine erstarkende konservativ-katholische Opposition gegenüber stand. Im ehemaligen Zisterzienserkloster Rathenau richtete Dula ein Lehrerseminar ein und übernahm selbst dessen Leitung. Der begeisternde Vorgesetzte erzog hier eine Generation von jungen Lehrern, die ein besonderes Standesbewusstsein entwickelten. Dank seiner Initiative entstand die Kantonal-Lehrerkonferenz, deren jährliche Tagungen der Weiterbildung und auch der Formulierung von Standesinteressen dienen sollten.[150] Ende der sechziger Jahre bahnte sich in Luzern der politische Umschwung an: Dula übernahm 1867 die Leitung des aargauischen Lehrerseminars in Wettingen, während die Luzerner Lehrerbildung nach Hitzkirch verlegt und unter geistliche Leitung gestellt wurde. Seit 1871 stellte die katholisch-konservative Partei die Regierung; ein beträchtlicher Teil der Luzerner Lehrerschaft blieb jedoch entschieden liberal gesinnt,[151] so dass sich auch hier zwei Parteien gegenüberstanden, wenn es um die Frage der religiösen Erziehung an der Volksschule ging.

---

150 Vgl. H. Albisser, Ein Beitrag zur Luzernischen Schulgeschichte; K. Meyer, Luzerner Volksschule von 1848–1910 und E. Achermann, 100 Jahre Lehrerseminar Hitzkirch, S. 2–48.

151 An den Schweizer Lehrertagen, die vom Schweizerischen Lehrerverein organisiert wurden, war jeweils die Luzerner Delegation auffallend gross im Vergleich zu den andern Innerschweizer Kantonen.

Als 1872 neue Luzerner Lesebücher für die Volksschule erschienen, wurden sie in der Schweizerischen Lehrerzeitung mit grosser Schärfe rezensiert:

Es wimmelt in diesem Teile des Lesebuches von Wundern, Kutten und «heiligmässigen» Jungfrauen. [...] Es kommen noch St. Polykarpus, St. Vitus, St. Sebastian, der heilige Franziskus u. a. an die Reihe. Man liest und blättert weiter und hofft endlich was Besseres zu finden; aber die Mühe ist vergeblich.[152]

Auch im Kanton Luzern entschärfte sich gegen die Jahrhundertwende hin der Konflikt zwischen Liberalen und Konservativen, und das Hauptinteresse der Öffentlichkeit verlagerte sich von Schulfragen auf die brennenden sozialen und wirtschaftlichen Probleme. Die liberale Opposition fand lobende Worte für den konservativen Erziehungsdirektor Josef Düring, der sich um eine Revision des veralteten Erziehungsgesetzes von 1879 bemühte, weil mit der bisherigen Regelung der Schulpflicht der Kanton Luzern allzu weit ins Hintertreffen geraten würde. Düring mahnte vor allem die Landbevölkerung 1898:

Wir dürfen nicht minderwertige Soldaten in den Konkurrenzkampf der Gegenwart stellen, wir dürfen nicht dulden, dass besser gebildete Leute unsern Kanton in Besitz nehmen. Unsere Kinder sollen nicht nur als Knechte und Mägde bei fremden Leuten gut genug sein. Aus all diesen Gründen also vorwärts.[153]

1910 trat ein neues Luzerner Erziehungsgesetz in Kraft, das die obligatorische Schulzeit auf sieben Jahre verlängerte, und 1912 gab Schulinspektor Anton Erni das neue Schulbuch für die 4. und 5. Klasse heraus. Dieses Lesebuch, das zehn Jahre später noch einmal etwas umgearbeitet wurde, kann uns hier als Grundlage dienen.[154] Im Vergleich zum Vorgänger ist es wesentlich breiter und konfessionell neutraler angelegt. Im Vorwort empfiehlt der Herausgeber dem Lehrer, «bei der Auswahl der Lesestücke auf die Jahreszeiten und auf die kirchlichen und bürgerlichen Feste» Rücksicht zu nehmen. Entsprechend ist der Stoff im Schulbuch geordnet: nach einem ersten Teil über «Gott und Mensch», der die übliche Auswahl an beliebten frommen und auch unterhaltenden Geschichten bietet, sind im zweiten Teil zu den Jahreszeiten naturkundliche Texte vermischt mit Schilderungen und Gedichten zusammengestellt. Im Heimatkundeteil werden die Schüler in recht nüchterner Form über ihren Kanton informiert, doch sind da auch einige farbigere Texte eingestreut, so die Beschreibungen der grossen Prozession am Auffahrtstag in Beromünster und der «Sempacher

---

152 SLZ 19 (1874), S. 45 f.
153 Zit. nach K. Meyer, Luzerner Volksschule von 1848–1910, S. 119.
154 Vgl. H. Albisser, Ein Beitrag zur Luzernischen Schulgeschichte, S. 317–319. Verfügbar für diese Studie war das Lb IV LU (1922).

Schlachtjahrzeit», der jährlichen Erinnerungsfeier, die ihren Höhepunkt in der Dankmesse bei der Kapelle auf dem Schlachtfeld von Sempach findet. (S. 216–218) Ein schwungvolles Porträt widmet J. C. Heer der Stadt Luzern:

Luzern ist das Herzblatt der Schweiz. In der Mitte des berühmten Touristenlandes gelegen, ist es die Sammellinse aller, die von Norden nach Süden, von Osten nach Westen das Land durchreisen. [...] Nur derjenige kann sagen, er kenne die Schweiz, der auch die Sommerlust Luzerns genossen hat. [...] In Luzern muss man ein Naturschwärmer werden; denn da ist der Pilatus und die Rigi. Da schimmert der Vierwaldstättersee, leuchtet das Hochgebirge mit seinen Firnen. Und wohin immer man in dieser lieblichen und grossartigen Natur seine Schritte lenkt, man findet darin Glück und Wonne. [S. 184–86]

Das Thema Fremdenverkehr kehrt in Variationen wieder. Natürlich gehört «Eine Eisenbahnfahrt auf die Rigi» dazu, auf der sich «die Mehrzahl der Reisenden anfänglich eines ängstlichen Gefühls kaum erwehren kann», doch um so imposanter dann der Blick auf die Alpen, «die Pyramide des Eiger, der dunkle Mönch, die in ewigem Eismantel strahlende Jungfrau», während sich vor dem Kurhaus Kaltbad «vornehme Herren und Damen aus allen Ländern der Welt ergehen». Man könnte glauben, auf der Promenade von Luzern zu sein, «wenn nicht die in der Nähe weidenden Herden uns eines bessern belehren würden». (S. 195 f.) Ob diese Schilderung auch die Luzerner Schulkinder beeindruckte, mag offen bleiben.

Eine andere Seite des Themas «reicher Städter und arme Bewohner der Bergwelt» erzählt die rührselige Geschichte *Kindesliebe*. Sie gehört zu den Texten, die gemäss Vorwort «den Lehrer in seiner pädagogischen Tätigkeit unterstützen sollen», denn «die erste und edelste Aufgabe der Schule ist die Erziehung.» (S. 5 f.)

Hochoben am Pilatusberge steht eine armselige Hütte. Hier wohnten einst arme Eltern mit drei Kindern in grösstem Elende. Dem Vater hatte, als er in einer Fabrik arbeitete, eine eiserne Walze beide Hände abgedrückt. Die Mutter war blind und krank. [S. 42]

Im Sommer sammeln die Kinder Alpenrosen, Beeren und Heilkräuter, die der älteste Knabe in der Stadt verkauft, doch im Winter ist die Not gross. Ein Herr aus der Stadt, der in der Hütte nach dem Weg fragt, ist gerührt von dem Elend und möchte eines der Kinder zu sich nehmen, doch alle drei lieben ihre Eltern so sehr, dass sie nicht fort wollen. Von so viel Kindesliebe bewegt steigt der Wohltäter zu Tal und sorgt nun für die Armen so, wie man es sich gerne ausmalt:

Nach drei Tagen brachten sein Knecht und seine Magd eine zweite Ziege, Lebensmittel, Kleider und für die kranke Mutter einige Bettstücke. Die Magd blieb zwei Tage dort und richtete manches besser ein. Später sorgte der Herr auch dafür, dass die Kinder etwas arbeiten und verdienen lernten. Es freute ihn, dass die Kinder ihre armen Eltern so innig liebten. [S. 44]

Die am Luzerner Heimatberg Pilatus lokalisierte Geschichte bringt beliebteste pädagogische Leitsätze in so herzbewegender Einkleidung, dass sie in den Innerschweizer 4.-Klass-Lesebüchern bis in die vierziger Jahre stehen blieb.[155] Die aufopfernde Liebe der Kinder für die unverschuldet – das ist wichtig – ins Elend geratenen Eltern, die Invalidität des Vaters, die «der Fabrik» angelastet wird, und die kranke, in ihrer Blindheit völlig hilflose Mutter lassen den Retter um so hochgesinnter erscheinen. Als wahrer Vertreter einer aufgeklärten Gemeinnützigkeit scheut er keine Kosten, um den Armen zu helfen und sie zu wirksamer Selbsthilfe anzuleiten. Durch seine Magd lässt er ihnen zeigen, wie man den Haushalt besser führen könnte, und sorgt schliesslich für die Ausbildung der Kinder.[156] Wie sehr die Geschichte dem Zeitgeschmack entsprach, zeigt die Rezension des Luzerner Schulbuchs, die 1912 in der Schweizerischen Lehrerzeitung erschien; sie nannte *Kindesliebe* «eine wahre Perle von einem ethischen Musterstück».[157]

Zum historischen Teil des Lesebuchs rät der Verfasser im Vorwort, «die Lebensbeschreibung bedeutender Männer aus Kirche und Staat in den Mittelpunkt aller geschichtlichen Betrachtung zu stellen», wobei hier einige Sagen als «leichte und angenehme Einführung in die eigentliche Geschichte» empfohlen werden. Am häufigsten sind die Alpsagen, von denen eine auch am Pilatus angesiedelt wird: die Bergmännchen helfen einem armen Mädchen, während der hartherzige Senn in einem furchtbaren Unwetter seine Strafe findet. (S. 256 f.) In die Zeit des Sempacherkriegs weist die Sage von der «Edelfrau von Heidegg». Da schützt die Muttergottes die fromme Burgherrin vor plündernden Eidgenossen: im Moment höchster Gefahr umhüllt dichter Nebel die Burg und führt die Feinde in die Irre. (S. 261 f.) Ungewöhnlich an dieser Sage ist, dass sie für einmal die Eidgenossen im Unrecht zeigt und den himmlischen Schutz der adeligen Frau zukommen lässt. Ein obligatorisches Luzerner Stück ist natürlich die Sage vom Bettelknaben, der die Mordpläne der Verschwörer dem Ofen auf der Trinkstube der Metzger klagt und so die Stadt rettet.[158] Auch die

155 Lb IV SZ (1930/1940), S. 17 f.

156 Zum Erziehungsprogramm, das sich in dieser Geschichte als Hilfsmittel gegen die Armut präsentiert, vgl. B. Mesmer, Ausgeklammert – Eingeklammert, S. 121–128 und E. Joris, Die Schweizer Hausfrau, S. 104–111.

157 SLZ 57 (1912), S. 336. Im Gegensatz zu seinem Vorgänger wird dieses Schulbuch vom Rezensenten sehr wohlwollend besprochen.

158 Die Sage stammt aus der Chronik von Petermann Etterlin: vgl. Sagenerzähler und Sagensammler, S. 71.

Sage von den drei Tellen erscheint hier wieder. Sie hat ein merkwürdiges Pendant im Gedicht *Rütlisage* von Lukas Thüring, das den alten Wilhelm Tell persönlich «mit langem Silberbart» aus dem Grabe steigen und auf dem Rütli umgehen lässt, «zu sehen, ob seines Werkes der Schweizer würdig wär»:

Er fleht zu Gott dem Vater,
der höret zu jeder Frist,
er mög' sein Volk bewahren
vor Neid und Bruderzwist.

[...]

Wir aber, Schweizerbrüder,
wir schwören dir auf's neu
beim ew'gen Schnee der Alpen
uns ew'ge Lieb und Treu.[159]

Dieser in seiner Unbeholfenheit fast wieder rührende Appell zur Versöhnung könnte dem Genre der Solidaritätsgeschichten zugerechnet werden, das in keinem Schweizer Lesebuch fehlen darf. Zu ihm gehört auch die speziell für Luzerner Kinder aufgezeichnete Episode aus dem Jahr 1340, als ein grosser Brand die Stadt Luzern zerstörte. Obwohl sie sich eben noch in einem Streit um Wälder und Weiden feindlich gegenüber gestanden hatten, eilten nun die Unterwaldner den Nachbarn zu Hilfe: «Beide Parteien taten zusammen wie Brüder und schlichteten später den Streit in Frieden.» (S. 314)

1.3.6. Appenzell Innerrhoden

Vom protestantischen Halbkanton Appenzell Ausserrhoden war schon in Zusammenhang mit St. Gallen die Rede; hier müssen wir auf das katholische Appenzell Innerrhoden zurückkommen. Trotz der dominierenden St. Galler Nachbarschaft steht es in manchen Belangen der Innerschweiz näher. Das Schulwesen dieses kleinsten Schweizer Halbkantons zog seit 1874 Aufmerksamkeit auf sich, weil es bei den Rekrutenprüfungen besonders schlecht abschnitt. Man tat sich hier schwer mit der Verbesserung der Volksschule. Schon 1876 und 1877 ersuchten einige liberal gesinnte Appenzeller den Bundesrat, hier einzugreifen, weil die im Schulartikel der Bundesverfassung formulierten Rahmenbedingungen nicht erfüllt würden.

---

159   Lb IV LU (1922), S. 301 f. Die drei Tellen, ebd., S. 302–304.

Der Schulbesuch ist ein so grenzenlos gleichgültiger und kommen Schulversäumnisse in Hülle und Fülle ohne irgendwelche Mahnung und Strafe vor, dass es uns wundert, wie man überhaupt von einem obligatorischen Schulbesuche reden kann. [...] Es wird in den klerikalen Kantonen immer finsterer, wenn nicht unsere liebe Mama Helvetia sich unser annimmt; aber sie muss selber persönlich kommen und sehen – sonst kann sie gar fürchterlich betrogen und angelogen werden.[160]

Die Appenzeller reagierten auf die nun angeordnete Inspektion sehr unwillig. Es war allein das Verdienst des taktvollen beauftragten Inspektors Friedrich von Tschudi aus St. Gallen, dass sich zumindest die Lehrerschaft nach seinen Besuchen befriedigt zeigte.[161] Tschudis Verbesserungsvorschläge wurden schliesslich auch von den Schulbehörden in den Hauptpunkten akzeptiert. Das bedeutete Verlängerung der obligatorischen Schulzeit und intensiveren Unterricht; beides wurde in der Schulverordnung von 1896 festgelegt. 1905 und 1907 erschienen die ersten Lesebücher für die 4. und 5. Klasse von Appenzell Innerrhoden. Bis dahin waren die St. Galler Lehrmittel benützt worden. Auch diese neuen Lesebücher waren in Zusammenarbeit mit St. Galler Lehrern entstanden und sind entsprechend weniger konfessionell geprägt als die späteren, 1925 und 1926 erschienenen, die sich stärker an die Schwyzer Lesebücher anlehnen.

Für die Lesebücher von 1905 und 1907 hat C. Benz den historischen Teil zusammengestellt, der sich bis auf wenige Details mit seinen Beiträgen in den St. Galler Schulbüchern deckt. Den heimatkundlichen und geographischen Teil besorgte der Appenzeller Josef Hautle. Er schrieb ein paar Texte, die dem Appenzeller Selbstverständnis so gut entsprechen, dass sie bis heute Schulkindern vorgelegt werden. Von ihm stammt zum Beispiel der Beitrag über die Landsgemeinde, welcher der Ausserrhoder und der Innerrhoder Feier gerecht wird.[162]

Auch das Innerrhoder 4.-Klass-Lesebuch beschreibt liebevoll die «Heimat», das Appenzeller Bauernhaus mit Stall und Scheune und der Stube, wo sich die Familie sammelt:

[Von der Stubenwand] blickt das Bild des Erlösers herab. Nebenan hängen verschiedene Tafeln mit Heiligenbildern. [...] Unterhalb des Kruzifixes steht der umfangreiche Familientisch. [...] Um ihn herum sammeln sich alle Bewohner des Hauses zum Essen und Beten. Es ist recht heimelig in einer solchen Appenzellerstube. All-

160 Zit. nach H. Grosser, Das Schulwesen von Appenzell Innerrhoden, S. 43.

161 Friedrich von Tschudi, der Verfasser des viel gelesenen Werkes *Das Tierleben der Alpenwelt*, war Erziehungsdirektor von St. Gallen, Landammann und Ständerat; vgl. HBLS 7, S. 83 und H. Grosser, Das Schulwesen von Appenzell Innerrhoden, S. 43–46.

162 Lb V AI (1905), S. 33–37; vgl. Kap. 1.2.4., S. 58 f.

abendlich wird von Gross und Klein gemeinsam der Rosenkranz gebetet, dass der Segen Gottes nicht im Hause fehle.[163] Hier wird deutlich, dass ein solches Porträt den Schülern nicht nur das Haus, sondern auch den Lebensstil zeigen und somit Vorbild und Programm in einem sein will. Es mündet in die eindringliche hygienische Mahnung:

Der Appenzeller liebt es, sein Haus der Sonne zuzukehren. Er weiss, dass die Sonne wichtig für die Gesundheit ist. Aber ebenso wichtig ist gute reine Luft. Diese ist im Appenzellerland in reichem Masse vorhanden. Darum öffnen die verständigen Leute tagsüber die Fenster, damit die gesunde Bergluft in alle Räume des Hauses dringe. Einfache kräftige Nahrung, frische Luft und brave Sitten machen den Appenzeller gesund und stark, glücklich und zufrieden. [S. 134 f.]

An dem Idealbild vom urgesunden Bergbauern, das sich mit der Realität wohl längst nicht immer deckte, arbeitet ein nächster Beitrag Hautles weiter: Jockeli ist ein munterer Appenzellerbub, zehnjährig wie die Leser, für die seine Geschichte bestimmt ist: «Wer sein rotbackiges, heiteres Gesicht sieht oder ihn jauchzen hört, der denkt: O wäre ich auch ein so glücklicher Bauernbub!» Er trägt natürlich die Appenzeller Tracht, «ein einfaches, aber eigen schönes Gewändlein» und darf im Sommer «wochenlang droben auf der schönen Alp sein». Nur am Sonntag besucht er die Mutter zu Hause.

Ist aber die Sonntagsandacht gemacht [...] kehrt er in sein Reich zurück. Und es ist ihm dabei so wohl ums Herz. Aus Leibeskräften jauchzt er von der Siegelwand ins tiefe Schwendetal hinab. Der hohe Fels ist sein königlicher Thron. [...] Die Zacken und Zinnen der Berge erscheinen ihm wie stolze Schlösser und feste Burgen. Flinke Gemsen sind ihm Wachtsoldaten; sanfte Lämmchen und possierliche Zicklein folgen als Untertanen. [...] Alpenrose, Männertreu und Edelweiss weben ihm den kunstvollsten Fussteppich. Ist dies nicht ein herrliches Leben? O, Jockeli ist Herr der Berge. [S. 135 f.]

Josef Hautle hat auch zwei Appenzeller Erzählungen verfasst, die sich als besonders zählebig erweisen sollten, weil sie rührende Familienschicksale, vorbildlich tapfere Kinder und Appenzeller Lokalkolorit verknüpfen. Der achtjährige Aescher Frenzli rettet sein elf Monate altes Schwesterchen aus dem brennenden Haus, während alle andern Familienangehörigen an der Arbeit sind: Der Vater «im Wildheu», die Mutter «im Laub» und der grosse Bruder «im Holz».[164] 'S Laseyer-Sepheli seinerseits pflegt nach dem Tod der Mutter hingebungsvoll den bei der Arbeit verunglückten invaliden Vater. Als seine Geschwister gross genug sind, zieht es in die Fremde, «um mit der Kunst seiner Hände die Not der Seinigen zu lindern». Mit Sticken verdient es in

---

163   Lb IV AI (1907), S. 134.
164   Lb V AI (1905), S. 12 f.

London brav und rechtschaffen. Im «feuchten Nebelklima» erkrankt es jedoch an der Schwindsucht, und als es in die «würzige Alpenluft» zurückkehrt, ist es zu spät: schon kurz danach erliegt es der tückischen Krankheit.[165] Diese beiden Erzählungen gehören zum eisernen Bestand der Appenzeller Lesebuchgeschichten, so dass sie noch 1960 in den Appenzeller Anhang des Innerschweizer Lesebuches von Walter Käslin aufgenommen wurden.[166]

Wenn Sepheli mit Sticken die Familie über Wasser hält, in der Fremde aber für seine Arbeit viel besser bezahlt wird als zu Hause, spiegelt sich darin ein Stück Realität. Ausser dem Bauernstand und der Arbeit an Webstuhl und Stickrahmen nennen die Lesebücher wenig Erwerbsmöglichkeiten, es sei denn im Zusammenhang mit der Fremdenindustrie. Den erholungsbedürftigen Kurgästen dient der Schöttler: er macht «aus Milch Molken, die von den Fremden getrunken wird,» und zieht im Sommer in die Kurorte von Deutschland und Österreich, wo er «in einem einzigen Sommer viel Geld verdienen kann».[167] Auch die Broderiehändler profitieren vom Tourismus:

Auf guten Fremden- und Badeplätzen der Schweiz und des Auslandes, z. B. in Davos, Luzern, Engelberg, Zermatt, Sankt Moritz, [...] Wiesbaden, Rom, Neapel, [...] verkaufen sie die feinen Handstickereien. Oft lösen sie ganz hohe Preise; denn die reichen Leute lieben diese zierlichen Sachen. Ein tüchtiger Mann kann auf einem guten «Platze» in wenigen Jahren wohlhabend werden. [...] Dem Broderiehändler wie dem Schöttler kommt eine tüchtige Schulbildung sehr wohl zu statten. Das Leben im fremden Lande lehrt manchen die Wohltat der Schule schätzen. [S. 132]

Die Schule, die im Leben des Jockeli offenbar keine Rolle spielt, ist hier doch für den zukünftigen Geschäftsmann von Nutzen.

Einiges aus dem historischen Teil der Lesebücher ist schon in Zusammenhang mit St. Gallen zur Sprache gekommen. Noch stärker als jene Auswahl zeigt die Innerrhoder Textgruppe den unbändigen Freiheitsdrang der Appenzeller. Die hier angesiedelte Burgenbruchsage vom Vogt von Schwendi erzählt in einer für Appenzell typischen Motivkombination, wie der böse Stellvertreter des Abtes von St. Gallen in einem Zwiegespräch mit einem witzigen Bauernbüblein den Kürzern zieht. Darüber ergrimmt, erschlägt er das Kind. Die Untat lässt die Bauern aufstehen und die Burg des Bösewichtes zerstören.[168] Zum eigentlichen Symbol des Freiheitswillens um jeden Preis wird die Gestalt von Ueli Rotach. In der Schlacht am Stoss kämpft der bärenstarke Senn, nur gedeckt von der Wand einer Hütte, allein gegen eine feindliche Schar:

165   Ebd., S. 15–20.
166   Lb V Benz (1960), S. 4*f., 7*–11*.
167   Lb IV AI (1907), S. 132.
168   Ebd., S. 125.

Schon liegen, von Rotachs Streichen erreicht,
Fünf Söldner erschlagen beisammen,
Da brennt die Hütte; der Held erbleicht;
Hell lodern die knisternden Flammen.

Da er im selben Moment den Sieg seiner Landsleute erkennt, zögert der Held nicht mehr, sein Leben ehrenvoll zu beenden:

Hoch schwingt er die Wehr mit trotzigem Mut;
Heil, Freiheit! Du bist uns gerettet!
Und stürzt sich hinein in die flammende Glut.
O Rotach, da ist Dir gebettet![169]

Dieses Gedicht erschien 1905 im 5.-Klass-Lesebuch, in einem Moment grösster Begeisterung für Uli Rotach. In Appenzell wurde in jenem Sommer die 500-Jahr-Feier der Schlacht am Stoss mit einem grossartigen Festspiel und der Enthüllung des Rotach-Denkmals begangen.[170] Die Schlacht am Stoss wurde ganz bewusst in die Nähe der Schlacht bei Sempach gerückt. Im selben Lesebuch steht auch das auf die Appenzeller Schlacht umgedichtete Sempacherlied: «Lasst hören aus alter Zeit / Der Appenzeller Heldenstreit». (S. 106)

Appenzell gilt heute noch in der Schweiz als der Kanton, der vom Bundesstaat möglichst wenig wissen will. Als einziger Stand hatte er auch in der Volksabstimmung von 1903 die Subventionierung der Volksschule durch den Bund abgelehnt. So wird, abgesehen vom Nachbarkanton St. Gallen, die übrige Schweiz auch in den Appenzeller Lesebüchern von 1927 und 1929 noch kaum berücksichtigt. Dem so eigenwilligen kleinsten Stand sahen und sehen die andern teils irritiert, teils bewundernd und sogar etwas neidisch zu: er hat sich ja bei allem Abseitsstehen, wenn es um Bundesangelegenheiten geht, in der Landsgemeinde eine Einrichtung erhalten, die den Miteidgenossen lange als Verkörperung direkter Demokratie erschienen ist. Dass Appenzell Innerrhoden bis in jüngste Vergangenheit den Frauen die Mitbeteiligung an der Landsgemeinde verweigerte, hat dann allerdings dem Vorbild einiges von seinem Glanz genommen.

169 Lb V AI (1905), S. 105 f. Das Gedicht ist der Festschrift Schlacht am Stoss entnommen.
170 Über die Feier berichtet das Lb IV AI (1907), S. 111 f.: *Was der Sommer 1905 besonderes gebracht hat.* An dem Festspiel wirkten 700 Personen mit.

1.4. Die Nordschweiz: Basel, Solothurn und der Aargau

1.4.1. Basel-Stadt

In der Basler Geschichte haben die Wirren im Anschluss an Helvetik und Mediation und die schliessliche Trennung von Basel-Stadt und Baselland im Jahre 1833 tiefe Spuren hinterlassen. Sie wirkten durch das ganze 19. Jahrhundert nach und prägten auch das Selbstverständnis beider Kantonshälften mit. Die Stadt geriet damals in einen sehr schwierigen finanziellen Engpass. Sie musste nach dem Schiedsspruch der eidgenössischen Tagsatzung ihr Staatsvermögen den Bevölkerungszahlen entsprechend aufteilen, das heisst der Landschaft zwei Drittel davon abgeben.[171] Nur mit grosser Anstrengung und Opfern der wohlhabenden Bürger gelang es ihr in dieser prekären Situation, die Universität, ihre wertvollste Institution, für sich zu retten. Das Bewusstsein, dass dieses kulturelle Erbe auch weiterhin besonders gepflegt werden müsse, beeinflusste auch die Gestaltung der Volksschule. Obwohl Basel 1875 eine neue Verfassung und mit ihr eine freisinnige Regierung erhielt, vereinigte das Basler Schulgesetz von 1880 fortschrittliche Bestimmungen mit elitär-konservativen Elementen.[172] Elitär: schon nach der 4. Primarklasse wurden – und werden – die Schüler getrennten Lehrgängen zugeteilt; fortschrittlich: der Unterricht auf der Oberstufe war schon unentgeltlich.[173]

Die im Anschluss an das neue Schulgesetz um 1885 erschienenen Lesebücher für die 4. Primar- und die 1. Sekundarklasse – das heisst für das 5. Schuljahr – blieben während Jahrzehnten in mässig modifizierten Auflagen in Gebrauch. Dieser Studie liegt die 5. Auflage beider Bücher von 1901 und 1905 zugrunde. Sie bestätigen Eduard Vischers Feststellung, dass «seinem geistigen Gehalt nach das Schulwesen das des protestantischen Basel geblieben ist».[174] Vor allem das Sekundarschul-Lesebuch enthält eine Fülle frommer Moralgeschichten, die dem Kind täglich vor Augen führen, dass Gott auch kleine Vergehen und Unarten sieht, die Strafe selten ausbleibt. Als spezifisch protestantisch könnte man die Verbindung von Frömmigkeit und Gewerbefleiss bezeichnen, wie sie aus dem Mundartgedicht *Der Baselstab* von Pfarrer Jakob Probst spricht. Im gekrümmten Stab des Basler Wappens stecken nach Probst zwei Symbole: der obere Teil steht für

---

171 R. Teuteberg, Basler Geschichte, S. 308.
172 E. Vischer, Schule, Kirche und Staat in Basel, S. 179.
173 Die radikalen Schulpolitiker, unter ihnen v. a. Wilhelm Klein, hatten einen achtjährigen gemeinsamen Unterbau der Volksschule vorgesehen: das Modell, das Schaffhausen verwirklichte. Vgl. dazu R. Teuteberg, Basler Geschichte, S. 336–339. Das Schulgesetz blieb bis 1929 in Kraft.
174 E. Vischer, Schule, Kirche und Staat in Basel, S. 180.

Die alti Fremmigkeit und gueti Zucht,
Wo in der Stadt gregiert het selbi Zit.

Der untere Teil stellt den Bootsstachel dar, mit dem die Fischer ihre Weidlinge rheinaufwärts stiessen:

Wo d'Stadt no klei gsi isch und d'Burger drin
E schaffig Fischervelkli gsi sind noch.
Der under Teil vom Baselstab, er sait:
Der Burger lit nit uf der fule Hut,
Er tribt si Handwerk mit Verstand und Lust
Und schafft, wie 's fir e rechte Ma si schickt. [...]
Der Baselstab, er sait: «Sig fromm und schaff!»[175]

Die Kombination von Dialekt und Mahnung zur Rückbesinnung auf alte bürgerliche Tugenden passt zu den antiquarisch-heimatschützerischen Bemühungen der Jahrhundertwende, entspricht aber auch speziell den Basler Verhältnissen: Hier hatte sich die Mundart im Sprachunterricht stets einen besondern Platz bewahrt.[176] In der Vergangenheit hatte sich Basel oft allein in seiner exponierten Lage als freie Reichsstadt und als Handelsplatz behaupten müssen. Der Bürgerschaft forderte dies manche Opfer ab, und um die Würdigung des bürgerlichen Gemeinschaftssinnes geht es den Lesebüchern vor allem. Dass die Texte meist auch eine patriarchalische Bürgerordnung und ihre wohltätig vorsorgende Obrigkeit preisen, hängt mit ihrer Entstehungszeit, aber auch mit Basel zusammen. Beide Lesebücher berichten zum Beispiel von den Stiftungen der Bürgerschaft zum Andenken an das Erdbeben, das 1356 die Stadt zerstört hatte: diese Busse sollte Gott versöhnen und gnädig stimmen. Unter anderem wurden jeweils am Jahrestag des Unglücks arme fleissige Schulkinder mit Tuch für neue Kleider beschenkt. Im Gedicht *Das Schülertuch* mahnt die Mutter ihr Kind, das freudig seine Gabe heimbringt:

«Halt di nur allewil wohl und folg dine Lehreren ordli!
Lueg, si meine's jo guet, und 's isch die eigene Nutze.
Bätt au flissig, mi Kind! so hesch der Sege vom Himmel» [...]
«Jo,» seit d'Mueter, «jo wäger, das isch no die firnehmsti Buess g'si:
Witwen und Waise versorgen und Armi go tresten im Elend,
Das sin die Opfer, so heisst's, die g'falle wohl unsrem Hergott.»[177]

175   Lb V BS (1905), S. 204.
176   Vgl. R. Schwarzenbach, Die Stellung der Mundart in der deutschsprachigen Schweiz, S. 390.
177   Lb IV BS (1901), S. 130 f. Verfasser des Gedichtes ist Karl Rudolf Hagenbach (1801–1874), Theologieprofessor in Basel und Mitgründer des protestantischen Hilfsvereins.

Auch seine Spitäler und das Irrenhaus verdankt Basel – so wird es den Schülern erklärt – «teils der Wohltätigkeit edler Menschenfreunde, teils dem Gemeinsinn der Bürgerschaft».[178]

Historische und geographische Skizzen zur Stadtgeschichte enthält vor allem das Lesebuch der 4. Klasse, wobei auffällt, dass hier die Befreiungstradition der Innerschweiz fehlt, die sonst in fast allen Schweizer Kantonen zum Lehrstoff dieses Jahrgangs gehört.[179] Erst im Bericht von der Schlacht bei St. Jakob an der Birs, welche die Basler im Jahre 1444 von ihren Stadtmauern aus beobachteten, erscheinen die Eidgenossen für den Schüler, hier aber haben sie einen heroischen Auftritt. (S. 135–139) In den Jahren zuvor mussten sich die Basler allein gegen mancherlei Feinde behaupten, denn an Konfliktstoff fehlte es nicht:

Basel hatte ringsum mächtige Feinde: Die Ritter [...] überfielen oft reisende Kaufleute; der Herzog von Österreich hasste Basel, weil es schweizerisch gesinnt war; der Kaiser forderte von der freien Reichsstadt Basel willigen Gehorsam; der Bischof mochte die Bürger nicht leiden, weil ihre Macht immer grösser wurde, so dass sie ihm seine Besitzungen abkaufen konnten. [S. 134]

Auch in Basel werden Episoden zum Konflikt zwischen Adeligen und Bürgern tradiert, die in der Schweizer Geschichtschreibung so beliebt sind. Da ist die Erzählung von der «Bösen Fasnacht» des Jahres 1376: Als Herzog Leopold von Österreich auf dem Basler Petersplatz Gefolgsleute und Gäste zu Ritterspielen versammelte, «trieben es die Herren roh und übermütig». Es habe Verwundete gegeben, «von Pferden getreten und von Speeren verletzt, die man im Scherz unter sie warf». Da fielen beleidigte Bürger über die Adeligen her, verwundeten einige, und auch der Herzog musste vor dem Tumult fliehen. Das Strafgericht konnte nicht ausbleiben: der Rat stellte eine strenge Untersuchung an und liess dreizehn der Hauptschuldigen aus dem Volke köpfen.

Zehn Jahre später fiel Herzog Leopold in der Schlacht bei Sempach. [...] Freudig können wir jetzt singen: «Lasst hören aus alter Zeit». [S. 132 f.]

Der Nachsatz deutet an, wozu den Geschichtsinterpreten die Schilderung der Krawallszene diente. Sie konnte die Basler Bürger als Gesinnungsfreunde der Eidgenossen längst vor dem Eintritt der Stadt in den Bund ausweisen. Als das gefürchtete Söldnerheer der Armagnaken 1444 gegen Basel anrückte und die Bürgerschaft in Schrecken versetzte, «zeigten die Ritter unserer Nachbarschaft den Feinden allenthalben Weg und Steg». (S. 135) Die Basler Lesebücher bringen keine Burgenbruchsagen, doch übernimmt

---

178 Ebd., S. 156.
179 Ein kurzer Text über das Telldenkmal in Altdorf hat da eher Alibifunktion. (S. 168).

das Lesebuch für die 1. Sekundarklasse aus der Sagensammlung von Ernst Ludwig Rochholz die Sage vom Ende des letzten Frohburgers: Der Ritter wird vom Blitz erschlagen, als er den Bauern durch die reife Saat reitet.[180] Im Kommentar zu Basels Eintritt in den Bund wird die gewichtige Stellung der Vaterstadt noch einmal umrissen: sie ist kein kleiner schutzsuchender Ort, sondern ein wohlhabender, gleichberechtigter Bündnispartner:

[Die Eidgenossen] anerkannten, dass die Stadt durch ihre Lage, ihre Gewerbe und ihren Handel der Schweiz von grossem Vorteil sei; auch sei sie die Sitz eines Bischofs und habe eine berühmte Universität. Basel trat dann wirklich am 9. Juni 1501 in den ewigen Bund der Eidgenossen.[181]

Bei aller Freundschaft bleibt eine gewisse Distanziertheit spürbar. Basel, die weltoffene und bürgerstolze Stadt am Nordrand der Eidgenossenschaft hat es nicht nötig, in der Urschweiz allein den mythischen Anfang staatlicher Entwicklung und Freiheit zu verehren.

Der Stadt selbst gelten ein paar mit wechselndem Erfolg um Anschaulichkeit bemühte Texte. Das Gedicht des deutschen Dichters Robert Reinick *Sonntags am Rhein*, das uns schon im Schaffhauser Lehrmittel begegnet ist, steht am Anfang der «Bilder aus der Heimat» im Lesebuch der 1. Sekundarklasse;[182] im 4.-Klass-Lesebuch wird die alte Rheinbrücke liebevoll-umständlich beschrieben.[183] Jenseits der Grenze weitet sich das Rheintal zur fruchtbaren Rheinebene, und die Rundsicht vom Chrischonaberg illustriert Basels besondere Lage:

Gegen Süden liegt das schöne Baselbiet [...], und durch die Einschnitte der Juraberge schimmern die Schneegipfel des Alpengebirges. Nach Westen ruht der Blick zunächst auf der Stadt Basel und schweift dann über die weite Rheinebene hinweg nach den Höhen der Vogesen. [...] Im Hintergrunde [nach Norden] erheben sich die Häupter des Schwarzwaldes.[184]

Auch das neue Basel ist geschildert als Eingangstor der Schweiz und Begegnungsort für Menschen sehr verschiedener Herkunft.

Welch ein Durcheinander von Mundarten! Da klingen neben echt baslerischen auch ost- und westschweizerische, nord- und süddeutsche, französische und selbst italie-

---

180 Lb V BS (1905), S. 222 f. Die Parallelsage *Der Ritt durch das Kornfeld* steht in den Schaffhauser und Solothurner Lesebüchern.
181 Lb IV BS (1901), S. 144.
182 Lb V BS (1905), S. 201.
183 Lb IV BS (1901), S. 147 f.
184 Ebd., S. 153 f. Vom Chrischonahügel aus kann man genaugenommen die Alpen gar nicht sehen, doch steckt in der Vorstellung so viel Symbolkraft, dass man sie als Realität erlebt.

nische Laute an unser Ohr. Die Markgräflerinnen und die Gemüsefrauen aus dem Elsass sind schon an ihrem Kopfputz zu erkennen. [S. 159]

Um 1900 war Basel eine rasch wachsende Industriestadt: ihre Einwohnerzahl hatte sich seit 1833 vervierfacht, und der Zustrom aus der Basler Landschaft, der Ostschweiz und Deutschland dauerte noch an. Das Lesebuch nimmt davon nur kurz Notiz:

Tausende von Einwohnern beschäftigen sich in den Fabriken mit der Verarbeitung verschiedener Rohstoffe, namentlich von Seide. Stündlich befördern lange Eisenbahnzüge Waren aller Art nach allen Himmelsgegenden. Basel war von jeher eine Handelsstadt.[185]

Vom Leben der Arbeiter und ihrer Familien, die inzwischen die Mehrheit der Basler Bevölkerung ausmachten, hören die Schüler nichts, obwohl (oder weil?) soziale Probleme seit dreissig Jahren immer wieder Spannungen in die Innenpolitik der Stadt brachten.[186] Nur an einer Stelle ist von Helden unter den Arbeitern die Rede, und gerade da schwingt für unser heutiges Empfinden Herablassung mit, die sicher damals nicht beabsichtigt war. 1857 brach während dem Bau des Hauensteintunnels in einem Schacht Feuer aus, der Stollen stürzte ein und begrub über fünfzig Arbeiter. Obwohl sich bei der Katastrophe giftige Gase entwickelten, versuchten die Arbeiter, ihre Kameraden zu retten:

Todesmutig stürzten sie in den Schlund – gleich Helden in der Schlacht. – In diesen erschütternden Stunden konnte sich der Glaube an Männertugend und Seelengrösse wieder neu aufrichten, konnte man erkennen, welch ein grosses, edles Herz oft unter dem rauhen Kleide des Arbeiters schlägt![187]

Im 5. Schuljahr sollen die Stadtbasler Schüler die umliegende Landschaft kennen lernen. Die dazu geeigneten Texte stehen alle auch im entsprechenden Lesebuch von Baselland. Bevor wir uns ihnen zuwenden, wird es nötig sein, einen Blick auf die Entwicklung der Volksschule der Landschaft zu werfen.

---

185 Ebd., S. 159. Die aufstrebende chemische Industrie wird nur indirekt im zitierten Gedicht *Der Baselstab* erwähnt: Probst spricht da wehmütig von der Zeit, da «die Kemmi nonig grauchnet händ», Lb V BS (1905), S. 204.

186 Vgl. R. Teuteberg, Basler Geschichte, S. 328–335. 1868 hatte sich die Basler Arbeiterschaft organisiert und bewirkt, dass 1869 ein erstes Basler Fabrikgesetz in Kraft trat.

187 Lb V BS (1905), S. 218. Mit den gleichen Worten wird das Ereignis im 5.-Klass-Lesebuch von Baselland geschildert: Lb V BL (1912), S. 150.

1.4.2. Baselland

Wie schwierig der Neuanfang nach 1833 war, zeigt Markus Lochers Arbeit zur Schulgeschichte im Baselland.[188] Es fehlte an allem, am meisten an qualifizierten Lehrkräften. Auch wenn es im Schulgesetz von 1835 anders stand, waren Klassen von 120 Schülern keine Seltenheit, die Schulgebäude und auch die Besoldung der Lehrer so ungenügend, dass sich viel zu wenig geeignete junge Leute für den Lehrerberuf entschieden.[189] Es dauerte Jahrzehnte, bis diese Zustände überall behoben werden konnten. Dabei standen dem jungen Kanton einige vorzügliche, engagiert sozial denkende Schulpolitiker zur Verfügung, unter ihnen Johannes Kettiger (1802–1869). Weil er der Sohn eines Bandwebers in Liestal war, hatte er in Basel trotz bester Empfehlungen keine staatliche Lehrstelle erhalten, in seiner eigenen Privatschule aber viele Kinder aus vornehmen Basler Familien unterrichtet. Diese Schule gab er auf, um als Schulinspektor im Baselland am Aufbau der Volksschule mitzuhelfen. Viele Reformvorschläge wurden von ihm ausgearbeitet, manche mussten jedoch jahrelang auf eine Realisierung warten.[190]

Die Opposition gegen den Ausbau der Volksschule, namentlich gegen die Verlängerung der Schulzeit, kam von den Bauern und den «Posamentern», den Heimarbeitern der Seidenbandindustrie. Von keinem Fabrikgesetz geschützt, arbeiteten sie zu so schlechten Bedingungen für die Fabrikanten, dass sie auf ein möglichst frühes Mitverdienen ihrer Kinder angewiesen waren. So hatte die politische Loslösung von der Stadt der Landschaft zwar eine fortschrittliche Verfassung gebracht, ihre wirtschaftliche Lage aber nicht verbessert, und die Enttäuschung darüber machte sich bei mancher Abstimmung Luft. Von 1856 bis 1890 lehnten die Stimmbürger jede Erhöhung der Staatssteuern ab, so dass die Mittel für den Ausbau der Schulen fehlten. Erst 1892 wurde mit der neuen Staatsverfassung ein progressives Steuergesetz akzeptiert; gegen ein neues Schulgesetz, das die Schulzeit auf acht Jahre verlängerte, wurde noch 1911 mit den alten Argumenten, diesmal jedoch vergeblich, Opposition gemacht.[191]

Während vielen Jahren, in denen kein Geld für neue Schulbücher da war, behalf sich

---

188 M. Locher, Schule im Kanton Baselland 1830–1863.
189 Ebd., S. 80–111.
190 Kettiger setzte sich u. a. ein für die Schaffung der Mädchenarbeitsschule, für eine Armenerziehungsanstalt und auch für eine bessere Ausbildung von Handwerkern und Lehrlingen, vgl. ebd., S. 69–80, und J. J. Schaffner, Johannes Kettiger, in: SPZ 10 (1900), S. 210–221.
191 F. Klaus, Basel-Landschaft in Historischen Dokumenten 3, S. 167–176. Die entsprechende Situation ist uns in den ostschweizerischen Textilgebieten schon begegnet.

Baselland mit den Lesebüchern des Zürcher Lehrers Gerold Eberhard. Ihnen wurde ein geographischer Teil über das Baselbiet angefügt, den Kettger verfasst hatte.[192] Für die Oberklassen der Primarschule besorgte 1896 die Solothurner Lehrmittelkommission eine Lesebuchausgabe. Erst 1912 lag ein eigenes 5.-Klass-Lesebuch vor. Es bringt im belletristischen Teil eine Reihe neuer Texte, unter anderem von Alfred Huggenberger, Josef Reinhart, Felix Möschlin und vom deutschen Pädagogen Heinrich Scharrelmann, wobei die Schilderungen aus dem bäuerlichen Leben stark überwiegen.[193]

Im heimatkundlichen Teil steuern vor allem die beiden Schriftsteller Jonas Breitenstein und Wilhelm Senn Texte zum Baselbieter Selbstverständnis bei. Jonas Breitenstein, Pfarrer von Binningen, besingt in behaglich ausgreifenden baseldeutschen Hexametern Landschaft, Häuser und Menschen.[194] Sein Vorbild ist Johann Peter Hebel. Die Städter auf ihrem Sonntagsspaziergang geniessen die Landluft:

us der feistere Stadt und us de dumpfige Stube,
ussim Stadtgragöl und ussim tägligen Unmuess,
früschi Luft cho schöpfen und süesse Duft cho ge trinke,
und e neue Muet bi de Bluemen und Tierle cho hole.[195]

Die Skizze vom beklagenswerten Städter, der sein Leben in stickiger Luft und dunkler Wohnung verbringen muss, im Gegensatz zum stets heiter gestimmten Landmann in gesunder Umgebung, steht in einer langen literarischen Tradition, die bis ins Ancien Régime zurückreicht. Dem Baselbieter hat an dem Gedicht wohl besonders gefallen, dass die mächtigen Stadtherren hier «die Armen» sind.

Der Liestaler Lehrer Wilhelm Senn schrieb neben handlichen und darum oft verwendeten Heimatkundetexten ebenfalls Mundartgedichte.[196] *Das Birstal* beschreibt die liebliche Landschaft, über die einst böse Herren geboten:

vornehmi Here zringsum uff alle dine Hiblen und Berge
mächtigi Burge hai baut mit grislige Mure und Gräbe.
Lustig hai-si dert glebt in Lichtsinn und ippige Freide;
ungen aber im Dal hai d'Burelit gschungen und greblet. [S. 189]

192 M. Locher, Schule im Kanton Baselland 1830–1863, S. 127.
193 Vgl. zu diesen Texten die Kap. 3.1.–3.3.
194 *Ein Bauernhof im Baselbiet*: «Öppis e Bitzli abwegs im en enge Täli und zwüsche / Berge voll Holz, de gsehsch druf Fohre, Tanne-n und Bueche, / lit's Bluemmättlers Hof, kei übel Guet, wie's vo witem / scho der Aschin het [...].», Lb V BL (1912), S. 74–76 und Lb V BS (1905), S. 211 f.
195 J. Breitenstein, *E Maietag*, Lb V BL (1912), S. 8 f.
196 W. Senn, Heimat und Volk in Poesie und Prosa.

Doch endlich musste die unrechte Herrschaft stürzen; von den Burgen bleiben nur noch traurige Ruinen:

Aber do ungen im Dal, do ghert-me jetz juchzgen und singe.
Und wenn am Obe die Bure us Reben und Matte deheim si,
sitze-si eppe vor's Hus und dien enanger verzelle
us de vergangene Zite, wo Ritter und Here gregiert hai. [S. 190]

In diesen Zeilen mochte wohl ein Doppelsinn stecken: man hatte sich ja im Baselbiet vor nicht allzu langer Zeit noch einmal von «den Herren» befreit.

Der geographische Rundgang durch Landschaft und Stadt Basel gerät sehr umfangreich. Bei der Schilderung des noch jungen Kantons darf kein Dorf ausgelassen werden. Genau nimmt es hier der Berichterstatter mit den «Erwerbszweigen» und zählt jede Fabrik, jeden grösseren Gewerbebetrieb auf. Man sieht, wie in absehbarer Zeit andere Industriezweige die Posamenterie überholen werden. Vorderhand ist sie noch in vielen Dörfern zuhause, zum Beispiel in Reigoldswil:

Die fleissigen Bewohner des Dorfes beschäftigen sich hauptsächlich mit der Seidenbandweberei. Aus allen Häusern dringt das Geklapper der Posamentstühle, mitunter auch der frohe Gesang der Weber und Weberinnen, die heutzutage die schwere Maschine nicht mehr selbst zu treiben brauchen, seit die elektrische Kraft diese Arbeit besorgt. [S. 158 f.][197]

Fortschritt und Zufriedenheit also überall, wollte man dem Lesebuch hier vorbehaltlos Glauben schenken. Immer wieder wird auch mit Stolz auf neue, eben fertig gewordene Schulhäuser hingewiesen: das Schulgesetz und die seit 1903 ausgerichteten Bundessubventionen haben mitgeholfen, die alten Misstände zu beseitigen.

Im Geschichtsunterricht übernimmt Baselland den üblichen Schweizer Lehrplan: Bundesgründung samt Wilhelm Tell in der 4. Klasse, in der 5. Klasse dann die Entwicklung der Eidgenossenschaft seit Luzerns Eintritt in den Bund. In seiner jungen, hart erkämpften Unabhängigkeit fühlt sich das Baselbiet dem demokratischen Urbild stärker verpflichtet, als die Stadt es ist.

Zur eigentlichen Standortbestimmung wird auch hier die Schilderung des grossen Rundblicks vom hochgelegenen Aussichtspunkt. Jonas Breitenstein beschreibt den Blick vom Bölchen:

Vergnügt schauten wir von freier Höhe über die liebe Heimat hinweg bis dahin, wo mit dem schönen, himmelblauen Bande des mächtigen Rheinstroms der liebe Gott sie begrenzt und bekränzt hat. Und weiter hinaus noch schweifen unsere Blicke in die

---

197   Die Elektrifizierung wird als neue Errungenschaft mehrmals im Lesebuch erwähnt.

neblige Ferne, jetzt nach den Vogesen, hinter denen die heissblütigen Franzosen
wohnen mit ihren roten Hosen und jetzt nach dem Schwarzwald, wo die gutmütigen
Schwarzwälder basteln, ihre Uhren zusammenrichten, Kochlöffel aushöhlen und
Bürsten binden.
Nach dieser souveränen Charakterisierung der Nachbarn folgt nun der grosse patriotische Aufschwung:
Dann kehren wir der Fremde den Rücken und, nach Süden uns wendend, schauen wir
so recht ins liebe Vaterland hinein. O, wie glitzern, im Morgenstrahl erglühend, in
langer Reihe seine mächtigen, zum Himmel ragenden Alpen, als wären sie lauter
Diamanten und Edelsteine, die der liebe Gott dort an der fernen Grenze aufgetürmt
hat zum hohen, festen Wall und zu gewaltigen Zinnen und Türmen; und wie behaglich
liegt in ihrem Schutze das Land vor uns, wie ein Kindlein sorglos ruhet in der treuen
Mutter Arm! [S. 152 f.]
Der patriotische Überschwang, erklärbar vielleicht als besonders eifrige Demonstration richtiger Gesinnung im jungen Kanton, sei hier nur gerade registriert; mit welchen Mitteln er arbeitet, wird uns im nächsten Kapitel beschäftigen.

1.4.3. Solothurn

Solothurn hat mit dem Baselland und dem Kanton Bern lange, komplizierte Grenzen
gemeinsam; zu beiden und zum Aargau bestehen enge Beziehungen. Umgeben von
protestantisch dominierten Nachbarkantonen, ist Solothurn jedoch ein katholischer
Kanton geblieben, der sich – und das ist eine weitere Besonderheit – im 19. Jahrhundert dem liberalen Lager angeschlossen hat. Auf «das eigentümlichste Phänomen der
neuen Solothurner Geschichte» kommt Fritz René Allemann zu sprechen: «Seit 1830
bewegt sich die Solothurner Politik im liberalen Fahrwasser, prägt und durchdringt
der ‹Freisinn› das ganze politische Leben».[198]
Dem Aufbau der Volksschule galt auch hier die besondere Aufmerksamkeit der Liberalen. Das Solothurner Schulgesetz von 1873 erhöhte die obligatorische Schulzeit auf
acht Jahre und bestimmte, dass den Kindern armer Eltern die Schulmaterialien kostenlos zur Verfügung stehen sollten. Schulversäumnisse mussten streng geahndet werden:
Die Landjäger verfügen sich wöchentlich in die Schule und erheben von den Lehrern
die Namen der wegen unbegründeter Schulversäumnisse Fehlbaren. Sie holen nach-

---

198 F. R. Allemann, 25 mal die Schweiz, S. 233; vgl. auch U. Altermatt, Katholizismus und Moderne,
     S. 139, 222.

lässige Schüler in die Schule und beziehen von den Fehlbaren jeweilen eine Taxe von 20 Cts.[199]

Die Eltern wurden zusätzlich gebüsst, aber auch die «Fabrikbesitzer und Arbeitsgeber, wenn sie Kinder zur Arbeit annehmen, die keinen Erlaubnisschein von Seiten der Schulbehörden vorweisen».

In den Jahren des Kulturkampfes verhärteten sich auch im Kanton Solothurn die Fronten: 1874 beschlossen die Stimmberechtigten, die Klöster Mariastein, St. Ursen und Schönenwerd aufzuheben, weil keine katholischen Schulen mehr geduldet werden sollten. Aus dem Vermögen der drei Klöster wurde ein Schulfonds gebildet, dessen Zuschüsse an die Gemeinden vor allem der Volksschule zugute kamen. Im Vorfeld der Abstimmung über die Aufhebung der Klöster und ihrer Schulen war in einem katholisch-konservativen Flugblatt die Befürchtung formuliert worden:

An Stelle der Religion soll in der Schule die Moral oder Sittenlehre gesetzt werden, als wenn man die christliche Moral von der Person ihres göttlichen Lehrers trennen und als wenn man ohne Religion dem Kinde begreiflich machen könnte, was gut und bös ist.[200]

Gerade das versucht das 1875 erschienene Lesebuch für Solothurns 4. und 5. Klasse. Die «Lesestücke für die sprachliche und sittliche Bildung» wollen eine christliche, nicht an eine Konfession gebundene Erziehung vermitteln. Das Lesebuch ist in verschiedenen Auflagen überarbeitet worden, ohne dass sich am prinzipiellen Konzept etwas geändert hätte. Dieser Studie liegt die 7. Auflage von 1910 zugrunde. Im Auftakt unter dem Titel «Verhältnis des Kindes zu Gott» preisen einige Texte «Gottes Wunderwerke in der Natur», aber auch «Des Tages Arbeit»:

Arbeit macht das Leben süss, mildert alle Last;
der nur hat Bekümmernis, der die Arbeit hasst.

[...]

Arbeit und Betriebsamkeit geben Ehr' und Brot;
Müssiggang und Schläfrigkeit sind schon halber Tod.
Bei Geschäften wird man alt; jeder hat uns lieb;
doch den Faulen nennt man bald einen Tagedieb.[201]

Im Anschluss an die Fabel *Die Grille und die Ameise* bringt das Lesebuch ein Dialektgedicht des Solothurners Adrian von Arx:

---

199   Zit. nach J. Mösch, Das solothurnische Primarschulgesetz von 1873, S. 90.
200   Ebd., S. 233.
201   Lb IV/V SO (1910), S. 10. Verfasser ist Peter Burmann

Rüehret, rüehret eui Glieder;
löt mer d'Zyt nitt lär vergoh;
kei Minute chunnt ech wieder;
bruchet se, jetz isch se do![202]

Nach einer beträchtlichen Auslese aus dem Moralgeschichtenvorrat des frühen 19. Jahrhunderts werden schliesslich im Abschnitt «Zur eigenen Entwicklung» einige Verhaltensregeln für den Alltag formuliert. Dabei steht die Hygieneerziehung im Vordergrund. So erzählt in einem Brief – der beliebten Form, Belehrung einzukleiden – Elise ihrer Freundin Berta von der gefährlichen Wirkung giftiger Dünste im Zimmer: sei es starker Blumenduft, «Gärungsdunst» oder Kohlengas.[203] Von Albert Fisler, dem Verfasser vieler Kurzgeschichten für Kinder, stammt die Erzählung *Der Rauschmann.* Ein Betrunkener wird auf der Strasse von Schulkindern ausgelacht, während sich sein Kind für den Vater schämen muss. (S. 73) Unter dem Titel *Kinder gehören nicht aufs Velo* wird auch schon ein tödlicher Velounfall aus dem Jahre 1899 geschildert. (S. 75 f.) Zu körperlicher Ertüchtigung ermuntert Johannes Staub die Knaben im Gedicht *Auf dem Turnplatz*:

Turnen an Barren und Reck,
hei, das macht mutig und keck! [...]
Dreht euch im riesigen Schwung!
Hebt euch wie Gemsen im Sprung!
Werfet die Speere,
kämpfet um Ehre,
stählet die Sehnen und kräftigt das Mark!
Bildet euch wehrhaft, behende und stark! [S. 76]

Turnen, Sport überhaupt, dient der Erziehung zur Wehrhaftigkeit, ist deshalb eine patriotische Leistung.[204] Im selben Sinn will das Gedicht *Unsere Fassdaubenbuben* des Berner Poeten Gottfried Strasser wirken, das die Knaben ermuntert, auf billige Weise den neuen Nationalsport Skifahren zu erlernen:

Schweizerbuben, die wissen immer wo aus und an,
sehnen sich, sportbeflissen, auch nach der Schneeschuhbahn.

---

202   Ebd., S. 81 f.; vgl. Zusammenfassung, S. 221.
203   Ebd., S. 72 f. Zu der Angst vor giftigen Dünsten, die mit dem neuen Hygienebewusstsein aufkam, vgl. B. Mesmer, Reinheit und Reinlichkeit, S. 471–481.
204   Zum Turnunterricht als patriotischem Erziehungsmittel vgl. G. Heller, L'école vaudoise, S. 245–252.

Spricht der Vater: «Euch kaufen Schi, ist ein teurer Spass!»
Seht, wie die Buben jetzt laufen dort zu dem alten Fass!
[...]
Recht so, ihr Buben, lernt fahren nur so auf einfache Art!
Dann kommt gewiss mit den Jahren auch eure Schimeisterfahrt. [S. 77]

Natürlich darf nun auch das Porträt des «Geschickten Mädchens» nicht fehlen, das ausschliesslich auf seine spätere Hausfrauenrolle festgelegt wird:

Ich bin ein klein Mädchen, kann spinnen am Rädchen,
Kann nähen und flicken, brodieren und stricken;
kann waschen und glätten und wischen und betten [...]
kann kneten und backen und jäten und hacken.
Ich helfe gern aus in Garten und Haus. [S. 78]

Der Text ist sicher nicht nur als Hausmütterchenidylle zu lesen; er gehört zum Erziehungsprogramm, das auch den Mädchen der Unterschichten eine bessere Haushaltführung beibringen wollte und damit einen Beitrag zur Armutsbekämpfung zu leisten hoffte.[205] Die pädagogische Absicht spricht noch deutlicher aus dem Stück in Berner Mundart *Im Röseli vo Buechegg sy Husornig* von Jakob Hofstetter:

Im Summer steit 's Röseli all Morge am Füüfi uf [...] und Vater und Mueter finge, wenn si ufstöh, d'r Gaffee und Härdöpfelrösti parat, d'Stube g'wüscht, 's Gärtli g'schprützt, 's Chüeli g'mulche und alls ufgrumt, ass es i dem Hüüsli usgseht wie imene Chilchli.[206]
Die all diesen Texten zugrunde liegende Pädagogik ist keine schweizerische, noch weniger eine solothurnische Eigenheit. In solcher Ausdrücklichkeit ist sie uns bisher jedoch in keinem Lesebuch begegnet: verglichen mit den gleichzeitigen Auswahlen der katholischen Lesebücher der Innerschweiz, liegen demonstrative Akzente auf liberalen Postulaten wie Turnen, Hygiene und Gewerbefleiss. Das eben zitierte Röseli stammt vom Bucheggberg, dem einzigen protestantischen Bezirk Solothurns, dessen speziell tüchtige Bauern im Gedicht *Buechiberger Bure* noch eigens besungen werden.[207]
Selten sind in diesem Lesebuch die Anspielungen auf die katholische Vergangenheit und Gegenwart des Kantons. Aus der Schar der Heiligen erscheinen nur die legendären

---

205 Vgl. E. Joris, Die Schweizer Hausfrau, S. 104–111.
206 Lb IV/V SO (1910), S. 128.
207 Ebd., S. 129 f. Albrecht Emch dichtet selbstbewusst: «Mängi festi, tolli Büri / füehrt im Huus drin 's Regiment; / ihri Auge g'seh, mi tüüri, / schnell, wenn's Füür vergebe brennt [...] / Burebuebe hett's wie Leue, / die hei de der Buggel dar, / melche, miste, ernte, heue, / mäje vor de ganze Schar.»

Märtyrer Ursus und Viktor, denen die Solothurner Kathedrale geweiht ist, und Verena, die als Einsiedlerin bei Solothurn gelebt haben soll, bevor sie sich in Zurzach der Armenpflege widmete.[208] Natürlich ist auch Niklaus von Flüe ein Text gewidmet, weil ihm die Städte Freiburg und Solothurn die Aufnahme in den Bund der Eidgenossen verdanken. (S. 175 f.)

Der historische und geographische Überblick «Bilder aus der Heimat» sucht möglichst allen Regionen des Kantons gerecht zu werden und den Städten Solothurn und Olten nicht zu viel Gewicht zu geben. Dabei ist die alte Selbständigkeit der Stadt Solothurn Grund zu Stolz: «Klein war die Zahl der Einwohner und klein das Bürgerziel, aber gross die Liebe der edelgesinnten Bürger zu ihrer freien Reichsstadt.» (S. 173 f.)

Auch die Solothurner pflegen ihre Überlieferungen von bösen Raubrittern und stolzen Landvögten. Ein hinterlistiger Anschlag des Grafen von Kyburg auf die Stadt wurde nur durch die Aufmerksamkeit des «schlichten Bauersmanns» Hans Roth verhindert. (S. 174 f.) Von allen tradierten historischen «Bildern» sind bis heute für das Solothurner Selbstwertgefühl drei Episoden bestimmend, welche humane Eigenschaften der Bürger loben. Von der ersten war schon die Rede: 1318 wurde die Stadt von Herzog Leopold von Österreich belagert, als ein Hochwasser der Aare die Aarebrücke und mit ihr österreichische Bewaffnete in die Tiefe riss:

Als die biedern Solothurner dies sahen, vergassen sie die Feindschaft. Einige eilten mit Stricken und Stangen herbei, andere fuhren in Kähnen auf die wogende Aare hinaus: alle retteten unter eigener Lebensgefahr so viele der unglücklichen Feinde, als sie konnten. Die Geretteten wurden unversehrt in das herzogliche Lager zurück-geschickt.[209]

Schultheiss Niklaus Wengi sodann verhinderte zur Zeit der heftigsten Glaubens-kämpfe ein Blutvergiessen zwischen Katholiken und Protestanten, die sich am Aareufer bewaffnet gegenüberstanden:

Da eilte der edle Schultheiss Niklaus Wengi herbei. Er war ein Katholik, dabei ein menschenfreundlicher und gegen Andersgläubige duldsamer Mann. Fest entschlos-sen stellte er sich vor eine der geladenen Kanonen und rief mit kräftiger Stimme: «Wenn Bürgerblut vergossen werden soll, so fliesse das meinige zuerst!» [S. 178]

Die «biederen Solothurner» und Niklaus Wengi, der die alte Zusammengehörigkeit der Bürger über konfessionelle Gegensätze stellte und dafür sein Leben wagte, sind zu

208 Ebd., S. 134, 172. Dieser Dienst an den Armen wird besonders hervorgehoben.
209 Ebd., S. 173 f. Herzog Leopold war von der Rettungstat so gerührt, dass er die Belagerung abbrach, Frieden schloss und den Solothurnern eine Kriegsfahne schenkte, «zum Zeichen, dass sie über ihn gesiegt hatten».

beliebten Schweizer Lesebuchfiguren geworden.[210] Von Adam Zeltner, dem Untervogt und Helden der dritten Episode dagegen erzählen nur die Solothurner Schulbücher: *Damals wurde das Landvolk in mehreren Kantonen von den Regierungen hochmütig behandelt und mit Steuern und Abgaben hart bedrückt. Erbittert erhoben sich deswegen 1653 die Bauern gegen ihre Obrigkeit. Auch im Kanton Solothurn war das Volk auf dem Punkte, der Regierung den Gehorsam zu kündigen. [S. 180]* Adam Zeltner bewährte sich in dieser Krisensituation als geschickter Vermittler zwischen Stadt und Land. Er überredete die Solothurner Regierung, in einigen Punkten auf die Forderungen der Bauern einzugehen, und konnte so den Ausbruch von Feindseligkeiten verhindern.

In andern Kantonen dagegen kam es zwischen der Obrigkeit und den missvergnügten Bauern zum Krieg. Die Landleute wurden geschlagen und mussten sich unterwerfen. Die siegreichen Regierungen setzten zur Bestrafung der Aufständischen in Zofingen ein Kriegsgericht ein. Dieses verurteilte viele zum Tode, andere zur Verstümmelung und wieder andere zu schweren Geldbussen. Auch Adam Zeltner wurde vor Gericht gefordert. [Ebd.]

Das Gericht verurteilte Zeltner zum Tode, und trotz der Einsprache der Solothurner Regierung und des französischen Gesandten wurde das Urteil vollstreckt. Am Beispiel Adam Zeltners kann hier in Solothurn das fragwürdige Verhalten der Obrigkeiten im Bauernkrieg gezeigt werden; in den Lesebüchern anderer Kantone dagegen wird an diese düstere Epoche möglichst wenig erinnert: schlechtes Gewissen, das sich in historischen Zusammenhängen oft auch als merkwürdig langlebig erweist, noch nicht ganz verheilte Erinnerungen an die Stadt-Land-Konflikte nach dem Zusammenbruch der Alten Eidgenossenschaft und vielleicht auch die gefährliche Nähe zu neuen sozialen Spannungen mochten da zusammenwirken.

Toleranz und Sinn für politischen Ausgleich, als solothurnische Eigenschaften oft gepriesen, sind in dem Kanton auch nötig, wo so verschiedene Bevölkerungsgruppen zusammenleben. Ein Überblick über «Volk und Staat» weist auf die nebeneinander existierenden Konfessionen und auf das Zusammenspielen von Landwirtschaft und Industrie hin:

Bei der starken Bevölkerungszunahme [wurde] eine mannigfaltigere Tätigkeit nötig. Industrie und Landwirtschaft ergänzen einander und machen es möglich, dass auf so engem Raum so viele Menschen leben können. [S. 170]

---

210 Vgl. Kap. 2.4.1. und 2.4.4., S. 193, 211. A. Wyser, Vom Wesen der solothurnischen Politik, belegt mit diesen beiden Episoden noch 1981, «die beinahe sprichwörtliche Toleranz» der Solothurner. In: Solothurner Jahrbuch 1981, S. 144.

Die vielen über den Kanton verteilten Industrien werden gewissenhaft aufgelistet, von den Spinnereien über Papierfabrik und Eisenwerk bis zu den mechanischen Werkstätten in Olten, die mit dem Ausbau des Eisenbahnnetzes immer wichtiger wurden. Daneben beschäftigten um 1900 die Uhrenindustrie, die Schuhfabrikation in Olten und Schönenwerd und die Seidenweberei viele Heimarbeiter.

Eingängiger als diese Aufzählungen sind poetische Porträts; so wenn Alois Glutz Hirten und Bauern in Solothurner Mundart besingt. Sein *Hirtenleben* ist zum Volkslied geworden – «Morge früeh, eh d'Sunne lacht» – während das schwerfälligere Gedicht *Der Bauernstand* um 1900 hin und wieder in einem deutschschweizer Lesebuch anzutreffen ist, dann aber bald verschwindet.[211] Poesie zum Lob des Arbeiters ist dagegen schwieriger beizubringen: man behilft sich schliesslich mit einem nicht sehr überzeugenden Rückgriff auf Schiller, aus dessen düsterer Ballade *Der Gang zum Eisenhammer* hier eine Strophe unter dem Titel *In der Fabrik* erscheint.[212]

Das vermittelte Gesellschaftsbild bleibt selbstverständlich paternalistisch. So präsentiert es sich auch in der Vorlage zu einer Nacherzählung, einer Textsorte, deren Wirkung im Schulalltag nicht unterschätzt werden darf. Da ist ein armer Mann glücklich, weil ihm der reiche Fabrikant Arbeit verschafft. Er verspricht, seinem neuen Herrn seine Dankbarkeit zu bezeugen. Darüber lächelt der Herr, doch nicht lange: *Der Fabrikherr fuhr eines Sonntags spazieren. Auf der Fahrt wurden die Pferde scheu und rannten feldeinwärts. Unser Arbeiter war auch spazieren gegangen. Wie er das Unglück sah, eilte er hinzu und brachte die Pferde zum Stehen. Der Fabrikherr sah ein, dass auch der Arme dem Reichen Wohltaten erweisen kann. [S. 259]*

Wir sagten zu Beginn dieses Abschnitts, Solothurn habe mit seinen Nachbarn Gemeinsamkeiten, die sich auch im Lesebuch spiegeln. Mit Baselland und dem Aargau verband es die breite Bevölkerungsschicht der Heimarbeiter, besonders der Seidenbandweber, mit dem Kanton Bern das höchst selbstbewusste Bauerntum des westlichen Kantonsteils. Mit der Stadt Basel teilt es den Stolz auf die alte Freiheit der Reichsstadt, die sich nicht beflissen der Innerschweizer Freiheitstradition anschliessen muss.[213] Für beide Basel, den Aargau und Solothurn bilden die Juraketten mit ihren

---

211 Zu Alois Glutz (1789–1827), dem blinden Liederdichter aus Olten vgl. HBLS Supplementsband, S. 75. *Der Bauernstand* sucht das Landleben den Städtern gegenüber aufzuwerten: «Mir Lüt uffem Land si so lustig und froh; / mir füehren es Läbe, 's chönnt besser nitt goh; / drum chömet, ihr Städter, betrachtet dä Stand / und lehret au schätze der Bur uffem Land!», Lb IV/V SO (1910), S. 172.

212 Ebd., S. 171: «Des Wassers und des Feuers Kraft / verbündet sieht man hier; / das Mühlrad, von der Flut gerafft, / umwälzt sich für und für.»

213 Aus der Befreiungssage sind einige Stücke in das Lesebuch aufgenommen, aber mehr als erbauliche Anekdoten. Das ändert sich im Solothurner Lesebuch von 1920.

Aussichtspunkten das Gegenüber der Alpen: die Solothurner ersteigen den Weissenstein, überblicken von ihm aus das Mittelland mit seinen Flussbändern und sehen in der Ferne den ewigen Schnee glänzen. (S. 132)

1.4.4. Aargau

Erst 1803 ist der Aargau, einstiges Untertanengebiet der Eidgenossen, zum selbständigen Kanton geworden, und nicht alle Aargauer waren damals von ihrer neuen Kantonszugehörigkeit begeistert. Die ehemaligen Berner Untertanen wären gerne bei Bern geblieben, das katholische Freiamt neigte der Innerschweiz zu, das Städtchen Rheinfelden zu Basel.[214] Der Gegensatz zwischen katholisch-konservativ Gesinnten und Liberalen setzte in der Folge dem konfessionell gespaltenen Kanton besonders stark zu. 1841 wurden die Klöster im Aargau aufgehoben, und in den folgenden Jahren trugen beide Seiten dazu bei, dass die Ereignisse rasch eskalierten. Als bekannt wurde, dass die katholischen Orte unter sich Absprachen getroffen hatten und auch gewillt waren, im Notfall Unterstützung von aussen anzufordern, löste dies die kurze militärische Aktion des Sonderbundskrieges aus und führte 1848 zur Neugründung des Bundesstaates.

Während von den Aargauer Historikern das Fehlen eines allen Kantonsbürgern gemeinsamen historischen Fundaments bedauert wird, steht dagegen die neuere Aargauer Schulgeschichte in einer bemerkenswerten Tradition: Heinrich Pestalozzi begann seine pädagogische Tätigkeit auf dem Neuhof bei Brugg, wo er eine Armenschule einrichtete. Heinrich Zschokke, der deutsche Emigrant und Publizist, liess sich 1803 in Aarau nieder und wirkte da während Jahren am Aufbau der Volksschule mit.[215] Schliesslich drückte Augustin Keller der Aargauer Schule seinen Stempel auf: ein Erbe von beiden, Regierungsrat seit 1837 und Direktor des Lehrerseminars seit 1852. Er verfasste ungezählte Prosatexte und Gedichte, die während vielen Jahren die Schulbücher im Kanton Aargau prägten. Noch mehr als hundert Jahre später finden sich einige seiner gereimten Fabeln und balladenartigen Gedichte in den Schweizer Lesebüchern. Deutlich in seiner Tradition stehen die Aargauer Mittelstufen-Lesebücher, die Seminardirektor Friedrich Hunziker und Jakob Keller 1892 herausbrachten und die rund siebzig seiner Texte enthalten. Zu Beginn des 20. Jahrhunderts mussten Augustin Kellers Exempelgeschichten und Realientexte allerdings schon stark veraltet wirken.

214 Vgl. F. R. Allemann, 25 mal die Schweiz, S. 246 f.
215 Vgl. M. Byland, 150 Jahre Aargauer Volksschule, S. 9 f.

1912 und 1913 gab Karl Killer neue Lesebücher für die 4. und 5. Klasse heraus, in denen die reformierte Auswahl an erzählenden Texten auffällt: Heinrich Scharrelmann ist mit mehreren Texten präsent, daneben stehen Kurzgeschichten der Schweizer Schriftsteller Albert Fisler, Lisa Wenger, Josef Reinhart, auch Texte von Jakob Bosshart und Meinrad Lienert. Für den Heimatkundeteil beider Lesebücher hat Karl Killer viele Texte selber geschrieben. Sie führen in Topographie und Kartenlesen ein und behandeln das Zusammenleben der Menschen in Dorf und Gemeinde, sowie die Einrichtungen zum Nutzen der Gemeinschaft. Dazu gehören unter vielem andern Eisenbahn und Post, Krankenfürsorge und natürlich die Schule:

In der Schule lernen die Kinder richtig sprechen, lesen, schreiben, rechnen, zeichnen, singen und turnen. Die Kinder werden aber auch erzogen. Sie werden an Gehorsam, Fleiss, Aufmerksamkeit, Ordnung und Reinlichkeit gewöhnt. Wer nicht unterrichtet wird, bleibt unwissend und ungeschickt. Wer nicht erzogen wird, bleibt ungezogen. Unwissende Menschen kennen die Natur, den Wohnort, ihre Heimat, das Vaterland, die Welt, ihre Geschichte und ihren Schöpfer nicht, sie sind ungebildet. Niemand kann sie gebrauchen. Deshalb müssen alle Kinder in unserem Vaterland in die Schule gehen. Keines darf die Schule ohne genügende Entschuldigung versäumen.[216]

Auffällig ist hier nicht so sehr das angestrebte Schulungsziel; der Text nennt ja alle Programmpunkte der damals allgemein geltenden bürgerlichen Pädagogik, die helfen sollten, junge Menschen zu nützlichen, das heisst angepassten und arbeitsamen Gliedern der Gesellschaft zu formen.[217] Heute fällt eher auf, mit welcher Verachtung von Unwissenheit und Unbildung gesprochen wird: Zeichen, umgekehrt, für eine Bildungsgläubigkeit, die ins Wanken geraten ist – hier aber auch daran erinnert, dass die Aargauer ihren Kanton selber mit Stolz als Bildungs- und Kulturkanton zu bezeichnen pflegten. Einem kurzen Text über «Die Arbeit» liegen dieselben pädagogischen Normen zugrunde:

Alle Arbeit, auch die niedrigste, ist notwendig, und jeder Mensch, welcher arbeitet, ist zu achten. Wer nicht arbeiten will, tut seine Pflicht nicht und verdient nicht zu essen.[218]

Hilfe hat nur der zu erwarten, der nicht mehr arbeiten kann, «weil er alt oder krank» oder «ohne eigene Schuld ins Elend geraten ist». Der Text mündet in einen Aufruf zur Sparsamkeit:

---

216 Lb IV AG (1912), S. 111. Karl Killer war an der Reform des Aargauer Schulgesetzes wesentlich beteiligt. Vgl. W. Gautschi, Geschichte des Kantons Aargau 3, S. 142 f.
217 Vgl. dazu F. Kost, Volksschule und Disziplin.
218 Lb IV AG (1912), S. 122 f. Adrian von Arx hält in seinem Gedicht *Rühret eure Glieder* dieselbe Maxime fest: «Wer nitt flyssig wärche cha, / dä muess au nüt z'bisse ha.», Lb IV/V SO (1910), S. 81; vgl. Kap. 1.4.3., S. 99.

Wer in den kräftigsten Jahren steht, tut gut, nicht alles Geld zu verbrauchen, sondern einen Teil für seine alten Tage auf die Seite, in die Sparkasse, zu legen. Je jünger man das Sparen beginnt, desto grössere Ersparnisse wird man sammeln können. [S. 123] Hier ist der liberale Glaubenssatz herauszuhören, dass der Mensch, der arbeitet, auch Erfolg haben und soviel verdienen wird, wie ihm zukommt. Im Lesebuch für die 5. Klasse wird das Thema noch erweitert und die Arbeit zur Grundlage des Fortschritts an sich erklärt: «Um alles zu beschaffen, was wir brauchen, gibt es nur ein Mittel, die Arbeit. Darum ist die Arbeit so alt wie die Menschheit selbst.»[219] Killer nimmt in das 5.-Klass-Lesebuch den üblichen Rundgang durch alle Bezirke des Aargaus auf und beschreibt realistisch die verschiedenen Erwerbsmöglichkeiten der Bevölkerung. Landwirtschaft ist da nicht nur idyllische Naturnähe: ein Bauer auf dem Bözberg erzählt, «wie mühsam der Landbau in dem schmalen, nach Norden gerichteten Tale ist» (S. 124), und überhaupt erfordern Reb- und Ackerbau viel Kenntnisse und Umstellungen in der modernen Zeit:

Der Landwirt arbeitet heute anders, als sein Grossvater es tat. Die Arbeitslöhne sind gestiegen, viele Taglöhner ziehen die Fabrikarbeit der ländlichen Beschäftigung vor. So müssen Maschinen die Kraft der Menschen ersetzen. Der Heuet geschieht mit Mähmaschine, Wender, Pferderechen und Abladevorrichtung. [...] Nicht nur mit den Händen muss der Bauer arbeiten, auch sein Kopf muss dabei sein. [S. 161]

Dass Heimarbeit am Seidenbandwebstuhl oder für die Stroh- und die Tabakindustrie auch ihre dunklen Seiten hat, verschweigt Killer nicht und widerspricht damit im Grunde selber dem oben verkündeten liberalen Credo. Die Strohindustrie «geht nicht immer gut», und der Beitrag «Wie die Zigarre entsteht» mündet in die Warnung:

Die Arbeit ist aber nicht besonders gesund, denn die Luft ist stets mit dem Geruch der Tabakblätter erfüllt. Spaziergänge des Arbeiters nach Feierabend oder Zwischenbeschäftigung im Freien sind deshalb nötig, wenn er recht lange gesund bleiben will. [S. 145]

Die Existenz von Armut wird wohl festgestellt, aber nicht als sozialer Missstand gedeutet. Ein Text über die Stadt Baden schildert den mondänen Kur- und Touristenbetrieb mit Konzerten und Feuerwerk im Kurpark, und gleich anschliessend daran das Industriegelände der grossen Maschinenfabrik, den hektischen Betrieb in der Werkhalle. Dann folgt die lapidare Feststellung: «Der Handelsverkehr ist sehr rege. Kurgäste und Einwohner haben gar viele Bedürfnisse. Für die Armen, die jedes Industriegebiet hat, sorgen freiwillige Vereine.» (S. 156)

---

219 Lb V AG (1913), S. 103 f.

Killer macht sich die Mühe, einige Produktionsvorgänge in der Industrie genauer vorzustellen: zum Beispiel wie Salz in der Saline von Rheinfelden oder Zement aus Jurakalk gewonnen wird. (S. 131 f., 136 f.) Seine Bilanz klingt optimistisch: *Jeder Arbeitswillige findet Gelegenheit, seinen Unterhalt zu verdienen. In vielen Fällen wird es ihm noch möglich sein, für seine alten Tage eine kleine Ersparnis beiseite zu legen. Wir müssen nicht, wie die Italiener, in Scharen auswandern, um unser Brot zu verdienen. Die Heimat gibt uns genügenden Verdienst. [S. 163 f.]* Stolz auf das nun erreichte ökonomische Niveau spricht aus diesen Sätzen: die Schweiz hat den Stand eines Entwicklungslandes endgültig überwunden, niemand ist mehr zur Auswanderung gezwungen. Dass Arbeit und Industrie im heimatkundlichen Teil dieser Lesebücher so eingehend abgehandelt werden, entspricht dem hochindustrialisierten Aargau, der sich durch die Jahre dank Diversifizierung auch als krisenfester erwiesen hat als andere Kantone.[220] Belletristische Texte zum Thema fehlen jedoch auch hier.

Wie geht das Lesebuch mit historischen Stoffen und mit der Tatsache um, dass dem Kanton eine allen Bürgern gemeinsame Tradition fehlt? Kompensation liefern zunächst Aargauer Sagen, die Killer reichlich zur Verfügung standen dank den Sammlungen der beiden im Aargau tätigen Herausgeber Ernst Ludwig Rochholz und Heinrich Herzog.[221] Die bekanntesten Texte sind wohl *Die Schlüsseljungfrau zu Tegerfelden* und *Die Linde von Linn*, die zur Erinnerung an eine schwere Pestepidemie auf das Grab der Seuchenopfer gepflanzt wurde und heute noch als Wahrzeichen auf dem Bözberg bewundert wird.[222] Von Rochholz übernimmt Killer die Sage *Wie die Heilquellen in Baden entdeckt wurden*, eine nicht sehr gelungene, aber bezeichnende Rückblende in römische Zeit.[223] Während sonst in den deutschsprachigen Lesebüchern dieser Jahre die Römer als die fremden Eindringlinge und Besieger der Helvetier fast ausschliesslich negativ geschildert werden, weist man im Aargau stolz auf römische Fund und Kulturleistungen hin, benutzt sie gewissermassen zur Aufwertung der eigenen Genealogie.[224]

Zwiespältiger ist das Verhältnis zu Klöstern und Adel. In der Sage vom Ring von

220 F. R. Allemann, 25 mal die Schweiz, S. 256.
221 Vgl. Sagenerzähler und Sagensammler, S. 245–273, 289–305.
222 Lb IV AG (1912), S. 144–146, 136.
223 Ebd., S. 96 f.
224 Über Vindonissa schreibt Killer: «Die Römer hatten die grosse Stadt gebaut. Römische Soldaten hielten Grenzwache gegen die wilden deutschen Völker. Vornehme Römer bewohnten grosse Paläste mit prächtigen Steinböden. [...] Die Wasserleitung der Römer war so gut gebaut, dass sie bis vor wenigen Jahren noch benutzt werden konnte.», Lb V AG (1913), S. 133.

Hallwil müssen Mönche, die sich im Schloss Hallwil eingenistet haben, dem rechtmässigen Erben Platz machen.[225] Die Sage vom Egelsee dagegen, in der Fassung von Augustin Keller, arbeitet massiv mit dem Schema «böser Ritter – geplagte Untertanen»: *Früher hausten sehr viele gottlose Ritter im Lande. Kein Reisender auf der Strasse, keine Saat im Felde, kein Ochs am Pfluge und kein Schnitz im Troge war vor ihnen sicher. Sie raubten, sie brannten, sie mordeten, was ihnen in die Hände fiel. Ein solches Ungetüm von einem Ritter lebte auch in einem Schlosse auf dem Heitersberg. [S. 101 f.]* Die Strafe des Himmels ereilt ihn, als er eine um Gnade flehende Frau ersticht und von ihrem Manne verflucht wird. In einem schauerlichen Gewitter stürzt nachts sein Schloss ein; an seiner Stelle liegt nun der Egelsee.

Nicht einfach ist der Umgang mit den Habsburgern: die Erbfeinde der Eidgenossen stammen aus dem Aargau, und auf die Ruine der Habsburg ist man hier auch stolz. Die Lesebücher bringen eine Reihe von Anekdoten, die das gute Einvernehmen zwischen Feudalherren und Untergebenen loben. In der Geschichte vom Bau der Habsburg stehen die treuen Dienstleute an der Stelle wehrhafter Mauern. Nicht nur im Aargau sind die Erzählungen um den frommen, gerechten und witzigen Rudolf von Habsburg beliebt, der sich so gut mit dem einfachen Volk verstanden habe.[226] Dann trübt sich das Verhältnis unter Rudolfs Sohn Albrecht. Nun übernimmt das Lesebuch die Innerschweizer Befreiungstradition, muss aber gleichzeitig sagen, dass der Aargau noch lange Zeit habsburgischer Besitz geblieben ist. Für die Zeit des Sempacherkriegs ergäbe sich da eigentlich ein Loyalitätskonflikt, doch die Aargauer Lösung ist elegant. Nicht Winkelried, der namentlich gar nicht vorkommt, und nicht Herzog Leopold, der rechtmässige Herr, ist in der Schlacht bei Sempach der Held der Aargauer, sondern der Schultheiss des Städtchens Zofingen, Niklaus Thut. Wie üblich in der Schweizer Chronistik, wird die erste Phase der Schlacht geschildert, in der das glänzende Ritterheer die Eidgenossen in grosse Bedrängnis gebracht habe, bis der Durchbruch gelungen, eine Gasse geschlagen worden sei:

Über die Leiche eines kräftigen Eidgenossen sprangen mutige Männer, leicht, beweglich und schwangen die Morgensterne. Mit jedem Streich sank ein Ritter ins Blut.[227]

Die Aargauer, unter ihnen die Zofinger, hatten den Österreichern den geschuldeten Zuzug geschickt, der nun auch in Bedrängnis und Niederlage geriet:

---

225 Lb IV AG (1912), S. 148 f. Die Gründung des Klosters Wettingen wird dagegen als eine echte fromme Stiftung dargestellt: ebd., S. 146–148.
226 Vgl. Kap. 2.4.3., S. 207–209.
227 Lb V AG (1913), S. 180 f.

Die Zofinger standen treu zu ihrem Fähnlein. Auch sie erreichte das Schlachtgewühl [...] Ihr Schultheiss sank ebenfalls zu Boden. Krampfhaft hielt er das Fähnlein und begrub es unter sich. In seinem Todeskampfe dachte er noch daran, das Banner zu retten. Rasch riss er das seidene Tuch von der Stange und schob es in den Mund. Dann schlossen sich seine Augen für immer.[228]*

Als die Zofinger die Gefallenen heimbrachten, entdeckten sie das Banner im Mund des Toten. «Von da weg musste jeder Schultheiss schwören, das Banner der Stadt so treu zu hüten wie Niklaus Thut.»

Die Eroberung des Aargaus durch die Eidgenossen ist in der Schweizer Geschichtsschreibung oft als «Sündenfall» gewertet worden, weil nun die «Hüter der Freiheit» ihrerseits sich als Herren etablierten.[229] Killer erzählt die Ereignisse des Jahres 1415 aus der Sicht der Besatzung, die den «Stein», die Burg von Baden, gegen die eidgenössischen Belagerer verteidigte, bis die Berner heranrückten:

Fünf Städte, eine grosse Zahl von Burgen und alle die fruchtbaren Täler im Süden des Aargaus waren dem Bär zum Opfer gefallen. Seine kräftigen Tatzen sollten die Eroberung des Schlosses Stein vollenden. [S. 183]

Als die erhofften österreichischen Hilfstruppen ausblieben, war die Festung nicht mehr zu halten: «Der Herzog schien seine tapferen Verteidiger vergessen zu haben». Der Text schliesst mit der trockenen Feststellung, dass die «Aargauer Untertanen blieben, was sie vorher gewesen waren».

Schärfer wird im Text über die Gründung des Kantons Aargau mit der eidgenössischen Herrschaft abgerechnet:

Die Landvögte waren sehr oft geldgierige Männer und benutzten ihre Stelle, um in kurzer Zeit reich zu werden. Für die Verbesserung der Lage des Volkes tat die Regierung wenig oder nichts. Der Schulunterricht war schlecht. Bettler machten in so grossen Scharen das Land unsicher, dass von Zeit zu Zeit grosse Jagden auf die Vaganten angestellt wurden. Wer mit der bestehenden Ordnung nicht zufrieden war, wurde eingesperrt oder gar getötet. Der Untertan musste alles, was die Obrigkeit verordnete, gerecht und weise finden. [S. 188]

So schlimme Misswirtschaft ist Grund genug, dass die Aargauer wie ja auch die Waadtländer den Zusammenbruch der Alten Eidgenossenschaft begrüssten, während besonders die Innerschweiz ihn als den Untergang der alten Freiheit betrauerte.

Es muss uns deshalb nicht wundern, wenn die Aargauer und viele andere Untertanen Freude daran hatten, als im Jahre 1798 diese Zustände durch die Franzosen beseitigt

---

228 Ebd., S. 181. In Zofingen steht heute noch ein Niklaus Thut-Brunnen.
229 Vgl. Kap. 4.3.2., S. 296 f.

wurden. Die Eidgenossen selber waren uneins, ohnmächtig und mussten sich alles gefallen lassen. Die Franzosen schafften die Untertanenländer ab. [Ebd.]

Der Ausklang aber ist versöhnlich, denn die Aargauer sind nun in erster Linie Schweizer:

Die Eidgenossenschaft ist seit 1798 stark und mächtig geworden. Auch die jüngsten Kantone, zu denen der Aargau gehört, suchen durch gute Gesetze und viele wohltätige Einrichtungen den Bürgern das Vaterland lieb zu machen.

Der Text schliesst mit einem dringlichen Appell an den «Schweizersinn», den es zu fördern gilt:

Dass in allen Kantonen alle Einwohner gleiche Rechte haben, dass nirgends religiöser Hass das Band der Eintracht zerstörte, dass keine niedrige Eifersucht zwischen den Kantonen entstehe, dafür sorgt überall der gesunde Schweizersinn. Ein einiges Volk und tüchtige Behörden sind des Vaterlandes beste Stütze. [S. 189]

1.5. Die Kantone an der Sprachgrenze: Bern, Freiburg und Wallis

Wenn zwei Sprachgruppen – im Prinzip gleichberechtigt – in einem Kanton leben und von diesen Sprachen her an zwei sehr verschiedenen Kulturkreisen teilhaben, müsste die Vielfalt der wechselseitigen Beziehungen in den Lesebüchern erkennbar sein. Das Nebeneinander von deutsch- und französischsprachigen Kantonsbürgern hat sich in den drei Kantonen Bern, Freiburg und Wallis je verschieden mit konfessionellen und politischen Konstellationen verknüpft. Vor dem Ersten Weltkrieg ist in den Lesebüchern jedoch nichts von einem kulturellen Austausch zu hören, auf den beide Seiten hätten stolz sein können. Im Jura fürchtete man, die vielen deutschsprachigen Einwanderer aus dem alten Kantonsteil könnten die eingesessenen Jurassier in Bedrängnis bringen; umgekehrt fühlten sich Deutschfreiburger und Oberwalliser von den französisch sprechenden Mitbürgern majorisiert.[230] Dennoch prägt die Situation an der Sprachgrenze das Selbstverständnis beider Sprachgruppen mit und hinterlässt auch in den Schulbüchern Spuren.

---

230   Vgl. H. P. Müller, Die schweizerische Sprachenfrage vor 1914.

1.5.1. Bern

Der Stand Bern, zur Zeit des Ancien Régime in dominierender Machtstellung, wurde von der Umstrukturierung der Eidgenossenschaft seit 1798 mit am stärksten betroffen. Er verlor die Untertanengebiete in der Waadt und im Aargau, erhielt aber in der Mediationsakte von 1803 das Berner Oberland zurück.[231] Schliesslich sprach der Wiener Kongress 1815 Bern die Teile des Jura zu, die durch die Auflösung des Fürstbistums Basel und den Verzicht Frankreichs «übriggeblieben» waren. Bern war von dieser Kompensation für seine Gebietsverluste nicht sehr begeistert: es hätte lieber den Aargau zurück gehabt.[232] Die Erinnerung an die Ereignisse von 1798 blieben für die Berner traumatisch. Andererseits erfuhr Bern seit 1848 eine starke Aufwertung, als es wegen seiner zentralen Lage an der Nahtstelle zwischen Deutschschweiz und Romandie zur Hauptstadt des neuen Bundesstaates gewählt wurde.[233] Wir werden sehen, ob und wie die Lesebücher beides, jene Phase der Erniedrigung und das seither neu erstarkte Selbstgefühl, spiegeln.

Auf seine Schultradition konnte Bern an sich stolz sein. Heinrich Pestalozzi hatte sein Leben lang im Bernischen gewirkt und war hier mit seinem Erziehungsinstitut in Burgdorf zu internationalem Ruhm gekommen. In Hofwyl hatte der Berner Aristokrat Philipp Emanuel Fellenberg nach Pestalozzis Ideen 1799 seine Armenschule gegründet, und seit 1833 existierte in Münchenbuchsee das Berner Lehrerseminar. Gleichzeitig machte der Zustand der Volksschule lange Zeit Sorgen, weil längst nicht alle Lehrer genügend ausgebildet waren, ihre Besoldung zu wünschen übrig liess und der Schulbesuch schlecht war, wie in allen ländlichen Kantonen.

Wie sich der Wechsel von der Restauration zur Regeneration und zum liberalen Regiment in der Berner Schulgesetzgebung, den Unterrichtsprogrammen und den Schulbüchern spiegelt, hat Pietro Scandola in seiner Arbeit über den Geschichtsunterricht an den Berner Volksschulen detailliert aufgezeigt.[234] Hier beschäftigen uns zuerst die deutschsprachigen Lesebücher, die der Kanton Bern 1895 und 1896 herausgab. Sie blieben bis um 1920 gültig und wurden bei ihrem Erscheinen vom Rezensenten im Berner Schulblatt besonders gerühmt, weil sie eine «engere Verflechtung der Fächer Geschichte und Geographie anstrebten».[235]

231 Vgl. B. Junker, Geschichte des Kantons Bern 1, S. 118–120.
232 Ebd., S. 185–203.
233 Vgl. H. v. Greyerz, Nation und Geschichte im bernischen Denken.
234 P. Scandola, «Schule und Vaterland».
235 Ebd., S. 269. Für diese Arbeit hatte ich die Ausgabe dieser Lesebücher von 1910–1912 zur Verfügung.

Dem realistischen Teil wird in den Lesebüchern der 5. und 6. Klasse doppelt so viel Platz eingeräumt wie dem sprachlichen, in dem jeweils die üblichen sittlich-erziehenden und auch einige unterhaltende Texte zusammengestellt sind. Auch die Berner Lesebücher halten sich im Fach Geographie schon an den zukünftigen Schweizer Standardlehrplan: im 5. Schuljahr ist der Heimatkanton, im 6. Jahr die übrige Schweiz durchzunehmen. Schweizer Geschichte stellen sie hingegen nicht chronologisch dar, sondern in Episoden, die jeweils zum geographischen Zusammenhang passen. Das gibt den Herausgebern grössere Freiheit, Akzente zu setzen, eventuell auch unbequeme historische Ereignisse unauffällig auslassen zu können. Die Entstehung der Eidgenossenschaft wird so zum Stoff der 6. Klasse, während das 5. Schuljahr ganz für die Ereignisse der Berner Vergangenheit reserviert bleibt.

Das Bernerland ist ein Bauernland, und entsprechend überwiegen die Texte zum bäuerlichen Leben und Selbstverständnis. Das 4.-Klass-Lesebuch präsentiert den Schülern als einzigen Beruf den «Landmann»:

Ein richtiger Bauer sieht ganz anders aus als ein feiner Stadtherr. Sein Gesicht ist von der Sonne gebräunt; seine Hände sind von der schweren Arbeit gross und schwielig geworden. [...] Langsam und bedächtig schreitet der Landmann einher. Aber sein ganzes Wesen hat etwas Bestimmtes und Zuversichtliches. Man merkt ihm an, dass er denkt, er sei etwas Rechtes in der Welt. Der Landmann hat aber Grund, stolz zu sein. Er ist es ja, der den andern Menschen fast alles liefert, was sie zu ihrem Lebensunterhalte gebrauchen. [...] Der Handwerker, der Handelsmann, der Arzt und der Lehrer haben auch wichtige Aufgaben zu erfüllen. [...] Der Landmann aber hat gewiss den allerwichtigsten Beruf.[236]

Allein schon kraft seines Berufes besitzt demnach der Bauer ideale Eigenschaften: arbeitsam, redlich und bedächtig tritt er mit stolzem Selbstvertrauen auf und wird wie der Innerschweizer Bauer über den Berner Bereich hinaus zum Inbegriff des Schweizers. Die leise Verachtung für den «feinen Stadtherrn» passt zur Mahnung im 5.-Klass-Lesebuch, sich vom Glanz des Stadtlebens nicht blenden zu lassen:

Die Häuser des Dorfes sehen freilich nicht so vornehm aus wie die der Stadt. Aber wenn so ein hölzernes Bauernhaus recht sauber ist, Blumen zwischen den Fenstern hat und einen hübschen Garten davor, [...] dann sieht es so freundlich und heimelig aus, dass mancher vornehme Herr gerne darin wohnen würde.[237]

Den Verlockungen der schönen Geschäfte in der Stadt wird entgegengehalten:

Weisst du aber, welches der schönste Laden ist, viel schöner und reicher als der

---

236   Lb IV BE (1911), S. 115 f.
237   Lb V BE (1910), S. 127 f.

herrlichste in der Stadt? Das ist die liebe Natur selbst. Oder gibt es prächtigere und feinere Sachen als die Blumen in Feld und Wald und als die Früchte, welche Obstbäume und Äcker spenden? [S. 128]

Ob diese eher lahme Argumentation bei Bauernkindern um 1900 verfangen hat? Idealen Lesestoff ergibt hingegen im selben Lesebuch das einfache Hirten- und Sennenleben: Die Belegschaft der Alp ist «bei der strengen Arbeit [...] stets kerngesund an Leib und Seele», obwohl sie sich – anspruchslos und einseitig – nur von Milch, Käse und Ziger und «wenn's gut geht, einer Schüssel Rahm (Nidlen)» ernährt. Natürlich ist der Senn auch gastfreundlich:

Und wenn einmal ein städtischer Vergnügungsreisender oder gar eine ganze Gesellschaft bei ihm einkehrt, so freut er sich herzlich, dass seine Milch so gut schmeckt. Er gibt sie gern und um wenig Geld. [S. 153 f.]

Als Identifikationsfigur für die Schulkinder eignet sich der Geissbub, dieses Muster an Bedürfnislosigkeit und guter Laune, noch besser:

Hansli hat im Sommer ein mühseliges und gefahrvolles Leben. Mit nackten Füssen den ganzen Tag über spitze Steine und in Büschen und Dornen herumklettern, ist kein Spass. [...] Sein Essen besteht aus einem Stück trockenen Brotes und steinhartem Käse. [...] Aber ich habe nie einen Burschen [...] fröhlicher jauchzen hören als ihn. Er hat immer rote Backen und glänzende Augen. Wenn du ihn fragen würdest, ob er mit dir tauschen wolle, er würde dich nur auslachen. Er meint, es habe es kein Mensch schöner auf der ganzen Gotteswelt als er. [S. 155 f.]

Echter klingen Thomas Platters berühmte Erinnerungen an seine Geissbubenzeit, die das Lesebuch anschliessend auszugsweise wiedergibt. (S. 157–159)

Am gefährlichsten lebt der Gemsjäger, dessen Jagdleidenschaft «ihm meistens ein unglückliches Ende bereitet». Das Lesebuch schildert es genüsslich:

Er erleidet vielleicht einen Beinbruch oder eine andere Beschädigung, und sein Hilferuf verhallt ungehört in der Einöde. Er endigt sein Leben langsam, von Hunger, Durst, Kälte und Schmerzen gefoltert. Sein Leichnam wird oft lange nicht gefunden. [...] Dem Geier allein ist der Weg zu ihm gebahnt. Nebel umschleichen das Gerippe; Regengüsse waschen es aus; die Sonne bleicht es ab, und die Stürme zerstreuen das lose Gebein. [S. 162]

Dem Lesebuch zufolge liegt der Schwerpunkt des Bernbiets nicht in der Stadt Bern, die als Lebensraum nur beiläufig erscheint – so etwa, wenn die Feuersbrunst von 1405 geschildert wird – und nicht in den weiten und reichen Gebieten des Mittellandes, sondern im Berner Oberland. Gottfried Strasser drückt dies in seinem Gedicht *D'Berner Visitestube* aus: Die erste Strophe zählt die sechs «Stuben» des Bernerhauses auf und kommt dann auf die schönste zu sprechen, in die man die Gäste führt:

U doch ist bsunders usstaffiert
Vo allne Stube eini;
Eso mit Herrlichkeite ziert
Wie die, ist wäger keini:

I muess halt, seit der Bernerma,
E Stube für d'Visite ha;
U fründlich füert er d'Gäst bir Hand,
Dür d'Stägen uf i ds Oberland. [S. 144 f.]

Das imposante Panorama dieser «Visitenstube» erblickt man «fast von jedem freien Punkte unseres Vaterlandes aus». Die «ungeheure, zackige Mauer» ist von ewigem Schnee bedeckt. «So glänzen und glitzern diese Berge im Sonnenlicht, dass es eine Pracht ist.» (S. 146)

Dieser Text über die Berneralpen steht im Lesebuch zwischen dem damals beliebten *Alpenlied* von F. W. Krummacher: «Auf hoher Alp / wohnt auch der liebe Gott», und dem volkstümlichen Heimwehlied «Herz, mis Herz, warum so trurig?»[238] Auch für den Berner bedeuten die Alpen engere Heimat und Schweizertum in einem: man hat sie gewissermassen «im eigenen Haus» und ist darauf auch stolz.

Andererseits ist das Berner Oberland als Fremdenattraktion eben die «Visitenstube». Interlaken hat sich schon zum renommierten Fremdenort entwickelt, vor seinem Bahnhof stehen «50 bis 100 elegante Fuhrwerke bereit» für die Gäste, denen man im Dorf begegnet:

Es sind Amerikaner, Engländer, Deutsche, Schweizer, Franzosen, Russen, kurz, Leute
aus fast allen Ländern der Erde. Alle wollen sich hier erholen von den Mühsalen des
Lebens und wollen gesund werden an Leib und Seele. [S. 174]

Auch im Lauterbrunnental bringen die Fremden «dem armen Bergvölklein guten Verdienst»: die Frauen verkaufen ihnen geklöppelte Spitzen, die Männer arbeiten als Bergführer und Kutscher. (S. 176) Am bekanntesten sind jedoch die Brienzer Holzschnitzer, deren «Bären, Kühlein, Sennen und Sennerinnen» in allen Fremdenorten der Schweiz verkauft werden. (S. 169 f.)

Alle andern Gegenden des Kantons Bern werden zwar beschrieben, aber trotz Emmentaler Bauernhöfen, Käsereien und Simmentaler Viehzucht längst nicht mehr so plastisch. Eindeutig zu kurz kommt der Berner Jura, von dem die Schüler nur hören, dass er «zu einförmig ist, um viele Fremde anzulocken», dass aber hier die Uhrenindustrie

---

238 Ebd., S. 147 f. Im Text von J. R. Wyss macht die Beschreibung der Berglandschaft einen Grossteil des Inhalts aus.

betrieben werde (S. 211 f.). Kein Wort davon, dass die Mitbürger hier zum Teil eine andere Sprache sprechen.

In den historischen Rückblenden betont das Lesebuch vor allem das gute Verhältnis der Berner zu den Zähringern. Der Gründer der Stadt, Herzog Berchtold V., liess auf der Aarehalbinsel die erste mauerbewehrte Stadt bauen und schenkte ihr von Beginn an die Reichsfreiheit, so dass die Leute «frei wohnen und sich selbst regieren konnten», die Bürger dafür eine treue Anhängerschaft des Herzogs bildeten. Diese «Urfreiheit» ist den Bernern wichtig, und das Lesebuch betont, dass die Stadt rasch «ein Zufluchtsort für alle wurde, welche sich von Mächtigen bedrückt und bedrängt fühlten.»[239] Ein Glanzpunkt in der Berner Geschichte ist die Schlacht bei Laupen im Jahr 1339. Damals musste sich die Stadt gegen eine grosse Schar verbündeter Feinde zur Wehr setzen:

Die mächtigen Adeligen des Landes konnten es nicht ruhig ansehen, dass hier einfache Bürgersleute sich selbst regierten und keinem Grossen zu gehorchen hatten. Aber die einfachen Krämer, Handelsleute und Bauern Berns hatten einen festen und starken Sinn und waren jederzeit bereit, für die Freiheit und den Ruhm ihrer Vaterstadt Gut und Blut aufzuopfern. [S. 192 f.]

Rudolf von Erlach, der die Berner in der Schlacht bei Laupen «zum Siege geleitet», wird in einem besonderen Beitrag geehrt, denn «diesen Mann musst du kennen lernen».[240] Auch das Berner Lesebuch stimmt antifeudale Töne an, wenn es gilt, den «schlichten Bürgersinn» zu preisen. Dass diese Berner ihrerseits nicht immer zimperlich waren, wenn sie den Machtbereich ihrer Stadt ausdehnten, verschweigt es dagegen. Von der Expansionspolitik hören die Schüler nur im Zusammenhang mit der Erwerbung des oberen Aargaus, den Bern von verarmten Adelsgeschlechtern kaufte:

Allmählich gerieten [die adeligen Herren], weil sie nicht arbeiteten und in Luxus und fortwährenden Kriegen oder Festlichkeiten verbrauchten, was die Bauern mit saurem Schweiss für sie erarbeitet hatten, immer mehr in Schulden und mussten ihre Besitzungen eine um die andere verkaufen. [S. 210]

Der Tiefpunkt der Berner Geschichte ist schwieriger zu behandeln: der Moment, da Bern den grössten Teil seiner Besitzungen verlor.

Im Jahre 1798 drangen zwei französische Heere in die Schweiz ein, um, wie die

---

239 Lb V BE (1910), S. 186–188. Die Bedeutung der Stadt als Handelsplatz tritt in der Darstellung eher zurück.

240 Ebd., S. 196. Rudolf von Erlach war zugleich Dienstmann des Grafen von Nidau und Bürger zu Bern. Weil er sich im Laupenkonflikt für die Stadt entschied, wurde er in doppeltem Sinn ein Vorbild für seine Mitbürger. Vgl. Kap. 2.4.2., S. 203.

Franzosen sagten, in unserem Lande Ordnung zu schaffen, in Wirklichkeit aber, um reiche Beute zu machen, besonders um die Staatskassen zu plündern. [S. 213 f.]
Den Schülern muss nun begreiflich gemacht werden, warum die bisher als unschlagbar gerühmten Berner nicht siegen konnten:
Die Bernersoldaten waren im Anfang voll Kampfeslust, hätte nur die Bernerregierung unverzüglich den Befehl gegeben, die Franzosen anzugreifen. [... Sie hätten] mit dem gleichen Heldenmut gekämpft wie einst ihre Vorfahren bei Laupen, und die Franzosen wären übel heimgeschickt worden. [S. 214]
Das Versagen wird allein der Regierung und ihrem Zögern angelastet; so liess die Disziplin nach. In zwei Gefechten mussten die Berner vor der französischen Übermacht weichen, und die Feinde rückten in die Stadt ein, «welche noch nie einen Feind in ihren Mauern gesehen hatte».[241] Fast hundert Jahre später ist die Schmach noch nicht verwunden. Trost lässt sich nur schöpfen aus den Berichten von den Heldentaten Einzelner im allgemeinen Zusammenbruch, und dann hilft endlich noch zur Ehrenrettung das Gefecht bei Neuenegg, in dem die Berner siegreich blieben.[242] Bitterkeit bleibt dennoch zurück, denn die grossen Gebietsverluste Berns sind die Folge dieser Ereignisse. Von ihnen schweigt das Lesebuch. So sei hier auch ein Gedicht von Gottfried Strasser an den Schluss gestellt, in dem das Wappentier, der etwas ungeschlachte, aber hartnäckige und starke Bär zum Symbol des Berner Selbstverständnisses wird:

Dr Bernerbär.

Si möge säge, was si wei
U spotte, 's isch mer einerlei –
I rüehme notti hin u her
Mi lieben alte Bernerbär!

[...]

Scho z'Laupe hei si einisch glaubt,
Gäg' üse Mutz sig alls erlaubt;
Dr Mutz het brummlet: Wi d'r weit!
U d'Herre gleitig z'Bode gleit.

[...]

---

241 Ebd., S. 219. Verschwiegen wird in diesem ganzen Abschnitt, dass die bisherigen Untertanen mit den Franzosen zusammen um ihre Freiheit kämpften.
242 Ebd., S. 219 f. Held des Gefechtes im Grauholz ist der fast siebzigjährige Schultheiss von Steiger,

U itze steit er uf dr Wacht
U git uf d'Schwyzerfahne acht:
's söll eine cho u rüttle dra,
Das Rüttle wird ihm gli vergah! [S. 188 f.]

1.5.2. Berner Jura

In den deutschsprachigen Berner Lesebüchern wird der Jura als Teil des Heimat-kantons kaum erwähnt. Die Schüler sollten zwar wissen, dass in einer Region ihres Kantons Französisch gesprochen wird, doch von einer förderlichen Vermittlung zwischen beiden Sprachgruppen ist nichts zu spüren. Wie stand es umgekehrt? Den Jurassiern hatte das politische Zusammenleben mit Bern seit 1815 wechselnde Spannungen gebracht; wirklich nahe war man sich nicht gekommen.[243] Bern hatte sich wohl Mühe gegeben, das «Entwicklungsland» zu fördern, doch meinte es damit in erster Linie, dass der Jura sich dem übrigen Bernbiet anpassen sollte. Dem standen konfessionelle und sprachliche Unterschiede im Wege, auch, wie man damals noch sagen konnte, Unterschiede «der Rasse». Die Jurassier fühlten sich in ihrer Eigenständigkeit bedrängt, und die Berner Administration liess es oft am nötigen Takt fehlen. An der Frage, wie die jurassischen Volksschulen zu verbessern seien, entzündete sich der eigentliche Konflikt. 1868 entzog die radikale Berner Regierung den katholischen Lehrschwestern im Nordjura die Lehrerlaubnis mit der Begründung, dass sie den Ansprüchen einer modernen Schule nicht mehr genügten.[244] Dabei stand auch eine beträchtliche Gruppe liberal gesinnter Jurassier auf der Seite der Regierung. Der Kampf um die konfessionellen Schulen verschärfte sich noch erheblich, als 1873 Eugène Lachat, der aus der Ajoie stammende Bischof von Basel, seines Amtes enthoben wurde.[245] Bern hielt bis 1875 an seinem Konfrontationskurs fest, musste sich dann aber zu einem Kompromiss bereitfinden, weil seine Politik nun doch in

«der am Tag vorher sein Amt niedergelegt hatte und nur noch zu sterben begehrte, um die über seine heissgeliebte Vaterstadt hereinbrechende Schmach nicht mehr erleben zu müssen.» (S. 216).

243 Vgl. B. Junker, Geschichte des Kantons Bern 1, S. 200–210 und P.-O. Bessire, Histoire du Jura Bernois, S. 243–313. Ein Fremdkörper für Berner Begriffe war der Code civil, an dem der Jura festhalten wollte.

244 Vgl. P. Stadler, Kulturkampf, S. 206–210. Bern ging es um eine Verbesserung der Volksschule im republikanisch-bürgerlichen Sinn, um «Hebung der Intelligenz und der Produktivkraft des Landes», an Stelle des bisherigen Bildungsziels, «das Volk in der Religion [zu] unterweisen und es zur Frömmigkeit [zu] führen».

245 Vgl. ebd., S. 157–160, 277–304, 381–431.

einen offensichtlichen Widerspruch zur revidierten Bundesverfassung von 1874 hineingeführt hatte. In den nächsten Jahren ging auch die bis dahin ungebrochene Herrschaft der Radikalen im Kanton Bern zu Ende.

Seit 1882 war der Erziehungsdirektor des Kantons Bern ein Jurassier, Albert Gobat.[246] Unter ihm kamen die für diese Studie massgebenden Neuauflagen der jurassischen Lesebücher heraus. 1898 erschien das überarbeitete Mittelstufenlesebuch, das Henri Gobat und der Waadtländer F. Allemand ursprünglich für den Berner Jura und die Waadt gemeinsam ediert hatten.[247] Zwei Jahre später folgte die Neuausgabe des *Trésor de l'écolier* für die Oberstufe. Das Lesebuch für die Mittelstufe stellt den ersten Textteil unter das Motto «Devoirs de l'enfant et de l'homme»: es sind die Pflichten gegenüber Gott, sich selbst, den Eltern und Lehrern, und schliesslich den Mitmenschen gegenüber wahrzunehmen, denen die Pflichten der «Heimat und der Gesellschaft» und den Tieren gegenüber folgen. Der zweite, umfangreichste Teil ist «La Patrie» überschrieben und befasst sich auf über 160 Seiten mit Schweizer Geschichte und Geographie. Ein dritter Teil behandelt Themen der Naturkunde. Mit seiner Auswahl pädagogischer Texte steht das Lesebuch in einer gemässigt christlich-liberalen Tradition: einige Texte sind aus dem Deutschen übersetzt, vor allem ist «Chanoine Schmid» auch im Welschland beliebt.[248] Die meisten Texte sind der reichen französischen Erziehungsliteratur entnommen: Voltaire und La Fontaine, Victor Hugo, Lamartine und Mme de Genlis liefern geeignete Vorlagen.

Im Gegensatz zum gleichzeitig entstandenen deutschsprachigen Berner Lesebuch wird die Schweizer Geschichte hier chronologisch in 54 Texten abgehandelt, von der Urzeit bis zu General Dufour.[249] Auf den Jura ist diese Auswahl in ein paar vereinzelt eingestreuten Partien zugeschnitten. Sie vermitteln den Schülern den Eindruck, dass ihre engere Heimat durchaus in den grossen Schweizer Zusammenhang gehört. Von Columban und Gallus wird erzählt und von den Glaubensboten des Jura. Saint Imier, Saint Ursanne und Saint Germain erscheinen nicht als Wundertäter, sondern als Vorboten der Zivilisation. Sie machen in den einsamen Juratälern Land urbar und lehren das Volk. Saint Imier reisst Brombeergesträuch und Disteln aus, um Platz für eine Kirche freizulegen; Saint Germain liegt «la culture physique et intellectuelle des

---

246 Zu Gobats Wirken als Erziehungsdirektor vgl. H. v. Greyerz, Nation und Geschichte im bernischen Denken, S. 255 f.

247 Für diese Studie stand mir die unveränderte 10. Auflage von 1918 zur Verfügung.

248 Ch. von Schmids Geschichten fehlen in keinem Lesebuch: sie eigneten sich dank ihrer Kürze und prägnanten Moral in beiden Sprachbereichen offenbar besonders gut als Klassenlektüre.

249 Aus der allgemeinen Geschichte sind zwei Texte zur Erfindung des Buchdrucks und zur Entdekkung Amerikas eingeblendet.

habitants du pays» besonders am Herzen, und auch von Gallus hört der Schüler, er habe viele Jahre als «missionnaire et civilisateur» gepredigt und gearbeitet, bevor er sich als Einsiedler der Meditation widmen konnte.[250]

Auch in diesem Lesebuch orientiert zunächst der geographische Beitrag *Le jura bernois* darüber, wie das Land und seine Bewohner den Schülern präsentiert werden sollen. Es ist noch eine kleine Bevölkerung damals, nur ungefähr 120'000 Menschen, zu drei Fünfteln katholisch. Die Protestanten überwiegen eher im südlichen Jura, die Katholiken in Pruntrut, in der Ajoie und in den Freibergen. (S. 209–213) Im übrigen bleibt das Konfessionsproblem ausgespart: es war offensichtlich noch zu brisant, um im Lesebuch aufgegriffen zu werden. Eine Mahnung zu Versöhnlichkeit enthält die auch hier zitierte Heldentat des Niklaus Wengi, der sein Leben wagte, um die Solothurner vor religiösem Fanatismus und Blutvergiessen zu bewahren.[251] Offener können die Sprachprobleme des Jura genannt werden:

Le français est la langue du pays; le patois se maintient avec persistance dans les districts catholiques, et l'on en fait habituellement usage dans les communes rurales. Dans la vallée de Laufon, on parle l'allemand. D'ailleurs cette langue se répand de plus en plus dans les vallées et les localités jurassiennes, grâce à une immigration constante de Suisses allemands, venus surtout de l'ancienne partie du canton. [S. 211][252]

Von zwei Seiten ist demnach die französische Sprache gefährdet: das Deutsche droht dort überhand zu nehmen, wo die Einwanderer aus dem alten Kantonsteil Arbeit in der Industrie finden; daneben hält sich in den katholischen Bezirken immer noch zäh der Dialekt. Er wird nicht wie in der deutschen Schweiz als besonders «heimatlich» und pflegenswert empfunden, sondern als ein Überbleibsel in einer ländlichen, noch zu wenig zivilisierten Gegend.[253]

Von Landwirtschaft und Industrie ist auf dem Rundgang durch die einzelnen Juraregionen oft die Rede, und gross ist die Spannweite vom sonnigen Jurasüdhang gegen den Bielersee, an dem die Reben gedeihen, zu den weiten Kornfeldern der Täler von Delsberg und Moutier und hinauf zu dem Hochplateau der Freiberge, wo die Bauern Viehzucht betreiben. Überall beschäftigt die Uhrenindustrie viele Arbeiter. Gewissenhaft schildern die Beiträge alle Gegenden des Jura, doch fehlt es etwas an literarischen

---

250 Ll dm BE (1918), S. 118–120.
251 Ebd. S. 194 f. Der ursprünglich deutsche Text stammt von Heinrich Zschokke.
252 Zum Sprachproblem im Jura um die Jahrhundertwende vgl. H.-P. Müller, Die schweizerische Sprachenfrage, S. 71–87.
253 Der Pflege des guten Französisch sollen auch die Vocabulaires dienen, die manchen Livres de lecture beigegeben sind. Rezensenten beurteilen in der Romandie die Sprache der Lesebücher sehr viel kritischer als in der deutschen Schweiz.

Bearbeitungen, an Erzählungen, die den Schülern plastischere Eindrücke vermitteln könnten.[254] In Anlehnung an Friedrich von Tschudi erzählt dafür der Text *Petit-Jean, le paysan éclairé* ausführlich von Kleinjogg, dem Zürcher Musterbauer aus dem 18. Jahrhundert: Wie er den Ertrag seiner Wiesen und Äcker durch Pflügen, Misten und Fruchtwechsel verbesserte, wie er dank seinem klugen Fleiss wohlhabend wurde und doch sparsam lebte, dabei aber stolz war auf seinen Stand und sich auch mit einem Fürsten frei unterhalten konnte.[255]

Dagegen fehlt es nicht an patriotischen Gedichten, geschrieben von den Männern, die im 19. Jahrhundert auch als Politiker die Geschicke des Berner Jura mitgestalteten. Der konservative Grossrat und Schriftsteller Xavier Kohler besingt in seinem Gedicht *Mon Jura* durch viele Strophen hindurch Landschaft und Menschen, Bauern und Industriearbeiter.[256] Besser gelungen ist das Juragedicht des Juristen und Dichters Virgile Rossel, das die weite, aber wenig spektakuläre Landschaft zum einfachen und loyalen Charakter seiner Mitbürger in Beziehung setzt:

Si les Jurassiens sont gens simples et frustes,
Ils ont le serrement loyal des mains robustes,
Ils ont le franc regard de leurs yeux bien ouverts,
Ils ont le fond joyeux de leurs horizons verts.[257]

In die nächste Strophe schleicht sich dann doch, verdeckt vom affirmativen Tonfall, ein Unbehagen ein über den rasch sich wandelnden Lebensstil. Vorläufig aber ist alles hier noch gesund:

Oui, tout est sain chez nous, le coeur comme le reste.
Tu n'as rien dépouillé de ta candeur agreste,
Malgré tout ce qui change et ce qui passera,
Tu seras, ô pays, toujours mon vieux Jura.

Ein jurassisches Selbstverständnis soll sich den Schülern auch aus der Geschichte erschliessen. Erziehungsdirektor Albert Gobat hat selber für das Lesebuch der Ober-stufe den Text *La patrie jurassienne* geschrieben. (S. 257–263) Er setzt an in helvetischer

---

254 Es gab offenbar noch keine jurassischen Schriftsteller, die für die Jugend schrieben.
255 Ll ds BE (1901), S. 596–598.
256 Ll dm BE (1918), S. 213 f. Das Gedicht gipfelt in der Strophe: «Chez toi, comme aux plus doux climats, / L'art trouve une patrie; / Sur tes plateaux, aux longs frimas, / Rayonne l'industrie; / Voyez, sous un habile doigt, / Joie et richesse éclore! / Oui, mon Jura, voilà pourqoui / Chacun de nous t'adore.»
257 Ll ds BE (1901), S. 201 f.

Zeit, als das Land «la Rauracie» genannt wurde. Damals wohnten die Rauracher, ein «freies, kriegerisches Volk», in dem noch kaum erschlossenen, waldbedeckten Land. Sie zogen mit den Helvetiern aus und gerieten wie diese unter römische Herrschaft. Länger verweilt Gobat beim Fürstbistum Basel, denn bis zur Reformation war praktisch das ganze Gebiet des Berner Jura in den Besitz des Fürstbischofs gekommen. Dieser residierte seit 1530, als ihn die Reformation aus Basel vertrieben hatte, im Schloss von Pruntrut. Oft war er seinen Untertanen ein harter, ungeliebter Herr, so dass die Französische Revolution als der grosse Aufbruch zur Freiheit empfunden wurde. Gobat spricht hier feierlich von den unveräusserlichen Freiheitsrechten jedes Menschen:

L'aurore ne devait pas tarder à luire: les nations asservies allaient devenir libres; car les peuples ont des droits imprescriptibles qu'aucune puissance humaine ne peut leur enlever. [S. 261]

Beim Ausbruch der Revolution habe ein millionenstimmiger Chor ganz Europa erschüttert: «Liberté, égalité, fraternité! Ce fut un coup de tonnerre aux oreilles des nobles et des puissants; c'était le réveil du lion.»

Die Tage des Fürstbistums waren gezählt; der Jura erhielt von Frankreich die Freiheit und «des lois excellentes», nämlich den Code civil, die er sich möglichst lange zu erhalten suchte. Nun konnte auch die Industrialisierung und mit ihr der wirtschaftliche Aufstieg einsetzen.

Anders als im Deutschberner Lesebuch erscheint hier der Fall von Bern. Es hätte wohl die Waadt und den Aargau halten können, wenn es sich einsichtig gezeigt hätte, doch «Berne était frappé d'aveuglement». So erhoben sich die Untertanen und verjagten mit französischer Hilfe die Herren. Als dann 1815 der Jura zu Bern kam, war das etwas ganz anderes:

Il n'est pas un pays sujet comme Vaud et l'Argovie l'étaient précédemment: de Porrentruy à Thoune, de St-Imier à Langenthal, tous ont les mêmes droits et jouissent des mêmes libertés. [S. 263]

Zu den Ereignissen der jüngsten Vergangenheit will sich Gobat nicht äussern: wenn die Schüler einmal erwachsen sind, werden sie selber urteilen können. Sein Text umschreibt die schwierige Beziehung des Juras zu Bern recht gut: Er betont Eigenart und Stolz auf die Errungenschaften der Französischen Revolution, während man zur Hauptstadt kühle Distanz hält. Immerhin kommen von dort die finanziellen Mittel für das Erziehungswesen und die eigenen, recht aufwendig gemachten Schulbücher. Mit Nachdruck unterstreicht Gobat hingegen, dass die Jurassier gute Schweizer sind. Sie suchen den Anschluss an die andern Landesteile, und so ist seiner Meinung nach der Bau der Eisenbahnlinie im Jura die wichtigste Errungenschaft der neusten Zeit:

Cette oeuvre grandiose, digne d'un peuple intelligent et courageux, nous a rapprochés de la capitale et du centre de la Suisse. [...]elle assure à ces belles vallées que nous aimons tant un avenir de prospérité et de bonheur.[258]

Anschluss an die Hauptstadt und die Schweiz, der man sich trotz allem stolz zugehörig fühlt: auch im jurassischen Lesebuch findet sich ein Text, der diese Verbundenheit ins Optische umsetzt, indem er den Blick vom Chasseral zu den Alpen beschreibt:

Les Alpes! les Alpes! Que l'horizon est vaste! Qu'elle est éclatante cette ceinture de hautes montagnes de notre Suisse! [...] Qu'il fait bon contempler une nature si grandiose!

Que Dieu l'a faite belle
La Suisse où nous vivons![259]

Dass die Spannung zwischen den Jurassiern verschiedener Konfession, Abstammung und Sprache unter Umständen eine gefährliche Sprengkraft entwickeln könnte, stellten besorgte Politiker schon früh im 19. Jahrhundert fest. Einer von ihnen, der Liberale Xavier Stockmar aus Pruntrut,[260] ruft in seinem berühmten, der Marseillaise nachempfundenen Lied *La Rauracienne* die Mitbürger auf, sie sollten die Versucher nicht anhören, die Einheit der Rauracie über alles stellen:

Des séducteurs, ennemis de leurs frères,
Ont dit: «Formons deux camps sous deux couleurs.»
Mais répondez à ces voix étrangères:
«Le pays seul fera battre nos coeurs.»
De nos aînés, déplorons la folie,
Notre étendard n'est gaulois ni germain:
Unissez-vous fils de la Rauracie,
Et donnez-vous la main![261]

Sein hoffnungsvolles Zukunftsbild malt einen friedlichen Jura, geeint unter der Fahne einer freien Schweiz; es sollte sich bis zum Ende des 20. Jahrhunderts nicht so ungetrübt realisieren:

---

258 Ebd., S. 263. Albert Gobat (1843–1914) war ein grosser Förderer der Eisenbahnen, Mitglied des Verwaltungsrates der SBB und zuvor schon mitverantwortlich für den Ausbau der Jura-Bern-Luzernbahn und der Jura-Simplonlinie: vgl. HBLS 3, S. 577.

259 Ll dm BE (1918), S. 235 f.

260 Xavier Stockmar (1797–1864) war einer der wichtigsten jurassischen Politiker des 19. Jahrhunderts. Die *Rauracienne*, 1831 geschrieben, wurde das patriotische Lied der Liberalen: vgl. HBLS 6, S. 558.

261 Ll ds BE (1901), S. 202 f.

Cueillons gaîment les fruits de nos campagnes
Versez, Biennois, le vin de vos coteaux;
L'indépendance est fille des montagnes,
Pour nos enfants luiront des jours plus beaux.
Sous les drapeaux de la libre Helvétie,
Que d'âge en âge on chante ce refrain:
Unissez-vous fils de la Rauracie,
Et donnez-vous la main!

1.5.3. Freiburg

Noch ausgesprochener als Bern ist Freiburg ein zweisprachiger Kanton, in dem die deutsch-französische Sprachgrenze mitten durch die Hauptstadt geht. Weil sich diese Sprachsituation mit politischen und konfessionellen Gegensätzen trifft, zum Teil auch kreuzt, ist der Umgang mit ihr bis heute nicht ganz gelöst.

Als 1814 mit Napoleons Sturz in der Eidgenossenschaft die Restauration einsetzte, kehrte auch in Freiburg die alte patrizische Oberschicht noch einmal für kurze Zeit an die Macht zurück und suchte sich ihre alten Privilegien zu retten. Deutsch wurde zur allein gültigen Amtssprache erklärt.[262] Als diese unbeliebten Herren 1830 einer liberalen Regierung weichen mussten, schlug auch das Pendel in der Sprachpolitik auf die andere Seite aus: von nun an war nur noch Französisch die offizielle Sprache des Kantons. So wundert es nicht, dass für die deutschsprachigen Freiburger – ungefähr ein Viertel der Bevölkerung – keine eigenen Lehrbücher geschaffen wurden.[263] Das protestantische Murtengebiet, das gegen seinen eigenen Wunsch seit 1803 zu Freiburg gehörte, benützte die Schulbücher und den Lehrplan des Kantons Bern,[264] die katholischen Gemeinden des Sensegebiets pflegten enge Beziehungen zur Innerschweiz, wo ihre jungen Lehrer ausgebildet wurden und von wo sie auch einen grossen Teil der Schulbücher bezogen.[265] Erst seit 1909 führte das Freiburger Lehrerseminar neben den

---

262 Vgl. R. Ruffieux, in: Geschichte des Kantons Freiburg 2, S. 816–831 und F. R. Allemann, 25 mal die Schweiz, S. 367.

263 Im Jahre 1905 waren von 497 Freiburger Primarschulen 126 deutschsprachig: vgl. SLZ 50 (1905), S. 303.

264 O. Hunziker, Handbuch der Schweizerischen Schulgesetzgebung, S. 97, 99, 102. Die Berner Diaspora-Schulen in den Freiburger Gemeinden wurden von Bern finanziell unterstützt.

265 Herrn Dr. Moritz Boschung möchte ich an dieser Stelle für wertvolle Auskünfte bestens danken.

französischen Klassen auch einen deutschsprachigen Kurs.[266] Das einzige deutsche Lesebuch für die Freiburger 4.–6. Klasse gab Alphons Aeby 1938 heraus.[267] Im Gegensatz zu den umliegenden Kantonen Bern, Waadt und Neuenburg ist Freiburg katholisch geblieben und hat in seiner Innenpolitik dem Klerus meist ein entscheidendes Mitspracherecht eingeräumt. Die überwiegend ländliche Bevölkerung stand demokratischen Einrichtungen lange Zeit eher misstrauisch gegenüber: erst 1921 sind hier die direkte Wahl der Regierung, Gesetzesinitiative und Referendum eingeführt worden. Stolz sind die Freiburger auf ihren grossen Pädagogen und Zeitgenossen Pestalozzis, den Franziskaner Père Girard: sein Denkmal steht in der Stadt, und als Begründer der Freiburger Volksschule wird er den Schülern vorgestellt. Girard hatte von 1804 bis 1823 die Armenschule höchst erfolgreich auf eine neue Basis gestellt und die Lehrerbildung an die Hand genommen. Mit seiner Methode des wechselseitigen Unterrichts, in dem die besseren Schüler die schwächeren beim Lernen anleiteten, erregte er auch in der deutschen Schweiz und im Ausland Aufsehen. Dieser Erfolg und seine tolerante Unterrichtsweise machten Girard jedoch dem Klerus und der Regierung der Restaurationszeit verdächtig: sie fürchteten, es werde «der religiöse Geist aus der Schule verdrängt». Als sich der Konflikt zuspitzte, verliess Girard für einige Jahre die Stadt und ging nach Luzern.[268] In der zweiten Hälfte des Jahrhunderts fühlte sich Freiburg zunehmend bedrängt von dem Übergewicht der liberalen Kantone, die den Ausbau der Zentralgewalt im Bund beschleunigen wollten, und der beginnende Kulturkampf verstärkte die Abwehrreaktionen auch in der Schulfrage. Autorität auf diesem Gebiet war damals der Geistliche Raphaël Horner: er hatte das Freiburger Lehrerseminar in Hauterive reorganisiert, wirkte danach als Rektor des Collège St-Michel und schliesslich als Professor für Pädagogik an der 1889 gegründeten Universität Freiburg. Weil die weitere Mitgliedschaft der Freiburger Lehrer im liberalen Schweizerischen Lehrerverein nicht mehr opportun erschien, hatte er 1871 geholfen, die Société fribourgeoise d'éducation zu gründen.[269] Von 1872 an redigierte er das «Bulletin pédagogique», an dem sich der katholische Lehrkörper orientieren konnte. Horner gab neben vielen pädagogischen Schriften auch die Freiburger Lesebücher heraus, unter ihnen das *Livre de lecture, degré moyen*, das 1890 erschien und bis 1925

266 Zuvor hatten die deutschsprachigen Schulen grosse Mühe, Lehrer zu finden: vgl. SLZ 44 (1899), S. 110 und 46 (1901), S. 126.
267 Vgl. Kap. 3.2.4. und 3.4.3, S. 242, 277.
268 Vgl. H. Vonlanthen, Die Restauration in Kirche und Schule, in: Geschichte des Kantons Freiburg 2, S. 824 und L. Veuthey, La pédagogie du Père Girard, in: Mélanges Père Girard, S. 286–290.
269 J.-C. Vial, Fribourg et la révision de la Constitution fédérale de 1872, S. 71, 140–144. Zu Raphaël Horner (1842–1904) vgl. HBLS 4, S. 290.

gebraucht wurde. Horners Lesebuch bringt in der üblichen Dreiteilung Texte aus der Erziehungsliteratur (lectures morales), zu Geographie und Geschichte und zur Naturkunde. Deutlich katholische religiöse Erziehungsvorstellungen zeigt der Beitrag *Un enfant pieux*: Held der Geschichte ist ein Schüler des Freiburger Collège, der sein kurzes Leben in musterhafter Frömmigkeit verbracht und Mitschülern und Lehrern ein erbauliches Beispiel geboten hatte. Auch im Schulalltag auferlegte er sich wahre Opfer und gelobte: «En union avec le doux Jésus, je prends aujourd'hui la résolution d'éviter de parler en classe, de mortifier mes regards et de donner une partie de mon gâteau aux pauvres.»[270]

Gott fand Gefallen an ihm: «Herman avait vécu en fervent chrétien. Il mourut tout jeune encore en prédestiné.» Seine Mitschüler hätten es ihm gerne gleichgetan, und der Text schliesst mit der Aufforderung an alle Kinder: «Chers enfants, il n'en est pas un parmi vous qui ne souhaiterait de faire une si douce et si sainte mort. Eh bien, pour mourir comme Herman, il suffit de vivre comme lui.» (S. 9)

Aufforderungen zu Gehorsam gegenüber den Eltern und Lehrern, zu Fleiss und Pflichterfüllung gehören in jedes Lesebuch der alten Schule. Hier aber erhalten diese Pflichten noch eine theologische Verankerung und Begründung, denn Eltern und Vorgesetzte haben alle ihre legitime Macht direkt von Gott. Im Text *L'obéissance* heisst es:

C'est de Dieu que les parents, que les autorités ecclésiastiques et civiles, que tous vos supérieurs légitimes tiennent leur autorité. Se révolter contre eux, c'est donc désobéir à Dieu. Ne l'oubliez pas, mes enfants, il n'est au ciel et sur la terre rien de plus excellent que d'avoir, pour règle de conduite, non point les caprices de la volonté humaine, mais la volonté même de Dieu, manifestée dans les ordres de vos supérieurs légitimes.[271]

Nicht die Schulung des selbständigen Urteils und demokratische Willensbildung ist hier Ziel der Erziehung, sondern die Unterordnung unter die von Gott eingesetzten Autoritäten, eine Unterordnung, die im privaten wie im öffentlichen Leben noch auf den ständischen Begriffen des Ancien Régime beruht. Ein Porträt des «Guten Dieners» zeigt dies noch deutlicher: Louis steht im Dienst eines reichen Kaufmanns und weiss sich zu benehmen:

Il respecte et honore son maître parce qu'il le considère comme étant à son égard le

---

270 Ll dm FR (1890), S. 8 f.

271 Ebd., S. 22. Im Text *Le bon écolier* wird dem Kind der sichere Weg zum Schulerfolg gewiesen: «Il faut que ta soumission soit prompte, généreuse et chrétienne. Rien de plus facile que d'obéir, si tu t'habitues à voir dans l'autorité de l'instituteur celle de Dieu, dont il est le représentant auprès de ses élèves.» (S. 25 f.).

dépositaire de l'autorité de Dieu. [...] Il lui obéit promptement et joyeusement. Du moment que ce qu'on lui commande n'est point contraire à la loi de Dieu, il ne se préoccupe que de l'accomplir. [S. 23]

Louis faulenzt nicht auf Kosten seines Herrn, verwaltet getreu das ihm anvertraute Gut und ist diskret. Der Herr lohnt ihm dafür seine treuen Dienste, indem er ihm seinen Lohn ohne Abzug auszahlt und für ihn auch in kranken Tagen sorgt.[272]

Der übliche Rundgang durch die Freiburger Kantonsbezirke stellt den Schülern das hauptsächlich bäuerliche Land vor, mit nur wenig Industrie,[273] Ackerbau in den tieferen Lagen und Viehzucht in den Voralpen. Die Stadt Freiburg selber hat eine Reihe von Sehenswürdigkeiten aufzuweisen, doch dürfte den Schülern die Murtener Linde am meisten Eindruck gemacht haben. Sie ist aus dem Zweig gewachsen, den sich der Freiburger Meldeläufer an den Helm gesteckt hatte, als er der Stadt den Sieg über Karl den Kühnen bei Murten 1476 verkündete.

Murten, das schön gelegene Städtchen «sur la limite de deux langues», erhält die ausführliche und begeisterte Beschreibung, die es verdient, denn seine Lage, seine Geschichte und sein Ortsbild sind einmalig. Fast immer, berichtet der Chronist, seien Freiburg und Murten verbunden gewesen «in guten und in schlechten Tagen», beide zunächst im Besitz «der Zähringer, dann der Herzöge von Savoyen und schliesslich der Deutschen Kaiser». Dass Murten lieber zum Kanton Bern gehört hätte, verschweigt das Lesebuch begreiflicherweise. Auch der zweite widerspenstige Freiburger Bezirk, das Greyerzerland, ist farbiger geschildert als die Hauptstadt selbst. Es gehörte während langer Zeit den Grafen von Gruyère. Das Lesebuch sieht die Herrschaft dieses starken Adelsgeschlechts und seine Beziehung zu den untergebenen, aber stolz auf ihre Sonderrechte bedachten Bauern in auffallend günstigem Licht; von der Adelsfeindlichkeit der deutschen Schweiz ist hier nichts zu spüren:

La famille de Gruyère avait régné bien longtemps, dans cette contrée pastorale, sur une race vigoureuse, énergique, passionnée pour ses franchises et renommée pour son fier et opiniâtre dévouement à ses maîtres. D'autre part, à toutes les époques critiques, les comtes de Gruyère furent à leur poste, armés pour la défense de leur droit et de leur territoire ou pour garder la foi jurée. [...] Par sa position exceptionnelle, le castel féodal de Gruyère pouvait défier toute attaque; mais ses portes hospitalières s'ouvraient à tous, chevaliers, ménestrels, voyageurs ou pèlerins. [S. 88 f.]

---

272 Vgl. auch den Beitrag *Le travail* (S. 33 f.): Vor Gott ist der einfache Arbeiter, der seine Zeit nicht vergeudet, wertvoller als der Monarch, der sein Leben in Müssiggang verbringt.

273 Über die Freiburger Tuchindustrie, die im 15. Jahrhundert grosse Bedeutung hatte, berichtet A. Daguet. (S. 98 f.).

Bewunderung also für das wehrhafte, eigenständige Gruyère, das sich bis heute nicht leicht in den Kanton integriert, und zugleich für die Schüler ein kurzer Hinweis auf die Lebensweise des Adels im Mittelalter. Aber auch für die Freiburger sind letztlich nicht die Städte die Identifikationslandschaft, sondern die Berge und ganz besonders der Moléson. Horner selbst beschreibt in seinem Beitrag *Le Montagnard* die Sennen, im Freiburgischen *armaillis* genannt. Am schönsten Tag des Jahres, beim Alpaufzug, tragen sie – wie wir es auch im Appenzellerland sahen – ihre Festtracht.[274] Den ganzen Sommer über leben sie bei harter Arbeit höchst anspruchslos, aber gesund und glücklich: sie melken und käsen und vergessen auch nicht das gemeinsame Abendgebet: «Rien de plus touchant que cette prière commune au milieu des solitudes alpestres». So ist der Senn auch hier das Urbild des stolzen, gutherzigen und frommen Berglers, der in mitleidiger Verachtung auf die Menschen des Tieflandes hinunterblickt:

Le montagnard est bon, généreux et hospitalier. Mais il est fier d'occuper les plus hautes montagnes, de posséder les plus grosses clarines, et il éprouve je ne sais quel dédain pour l'habitant de la plaine et surtout pour le citadin. [S. 93]

Die grossartige Berglandschaft des Moléson und die Freiheit des Hirten besingt der Freiburger Dichter Ignace Baron im über zwanzig Strophen langen Gedicht *L'armailli du Moléson*. Es muss in den Freiburger Schulen eine beliebte Lektüre gewesen sein, denn es blieb, stark gekürzt, noch bis 1955 im Lesebuch stehen. Die zwei ersten Strophen mögen als Kostprobe genügen:

Je suis le roi de la montagne,
Trônant au séjour des hivers!
Je suis plus grand que Charlemagne,
Puisque à mes pieds j'ai l'univers!

Je goûte en paix, dans mon domaine,
Tous les transports d'un maître heureux.
Sur tous ces monts, je me promène,
Suivi de mes troupeaux nombreux. [S. 89]

Ein Vergleich *Le Moléson et le Rigi* fällt natürlich zugunsten des eigenen Aussichtsberges im Greyerzerland aus: hier promenieren zwar keine Touristen aus Paris oder London, doch ist ihnen der Anblick der Ziegen vorzuziehen, die in den Felsen

---

274 «Avec son gros bâton ferré, sa charmante calotte de paille, son gilet à courtes manches et son pantalon de toile blanche, le montagnard marche fièrement à la tête de son troupeau.» (S. 92).

klettern. Auch klingen die Freiburger Kuhglocken viel schöner als das Alphorn der Innerschweizer, und es herrscht hier noch «la solitude imposante, les bruits mystérieux de l'alpe fribourgeoise». (S. 86)

Um die Jahrhundertwende florierte im Kanton Freiburg nur die Vieh- und Milchwirtschaft wirklich. Das Lesebuch stellt mit Bedauern fest, dass die alten Industrien schon seit langem nicht mehr recht gedeihen wollen.[275] Einen besonderen Beitrag widmet es der Strohflechterei, von der um 1890 noch gegen tausend Heimarbeiterinnen zu leben suchten. Dieser Bericht hat nichts vom heimatkundlichen Genrebild an sich, das die Lesebücher anderer Kantone von dem Metier zu zeichnen pflegen; er richtet einen dringlichen Appell an die Arbeiterinnen, in dieser schweren Zeit nur erstklassige Arbeit zu liefern, die auch «ehrlich gemessen» werden sollte. Mehrmals fällt dabei der Fachausdruck «aunage»; über die Frage, ob die Arbeiterinnen auch richtig mit der Elle umgegangen seien, kam es offenbar öfters zu Diskussionen mit dem Fabrikanten:

Préparons bien la paille, tressons d'une manière aussi parfaite que possible, adoptons les modèles fournis par les marchands et faisons toujours un aunage consciencieux, et nous verrons le commerce des pailles tressées nous apporter chaque année des sommes plus considérables. [S. 101]

Das Wunschdenken kann die Angst vor der Krise nicht verdecken: im Freiburgischen sollte diese Heimindustrie in den folgenden Jahren völlig zusammenbrechen.[276]

Für den historischen Teil wählt der Herausgeber eine chronologisch geordnete Folge von Bildern aus der Schweizer Geschichte. Natürlich setzt er einen ersten Schwerpunkt bei der Ausbreitung des Christentums, den Klostergründungen und dem Mönchsleben. Horner selbst hat den Beitrag über die Zisterzienserabtei Hauterive verfasst. (S. 118 bis 120) Während die Reformation mit dem Hinweis auf Niklaus Wengi rasch abgetan ist, verweilt das Lesebuch bei Matthäus Schiner und beim Jesuitenpater Petrus Canisius, der von Freiburg aus die Gegenreformation vorangetrieben hat. (S. 144 f.)

Ausführlich ist die Rede von Freiburgs ambivalentem Verhältnis zum mächtigen Berner Nachbarn, vom Schwanken zwischen Freund- und Feindschaft, das während Jahrhunderten andauerte, auch zu einigen blutigen Zusammenstössen führte. (S. 58–60) In der Gegenwart von 1890 hatte es sich wohl immer noch nicht ganz entspannt.[277] Einige Verlegenheit herrscht auch, wenn die Französische Revolution beurteilt werden soll. Die Stadt Freiburg musste vor den Franzosen kapitulieren; gesinnungsmässig neigten

---

275 Ll dm FR (1890), S. 96 f. Auch heute ist der Kanton Freiburg noch relativ wenig industrialisiert.

276 Vgl. R. Ruffieux, L'industrie des pailles tressées, S. 147–161 und M. Boschung, Die Strohflechterei im Sensebezirk, S. 118–157.

277 Die Bundeshauptstadt Bern war nun auch zum Inbegriff der Zentralgewalt geworden, gegen die sich der Freiburger Föderalismus sträubte.

viele Freiburger immer noch dem Ancien régime zu, doch hatte ihr wichtigster Politiker dieser Jahre, Louis d'Affry, seine Karriere in französischen Diensten begonnen und war später ein Vertrauensmann Bonapartes. Dank ihm spielte Freiburg zur Zeit der Helvetik und der Mediation eine wichtige Rolle in der Eidgenossenschaft, und das Lesebuch ehrt den grossen Mann entsprechend. (S. 101–103)

Im historischen Teil des Oberstufenlesebuchs kommentiert Horner aus katholischer Sicht Entstehung und Ende des Sonderbundes.[278] Diese «alliance justifiée par les circonstances» sei nicht rechtswidrig gewesen, sondern aus Notwehr entstanden. Als die Tagsatzung beschloss, den Sonderbund aufzulösen, konnte Freiburg den eidgenössischen Truppen nur eine kleine Schar entgegenstellen: «paysans, mal équipés, mais pleins de courage et d'ardeur.» Auch hier scheiterten die tapfern Verteidiger am Kleinmut der Regierung, die unerwartet rasch kapitulierte. «Cette issue inattendue exaspéra tous les soldats fribourgeois», und bitter hält der Text fest, dass die Stadt «le pillage et les excès les plus déplorables» von den einmarschierenden Truppen erlitten habe. (S. 240)

Für die Schüler der Mittelstufe waren zwei Freiburger Erzählungen bestimmt, die auch noch ins neue Lesebuch von 1925 übernommen wurden. Raphaël Horner verfasste die höchst pädagogische Familiengeschichte *Le menuisier Alfred Kopf.* Ehrliche, aber unbedacht wirtschaftende Leute geben ihre armselige Existenz im Dorf auf, um in der Stadt ihr Glück zu suchen, doch lernen sie da erst das wirkliche Elend kennen. Der Vater findet selten Verdienst als Strassen- und Bauarbeiter, denn ein Handwerk versteht er ja nicht; die Mutter kann zwar Stroh flechten, doch wären nun Strick- und Nähkenntnisse nützlicher. Zum Retter der Familie wächst schliesslich der Sohn Alfred heran, der ein richtiges Handwerk erlernt und ein renommierter Schreiner wird.[279]

Spannender als dieses «aus dem Leben gegriffene» Propagandastück für eine solide Berufsausbildung liest sich die kurze Novelle *Le déserteur du Burgerwald.* (S. 65–69) Auch hier schlägt sich eine arme, fromme Familie mehr schlecht als recht durchs Leben. Als «Heimatlose», das heisst nirgends Heimatberechtigte, gehören sie zur sozialen Unterschicht.[280] Der Vater Benz ist je nach Saison Heuer, Drescher oder Mauser, sein Bruder hat in der französischen Armee gedient, die Frauen verdienen etwas Geld mit Spinnen und Stricken. Das Unglück beginnt, als der junge Bursche Pierre an einem vergnügten Abend in der Wirtschaft unbedacht von französischen Werbern Handgeld annimmt. Nun muss er mit Napoleons Truppen ziehen, entwickelt

---

278 Ll ds FR (1901), S. 236–241.
279 Ll dm FR (1890), S. 101–106.
280 Die «Heimatlosen» hatten im Ancien Régime kein Niederlassungsrecht und keinen Anspruch auf Armenunterstützung: vgl. G. Andrey, Auf der Suche nach dem neuen Staat, S. 567.

aber bald alle Symptome der Heimwehkrankheit, die schon in der Literatur des 17. Jahrhunderts als typisch schweizerisch beschrieben wurden:[281]

[...] l'ennui le prit et ne lui laissa plus un moment de repos. L'appétit disparut avec le sommeil, et notre jeune homme dépérissait à vue d'œuil. Un jour il entendit chanter le Ranz des vaches. Les liaubas du Cousimbert réveillèrent dans son âme plus vivement que jamais tous les souvenirs de son enfance. [...] Il n'y tint plus [...] il déserta. [S. 67]

Heimlich kehrt er heim und lebt versteckt in einer Höhle. Als man ihn endlich aufstöbert, setzt er sich zur Wehr und verletzt einen Landjäger. Nun verschwindet er spurlos, ein Flüchtling für den Rest seines Lebens.

Der Verfasser Christoph Joachim Marro stammte selber aus dem Sensebezirk, dem Schauplatz seiner Erzählung. Äusserst wirksam mischt er ihre Elemente: die genau gezeichnete Armeleuteexistenz, die doch eine gewisse Zufriedenheit erlaubt, Lokalkolorit mit Abenteuer und Flucht, schliesslich die Heimatbindung als stärkstes Gefühl des Helden. Dass der arme unfreiwillige Soldat den Klängen des Kuhreihens nicht widerstehen kann, macht ihn zum Schicksalsgenossen des bekanntesten Schweizer Deserteurs im Lied «Zu Strassburg auf der Schanz», der ja nach der beliebtesten Textfassung ein Opfer des Alphorns wird. Die Freiburger Schulkinder wissen natürlich, wo die «Loben» (die Kühe) auf dem stadtnahen Käsenberg (frz. Cousimbert) weiden.[282] Sie leben zum Teil selber in der Zweisprachigkeit, die hier in den Namen aufscheint, aber nicht thematisiert wird.[283] Die populäre Freiburger Erzählung hat Alphons Aeby 1938 für sein Lesebuch ins Deutsche übertragen.[284]

Gesamthaft gesehen erscheint um 1900 das französische Übergewicht im Kanton Freiburg stärker, als es seinem Bevölkerungsanteil entsprochen hätte. Für ihre deutschsprachigen Schulgemeinden unternahm das Erziehungsdepartement herzlich wenig. Deshalb suchten diese, soweit sie katholisch waren, die Zusammenarbeit mit der Innerschweizer Lehrerschaft, die protestantischen des Murtengebiets lehnten sich an Bern an.[285] Erst 1938 erhielten sie ein Lesebuch, das ihnen den Kanton Freiburg vorstellte und endlich auch seine Zweisprachigkeit zu einem Thema machte.[286]

281 Vgl. F. Ernst, Vom Heimweh, S. 12–21 und Zusammenfassung, S. 219 f.

282 Zum alten Lockruf Liauba = Lobe im Ranz des Vaches und Kuhreihen vgl. R. Weiss, Volkskunde der Schweiz, S. 234 und das Gedicht von E. Rambert, *Lioba*, Lb ds GE (1911), S. 439.

283 Die Angehörigen der Familie Bürky tragen deutsche Namen: Benz, Stina und Lisbeth und wohnen in der Schwand im Burgerwald.

284 Lb IV–VI FR (1938), S. 35–38.

285 Bis 1988 begann das Schuljahr hier der Berner Regelung entsprechend im Frühjahr, im übrigen Kanton Freiburg dagegen im Herbst.

286 Lb IV–VI FR (1938), S. 41, *Unsere Sprachen*. Vgl. Kap. 3.2.4., S. 242.

1.5.4. Wallis

Im Wallis, dem dritten der zweisprachigen Kantone, hinterliessen die politischen Entwicklungen des 19. Jahrhunderts zwischen den beiden Kantonsteilen Spannungen, die nur langsam abgebaut werden konnten. Gegen Ende des 15. Jahrhunderts hatten sich die Oberwalliser die untere Talhälfte bis St-Maurice als Untertanengebiet angeeignet. Sie liessen es durch Landvögte verwalten, die sich dabei kräftig zu bereichern pflegten.[287] Hier wie in Freiburg war nur Deutsch, die Sprache der Herren, zugelassen. Begreiflich, dass die Französische Revolution rasch begeisterte Anhänger fand. 1798 mussten die Oberwalliser ihre Untertanen freigeben, doch vergingen noch ein paar spannungsvolle Jahrzehnte, bis den Unterwallisern völlige Gleichberechtigung zugestanden wurde. Zum sprachlichen und ethnischen Gegensatz kam nun auch noch der ökonomische. Während die Oberwalliser Bauernbevölkerung hartnäckig an ihren Traditionen und ihrem streng katholischen Glauben festhielt und arm blieb, bemühten sich die zum Teil schon städtisch lebenden, aufgeschlossenen Unterwalliser um Industrialisierung und wirtschaftlichen Fortschritt.

Hier ergriffen am Anfang des 19. Jahrhunderts einzelne Gemeinden die Initiative zum Ausbau ihrer Volksschule. 1821 führte zum Beispiel die Gemeinde Vouvry das Enseignement mutuel ein und folgte damit dem Freiburger Muster von Père Girard. Als drei Jahre später Monthey gleichzog, protestierte jedoch der Klerus, der hier eine gefährlich liberale Entwicklung befürchtete und seinen eigenen Einfluss auf die Schule bedroht glaubte.[288] 1848 ging mit der Schaffung des Bundesstaates die Verantwortung für das Schulwesen an die kantonale Regierung über, doch nun fehlte das Geld, die dringend nötigen Reformen durchzuführen.[289] In vielen Gemeinden waren die Schulen nur ein paar Monate im Jahr offen, in völlig ungenügenden Räumen untergebracht, ohne brauchbares Mobiliar und Schulmaterial.[290] Seit 1871 bemühte sich der junge Advokat Henri Bioley als Vorsteher des Erziehungsdepartementes um die Neuorganisation des Schulwesens, doch hatte er schwer gegen das Desinteresse der Bevölkerung und auch der andern Regierungsmitglieder zu kämpfen. 1877 musste der Conseil d'Etat feststellen, dass nach den Ergebnissen der Rekrutenprüfungen die Hälfte der jungen Walliser als «illettrés» in die Ergänzungsschule zurückgeschickt werden sollten.[291] Auf Bioleys Betreiben hin wurde 1873 die obligatorische Schulzeit

---

287 M. Salamin, Le Valais, S. 19 f.
288 Ebd., S. 109–113.
289 Ebd., S. 187–189.
290 Zur allmählichen Verbesserung der Schulverhältnisse vgl. M. Farquet, L'école valaisanne, S. 63–88.
291 M. Salamin, Le Valais, S. 211 f.

auf acht Jahre verlängert, wobei das Schuljahr mindestens sechs Monate dauern sollte. Vor allem aber galt es, die Lehrerausbildung zu verbessern. 1876 wurde in Valière das französische Lehrerseminar eingerichtet, dem in Sion das Lehrerinnenseminar und in Brig das deutschsprachige Pendant folgten. Die hohen Kosten blieben jedoch Grund zur Kritik, und noch 1882 gab der Conseil d'Etat in seinem Schulrapport bekannt:

Nous ne voudrions pas exiger de nos populations des dépenses et des pertes de temps considérables, dans le seul but de pousser le Valais à quelques degrés plus haut dans la statistique fédérale.[292]

Es leuchtet ein, dass in dieser Situation das Wallis zunächst wenig eigene Schulbücher produzierte.[293] In den französisch sprechenden Klassen der Mittelstufe wurde das Freiburger Lesebuch von Horner ohne irgendeine Anpassung an die Walliser Verhältnisse verwendet. Das Oberwallis übernahm während vielen Jahren die Schwyzer Lesebücher. 1913 erschienen zwei Walliser Lesebücher: das Livre de lecture für die Mittel- und Oberstufe, herausgegeben von Oscar Perrollaz, und das Dritte Schulbuch für die Deutschen Volksschulen des Kantons Wallis. Das kurz vor dem Ersten Weltkrieg entstandene französische Mittelstufen-Lesebuch gehört zur Gruppe der jüngsten Bücher, die in diesem Kapitel zu analysieren sind. Weil für den Geschichts- und den Geographieunterricht schon andere Schulbücher zur Verfügung standen, hat der Herausgeber bei seiner Auswahl literarische Kriterien eher mitberücksichtigen können: «Seul ... ce qui est bien pensé et bien dit est vraiment éducatif et propre à captiver des intelligences mobiles de douze à quinze ans», hält Perrollaz im Vorwort fest.[294] Die Meinung, dass ein Lesebuch der sprachlichen Erziehung in erster Linie mit gut geschriebenen Texten zu dienen habe, setzt sich in der französischen Schweiz früher und entschiedener durch als in der deutschen.

Im belletristischen ersten Drittel des Lesebuches erscheinen denn auch einige neuere und attraktivere Texte, unter ihnen die Walliser Beiträge von «Mario». Hinter dem Pseudonym verbirgt sich für einmal eine Frau, die Waadtländerin Marie Trolliet, die nach dem Urteil von Virgile Rossel ihre Wahlheimat «avec un enthousiasme communicatif et un invariable optimisme» beschrieben hat.[295] Sie erzählt die naive Legende von Sankt Theodul, der den Teufel eine schwere Glocke von Rom nach Sion schleppen

---

292 Ebd., S. 212.
293 M. Farquet, L'école valaisanne, S. 105.
294 Ll dm/s VS (1913), S. 3. Als Kriterium seiner Textwahl nennt Perrollaz, dass die Lesestücke «l'inspiration chrétienne et élevée des idées, [...] la perfection de la forme, l'action, le mouvement et la vie», enthalten sollten.
295 V. Rossel, Histoire littéraire, S. 701.

lässt, vom Alpaufzug der Schafe und von den Johannisfeuern der Walliser Kinder.[296] Düster tönt dagegen die Oberwalliser Sage vom Kampf mit dem Drachen bei Naters, und Hass auf böse Feudalherren spricht aus der Gruselgeschichte *L'épée maudite*, in der dreissig Menschen völlig sinnlos der Tyrannei eines grausamen Ritters geopfert werden. (S. 53–57) Oft zitiert wurde sicher das dramatische Gedicht von Chênedollé *Le Chien du St-Bernard*, das den braven Retter erschöpfter Wanderer aus Sturm und Schnee verewigt. (S. 116–118) Das zweite Drittel des Lesebuchs ist aufgeteilt in die Kapitel «Religion», «La Famille», «Patrie», «Morale et Politesse», «En Classe». Die Texte zum Thema Religion nehmen Bezug auf das Kirchenjahr und seine Feste. Mario beschreibt die in ihrer Mischung von Frömmigkeit und traditionsbewusstem Dorffest grossartige Fronleichnamsprozession in Savièse (S. 152 f.), und «Allerheiligen» gibt Anlass, auf die Allgegenwart der Heiligen hinzuweisen, von denen das Wohlbefinden der Dorfgemeinschaft abhängt:

La Toussaint est la fête de tous les saints, des petits, des oubliés, et aussi des grands et des illustres. N'oublions pas de les admirer, de les prier et de les imiter. Ils furent des héros; ce sont nos vrais grands hommes. Ils furent forts et doux. Ils ont civilisé notre pays. Par leur vertu, par leur bonté, par leur charité, ils ont fait contrepoids aux crimes des méchants, comme les fleurs cachent les épines et les mauvaises herbes. [S. 154]

Die Texte, die der «Moral und Höflichkeit» gewidmet sind, halten die Kinder nicht mehr zu strengen Bussübungen an. Sie mahnen zu christlicher Wohltätigkeit und zu gutem Benehmen, warnen vor Müssiggang, Verschwendung und Eitelkeit. Weil das Buch auch für die Schüler der Oberstufe bestimmt ist, weist es mit Nachdruck auf die Gefahren des Alkohols, des Tabaks und auch der schlechten Bücher hin. Der «Brief einer Mutter» zeigt sehr deutlich, wie hier die Veränderungen der Pubertät, welche aus dem heiteren, familienorientierten Knaben einen in sich gekehrten jungen Menschen machen, dem Einfluss schlechter Lektüre angelastet werden:

Et voici que, tout d'un coup, ce jeune adolescent devient sombre, taciturne, troublé, solitaire. [...] Maintenant les bonnes manières l'ennuient, les conversations honnêtes et la bonne compagnie lui déplaisent; la prière lui coûte; il ne peut plus soutenir le regard de ses soeurs; il refuse les baisers de sa mère! [...] Ah! C'est qu'un mauvais livre l'a privé de la santé, lui a fait perdre la foi, et lui a ravi le plus précieux trésor: son innocence! [S. 222]

Die fromme Mutter versteigt sich zu der Warnung, die wohl nur zu oft auch in dieser Form ausgesprochen wurde: «Je t'aime immensément, mon fils, [...] mais plutôt que de te savoir mauvais, vicieux, sans pudeur et sans foi, je te voudrais savoir mort à mes pieds!»[297]

296   Ll dm/s VS (1913), S. 24 f., 29–31.
297   In die selbe Richtung zielt das Motto des zeitlich und geographisch nahe stehenden Lb V UR

Das Lesebuch bringt auch die üblichen Texte zur Gesundheitslehre. Originell ist die Behauptung, dass Hygiene für den armen Mann viel leichter durchzuführen sei: «L'hygiène a cela de particulier et de bon, qu'elle marche de pair avec l'économie. L'hygiène est plus facile à suivre dans l'humble demeure de l'ouvrier que dans le palais du riche.» Der Reiche verwöhne seinen Körper zu sehr, so dass ihm der Arzt oft als Kur die «simplicité de vos habitudes» verschreibe. (S. 184)

Nach identitätsstiftender Landschaft müssen die Walliser nicht suchen: sie leben mitten in ihr, im grandiosen Rhonetal, das in seiner Weite zwischen den gewaltigen Bergketten einheitlicher wirkt als das Tälergewirr des Bündnerlandes. Die direkt aufeinanderprallenden Gegensätze, kahle Felsen über reich bebautem Land, sind das Hauptmotiv in diesem Landschaftsporträt.

Le Valais est un pays d'aspect sévère, aux rochers brûlés par l'ardent soleil et qui se couvrent, en été, de larges feuilles de vigne; pays de pierres, de bois et de prairies, où l'on grimpe toujours et où le mulet remplace le cheval; pays de cascades, de glaciers, de torrents. [...] Tandis que les glaciers font des hautes vallées une terre de désolation et de détresse, [...] en bas, sur les deux versants qui regardent le Rhône, [...] c'est un jardin, un verger, un riche vignoble, des collines riantes, ombragées d'arbres. [S. 256 f.]

Der Berg ist grausam: zweimal sind die Felsmassen von den Diablerets auf fruchtbare Alpen gestürzt. Das Lesebuch erzählt die Geschichte vom verschütteten Hirten, der Monate später wie ein Gespenst wieder in seinem Dorf auftaucht, Jahre bevor C.-F. Ramuz ihr in *Derborence* die grosse dichterische Form gegeben hat. Der Mensch muss hart sein, wenn er sich in diesem strengen Land behaupten will, denn der Berg bleibt gefährlich. Vom idealisierten Alpen- und Hirtenleben als Sinnbild einer Urfreiheit ist hier wenig zu finden. Dafür erzählt ein Text von den «Bisses», den kühn an den Felswänden aufgehängten Wasserleitungen, die den Kulturwillen des Menschen ausdrücken: «preuves d'un travail aussi persévérant qu'héroïque, et dont notre pays ne donne pas d'autre exemple.» (S. 259)

Aus der Walliser Vergangenheit sind nur wenige Episoden im Lesebuch aufgegriffen. Der berühmteste Walliser ist Matthäus Schiner gewesen, der Bauernsohn, der 1511 Kardinal wurde und die eidgenössische Politik zur Zeit der Mailänder Feldzüge bis 1515 massgeblich mitbestimmte. (S. 197–199) Mit mehr Engagement ist eine Episode aus dem Jahr 1802 erzählt, denn sie dient als Schlüsselgeschichte für die

---

(1921), S. 2: «[...] Nicht in Worten ist zu schildern, / Was in Lettern, was in Bildern, / Gutes, Schlimmes wird gestiftet. / Aus den Worten wachsen Taten. / Hier genährt und dort vergiftet / wird die Seele. Lass dir raten: / Gute Bücher nimm ins Haus, / Lass sie deine Freunde sein! / Schlechte Schriften wirf hinaus, / Wirf ins Feuer sie hinein!»

Einstellung der Unterwalliser zur Eidgenossenschaft, der sie damals noch gar nicht lange angehörten. Bonaparte wollte das Wallis zu Frankreich schlagen. Er liess General Turreau das Tal besetzen und die Bevölkerung unter Druck nehmen: «Mais le peuple, le bon peuple tenait ferme. Au milieu des plus grandes souffrances, il resta fidèle à la mère commune.» (S. 204) Die Tagsatzung musste aufgeklärt werden, denn sie stand im Begriff, den Entwurf zur Helvetischen Konstitution anzunehmen, in der das Wallis als Schweizer Kanton nicht erwähnt war.

C'est alors que les paysans des vallées comme les habitants des bourgades, à l'instigation de leurs autorités, se levèrent comme un seul homme et firent entendre les plus touchants accents du patriotisme.

Ihre dringliche Bittschrift an die Tagsatzung wurde von wagemutigen Männern heimlich über den tief verschneiten Gemmipass nach Bern geschmuggelt, denn Turreau hielt alle Strassen streng bewacht. Die grosse Tat gelang, das Wallis blieb der Eidgenossenschaft erhalten:

Voilà, jeune Valaisan, ce que firent nos aïeux de 1802. – Souviens-toi, dans les jours de tristesse et d'angoisse patriotiques, de l'abnégation et du courage des députés de la Gemmi![298]

Pathos und Dringlichkeit dieses Appells werden verständlich, wenn wir uns erinnern, dass er kurz vor dem Ersten Weltkrieg geschrieben wurde. Die enge Zugehörigkeit des Kantons Wallis zur Schweiz betonen auch andere Texte im Kapitel «La Patrie». Vom schon genannten Erziehungsdirektor Henri Bioley stammt das folgende Gedicht:

Amour pour la patrie

Suisse, pays des moeurs austères,
J'aime tes monts aux pics neigeux,
J'aime tes horizons sévères,
J'aime tes enfants courageux.

J'aime tes cascades d'écume,
Ton air pur, tes riants vallons,
Tes noirs chalets au toit qui fume,
Tes troupeaux aux frais carillons. [S. 185 f.]

Dass hier «Schweiz» und «Wallis» wie Synonyme verwendet werden, ist im Wallis nicht ungewöhnlich; in der letzten Strophe sieht Bioley die Freiheit über den Bergen schweben:

298   Ebd., S. 205. Vgl. M. Salamin, Le Valais, S. 41–44.

Mais surtout je vous trouve belles,
Montagnes, lorsque, avec fierté,
Sur vos sommités immortelles
Je vois planer la liberté.

Diese Freiheitsallegorie war im Unterwallis noch unverbraucht, weil man sie erst seit kurzem auf sich beziehen konnte. Wie die Waadtländer und die Neuenburger vergalten die Unterwalliser ihre junge Gleichberechtigung im Schweizer Bundesstaat mit einem besonders intensiven Schweizertum. So bringt das Lesebuch einen Beitrag des Waadtländer Schriftstellers Edouard Rod, der das Nationalgefühl der Schweizer, insbesondere der «montagnards» beschreibt, und von Numa Droz den Text *Le bon patriot*. Edouard Secrétan rühmt in *Notre Drapeau* das schöne weisse Kreuz im roten Feld; als Illustration ist ihm eine Photographie beigegeben: eine Schar Knaben steht offenbar zu einem Eid versammelt um eine breit entfaltete Walliserfahne – im Hintergrund ist eine Schweizerfahne gerade noch erkennbar.[299]

Die Zweisprachigkeit des Kantons und der ethnische Unterschied zwischen Ober- und Unterwallisern sind in diesem Lesebuch nirgends erwähnt, so wie auch die alten Herrschaftsverhältnisse ausgeklammert bleiben: das waren wohl immer noch zu heikle Themen. Auf der Oberwalliser Seite steht es ähnlich. 1913 ist als erstes das Dritte Schulbuch für die Deutschen Volksschulen des Kantons Wallis erschienen, das hier nur kurz erwähnt werden muss. Es richtet sich an kleinere Schüler der 3. und 4. Klasse und behandelt keine heimatkundlichen Stoffe des Wallis, enthält aber die Tellsage, erzählt vom Innerschweizer Hilarin Felder.

Die Schüler der Mittel- und Oberstufe haben erst 1929 ein Walliser Lesebuch erhalten: es gehört in die nächste Lesebuchgeneration, doch sollen hier gleichwohl ein paar Stichworte zu ihm das Bild abrunden helfen. Wenn zu Beginn des Jahrhunderts das deutschsprachige Wallis noch die Innerschweizer Lesebücher benutzte, hatte das wohl mit finanziellen und schulpolitischen Schwierigkeiten zu tun, sicher nicht mit mangelndem «Heimatsinn». Gleichsam aus der Rückblende von 1929 ist da gut zu erkennen, wo die Schwerpunkte lagen. Wie im französischen Lesebuch bestimmt die Berg- und Gletscherlandschaft, noch wilder als im unteren Teil des Tals, das Leben der Menschen. Kühn und zäh behaupten sie sich gegen die Natur, aber auch gegen alle Feinde. Der ungebärdige Trotz, eine wilde Auflehnung gegen erfahrenes und vermutetes Unrecht gibt vielen Texten etwas Finster-Gewaltsames und steht vielleicht in Zusammenhang mit der verlorenen Machtposition. Die Oberwalliser mussten sich ins

---

299 Ll dm/s VS (1913), S. 189–194; vgl. Zusammenfassung, S. 220.

Abseits gedrängt fühlen, im eigenen Kanton überspielt von den ehemaligen Untertanen. Nicht von ungefähr pflegen sie ihre eigene Heldengestalt, den bärenstarken Thomas Riedi in der Binen, der im Kampf gegen die Berner «viele Hunderte ohne zu ermüden» totschlug. Als der ermattete, zu Tod verwundete Krieger Gott zu Hilfe rief, entsprang unter seinen Füssen ein Quell, der ihn stärkte, so dass er nochmals vierzig Feinde erledigen konnte, bevor er selbst den Heldentod starb. Sein Kampf war nicht vergeblich, denn nun kam Zuzug und schlug die Feinde in die Flucht. Die Episode ereignete sich während des Befreiungskampfs der Walliser von der Herrschaft der Freiherren von Raron im Jahr 1417. Sie regte den Walliser Pfarrer Clemens Bortis zur Abfassung eines Dramas an, das 1885 mit grossem Aufwand als Freilichtspiel aufgeführt wurde, «eine in Dankbarkeit unserem Nationalhelden dargebrachte Huldigung, eine Feier, geeignet, die Vaterlandsliebe in den Herzen der Oberwalliser zu fördern und zu entflammen».[300] Das Lesebuch von 1929 schliesst seinen Bericht über ihn:

Im gleichen Augenblick, wo die Walliser Freiheit geboren wurde, starb ihr heldenhafter Vater, Thomas Riedi, von den Seinen betrauert und bewundert. Noch immer aber fliesst der Riedibrunnen in den Tuetschen und wird solange fliessen, als Wallis seine Freiheit bewahrt.[301]

1.6. Die Romandie

Trotz manchen Unterschieden in den politischen und wirtschaftlichen Konstellationen bilden die drei Kantone der Westschweiz eine kulturelle Einheit, die über die gemeinsame Sprache hinausführt. In Genf, in Neuenburg und in der Waadt setzte sich dank dem intensiven Wirken Johannes Calvins und Guillaume Farels der protestantische Glaube durch, wobei im Waadtland die bernische Obrigkeit kräftig mithalf. In Genf, Neuenburg und Lausanne, aber auch in manchen kleineren Orten wie La Chaux-de-Fonds und Vevey liessen sich in der Folge aus Frankreich geflohene Hugenotten nieder und vermittelten ihrer neuen Umgebung wichtige wirtschaftliche Impulse.

In den Beziehungen zur Eidgenossenschaft bestanden zwischen den drei Gebieten wesentliche Unterschiede. Die Stadt Genf war zwischen Savoyen und Frankreich

---

300 Zit. nach A. Fux, Oberwalliser Literatur im letzten Jahrhundert, S. 202. In: Wallis 150 Jahre im Bund der Eidgenossen. Festschrift hg. vom Geschichtsforschenden Verein des Oberwallis. In: Blätter aus der Walliser Geschichte 14, Heft I (1965/66).

301 *Der Heldentod des Thomas in der Binen* von A. Weger, 4. Sb V/VI VS (1929), S. 228.

seit dem Mittelalter in einer schwierigen Stellung und froh um den Rückhalt, den ihr das Bündnis mit Bern bot. Die Waadt war seit dem frühen 16. Jahrhundert bernisches Untertanengebiet, während die Grafschaft Neuenburg mehrmals den Besitzer wechselte. Seit 1814 war Neuenburg ein Kanton der Eidgenossenschaft, stand aber gleichzeitig noch unter preussischer Oberhoheit. Im Revolutionsjahr 1848 rief die fortschrittliche Partei in Neuenburg die Republik aus, doch erst 1857 wurde die definitive Loslösung von Preussen rechtskräftig. Andererseits blieb in allen drei Gebieten die kulturelle Orientierung nach Frankreich hin stets wirksam. So ist vor allem das Bemühen um die reine, gut gesprochene und geschriebene Sprache in den Schulen und in den Lesebüchern viel stärker als im deutschschweizerischen Sprachbereich. Französische Schulbücher wurden und werden oft mitberücksichtigt, und im Gegensatz zur deutschsprachigen Schweiz findet der Dialekt in der Schule keine Gnade.[302]

Begeisterte Resonanz fanden im gebildeten Bürgertum der Romandie die Ideen der französischen Aufklärung und der Ausbruch der Revolution in Paris. Politische Brisanz erhielten sie in der Waadt, wo die Berner Herrschaft zu keinen Konzessionen bereit war. Als im Januar 1798 in Lausanne die Republik ausgerufen wurde, war dies der entscheidende Anstoss zum Einmarsch französischer Truppen und zum Zusammenbruch der Alten Eidgenossenschaft. In den folgenden Jahren gehörten auffallend viele Waadtländer zu den Verantwortlichen, die den Neubau des schweizerischen Staatswesens an die Hand nahmen.[303] Genf war zunächst noch von französischen Truppen besetzt und konnte erst nach Napoleons Sturz 1815 in die Eidgenossenschaft aufgenommen werden.

Das Schulwesen profitierte auch in der Romandie von dieser Zeit der Erneuerung. Pestalozzi in Yverdon, Fellenbergs Institut in Hofwyl und vor allem Père Girard in Freiburg wirkten als inspirierende Vorbilder. Die Methode des Enseignement mutuel, die Girard aus England übernommen und zu grossem Erfolg geführt hatte, wurde in den drei Kantonen aufgegriffen, wie auch in der deutschen Schweiz viele Gemeinden im «wechselseitigen Unterricht» die Lösung ihrer Schulprobleme zu finden hofften.[304] Sie hatte nicht nur den finanziellen Vorteil, dass ein einziger Lehrer in einem grossen Saal über hundert Kinder beaufsichtigen konnte; sie ermöglichte auch eine intensivere Beteiligung aller Kinder am Unterricht und erzog zu einer gewissen Selbständig-

---

302 In den Rezensionen der Lesebücher der Romandie betreffen die meisten kritischen Bemerkungen sprachliche Nuancen, schlecht gewählte Ausdrücke oder Fehler im Vokabular.
303 Vgl. A. Staehelin, Helvetik, S. 797. Im Direktorium der Helvetischen Republik sassen drei Waadtländer, unter ihnen F.-C. de Laharpe.
304 Vgl. O. Hunziker, Das Schweizerische Schulwesen, S. 8.

keit in der Aneignung des Stoffes.[305] Frédéric-César de Laharpe, der bedeutendste Organisator des politischen Neuanfangs in der Waadt, kümmerte sich deshalb persönlich um die Einführung des Enseignement mutuel und nannte es «une adaptation de l'éducation à la société nouvelle».[306] Bis zum Jahr 1833 hatten im Waadtland 47 Gemeinden solche Schulen mit rund 6000 Schülern eingerichtet; in Neuenburg übernahm ein Mitglied des Grossen Rates persönlich die Leitung einer von ihnen, und im Kanton Genf machte der Pädagoge François-Marc-Louis Naville als erster auf dieses Modell aufmerksam.[307] Während Girard in Freiburg auf Befehl seines Bischofs das Experiment abbrechen musste und auch im Waadtland einige protestantische Pfarrer daran zweifelten, dass ein geordneter Religionsunterricht in diesen grossen und lärmigen Schulsälen möglich sei, blieb das Enseignement mutuel die bevorzugte Methode der Liberalen.[308] Erst in den dreissiger Jahren des 19. Jahrhunderts wurde sie allmählich abgelöst durch besser ausgestattete kleinere Schulen mit besseren Lehrmitteln und vor allem besser ausgebildeten Lehrkräften.[309]

Auch in den folgenden Jahrzehnten ergaben sich bei der weiteren Ausgestaltung der Volksschule immer wieder enge Kontakte zwischen den drei Kantonen; während die Stadt Genf berühmt war für ihre guten Privatinstitute, die auch eine internationale Schülerschaft anzogen, richtete der Kanton Waadt schon 1833 in Lausanne eine Ecole normale für Lehramtskandidaten ein, der kurz darauf ein Lehrerinnenseminar folgte.[310] Die beiden kleinen Nachbarkantone Genf und Neuenburg verzichteten vorläufig auf eine eigene Schule dieser Art und liessen ihre Volksschullehrer in Lausanne ausbilden.[311]

Die Lesebücher, die Ende des 19. Jahrhunderts in der Romandie entstanden, wurden meist in mehreren Kantonen verwendet, und es ist deshalb sinnvoll, die wichtigsten unter ihnen in chronologischer Reihenfolge zu besprechen. 1882 ist im Kanton Neuenburg *La patrie* von C.-W. Jeanneret erschienen, ein Buch, das hier noch bis zum Ersten

---

305 Die Prinzipien des Enseignement mutuel nennt G. Mützenberg, Education et instruction à Genève, S. 412: «Occuper constamment tous les enfants; les rendre actifs; fixer leur attention à chaque instant. […] Enseigner rapidement les connaissances de base à un grand nombre d'élèves à la fois. Laisser marcher chacun à son rythme. Utiliser l'enseigné comme enseignant. Eduquer à la vie sociale (ordre, discipline, coopération). Susciter une saine émulation. Economiser.»

306 G. Arlettaz, Libéralisme et société dans le canton de Vaud, S. 238.

307 G. Panchaud, Une offensive des libéraux «éclairés», S. 262 f.; Histoire de l'instruction publique dans le canton de Neuchâtel, S. 36.

308 G. Panchaud, ebd., S. 228.

309 Vgl. G. Chevallaz, Cent ans d'instruction publique, S. 18–20.

310 Vgl. P. Decker, Ecole normale du canton de Vaud, S. 58–64.

311 Erst 1886 wurde dem Collège in Genf eine pädagogische Abteilung angegliedert.

Weltkrieg gebraucht wurde. Vom Mittelstufen-Lesebuch für den Berner Jura, das Henri Gobat und F. Allemand 1885 herausgaben und das auch im Kanton Waadt zugelassen war, ist schon die Rede gewesen. 1893 veröffentlichte der Genfer Alexandre Gavard sein Lesebuch für die Mittelstufe, das die Kantone Genf und Neuenburg übernahmen. Schliesslich erschien 1903 in Lausanne das Lesebuch für die Mittelstufe von Louis Dupraz und Emile Bonjour, das in etwas modifizierter Form bis weit in die Zwischenkriegszeit hinein im Kanton Waadt verwendet wurde. Auf der Oberstufe wurde das alte Lesebuch der Suisse Romande von Bernard Dussaud und Alexandre Gavard von 1871 erst 1908 durch die *Anthologie scolaire* von Louis Dupraz und Emile Bonjour und im Kanton Genf 1911 durch das Lesebuch von Louis Mercier und Adolphe Marti ersetzt.

1.6.1. Neuenburg

C.-W. Jeanneret war Lehrer und Sekretär des Collège von La Chaux-de-Fonds und gab seit 1873 eine Reihe von Schulbüchern für den Kanton Neuenburg heraus. Von ihnen ist *La Patrie*, das Lesebuch für die Mittelstufe aus dem Jahr 1882, auch in andern Kantonen am meisten benützt, wenn auch nicht einhellig gelobt worden und hat bis über die Jahrhundertwende hinaus mehrere Neuauflagen erlebt.[312] Wie in den Deutschschweizer Lesebüchern von Scherr und Rüegg sind die Texte in Themenkreise geordnet, welche der sich erweiternden Erfahrungswelt des Kindes entsprechen. Bezeichnend für den französischen Kulturzusammenhang dürfte sein, dass im ersten Teil neben «La famille» sogleich «L'école» und «Les premiers devoirs» thematisiert werden. Unter den über zwanzig Texten, die sich mit «Kind und Schule» befassen, steht ein Beitrag des Schuldirektors von La Chaux-de-Fonds, Louis Bornet. Er erklärt den Kindern, dass in der Schule der Lehrer die Stelle des Vaters einnimmt: «Dans l'école, le maître tient ses pouvoirs de vos parents et de l'autorité publique». Er hat Anrecht auf Gehorsam und Liebe seiner Schüler:
Que votre maître partage avec vos parents l'amour et l'obéissance que vous leur devez, puisqu'il partage avec vos parents les peines de votre instruction! Respectez-le et ayez confiance en lui; regardez-le comme un ami. [S. 82]
Im Gegensatz zum Freiburger Lesebuchtext, dem zufolge der Schüler im Lehrer die von Gott verliehene Autorität respektieren sollte,[313] stammt hier seine Vollmacht vom Staat. Die Neuenburger Schulen waren seit 1872 betont laizistisch und hatten auch die

---

312   Für diese Studie stand mir die 5. Auflage von 1892 zur Verfügung: Ll dm NE (1892).
313   Vgl. Kap. 1.5.3., S. 125.

religiösen Korporationen vom Schuldienst ausgeschlossen.[314] Dem entsprechend fehlen im Lesebuch alle Hinweise auf religiöse oder kirchliche Pflichten, die man sonst unter dem Titel «premiers devoirs» erwarten würde.

Hingegen ist hier ein grösserer Artikel über die Hygiene zu finden, verfasst von Jules Galley, Pfarrer in La Chaux-de-Fonds,[315] eine jener ausführlichen, aus der Hygienebewegung entstandenen Instruktionen, die gar nicht kindgerecht geschrieben sind und auf dem Umweg über die Schüler vor allem die Eltern erreichen sollten: Um dem Körper die Gesundheit zu erhalten, braucht er vor allem frische Luft. Leider sieht man aber viel zu selten Kinder und Erwachsene im Freien spazieren.

Aussi ne peut-on comprendre pourqoui tant de gens préfèrent rester dans leurs appartements mal aérés, mal éclairés, plutôt que d'aller en plein air se reposer de leurs travaux sédentaires et chercher de nouvelles forces. [S. 163]

Da sind offensichtlich die Heimarbeiter der Uhrenindustrie angesprochen. Viel zu oft sitzen sie in feuchten, schlecht gelüfteten Zimmern, wo «un air vicié» zu vielerlei Gebresten und Krankheiten führt.[316] Die praktischen Ratschläge des Pfarrers umfassen alle Bereiche der täglichen Gesundheitspflege: die Warnung vor übermässigen und unregelmässigen Mahlzeiten verbindet er mit den Tips, dass ein Löffel Nuss- oder Olivenöl bei Magenbeschwerden Wunder wirke, kaltes Wasser nach zu fettiger Mahlzeit hingegen höchst gefährlich werden könne. Am frühen Morgen darf man das kalte Wasser nicht scheuen: «Celui qui chaque matin se lave courageusement à l'eau froide et qui prend souvent des bains de pieds ne souffrira pas des froids même les plus vifs.» (S. 166) Zur Hygiene gehört schliesslich auch ein gesundes Körpertraining, das die Lebensfreude hebt:

Vous aurez de la joie, du courage au milieu de vos occupations, surtout si vous employez vos moments de loisir à développer vos forces physiques par quelques travaux en plein air, des courses un peu longues, des exercices de gymnastique. [S. 167]

Der zweite Teil des Lesebuches ist «Le village – la campagne – les saisons» überschrieben: auch dies eine vertraute und bewährte Kombination in den Schweizer Lesebüchern, weil hier beliebige Texte zum ländlichen Leben, zur Naturkunde und zu den Jahreszeiten untergebracht werden können. Der dritte Teil bringt unter dem Titel «Le

---

314 Histoire de l'instruction publique, S. 49. Vgl. J.-M. Barrelet, L'enseignement de l'histoire suisse dans les écoles primaires du canton de Neuchâtel, S. 238–243.

315 Ll dm NE (1892), S. 162–167. Die Textautoren stellt das Register des Lesebuchs vor, S. 407–413.

316 Die Schäden der Feuchtigkeit werden drastisch geschildert: «Lorsqu'on voit les plafonds se gâter, les boiseries se pourrir, les habits et les livres se couvrir peu à peu de moisissures, on peut être certain de la trop grande humidité de l'air. Il faut se hâter d'y remédier. Pour cela on n'a qu'à chauffer plus souvent, tout en laissant les fenêtres longtemps ouvertes. On a remarqué que la chaleur produite par le coke est la plus propre à enlever promptement l'humidité.» (S. 164)

pays – traits historiques – la patrie» zunächst die heimatkundlichen Texte für Neuenburger Schulen, im weiteren einiges zur Romandie und diverse Alpenstücke.[317] Die Textauswahl zur Präsentation des Kantons Neuenburg ist bezeichnend einseitig, indem Beschreibungen des Jura stark überwiegen, die Stadt Neuenburg hingegen nur beiläufig erwähnt wird. Der Herausgeber Jeanneret erweist sich so als typischer Vertreter des oberen Kantonsteils, denn die Radikalen aus La Chaux-de-Fonds und Le Locle, dem sogenannten «Haut», wollten mit der immer noch aristokratisch gesinnten und deshalb misstrauisch beobachteten Stadt Neuenburg nichts zu tun haben.[318] Zudem fällt auf, dass die Landschaftsimpressionen grösstenteils den Werken renommierter Schriftsteller entnommen sind: sie haben dem entsprechend eine literarische Qualität, die in den gleichzeitigen Deutschschweizer Lesebüchern seltener anzutreffen ist.

Im Text *Le Jura neuchâtelois* beschreibt Louis Vulliemin, der Waadtländer Schriftsteller und Historiker, die drei Landschaftsstufen: Das Seeufer, wo Weinberge und Dörfer abwechseln; dann etwas höher gelegen die Kornfelder der beiden breiten Täler Val-de-Ruz und Val-de-Travers, «riantes prairies entre deux parois de rochers». La Chaux-de-Fonds und Le Locle befinden sich auf der dritten Stufe: «C'est la région des montagnes, des noirs ‹joux› et des verts pâturages». (S. 323 f.) Hier oben ist das Klima rauh, das Landschaftsbild düster, und es brauchte mutige Siedler, um diese Gegend urbar zu machen, wofür ihnen auch besondere Freiheiten von den Herren von Valangin zugesprochen worden waren.[319]

Idyllisch erschienen dagegen die einsamen Höfe und ihre Bewohner dem naturbegeisterten Jean-Jacques Rousseau:

Ces heureux paysans, tous à leur aise, cultivent leurs petits domaines avec soin et emploient leurs loisirs à faire mille ouvrages de leurs mains et à mettre à profit le génie inventif que leur donna la nature. [S. 328 f.]

Ihr reger Erfindungsgeist lässt die Jurassier unermüdlich Neues ausklügeln, und so vergehen ihnen auch die langen Winterabende in heiterem Zusammensein:

En hiver, chacun renfermé bien chaudement avec sa nombreuse famille dans sa jolie maison de bois qu'il a bâtie lui-même, s'occupe de travaux amusants, qui chassent l'ennui de son asile et ajoutent à son bien-être. [...] Il leur reste encore du loisir pour inventer et faire mille instruments divers [...], entre autres de petites horloges de bois.

---

317 Vom Jura handeln sechzehn Texte, von den Alpen sieben, zwei vom Tessin.
318 Vgl. J.-M. Barrelet et J. Ramseyer, La Chaux-de-Fonds, S. 121–126.
319 Der Westschweizer Historiker F.-A. de Chambrier (1785–1856) beschreibt diesen Kolonisationsvorgang und die in die Landschaft geduckten Häuser im Text «Les anciennes maisons du Jura», Ll dm NE (1892), S. 326–328. Zu den Freiheiten, die den Siedlern im Jura gewährt wurden, vgl. J.-M. Barrelet et J. Ramseyer, Aperçu historique du canton de Neuchâtel, S. 4.

[...] ils font même des montres, et, ce qui paraît incroyable, chacun réunit à lui seul
toutes les professions diverses dans lesquelles se subdivise l'horlogerie, et fait tous
ses outils lui-même. [S. 329]

Mit diesem schmeichelhaften Porträt des Neuenburger Uhrmachers rückt die wichtigste Industrie des Jura in den Vordergrund. Im Vergleich zu den meisten andern
Industriekantonen ist man hier besonders stolz auf den Aufschwung der Industrie und
auf ihre Pioniere, die zugleich Künstler und Erfinder waren. Eine ausführliche Biographie stellt den Schülern Vater und Sohn Jaquet-Droz aus La Chaux-de-Fonds vor
(S. 345–348), denn «un pays a toujours le droit et même le devoir d'honorer la
mémoire des hommes célèbres qu'il a produits.» (S. 344)

In La Chaux-de-Fonds hatten die selbstbewussten Uhrmacher ihre politische Hoch-
burg, in der zuerst die Radikalen und schon seit 1912 die sozialistische Partei die
Mehrheit bildeten. In Jeannerets Lesebuch findet sich auch das deutlichste Lob-
gedicht auf die Industrie, das uns bisher begegnet ist. Verfasst hat es der Waadtländer
François Oyez-Delafontaine:

Fils du Jura, dans nos villages
Tout prospère par nos travaux;
Les flots des mers vont sur les plages
Porter nos précieux ouvrages;
Courage! éclipsons nos rivaux!

Oui, l'industrie est notre mère,
Le pain qu'elle nous donne est doux;
Que les sanglots de la misère
N'éclatent jamais parmi nous!

Arts paisibles, riche industrie,
Combien sont nombreux vos bienfaits!
Consacrons-les à la patrie!
Elle applaudit à nos succès. [S. 344]

Das Gedicht ist zwar von denkbar bescheidener Qualität, doch um so unverhüllter
bringt es seine paar Leitgedanken zum Ausdruck: in den Stolz auf die eigene Produktion, die der internationalen Konkurrenz gewachsen ist, mischen sich Angst vor einer
Krise und das Bedürfnis, auch die Arbeiterschaft als gute Patrioten auszuweisen. Die
Angst vor Arbeitslosigkeit hat reale Hintergründe: Louis Vulliemin beschreibt, wie
aus dem Val de Joux immer wieder tüchtige Leute auswandern müssen, weil sie es in
der Fremde eher zu etwas bringen können:

Les mariages sont précoces, les familles nombreuses, l'émigration considérable.
Combien, dans la plaine, de préfets, de greffiers, d'employés de bureaux; combien, à
Genève, de magistrats, de pasteurs, de chefs de maisons d'horlogerie, sont originaires
de ces montagnes, dont les habitants allient à un ésprit naturel des moeurs polies et
une culture assez avancée! [S. 331]

Während der Waadtländer Vulliemin so die Jurassier als besonders anstellige, kulti-
vierte und höfliche Menschen rühmt, besingt Numa Droz, der grosse radikale Politiker und Bundesrat, seinen Heimatort La Chaux-de-Fonds in dem Gedicht *Les noirs*
sapins. Ihm sind die schwarzen Tannen Symbol für die Freiheit, dem seit ältester Zeit
unveräusserlichen Naturrecht dieses Berglandes, das sich dann nach langer, müh-
samer Kolonisationsarbeit und dank der Industrialisierung zur wirtschaftlichen Unabhängigkeit wandelte.

Les noirs sapins couvrent partout les cimes.
Tout est désert: seule la rauque voix
De l'aigle altier, planant sur les abîmes,
Trouble parfois le silence des bois. [...]
Salut, salut, vieux sol de liberté!

Au pied des monts éclaircis par la hache
Bientôt s'élève un modeste hameau.
La terre est dure; il faut que l'homme arrache
Sous un ciel froid, les moissons au coteau.
Mais l'industrie ouvre sa main féconde
Et le hameau se transforme en cité:
La Chaux-de-Fonds apparaît dans le monde,
Salut, salut, séjour de liberté! [S. 324 f.]

Der Freiheitswille der Jurassier ist alt: «Nos aïeux, fiers de leur indépendance, / au
joug des rois ne plièrent jamais». Die politische Freiheit aber ist erst vor kurzem unter
Opfern erfochten worden: «Quarante-huit fonda l'égalité». Sie gilt es auch in Zukunft
zu erhalten, wobei die letzte Strophe recht deutlich ausspricht, dass die Erinnerung an
die Herrschaft der «Aristokratie», will heissen der alten Neuenburger Patrizierfamilien,
die im Auftrag Preussens das Regiment führten, noch sehr lebendig ist:

Séjour aimé des arts, de l'industrie,
Tes fils unis proclament tes bienfaits.
Les fruits amers de l'aristocratie
Sous nos sapins ne mûriront jamais.

Le souvenir d'une ère tyrannique
Renforcera notre fraternité:
Nous garderons pure la République,
Salut, salut, patrie et liberté! [S. 325]

So endet das Gedicht mit dem Wahrspruch des Waadtländer Wappens und gibt uns eine Erklärung dafür, warum im radikal-demokratischen Vaterlandsbild dieses Lesebuches die eigene Kantonshauptstadt keinen Platz hat.

Etwas zufällig zusammengestellt wirken die Texte unter dem Titel «Traits historiques». Einem Bericht über die Pfahlbaufunde in den Seen des Mittellandes[320] folgt ein kurzer Abriss der Schweizer Geschichte. Die drei beliebten Erzählungen von den grossmütigen Solothurnern, dem mutigen Thurgauermädchen und von Niklaus Wengi bestreiten zusammen mit den Bündner Burgenbruchsagen von Gardowall und vom «Guillaume Tell grison» Chaldar den anekdotischen Teil. (S. 382–387) Auch in diesem Kapitel ist Jeanneret am Gegenwartsbezug gelegen: ein Bericht *La vie suisse* vergleicht die wagemutigen Industriellen der Moderne mit den alten Helden der Schweizer Geschichte:

[...] En industrie, la Suisse peut rivaliser par la variété de ses produits avec d'autres pays beaucoup plus grands. A force de persévérance, de lente et de prudente audace, cette industrie a su franchir tous les obstacles. Ses fabricants comme autrefois ses guerriers, ont héroiquement gagné leurs batailles avec de faibles ressources et un petit nombre de bras. C'est elle qui, du fond de ses montagnes, habille de ses cotonnades aux couleurs éclatantes une partie des Turcs et des Persans. C'est elle qui travaille les bijoux dont se parent les sultanes et qui fournit à tous les pays du monde les montres à bon marché et les chronomètres de précision.[321]

Der Fortschritt hat aber auch das Schulwesen erfasst:

Enfin, à l'industrie joignez un développement général avancé, l'instruction du peuple gratuite et obligatoire, des écoles jusque dans les coins des montagnes les plus retirés, des collèges dans presque toutes les petites villes: tout cela fait de la Suisse un pays accessible à tous les progrès raisonnables. [S. 379]

Optimistischer Fortschrittsglaube prägt ebenso das Bild von der Schweiz als Staatswesen, auf das die Neuenburger um so stolzer sind, als sie ihm noch gar nicht lange ganz angehören. Seine Institutionen werden den Schülern ausführlich erklärt in einem

---

320 *Les habitations lacustres*, Ll dm NE (1892), S. 372–375. Zu dem beliebten Schulbuchthema vgl. Kap. 4.1.1., S. 280 f.

321 Ebd., S. 379. Der Text ist dem «Feuille populaire Suisse» entnommen und zeigt die Wirtschaftseuphorie des ausgehenden Jahrhunderts, die Krisenzeichen nicht wahrhaben wollte.

Gedicht *L'A B C de l'instruction civique*. (S. 391 f.) Ein anderer dieser Texte, *L'amour de la patrie*, wird uns noch beschäftigen.[322] Am Schluss dieses Abschnitts sollen drei Strophen aus einem der vielen Juragedichte zeigen, wie der Neuenburger Dichter Edouard Huguenin mit Motiven der Alpenlyrik arbeitet und doch sehr konkret den Jura meint, wenn er von der Jurahöhe über das Land schaut:

De là j'embrasse d'un regard
Ma Suisse libre et bien-aimée!
Ma patrie au noble étendard,
Par les Alpes puissant rempart
A l'ennemi si bien fermée.

A mes pieds s'étend la forêt,
Superbe, immense, impénétrable.
Plus loin, la Reuse m'apparaît
Blanche d'écume, on la croirait
Aux torrents des Alpes semblable.

Bientôt je m'en vais au chalet,
Son hospitalité rustique
Me retient toujours et me plaît;
J'aime mieux son pain et son lait
Qu'un festin grand et magnifique. [S. 333]

1.6.2. Genf

Im Kanton Genf hat sich der wichtigste Schulpolitiker des ausgehenden 19. Jahrhunderts, Alexandre Gavard, persönlich mit der Herausgabe neuer Lesebücher befasst.[323] Gavard war seit 1874 Grossrat in Genf, bald darauf wurde er Mitglied der radikalen Regierung und Ständerat. 1886 trat das Unterrichtsgesetz in Kraft, das er ausgearbeitet hatte, und er kümmerte sich als Leiter des Erziehungsdepartements bis 1889 persönlich um seine Umsetzung in die Praxis.[324] Er war einer der Organisatoren der

---

322 Vgl. Zusammenfassung, S. 219.

323 1871 edierten B. Dussaud und A. Gavard ein Lesebuch für die Oberstufeklassen der Suisse Romande, hier in der Ausgabe von 1889 zitiert. 1893 erschien Gobats Lesebuch für die Mittelstufe, es war mir in der Ausgabe von 1910 zugänglich.

324 Ein Ziel des Gesetzes war die «bessere Verbindung der Schule mit dem praktischen Leben»: vgl. Nekrolog auf Gavard in der SLZ 44 (1899), S. 6 f.; Histoire de Genève, S. 317 f.

Genfer Landesausstellung von 1896 und Verfasser des Ausstellungskatalogs; 1898, im Jahr seines Todes, erschien seine *Histoire de la Suisse au XIXe siècle*. Wenn dieser vielbeschäftigte Politiker und Publizist selber Schulbücher edierte, tat er es in der Überzeugung, «que l'instruction publique était le moyen le plus efficace d'élever les coeurs, d'émanciper les esprits, de tremper les caractères et de fonder la vraie moralité».[325] 1893 gab er das Lesebuch für die Mittelstufe heraus, das in den Kantonen Genf und Neuenburg als Lehrmittel anerkannt und 1910 neu aufgelegt wurde. Daneben fand Jeannerets Lesebuch *La patrie* Verwendung.

Gavard setzte sich für einen realitätsbezogenen Unterricht ein, der, wie er im Vorwort zu seinem Lesebuch sagt, «sur la raison et sur la science pratique» basieren sollte. Texte zur Naturkunde, zur Geographie und Geschichte stehen am Anfang seines Lesebuches und machen den grössten Teil aus. Die Schüler sollen in diesem Buch nicht in erster Linie die engere Heimat, sondern die Schweiz als das allen gemeinsame Vaterland kennen lernen mit Hilfe von sachbezogenen Texten, die das grosse Pathos meiden. Patriotische Gedichte fehlen hier, erscheinen jedoch in kleiner Auswahl in Gavards Oberstufenlesebuch.

Von den geographischen Beiträgen bezieht sich nur einer auf den Genfersee, und in diesem «Panorama du Léman et Lausanne»[326] kommt Genf nicht vor. Dagegen werden Phänomene der Schweizer Alpen wie die Entstehung eines Gletschers, der Föhn, *Les grandes chutes d'eau*, der Bergsturz von Goldau (*La catastrophe du Rossberg*) und *Une Landsgemeinde* beschrieben.[327]

Im geschichtlichen Teil wird die Prähistorie ausführlicher behandelt als im zehn Jahre früher erschienenen Buch von Jeanneret: 1873 war «La caverne de Thayngen» entdeckt worden, und das Genfer Lesebuch erzählt schon detailliert vom Leben der Höhlenbewohner. (S. 137 f.) Es folgt die Beschreibung der «Habitations lacustres», denn seit 1854, als im Zürichsee die Pfähle von prähistorischen Dörfern gefunden worden waren, hatten sich die Pfahlbauer rasch zu einem Lieblingsthema des Geschichtsunterrichtes entwickelt.[328] Gavard lässt nun Alexandre Daguets Schilderung der Helvetier folgen, die recht deutlich zeigt, wie einige gezielte Formulierungen genügen, um die Analogie zum neuen «Helvetien» nahezulegen und so der Confoederatio Helvetica die lange Ahnenreihe zu sichern:

Les Helvètes étaient divisés en une foule de peuplades. Autant de vallées, autant de communautés indépendantes. Plusieurs peuplades formaient une tribu ou clan, et les

---

325 Zit. nach H. Gobat, in: L'Educateur 33 (1897), S. 108.
326 Ll dm GE (1910), S. 180–182.
327 Ebd., S. 164–174, 183–193.
328 Vgl. F. de Capitani, Die Suche nach dem gemeinsamen Nenner, S. 30; Kap. 4.1.1., S. 280 f.

tribus réunies formaient la confédération des Helvètes; il y avait quatre de ces tribus.
L'autorité principale était exercée par des magistrats élus chaque année et qui
rendaient la justice dans une enceinte de pierres. [S. 142]

Auffallen muss, dass Gavard Auszug und Niederlage der Helvetier nicht aufnimmt,
obwohl bei diesen Ereignissen Genf als Aussenposten des römischen Reiches und
Standquartier Julius Caesars eine Rolle spielte – oder gerade deshalb? Nur ein Text
handelt von den Anfängen einiger Schweizer Städte und erwähnt auch Genfs hohes
Alter recht nüchtern: es gehörte zum Land der Allobroger und wird von Caesar
erstmals genannt. (S. 164)

Beliebteste mittelalterliche Herrschergestalt der Romandie ist Königin Bertha von
Burgund.[329] Von den vielen ihr gewidmeten Texten hat Gavard die Version Vulliemins
gewählt, der die Königin vor allem als Schützerin ihres Landes und als Freiheitsbringerin
sieht:

Elle favorisa les commencements des villes en protégeant les serfs, en réprimant les
brigandages, en se montrant l'amie de la liberté. [...] Elle sut se défendre contre les
invasions des Hongrois et des Sarrasins. [S. 143]

Die Festungen, die sie erbaute, gewährten der Landbevölkerung Sicherheit. Berthe
wurde und blieb eine Schutzheilige und – nach den Worten Vulliemins – eine Frei-
heitsheldin der Romandie: «Elle n'a point cessé d'être celle qui défendait les paysans,
préparait l'affranchissement des villages, jetait le fondement des villes, la mère de nos
libertés.» (S. 143)

Der Beitrag *Un seigneur au moyen âge* schildert dagegen das Leben der adeligen
Herren im Hochmittelalter nicht sonderlich schmeichelhaft:

Le seigneur n'est ni instruit ni poli; il ne connaît que les armes; quand il n'est pas à la
guerre, il chasse le loup et l'ours dans les forêts; s'il n'est ni en guerre, ni en chasse, il passe
son temps à boire et à manger. Il est courageux, mais brutal et parfois cruel. [S. 146]

Zum Raubritter verkommen, richtet der Adelige schweren Schaden an, plündert
Kaufleute aus und verstrickt sich in Fehden: «C'est un combat de bêtes féroces». Das
Urteil ist auffallend hart und entspringt einerseits der hohen Einschätzung von Bil-
dung und Zivilisation, die man sich viel eher in der Stadt als auf der Ritterburg
angesiedelt dachte. Zudem spielt wohl der alte Antagonismus zwischen Stadt und
Adel noch mit, der auch im Geschichtsbild vieler Deutschschweizer Lesebücher das
Image des Adels so stark beeinträchtigt.

Aus der älteren Schweizer Geschichte nimmt Gavard nur die Schlacht bei Sempach
und das Stanser Verkommnis in sein Mittelstufenlesebuch auf: je eine Würdigung des

---

329 Vgl. Kap. 1.6.3. und 2.4.3., S. 155 f., 206 f.

Helden Winkelried durch Edouard Secrétan und des Friedensstifters Niklaus von Flüe.[330]

Ins Lesebuch gehören zudem jene Episoden der Genfer Vergangenheit, welche die Stadt im Konflikt mit savoyischen Herrschaftsansprüchen zeigen. Zu Beginn des 16. Jahrhunderts verkörpert die Figur Philibert Bertheliers den Widerstand. Als Parteiführer der «Eidguenots» suchte er Anschluss bei Freiburg und der Eidgenossenschaft. Er bezahlte seine Politik mit dem Leben, als in der Stadt die Freunde Savoyens obenauf schwangen. Alexandre Daguet nennt ihn «un grand citoyen par son dévouement sans bornes à la patrie». (S. 152) Im Lesebuch für die Oberstufe findet sich ein ausführlicher Text über die «Escalade» von 1602: Damals gelang es den Bürgern mit knapper Not, einen nächtlichen savoyischen Überfall abzuwehren, und die Episode wird nun stets als Schlüsselereignis der Genfer Geschichte erzählt.[331]

Den Waadtländer Major Davel, der sich 1723 allein gegen die Berner Herrschaft aufgelehnt hatte und gefasst die Todesstrafe auf sich nahm, würdigt Gavard als Vorkämpfer der politischen Befreiung ebenso ausführlich, wie die Waadtländer Lesebücher es tun. (S. 153–156)

Ein letztes Porträt ist Pestalozzi gewidmet. Gavard hat den Text wohl selber geschrieben, voll Bewunderung für den grossen Erzieher und Betreuer von armen und verwahrlosten Kindern.[332] Mit Stolz kann das Lesebuch noch auf einen Genfer hinweisen, der das spektakulärste schweizerische Gemeinschaftswerk des 19. Jahrhunderts leitete und deshalb zur idealen Schulbuchgestalt geworden ist: auf Louis Favre, den verantwortlichen Ingenieur beim Bau des Gotthardtunnels.[333] Hier interessiert, wie ihn das Genfer Lesebuch für die Vaterstadt in Anspruch nimmt. Im Text von Eugène Rambert wird Favres plötzlicher Tod kurz vor der Vollendung des grossen Werks geschildert:

C'était [...] un homme de génie, doux, humain, aimé de tous ses subordonnés, depuis le plus humble mineur jusqu'à l'ingénieur le plus habile. Il ne manqua pas un ouvrier aux honneurs qui lui furent rendus à Goeschenen, le lendemain de sa mort, et à Genève, où son corps fut transporté, la population entière prit part à ses funérailles. [S. 189 f.]

Unter dem unscheinbaren Titel «Lectures diverses» fügt Gavard in sein Lesebuch ein paar kurze Texte ein, die in konzentrierter Form Hauptziele bürgerlich-liberaler Erziehung festhalten.

---

330 Ll dm GE (1910), S. 146–151. Zu beiden vgl. Kap. 2.4.2. und 2.4.4., S. 200–202, 209–211.

331 Ll ds RO (1889), S. 165–168; vgl. auch Ll ds VD (1908), S. 176–184.

332 Vgl. Kap. 2.4.4., S. 213. Gavard bemühte sich als Erziehungsdirektor von Genf besonders um bessere Bildungsmöglichkeiten für benachteiligte Kinder und sah in Pestalozzi einen Vorgänger.

333 Vgl. Kap. 2.4.4., S. 215 f.

La vie utile est celle de l'homme qui remplit tous les devoirs de sa condition, qu'il soit riche ou pauvre. C'est par le travail que l'homme se rend utile à sa famille et à ses semblables. [...] Rien n'est plus honorable que le travail. C'est pourquoi il doit être protégé par la loi contre le mal et les désordres. [S. 251]

Es wird nicht ausgesprochen, worin dieses Übel und die Unordnung bestehen, vor denen es die Arbeitswilligen zu schützen gilt. Die Vermutung liegt nahe, dass die aufkommende Arbeiterbewegung gemeint sein könnte. Zu gegenseitigem Verständnis fordern die nächsten Sätze auf:

Le cultivateur dans les champs, l'ouvrier dans son atelier, le savant dans son cabinet, l'écrivain au milieu de ses livres, tous les travailleurs sont des artisans de la richesse publique et du bien-être général; tous ont droit à notre estime, à notre respect, à notre reconnaissance. [S. 251]

Wer gesund ist und arbeiten kann, sollte sparen und für schlechtere Tage vorsorgen, denn Missernte, Krankheit, Unfall oder sonst ein Unglück kann jeden treffen. Diese pauperistische Ansicht teilt Gavard mit allen Lesebuchherausgebern, denn vom Sozialstaat ist man noch weit entfernt. Um so mehr preist er die Sparkassen, eine Errungenschaft, auf die man sehr stolz ist:

Les caisses d'épargne sont des établissements destinés à recevoir et à faire fructifier les économies des classes laborieuses. [...] Grâce à elles, un ouvrier laborieux, qui sait prélever quelques sous sur son salaire journalier, se constitue une utile réserve pour la vieillesse ou pour les jours de maladie et de chômage.[334]

In dieser Kollektion mahnender Texte findet auch die Aufforderung zur Hygiene ihren Platz, nicht so ausführlich wie in Jeannerets Buch, aber doch die wichtigsten Hinweise zusammenfassend: Der Mensch soll seine Körperpflege aus Selbstachtung nicht vernachlässigen, vor allem aber in seinem Haus für Licht und gute Luft sorgen. Diesen Luxus soll sich auch der Bescheidenste erlauben: «Où la lumière n'entre pas, le médecin entre». (S. 253) Alle diese Ermahnungen münden in ein Lob des Fortschritts, das dem Zukunftsglauben Gavards und dem französischen Bildungsideal entspricht:

Nous sommes les héritiers de tous ceux qui sont morts, les associés de tous ceux qui vivent, la providence de tous ceux qui naîtrons. Nous sommes meilleurs et plus heureux que nos devanciers; faisons en sorte que notre postérité soit meilleure et plus heureuse que nous. [S. 254]

---

334 Ll dm GE (1910), S. 253. Auch die SLZ brachte seit den Siebzigerjahren Zuschriften zur «Sozialen Frage»: «Nicht durch Umsturz der sozialen Ordnung, sondern durch Sparsamkeit und Tätigkeit kann der Arbeiter zu Besitztum gelangen ... Sparsamkeit ist das Hauptmittel zur Verbesserung der materiellen, intellektuellen und moralischen Lage des Volkes», steht in einem Plädoyer zur Gründung von Schulsparkassen, in: SLZ 22 (1877), S. 244 f.

Wer einen Baum pflanzt, so fährt der Text fort, hat etwas Gutes getan; jene, die ihn fällen und aus seinem Holz eine Bank zimmern, tun auch recht. Am besten aber handelt der nächste:

Celui qui s'asseoit sur ce banc, prend un enfant sur ses genoux et lui apprend à lire a mérité mieux que les autres. Les trois premiers ont ajouté quelque chose aux ressources de l'humanité; le dernier a ajouté quelque chose à l'humanité elle-même. De cet enfant, il a fait un homme plus éclairé, c'est-à-dire meilleur. [Ebd.]

Das neue Genfer Lesebuch für die oberen Klassen von 1911 verfolgt eine deutlich modernisierte Linie. Die Auswahl an beschreibenden Skizzen zu Schweizer Landschaften ist stark erweitert und schliesst je ein Porträt des historischen und des zeitgenössischen Genf ein.[335] Unter den berühmten Genfern erscheinen hier nach Jean-Jacques Rousseau die «deux patriotes» Ami Lullin und Pictet de Rochemont. (S. 141–144) Ihnen ist es zu verdanken, dass sich Genf nach Napoleons Sturz der Eidgenossenschaft anschliessen konnte. Es folgen *La jeunesse du général Dufour* und ein Ausschnitt aus Henri Dunants Bericht über das Schlachtfeld von Solferino.[336] Er gab den Anstoss zur Gründung des Roten Kreuzes: Im Beitrag *Convention de Genève* ist von Genfs humanitärer Mission die Rede, eine der wichtigsten Komponenten im Selbstverständnis der Stadt:

Genève, dont le grand citoyen Jean-Jacques Rousseau avait annoncé en termes prophétiques le rôle prépondérant qu'elle devait jouer dans l'éducation de l'individu et des peuples, eut l'honneur de donner son nom à une convention destinée à remédier à l'un des pires fléaux qui désolent l'humanité, en établissant une entente internationale pour les soins à donner aux blessés en temps de guerre. [S. 152]

1.6.3. Waadt

Als im Jahr 1903 das neue Waadtländer Lesebuch für die Mittelstufe erschien, nannte es der Rezensent in «L'Educateur» «l'idéal du livre scolaire», weil es den pädagogischen Anforderungen der Zeit genau entspreche und dabei – eine Seltenheit im schweizerischen Umfeld – mit besonderer Sorgfalt literarisch wertvolle Texte ausgewählt habe.[337] Es war auch eine Ausnahme, dass ein erfahrener Schulpraktiker, der ehemalige Rektor des Mädchengymnasiums Louis Dupraz, und ein Journalist,

---

335 Ll ds GE (1911), S. 132–134, 160–176.
336 Ebd., S. 149–152; vgl. Kap. 2.4.4., S. 217.
337 L'Educateur 39 (1903), S. 770.

Emile Bonjour, gemeinsam ein Lesebuch herausgaben.[338] Mit den «neuen Anforderungen» ist die Methode von Herbart-Ziller gemeint: François Guex, der damalige Leiter der Ecole normale von Lausanne, hatte sie während Jahren in Jena und Zürich praktiziert und reformierte seit 1890 die Primarlehrerausbildung in ihrem Sinn.[339] Kurz gefasste Porträts einzelner Waadtländer Gegenden ersetzen in diesem Lesebuch den früher üblichen Rundgang durch den Kanton, wobei die Herausgeber auf eine ganze Reihe von Waadtländer Autoren zurückgreifen konnten: unter ihnen der nicht nur in der Romandie hoch geschätzte Alpendichter Eugène Rambert, der Bauernschriftsteller Urbain Olivier und der Historiker Louis Vulliemin.[340] Urbain Oliviers Skizze *L'hiver dans le Jura* zum Beispiel entwirft ein eindrückliches Bild der im Frost erstarrenden Jurahöhen:

Mais voici un vent lourd et froid qui débouche par les gorges étroites des monts; l'atmosphère s'épaissit, les sapins gémissent. Dans la soirée, on entendra les aboiements rauques du renard en quête d'un chaud terrier. L'hiver, le rude hiver annonce son arrivée. L'homme lui-même en frissonne; mais bientôt il pense avec joie à la bienfaisante chaleur de son foyer. Dès le lendemain, vous ne voyez plus que deux choses dans ces lieux élevés: la neige et les sapins.[341]

Zu einem später vielzitierten Lesestück wurde Ramberts Beschreibung des Frühlingswunders, wenn oberhalb Montreux auf dem Pré d'Avent innerhalb weniger Tage Tausende von Narzissen aufblühen. (S. 60 f.)

Wenn das Lesebuch die Schüler «A travers notre pays» führt, ist damit fast ausschliesslich das Pays de Vaud gemeint mit seiner grossartigen landschaftlichen Vielfalt von Jura, Genfersee und Alpen. Die Aussicht von Signal oberhalb Lausanne ist spektakulär:

Devant soi, l'on a la nappe bleue du Léman, sillonnée en tous sens par des barques légères ... Au-delà du lac, les Alpes de la Savoie, dans toute leur majesté, forment le fond du tableau. [...] Au levant, sont entassées les masses gigantesques des Alpes vaudoises, le plus souvent couvertes de neige. [...] A l'occident, le sombre Jura, d'un aspect si différent de celui des Alpes. [...] A sa base [...] se développent des plaines, des coteaux, couverts de villages, de prairies, de vignobles, entremêlés de champs de blé et de bois;

338 E. Bonjour war Redaktor der «Revue du Dimanche», der Wochenbeilage der Waadtländer Zeitung «La Revue». 1908 edierten die beiden Autoren zusammen für die Oberstufe die Anthologie scolaire, die in den Kantonen Waadt und Genf als Lesebuch verwendet wurde.

339 Vgl. den Nachruf auf Guex in L'Educateur 54 (1918), S. 353–366; G. Chevallaz, Cent ans d'instruction publique, S. 41.

340 Aus E. Rambert, Les Alpes Suisses, seinem Hauptwerk, sind zahlreiche Texte in die Lesebücher eingegangen. Zu U. Olivier vgl. V. Rossel, Histoire littéraire, S. 699.

341 Ll di VD (1903), S. 9 f.

vrai jardin, qui n'a peut-être pas son pareil au monde. [...] Tout est réuni dans cet admirable panorama: la diversité, la richesse, l'unité et la grandeur. [S. 92]
In dieser Gesamtschau hat auch die Stadt Lausanne mit der herrlichen Kathedrale ihren Platz, doch anders als bei Jeanneret und Gavard gilt hier die Aufmerksamkeit vor allem dem Bauern- und Hirtenleben. Wie in den Deutschschweizer Lesebüchern wird der Hirte idealisiert, der im Frühsommer das Vieh auf die Weiden des Waadtländer Juras treibt und dort während vieler Wochen in genügsamer Einfachheit und Einsamkeit lebt: «Cependant ces pâtres ne se plaignent pas de leur sort; ils ne cherchent pas à changer de condition; ils aiment leurs âpres solitudes, et restent fidèles aux coutumes, aux labeurs et aux foyers de leurs pères.» (S. 84)
Für die Wintermonate kehren die Hirten ins Dorf zurück, in ihren trauten und, wie der Text besonders hervorhebt, bildungsbeflissenen Familienkreis:
Pendant ces longues journées d'hiver, les enfants s'instruisent sous le toit paternel, le chemin de l'école n'étant pas toujours ouvert ou praticable. Rassemblés auprès de leurs parents, plusieurs enfants prennent le goût de l'étude, font en commun quelque lecture intéressante, et s'instruisent en même temps qu'ils distraient leur famille. [S. 84 f.]
Die Waadt war ein überwiegend ländlicher Kanton, und seit der Revolution von 1845 gaben die Bauern auch politisch in der radikalen Partei den Ton an. Sie vertraten schon damals einen eigenwilligen, sich selbst genügenden Föderalismus. An der Einordnung in den Bundesstaat war ihnen nicht mehr viel gelegen, nachdem die Unabhängigkeit von Bern mit Hilfe der neuen Staatsform einmal gesichert war.[342] Neben ihnen trat das hochgebildete Bürgertum der Stadt Lausanne oft etwas in den Hintergrund. Es ist bezeichnend, dass von der Kantonshauptstadt im Lesebuch wohl die Rede ist, doch wird jede Überbetonung ihrer Bedeutung vermieden. Im Oberstufenlesebuch charakterisiert ein Text des Historikers Paul Maillefer die eigenwillig-vielfältige Zusammensetzung des «peuple vaudois»: «Le montagnard des Ormonts, le paysan de la plaine du Rhône, le vigneron de la Côte et celui de Lavaux, le Broyard, le «Combier» de la Vallée diffèrent sensiblement les uns des autres.»[343]
Diese verschiedenen Elemente sind durch die gemeinsame Geschichte zu einem Ganzen zusammengewachsen: Bern gab dem Land die «unité politique et religieuse», und der Kampf um die Unabhängigkeit festigte dann das Zusammengehörigkeitsgefühl. «Le peuple vaudois existe, bien distinct du peuple genevois, du valaisan ou du neuchâtelois.» Der Waadtländer ist stolz auf seine bäuerliche Eigenart, auch auf die dialektgefärbte Sprache, die vom oberflächlichen Besucher unterschätzt wird: «Le

342   F. R. Allemann, 25 mal die Schweiz, S. 411 f.
343   Ll ds VD (1908), S. 170.

parler indigène semble lourd à l'étranger; il faut être du pays pour en goûter la saveur et l'originalité.» Das ist innerhalb der Lesebücher der französischen Schweiz eine seltene Aussage. Maillefers Charakterisierung mündet in den Vergleich: «Le Vaudois est comme sa maison, simple, pratique, solide.» (S. 171)

Von den aufkommenden Industrien ist nur selten die Rede; immerhin erwähnt ein Text über Vevey, dass die aus Frankreich immigrierten Hugenottenfamilien einen wichtigen Anteil am industriellen Aufschwung der Stadt hatten. Sie fabrizierten Bänder, Knöpfe, Handschuhe und Ähnliches. Heute haben andere Industrien diese Produktion von Galanteriewaren abgelöst: In Vevey stellen nun wichtige Fabriken «Schokolade, Milchpulver und Kondensmilch» her.[344]

Auch im Waadtländer Jura, in der hochgelegenen Vallée de Joux kann die Bevölkerung besser überleben dank der 1740 eingeführten Uhrenindustrie, die hier einen seltenen Grad der Perfektion erreicht habe. Dennoch sind die Verdienstmöglichkeiten gering, und entsprechend hoch ist die Zahl der Auswanderer: «Mais, où qu'ils soient, ils gardent le souvenir vivant de leur chère Vallée […]. Ce ne sont pas les pays les plus sévères, les climats les plus rudes qui sont les moins aimés!» (S. 87)

Während in die zehn und zwanzig Jahre älteren Lesebücher von Gavard und Jeanneret wohl Fabeln, aber kaum Sagen und Legenden Eingang fanden, benennen Dupraz und Bonjour ein Kapitel «Contes, légendes et récits». Waadtländer Sagen sucht man hier allerdings vergeblich, und aus dem grossen Repertoire der Schweizer Sagen ist nur *Le pont du Diable* in der weitschweifigen Umdichtung von Alexandre Dumas zu finden, die auf Deutschschweizer befremdlich wirkt.[345]

Aufschlussreicher für das Waadtländer Selbstverständnis ist die Textauswahl im historischen Teil. Die Beiträge über Höhlenbewohner und Pfahlbauer sind gegenüber Jeanneret und Gavard ausführlicher geworden: die Erforschung der Prähistorie machte um die Jahrhundertwende rasche Fortschritte und lieferte immer mehr geeigneten Unterrichtsstoff für die Primarschule. Verfasser dieser Lesebuchtexte ist Paul Maillefer, dessen *Histoire du Canton de Vaud* auch der Bericht über den Auszug und die Niederlage der Helvetier entnommen ist. Im Unterschied zu Daguets Interpretation im Genfer Lesebuch sind die Helvetier hier vor allem als tapfere Krieger gezeichnet. Nach Caesars Worten waren sie ja «les plus vaillants des Gaulois, mais aussi les plus remuants et les plus avides de guerre.» (S. 110) Aussichtslos ist ihr Kampf bei

---

344 Ll di VD (1903), S. 95.
345 An Stelle eines Ziegenbocks lässt Dumas einen Hund, dem eine Pfanne an den Schwanz gebunden ist, als erstes Lebewesen über die Brücke laufen. Der Rezensent dieses Lesebuches in L'Educateur 40 (1904), S. 17, beklagt den Mangel an brauchbaren Sammlungen von Westschweizer Sagen.

Bibrakte gegen die weit überlegenen Römer, doch «du matin au soir, pas un ne tourna le dos».[346]

Für Urbain Olivier sind die römischen Anfänge Nyons der Anlass, über die grossartigen Leistungen der römischen Zivilisation, über die Vergänglichkeit menschlicher Werke und die Barbarei des Mittelalters nachzudenken. Doch gerade im frühen Mittelalter liegt ein Schwerpunkt der waadtländischen Tradition: im Königreich Burgund sieht sie einen glorreichen Vorläufer des Pays de Vaud. Obwohl sie nur ganz wenig nachweisbare historische Spuren hinterlassen hat, wird die Frau Rudolfs II., «La bonne reine Berthe», zur populärsten Legendenfigur der Romandie und besonders für das Waadtland zu einer Art Landesmutter.[347] In Payerne, wo die Königin begraben sein soll, liess der Conseil d'Etat im Jahre 1818 eine Inschrift setzen:

A Berthe

[...]

Son nom est en bénédiction
Et son fuseau en exemple.
Elle fonda des églises; elle fortifia des châteaux;
Elle ouvrit des routes;
Elle mit en valeur des terres incultes;
Elle nourrit les pauvres,
Et fut la mère et les délices
De notre patrie transjurane.

[...]

Le Senat et le peuple vaudois. [S. 116 f.]

Das Datum der Inschrift macht aufmerksam: 1818 stand das 900jährige Jubiläum dieser vorbildlichen Herrschaft bevor. Die Erinnerung an so weit zurückliegende staatliche Anfänge stärkte das Selbstbewusstsein der Waadtländer und schuf einen Ausgleich zur noch sehr jungen Selbständigkeit des Kantons. Die gute Königin wird dabei zum Inbegriff mittelalterlicher und weiblicher Zivilisationsanstrengungen: sie stiftet Kirchen, gewährt Schutz vor Feinden, lässt noch unkultiviertes Land erschliessen

---

346 Ll di VD (1903), S. 112. Vgl. zum heroischen Helvetierbild V. Rossels Gedicht *Le départ des Helvètes*, S. 275.

347 Die Königin Bertha erscheint in den Lesebüchern vom Aargau über Solothurn, Bern und den Jura bis nach Genf. Zu den komplexen volkskundlichen Zusammenhängen vgl. M. Rumpf, The Legends of Bertha in Switzerland; Ph. Kaenel, Le mythe de la Reine Berthe.

und ist natürlich die Wohltäterin der Armen. Mit diesem vielseitigen Wirken rückt sie in die Nähe Karls des Grossen.[348] Zudem kümmert sie sich um alle Belange der häuslichen Ökonomie:

Berthe [...] était un modèle de travail et d'économie. Un sceau nous la montre filant, et sous son image on lit ces mots: «Berthe, humble reine». On disait d'elle qu'elle savait le nombre des oeufs que pondaient les poules de ses basses-cours. [S. 116]

Sie belohnt das arme Hirtenmädchen, das sie mit der Spindel beim Viehhüten antrifft, während die Edelfräulein, die sich daraufhin beeilen, die Spinnmode mitzumachen, leer ausgehen. Das Gedicht La reine Berthe des Waadtländer Schriftstellers Lucien Vermeil arbeitet das Motiv der spinnfreudigen Königin aus:

Loin d'avoir brillant équipage
Et d'imiter le train d'un roi,
Elle n'avait souvent qu'un seul page
Qui conduisait son palefroi.
A l'indigence qui contemple
La noble dame en son chemin,
Berthe savait tendre la main,
Et du travail donnant l'exemple,
En chevauchant dans les beaux jours,
Elle filait, filait toujours. [S. 276]

Wenn die Königin den Schülern in dieser eingängigen Form präsentiert wird, verkörpert sie nun alle die tüchtigen Bürgertugenden, die man im 19. Jahrhundert einer Hausfrau zuschreiben möchte: ein ideales Erziehungsleitbild für Mädchen, die man sich bescheiden, fleissig und geschickt in den weiblichen Handarbeiten wünscht. Die weiteren historischen Texte beziehen sich fast ausschliesslich auf das Hoch- und Spätmittelalter: damals beherrschten mächtige Adelsgeschlechter das Waadtland, und der Lebensstil, den man ihnen zuschreibt, bietet reichlich Stoff für phantasievolle Kulturbilder. Dankbar zu schildern sind die Burgen selbst, die Feste, Fehden und die Kreuzzüge der Ritter, doch fehlen auch die Kirchen und Klöster, die Städte und schliesslich die Bauern nicht. Auf Schlachtenschilderungen verzichtet das Lesebuch ganz: aus der Geschichte der Eidgenossen ist nur die Episode der biederen Solothurner und die Legende von der Gründung der Stadt Freiburg aufgenommen. An die Befreiungstradition erinnert allein die Apfelschuss-Szene aus Schillers Tell in einer Prosaübersetzung. Mit keinem Wort werden die Burgunderkriege erwähnt, obwohl das Waadtland

---

348 Zu Karl dem Grossen vgl. Kap. 2.4.3., S. 204–206.

ja zu den Gebieten gehörte, die von den Kämpfen direkt betroffen waren.[349] Hier war offenbar entscheidend, dass die Berner, ihre Besitzergreifung und jahrhundertelange Herrschaft über die Waadt nicht positiv erwähnt werden sollten. So hört für die Mittelstufenschüler die Heimatgeschichte mit *Un repas au moyen âge* auf.

Ein paar historische Skizzen im Oberstufenlesebuch setzen Akzente zur neueren Geschichte der Westschweiz. Wichtig in unserem Zusammenhang ist Henri Warnerys Text *Devant le ‹Davel› de Gleyre*. Das berühmte Bild zeigt den seltamen Aufrührer kurz vor seiner Hinrichtung 1723: er starb nach einem aussichtslosen Putsch gegen Berns Herrschaft «en véritable héros», und sein Tod hat symbolhafte Bedeutung erhalten:

Oui, pour avoir eu Davel, tu as de quoi te consoler, mon peuple, de trois siècles de servitude lâchement subie. [...] Il est la preuve que tu étais un peuple, qu'il y avait une âme en toi.[350]

Major Davel personifiziert das leidende Volk und rettet dessen Ehre, denn dass es sich damals so wenig gegen Bern gewehrt hat, ist mit dem neuen Selbstgefühl der Waadtländer nicht gut vereinbar.

Natürlich darf im Lesebuch der Aufruf zum schweizerischen Patriotismus nicht fehlen. Er erfolgt, und das ist bezeichnend, nicht im Anschluss an die Schilderung des Pays de Vaud, dem die unmittelbaren Heimatgefühle gehören, sondern im Rahmen der «Lectures morales»: nach den «Devoirs envers Dieu» erklärt der Waadtländer Antoine Miéville den Kindern, was «La Patrie» bedeutet: «Enfants de nos écoles, pour nous, la patrie, c'est la Suisse!»[351] Den Patriotismus in Waadtländer Schattierung mag das Gedicht *La patrie* von Lucien Vermeil belegen, das hier an den Schluss gestellt sei. Im Vordergrund steht zunächst die Bindung an die engere Heimat:

O toi, beau Léman qui dessines
Ici ton rivage enchanteur,
Tu sais refléter le collines,
Les hauts sommets et leur blancheur. [...]
Pour nous, c'est la terre chérie
Dont l'hirondelle en moins d'un jour
Ferait le tour.
Elle est petite, la patrie,
Mais nous l'aimons d'un grand amour!

---

349 Karl der Kühne hielt sich nach der Schlacht bei Grandson im Jahre 1476 mehrere Wochen in Lausanne auf.
350 Ll ds VD (1908), S. 187. Vgl. J.-P. Chuard, Davel, naissance et culte du héros.
351 Ll di VD (1903), S. 142 f. Vgl. Zusammenfassung, S. 218 f.

Nun werden alle Schweizer aufgerufen, vereint das Vaterland zu preisen; geschart um die gemeinsame Fahne, soll doch jeder Kanton seine Eigenart bewahren:

L'enfant au vieillard s'associe
Et leurs voix sont bientôt d'accord
Pour te chanter, belle Helvétie,
Dans nos fêtes, avec transport.
Nos cantons, heureux et prospères,
Groupés sous ton noble étendard,
De l'héritage de nos pères
Conserveront chacun leur part:

Pour nous, c'est la terre chérie,
Dont l'hirondelle en moins d'un jour
Ferait le tour.
Elle et petite, la patrie,
Mais nous l'aimons d'un grand amour![352]

---

352 Ebd., S. 268 f.

2. Die Vermittlung nationaler Identität

2.1. Gedenkfeiern, Denkmäler und Lieder

In den vorangegangenen Kapiteln hat die Aufmerksamkeit jenen Lesebuchtexten gegolten, welche Bild und Eigenart einer Region den Schülern als zukünftigen Kantonsbürgern vertraut machen wollten. Nun müssen dieselben Lehrmittel nach ihrem Beitrag zur Pflege eines gesamtschweizerischen Bewusstseins befragt werden. Wie fliessend die Übergänge sind, haben manche der bisher zitierten Texte schon erkennen lassen. Im Unterschied zur bunten Vielfalt regionaler Schilderungen herrscht im Blick auf das Nationale schon weitgehend Einigkeit darüber, welche Themen und Figuren sich als Vehikel nationaler Erziehung eignen, so dass es sich erübrigt, hier noch einmal die Lesebücher aller Kantone einzeln zu besprechen. Eine Art Kanon hat sich im Laufe des 19. Jahrhunderts herauskristallisiert, dessen Anfänge ins 18. Jahrhundert zurückreichen und dem wir hier folgen können.

Dass nationale Erziehung, die Förderung des «vaterländischen Sinnes», wie man das Ende des 19. Jahrhunderts nannte, dringend notwendig sei, wurde kaum je angezweifelt.[1] Im Gegenteil: immer dann, wenn die Sprengkräfte, welche dem heterogenen Staatsgebilde innewohnten, virulent waren oder wenn Gefahr von aussen drohte, erhielten die Beteuerungen, dass die Schweizer trotz Unterschieden in Sprache,

---

1 Als an einer Lehrerkonferenz in La Chaux-de-Fonds im Jahre 1905 ein Lehrer die These vortrug: «L'enseignement de l'histoire ne doit pas servir à cultiver le patriotisme», und ein anderer die Meinung vertrat: «La patrie n'est qu'une organisation transitoire nous conduisant de la famille à l'humanité, seules associations naturelles et sacrées», wurden beide Anträge vehement abgelehnt. Dabei war in keiner andern Region die sozialistische Partei in der Lehrerschaft so stark vertreten wie hier. Vgl. L'Educateur 41 (1905), S. 74 f.

Religion und Lebensweise unerschütterlich zusammengehörten, eine beschwörende Insistenz. In solchen Momenten wurde auch die nie verstummende Diskussion intensiviert, wie die Schule ihren Auftrag erfüllen könne, die neue Generation zu guten Staatsbürgern mit der richtigen vaterländischen Gesinnung zu erziehen. Dringlich wurde die Diskussion gegen Ende des 19. Jahrhunderts, als die sozialen Spannungen und wirtschaftlichen Krisen politische Auswirkungen befürchten liessen, als sich gleichzeitig äussere Gefahr für die vielsprachige Schweiz abzeichnete, weil die Idee des Nationalstaates sich in den Nachbarländern aggressiv verwirklichte.

Am Schweizerischen Lehrertag in Basel 1884 hielt der Thurgauer Pfarrer und Schulinspektor Jacob Christinger ein vielbeachtetes Schlussreferat *Über nationale Erziehung*, dessen Kernsätze die Schweizerische Lehrerzeitung zusammenfasste:

Einer nationalen Erziehung des Schweizervolkes scheinen hauptsächlich die Differenzen der Sprache und der Konfession hindernd im Wege zu stehen, und man will sogar die Behauptung aufstellen, es gebe überhaupt nichts Einheitliches im Charakter unseres Volkes. Dieser Täuschung wollen wir uns nicht hingeben. Wir schauen alle zu denselben Bergen hin, blicken auf dieselben Heldengestalten der Geschichte zurück, erquicken uns an denselben Volksliedern und sind stolz auf die gleichen festen Rechte und Freiheiten. Auch die Konfessionen trennen die Glieder unseres Volkes nicht – der Nationalgeist ist weit stärker als sie.[2]

In diesem Textausschnitt ist schon das Grundmuster erkennbar: Der Argumentation «von aussen», die mit ihrem Hinweis auf reale Schwierigkeiten bedrohlich werden könnte, begegnet der Redner mit Worten, die den Schweizern Gemeinsames signalisieren und zu Zeichen der Einigkeit umgedeutet werden: unsere Berge, Heldengestalten und Lieder.

Während die Themen unbestritten waren, wurde die Frage, in welcher Form der Stoff zu vermitteln sei, in Lehrerkreisen und -zeitschriften ausführlich diskutiert. Von den neuen Anforderungen an Methode und Didaktik, die, von Deutschland ausgehend, das Schweizer Unterrichtswesen beeinflussten, ist schon die Rede gewesen.[3] Die nun als so wichtig erkannte Anschaulichkeit war in der Heimatkunde der näheren Umgebung den Schülern leichter zu bieten, als wenn es um die Vermittlung der gesamtschweizerischen Zusammengehörigkeitsgefühle ging. Wenn dieses patriotische Bewusstsein in den Schülern erst geweckt werden musste, kam der Auswahl bewährter Texte im Schulbuch und den Gestaltungsmöglichkeiten der Lehrer entscheidende Bedeutung zu. Nachdem in den Jahren des Kulturkampfes eine selbstverständliche Allianz zwischen deutschen und schweizerischen Verfechtern der konfessionslosen

2 SLZ 29 (1884), S. 365 f.
3 Vgl. Einleitung, S. 20.

Volksschule zustande gekommen war, dienten auch einige deutsche Lehrmittel zur Vaterlandskunde als Modell für Schweizer Lesebücher.[4] Dass aber der deutsche Nationalismus auch seine gefährliche, für Schweizer wenig bekömmliche Seite hatte, wurde manchen Verantwortlichen spätestens dann klar, wenn deutsche Schulbücher in eine Apotheose des neuen deutschen Kaiserreiches, das heisst der Monarchie, mündeten.[5] Der redaktionelle Neujahrsartikel der Schweizerischen Lehrerzeitung zum Jahr 1886 gibt zu bedenken, dass der glanzvolle Nachbarstaat eine unerwünschte Faszination ausstrahlen könnte:

Wie leicht kommt es dazu, dass diesen Menschen [d. h. den Bürgern eines republika-nischen Staates] die Schattenseiten der Republik, die sie vor Augen haben, grösser erscheinen als diejenigen der Monarchie, die nur aus der Ferne gesehen werden! [...] Lasst der Jugend ihren Tell und ihr Rütli! Lasst ihr den Glauben an die Heldenzeiten unseres Volkes, aber pflanzt in sie auch die Liebe zu den Einrichtungen, wie sie jetzt sind, macht sie zu Republikanern, Lehrer des Volkes, und ihr habt Grosses gewirkt.[6]

Zwischen dem «Geschrei der italienischen Irredentisten», so fährt der Artikel fort, und dem gefährlichen Darwinismus deutscher Gelehrter, die «den Untergang der kleinen Staatswesen als eine Forderung der Naturgesetze deduziert haben», gerate die Schweiz in eine unbehagliche Stellung, zumal die ökonomische Situation schlecht aussehe:

Offen wurde es herausgesagt, dass im Verkehr der Völker unter einander das Recht gleichbedeutend sei mit der Macht. Auch im Inland ist allerlei geschehen und gesagt worden, was darauf hindeutet, dass die ökonomischen Schwierigkeiten alles eher zur Folge haben als eine Stärkung des nationalen Sinnes. Und da soll man unserer Jugend nicht sagen dürfen, dass die Republik besser sei als die Monarchie? [...] Nein, unsere Jugend soll die Ideale hochhalten lernen, die sie zu fassen vermag, und dahin gehören die nationalen Ideale!

Der Artikel entsprach weitverbreiteter Besorgnis. So liess die Schweizerische Gemeinnützige Gesellschaft an ihrer Jahresversammlung von 1886 Pfarrer August Steiger von Herisau über eine Rundfrage referieren, wie «Die Pflege des nationalen Sinnes in unserem Volke» zu fördern sei.[7] Seine Vorschläge enthielten an sich wenig

---

4 Beliebte Muster boten W. Jütting und H. Weber, Anschauungsunterricht und Heimatkunde.
5 Auch in der SLZ 23 (1878), S. 7 konnte man in der Rezension eines deutschen Geographie-lehrmittels lesen: «Seitdem das deutsche Kaiserreich in neuen Grenzen zu Mut und Herrlichkeit wieder auferstanden, seit Deutschland eine Weltmacht ward, ist es die unabweisbare Pflicht eines jeden, sich die Kenntnisse unseres grossen und schönen Vaterlandes in höherem Grade anzueignen [...] und das Bewusstsein der Zusammengehörigkeit aller deutschen Stammesbrüder zu pflegen und zu stärken, ist das Ziel des verdienstvollen Werkes.»
6 SLZ 31 (1886), S. 2 f.
7 A. Steiger, Die Pflege des nationalen Sinnes. Vgl. B. Mesmer, Nationale Identität, S. 18–20.

Neues und hatten zum grösseren Teil schon ihre Vorläufer in der Helvetik, doch fällt auf, dass sie fast alle in den Lesebüchern der Jahrhundertwende ihre Spuren hinterlassen.

2.1.1. Unterwegs zum Ersten August

Eine wichtige integrierende Funktion haben diesem Bericht zufolge eidgenössische Volksfeste, vorab die Schützenfeste, die – nach Steiger – trotz gelegentlicher «Ausartung» «ein erfrischender Jungbrunnen für das nationale Gefühl» seien.[8] Kinder konnten hier zwar nicht mittun, doch hatten sie durchaus ihren Platz in den grossen historischen Gedenkfeiern, die zwischen 1885 und 1905 höchst aufwendig mit Umzügen und historischen Festspielen begangen wurden. Wie in diesen Grossveranstaltungen das Volk sich selber feierte, kann hier nicht nachgezeichnet werden.[9] Ein Textbeispiel mag belegen, wie das Berner 6.-Klass-Lesebuch von 1896 versucht, etwas von der Hochstimmung der 700-Jahr-Feier zur Gründung der Stadt Bern im August 1891 zu vermitteln. Der «Brief an einen Freund» ist die Textform, die sich dafür bestens eignet: *Lieber Freund! Wie schade, dass die böse Krankheit Dich hinderte, zur 700-jährigen Gründungsfeier der Stadt Bern hier zu sein! Was da über die Festtage alles zu sehen war! Die ganze Stadt war prächtig dekoriert. Auch wir haben unser Haus mit grossen, grünen Kränzen geschmückt, welche die Mutter vorher noch gar schön mit roten und weissen Blumen geziert hatte.*[10] Die Farben des Blumenschmuckes signalisieren, dass das Berner Fest eine überkantonal-schweizerische Komponente hat. An jedem der vier Festtage zogen Umzüge durch die Stadt: der Briefschreiber hat sie alle gesehen, den «grossen historischen Festzug sogar zweimal». *Aber der lieblichste ist doch der Festzug der Schulkinder vom Samstag gewesen, an dem nicht weniger als 8600 Schüler und Schülerinnen Berns teilgenommen haben. Alles war dabei, klein und gross, reich und arm, und jede Schule und Gruppe anders kostümiert und geschmückt. Auch das ärmste Tröpflein hatte diesmal sein schönes Kleidchen bekommen und konnte sich mitfreuen. Ich war als Küher verkleidet und trug eine kleine hölzerne Milchbrente auf dem Rücken. [S. 263]*

---

8   Ebd., S. 9 f.
9   Zum erstaunlichen Festspiel-Boom in der Schweiz zwischen 1885 und 1905 vgl. M. Stern, Das historische Festspiel, S. 310–328.
10 Lb VI BE (1912), S. 262 f.; zur Bedeutung des Stadtjubiläums für Bern vgl. H. v. Greyerz, Nation und Geschichte im bernischen Denken, S. 264 f.

Da wird klar, welche Integrationswirkung man sich für alle Schichten von dem Volksfest erhoffte, wenn auch das «ärmste Tröpflein» für kurze Zeit mittun durfte. Wenige Tage vor dem Berner Gründungsfest war in Schwyz unter Mitwirkung aller Kantone das 600jährige Jubiläum des Bundesbriefes von 1291 gefeiert worden. Bisher hatte 1308 als Gründungsjahr der Eidgenossenschaft gegolten, der Tradition zufolge, die Aegidius Tschudi mit seinem *Chronicon Helveticum* im 16. Jahrhundert gestiftet hatte.[11] Dass nun der bisher nicht so hoch eingeschätzte Bundesbrief aufgewertet und von Karl Dändliker zum «Grundstein für das Gebäude der Schweizer Eidgenossenschaft» erklärt wurde, hatte verschiedene Gründe.[12] Am wichtigsten war das Bedürfnis nach einer Versöhnungsfeier mit der katholischen Innerschweiz, nachdem die schweren Erschütterungen der Kulturkampfjahre überstanden waren. Ebenfalls 1891 kam der Luzerner Josef Zemp als erster Katholisch-Konservativer in den Bundesrat, und Schwyz wurde zum Schauplatz des grossartigen Jubiläumsfestes ausersehen. Alle Gemeinden der Schweiz waren aufgefordert worden, am Abend dieses 1. Augusts 1891 mit Glockenläuten und Höhenfeuern den Gedenktag mitzufeiern. Das Echo war so positiv, dass die Wiederholung in den nächsten Jahren sich aufdrängte. Das Nationalfest war im Entstehen,[13] nach dem man zur Zeit der Helvetik vergeblich gesucht hatte und von dem natürlich auch Pfarrer Steigers Bericht von 1886 noch nichts weiss.

Es liegt auf der Hand, dass die Bundesfeier bald obligatorischer Lesebuchstoff wurde, der aber allerlei Verlegenheit brachte, weil man für diese Neuerung nicht recht gerüstet war. Die Tschudi-Tradition, die den Rütlischwur in den Herbst 1307 datiert, mochte man nicht fahren lassen, doch welches der zwei Daten war nun das wichtigere? Fast alle Lesebücher der späten neunziger Jahre erwähnen zwar den Bundesbrief von 1291, doch dauert es rund ein Jahrzehnt, bis der 1. August als Festtag genannt wird. Im Appenzeller Lesebuch von 1905 liest man erstmals:

Alljährlich am 1. August erschallen im ganzen Schweizerlande die Glocken. Was verkündet dieses feierliche Geläute? Es erinnert uns an die Gründung der Eidgenossenschaft am 1. August 1291. An diesem Tage kamen freie Männer aus Uri, Schwyz und Unterwalden zusammen und schlossen miteinander einen Bund auf ewige Zeiten.[14]

---

11 B. Stettler, Tschudis Bild von der Befreiung der drei Waldstätte, S. 10*: «Bis zur Mitte des 16. Jahrhunderts konnte man das Befreiungsgeschehen noch so oder anders erzählen; seit dem Ende des 16. Jahrhunderts und bis zum Beginn der kritischen Forschung gab es […] praktisch nur noch ein gültiges Bild: das von Aegidius Tschudi.»

12 K. Dändliker, Geschichte der Schweiz 1, S. 343. Vgl. G. Kreis, Rütlischwur oder Bundesbrief?; H. C. Peyer, Wurde die Eidgenossenschaft 1291 gegründet?; G. Kreis, Mythos gegen Mythos.

13 Vgl. B. Junker, Die Bundesfeier als Ausdruck nationalen Empfindens, S. 23–31.

14 Lb V AI (1905), S. 70; ebenso Lb V SG (1911), S. 64.

Eine Bundesfeier in der bis heute gebräuchlichen Form schildert das Glarner Lesebuch von 1909:

Filzbach, den 5. August 1907

Lieber Ernst! In den letzten Tagen des Monats Juli legten die hiesigen Kurgäste Geld zusammen, um Feuerwerkkörper und Holz daraus zu kaufen. Am 1. August wurden 200 Reiswellen auf den Brämboden geführt. [...] Auf diesem Platz wollte man die Bundesfeier halten. [...] Bald sammelten sich hier viele Erwachsene und Kinder, und als die Dämmerung hereingebrochen war, wurde der Holzhaufen angezündet. Von den verschiedensten Berghöhen flammten nun ebenfalls Freudenfeuer zum Himmel empor. [...] Ein Herr hielt eine Rede an unsere Versammlung; mehr freute mich aber das Feuerwerk, welches nun abgebrannt wurde.[15]

Im kurz vor dem Ersten Weltkrieg entstandenen Thurgauer 5.-Klass-Lesebuch ist der Erste August schon Thema eines längeren Beitrages, Anlass zu einer besinnlich-patriotischen Lektion. Die Beschreibung der Dorffeier mündet da in ein Vater-Sohn-Gespräch:

«Sag uns, Vater [...]: Wann ist das geschehen mit diesem Freiheitsbrief?» «Vor mehr als 600 Jahren. Anno 1291» «Und wo?» «Wo? Weit drinnen in den Bergen. Siehst, dort, wo so viele Funken brennen. In einer Stube, einer recht niedern Bauernstube sind sie zusammengekommen, die wackern Leute von dazumal. Die Sennen und Hirten dort mussten sich wacker wehren, dass sie auf ihrem Grund und Boden selbst Meister seien und frei bleiben wie von alters her.»[16]

Das ist schon der neue Tonfall, der sich bis zum Zweiten Weltkrieg und darüber hinaus halten wird. Im Walliser Lesebuch von 1913 wird das Motiv der läutenden Glocken und Freudenfeuer ausgeformt:

A l'appel des cloches, des points lumineux jaillissent de l'ombre. Ce sont les patriotes qui allument, près du village, les fagots joyeusement entassés. [...] Et les feux disent aux yeux, ce que les cloches murmurent à l'oreille: «Il y a longtemps, bien longtemps, que de simples pâtres s'unirent, pour la défense de leurs droits et de leurs libertés. Leur entente créa la Suisse, la petite, mais heureuse Suisse. Si nous voulons rester dignes d'eux, restons unis et nous serons forts.»[17]

15 Lb VI GL (1909), S. 279 f. Einen ersten Versuch, dem Thema Festfreude und Feierlichkeit zugleich abzugewinnen, unternimmt J. Hardmeyer-Jenny mit dem Lied *Zum ersten August*: «Für Schweizerknaben welche Lust / am ersten Abend im August / die Feuer anzuzünden», Lb IV/V SO (1910), S. 103.
16 Lb V TG (1911), S. 114.
17 Ll dm/s VS (1913), S. 186–188.

2.1.2. Monumente – ein Lesebuchthema?

Eine zweite Empfehlung im Referat Pfarrer Steigers galt der Pflege von Gedenkstätten und Denkmälern, die «eine stumme und doch laute Propaganda für den patriotischen Sinn» bewirkten.[18] Die Lesebuchherausgeber der Jahrhundertwende gaben sich Mühe, entsprechende Beiträge einzubauen, doch ist die Materie wenig ergiebig. Gedenkstätten wie die Tellskapelle mögen stimmungsvoll in der Landschaft liegen und im Besucher patriotische Andacht wecken; wenn aber Alois Minnich *Die Denkkapellen der Schweiz* besingt – in sieben Strophen sieben Kapellen –, ergibt das eine trockene, für Schüler kaum geniessbare Lektüre.[19] Denkmäler sind für das Auge geschaffen, und den visuellen Eindruck in Worte umzusetzen, die zudem auf ein jugendliches Publikum abgestimmt sein sollten, ist nur wenigen Autoren gelungen. Zumal bei der Beschreibung von Schlachtendenkmälern liegt die Gefahr nahe, dass die Bemühung um Anschaulichkeit in zu viel Pathos umschlägt. So würdigt das Basler Lesebuch von 1901 das Denkmal für die Schlacht bei St. Jakob:

Im bittern Todesschmerze raffen sie [die vier Heldengestalten] sich auf zur letzten That fürs Vaterland. Der junge Hirte erfasst mit seiner Rechten den Stein, um des Spötters Übermut zu strafen. Der kräftige Bogenschütze, unempfindlich gegen den Schmerz, entreisst seiner Brust den feindlichen Pfeil, um ihn todbringend zurückzusenden. Der alte Krieger mit wallendem Barte kämpft knieend auf dem geheiligten Boden des Friedhofes von St. Jakob; noch im Todeskampfe droht er mit der Hellebarde. Der ritterliche Führer sinkt sterbend auf die Waffen des Feindes; die Rechte fasst das zerbrochene Schwert, die Linke hält das gerettete Banner.[20]

Die vier Figuren scharen sich um die fünfte, die zentrale Gestalt:

Aus der Mitte der sterbenden Söhne erhebt sich unversehrt die Mutter Helvetia, im Antlitz Dank und Schmerz zugleich. In der Rechten hält sie den Ehrenkranz; die Linke hat sie gen Himmel erhoben, um für das gerettete Vaterland den Segen zu erflehen.
[S. 140]

Dieses uns heute so fragwürdig gewordene Bild vom Schmerz und Tod verachtenden alten Schweizer Krieger wurde um die Jahrhundertwende noch mit Selbstverständlichkeit

---

18 A. Steiger, Die Pflege des nationalen Sinnes, S. 10 f.

19 Genannt sind u. a. die Kapellen auf der Tellsplatte, in der Hohlen Gasse bei Küssnacht, auf den Schlachtfeldern von Sempach, St. Jakob an der Birs und Dornach. Er dichtet z. B.: «Küssnacht, deine hohle Gasse / Ward zur zweiten Freiheitsstrasse; / Mahnend sagt hier die Kapelle, / Dass der Tell an dieser Stelle / Des Tyrannen Herz durchschoss; / Aus dem Blutquell Freiheit spross.», Lb VI GR (1912), S. 207–209.

20 Lb IV BS (1901), S. 139 f. Wenig verändert bringt denselben Text Lb VI GL (1909), S. 227 f., hier eingekleidet in einen Schülerbrief.

gehegt – man denke nur an unsere frühere Nationalhymne. Der Text befriedigt aber auch nicht, weil er in Sprache und Metaphern für die Zehnjährigen, an die er sich richtet, viel zu schwer gewesen sein muss.

Von allen Monumenten liess sich mit einigem Erfolg nur das Telldenkmal in Altdorf beschreiben. Es war 1895 eingeweiht worden und galt in der Öffentlichkeit schon nach kurzer Zeit als das Tellbild schlechthin, so dass man darob seinen Schöpfer, den Bildhauer Richard Kissling vergass.[21] Aus den Urner Lesebüchern ist schon jener Text zitiert worden, der in etwas anderer Redaktion im Basler Lesebuch steht:

Gross und wohlgebaut schreitet Tell daher, ein Bild stolzer Männlichkeit und Schönheit, im Auftreten fest und sicher, das Antlitz voll tiefen Ernstes und ruhiger Entschlossenheit. [...] In dieser mächtigen Brust schlägt ein warmes Herz für Volk und Land, und aus den Augen leuchtet Herzensgüte und männliche Entschiedenheit. Tell ist ein Sohn der Berge, schlicht, einfach, kraftvoll. [...] Die ganze Haltung des Mannes sagt: «Ich thue recht und scheue niemand!»[22]

Von Tell als Figur wird noch zu reden sein; hier geht es nur um die Denkmäler und um die Frage, ob und wie das ihnen innewohnende patriotische Potential für die Lesebücher nutzbar gemacht werden konnte. Während Beschreibungen, von dieser einen abgesehen, meist wenig hergaben und in späteren Ausgaben auch bald wieder verschwinden, werden die Abbildungen von nationalen Monumenten wichtiger Schulbuch-Bestandteil. Tellsplatte und Tellskapelle nach alten Stichen, Photographien der Denkmäler für Winkelried in Stans und Tell in Altdorf, Bilder des Sterbenden Löwen von Luzern und auch der Pestalozzidenkmäler in Yverdon und in Zürich schmückten unzählige Lesebücher der ganzen Schweiz und prägten sich Tausenden von Schulkindern ein. Stattlich ist daneben auch die Zahl der abgebildeten Monumente mit regionaler Ausstrahlung: die Gedenksäule für das Gefecht im Grauholz von 1798 oder das Denkmal für Père Girard in Freiburg. Und ein Denkmal lebte unsichtbar in der Erinnerung weiter: es hatte an den Sieg der Eidgenossen über Karl den Kühnen bei Schlacht bei Murten erinnert und war 1798 von den einmarschierenden Franzosen zerstört worden. Seine Inschrift, die Albrecht von Haller verfasst hatte, geben die Lesebücher der nächsten Generation weiter:

Steh still, Helvetier, hier liegt das kühne Heer,
Vor welchem Lüttich fiel und Frankreichs Thron erbebte:
Nicht unsrer Ahnen Zahl, nicht künstliches Gewehr,

---

21 Vgl. G. Kreis, Zeitgeist damals und heute.
22 Lb IV BS (1901), S. 168 f.; vgl. Kap. 1.3.2., S. 74.

Die Eintracht schlug den Feind, die ihren Arm belebte.
Kennt, Brüder, eure Macht, sie liegt in unsrer Treu:
O würde sie noch heut in jedem Leser neu![23]

2.1.3. Das Rütli als nationale Gedenkstätte

Die Beschreibung der «heiligen Wiese», wo Tschudis Tradition zufolge «in der Nacht vom 7. zum 8. November des Jahres 1307 dreiunddreissig Männer aus den drei Ländern zusammenkamen»,[24] entspricht meist dem alten Locus-amoenus-Topos, in den sich der Reiz des Verschwörerischen mischt:

Am Fusse des Berges grünt im Baumschatten eine sanft gegen den See geneigte Wiese, das Rütli. Drei schwache Quellen rinnen da aus dem Boden; sie heissen die Dreiländerquellen. An dieser Stelle haben die ersten Eidgenossen den Bund zur Befreiung des Vaterlandes unter Gottes freiem Himmel geschworen. [...] Jedem Schweizer sei daher diese Stätte heilig![25]

Dieses weihevolle Ziel ungezählter Ausflüge und Schulreisen konnte Mitte des 19. Jahrhunderts auf überaus glückliche Weise mit der Schweizer Schuljugend direkt verbunden werden, denn sie war aufgerufen, das Rütli zu retten:

Im Jahre 1859 ging durch das Schweizerland die Kunde, es wolle der Eigentümer der Rütlimatte auf dem ehrwürdigen Boden ein Wirtshaus erbauen. Jeder Vaterlandsfreund war überrascht bei dieser Nachricht und fragte sich: Soll die geheiligte Stätte, wo einst der Schweizerbund gestiftet wurde, zum Tummelplatz lärmender Freuden werden? [...] Solches zu verhindern, wandten sich warme Vaterlandsfreunde an die schweizerische Jugend und sprachen: Die Jugend des Landes soll das Andenken und die Taten ihrer Väter ehren. Auf, Schweizerkinder! Tragt eure Scherflein zusammen, und kauft die Rütliwiese als euer Eigentum, damit sie für jetzt und alle Zeiten vor Entweihung sicher sei![26]

Diese Textversion – es gibt ihrer einige – lässt gut erkennen, welche Emotionen für die gesamteidgenössische Aktion mobilisiert wurden. Gefahr drohte dem National-

---

23 Lb VI SO/BL (1930), S. 141; 4. Sb V/VI VS (1929), S. 251.

24 Lb VI BE (1912), S. 184.

25 Lb V BS (1905), S. 245.

26 Lb VI BE (1912), S. 185. Die Initiative ging von der Schweizerischen Gemeinnützigen Gesellschaft aus; vgl. W. Rickenbach, Geschichte der Schweizerischen Gemeinnützigen Gesellschaft, S. 147 f. Zum Symbolcharakter dieses Kaufs als eine die Schweizer einigende Tat vgl. auch F. Walter, Les Suisses et l'environnement, S. 56.

heiligtum von der Gewinnsucht eines Einzelnen her, der gerade aus dem Drang des Schweizers, die «Wiege der Freiheit» zu sehen, Kapital schlagen wollte. Es galt nun, den Idealismus der jungen Generation wachzurufen und für einmal die unternehmerische Profitgier zu besiegen, die sonst ja meist ungehindert zum Zug kam. Dabei mag auch das schlechte Gewissen der Schweizer mitgespielt haben, die ihre Landschaft dem Tourismus schon damals verkauften. Darauf deutet die Fassung im Aargauer Lesebuch von 1913, die diesen Gedanken weiterentwickelnd berichtet, es hätten «reiche Herren das Rütli kaufen und grosse Hotels darauf errichten» wollen.[27]

Der Aufruf hatte einen prächtigen Erfolg. In wenigen Monaten hatten die begeisterten Knaben und Mädchen mit Unterstützung von gleichgesinnten Schweizern aus nah und fern 94'000 Franken beisammen. Daraus kauften sie die ganze Rütliwiese in der Grösse eines stattlichen Bauernhofes um 55'000 Franken.[28]

Indem die Kinder ihre eigenen Kräfte für das gemeinsame vaterländische Unternehmen einsetzten, erlebten sie den Solidarisierungs- und Identifizierungseffekt, der in solcher Aktivität liegt. Pfarrer Steiger hielt denn auch in seinem Referat fest, dass seit 1859 das Rütli als Nationaleigentum «ein wirklicher schweizerischer Wallfahrtsort geworden ist, zu dem jährlich Tausende in patriotischer Andacht pilgern».[29] Sehr schweizerisch wurde der Restbetrag der Sammlung verwendet:

Aus dem Überschuss wurde ein freundliches Haus gebaut als beständiger Wohnsitz des Rütliwärters. Es wurden die Drei-Länder-Quellen zierlich eingefasst und rings freundliche Anlagen erstellt, und noch blieb ein schönes Sümmchen zu weitern Verbesserungen übrig.[30]

So ist das Rütli ein sauber gehaltener Ort des patriotischen Selbstgefühls; auch die etwas aufdringlich symbolischen drei Quellen lässt sich kein Text entgehen, und einige spinnen den Faden noch weiter zu der Sage von den drei Tellen. Sie hat nichts Authentisches an sich, doch das tut ihrer Beliebtheit keinen Abbruch:

Ein wohlgepflegter Weg [führt] zum Rütli empor. Unter schattigen Bäumen sprudeln da, wo Walter Fürst, Werner Stauffacher und Arnold von Melchtal sich die Hände zum Schwur gereicht haben, aus dem Gestein drei Quellen hervor. Und droben im Schosse der Felsen [...] sollen die drei Eidgenossen seit bald 600 Jahren schlafen. Ihr Geist wird bei des Vaterlandes Gefahr hervortreten und dessen alte Freiheit schirmen.[31]

27 Lb V AG (1913), S. 176.
28 Lb VI BE (1912), S. 185.
29 A. Steiger, Die Pflege des nationalen Sinnes, S. 10 f.
30 Lb VI BE (1912), S. 185.
31 Lb IV GR (1909), S. 54. Vgl. R. Schenda, Die drei Tellen.

Dass der Kauf der Rütliwiese Stoff für eine ideale Lesebuchgeschichte enthalte, hatte Thomas Scherr sogleich gemerkt. Er erzählt in seinem Lesebuch von der vorbildlichen Tat der Schulkinder, kurz nachdem sie geschehen.[32] Von ihr berichtet noch 1960 das Innerschweizer 5.-Klass-Lesebuch.[33] Die deutschsprachige Schweiz hat schon im 19. Jahrhundert das gültige Rütlilied «Von ferne sei herzlich gegrüsset» von Johann Georg Krauer erhalten. Auch die Romandie pflegte den Rütli-Mythos, der sich mit dem Freiheitsanspruch der neuen Kantone direkt und aktuell verknüpfen liess.[34] Mindestens drei Gedichte standen zur Auswahl, alle jedoch für Kinder schwer verständlich und deshalb in den Lesebüchern der Oberstufe zu finden. Der Genfer Jules Mulhauser, der Schillers *Wilhelm Tell* ins Französische übersetzt hat, schrieb das Gedicht *Le serment du Grütli*:

Il est une prairie au bord d'une eau profonde,
Asile inaccessible au vain fracas du monde,
Où l'étranger souvent veut avoir médité.
C'est là que vers le soir, au pied des monts sauvages,
J'aime à frapper encore les rochers des rivages
Du nom chéri de liberté. [...][35]

Bedenkt man zudem die Wirkung der in beiden Landesteilen höchst beliebten Rütliszene aus Schillers *Tell*, versteht man, dass sich der Rütlikult nicht einfach abbauen liess zugunsten des neu aufgewerteten Bundesbriefes von 1291. Statt zwischen 1291 und 1307 zu wählen und historische Überlieferung und Befreiungssage säuberlich zu trennen, zogen die meisten Lesebücher ein Gemälde von den Anfängen der Eidgenossenschaft vor, in dem patriotische Begeisterung die historischen Unstimmigkeiten überspielte, bis schliesslich das Datum 1307 fallengelassen, der Rütlischwur auf 1291 vorverlegt wurde.[36]

32 Scherr, Lb IV (1867), S. 119 f., *Vaterländischer Sinn.*
33 Lb V Benz (1960), S. 98.
34 Vgl. G. Kreis, Die besseren Patrioten, S. 56–59.
35 Ll ds BE (1901), S. 204. Der Waadtländer Henri Durand verfasste das lyrische Gedicht *Serment du Grutli*: «[...] Avez-vous vu sur la douce prairie / Le groupe saint de nos libérateurs? / Au-dessus d'eux planait de la patrie / L'ange divin qui règne sur nos coeurs [...]», ebd., S. 205. Das dritte Gedicht *Le serment des Trois Suisses* schrieb Mme A. Tastu, Ll ds RO (1889), S. 398 f.
36 Vgl. F. de Capitani, Die Suche nach dem gemeinsamen Nenner, S. 26–28.

2.1.4. Vaterländischer Gesang

Das eben genannte Rütlilied macht auf ein äusserst wichtiges Genre nationaler Erziehungsliteratur aufmerksam, von dem hier nur en passant die Rede sein kann. Dazu noch einmal ein Zitat aus Pfarrer Steigers Referat von 1886:

Ein wesentliches Mittel zur Hebung des nationalen Sinnes liegt unstreitig im Volksgesang, welcher als der unmittelbarste Ausdruck des Nationalgeistes [...] gelten kann und hauptsächlich im Vaterlandslied mächtig zur Vaterlandsliebe entflammt.[37]

Den vielen Bemühungen um die Pflege dieser Gattung lag die Überzeugung zugrunde, dass im gemeinsamen Singen einigende Kräfte wirksam würden, und zugleich die romantische Vorstellung, nach der sich im Volkslied die «Seele des Volkes» unmittelbar ausdrücke.[38] Singen war denn auch im Lauf des 19. Jahrhunderts in allen Kantonen obligatorisches Schulfach geworden. Im Jahr 1890 schrieb der St. Galler Lehrer Benjamin Zweifel-Weber in der Schweizerischen Lehrerzeitung:

Wir sind in unserem lieben Vaterlande noch weit entfernt, eine einheitliche, nationale, bürgerliche, von allen Glaubensbekenntnissen zugleich besuchte und beaufsichtigte Schule zu erhalten. [...] Einheitliche Lehrmittel! Wie weit sind wir noch davon entfernt! Da guckt der Kantönligeist heraus, «wo numme au e Löchli isch.»

Da könnte im Fach Singen ein erster Schritt getan werden:

Ein schweizerisches Schulgesangbuch ist mein Ideal für unsere Jugend! [...] Kein Lehrer sollte ruhen, bis unsere Jungen die schönsten Melodien unserer besten Liedermeister, und zwar nicht bloss mit der ersten Strophe, von Basel bis an Bündens Grenze, flott und auswendig und das ganze Leben lang singen könnten.[39]

Der Vorschlag fand Gehör: schon zwei Jahre später lag Zweifels Liederbuch für Schweizerschulen unter dem Titel *Helvetia* vor, und 1906 erschien bereits die 34. Auflage des Bestsellers, von dem Tausende von Exemplaren den Deutschschweizer Schülern abgegeben wurden. Weil diese Liedersammlung überall greifbar war, enthalten die Lesebücher der deutschen Schweiz um die Jahrhundertwende weniger Liedertexte als die der Romandie.

---

37 A. Steiger, Die Pflege des nationalen Sinnes, S. 16 f.

38 Auf dem Denkmal für Ignaz Heim in Zürich, das die Sängervereine 1883 dem Förderer des Volksgesanges gestiftet hatten, steht sein Ausspruch: «Im Volkslied findet das innerste Leben und Streben der Nation seinen Ausdruck. Ist es klar erdacht, innig und sinnig empfunden, dann lebt es fort von Geschlecht zu Geschlecht im Geist und Gemüt des ganzen Volkes.» Zur bindenden Kraft, die gemeinsamem Singen innewohnt, vgl. D. Frei, Das schweizerische Nationalbewusstsein, S. 182.

39 SLZ 35 (1890), S. 44 f.

Zu dem halben Dutzend Lieder, die Zweifel zum obligatorischen Vorrat des Schweizer Bürgers machen wollte, gehören ausser Nationalhymne und Schweizerpsalm die drei Lieder, die tatsächlich auch den Lesebüchern zufolge die populärsten Vaterlandslieder im Repertoire jeder Schulklasse geworden sind. An ihrem Erfolg haben die Melodien wohl noch grösseren Anteil als die Texte: das gilt für das Rütlilied wie für das Sempacherlied «Lasst hören aus alter Zeit», deren überaus singbare Melodien zu wahren Ohrwürmern werden können. Johann Georg Krauer hat mit seinem Text zum Rütlilied so genau den Ton seiner Zeit getroffen, dass er – wie Richard Kissling vom eigenen Werk überholt – hauptsächlich als sein Verfasser ins Historisch-Biographische Lexikon der Schweiz eingegangen ist. In übersichtlicher Steigerung führt der Text vom Naturidyll des «stillen Geländes am See» zur nächtlichen Verschwörung der Väter, bis dann in der letzten Strophe die Natur selbst zum Garanten der damals erfochtenen Freiheit wird:

Hier standen die Väter zusammen,
Dem Recht und der Freiheit zum Schutz,
Und schwuren beim heiligsten Namen
Zu stürzen der Zwingherren Trutz.

[...]

Drum, Rütli, sei freundlich gegrüsset!
Dein Name wird nimmer vergeh'n,
So lang der Rhein uns noch fliesset,
So lange die Alpen bestehn.

Das nicht weniger beliebte Sempacherlied sucht Anschluss an die Tradition der Schweizer Schlachtenlieder:

Lasst hören aus alter Zeit
von kühner Ahnen Heldenstreit,
Von Speerwucht und wildem Schwertkampf,
Von Schlachtstaub und heissem Blutdampf!
Wir singen heut' ein heilig Lied;
Es gilt dem Helden Winkelried.

Sein Verfasser Heinrich Bosshard ist in Tonfall, Bildern und Wortwahl ganz dem Pathos des 19. Jahrhunderts verhaftet. Schon 1877 gab jedoch ein Beitrag in der Schweizerischen Lehrerzeitung zu bedenken: «Di Vaterlandslibe viler Bürger stützt sich fast allein auf ein Stück oft ungenügend oder missverstandener Geschichte und besteht im Grunde in nichts anderem als in einer gewissen heiligen Rauflust.»[40] Für Liedertexte gilt wohl, dass sie, getragen von einer eingängigen Melodie und in ihr gleichsam schonend verpackt, überleben können, auch wenn sie von Wortwahl und Aussage her längst bis zur Lächerlichkeit überholt sind. Dennoch fällt auf, dass sich trotz gleichbleibender Thematik bei den Vaterlandsliedern und noch mehr bei den patriotischen Gedichten die Generationen ablösen. Nur eine sehr kleine Auswahl kann sich über lange Zeit – in unserem Fall würde das heissen: durch mehrere Lesebuchgenerationen hindurch – halten. Zu ihnen gehört das Lied «Ich bin ein Schweizerknabe und hab' die Heimat lieb», das auf die kindlichen Sänger zugeschnitten ist.[41] Sein einfaches Denkmuster orientiert sich an den Stichwörtern Heimatliebe und Berge als Sitz der Freiheit, die Gott den Schweizern persönlich geschenkt hat: «wo Gott in hohe Firnen den Freiheitsbrief uns schrieb». Zudem hat der Knabe ein heiteres Gemüt, ihm «liegt die Herzensgüte ja schon im Schweizerblut», und es beseelt ihn das «Hochgefühl der Schweizer», die keine Knechtschaft dulden werden.

Diese Begriffskette wird uns im nächsten Kapitel noch beschäftigen. Das Lied markiert die Richtung, in der sich die Liederliteratur für Schulen weiterentwickeln wird: die umständlich-pompösen Vaterlandslieder werden im Lauf der Jahre abgelöst von Kindlicherem und auch von mehr Dialektfassungen.[42] Es fällt auf, dass bis zum Ersten Weltkrieg in den Lesebüchern kaum eines der Schweizerlieder zu finden ist, die Otto von Greyerz im *Röseligarte* 1913 herausgab. Von einigen der besten Vaterlandslieder ist hier nicht die Rede, weil sie in Text und Melodie so anspruchsvoll sind, dass sie erst auf der Oberstufe gelernt wurden. Dazu gehören der Schweizerpsalm und *An das Vaterland* von Gottfried Keller in Wilhelm Baumgartners Vertonung: die patriotischen Lieder, die zusammen mit der Nationalhymne auch in den anderen Landesteilen in freier Nachdichtung oder mit neu unterlegten Texten gesungen wurden.[43] In der Romandie und im Tessin erfüllten natürlich andere Lieder dieselbe Funktion, wobei gesamtschweizerisch gesehen wohl der *Ranz des vaches* die Spitzenposition belegte.[44]

---

40 SLZ 22 (1877), S. 147. Der Verfasser zeichnet mit F. Die SLZ pflegte damals ein paar Jahre lang eine leicht reformierte Orthographie.
41 Text von Johann M. Baumgartner.
42 J. Kuoni, *'s Schwizerländli*, Lb V BS (1905), S. 223. E. Zahns Lied *An Schwizerbueb* («Chumm, Bueb, und lueg dis Ländli a») erscheint erst später in den Lesebüchern.
43 Der Wortlaut der Nationalhymne *O monts indépendants* stammt von H. Roehrich, die Nachdichtung von Gottfried Kellers Lied besorgte V. Rossel, vgl. Lb dm BE (1918), S. 207.
44 Vgl. G. S. Métraux, Le Ranz des vaches.

2.2. Die Alpen – Sitz der Freiheit

Die «Berge, zu denen wir alle hinschauen»[45] sind uns als Hauptmotiv vaterländischer Texte schon mehrfach begegnet. Hier ist auch nicht der Ort, auf die Alpenliteratur an sich, ihre Anfänge und Entwicklung im 18. und 19. Jahrhundert einzugehen.[46] Ein paar Hinweise auf die Auswahl in den Lesebüchern und die Verwendung der Alpenmotivik zur speziell nationalen Erziehung müssen genügen.

2.2.1. Im Bann von Schiller und Uhland

Zunächst fällt auf, dass die wichtigsten Texte in den Lesebüchern um 1900 von deutschen Dichtern stammen, wenn es darum geht, die Alpen als den erhabenen Ort zu preisen, wo der freie Hirte Gott näher steht als der geknechtete Bewohner des Tieflandes. Schillers *Wilhelm Tell* wurde ausdrücklich zum Eigentum der Schweizer Schüler erklärt.[47] Einige Szenen des Dramas gehören zum eisernen Bestand der 5.- und 6.-Klass-Lesebücher: neben der Apfelschuss- und der Rütliszene Tells Gespräch mit seinem Sohn über den Bannwald und die Natur der Berge, dann die Lieder des Hirten und des Jägers. Mit Schillers Allgegenwart in den Lesebüchern kann nur Uhland konkurrieren, von dessen *Berglied* noch zu reden sein wird. In der Nachfolge dieser beiden haben viele gedichtet, oft auch direkte Anklänge nicht gescheut, was sie für die Lesebücher nicht weniger empfahl. Beliebt war zum Beispiel das *Alpenlied* von F. W. Krummacher, das mit den Worten beginnt: «Auf hoher Alp / wohnt auch der liebe Gott» und in den Refrain «Auf hoher Alp ein lieber Vater wohnt» mündet.[48] Der deutsche Jugendschriftsteller Franz Wiedemann baut sein Gedicht *Das Schweizerland* auf der einen, schwungvoll aber wenig differenziert formulierten Vorstellung von der grossen Schweizer Freiheit auf:

---

45 Vgl. Kap. 2.1., S. 160.
46 Vgl. A. Specker, Studien zur Alpenerzählung der deutschen Schweiz; Ch. Linsmayer, Die Eigenschaft «schweizerisch», S. 403, 412–415; F. Walter, Lieux, paysages, espaces. Les perceptions de la montagne alpine du XVIIIe siècle à nos jours, S. 14–24.
47 Zu Schillers 100. Todestag gab 1905 der Verein für Verbreitung guter Schriften eine Ausgabe des *Wilhelm Tell* heraus «für die schweizerische Jugend».
48 Lb VI ZH (1912), S. 56. Deutlich ist der Anklang an Schillers Ode *An die Freude*.

Frei strahlet jedes Berges Krone
Im blauen Aether himmelan.
Frei rauschen Rhein und Reuss und Rhone
Durchs wilde, klippenreiche Tal.

[...]

Frei ist der Männer Tun und Walten.
Frei schlägt das Herz in jeder Brust.
Frei ist das Wort, der Rat der Alten,
Frei schon das Kind voll Jugendlust.

O bleibe frei für alle Zeiten,
Du Land der Freiheit, halte stand!
Gern will ich kämpfen, bluten, streiten
Für dich, mein teures Schweizerland![49]

Dieselben Motive hatte der junge Schweizer Architekt und Dichter Johann Georg Müller um 1840 in gewaltige Bilder umgesetzt, im Tonfall nahe bei Uhlands Balladen, die wenige Jahre zuvor erschienen waren.[50] Das St. Galler Lesebuch für die 6. Klasse von 1911 zitiert *Die ewige Burg*:

Seht ihr die alte Feste,
hoch in der Länder Kreis?
Rings strömen her die Gäste
zu ihrer Schönheit Preis.

Der Meister, der sie baute,
stand auf dem höchsten Turm,
vom Blitz umflammt, und schaute
hernieder in den Sturm.

Gott, «der alte Meister», bestimmt, dass allein diese Burg bis zum Untergang der Welt bestehen soll. Die Burgen der Menschen sind schon längst untergegangen:

Nur noch die eine raget
zum Himmel mächtig auf,

---

49 Lb VI BE (1912), S. 211.
50 In die erweiterte 8. Ausgabe von Uhlands Gedichten von 1834 waren neu *Tells Tod* und *Des Sängers Fluch* aufgenommen.

rot, wann die Sonne taget,
rot, wann sie schliesst den Lauf.

Felshöhen sind die Dämme,
die Gräben – blaue Seen,
die Zinnen – Bergeskämme,
die Erker – blum'ge Höhn.

[...]

Und Männer sind die Hüter;
ihr Zeichen ist das Kreuz,
Freiheit ihr Gut der Güter!
Ihr Name heisst – die Schweiz![51]

Die Lesebücher bieten eine beachtliche Auswahl an Gedichten dieser Art, während den Prosatexten eine etwas andere Funktion zukommt. Diese Gedichte mögen in Rhythmus und Tenor je nach Entstehungszeit und Temperament der Autoren variieren. Die Motive – der wilde Bach, der blaue See, Alpenrosen und Alpenglühen – bleiben, lassen sich beliebig kombinieren und mit dem Freiheitsanspruch verknüpfen – bis hin zu heute grotesk anmutenden Varianten. Im Glarner Lesebuch der 5. Klasse von 1908 verkündet das Gedicht *Schweizer Reichtum*:

O Vaterland! O Schweizerland!
Wie bist du gross und schön!
Wie freut mein Herz sich unverwandt
an deinen Alpenhöh'n!
Ich frag' euch alle, stolze Länder,
sind eure Berge auch so schön,
wie uns're freien Alpenhöh'n?
Nein, nein! Nein, nein! Das sind sie nicht;
denn ihnen fehlt der Freiheit Licht![52]

In den nächsten Strophen wird der blaue Himmel besungen und der «Hirtenklang» der zum «Lustgesang» wird; «wonnevoller Sennenklang» schallt von den Höhn – auch er so schön ... Und dann die letzte Strophe:

51 Lb VI SG (1911), S. 206; Lb VI SG (1888), S. 23 f.
52 Lb V GL (1908), S. 123. Verfasser ist ebenfalls J. G. Müller. Das Gedicht ist deutlich beeinflusst von E. M. Arndts berühmtem patriotischen Gesang *Das deutsche Vaterland* (1813). Vgl. E. Förster, *Johann Georg Müller, ein Dichter- und Künstlerleben*. St. Gallen 1851, S. 24 f.

175

O Schweizerherz, so treu und rein!
O Schweizeraug' so blau!
Das Herze ist ein Demantstein,
das Auge Morgentau!
Ich frag' euch alle, stolze Länder,
ist euer Auge auch so blau?
Nein, nein! Nein, nein! Das ist es nicht:
Euch fehlt der Freiheit heilig Licht! [S. 124]

Zur Erklärung mag dienen, dass Johann Georg Müller erst sechzehn Jahre alt war, als er das Gedicht 1838 schrieb.

Neben und über solchen poetischen Seitentrieben steht als wichtigstes Gedicht dieser Art *Des Knaben Berglied* von Uhland.[53] Elf Kantone der deutschen Schweiz haben es in ihre Lesebücher aufgenommen, und bis in die Nachkriegszeit bleibt es in einigen von ihnen präsent. Man kann wohl annehmen, dass viele tausend Schulkinder rezitiert haben:

Ich bin vom Berg der Hirtenknab',
seh' auf die Schlösser all herab,
die Sonne strahlt am ersten hier,
am längsten weilet sie bei mir;
ich bin der Knab' vom Berge![54]

Der Blick hinunter auf «die Schlösser all» lässt zunächst höchstens im übertragenen Sinn eine Schweizer Anwendung zu. Schon die zweite und dritte Strophe aber arbeiten mit Bildern und mythischer Überhöhung, die schweizerischem Selbstverständnis im Sinne der Lesebücher dienen:

Hier ist des Stromes Mutterhaus;
ich trink' ihn frisch vom Stein heraus;
er braust vom Fels in wildem Lauf;
ich fang ihn mit den Armen auf;
ich bin der Knab' vom Berge!

Der Knabe wird zum Sohn des Berggeistes, der über den Naturgewalten steht, Sturm und Gewitter können ihm und seines «Vaters Haus» nichts anhaben. Die Erklärung

---

53 Zu Uhlands Verhältnis zur Schweiz vgl. u. a. R. Schenda, Auf der Liederjagd. Ludwig Uhland in der Schweiz.
54 Lb VI ZH (1912), S. 99.

dafür, dass dieses Gedicht zu einer Art Nationalgesang der Lesebücher geworden ist, liegt jedoch in der letzten Strophe:

Und wenn die Sturmglock' einst erschallt,
manch Feuer auf den Bergen wallt,
dann steig' ich nieder, tret' ins Glied
und schwing' mein Schwert und sing' mein Lied:
Ich bin der Knab' vom Berge! [S. 100]

Nun verkörpert der Knabe das «Volk der Hirten»; vom Berg herunter eilt er in die Schlacht. Die «Feuer auf den Bergen» signalisieren, dass der Kampf der Schweizer für ihre Freiheit gemeint ist.

2.2.2. Die Freiheit als Allegorie

Die Lesebücher der Romandie pflegen mit ebenso grossem Nachdruck die vaterländische Poesie, die auch ihre Vorbilder hat in der französischen romantischen Lyrik Pierre-Jean de Bérangers und des jungen Victor Hugo.[55] Vertraut ist auch ihnen der Topos von den Bergen als Wohnstatt der Freiheit. Diese selbst wird ausdrücklicher als in der deutschsprachigen Poesie zur allegorischen Gestalt.

La liberté, depuis les anciens âges [...]
Aime à poser ses pieds nus et sauvages
Sur les gazons qu'ombragent tes sapins.
Là, sa voix forte éclate et s'associe
Avec la foudre et ses roulements sourds.
A cette voix, Helvétie! Helvétie!
Nous répondrons, nous qui t'aimons toujours![56]

Das Gedicht *L'Helvétie* von Juste Olivier, aus dem diese Strophe stammt, ist auf moll gestimmt, denn Zwietracht droht Helvetia zu verderben:

– C'est la discorde! – Ah! oui! telle est la plaie
Qui te dévore et ronge le sein.

---

55 Beide Dichter sind in den Lesebüchern der französischen Schweiz mit einer Auswahl wichtiger Texte vertreten.
56 Ll ds RO (1889), S. 374. Vgl. H. Bioleys Gedicht *La Patrie*, Kap. 1.5.4., S. 135 f. Zu diesem Bild der Freiheit auf den Alpen vgl. F. Walter, Les Suisses et l'environnement, S. 62 f.

Olivier erinnert daran, dass einst das Land fremden Mächten preisgegeben war, zerrissen von inneren Kämpfen. Diese Gefahr droht stets von neuem, doch über den Bergen sieht der Dichter die schützende Hand Gottes, welche die Geschicke Helvetiens lenkt. Aus den Lesebüchern der französischen Schweiz liesse sich eine grössere Zahl von patriotischen Gedichten und Liedern zitieren, die alle mit Nachdruck die zwar noch junge, aber unbedingte Zugehörigkeit der Romandie zur Schweiz feiern und zugleich Besorgnis über ihre Gefährdung durch äussere Feinde, aber auch durch Uneinigkeit und Streit im Innern aufscheinen lassen.[57] Man könnte auch in diesem Zusammenhang von den Welschen als den besseren Patrioten sprechen.[58] Die meisten dieser Gedichte werden erst auf der Oberstufe behandelt; für Schüler der Mittelstufe verständlich ist das Gedicht *Alpe libre* von Jules Vuy, dem Genfer, der um die Jahrhundertmitte kämpferisch-patriotische Gesänge anstimmte:

Non, jamais sur sa haute cime,   *Dans la solitude sauvage*
Vainqueur, ne régna l'étranger;   *Qu'entoure l'infini des cieux,*
Elle n'a place, Alpe sublime,   *Le pâtre vint, plein de courage,*
Que pour le chalet du berger.   *Planter un drapeau glorieux.*[59]

Die Fahne als Symbol alter Schweizer Freiheit ist im 19. Jahrhundert in der Vaterlandspoesie der Romandie womöglich noch beliebter als in der deutschen Schweiz.[60] Der Schluss des Gedichtes bleibt denn auch auf das Bild des aufgepflanzten Banners konzentriert:

Ah! cette bannière chérie
Qui flotte aux vents avec fierté,
C'est le drapeau de la patrie,
Le drapeau de la liberté!

Etwas näher an die konkrete Berglandschaft führt Eugène Ramberts *Salut aux Alpes* heran:

Sur ces hauteurs tranquilles,
Le chamois broute en paix;

---

57   Vg. M. Monnier, *Hymne à la Patrie* und L. Wuarin, *La terre helvétique*, Ll ds BE (1901), S. 199 f.; L. Godet, *La patrie en danger*, Ll dm NE (1892), S. 399 f.

58   G. Kreis, Die besseren Patrioten. Nationale Idee und regionale Identität in der französischen Schweiz vor 1914.

59   Ll dm BE (1918), S. 249.

60   E. Secrétan, *Notre drapeau*, Ll di VD (1903), S. 143 f.; vgl. Zusammenfassung, S. 220.

Le bruit lointain des villes
Ne l'atteignit jamais.

[...]

O célestes campagnes!
Nature! immensité!
Chantons sur les montagnes,
Chantons la liberté![61]

2.2.3. Die Alpen als Lebensraum

Schweizer Kinder auch der alpenfernen Landesgegenden müssen von den Bergen und ihren charakteristischen Pflanzen und Tieren eine Vorstellung haben. Manche der dazu dienlichen Texte sind uns in den Lesebüchern der Bergkantone schon begegnet; unentbehrlich für alle, auch die französischen Lehrmittel, war Friedrich von Tschudis 1861 publiziertes Werk *Das Tierleben der Alpenwelt.* Seine Informationen über Gemse, Murmeltier und Adler, Wettertanne und Alpenrose, aber auch die spannende Geschichte vom Geier-Anni, das als Kind von einem Lämmergeier verschleppt worden sein soll, die *Rätische Bärengeschichte* und der *Kampf eines Gemsjägers mit einem Lämmergeier* lieferten die Grundlagen zum Alpenbild der Schweizerkinder bis weit in unser Jahrhundert hinein. Mit Tschudi kann im französischen Sprachbereich nur der eben zitierte Eugène Rambert konkurrieren.[62] Zur Auflockerung dienen den Lesebüchern auch in diesen Kapiteln ein paar Gedichte, die jeweils den Schuss handfester Symbolik in den Unterricht einbringen, welchen man Schülern der Mittelstufe schon zumuten kann. Der deutsche Emigrant Hermann Lingg steuerte das oft zitierte Gedicht *Das Edelweiss* bei: das «holde Edelweiss» wächst «einsam an der Felsen Brust»; ein Bild der Unschuld inmitten der Schrecken des Gebirges, blüht es «wonniglich und rein».[63] Ebenso beliebt war *Der Hochwald* von Julius Caduff:

Droben an den kahlen Felsen, wo kein Blumenaug' mehr lacht,
steht der bärt'gen Wettertannen alte Garde auf der Wacht.

Rhythmus und Bild sind so eingängig, dass kaum jemand versucht ist, über seine Stimmigkeit nachzudenken ...

61 Ll dm BE (1918), S. 245 f.
62 E. Rambert, Les Alpes suisses, erschienen seit 1865.
63 Lb IV SZ (1911), S. 111; Lb VI SG (1911), S. 242; Lb V BS (1905), S. 229, u. a.

179

Hält da Wacht ob unserm Tale, schützt es wie der stärkste Wall
vor den droh'nden Felsenstürzen und vor der Lawine Fall.

Wenn der Sturm die Tannen schüttelt, dass es kracht bis tief ins Mark,
rauscht es mächtig durch die Wipfel: «Eintracht, Eintracht nur macht stark.»

Und dann stehn sie treu zusammen, schliessen fest sich Hand in Hand,
und bewahren vor Verderben so das liebe Heimatland.[64]

Die alten Bäume, die sich an den nackten Fels klammern und zäh allen Stürmen trotzen, die durch ihr Vorbild zur Einigkeit, zur Solidarität aufrufen: diese Häufung von emotional besetzten Symbolen übertönt erfolgreich alle eventuellen skeptischen Fragen nach dem Wahrheitsgehalt der Bilder.

In der Selbstdarstellung der Bergkantone haben die Schilderungen der alpinen Lebensbedingungen einen grossen Platz eingenommen. Es genügt hier, an die Alpaufzüge, den Sennenalltag und den Alpsegen, an Gemsjäger, Wildheuer und Hirtenbuben zu erinnern. Die Lesebücher würdigen die Alpen auch als Ort der Gegensätze, wo Schrecken und Zerstörung neben dem grossartigen Naturerlebnis lauern. Adam Vulliet drückt dies im Lesebuch des Berner Jura so aus:

Ici, des précipices dans lesquels l'oeil [du voyageur] plonge avec effroi; là, de riantes vallées, égayées par le murmure des ruisseaux ou animées par le pittoresque spectacle des cascades, qui tombent comme une blanche poussière du haut des rochers. Ailleurs, vous vous trouvez en face de quelque avalanche ou d'un éboulement qui a changé tout à coup une contrée riante en un épouvantable chaos, où sont ensevelis pêle-mêle les hommes, les troupeaux et les habitations.[65]

Menschen in Bergnot, in Nacht und Schneesturm, Lawinen, Bergsturz und Runsen: der dramatischen Unglücksfälle und spannenden Rettungsgeschichten sind viele. Im Zürcher Lesebuch der 6. Klasse steht Johann Peter Hebels Bericht *Lawinenunglück in der Schweiz*; Heinrich Zschokke und Gerold Eberhard haben den Bergsturz von Goldau im Jahr 1806 geschildert – Texte, die noch hundert Jahre später in einem halben Dutzend Lesebücher stehen. Mehrfach zitiert werden auch der Bericht J. C. Heers *Rettung aus einer Lawine* und die Erzählung des Bergführers Christian Linder, der fast eine Woche lang in einer Gletscherspalte überlebte.[66] Die grossen Katastrophen

---

64 Lb VI ZH (1912), S. 116 f.; Lb VI GR (1912), S. 215, u. a.
65 Ll dm BE (1918), S. 244 f.
66 J. P. Hebel, *Lawinenunglück in der Schweiz*, Lb VI ZH (1912), S. 114-116; G. Eberhard, Text über den Bergsturz von Goldau, Lb V GR (1910), S. 156–158; J. C. Heer, *Rettung aus einer Lawine*, sowie Christian Linders Bericht, Lb VI GL (1909), S. 202, 212 f.

haben damals wie heute spontane Hilfsaktionen der Miteidgenossen ausgelöst, und diese wiederum sind dankbarer Lesebuchstoff.[67]

Adolf Lüthi hat um 1896 in die Zürcher Lesebücher der 5. und 6. Klasse gegen vierzig Texte zur Alpenthematik aufgenommen. Einige von ihnen, welche die Schrecken der Berge in besonders düstern Farben schildern, sind in den folgenden Ausgaben weggefallen, unter anderem die Sage von Ahasver, dem Ewigen Juden, dessen Wiederkehr die völlige Vereisung der Alpen ankündigen wird.[68] Diese Vorstellung eines radikal lebensfeindlichen Hochgebirges passte nicht recht zu den patriotischen Seiten des Alpenbildes, das doch vor allem zu pflegen war.

Hier fügen sich die um 1900 noch eher sparsam zitierten Alpsagen ein, welche in der einen und anderen Form von Frevel und Strafgericht, übermütigen Sennen und verschütteten Alpen erzählen; vom Berggeist auch, der den Gemsjäger in den Abgrund stürzt, wenn dieser nicht auf seine Jagdleidenschaft verzichten kann.[69] Mehrfach abgedruckt wird *Der einkehrende Zwerg* in der Fassung von Wilhelm Grimm: die hartherzigen Bewohner eines Dorfes werden allesamt von einem Bergrutsch verschüttet, nur die armselige Hütte der alten Leute, die den Zwerg gastfreundlich aufgenommen hatten, bleibt verschont.[70] Auch hilfreiche Berggeister beleben die Alpen; sie verraten dem Hirten das Geheimnis des Salzbrunnens oder wie aus Milch Käse werden kann, doch wehe, wenn man die guten Bergmännchen kränkt.[71] Damit sind wir beim meistzitierten Sagentext, bei der Berner Oberländer Version der verspotteten Heinzelmännchen angelangt: das Gedicht *Die Zwerge auf dem Baum* von Wilhelm Kopisch gehört über Jahrzehnte hin zu den Favoriten der Lesebücher in zehn Kantonen.[72]

---

67 Vgl. Kap. 2.3.4., S. 187 f.

68 Lb VI ZH (1896), S. 66–68. Die Sage ist H. Herzog, Schweizersagen, entnommen.

69 *Der Gemsjäger*, Lb VI ZH (1912), S. 105 f.

70 *Der einkehrende Zwerg*, Lb V BS (1905), S. 232 f.; Lb V BL (1912), S. 79 f.; Lb VI ZH (1912), S. 128 f.

71 *Vom Salzbrunnen*, Lb VI ZH (1912), S. 73 f.; *Der erste Käse auf Seelisberg*, Lb IV GR (1909), S. 112 f.; vgl. auch Ll ds FR (1901), S. 102–104.

72 Im Kanton Zürich von Lb VI ZH (1896), S. 68 f. bis Lb VI ZH (1956), S. 78.

2.3. Die Schweiz kennen lernen

Aus vielen bisher zitierten Texten ist abzulesen, wie sich nationales Selbstverständnis auf der Zugehörigkeit zu einer Region, einem Kanton aufbaut. Das gängige Bild zeigt jeweils den Betrachter auf einem lokalen Aussichtspunkt, der den Blick auf die Alpen freigibt. Georg Spiegel wählt es für sein Gedicht *Das Gäu* im Solothurner Lesebuch:

Do stoh-n-i uff der Roggeflueh,
und 's schweift my Blick de Berge zue,
die wie ne mächt'ge Riesebau
ufrage in das Himmelsblau.
Chumm, Büebli, lueg mer, all' die Pracht
hett Gott für d'Schwyzer eiges gmacht,
und denk: keis schöners Ländli git's
as eusi liebi, chlyni Schwyz.[73]

2.3.1. Imagination als Bindemittel

Doch nicht alle Landesgegenden stehen in so direktem Blickkontakt mit dem «Zentrum», den Innerschweizer Bergen. 1839 stellte François-Marc-Louis Naville nüchtern fest, dass es für junge Genfer zunächst keine gefühlsmässige Bindung an die Schweiz gebe, dass sie sich den Franzosen durch die «rapports des idées et des moeurs» viel enger verbunden fühlten als etwa den Urnern oder Unterwaldnern.
Les liens qui unissent le citoyen de l'ancienne Suisse à son pays en vertu des souvenirs de son premier âge et de la gloire acquise par les ancêtres, ne peuvent exister pour un nouveau venu tel que le Genevois; il s'agit d'y suppléer de quelque manière, de lui inspirer artificiellement des affections qui ne peuvent résulter naturellement de sa position et de son origine.[74]
Da muss nach Naville die «imagination» zu Hilfe gerufen werden, jene wunderbare Kraft, die den jungen Menschen auch fiktive Landschaften und Gestalten aus der Literatur so nahe bringen kann, dass sie sich ihnen eng verbunden fühlen: noch besser sollte das für die landschaftlich so schöne Schweiz möglich sein.
Eine gewaltige Imaginationskraft wirkt tatsächlich in manchen patriotischen Gedich-

---

73   Lb IV/V SO (1910), S. 148 f.
74   F.-M.-C. Naville, Mémoire, S. 37.

ten der französischen Schweiz. Jules Vuys Gesang *Le Rhin suisse* verhöhnt das Gezänk von Frankreich und Deutschland um den Rhein «von höherer Warte» aus und beansprucht den mythosbefrachteten Fluss für die Schweiz.

Notre érable de Trons le couvre de ses branches.
Il écoute, joyeux, le bruit des avalanches,
Il reflète nos monts dans son cours souverain;
Soir et matin, là-haut, le pâtre, au sein des nues,
Contemple, en priant Dieu, ses deux rives connues:
Il est à nous le Rhin.

[...]

Son flot n'est point le serf du Franc ni du Germain;
Digne des vieux Grisons, il coule fier et libre;
A la Suisse le Rhin, comme à Rome le Tibre:
Il est à nous le Rhin.[75]

An den Ahorn von Truns, unter dem nach der Tradition 1424 der Graue Bund beschworen worden war, hatte man sich 1824 wieder erinnert, denn damals erhielt auch dieser Bund seine 400-Jahr-Feier.[76] Für den Freiheitsbaum begeisterten sich die Westschweizer besonders, und manche ihrer Lesebücher heben die Bundesgründung als Parallelereignis zum Rütlischwur hervor, wobei ihnen wohl die spürbare selbstbewusste Distanziertheit der Bündner gegenüber der Innerschweizer Freiheitstradition entsprach.[77] Der Genfer Jules Vuy braucht so in seinem «chant d'un peuple souverain»[78] den Ahorn wie die niedergehende Lawine, den frommen Hirten auf den Bergen und den jungen, ungebärdigen Fluss selbst als Chiffren für seine Schweiz. In scharfer Abgrenzung vom Franken und vom Germanen stellt er den beiden Nachbarstaaten einen Schweizer gegenüber, der mit seinen Anfängen im romanischen Bündnerland die innerschweizerischen Sprach- und Kulturbarrieren überspringt. Virgile Rossel nennt das Gedicht «un de nos chants nationaux les plus populaires»; seinetwegen werde der Name Jules Vuy weiterleben.[79]

75 Ll ds VD (1908), S. 393 f. Vgl. N. Flüeler, Der missbrauchte Rhein, S. 18–32.
76 Vgl. K. Fry, Der Trunser Ahorn. Die Geschichte eines Kronzeugen, S. 212. In: Bündnerisches Monatsblatt (1928), S. 201–228, 245–259, 271–301.
77 Ll dm NE (1892), S. 388 f.: «Les seigneurs furent effrayés de cette coalition, qui leur rappelait le Grütli.»
78 J. V. Gilles, *La Venoge*; vgl. Kap. 5.3.5., S. 356 f.
79 V. Rossel, Histoire littéraire, S. 571. Auch Victor Hugos Text *Le Rhin* konstruiert eine Parallele zum Anfang schweizerischer Freiheit: Drei kleine Flüsse entspringen am Gotthard und am Lukmanier

2.3.2. Schulreisen

Identifizierung in dieser Form kann frühestens von Oberstufenschülern nachvollzogen werden. Für die jüngeren Schüler wäre direkte Anschauung natürlich das beste. Schon Naville spricht von Reisen in die Zentralschweiz, Wanderungen in den Bergen, und nennt die Jesuiten, die es wagten, mit einem «nombreux cortège d'enfants» auszuziehen: «Pourquoi nos instituteurs ne les imiteraient-ils pas?»[80] Was damals, um 1840, von der Volksschule nicht zu bewältigen war, hatte in den privaten Instituten der französischen Schweiz offenbar schon eine gewisse Tradition. Rodolphe Toepffer, selber Leiter einer Genfer Privatschule, schildert in seinen *Voyages en zig-zag* mit Humor solche Gruppenunternehmungen und Bergwanderungen.[81] Dem französischen Historiker Jules Michelet fielen die Kindergruppen auf, die in der Schweiz unterwegs waren:

J'y voyais souvent sur les routes des petites pensions d'enfants que l'on faisait voyager. J'en rencontrai une au Splügen, une pension venue de loin, de Neuchâtel, ce me semble, qui avait traversé la Suisse. C'étaient des enfants fort jeunes, qui pourtant, sans trop de fatigue, s'en allaient ainsi à pied, chacun sous son léger bagage, faisant déjà l'apprentissage de la vie du voyageur.[82]

Der Text mündet in ein hohes Lob des jungen Schweizers, der seine Heimat durchwandert und sie so gründlich kennen lernt:

De très bonne heure, le jeune Suisse, simplement et sobrement (quelle que puisse être sa fortune), parcourt dans tous les cantons sa belle et libre patrie, l'aime enfant, s'unit à elle de vie, d'habitude, de coeur, se lie à ses destinées.

Die Wirklichkeit für die Volksschulen sah zunächst etwas anders aus. 1876 betonte ein Artikel in der Schweizerischen Lehrerzeitung, dass durch Schulreisen die Kenntnisse vom Vaterland wohl trefflich erweitert und befestigt würden, denn da entstünden Vorstellungen, die «zeitlebens haften». Doch oft stellten die Lehrer mit Bedauern fest, dass mehr als die Hälfte der Schüler zu Hause bleiben müsse, weil sie kein Geld hätten. Und auch die Lehrer seien «ökonomisch gedrückt», sie könnten sich «nur durch eigene Sparsamkeit Bücher zur weiteren Ausbildung anschaffen und noch weniger unser liebes Schweizerland in natura besehen».[83] Bis 1890 war es selbst-

---

und vereinigen sich bei Reichenau: «N'admirez-vous pas de quelle façon puissante et simple la nature produit les grandes choses? Trois campagnards se rencontrent, c'est un peuple; trois ruisseaux se rencontrent, c'est un fleuve», Ll ds RO (1889), S. 249 f.

80 F.-M.-C. Naville, Mémoire, S. 55; vgl. G. Kreis, Die besseren Patrioten, S. 59 f.
81 Zu R. Toepffers Schule vgl. G. Mützenberg, Education et instruction à Genève, S. 230–232. Episoden aus Toepffer, Voyages en zig-zag, wurden erst später in die Lesebücher aufgenommen.
82 Ll ds VD (1908), S. 316.
83 SLZ 21 (1876), S. 10 f.

verständlich geworden, dass jede obere Klasse von Zeit zu Zeit eine grössere Reise machen sollte. Nun sah ein kritischer Beobachter das Problem eher bei den Lehrern: sie waren oft vorher selber zu wenig orientiert und päpariert und gaben dann in Museen und Zeughäusern schlechte Führer ab.[84]

2.3.3. Bilder von andern Landesteilen

Geographie der Schweiz ist schon bald nach der Einführung der Rekrutenprüfung notgedrungen zum Pflichtstoff der oberen Primarklassen geworden. Wieviel Unterlagen dazu in die Lesebücher aufgenommen wurden, hing natürlich davon ab, ob noch andere geographische Lehrmittel zur Verfügung standen. Es sollen hier nicht diese Basisinformationen über die Schweiz berücksichtigt werden, sondern nur die illustrierenden Beiträge, die als sogenannte Begleitstoffe den Schülern einzelne Aspekte anderer Landesgegenden vertrauter machten und gesamthaft eine Vorstellung schweizerischer Vielfalt zu vermitteln suchten. Pro Kanton konnten das jeweils nur zwei bis drei Texte sein, und meist bevorzugten mehrere Lesebücher dieselben Motive, die schliesslich eine Standardauswahl bildeten. So wissen die Schüler verschiedenster Kantone vom Kanton Bern hauptsächlich, dass im schönen Oberland die Wasserfälle des Staub- und Giessbachs zu bestaunen sind und dass die Brienzer kunstvolle Souvenirs schnitzen; der Rheinfall ist die Attraktion des Kantons Schaffhausen, und über den zugefrorenen Bodensee ist einmal ein Reiter geritten. Im Appenzellerland sticken die Heimarbeiterinnen, während im Freiburgischen und im Aargau die Strohflechterei, im Baselbiet die Seidenbandweberei Verdienst bringt. Diese Schilderungen können im Detail gefühlvoll ausgestaltet sein, zum Beispiel, wenn im Schwyzer Lesebuch die Erzählung vom Uhrmacherdorf anhebt:

In einem einsamen Tale des Juragebirges lebte vor zweihundert Jahren ein armes, ungebildetes Völklein. Der Boden, den es bebaute, war rauh und duldete keinen Anbau. Trotz allem Fleisse und Schweisse, den die armen Leutchen auf ihn verwendeten, gab er ihnen nur etwas Hafer und Gerste. [...] Da geschah es, dass eines Tages ein Pferdehändler in dieses Hüttendörfchen [...] eine Taschenuhr mitbrachte; es war die erste, die dort gesehen wurde. Da kannst du wohl denken, wie die Leute neugierig zusammenströmten, das kleine Wunderding zu betrachten [...] Aber nicht lange, und die Uhr blieb stehen. Man rüttelte sie; man schüttelte sie. Umsonst [...].[85]

Jetzt tritt der Held der Geschichte auf, der vierzehnjährige Schmiedelehrling Daniel

---

84 SLZ 35 (1890), S. 281.
85 Lb V SZ (1895/1911), S. 68 f. H. Zschokke und G. Eberhard hatten schon Vorlagen für diese beliebte Lesebuchgeschichte verfasst; vgl. Lb VI ZH (1912), S. 88–90.

Richard, dem es gelingt, die Uhr zu reparieren. Er wird nun Uhrmacher und konstruiert so wohl ausgedachte Werke, dass sein Ruhm sich rasch ausbreitet. «Als er nach
einem Leben rastloser Tätigkeit starb, hinterliess er dem einsamen Tal seiner Heimat
eine Kunst, durch welche dasselbe völlig umgewandelt wurde.» (S. 69)

Dankbaren Stoff liefert das Wallis: die Wasserfuhren, die weit oben den Felswänden
entlanggeführt sind, lassen sich dramatisch schildern, denn der «Garde», der sie
reparieren muss, hat ein höchst gefahrvolles Amt. Nach der Darstellung des Zürcher
Lesebuches begleitet ihn «meist der Ortsgeistliche oder ein Klosterbruder mit dem
Allerheiligsten, um bei einem Unglücksfalle gleich mit den Tröstungen der Religion
zur Hand zu sein».[86] Am beliebtesten ist natürlich die Geschichte von Bernhardiner
Barry, dem treuen Begleiter der Mönche auf dem Grossen St. Bernhard, der über
vierzig Menschen das Leben gerettet haben soll:

*Dieses unermüdlich tätige und treue Tier hat in seinem Leben über vierzig Menschen
gerettet. Sein Eifer war ausserordentlich. Kündigte sich von ferne Schneegestöber
oder Nebel an, so hielt ihn nichts mehr im Kloster zurück. Rastlos strich er an den
gefährlichsten Stellen umher, um zu sehen, ob er nicht einen Sinkenden halten, einen
im Schnee Begrabenen hervorscharren könne.*[87]

Das ist idealer Lesebuchstoff, weil sich hier vor dem Hintergrund der faszinierenden
und gefahrvollen Bergwelt die aufopfernde Arbeit der Klosterbrüder im Dienst der
Mitmenschen verbindet mit einer der berühmtesten Tierfiguren. Barry, der Vorfahre der
Katastrophenhunde, ist heute noch im Naturhistorischen Museum Bern ausgestellt.

Aus dem französischen Landesteil ist wenig in den Deutschschweizer Lesebüchern zu
finden, und der Sprachunterschied wird nirgends erwähnt. Das gilt auch für das
Tessin, von dem zwei ganz verschiedene Aspekte gezeigt werden. Das Zürcher
Lesebuch schildert zunächst Lugano:

*[Die Stadt] steigt gleichsam aus dem schönen Seespiegel empor und lehnt sich an die
fruchtbarsten, herrlich angebauten Hügel, von welchen unzählige Landhäuser über
die Stadt herüber schimmern. [...] Auch Feigen-, Kastanien- und Maulbeerbäume
gedeihen fröhlich unter dem milden Himmel des Landes. Die Seidenzucht Luganos
liefert einen jährlichen Ertrag von mehreren hunderttausend Franken.*[88]

In den Strassen Luganos herrscht munteres Leben:

*Alles, jung und alt, arbeitet vor den Häusern. Ganze Werkstätten sieht man daselbst
aufgeschlagen. [...] Die Gasse gleicht einem gemeinschaftlichen Gesellschaftssaale;*

---

86 Lb VI ZH (1912), S. 161 f., erzählt nach W. Senn, Heimat und Volk.
87 Lb VI GL (1909), S. 65. Der Text hält sich eng an F. v. Tschudi, Das Tierleben der Alpenwelt;
    Chênedollés Gedicht über Barry zit. Ll dm BE (1918), S. 257 f.; vgl. Kap. 1.5.4., S. 133.
88 Lb VI ZH (1912), S. 156.

denn überall herrscht zwischen den Nachbarn rechts und links und gegenüber ein lebhaftes Gespräch.

Der andere Beitrag dagegen befasst sich mit der meist ausgesparten Auswanderung: *Die Schweiz ist zum grossen Teile rauh und unfruchtbar; darum suchen viele ihrer Bewohner das Brot in der Fremde. Es gibt wohl wenige Länder auf Erden, wo nicht Schweizer zu treffen sind. Während aber die einen oft viele Jahre hintereinander der Heimat fern bleiben [...] sind andere nur im Sommer oder im Winter abwesend. Zu diesen gehören die Tessiner. Viele machen sich als Strassenarbeiter, Maurer und Gipser, Glaser oder Kaminfeger nützlich; andere erwerben ihren Unterhalt als Kastanienbrater. [S. 157]*

Über 2000 Tessiner ziehen jeden Winter nach Paris:

Es sind arme Leute, die gewöhnt sind, gegen Entbehrungen zu kämpfen. Es sind Väter und Söhne, die ihre Lieben zu Hause gelassen haben, denen sie ihre Ersparnisse heimschicken. Nur die äusserste Genügsamkeit ermöglicht es ihnen, [...] auch noch etwas bei Seite zu legen. [...] Gleichwohl ist [der Kastanienverkäufer] mit seinem Los zufrieden und wirft der glänzenden Pariserwelt, die in rauschenden Kleidern und weichen Stiefeln vorüberwallt, gleichgiltige Blicke zu. Gold und Silber, Perlen und Schmuck, prächtige Wagen streifen an seinem Auge vorbei: er aber denkt an seine Lieben in der fernen Heimat und freut sich auf die Zeit, da er wieder mit ihnen vereint ist. [S. 157 f.]

Da wird der anspruchslose Tessiner ein Vorbild für die Schweizer Jugend.

2.3.4. Werke der Solidarität

In jedes Lesebuch gehört zumindest eine ausführliche Beschreibung einer Naturkatastrophe, sei es das Erdbeben von Basel (1356), der Bergsturz von Goldau (1806) oder von Elm (1881), Feuer- oder Wassernot. Ihren festen Platz haben diese Katastrophenberichte nicht nur in der Regionalgeschichte, wo sie zur prägenden Vergangenheit der betroffenen Stadt- und Dorfgemeinschaften gehören. Sie sind spannende Lektüre und führen den Kindern die Gewalt der Elemente und auch die Folgen menschlichen Fehlverhaltens vor Augen. So wenn in einer Föhnnacht durch unbewachtes Feuer ein Dorf eingeäschert wird,[89] wenn an einem abgeholzten Berghang eine Rüfe niedergeht,[90] oder als am 5. Juli 1887 in Zug das Seeufer abrutschte.

---

89 Zum Brand von Glarus von 1861 vgl. Lb VI SG (1911), S. 153 f.; *Aufruf zur Nächstenliebe* nach der Brandkatastrophe von Meiringen am 25. Oktober 1891, Lb VI BE (1912), S. 57 f.

90 Lb VI ZH (1912), S. 119 f.

Schon seit einiger Zeit hatten sich im unteren Teil der neuen Kaianlagen verdächtige Risse gezeigt. Aber man achtete nicht darauf, sondern schrieb dieselben vielmehr der herrschenden Trockenheit zu. [...] Kurz vor 7 Uhr erfolgte ein gewaltiger Krach. Eine Staubwolke erhob sich, und mitten in dem Graus versank der grössere Teil der Vorstadt: Häuser, Ställe, Schuppen, Gärten, Wege, Strassen. Es war ein fürchterlicher Augenblick. Auf den Fersen der Rettenden und Fliehenden stürzte der Boden ein, und gierig lechzte der See nach den armen Opfern. [...] Manche Familien verloren ihr ganzes Besitztum. Sie standen rein mittellos da. Doch der Opfersinn des Schweizervolkes bewährte sich abermals. Es flossen 680'000 Fr. als Liebesgaben für die unglücklichen Zuger.[91]

Da kommt die zweite pädagogische Nutzanwendung solcher Katastrophentexte zur Geltung: sie können auch von viel Hilfsbereitschaft berichten, welche die Unglücksmeldungen jeweils in der ganzen Schweiz auslösten, von einer Solidarität, die von Gebern und Beschenkten als verbindende Kraft empfunden wurde. Das Zürcher Lesebuch erzählt in einem eigenen Beitrag, «wie das Schweizervolk dem Aufrufe des Bundesrates zur Unterstützung von Elm Folge leistete»,[92] und Jeannerets Lesebuch *La Patrie* zitiert diesen Appell des Bundesrates zugunsten der Bergsturzopfer vom September 1881:

Au cri de douleur qui retentit, d'un bout de la Suisse à l'autre, en apprenant la terrible catastrophe, répondit partout l'élan d'une généreuse compassion. Des collectes furent organisées et l'on peut admirer avec quelle ingénieuse activité la charité fit son œuvre. [...] Or, de tout temps, les jours de calamité ont eu pour effet de resserrer les rangs des confédérés, et c'est lorsque la misère était la plus grande qu'on a constamment mis en pratique notre devise nationale: Un pour tous, tour pour un.[93]

Die Entsumpfung der Linthebene, ein von der ganzen Schweiz unterstütztes Rettungswerk, ergibt in ähnlichem Sinne eine gute Lesebuchgeschichte: der Sanierungsplan konnte Kindern gut erklärt werden. Die Leitung des eindrücklich-erfolgreichen Unternehmens hatte Konrad Escher, der seinerseits zu einer Lesebuchfigur wurde:

In Wesen schlugen die Seewellen zuweilen an die Stubenfenster, während man in Schiffen durch die Strassen fuhr. Senkte sich der Wasserspiegel, so stiegen giftige Dünste auf. Die Menschen, welche die verpestete Luft einatmen mussten, wurden fieberkrank, alterten und starben vor der Zeit. Immer lauter ertönte der Ruf nach Rettung der unglücklichen Gegend. [...] Staatsrat Konrad Escher von Zürich, Rats-

91 Lb VI BE (1912), S. 202–204.
92 Lb VI ZH (1912), S. 124.
93 Ll dm NE (1892), S. 355–357.

188

herr Konrad Schindler von Mollis und andere edle Männer machten es sich zur Lebensaufgabe, das Rettungswerk durchzuführen. [...] am 8. Mai 1811 rauschten die Wellen der Linth zum erstenmal durch ihr neues Bett in den Walensee. [...] Die Wiesen erstanden aus dem nassen Grabe; die Talleute gingen daran, die ausgetrockneten Sümpfe urbar zu machen.[94]

Zum grössten Gemeinschaftswerk des 19. Jahrhunderts ernennen die Lesebücher den Aufbau des Eisenbahnnetzes, insbesondere den Bau der Gotthardbahn. Schon Heinrich Rüegg nennt sie in seinen 1892 erschienenen *Bildern aus der Schweizergeschichte* «ein gewaltiges Zeugnis einesteils für die Macht des Erfindungsgeistes und der Arbeitsleistung vieler einzelner Menschen, anderseits für die Tatkraft der Völker [...], wenn sie zu friedliebendem Wirken sich vereinen.»[95]

Dass mit dem gewaltigen Unternehmen auch rücksichtslose Konkurrenzkämpfe zwischen den verschiedenen privaten Eisenbahngesellschaften verbunden waren, können die Lesebücher übergehen. Auffallen muss aber, wenn dabei auch der Name des eigentlichen Initianten und Präsidenten der Gotthardbahn-Gesellschaft, Alfred Escher, im Zürcher Lesebuch wie in allen andern verschwiegen wird.[96] Der Held dieser Geschichte ist allein Louis Favre, Genfer Ingenieur und Verantwortlicher während des Tunnelbaus. Auch er gehört in die Galerie der Grossen Schweizer, denen das nächste Kapitel gewidmet ist. Planung und Bau der Gotthardbahn behandelt das Zürcher Lesebuch ausführlich:

Eine der grossartigsten Schöpfungen des vorigen Jahrhunderts, die nur durch einträchtiges Zusammenwirken mehrerer benachbarter Völker ermöglicht wurde, ist die Gotthardbahn mit dem grossen Gotthardtunnel, der eine Länge von 14,9 km hat. Der deutsche Reichstag, das italienische Parlament und die schweizerische Bundesversammlung bewilligten Hilfsgelder an die auf 238 Millionen Franken berechneten Baukosten der Gotthardbahn. [...] In der Mitte des Berges reichten sich am 29. Februar 1880 die beidseitigen Arbeiter die Hände. Die Ingenieure [...] hatten so genau gemessen und gerechnet, dass die einander entgegen geführten Stollen bei ihrem Zusammentreffen weder in der Höhenlage noch nach links oder rechts von einander abwichen.[97]

Die Schüler hören, welche enormen Schwierigkeiten während der zehnjährigen Bauzeit im Berg zu überwinden waren, wie viele Tote, Verletzte und Kranke das Werk forderte, und hier ist auch der Ort, der Arbeiter zu gedenken:

---

94 Lb VI ZH (1912), S. 142–145; Lb V GR (1910), S. 61–63. Zu Konrad Escher vgl. Kap. 2.4.4., S. 214 f.
95 H. Rüegg, Bilder aus der Schweizergeschichte, S. 130.
96 Vgl. dazu Kap. 2.4.4., S. 215 f.; H. P. Treichler, Gründung der Gegenwart, S. 259–303.
97 Lb VI ZH (1912), S. 131.

Viele erlagen den Anstrengungen und Erkrankungen bei ihrem harten Beruf: viele wurden vom fallenden Gestein oder vom rollenden Rad geschädigt oder erschlagen. Den (meist italienischen) Arbeitern mit ihren schwieligen, geschwärzten Händen gebührt so gut als den leitenden Werkführern der Dank der Nachwelt, die nunmehr mit aller Bequemlichkeit innert 20 Minuten die Stätte von mehr als 10jähriger, schwieriger Arbeit durchfährt. [S. 133]

Überblickt man, wie die Lesebuchherausgeber vor dem Ersten Weltkrieg ihren Schülern die Schweiz vorstellen, so fällt einerseits eben das Betonen der Gemeinschaftswerke und der Solidarität aller Schweizer in Notsituationen auf; andererseits wirkt das Bemühen um Präsentierung der regionalen Vielfalt noch wenig einfallsreich, beschränkt auf einige Detailbeschreibungen, Anekdoten auch, die mit dem Charakter einer Landesgegend und ihrer Bevölkerung manchmal wenig zu tun haben. Bestimmend war da, wie so oft, das Angebot schon vorhandener Texte, die dann von einem Lesebuch ins andere wanderten. Vom Ersten Weltkrieg an werden sich in der Romandie und der deutschen Schweiz mehr und bessere Auswahlen anbieten.

2.3.5. Mehrsprachigkeit noch kaum ein Thema

Auffallend bleibt, dass die Mehrsprachigkeit der Schweiz um 1900 kaum thematisiert wurde. Auch wenn in der Deutschschweiz zumindest der Dialekt des Heimatkantons im einen und andern Gedicht gegenwärtig ist, hat man das Spiel mit der Sprachvielfalt für Kinder noch lange nicht entdeckt. Einzig das 6.-Klass-Lesebuch des Kantons St. Gallen von 1911 flicht in seinen Schweizer Rundgang möglichst je einen Dialekttext des entsprechenden Kantons ein: vorzugsweise Sagen, Sprichwörter oder Heimatgedichte.[98] Während die Lesebücher der Romandie ihr Patois für die Schule strikte ablehnen, erwähnen sie doch hin und wieder die Mehrsprachigkeit der Schweiz.[99] Dabei ist von Stolz auf dieses Phänomen nichts zu spüren: eine verständliche Zurückhaltung vor dem Hintergrund der damaligen nationalistischen Propaganda in den Nachbarländern. Dort beriefen sich Definitionen des Begriffs «Vaterland» und «Patrie» regelmässig auf die eine, gemeinsame Sprache.[100] Die Mehrsprachigkeit war um die Jahrhundertwende auch ein besonders heikles Thema, weil jede Sprachgruppe ein

---

98   Lb VI SG (1911), S. 139–206.
99   Vgl. Kap. 1.5.3., S. 119.
100 In Ll ds FR (1901), S. 91 f., definiert ein aus Frankreich übernommener Text: «La patrie, c'est ce qui parle notre langage, [...] c'est la communauté du nom français»

Vorrücken der andern befürchtete.[101] Die Texte suchen vielmehr das Temperament des Deutschschweizers und des Romand zu charakterisieren:

Le Suisse allemand est plus travailleur, plus énergique, plus rude, plus viril, plus objectif que le Suisse romand; ce dernier a des moeurs plus douces, plus faciles, il a plus d'urbanité, plus de bonhomie. Il a, quoique à un moindre degré que le Français, un plus grand désir de plaire et de jouir de la vie; la femme, qui occupe dans la Suisse allemande une position subordonnée, a su conquérir dans la Suisse française une plus grande influence.[102]

Die beiden ungleichen Schweizer Partner würden heute wohl nicht viel anders charakterisiert. Interessant und bezeichnend aber, wie trotz innerer Verwandtschaft der Romand auch «vom Franzosen» etwas abrückt, weil er sich als weniger genuss- und gefallsüchtig einschätzt, doch auch an der schweizerischen Tüchtigkeit partizipiert. Auffallend ist das Urteil über die unterschiedliche Position der Frauen in den beiden Landesteilen. Hier drückt sich das im Welschland früher erwachte Verständnis für den Kampf um politische Besserstellung der Frauen aus, der um die Jahrhundertwende gesamtschweizerisch gesehen noch in seinen Anfängen steckte.[103]

Die Feststellung der Unterschiede darf nicht das letzte Wort sein, denn die Daseinsberechtigung der Schweiz hängt vom Nachweis der verbindenden Elemente ab, sei das nun die «besondere Freiheitsliebe» oder eben eine doch allen Schweizern gemeinsame Bedächtigkeit und Zuverlässigkeit. Dazu formuliert das Genfer Lesebuch von 1911 wenig differenziert aber handlich für den Schulgebrauch, die Schweizer seien im allgemeinen «des hommes vigoureux, carrés, un peu lourds, un peu lents, mais solides, courageux, persévérants et sages.» Den Grund für die gegenseitige Annäherung der Charaktere nennt der Verfasser kurz und bündig:

Il y a la Suisse française de langue et de moeurs; la Suisse allemande, qui, avec le parler, a quelque chose aussi du tempérament allemand; la Suisse italienne, qui parle le sonore italien. A force de vivre la même vie, la vie des montagnes, ces gens d'origines diverses en sont arrivés à se ressembler par bien des côtés: ils sont montagnards, et c'est ce qui fait les Suisses.[104]

Im Text *La Patrie* von Numa Droz erwächst dagegen die Zusammengehörigkeit trotz der Unterschiede aus der Geschichte. Die Väter haben sich gemeinsam für ihr Land gewehrt, aber auch immer wieder untereinander den Ausgleich finden müssen. Die

101 Vgl. H.-P. Müller, Die schweizerische Sprachenfrage vor 1914.
102 Ll ds VD (1908), S. 169. Verfasser ist der Politiker und Historiker Berthold van Muyden.
103 Vgl. B. Mesmer, Ausgeklammert – Eingeklammert, S. 88–101, 196–199, 222–233.
104 Ll ds GE (1911), S. 161.

patrie ist in seinen Augen eine Mutter Helvetia: «On sent que la patrie n'est pas un vain mot, mais [...] la mère chérie de cette grande famille qui s'appelle la nation Suisse.»[105]

2.4. Die vorbildlichen Ahnen

In diesem Abschnitt ist den nicht sehr zahlreichen und zum Teil schon früher erwähnten Figuren nachzufragen, die über die Kantonsgrenzen hinweg von den Lesebüchern als die grossen Schweizer der Vergangenheit präsentiert werden. Die meisten von ihnen figurieren mit ihren hervorragenden Taten schon unter den bewährten Beispielgeschichten für Schüler, die Melchior Schuler, Heinrich Zschokke, Thomas Scherr und Gerold Eberhard im Lauf des 19. Jahrhunderts zusammengetragen hatten.[106] In den regen Diskussionen, die nach 1874 um die kantonalen Unterrichtsgesetze, die neuen Lehrpläne und damit auch um die Gestaltung des Geschichtsunterrichts geführt wurden, überwog zumeist noch die Ansicht, die der Berner Schulinspektor Friedrich Wyss 1877 in einem Artikel «Zur Schulreform» in der Schweizerischen Lehrerzeitung vertrat: «Nur der biographische Geschichtsunterricht macht di geschichtlichen Helden anschaulich und stellt si mit Wärme und Begeisterung als sittliche Musterbilder vor di Schüler hin.»[107]

Ganz unangefochten war diese Meinung allerdings bald nicht mehr, und einzelne Stimmen wurden laut, die lieber statt grossen Helden mehr Kulturgeschichte und eine fortlaufende Darstellung der Entstehung der Eidgenossenschaft im Lehrplan gesehen hätten. Zudem konnte die historische Forschung, welche die Gründungsgeschichte der Eidgenossenschaft als Sage erkannt hatte, nicht mehr einfach ignoriert werden, auch wenn davon die wichtigste Heldengestalt Wilhelm Tell direkt betroffen war. So erklären Paul Conrad und Andrea Florin im Vorwort zum Bündner Lesebuch der 5. Klasse (1910):

Man ist noch immer gewohnt, die Schweizer Geschichte im Glanze jener dichterischen Verklärung zu sehen, in welcher sie einst im sechzehnten Jahrhundert von Ägidius Tschudi und später im achtzehnten Jahrhundert von Johannes von Müller erzählt worden ist. In dieser Mischung von Wahrheit und Dichtung wird sie [...] heute

---

105 Ebd., S. 127 f. Vgl. die entsprechenden Formulierungen bei H. v. Greyerz, Nation und Geschichte im bernischen Denken, S. 10 f.

106 Zum ganzen Kapitel vgl. H. U. Scheller, Das Bild des Mittelalters an den Zürcher Volksschulen.

107 SLZ 22 (1877), S. 214.

noch in vielen Volksschulen gelehrt, ganz unbekümmert um die Ergebnisse der Geschichtsforschung. Wir halten dieses Vorgehen für durchaus unhaltbar.[108] Mit den Jahren erhielten diese Einzelstimmen mehr Gewicht. In der nächsten Generation von Lesebüchern, die nach dem Ersten Weltkrieg zu erscheinen begann, überwiegen die zusammenhängenden Darstellungen der Schweizer Geschichte, in denen auch eine Abgrenzung von Sage und Geschichte versucht wird.

Die Lesebücher dieser ersten Generation wollten kaum je die Lebensgeschichte «Grosser Schweizer» darstellen, sondern ihre Porträts und einzelne Episoden aus ihrer Biographie vor allem zur Illustration pädagogischer Kernsätze benützen. So liest man in der Schweizerischen Lehrerzeitung vom 10. Januar 1874:

Der zweck [der biographischen Bilder in der Schweizergeschichte] ist mer ein ethischer. In der jugend libe zum vaterland und zur freiheit zu wecken, ir an den heren gestalten der vaterländischen geschichte quasi verkörpert di bürgertugenden der treue, der rechtlichkeit, der mässigung, der grossmut, der tapferkeit, der aufopferung, der teilnahme am wol und weh des vaterlandes etc. vorzufüren und si dafür zu begeistern: das ist di hauptaufgabe des geschichtsunterrichtes in der volksschule.[109]

Die «hehren Gestalten der vaterländischen Geschichte» können drei Kategorien zugeordnet werden. Da sind zunächst jene nicht individualisierten Gruppen und namenlosen Einzelnen, denen eine beispielhafte Tat zugeschrieben wird; dann die Schar der zumeist sagenhaften Helden, die sich in den Freiheitskämpfen der werdenden Eidgenossenschaft opfern; schliesslich die Auswahl historischer Persönlichkeiten, deren Leistungen die Lesebücher der ganzen Schweiz schildern.

2.4.1. Menschliche Krieger und tapfere Kinder

Paradebeispiel der ersten Gruppe sind die grossmütigen Solothurner, die ihre Feinde vor dem Ertrinken retten. Seit dem frühen 19. Jahrhundert lernen die Schweizer Schüler mit Hilfe dieser Anekdote, was Grossmut ist; auch in der französischen Schweiz berichten die Lesebücher von den «généreux Soleurois».[110] Hier schliessen sich jene zum Teil schon erwähnten Varianten der Versöhnungsgeschichten an, in denen feindliche Nachbarn ihren Zwist beenden, wenn den einen grosses Unglück trifft: erinnert sei an die Freiburger, die den Bernern helfen, ihre brennende Stadt zu

108 Lb V GR (1910), S. V.
109 SLZ 19 (1874), S. 10.
110 Ll di VD (1903), S. 132; Ll dm NE (1892), S. 382 f.; Ll dm BE (1918), S. 141 f. Vgl. Kap. 1.4.3., S. 101.

löschen.[111] Ein entsprechendes Beispiel zitiert das Appenzeller 5.-Klass-Lesebuch aus Dändlikers Schweizer Geschichte: Die Nidwaldner hatten im Jahr 1340 einen «bösen Grenzstreit» mit Luzern, als in der Stadt ein grosses Feuer ausbrach: *[Sie] vergassen die Feindschaft und handelten als Freunde, rüsteten Schiffe mit starken Männern und fuhren schnell nach Luzern, der Stadt zu helfen. Die Luzerner trauten zuerst nicht [...] und wollten sie nicht einlassen. Den treuen Unterwaldnern gingen die Augen über, und sie sagten: «Euer Leid ist unser Leid, liebe, getreue, biedere Eidgenossen! Wir sind hier, dass wir Euer Leib und Gut, Weib und Kinder und alles, was Euch lieb ist, retten und das Feuer löschen helfen, als brennten unsere eigenen Häuser!» Seit jenem Tag vertrugen sich die Luzerner und Nidwaldner gut.*[112] Nicht zufällig malen die Lesebücher solche Episoden mit viel Sentiment aus, denn sie illustrieren das für den Bestand der Eidgenossenschaft grundlegende Gebot und damit einen Hauptsatz nationaler Erziehung: In der Not muss der Gemeinschaftsgeist stärker sein als alle inneren Gegensätze.

Eine in den Ostschweizer Lesebüchern mehrfach wiederkehrende Anekdote erzählt von zwei Appenzeller Kriegern, die nach der Schlacht bei Vögelinsegg (1403) den schwer verwundeten Gegner Hartmann Renggli auf seine Bitten hin nicht totschlagen, sondern heim nach St. Gallen bringen, damit er von Frau und Kind noch Abschied nehmen kann. Jakob Kuoni, der diese Geschichte unter dem Titel *Feindesliebe* im St. Galler Lesebuch erzählt, lässt sie gemütlich ausklingen: Wenn die beiden Appenzeller später in die Stadt kamen, kehrten sie jedesmal «als treue Hausfreunde» in jenem Hause ein.[113]

Es mag erstaunen, wie unreflektiert noch der alte Brauch wiedergegeben wird, nach der Schlacht die schwerverwundeten Feinde, die nicht mehr fliehen konnten, einfach totzuschlagen. Immerhin war um 1900 das Internationale Rote Kreuz schon eine anerkannte Organisation; sein Initiant Henri Dunant ist aber merkwürdigerweise in der Deutschschweiz nicht zur Lesebuchfigur geworden.[114] Die «hilfreichen Krieger», wie sie das Glarner Lesebuch nennt,[115] warben bei kindlichen Gemütern wohl unmittelbarer für Schonung des verletzten Feindes, als der idealistische Genfer mit seiner schwierigen Biographie es getan hätte.

Hier muss noch einmal an die Kinder erinnert werden, von denen in historischen Zusammenhängen Vorbildliches erzählt wird. Die populäre Luzerner Sage von der

111 Lb V BE (1910), S. 199 f
112 Lb V AI (1905), S. 65; Lb V SG (1911), S. 55.
113 Lb V SG (1911), S. 55.
114 Vgl. Kap. 2.4.4., S. 217.
115 Lb VI GL (1909), S. 5.

verhinderten Mordnacht erschien in H. R. Rüeggs 5.-Klass-Lesebuch für den Kanton St. Gallen (1888) unter dem Titel *Geistesgegenwart eines Knaben*,[116] und die Innerschweizer Lesebücher pflegen das Andenken des «mutigen Schwyzerknaben», der seine Familie vor den plündernden französischen Soldaten zu schützen suchte.[117] Noch öfter wird die Geschichte vom furchtlosen Thurgauermädchen wiedergegeben, das während des Schwabenkriegs als Abgesandte der Eidgenossen ins feindliche Lager nach Konstanz geht: von der «jeune Suissesse» berichten auch Lesebücher der Romandie:

[...] un des soldat s'approcha d'elle et lui demanda d'un ton railleur: «Eh bien! que font donc les Suisses à Schwaderloo? – Ils vous attendent, répondit sans hésiter la jeune fille. – Combien sont-ils? – Assez pour vous repousser.» [...] Alors le soldat [...] lui dit: «Je te coupe la tête si tu ne nous dis pas leur nombre exactement. – N'avez-vous pas honte, grand héros, dit la jeune messagère, de vouloir tuer un enfant? Allez donc trouver nos guerriers, puisque vous êtes si brave; ils sauront mieux vous répondre que moi.» Etonné de sa fermeté, le soldat ne lui fit pas de mal, et ses compagnons, qui avaient été témoins de cette scène, admirèrent le courage, le sang-froid de la jeune Suissesse et se moquèrent de leur camarade.[118]

Es fällt auf, dass dieses Mädchen nicht nur mutig, sondern auch äusserst schlagfertig ist: eine der positiven Eigenschaften, die man weiblichen Wesen zugestand. Auch in der Sage vom bösen Vogt von Schwendi war das Bauernkind, das wegen seiner witzigen Antworten erschlagen wird, in einer frühen Fassung ein Mädchen.[119] Augustin Keller unternahm den Versuch, den Knaben des Tell als Identifikationsfigur und Träger von Erziehungsidealen einzuführen. In dem Gedicht *Walter Tell*, das allerdings um 1900 aus den Lesebüchern schon fast verschwunden ist, stellte er einen mutigen und braven Buben hin, der sich im Turnen und Schiessen übt und natürlich seinen Eltern aufs Wort gehorcht:

Walter Tell von Bürglen, des alten Tellen Kind,
war ein blonder Bube und flink, wie Gemsen sind.

[...]

Kräftig war sein Wesen und stark sein junger Mut;
konnte tüchtig ringen und traf die Scheibe gut.

116 Lb V SG (1888), S. 15 f.; vgl. Kap. 1.3.5., S. 83.
117 Vgl. Kap. 1.3.1., S. 73 und Lb IV SZ (1911), S. 44–46.
118 Ll dm BE (1918), S. 174 f.
119 Lb IV SZ (1911), S. 17 f. In diesem Zusammenhang erinnert man sich auch daran, dass die Frau Werner Stauffachers zuerst auf den rettenden Gedanken kommt, die Landleute sollten sich zusammenschliessen.

Und der Eltern Willen, den traf er ebenso;
fliegend folgt' er ihnen so lustig und so froh.

Aber galt's zu stehen, so stand er wie die Fluh,
sah dem Apfelschusse mit kühnem Auge zu.[120]

Dass dieses Urbild aller Schweizerknaben hier so banal gezeichnet ist, hat dem Gedicht wohl weniger geschadet als der Mangel an spannender Aktion. So ist mit ihm im Unterricht nichts anzufangen, und Walter Tell blieb in den Lesebüchern als Figur auf die Apfelschuss-Szene beschränkt.[121]

2.4.2. Gründerfiguren

Ganz anders natürlich *Wilhelm Tell* selbst, dem als Prototyp aller Helden unserer zweiten Gruppe nur Winkelried Konkurrenz machen kann. Zwar mussten sich alle Herausgeber von Lesebüchern mit dem Umstand auseinandersetzen, dass Tell nun in den Sagenbereich zu verweisen war. Als 1873 Seminardirektor Grütter von Hindelbank in einem Vortrag über die Resultate neuerer Forschung zum Schluss kam, die sagenhafte Überlieferung müsste im Geschichtsunterricht der Volksschule von nun an fallen gelassen werden, meldete sich in der Schweizerischen Lehrerzeitung der Korrespondent von Solothurn mit einem fulminanten Protest: Gewiss sollten Sagen und Legenden als solche erkannt werden und die historische Wahrheit nicht trüben. Doch würden ja auch die antiken Sagen an allen mittleren und höheren Lehranstalten gelehrt und gelernt.

Solange man der griechischen, römischen und germanischen mythologie und deren sagenkreisen di gnade der existenz gewärt, sollte man nicht in solch pietätsloser weise unserm nationalheros Tell das messer an den hals setzen.[122]

Nach 1875 greifen denn auch mit zwei Ausnahmen alle Kantone in ihren Lesebüchern das Thema «Tell» in irgendeiner Form auf. Nur ein paar Innerschweizer Lesebücher bringen die Tellüberlieferung ohne Vermerk, dass es sich um eine Sage handelt. Gavard für Genf und Jeanneret in *La Patrie* verzichten ganz auf Tell, während die kurz nach 1900 edierten Lesebücher der Waadt und des Wallis sich mit Schillers

---

120 Lb IV/V SO (1910), S. 77 und Lb V SO (1920), S. 222, behalten als einzige das Gedicht noch bei.
121 Einen Ausschnitt aus Jeremias Gotthelf, Der Knabe des Tell, bringt erst das Lb VI SO/BL (1959), S. 108–113.
122 SLZ 19 (1874), S. 9. Zur Diskussion um die Verwendung des Tell-Stoffes in der Befreiungssage als Elemente republikanischer Erziehung vgl. v. a. Scheller, Das Bild des Mittelalters, S. 302–311.

Apfelschuss-Szene behelfen. Das Basler Lesebuch begnügt sich mit der schon zitierten Beschreibung des Telldenkmals.[123] Alle andern Lesebücher geben mehr oder weniger deutlich zu erkennen, dass es sich bei Tell um eine Sagenfigur handelt. Das Zuger Lesebuch überschreibt das entsprechende Kapitel: «Was der Volksmund und alte Bücher berichten»; in Zürich hören die Schüler «Wie das Volk die Entstehung der Eidgenossenschaft erzählt», und das Solothurner Buch folgt einer «alten Volkssage». Solche Wendungen minderten die Wirkung des anschliessenden Textes bestimmt nicht. Sagen und Märchen erfuhren in den Schulbüchern dieser Jahre eine kontinuierliche Aufwertung. Sie galten einerseits als ergiebige Vorlage für die Spracherziehung und andererseits als Ausdrucksform der «Volksseele».[124] Es sollte auch nicht mehr lange dauern, bis Meinrad Lienerts Heldensagen die Lesebücher eroberten.

Ob als Sage gekennzeichnet oder nicht: Wie die Tellen- und die Befreiungsgeschichte der Waldstätte zu erzählen sei, stand in jeder Einzelheit fest. Da gibt es zwischen den mehr als ein Dutzend Fassungen der Deutschschweizer Lesebücher nur minime Abweichungen. Allein Alexandre Daguet folgt der französischen Tradition: in seiner Version, die das Lesebuch des Berner Jura übernimmt, macht Tell kürzern Prozess, greift sofort nach seinem kühnen Sprung vom Schiff zur Armbrust und erschiesst Gessler.[125] Alle andern übernehmen die Handlung so, wie sie Schiller auf Grund von Johannes von Müllers Texten verarbeitet und mit der Befreiungssage verknüpft hat. Die Besprechung der Tellsage in der 4. oder 5. Primarklasse dient auch der Vorbereitung auf die Lektüre von Schillers Drama. Sie ist in den Lehrplänen der Oberstufe überall vorgeschrieben, denn in der Rezeption des *Wilhelm Tell* gipfelt die nationale Erziehung der Schweizer Schuljugend. Der schon zitierte Artikel in der Schweizerischen Lehrerzeitung aus dem Jahr 1874 schreibt dazu:

Um auch den folgenden generationen Schillers «Wilhelm Tell» gleichsam als persisches feuer, an welchem sich der patriotismus der Schweizerjugend und ire begeisterung für di freiheit des vaterlandes entzünden können, ungeschmälert zu übermitteln, sollten auch fernerhin unsere kinder nicht ganz one kenntnis der Tellengeschichte bleiben.[126]

123 Ll dm VD (1903), S. 124–132.; Ll dm/s VS (1913), S. 205–207. Zu Lb IV BS (1901), S. 168 f. Vgl. Kap. 2.1.2., S. 166.

124 A. Berchtold, Wilhelm Tell, S. 199, zitiert Uhland: «Sinnreiche, volle Sagen, die am Eingang der urkundlichen Geschichte stehen, zeugen von dem Geiste des Volkes, das sie hervorgebracht hat; je weniger ihnen Tatsächliches zugrunde liegt, desto mehr sind sie ein Werk des Geistes.»

125 Ll dm BE (1918), S. 128–131. Vgl. A. Berchtold, ebd., S. 171, S. 284 f. Vorlage war wohl Jean-Pierre Claris de Florian, Guillaume Tell ou la Suisse libre, ein Roman, der 1801 erschienen war.

126 SLZ 19 (1874), S. 9. Zur Rezeption von Schiller in den Schweizer Schulen vgl. P. Utz, Die ausgehöhlte Gasse, S. 269 f.

Vor diesem nationalen Anliegen treten die Erwägungen, wie zwischen Geschichte und Sage unterschieden werden müsste, in den Hintergrund. Ohnehin verblassen die paar nüchternen historischen Fakten rasch neben dem spannenden Geschehen, das die Sage berichtet. Tell wird zumeist eingeführt als «redlicher, frommer» und «ehrbarer» Landmann, dazu natürlich als ein «berühmter Schütze und Schiffer». Im übrigen muss er nicht weiter charakterisiert werden; seine Taten – für die Primarschüler konzentrieren sie sich auf die Szenen beim Hut auf der Stange, den Apfelschuss, den Sprung aus dem Schiff und Gesslers Ermordung in der Hohlen Gasse – sind Aussage genug. Hingegen greifen einige Lesebücher die zweite Tellsage auf, die auch diesen Helden im Alter noch den Opfertod sterben lässt. Nach ihr rettet der achtzigjährige Tell ein Kind aus dem Wildwasser des Schächen und ertrinkt dabei. Die bekannteste Bearbeitung dieses Motives, das mehrere Dichter beschäftigt hat,[127] stammt wiederum von Uhland. Sein Gedicht *Tells Tod* hebt mit einem mächtigen Naturbild an, wie ja die Naturgewalten in den Innerschweizer Szenarien stets Hauptakteure sind.

Da braust der wilde Schächen
Hervor aus seiner Schlucht,
Und Fels und Tanne brechen
Von seiner jähen Flucht.

Er hat den Steg begraben,
Der ob der Stäube hing,
Hat weggespült den Knaben,
Der auf dem Stege ging.[128]

Zur Rührung des Lesers arbeitet Uhland den Gegensatz heraus zwischen dem jungen Rächer von damals und dem alten Mann, der sein Leben für ein Kind gibt.

Der Himmel hat dein Leben
Nicht für ein Volk begehrt;
Für dieses Kind gegeben
War ihm das Opfer wert.[129]

---

127 Von Schillers übermächtiger Präsenz befreit, können sie hier einen eigenen Beitrag zum Tellepos wagen: vgl. die Bearbeitung durch A. von Arx, Lb VI BE (1912), S. 191 f., und das Gedicht *Tells Tod* von einem nicht genannten Dichter, Lb IV SZ (1911), S. 120 f.: «Wohl hat der Tell so viel getan, / Dass sich die Knechtschaft wende / Und schön war seine Lebensbahn, / Doch schöner noch ihr Ende».

128 Lb IV SG (1901), S. 178 f. Die erste Strophe lassen die Lesebücher oft weg, weil sie sprachlich schwierig und wenig einprägsam ist. Sie deutet ein Naturereignis symbolisch aus und ist insofern in unsererem Zusammenhang wichtig: «Grün wird die Alpe werden, / Stürzt die Lawin' einmal; / Zu Berge ziehn die Herden, / Fuhr erst der Schnee zu Tal. / Euch stellt, ihr Alpensöhne, / Mit jedem neuen Jahr / Des Eises Bruch vom Föhne / Den Kampf der Freiheit dar.», Lb V SH (1910), S. 180.

129 Vgl. auch Lb IV GR (1909), S. 90 f. In den Lesebüchern der Zwanzigerjahre wird das Gedicht mehrfach zitiert.

Neben Tell und für pädagogische Zwecke mindestens so wichtig stehen *die drei Eidgenossen*, Anführer des Rütlischwurs. Im Gegensatz zum Einzelgänger Tell exemplifizieren sie, wie mutiger Einsatz für die gemeinsame Sache, verbunden mit Rücksicht auf die Partner, von jedem Einzelnen geleistet werden sollte.

Drei Männer waren die Häupter und Veranstalter dieser heimlichen Zusammenkünfte. Walter Fürst aus Uri, Werner Stauffacher aus Steinen in Schwyz und Arnold von Melchthal sind ihre Namen. Wie erzählt wird, hatte jeder die rohe Gewalttätigkeit österreichischer Landvögte erfahren. Die Not des Landes nicht weniger als ihre eigene ging ihnen zu Herzen, und sie gelobten sich feierlich, Abhilfe zu schaffen. [...] Sie überlegten in feierlichem Ernst, wie die Burgen der Vögte zu brechen und das Land zu befreien sei. Treu und fest wollten die drei Länder zu diesem Werke zusammenstehen. [...] Ihre Absicht war nur, ihre alten Rechte zu wahren und die Vögte, die man ihnen entgegen allem Rechte gegeben hatte und welche ihre Gewalt aufs schnödeste missbrauchten, zu vertreiben. Durch vereinte Kraft wurde dieses Ziel am Neujahrstag 1308 auch erreicht.[130]

Die Akzente sind deutlich gesetzt und die Männer in diesem Text absichtlich nicht als Individuen charakterisiert, sondern nur als Träger der guten Eigenschaften: Treue, Rechtlichkeit und Freiheitsliebe ohne Rachsucht. Schon hier taucht die Devise «Einer für Alle, Alle für Einen» auf, ohne die bald kein Lesebuch mehr auskommt. Andere Fassungen erzählen ausführlich von Melchthals Unglück und Stauffachers Begegnung mit Gessler, doch immer legen sie den Hauptakzent auf die Zuverlässigkeit der Männer, die diszipliniert den rechten Moment zum Kampf für die Freiheit abwarten. Stauffachers Frau Gertrud, unter den vielen Männergestalten der Schweizer Geschichte eines der seltenen weiblichen Elemente, kann hier nur am Rand erwähnt werden, denn gross ist der ihr reservierte Platz nicht. Alle Lesebücher, die Stauffachers Zusammenstoss mit Gessler erzählen, nennen zwar die gute Ratgeberin.[131] Der Anstoss zur Verständigung mit Gesinnungsgenossen und zur Selbsthilfe geht auf sie zurück. Die Illustration des Zuger Lesebuches zeigt das Wandgemälde am Rathaus von Schwyz: da steht sie, eine imposante Helvetiagestalt, hoch aufgerichtet neben ihrem mutlos zusammengesunkenen Manne.[132] Doch damit ist ihre Rolle auch erfüllt.

---

130 Lb VI BE (1912), S. 184 f. Schon zur Zeit der Helvetik wurde der Rütlischwur im Vergleich zur Tellensage aufgewertet: vgl. P. Utz, die ausgehöhlte Gasse, S. 35; R. Labhardt, Tells revolutionäre und patriotische Maskeraden. Die Lesebücher für die Mittelstufe müssen sich um diese Diskussion nicht kümmern.

131 Im Lb V SZ (1895/1911), S. 267, und Lb IV ZG (1903), S. 246, heisst sie noch Margaretha Herlobig.

132 Lb IV ZG (1903), S. 246.

Dass von allen Schweizern nur die Waldstätte seit Urzeiten ihre besondern Freiheitsrechte besessen hätten, hält noch das Schwyzer Lesebuch von 1911 ohne Einschränkung fest: *Während das heutige Schweizerland im Laufe der Zeiten von verschiedenen Fürsten und Herren regiert wurde, hatten die Bewohner der drei Länder Uri, Schwyz und Unterwalden niemals eine Oberherrschaft anerkannt. Seit uralten Zeiten waren sie ein freies Hirtenvolk geblieben. Zwischen hohen Bergen eingeschlossen lebten sie glücklich und zufrieden vom Ertrage ihrer Viehzucht. Ihre Sitten waren einfach. Die Freiheit war ihr höchstes Gut. Um sich dieselbe zu wahren, begaben sie sich freiwillig unter den unmittelbaren Schutz des deutschen Kaisers.*[133]

Die andern Lesebücher umschreiben viel vorsichtiger die komplizierten Rechts-verhältnisse. Sie sind jedoch so schwer zu formulieren und für Primarschüler verständ-lich zu machen, dass diese Passagen im historischen Teil der Schulbücher vom Freiheits-mythos, dem Schiller die gültige Form gegeben hat, immer wieder überschwemmt werden, denn an ihm soll sich die Schweizer Jugend ja gesinnungsmässig orientieren:

«Wilhelm Tell» [ist] der Idee nach die Verherrlichung der Gründung des Schweizer-bundes, eine Verherrlichung des gesamten Schweizervolkes als ein wahrhaft freies, als ein Volk, das der Freiheit würdig ist.[134]

Mit Wilhelm Tell kann es an Berühmtheit und Omnipräsenz in den Lesebüchern nur *Arnold von Winkelried* aufnehmen, der zudem den Vorzug hatte, dass er gemeinhin bis weit ins 20. Jahrhundert hinein als historisch bezeugte Persönlichkeit angesehen wurde. Es ist interessant zu beobachten, wie die inhaltlich stark von einander abwei-chenden Chronikberichte über die Schlacht bei Sempach (1386) auch in den Lese-büchern zu leicht variierenden Erzählungen verarbeitet werden – bis auf den einen entscheidenden Moment, da Winkelried eingreift, seinen Mitstreitern aufmunternde letzte Worte zuruft, die feindlichen Speere an sich reisst und von ihnen durchbohrt zusammenbricht.[135] Gerade die Szene, die in den zeitgenössischen Darstellungen der Schlacht gefehlt hatte und erst fünfzig Jahre später in der Chronik von Zürich in einer noch wenig ausgeformten Version auftauchte, wurde durch die Jahrhunderte hindurch zum unverrückbar feststehenden Kerngeschehen der Sempachtradition.[136] Alle Lese-bücher schildern diese Phase der Schlacht wie nach einem Augenzeugenbericht:

133 Lb V SZ (1895/1911), S. 263.
134 SLZ 19 (1874), S. 9.
135 Zur Winkelried-Überlieferung und ihrer Einordnung in den historischen Zusammenhang vgl. B. Suter, Arnold von Winkelried; B. Helbling, Der Held von Sempach; W. Schaufelberger, Die Zeit des Sempacher Krieges; G. P. Marchal, Leopold und Winkelried.
136 Zur Chronistik, die zugleich auch Polemik ist zwischen der Adelspartei und den Anhängern der

[Die Ritter] glaubten, das Hirtenvolk schnell [...] besiegen zu können. Da von einem Kampf zu Pferde nicht die Rede sein konnte, stiegen sie ab und ordneten sich zur Schlacht. Dicht gedrängt stellten sie sich nebeneinander und bildeten mit ihren vorgehaltenen fast fünf Meter langen Lanzen eine undurchdringliche eiserne Mauer. Auch die Eidgenossen machten sich kampfbereit. Sie stellten sich im Spitz oder Keil auf, so dass drei tapfere Krieger zuvorderst, hinter diesen fünf, dann sieben [...] standen. Den rechten Flügel hatten die Luzerner, den linken die Unterwaldner, die Mitte die Urner und Schweizer inne.[137]

So genau wissen es die Lesebücher dank Karl Dändlikers Schweizer Geschichte und Wilhelm Oechslis *Gedenkblatt für die Fünfhundertjährige Schlachtfeier von Sempach.* Vergeblich rennen die Eidgenossen gegen diese eiserne Mauer an; bald droht ihnen gar die Umzingelung:

Da wollten die Östreicher einen Kreis bilden, um die Eidgenossen gefangen zu nehmen. In dieser höchsten Not trat Arnold Winkelried aus Stans vor die Reihen und rief: «Treue, liebe Eidgenossen, ich will euch eine Gasse machen! Sorget für mein Weib und meine Kinder!» Mit diesen Worten sprang der grosse starke Mann an den Feind, fasste beide Arme voll Spiesse und drückte sie mit gewaltigem Leibe zu Boden. Über den Helden brachen die Eidgenossen wie ein verheerender Waldstrom in die Reihen der Feinde.[138]

Wir sind gewohnt, die Winkelried-Erzählung so zu hören; wenn wir aber einmal von dieser Vertrautheit absehen, fällt zum Beispiel auf, mit welchem Nachdruck auch Historiker Ende des 19. Jahrhunderts daran festhalten, dass die schwer gepanzerten Ritter zu Fuss mit fünf Meter langen eisenbeschlagenen Speeren in der Sommerhitze gegen die Eidgenossen gekämpft hätten.[139] Wichtig ist offenbar das Bild der eisernen Wand, die sich um das fromme Hirtenvolk zu schliessen droht und dank der Opfertat des Helden aufgesprengt wird. Da ist eine Urangst der Schweizer sichtbar gemacht, die gerade zu dieser Zeit wuchs: die Angst, von starken, «eisernen Mächten» umklammert und erdrückt zu werden. Winkelried wird in aktualisierender Deutung zum grossen Vorbild für Verteidigungswillen und Opferbereitschaft dem Vaterland zuliebe:

Den Namen Winkelried muss jeder Schweizer im teuersten Andenken bewahren. Wer

Eidgenossen, vgl. R. Gamper, Die Zürcher Stadtchroniken; B. Stettler, Geschichtsschreibung im Dialog; F. Graus, Europa zur Zeit der Schlacht bei Sempach, S. 3 f.; G. P. Marchal, Nouvelles approches des mythes fondateurs suisses.

137 Lb V AI (1905), S. 82; ebenso Lb V SG (1911), 87 f.
138 Lb V GL (1908), S. 37 f.
139 Zu den Langspiessen, die als Waffe der Ritter einen Anachronismus darstellen, vgl. B. Suter, Arnold von Winkelried, S. 26 f.

sein Leben für sein Vaterland und seine Mitbürger hingibt, beweist die grösste Liebe.
[...] Sein Name wird in Ehren gehalten, so lange es Schweizer gibt.[140]
Die Zweifel der kritischen Forschung an Winkelrieds Existenz, die von Johannes Dierauer 1887 vorsichtig formuliert wurden,[141] wollten die Lesebücher nicht zur Kenntnis nehmen. So schreibt Alfred Cérésole im Waadtländer Lesebuch für die Oberstufe: *Sempach apparaît comme le couronnement de cet âge héroïque. La critique historique pourra noircir beaucoup de papier encore, elle ne réussira pas à faire oublier l'acte de dévouement du «héros de Sempach», ni à empêcher de célébrer l'anniversaire de cette victoire. Pour le bon sens populaire et pour le vrai patriotisme, ce n'est pas un seul sacrifice, comme celui de Winkelried, qui a dû s'opérer, le 9 juillet 1386, mais plusieurs. [...] Honneur donc à ces deux cents braves qui, avec Winkelried et près de lui, ont librement donné leurs vies pour la patrie, le bon droit et la liberté!*[142]
Das Opfer des Einzelnen hat nur einen Sinn, wenn es die Gemeinschaft ihrerseits zu richtigem Handeln anspornt; auch Edouard Secrétan greift diesen Gedanken auf, wenn er am Schluss seines Sempachtextes das Winkelrieddenkmal in Stans beschreibt: *C'est un groupe en marbre, oeuvre d'un grand artiste, Schloeth. Elle représente le cadavre de Winkelried, qui tombe sur les lances brisées, et un jeune Suisse qui brandit son morgenstern. Elle est grande, car elle inspire l'enthousiasme et le dévouement.*[143]
Weil Winkelrieds Tat seinen Kampfgenossen anfeuerndes Beispiel ist, bilden die letzten Worte, die er ihnen zuruft, einen unentbehrlichen Bestandteil der Erzählung. Auch an ihnen haben die Chronisten gearbeitet, bis sie den richtigen Klang hatten und von da an fest standen.[144] In den Lesebüchern steht der Ruf so, wie er Ende des 19. Jahrhunderts am häufigsten zitiert wurde: «Eidgenossen! Ich will euch eine Gasse machen, sorget für mein Weib und meine Kinder!» Das Schaffhauser Lesebuch fügt hinzu: «Darum nennt man heute die Stiftung, die bestimmt ist, für die Hinterlassenen im Dienst gestorbener oder im Felde gefallener eidgenössischer Soldaten zu sorgen, den Winkelriedfonds.»[145]

---

140 Lb V GL (1908), S. 38. W. Oechsli schreibt im Gedenkblatt, S. 8: «Teure Schweizerjugend, auf der die Hoffnung und die Zukunft unseres Landes beruht, [...] senke das Bild Arnold Winkelrieds tief in deine Seele, glühe, wie er, für Freiheit und Vaterland! Dann wird sich wiederholen, was bei Sempach geschehen ist: Der scheinbar Schwache wird über den Starken, die Minderzahl über die Masse, die Freiheit über die Fürstenmacht siegen, und unser Vaterland wird fest und sicher stehen, wie die Felsmauer der Berge, die seine Geburtsstätte am Vierwaldstättersee umkränzen.»
141 J. Dierauer, Geschichte der schweizerischen Eidgenossenschaft 1, S. 325 f. Anm. 1. Der im 19. Jahrhundert heftig geführte Kampf der Gelehrten um Winkelrieds Historizität wurde von einem breiteren Publikum in der Schweiz nicht registriert: vgl. B. Suter, Arnold von Winkelried, S. 279–303.
142 Ll ds VD (1908), S. 175 f.
143 Ll dm GE/NE (1910), S. 149.
144 Vgl. B. Suter, Arnold von Winkelried, S. 35 f., 181–200; B. Helbling, Der Held von Sempach, S. 64 f.

Im grossen Schatten Winkelrieds stehen viele Kriegshelden der Schweizer Geschichte und Sage. Die Lesebücher der Stadt Basel und des Kantons Aargau ziehen dem Unterwaldner Helden Niklaus Thut vor: der Zofinger Schultheiss war auch bei Sempach gefallen, jedoch auf österreichischer Seite, und hatte noch im Sterben das Banner der Stadt gerettet.[146] Der gewaltige Kampf des Uli Rotach[147] gegen seine übermächtigen Feinde gehört zur Geschichte der Appenzeller Kriege ebenso wie Benedikt Fontanas Heldentod in der Schlacht an der Calven zur Schilderung des Schwabenkriegs. Fontana wird mehrfach ein zweiter Winkelried genannt, und auch sein letzter aufmunternder Zuruf an die mitkämpfenden Landsleute ist zum Sprichwort geworden.[148]

Aus der Heldenschar sei hier nur noch *Rudolf von Erlach* herausgegriffen, der Führer der Berner in der Schlacht bei Laupen (1339), denn in der Rolle, die ihm Justingers Chronik und ihr folgend einige Lesebücher zuweisen, spiegelt sich auch die besondere Stellung und Politik Berns innerhalb der Eidgenossenschaft. Als Gefolgsmann des Grafen von Nidau und zugleich Bürger der Stadt muss er sich bei Kriegsausbruch für eine Partei entscheiden und wählt Bern.

Gehet immerhin, soll ihm der Graf geantwortet haben, auf einen Mann mehr oder weniger kommt es mir nicht an. Rudolf von Erlach antwortete bieder: Ihr sagt, ich sei ein Mann, als ein Mann will ich mich zeigen.[149]

Das Kommando über den Berner Auszug will er zuerst nicht übernehmen, denn «er fürchte, dass die Handwerker ihm, dem Adeligen, nicht gehorchen würden». Sie müssen zuerst schwören, ihm «ohne allen Widerstand gehorsam zu sein bei Leib und Leben». Es leuchtet ein, dass längst nicht alle Kantone diesen aristokratischen Berner in ihre Lesebücher aufnehmen; wenn er eingeführt wird, dann in der Rolle des kompetenten Offiziers, der bei seinen Truppen für gute militärische Ordnung sorgt: so sieht man ihn in Bern, Zürich, St. Gallen und Graubünden.[150] Eine gesamtschweizerische Bedeutung und Integrationswirkung kommt aber Rudolf von Erlach ebenso wenig zu wie den zuvor genannten Helden; Winkelried bleibt da mit Tell und den drei Eidgenossen zusammen eine Kategorie für sich.

145 Lb VI SH (1916), S. 131.
146 Vgl. Kap. 1.4.3., S. 108 f.
147 Vgl. Kap. 1.3.6., S. 87 f.
148 Vgl. Kap. 1.2.5., S. 62. Vgl. C. Willi, Calvenschlacht und Benedikt Fontana.
149 Lb V BE (1910), S. 196.
150 Lb V GR (1910), S. 28: «Den Feind fürchte ich auch jetzt nicht, aber euern Ungehorsam», sagt hier von Erlach als Truppenerzieher zu den Männern, «Euer Feldhauptmann kann ich nicht sein, wenn ihr euch nicht eine strengere Kriegszucht als bisher gefallen lasset und mir nicht volle Gewalt gebt, selbst über Leben und Tod; denn wisset, dass nur die Ordnung zum Siege führt».

Bevor wir zur Gruppe der historischen Persönlichkeiten übergehen, muss daran erinnert werden, dass die Lesebücher der katholischen Kantone zu den vorbildlichen Gestalten der Vergangenheit vor allem auch die Heiligen zählen, die in der Schweiz besonders verehrt werden: Kirchen- und Landesgeschichte fliessen da zusammen. Von ihnen wird Niklaus von Flüe als gesamtschweizerisch wichtigste Figur zu besprechen sein. Die legendären, deshalb aber nicht weniger bekannten Glaubensboten, die Bringer des Christentums – Beatus, Mauritius, Gallus, Fridolin und Meinrad – haben in den nichtkatholischen Lesebüchern wohl auch ihren Platz in der Lokalgeschichte, doch bleiben sie sehr fern gerückt und ohne Eigenschaften, mit denen die Schüler sich identifizieren könnten oder sollten.

2.4.3. Stifter und Gönner

Als erste für die gesamte Schweiz wichtige historische Persönlichkeit nennen die Lesebücher in zwölf Kantonen *Karl den Grossen.*[151] Der Herrscher wird gezeigt als Schützer der Kirche und Ordner des Reiches, der für Verbreitung des Christentums, für gute Verwaltung und Rechtssprechung sorgte. Die weitherum bekannte Zürcher Sage von der Schlange, der Karl ebenso zu ihrem Recht verhilft wie den Menschen, erzählen ein paar Lesebücher der Ostschweiz und das von Bern, während in ländlichen Kantonen Karl auch als Förderer der Landwirtschaft erscheint. «Seine vielen Höfe und Landgüter dienten allen Landwirten der Umgebung als Muster der Arbeitsamkeit, Ordnungsliebe und Sparsamkeit.»[152] Im Zuger Schulbuch werden diese königlichen Gutshöfe wie Vorläufer landwirtschaftlicher Schulen beschrieben:
Er beförderte [...] die Landwirtschaft, den Gemüsebau, liess die Obstbäume veredeln, die Wälder lichten, die Sümpfe austrocknen, Wege und Brücken anlegen. Überall ging er selbst mit gutem Beispiel voran. Die königlichen Höfe waren Musterwirtschaften, von welchen das Volk lernen konnte, wie es das Land zu bebauen habe.[153]
Als guter Hausvater wirkt Karl auch an seinem Hofe. Das Berner Lesebuch lobt: «Wie er in seinem weiten Reiche überall auf strenge Ordnung hielt, so war er auch als Familienvater ein Muster von Sparsamkeit, Einfachheit und Ordnung. Er trug Kleider, die seine eigenen Töchter gewirkt hatten.»[154]

---

151 Zu Karl dem Grossen in den Zürcher Schulbüchern vgl. H. U. Scheller, Das Bild des Mittelalters, S. 317, 324–326.
152 Lb V SZ (1895/1911), S. 263.
153 Lb IV ZG (1903), S. 222.
154 Lb VI BE (1912), S. 219.

Dieses Bild des sparsamen, allem Luxus abholden Patriarchen erhält im Glarner Lesebuch noch ein paar zusätzliche Retouchen: «Er hatte keine Zeit, sich an glänzenden Hoffesten zu ergötzen. Auch seine Gemahlin und seine Töchter hielt er zur Arbeit an. Sie mussten die Kleidung selbst verfertigen, gerade wie die Bauersleute.»[155]

Es folgt die Anekdote, wie Karl seine Hofleute von ihrer Eitelkeit kuriert: nach einer Jagd bei Regenwetter durch Wald und Dornenhecken sehen ihre teuren, modischen Kleider jämmerlich aus, sein einfacher Wolfspelz aber ist unbeschädigt. Die Moral von der Geschichte ist klar: Karls Beispiel führt den Schweizer Kindern vor Augen, was rechte Haushaltung ist, dass «fremde Moden» niemandem gut bekommen und dass auch dem Wohlhabenden eine bescheidene Lebensweise am besten ansteht.

Noch beliebter ist Karl als Patron der Volksschule. Kaum ein Lesebuch lässt sich den Hinweis auf die fehlende Schulbildung des Königs entgehen:

Er selbst hatte in seiner Jugend, aus Mangel an Gelegenheit, wenig gelernt. Aber er gab sich im Alter noch Mühe, geschickter zu werden. So lernte er noch Latein und Griechisch; auch im Rechnen übte er sich. Mit dem Schreiben aber wollte es ihm nicht recht gelingen, weil seine Finger schon zu steif waren. Er hatte unter dem Kopfkissen beständig eine Schreibtafel, und wenn er des Nachts nicht schlafen konnte, bemühte er sich, mit Sorgfalt die vorgeschriebenen Buchstaben nachzuzeichnen.[156]

Bei dieser Lektüre versäumt es wohl kein Lehrer, seine Schüler zu mahnen, die Jugendjahre, in denen man «leicht lernt», gut zu nutzen. Andererseits bildet die vom St. Galler Mönch Notker Balbulus überlieferte Anekdote von Karls «Schulbesuch» dankbaren Lesebuchstoff, der jedoch signifikant variiert wird: dem Schwyzer Lesebuch zufolge lässt der Kaiser von «den Pfarrgeistlichen in allen Gemeinden Schule halten, damit die Kinder im christlichen Glauben, im Lesen und Singen unterrichtet würden»;[157] in Gerold Eberhards Fassung werden die Kinder in «Lesen, Schreiben, Rechnen und im Christentum» unterwiesen, während das Zürcher Lesebuch diese Pflichtfächer noch erweitert und hier die Kinder «Unterricht in der christlichen Lehre, im Lesen, Singen und Rechnen, im Schreiben und in der Grammatik» erhalten.[158] Das Glarner Lesebuch berichtet, Karl habe verordnet, «dass jeder Bürger seinen Sohn zur Schule schicke», eine obligatorische Schulpflicht also schon um das Jahr 800, und das Berner Lesebuch behauptet sogar, es sei dem König «geglückt, die Volksschule zu heben, weil er sich oft persönlich als unerwarteter Inspektor einstellte».[159] Da entsteht

155   Lb V GL (1908), S. 15, *Karl und die fremden Sitten.*
156   Lb IV BS (1901), S. 119.
157   Lb IV SZ (1911), S. 262.
158   Eberhards Text bringen Lb VI BE (1912), S. 219; Lb IV BS (1901), S. 119 und Lb V ZH (1906), S. 155.
159   Lb V GL (1908), S. 14; Lb VI BE (1912), S. 219.

der Eindruck, dass der neue Lehrplan des ausgehenden 19. Jahrhunderts auf die Zeit Karls des Grossen zurückprojiziert werden sollte. Wie Karl eine Schülerschar examiniert, die Fleissigen lobt und die Faulen tadelt, erzählen die Lesebücher der Romandie besonders ausführlich. Das Walliser Schulbuch gibt Notkers Vorlage genau wieder: *Charles [...] se fit amener les enfants des écoles du palais et voulut qui'ils lui montrassent leurs lettres et leurs vers. Les élèves sortis des classes moyenne et inférieure présentaient des ouvrages qui passaient toute espérance; les nobles, au contraire, n'eurent à produire que de froides et misérables pauvretés.*[160] Den Fleissigen verspricht der Herrscher in Zukunft reiche Bistümer und Abteien. Den Faulen zu seiner Linken dagegen wird ihre vornehme Herkunft nichts nützen. Als die gängigste Bearbeitung im deutschen Sprachbereich erweist sich schon um 1900 Karl Geroks Gedicht *Kaiser Karls Schulprüfung*. Man lernte auswendig und kann heute noch zitieren:

Gleich wie der Hirte schied er da die Böcke von den Schafen;
zu seiner Rechten hiess er steh'n die Fleissigen, die Braven.
Da stand im groben Linnenkleid manch schlichtes Bürgerkind,
manch Söhnlein eines armen Knechts von Kaisers Hofgesind.
Dann rief er mit gestrengem Blick die Faulen her, die Böcke,
und wies sie mit erhobner Hand zur Linken in die Ecke. [...][161]

Dieser Kaiser Karl im Bürgerkostüm war noch zur Zeit des Zweiten Weltkriegs beliebt.

Das weibliche Gegenstück zu Karl dem Grossen ist Königin *Bertha von Burgund*. Sie, die Schutzpatronin des Waadtlandes und zugleich aller arbeitsamen Frauen und Mädchen, ist schon besprochen worden; hier bleibt als Nachtrag zu melden, dass sie in dieser zweiten Funktion über ihr ursprüngliches Herrschaftsgebiet hinaus vor allem die Lesebücher der kleinen, ländlichen Kantone ziert. Das Glarner Lesebuch betont, dass diese Frau, die um 950 über die Westschweiz regierte, «in der Ostschweiz geboren» sei.[162] Als Vorlage dient ein Text von Gerold Eberhard, der Bertha traditionsgemäss als gute Landesmutter und sparsame Haushälterin schildert: «Sie hatte schon als kleines Mädchen im Hause ihrer Mutter nähen, weben und spinnen

160 Ll dm/s VS (1913), S. 237. «Gedichte und das Einmaleins» müssen die Kinder nach Lb IV SG (1901), S. 169, vor dem Kaiser aufsagen.
161 Lb V ZH (1906), S. 157–159.
162 Lb V GL (1908), S. 16 f. Bertha war die Tochter des Herzogs Burckhard von Schwaben; vgl. Kap. 1.6.3., S. 155 f.

gelernt. Als sie Königin geworden war, machte sie sich ihre Kleider immer noch selber.»[163]

Sie lässt das von den Ungarn zerstörte Land wieder aufbauen, richtet wie Kaiser Karl gut geordnete Landwirtschaftsbetriebe ein, bleibt nie müssig: ihre Spindel begleitet sie überall hin. Von Pater Gall Morel, dem Schwyzer Pädagogen und Dichter, stammt das Gedicht *Die Königin und das Hirtenmädchen*, das den Weg in einige katholische Lesebücher gefunden hat. Im Zentrum steht hier das fleissige Hirtenkind:

Im Schweizerland hütet auf lieblicher Weide
Die Lämmer ein Mädchen in ärmlichem Kleide.
Doch wollte sie nicht, wie Schäfer sonst tun,
Nur müssig auf grünendem Rasen ruh'n.

Ein andres ersinnet das fleissige Mädchen.
Wie schnurret die Spindel, wie glänzet das Fädchen!
Die Hirtin verachtet den müssigen Tand
Und spinnet sich emsig ein neues Gewand.[164]

Das Mädchen wird von der guten Königin belohnt, die «Fräulein des Hofes» aber haben das Nachsehen.

Rudolf von Habsburg ist die dritte und letzte Herrschergestalt, der in den Lesebüchern der Schweiz ein Ehrenplatz eingeräumt wird. Sie alle berichten von seiner Klugheit, der Tatkraft und Kriegstüchtigkeit, die seinen glücklichen Aufstieg und den erfolgreichen Kampf in Fehden und gegen Raubritter ermöglichten. Als Verbündeter der Zürcher besiegt er listig die Herren der umliegenden Burgen; Baldern, Uetliburg und das Städtchen Glanzenberg fallen seinen Anschlägen zum Opfer. Bei der Beurteilung seines Charakters gehen die Meinungen jedoch auseinander. In den Lesebüchern der Innerschweiz, Appenzells, St. Gallens und der Romandie ist Rudolf in erster Linie ein frommer Mann: einem Priester, der mit dem Allerheiligsten zu einem Kranken eilt, schenkt er sein Pferd,[165] und weil er dem Erzbischof von Mainz sicheres Geleit gibt durch das unruhige Land, wird er später dank diesem Gönner zum deutschen König gewählt.[166] Die Schulbücher der Ost- und Nordschweiz zeichnen diese historisch gut bezeugte Persönlichkeit differenzierter, geben ihr auch widersprüchliche Züge. Das

163 Lb V AI (1905), S. 40.
164 Lb V SZ (1895/1911), S. 165 f. und Lb V UR (1921), S. 44 f. Zu Pater Gall Morel vgl. Kap. 1.3.,
     S. 67.
165 Lb V GL (1908), S. 20; vgl. W. Treichler, Mittelalterliche Erzählungen um Rudolf von Habsburg.
166 Lb IV ZG (1903), S. 231.

Zürcher Lesebuch schildert den ehrgeizigen Jüngling: «Er brannte vor Begierde, Eroberungen zu machen. Mit seinen adeligen Nachbarn, ja sogar mit seinem Oheim, dem Grafen von Kyburg, führte er Krieg. Fehde folgte auf Fehde.»[167] Dann aber kommt er zur Einsicht, «dass er sein Ziel auf anderm Wege besser erreiche. Er wurde leutselig, zuvorkommend gegen jedermann». Kritischer tönt das Urteil im Bündner Lesebuch.

Gegen den gemeinen Mann zeigte er sich sehr leutselig. Er verkehrte mit ihm wie mit seinesgleichen, war sehr witzig und unterhaltend. Dadurch gewann Rudolf die Herzen des Volkes. [... Er] handelte nicht aus Güte so, sondern aus Klugheit. Er gewann durch die Verbindung mit Städten und Ländern der Schweiz sehr viel. Mit ihrer Hilfe eroberte er zahlreiche Gebiete der Adeligen und behielt sie für sich.[168]

Hier wird auch notiert, dass der Bischof von Basel nach der Wahl Rudolfs zum König ausgerufen haben soll: «Nun setz dich fest auf deinen Thron, lieber Herrgott, sonst stösst dich dieser Rudolf auch noch herunter.»

Rudolfs Politik war auch für die Historiker nicht leicht zu beurteilen: hatte unter ihm schon die Unterdrückung der Waldstätte angefangen, oder wurde sie erst unter Rudolfs Sohn Albrecht eingeleitet? Während das Bündner Lesebuch die erste Version vertritt und erklärt: «Als Rudolf im Jahre 1291 starb, atmete alles freier auf» (S. 15), folgt die Mehrzahl der Lesebücher Aegidius Tschudi und Johannes von Müller, die in Rudolfs Sohn Albrecht den Ursprung allen Übels sehen.[169] Dem Berner Lesebuch hat es die schlichte Lebensweise Rudolfs angetan:

Köstliche Speisen und prächtige Kleider hasste er. Als seine Krieger einst im Felde über Hunger klagten, zog er in einem nahen Acker eine Rübe aus, ass sie und empfahl seinen Leuten, das Gleiche zu tun. Seine Frau und seine Töchter mussten ihm die Kleider selber machen. Wenn er im Kriege oder auf der Jagd sein Kleid zerriss, so flickte er es mit eigener Hand.[170]

Das Aargauer Lesebuch von 1913 macht aus Rudolf eine Art Pfadfinder und schreibt ihm als Devise zu: «Sein Sprichwort war: Selbst ist der Mann!»[171]

Auch diese Herrscherpersönlichkeit dient so zur Demonstration, dass es ein Mann trotz ungünstigen Startbedingungen weit bringen kann, wenn er das einfache Leben dem Luxus vorzieht, jederzeit seine Chancen tüchtig nutzt und die Erwartungen, die

---

167 Lb V ZH (1906), S. 170.
168 Lb V GR (1910), S. 14.
169 Zu Tschudis Version, die seine eigene Schöpfung ist, vgl. B. Stettler, Einleitung zur Edition der Urschrift, S. 20*–32*.
170 Lb VI BE (1912), S. 181.
171 Lb V AG (1913), S. 170.

man in ihn gesetzt hat, erfüllt. Zu Rudolfs freiem Umgang mit dem einfachen Bürger existieren mehrere Anekdoten. Während die etwas farblose Geschichte von Rudolfs Einkehr bei einem arbeitsamen Gerber in Basel gerne zitiert wird, scheiden sich die Geister bei der schwankähnlichen Episode vom Zusammentreffen Rudolfs mit einer Bäckersfrau, die ihn für einen zudringlichen Bettler hält und mit Wasser begiesst. Sie passt nicht recht zu der frommen Priesterbegegnung, und so kommen die beiden Stücke auch nie in einem Lesebuch gleichzeitig vor.[172]

2.4.4. Leitfiguren

Niklaus von der Flüe – wie er um 1900 noch allgemein genannt wird – ist in dieser Reihe die dankbarste Gestalt. Er entsprach schon zu Lebzeiten dem Ideal des «Gottesfreundes», einer die «aktiven und kontemplativen Fähigkeiten seiner Zeit in sich integrierenden Persönlichkeit», der in einer starken mystischen Tradition stand und zugleich als Ratgeber auf seine Zeitgenossen einen grossen Einfluss ausübte.[173] Die vielen überlieferten Daten aus seiner Biographie geben idealen Lesebuchstoff ab, den die Textschreiber nach ihrem eigenen Gutdünken verschieden gewichten können. Aus seiner Jugend ist nur Gutes zu berichten: «Schon als Knabe zeichnete er sich durch Freundlichkeit, Friedfertigkeit und Wahrheitsliebe aus. Seine Bekannten rühmten von ihm, dass sie nie ein unanständiges und unwahres Wort aus seinem Munde gehört hätten.»[174] Etwas handfester betont das Bündner Lesebuch, er sei als Bauernsohn aufgewachsen, habe nie eine Schule besucht und weder lesen noch schreiben können. «Er musste zu Hause käsen, buttern, heuen und das Vieh hüten.»[175] Die Kriegsereignisse um die Mitte des 15. Jahrhunderts betrafen auch ihn: «Als Jüngling [hatte er] den alten Zürcherkrieg und den Eroberungszug in den Thurgau mitgemacht und dabei seine Kampfgenossen zur Schonung von Witwen und Waisen, von Kirchen und Klöstern gemahnt.»[176]

---

172 Von der Bäckersfrau erzählen die Lesebücher von Bern, Solothurn, Basel-Stadt, Thurgau und Zürich.
173 Vgl. A. Haas, Mystik und Politik. Bruder Klaus und die Mystik in der Schweiz, S. 110–117.
174 Lb IV/V SO (1910), S. 175. Im Gedicht *Der selige Nikolaus von Flüe* von Gall Morel ist der Knabe ein Vorbild für alle guten Kinder, katholisches Pendant zu Augustin Kellers *Walter Tell*: «Wo ist ein Knabe fromm und gut / Wie Nikolaus von der Flüe, / Der stets der Jugend Pflichten tut, / Der Jugend Fehler nie? [...] / Ein Wink war ihm genug, ein Wort / Ihm heiliges Gebot. / Er säumte nicht; er eilte fort / Zu Arbeit, Pflicht und Gott», Lb IV SZ (1911), S. 81 f.
175 Lb VI GR (1912), S. 29.
176 Lb V SZ (1895/1911), S. 291.

Im selben Zusammenhang hebt das Genfer Lesebuch hervor, dass Niklaus von der Flüe seine «Wehrpflicht als Schweizer» erfüllte habe: «Quand sa patrie fut en danger, il servit comme tous les Suisses de ce temps et porta les armes avec honneur dans la guerre de Zurich. Après la victoire, il se fit remarquer par son humanité.»[177] In Bern hören die Kinder vor allem, dass er in seiner ersten Lebenshälfte ein arbeitsamer Hausvater und guter Bürger gewesen sei.

Als Mann bewirtschaftete er mit Fleiss und Umsicht sein Heimwesen und war seiner zahlreichen Familie ein treuer und liebevoller Vater. Daneben diente er mit Rat und Tat seinen Mitmenschen und seinem Vaterlande. Da er verständiger und einsichtiger war als die meisten seiner Mitmenschen, so gelangte er auch zu hohen Ämtern und Ehrenstellen. Er war sogar ein angesehener Ratsherr.[178]

Alle Lesebücher schildern übereinstimmend den Entschluss des fünfzigjährigen Mannes, seine grosse Familie zu verlassen, um fortan «in der Einsamkeit Gott allein zu dienen» und ein entbehrungsreiches Büsserdasein zu führen:

Sein Lager war ein Brett, sein Kopfkissen ein Stein. Er trug einen grobwollenen, grauen Rock, der ohne Gürtel bis auf die Füsse herabhing, und ging barfuss und barhaupt. Häufig wurde er von seinen Landsleuten besucht. Alle nahm er freundlich auf und ermahnte sie zu fleissigem Gebet, zu Gottesfurcht und Arbeitsamkeit.[179]

Das Leben des Niklaus von der Flüe erreicht seinen Höhepunkt, als er während der schweren inneren Krise der Eidgenossenschaft nach den Burgunderkriegen zum Mahner und Vermittler wird. Der Dramatik zuliebe lassen einige Textautoren den Einsiedler persönlich an der Tagsatzung zu Stans (1481) erscheinen. So können sie die Szene ausmalen, wie die zerstrittenen Tagsatzungsherren, die eben abreisen wollten, noch einmal zusammentreten und ehrfurchtsvoll den «heiligen Greis» im Büsserkleid begrüssen. Sein Aufruf zur Eintracht wird in allen Lesebüchern auch zur aktuellen Mahnung:

Einigkeit hat euern Bund gegründet und stark gemacht; Einigkeit hat euere Feinde geschlagen und euch Gottes Beistand verdient. Sollen jetzt Eigennutz und Unfriede euch trennen und überwinden? Das sei ferne![180]

Besonderen Klang hat im Urner Lesebuch von 1914 die Aufforderung an die Städte, auf ihr separates Bündnis zu verzichten: die Rede ist dem Festspiel zur Bundesfeier von 1891 in Schwyz entnommen.

---

177 Ll dm GE/NF. (1910), S. 150. Das Lb VI ZH (1911), S. 217, formuliert ähnlich, er habe «dem Vaterland im Felde gedient».
178 Lb VI BE (1912), S. 178.
179 Lb V UR (1921), S. 97.
180 Lb V SZ (1895/1911), S. 292.

Euch bitt' ich, euch, der Städte Boten, ernst: Hebt Bünde auf, die nur zum Grolle reizen die alten Bundesbrüder! [...] Ihr Länder aber denkt, wie starkes Bollwerk die grossen Städte um euch bilden. Nein, ihr könnt einander nicht entbehren, jeder bedeckt und schützt den andern; fällt der eine, so fällt der andre. Unser kleines Land ist viel zu schön, zu gut für Sonderbünde.[...][181]

Bruder Klaus ist hier zum Fürsprecher des neuen Bundesstaates geworden, mit dem sich die katholische Innerschweiz 1891 ausgesöhnt hatte. Der für die Lesebücher der Romandie massgebende Text von Alexandre Daguet lautet ähnlich, fügt aber noch die später oft zitierte Warnung bei, «den Zaun nicht zu weit zu machen» und sich nicht in fremde Händel einzumischen.

Mais, confédérés, n'étendez pas trop la haie qui vous enferme. Ne vous mêlez pas des querelles étrangères. Loin de vous la pensée d'accepter de l'or pour prix de la patrie.[182]

In diesen Worten steckt schon die Absage an eine eidgenössische Grossmachtpolitik, bevor sie noch richtig eingesetzt hat; die Warnung weist voraus auf das bedenkliche Söldner- und Pensionenwesen und die Mailänder Feldzüge, die schon dreissig Jahre später in die Katastrophe von Marignano führen sollten. So verkörpert der Heilige in den Lesebüchern der ganzen Schweiz die guten Kräfte der Toleranz und des sinnvollen Ausgleichs im heterogenen Staatswesen, sowie die Einsicht, dass seine Chancen nicht in der Expansion, sondern in der nüchternen Besinnung auf die eigenen Möglichkeiten liegen.

Für Toleranz zwischen den Konfessionen steht der Name des Solothurners *Niklaus Wengi*. Wir hörten schon, wie der Schultheiss um 1533 in seiner Stadt den Bürgerkrieg verhinderte, indem er sich vor eine Kanone stellte und Katholiken wie Protestanten zur Besinnung rief.[183] Diese wirkungsvolle Geschichte wird auch von den Schulbüchern der Innerschweiz und von Glarus aufgegriffen.

Die dankbare Vaterstadt setzte ihm ein Denkmal aus Granit [...] aber auch in den Herzen der übrigen Eidgenossen lebt sein Andenken fort als ein Vorbild edler Duldsamkeit.[184]

Im 17. und 18. Jahrhundert überschatteten konfessionelle Gegensätze und die Spannungen zwischen Stadt und Land, Untertanen und regierenden Orten die Schweizer Geschichte. Die Schulbücher können für diese Zeit keine gesamtschweizerischen Integrationsfiguren nennen. Erst der Ruhm *Heinrich Pestalozzis* überspringt wieder

---

181 Lb VI UR (1914), S. 45.
182 Ll dm BE (1918), S. 172.
183 Vgl. Kap. 1.4.3., S. 101.
184 Lb VI GL (1909), S. 50 f.

Kantons- und Sprachgrenzen. Dafür sorgen vor allem die Schulbücher der Nordwestschweiz, des Kantons Bern und der Romandie, während die katholische Innerschweiz
sich zurückhält[185] – trotz Pestalozzis hingebungsvollem Einsatz für die Waisen von
Stans (1798). Aus Pestalozzis bewegtem Leben kommen in den Lesebüchern verschiedene Aspekte zur Sprache. Zudem ist er in vielen von ihnen mit seinen eigenen
pädagogischen Texten präsent.[186] Zwei Anekdoten stehen zuerst im Aargauer und im
Basler Lesebuch und werden später oft wieder aufgegriffen: Das Gedicht *Vater
Pestalozzi* von Johannes Staub erzählt, wie Pestalozzi einer Bettlerin seine silbernen
Schuhschnallen schenkt, weil er kein Geld in der Tasche hat. Zur unverwüstlichen
Lesebuchgeschichte wurde eine Episode aus seiner Kindheit: der ungeschickte, gut-
mütige und von seinen Kameraden verspottete Knabe wird plötzlich zum kleinen
Helden, weil er bei einem Erdbeben als Einziger mutig handelt.[187] Das Basler Lese-
buch fügt bei:

*Aus dem Knaben Pestalozzi wurde ein Mann, dessen ganzes Sinnen und Denken
darauf gerichtet war, den Armen zu helfen. Im Jahr 1798, zur Zeit, als das Vaterland
dem Untergange nahe war, sammelte er Hunderte von armen Waisen um sich und
ersetzte ihnen Vater und Mutter. Das dankbare Schweizervolk errichtete ihm dann in
Yverdon ein Denkmal, auf dem die Worte stehen:*
Retter der Armen, Vater der Waisen,
Alles für andere, für sich nichts.
Segen seinem Namen!

Während hier der Armen- und Waisenvater zur Geltung kommt, berichten die Lesebücher von Solothurn, Bern und der Westschweiz mehr über den Erzieher:

*Pestalozzi war ein Mann, der sein ganzes Leben und Vermögen dazu verwandte, die
Menschen durch Erziehung und Unterricht besser und glücklicher zu machen. Vielen
armen Kindern war er Vater, Mutter und Lehrer in einer Person. Er nahm sie zu sich
in sein Haus und gab ihnen von seinem Brote. Den ganzen Tag stand er in ihrer Mitte.
[...] Am Tage unterrichtete er sie und des Abends betete er mit ihnen. [...] Als er sein*

---

185 In der katholischen Innerschweiz hegte man für Pestalozzi, den «Mann der Helvetik», lange Zeit
     wenig Sympathie.
186 Lb IV AG (1912), S. 13–16, und Lb IV/V SO (1910), S. 15–17, bringen unter dem Titel *Der
     Samstag* ein Gespräch, das Mutter Gertrud mit ihren Kindern führt über das Betragen eines jeden
     während der vergangenen Woche; vgl. auch Lb VI BE (1912), S. 66–70, *Aus dem Tagebuch eines
     Schülers*; Lb VI GR (1912), S. 263–265, *Segen und Unsegen*; Lb IV ZH (1910), S. 111–113, *Hilfe
     aus der Not*. *Babeli, das brave Dienstmädchen* findet sich im Lb VI SG (1911), S. 36 f.; dieses
     Porträt des guten Mädchens, das der verwitweten Mutter Pestalozzis eine grosse Stütze war, wird
     später noch oft zitiert.
187 Lb IV AG (1912), S. 127; Lb IV BS (1901), S. 166 f.

Brot nicht mehr mit armen Kindern teilen konnte, schrieb er herrliche Bücher. In diesen bat er mit herzlichen Worten seine Mitmenschen, Schulen zu gründen und alles zu tun für eine bessere Erziehung der Jugend.[188]

Im Kanton Bern konnte man auf Pestalozzis berühmte Schule in Burgdorf hinweisen: *[Er gründete] später selbst eine Schule, in welcher er zeigte, wie man die Kinder auf die beste Art unterrichtete. Von nah und fern kamen die Lehrer herbei, um ihn in seiner Schule zu hören und zu sehen, und Tausende lasen seine Schriften mit Freuden. Fürsten und Gemeinden gaben Befehl, Schulen zu errichten für das Volk und darin zu lehren nach seiner Weise. So wurde Pestalozzi Lehrer der Lehrer. In unsern Tagen werden alle Schweizerkinder so unterrichtet, wie Pestalozzi es durch sein Beispiel gezeigt hat.*[189]

In den Lesebüchern der protestantischen Westschweiz wird Pestalozzi noch mehr Platz eingeräumt: begreiflich, denn er wirkte nirgends so lange als Lehrer wie in Yverdon. Dort besuchten unzählige Menschen aus allen Ländern Europas den berühmten Erzieher, «les uns comme élèves, comme séminaristes, comme instituteurs, les autres comme hôtes et simples touristes.»[190] Seine Methode hat die Volksschule der Romandie nachhaltig mitgeprägt. Aus diesen sorgfältig abgefassten Kurzbiographien sei nur noch ein Zitat herausgegriffen, das Bilanz zu ziehen sucht:

Sa méthode si attrayante, son coeur généreux, sa volonté persévérante avaient réussi à tranformer en êtres utiles et raisonnables des centaines d'enfants vagabonds et voués d'avance au vice. «Ma fortune est perdue, disait-il, mais ma méthode d'éducation a réussi; je suis plus riche qu'auparavant.»[191]

Dass hier der sittliche Einfluss der Schule so hoch veranschlagt wird, ist charakteristisch für die französischsprachigen Lesebücher. Denselben optimistischen Grundgedanken formulierte in der Deutschschweiz Augustin Keller: «[Pestalozzi] nahm alle verlassenen armen Kinder ab der Strasse in sein Haus und lehrte sie denken, beten und arbeiten. Denn mit Denken, Beten und Arbeiten kommt auch der Ärmste durch die Welt.»[192]

So affirmativ tönt das im 20. Jahrhundert nicht mehr, doch wird dadurch Pestalozzis Leistung nicht geschmälert. Vor den Augen der Schüler entsteht ein Pestalozzibild,

---

188 Lb VI BE (1912), S. 222 f.; ebenso Lb IV/V SO (1910), S. 23. Der Text stammt von Hugo Weber, einem deutschen Pestalozzianer.

189 Lb VI BE (1912), S. 223.

190 Ll ds RO (1889), S. 303; vgl. Ll ds VD (1908), S. 314–316; Ll dm GE/NE (1910), S. 158–161; Ll dm BE (1918), S. 197–201.

191 Lb dm GE/NE (1910), S. 160.

192 Lb IV AG (o. J.), S. 107 f.

das nur noch von den guten Absichten und der grossen Ausstrahlung des Wohltäters und Förderers der Volksschule erzählt. Es weiss nichts von seinen menschlichen Schwächen im organisatorischen Bereich, die trotz der Unterstützung durch treue Freunde und Geldgeber seine Unternehmungen so oft in den Ruin trieben.[193]

Aus dem 19. Jahrhundert haben neben Pestalozzi vier Männer als nationale Vorbilder den Weg in die Lesebücher mehrerer Kantone gefunden: *Johann Konrad Escher von der Linth* und *Louis Favre* – wohl bezeichnend für das neue technische Zeitalter – als Betreuer grosser, von der Eidgenossenschaft mitfinanzierter Bauunternehmen. Hinter ihnen stehen die beiden Genfer Henri Dufour und Henri Dunant um 1900 noch deutlich im zweiten Rang; eine gesamtschweizerische Würdigung wird diesen für das humanitäre Ansehen unseres Landes Hauptverantwortlichen erst nach dem Ersten Weltkrieg zuteil. Der Zürcher Staatsmann und Gelehrte Konrad Escher war einer der Hauptinitianten der Linthkorrektion und beaufsichtigte das Sanierungswerk auch als kaufmännischer und technischer Leiter. Eine Anekdote über den rastlos Tätigen macht in den Lesebüchern die Runde: Als er am frühen Morgen bei Wind und Regen die Baustelle besichtigte, fragte ihn ein Arbeiter, warum er sich das antue. «‹Wenn ich ein so reicher Herr wäre, wie Ihr, liesse ich's mir zu Hause wohl sein!› Escher antwortete lächelnd: ‹Das glaube ich schon! Aber eben darum hat Euch der liebe Gott kein Geld gegeben, weil Ihr, wenn Ihr reich wäret, nicht mehr arbeiten würdet.›»[194] Ernsthafter befassen sich die Lesebücher von Zürich, St. Gallen und Graubünden mit der Linthkorrektur, indem sie die Berichte von Melchior Schuler und Wilhelm Senn verwenden.[195] Die Linthebene war um 1800 ein kaum mehr bewohnbarer Sumpf. Jedes Hochwasser durchbrach die Dämme, und bei niedrigem Wasserstand erkrankten die Menschen, welche die giftigen Dünste und die so verpestete Luft einatmen mussten. Der Bau der beiden Kanäle, die der Linth einen neuen Lauf zuwiesen, war mit grossen technischen Schwierigkeiten verbunden: «Ganze Dammanlagen versanken im weichen Grund». Dank Eschers Kenntnissen und Energie kam das Werk 1822 zum Abschluss. Nun konnte der allmählich austrocknende Sumpf wieder urbar gemacht werden. Der Text schliesst mit der Inschrift des Denkmals, das Escher nach seinem Tode 1823 errichtet wurde:

---

193 Zur Biographie vgl. P. Stadler, Pestalozzi.
194 Lb V SG (1911), S. 42 und ähnlich in Lb IV BS (1901), S. 200. Die Anekdote ist H. Herzog nacherzählt.
195 Lb VI ZH (1912), S. 144; Lb V SG (1911), S. 155–157; Lb V GR (1910), S. 61–63. Vgl. Kap. 2.3.4., S. 188 f.

Dem Wohltäter dieser Gegend,
Johann Konrad Escher von der Linth,
geb. den 24. Aug. 1767, gest. den 9. März 1823,
die eidgenössische Tagsatzung.
Ihm danken die Bewohner Gesundheit,
der Fluss den geordneten Lauf.
Natur und Vaterland hoben sein Gemüt.
Eidgenossen! Euch sei er ein Vorbild! [S. 145]

Auch in der französischen Schweiz wurde Eschers Werk für lesebuchwürdig befunden. Feierlich beginnt der ihm gewidmete Text im Schulbuch des Berner Jura:

La république romaine donnait aux généraux victorieux un titre qui rappelait les lieux illustrés par leur victoire. La patrie suisse n'a accordé cette distinction à aucun de ses guerriers, mais elle a récompensé de cette manière le dévouement d'un grand patriote, Jean-Conrad Escher, de Zurich.[196]

Die Genfer Schüler der Oberstufe erfuhren manches Detail aus Eschers Biographie, von seinen Bemühungen zur Finanzierung des Grossprojektes bis zu den technischen Problemen bei der Ausführung. Nach seinem Tode zeigte es sich, welche Verehrung die Bevölkerung für ihn empfand: «Ce fut un deuil général; la population tout entière suivit son convoi dans un silence religieux, et son nom est resté en vénération au milieu du peuple suisse.»[197]

Auch bei *Louis Favre* verbindet sich die Hochachtung vor seiner Person und seinem Können mit der Faszination, die von den neuen technischen Möglichkeiten ausgeht. Der Ausbau des Eisenbahnnetzes hatte während den einzelnen Realisierungsschritten zu heftigen Diskussionen darüber geführt, wie die Linien anzulegen, die Projekte zu finanzieren seien. In den Lesebüchern steht davon natürlich nichts. Sie rühmen, wie das neue Verkehrssystem die einzelnen Landesteile einander näher rücke und deshalb ein alle Schweizer verbindendes nationales Werk sei. Es wurde schon gesagt, dass kein Lesebuch Alfred Escher, den eigentlichen Initianten der Gotthardbahn erwähnt, der sich auch um die Beschaffung der dazu nötigen immensen Geldmittel kümmerte.[198] Er hatte sich mit seiner autoritären Geschäftsführung unbeliebt gemacht, und der Ruhm für das unter so vielen Opfern erkämpfte moderne Wunderwerk kam nach seinem Sturz Louis Favre zugute. Hier ist den Lesebüchern die Möglichkeit geboten, technische Daten mit dramatischen Einzelheiten aus dem Kampf der Arbeiter mit den

---

196   Ll dm BE (1918), S. 203.
197   Ll ds RO (1889), S. 312.
198   Vgl. Kap. 2.3.4., S. 189; H. P. Treichler, Gründung der Gegenwart, S. 259–262, 302 f.

Tücken des Berges zu einem heroischen Gemälde zu verbinden, das alten Schlachten-schilderungen in nichts nachsteht. *L'entrepreneur, M. Louis Favre, de Genève, eut à vaincre une foule d'obstacles. Du côté d'Airolo, il dut lutter, pendant les premiers kilomètres, contre des torrents d'eau; durant une année, on travailla dans un lac. [...] Vers la fin, on souffrait de l'extrême chaleur, qui dépassait trente degrés Réaumur; enfin les maladies sévirent parmi les ouvriers.*[199] Das Lob der Technik und des Fortschritts singen vorab die Lesebücher der liberalen Kantone, während die Schulbücher von Schwyz und Uri die neue Bahn kaum erwäh-nen, obwohl gerade sie ja am stärksten von ihr betroffen sind.[200] In Glarus, Grau-bünden, St. Gallen, Bern und Genf dagegen werden die Schüler im Detail über die Anlage unterrichtet; so rühmt das Berner Lesebuch auch die Kehrtunnel bei Wassen: «Sie legen ein lautes Zeugnis ab von dem bewunderungswürdigen Scharfsinn und der hohen Kunst der Ingenieure unserer Zeit.»[201] Dass Louis Favre die Vollendung seines Werkes nicht mehr erlebte, sondern während seiner Arbeit – gewissermassen auf dem Schlachtfeld – tot zusammenbrach, macht ihn vollends zum Helden. Das Bündner 4.-Klass-Lesebuch widmet diesem Moment einen eigenen Beitrag:

Der traurigste Tag während aller Jahre des Tunnelbaus durch den Gotthard war der 19. Juli 1879. Das Schicksal entriss an jenem Tage denjenigen dem Leben, dem das Gelingen des grossartigen Baues in erster Linie zu verdanken ist. Es wurde ihm die Siegesfreude versagt, sein Werk vollendet zu sehen. [...] Er war nicht nur ein ge-schickter, sondern auch ein guter, liebevoller Mensch. Alle seine Angestellten und Arbeiter ehrten und liebten ihn. Wer von den Tausenden, die den Schoss des Berges durchziehen, wird Favres Namen nicht mit Ehrerbietung aussprechen? Mit dem Werk, das im Dunkeln tief unter dem hohen Alpenwall hinführt, hat sich der einfache, schlichte Mann ein herrliches Denkmal gesetzt für alle Zeiten.[202]

Wie gesagt, haben in den Lesebüchern um 1900 die Namen von zwei grossen Schweizern des 19. Jahrhunderts noch nicht das Gewicht, das ihnen später zukommt: die beiden Genfer *Guillaume-Henri Dufour* und *Henri Dunant*. In einigen Deutsch-schweizer Kantonen fehlt General Dufour aus einem äusserlichen Grund, weil in der 6. Klasse die Schweizer Geschichte nur bis 1515 behandelt wird, das 19. Jahrhundert dann in der Oberstufe zur Sprache kommt. Für die ganze Schweiz gilt, dass um 1900

---

199 Lb dm GE/NE (1910), S. 188 f., vgl. Kap. 2.3.4., S. 189.
200 Vgl. Kap. 1.3.2., S. 76; A. A. Häsler, Gotthard.
201 Lb VI BE (1912), S. 166.
202 Lb IV GR (1909), S. 92 f.; vgl. Kap. 1.6.2., S. 149.

herum die Gründung des Internationalen Roten Kreuzes durch Henri Dunant noch kein Lesebuchthema dieser Stufe ist. Dunant, der bis 1910 lebte, erhielt im Jahre 1901 den Nobelpreis, doch dauerte es noch etliche Jahre, bis über ihn für Kinder geeignete Texte zur Verfügung standen. Das Genfer Oberstufenlesebuch von 1911 bringt erstmals einen Auszug aus Dunants *Souvenir de Solférino*, an den ein Bericht über die *Convention de Genève* anschliesst.[203] Dunants Schilderung des Schlachtfeldes von Solferino war zum entscheidenden Anstoss für die Gründung des Roten Kreuzes im Jahr 1864 geworden: «[Le livre] devint pour la lutte contre la barbarie en cas de guerre ce que la Case de l'Oncle Tom avait été pour la lutte contre l'esclavage, un cri de détresse et d'appel d'une puissance extraordinaire.» (S. 152)

Die eigentliche Initiative ergriffen nach diesem Bericht Gustave Moynier, damals Präsident der Genfer Gemeinnützigen Gesellschaft, und General Dufour als erster Präsident des Internationalen Komitees.

Über Henri Dufour bringen die Lesebücher der protestantischen Westschweiz einige Beiträge. Er befehligte im Sonderbundskrieg 1847 die eidgenössischen Truppen und suchte diesen letzten Bürgerkrieg so rasch und so schonungsvoll wie möglich zu Ende zu bringen. Das Lesebuch des Berner Juras lobt: «[...] ce qui acheva la réputation de Dufour et rendit son nom populaire dans toute la Suisse, c'est la campagne du Sonderbund. [...] Deux mois lui suffirent pour réprimer l'insurrection sans grande effusion de sang.»[204]

Es fügt hinzu, sein Tod habe «un deuil pour la Suisse entière» bedeutet. Wenn man jedoch die Lesebücher von Freiburg und Schwyz – beide ehemalige Mitglieder des Sonderbundes – durchsieht, erkennt man, wie tief die damals erlittene Niederlage noch immer empfunden wurde. Da ist Dufour nur der Kommandant der erdrückenden eidgenössischen Übermacht.[205] Es mussten noch viele Jahre vergehen, bis dieser Schmerz abgeklungen und eine bessere Beurteilung Dufours möglich war. Erst während des Zweiten Weltkriegs nahm das Luzerner Schulbuch von 1942 General Dufours Armeebefehl vom 22. November 1847 unter seine Texte auf und anerkannte damit im Rückblick die nationale Leistung des Genfers.[206]

Ein eindrückliches Dufour-Porträt findet sich dagegen schon im Neuenburger Lesebuch von 1892. In der schweren inneren Krise brauchte die Eidgenossenschaft einen General mit aussergewöhnlichen Führungsqualitäten; dass Dufour sie besass, zeigten die Worte, die er bei seiner Wahl sprach:

203   Ll ds GE (1911), S. 149–154.
204   Lb dm BE (1918), S. 206. Den Beitrag hat X. Kohler geschrieben.
205   Ll ds FR (1901), S. 240; vgl. Kap. 1.5.3., S. 129.
206   Lb V/VI LU (1942), S. 150; vgl. Kap. 4.5.2., S. 311.

Je m'efforcerai de maintenir l'ordre et la discipline dans les troupes fédérales, de faire respecter les propriétés publiques et particulières, de protéger le culte catholique dans la personne de ses ministres, dans ses temples et ses établissements religieux, en un mot, de tout faire pour adoucir les maux inséparables d'une guerre.[207]

Im Bemühen, die möglichst rasche Versöhnung zu fördern, setzte er sich nach dem Zusammenbrechen des Sonderbunds dafür ein, dass den Unterlegenen die Bezahlung der Kriegsschuld erleichtert wurde.

Dufour était avant tout un bon citoyen; ses ennemis étaient ses fréres, il voulait les ramener dans le sein de la Confédération, notre mère commune, et cet acte d'abnégation et de vigueur accompli, rentrer dans l'obscurité. [S. 397]

Dufour hat noch ein zweites grosses Werk hinterlassen: die Schweizerkarte, die seinen Namen trägt.

Ainsi, le général Dufour fut bien plutôt un messager de paix, un citoyen ami du progrès dans tous les domaines de la science, du bien et de la prospérité publique. C'est à juste titre que la Suisse reconnaissante lui a élevé une belle statue que vous pourrez admirer un jour lorsque vous vous rendrez à Genève. [S. 398 f.]

Zusammenfassung

Pour nous, la patrie, c'est la Suisse.

Sieht man sich in den Schweizer Lesebüchern des beginnenden 20. Jahrhunderts nach Texten um, die zusammenfassend das ausdrücken, was bisher in seinen einzelnen Aspekten zur Sprache gekommen ist, wird man vor allem in den Westschweizer Lehrmitteln fündig. Die Einsicht ist uns schon im Kanton Genf begegnet, dass hier, wo die Schulkinder sich sprachlich im französischen Kulturkreis bewegen lernen, das nationale Zugehörigkeitsgefühl zur Schweiz viel bewusster gepflegt werden müsse. Im Vergleich zur Romandie konnten die Innerschweizer Kantone sich ohnehin als das Zentrum der Eidgenossenschaft empfinden und neigten auch eher zu einer Abwehrhaltung gegenüber der wirtschaftlich stark gewordenen Ost- und Nordschweiz.

Ein Text von Antoine Miéville, nennt all die Elemente, die für einen Schweizer *La Patrie* ausmachen:

Enfants de nos écoles, pour nous, la patrie, c'est la Suisse! c'est l'azur de notre lac qui s'étend des Alpes au Jura, c'est [...] la neige de nos cimes, le glacier, l'avalanche,

207 Ll dm NE (1892), S. 396.

218

le torrent fougueux, nos lacs paisibles. La patrie, c'est le Rhin, le Rhône qui bordent nos frontières; c'est le Grütli et son histoire, c'est Winkelried et son généreux dévouement! La patrie, c'est tous nos concitoyens, grands ou petits, riches ou pauvres. La patrie, c'est la nation que nous devons aimer, servir et défendre de toutes les forces de nos bras et de tout l'amour de notre âme. [...] Le temps a dévoré les héros qui nous étonnèrent; mais leur vertu et leur courage ne périront jamais.[208]

Die grossartige Schweizer Landschaft, Erinnerung an die heldenhaften Vorfahren und ihr Vorbild, das zur Verpflichtung dem Land und den Mitbürgern gegenüber führt: Diese drei Elemente sollen mithelfen, den jungen Menschen zum Schweizer zu formen. Von der Landschaft war ausführlich die Rede. Dass der echte Schweizer sie nicht missen mag und in der Fremde von Heimweh nach seinen Bergen verzehrt wird, ist ein Topos, der in jedes Lesebuch gehört. In der Deutschschweiz werden dazu in erster Linie Lieder, Gedichte und auch Erzählungen verwendet, vor allem *Des Schweizers Heimweh* («Herz, mis Herz, warum so truurig?») von Johann Rudolf Wyss und das *Lied eines Landmanns in der Fremde* von Johann Gaudenz von Salis-Seewis. Unter dem Titel: *L'amour pour la patrie* schreibt der Neuenburger Schriftsteller Jean-François Daniel Andrié über das Phänomen:

De tous les habitants de l'Europe, les Suisses sont peut-être ceux en qui l'amour de la patrie se manifeste avec le plus de force; plus que les autres peuples, ils sont sujets à une espèce de tristesse qui naît du regret de leur Helvétie, et qui est nommée vulgairement maladie du pays, heimweh, *et par la médecine, nostalgie.*[209]

Der Text beruft sich dann auf Albrecht von Hallers Bericht über die Heimweh-krankheit, die unter Schweizern in fremden Diensten so viel Schaden gestiftet habe:

Ce heimweh occasionnait autrefois dans les régiments suisses au service de France tant de désertions, [...] de morts, même de suicides, qu'on fut obligé de défendre de jouer ou de chanter des airs nationaux, et surtout le célèbre ranz des vaches, qui rappelant avec force aux Suisses les charmes de la patrie, les mettait hors d'eux-mêmes et les rendait mélancholiques et malheureux.

Das Motiv lässt sich in beliebig vielen Varianten zu effektvollen Lesebuchgeschichten verarbeiten, insbesondere wenn heimatliche Klänge – der *Ranz des vaches*, das Alphorn oder Herdengeläut – den Heimwehkranken zum Dersertieren treiben.[210] Heimweh wird

---

208 Ll di VD (1903), S. 143.
209 Ll dm NE (1892), S. 401. Vgl. F. Ernst, Vom Heimweh, wo die ältesten Belege zu diesem Phänomen zusammengestellt sind.
210 Vgl. Kap. 1.5.3., S. 129 f. *Le Déserteur du Bourgerwald.* Im Lied «Zu Strassburg auf der Schanz» lösen die Alphornklänge den Heimwehanfall des Soldaten aus; C.-A. Sainte-Beuve schreibt: «Tout vrai Suisse a un ranz éternel au fond de son coeur.», Ll ds VD (1908), S. 168 f.

vom persönlichen Leiden zu einem Instrument des Patriotismus umgedeutet: «Ce heimweh prouve qu'on aime ardemment sa patrie, et qu'au besoin l'on se dévouerait pour elle.»[211] Die Pflicht, dem Vaterland zu dienen, kleiden ungezählte Lieder und Gedichte aller Landesteile in das Versprechen ein, im Notfall sich selbst freudig zum Opfer zu bringen. Während in den Deutschschweizer Lesebüchern dieser Aufruf stets mit der Erinnerung an die grossen Taten der Vorfahren verknüpft wird, arbeiten die Lesebücher der Romandie hier noch zusätzlich mit dem Symbolwert der Schweizerfahne. Edouard Secrétan hat den Text *Notre drapeau* geschrieben:

Vous sentez un frémissement parcourir tout votre être quand vous le voyez au milieu de nos soldats, ce beau drapeau, tout rayonnant de son antique gloire. [...] Oui, il est beau notre vieux drapeau. Il n'y en a pas de plus beau dans le monde. Vieux drapeau d'un vieux pays, il symbolise depuis six siècles la lutte opiniâtre d'un petit peuple pour son indépendance et sa foi indestructible dans la liberté. [...] La croix que voici est la même qu'adoraient nos pères, lorsque, avant d'entrer dans la bataille, ils mettaient un genou en terre et imploraient la bénédiction du Très-Haut. Nous, leurs héritiers et leurs successeurs, nous voulons l'honorer et la glorifier encore, en demeurant, comme nos devanciers, fidèles, braves et pieux.[212]

Treu, tapfer, fromm und freiheitsliebend: das Kind soll seinen Charakter am Vorbild der Alten schulen. Dem Nachahmungsdrang steht da ein weites Feld offen, denn es kommen noch andere, nicht minder hoch kotierte Tugenden hinzu, die alle, von den Ahnen vorgelebt, nun in der Gemeinschaft der Gegenwart nutzbringend umgesetzt werden sollten. Die hier angepriesenen moralischen Werte sind ganz allgemeiner Natur; was sie für Schweizer Kinder spezifisch werden lässt, liegt in der Verpackung, der Ansiedlung der Lesebuchgeschichten in einer bestimmten Landesgegend. Wiederum heben besonders welsche Autoren des 19. Jahrhunderts hervor, dass die Schweizer über alle sprachlichen, religiösen und sozialen Unterschiede hinweg den selben Freiheitswillen teilen und dafür ihren Militärdienst leisten. Im Lesebuch des Berner Jura betont der Neuenburger Auguste Bachelin besonders diese integrierende Funktion unserer Milizarmee:

Le peuple en armes, c'est-à-dire le citoyen sous la tunique et le képi, l'homme de la charrue et l'homme de l'atelier devenus soldats, non pour la conquête et la gloire, l'ambition ou la caprice d'un maître, mais soldats de leur propre cause.[213]

---

211 Ll dm NE (1892), S. 401.
212 Ll di VD (1903), S. 143 f.; Ll dm/s VS (1913), S. 189 f. Vgl. A. Melich, Comment devient-on Suisse?, S. 138–145: Genfer Schulkinder schätzten 1979 den Symbolwert von Fahne und Soldat höher ein als gleichaltrige Luzerner, die Wilhelm Tell bevorzugten.
213 Ll ds BE (1901), S. 76. Edouard Rod schreibt um die Jahrhundertwende, dass die gebildeten

Als «treu und tapfer, fromm und freiheitsliebend» galten die alten Eidgenossen und gelten nun ebenso die Kinder der Bergler, die zwar oft als bitter arm, aber anspruchslos und trotz allem glücklich beschrieben werden. Sie leben lieber in Dürftigkeit auf den «freien Alpen», opfern sich wohl auch für die Familie auf, die sie niemals im Stich lassen.[214] In der Erzählung *Toni*, die Eugène Rambert in den Waadtländer Alpen spielen lässt, versucht der junge Held seiner verwitweten Mutter zu helfen und findet bei der gefährlichen Arbeit als Holzfäller und Flösser einen frühen Tod.[215] Nach diesem Grundmuster angefertigte Lesebuchgeschichten kehren auch nach dem Ersten Weltkrieg in den Schulbüchern noch oft wieder.

Arbeitsfleiss anderer Art propagieren die Lesebücher der Nord- und Ostschweiz. Im schon erwähnten Gedicht des Solothurners Adrian von Arx heisst es:

[...] Schaffe muess, wer rächt will läbe,
schaffe muess mer; de vergäbe
gitt is dä dört obe nüt;
schaffet, schaffet, liebi Lüt![216]

Da steht wohl der Webstuhl im Hintergrund, an dem alle, auch die Kinder, ihr tägliches Pensum bewältigen mussten.[217] Eine Geschichte im St. Galler Lesebuch schildert einen Weberjungen, der aus «blutarmer, aber rechtschaffener Familie» stammt und dank seiner gewissenhaften Arbeit und Ausdauer zum Fabrikanten aufsteigt. Diese Erzählung eines Aufsteigers muss den Wunschträumen unzähliger junger Arbeiter entsprochen haben; sie sollte offensichtlich schon die Schüler richtig konditionieren zum vollen Einsatz ihrer Kräfte und zu williger Unterordnung unter die Befehle ihrer Vorgesetzten. Der Held der Erzählung legt ja schon mit sechzehn Jahren den Grundstein zu seinem Glück, und am Schluss ehren ihn seine Untergebenen am 75. Geburtstag:

Schweizer in Sorge seien, weil die Macht der grossen Nationen den Kleinstaaten gefährlich werde. «Dans la classe populaire, il en est autrement [...] Les montagnards sont tous soldats [...] Ils aiment leurs devoirs militaires. [...] Aussi sont-ils remplis de confiance en leur force comme en leur droit. [...] ils demeurent simplement les fils des anciens guerriers qui maniaient si vaillamment l'arbalète et la hallebarde; d'un héroïsme imprévoyant, instinctif, résolu, que nul argument technique ne saurait ébranler.» Ll dm/s VS (1913), S. 190 f.

214 Vgl. dazu Kap. 1.3.5. und 1.3.6., S. 82 f., 86 f.

215 Eine der wenigen Lesebuchgeschichten, die um 1900 aus dem Französischen ins Deutsche übersetzt wurde; vgl. Lb IV BS (1901), S. 202–205.

216 Lb IV/V SO (1910), S. 81 f. Zum Fleiss als Erziehungsziel deutscher und schweizerischer Pädagogik seit der Aufklärung vgl. R. Schenda, Fleissige Deutsche, fleissige Schweizer; P. Münch, Parsimonia summum est vectigal, S. 179–183.

217 Erschreckend eintönig lautet das Wochenprogramm für Kinder in einem Dialektgedicht in Lb IV BE (1911), S. 54 f.: Am Sonntag geht man in die Kirche, von Montag bis Samstag wird gearbeitet. Dazu sollte das Kind stets brav und fröhlich sein.

«Der wackere Weberjunge von ehemals, unser lieber Herr Ehrenfeld, er lebe hoch!» *Freudig stimmten alle Anwesenden in den Ruf ein, und gelobten sich, wie ihr Prinzipal an Fleiss, Gewissenhaftigkeit und Wahrung eines guten Namens unverbrüchlich festzuhalten.*[218]

Eine entsprechende Aufsteigererzählung ist in der Nordschweiz angesiedelt: der Solothurner Schriftsteller Josef Joachim hat sie in seiner Mundart geschrieben und reichlich mit Lokalkolorit versehen. Von 1896 an bis über den Zweiten Weltkrieg hinaus blieb sie denn auch ein Lesebucherfolg. 'S Murerchlause Xaveri ist ein tüchtiger sechzehnjähriger Bursche, der nach dem plötzlichen Tod seiner Eltern die Verantwortung für seine sieben jüngeren Geschwister übernimmt. Die Kinder müssen schmal durch; sie lernen das Strohflechten und kommen so allmählich zu einem guten Verdienst. Xaveri führt schliesslich ein florierendes Handelsgeschäft, wird Gemeindeammann und Amtsrichter, und die älteren Leute fordern die jungen auf: «Machet's au e so!»[219]

Auch Virgile Rossel erklärt in seinem *Hymne national* die Schweiz zum Land der guten Arbeit, nachdem er in der ersten Strophe die «Liberté, fille des monts» gepriesen hat, die ihren Anfang auf dem Rütli genommen habe:

C'est qu'au Rütli fut planté
L'arbre de la liberté.
Le travail a remplacé
Le bruit sanglant du passé:
L'avenir de paix fleurit
Et sourit.[220]

Die Denkfigur des späten 19. Jahrhunderts, dass die zuverlässige Arbeitskraft der heutigen Schweizer die Schlagkraft ihrer Altvordern ersetzen müsse, manifestierte sich in den Landesausstellungen, die ja zugleich Leistungsschau und Demonstration schweizerischer Eigenart waren. Wir werden sehen, wie sie auch in den folgenden Jahrzehnten, zur Doktrin geworden, kräftig in die Lesebücher einfliesst.

Viele Ermahnungen an die Schüler zielen auf jene Bereiche des Wohlverhaltens, die heute noch im Schulzeugnis speziell bewertet werden. Von «Fleiss und Pflichterfüllung» war eben die Rede; weil «Ordnung und Reinlichkeit» nicht allen Kindern leicht beizubringen ist, räumen die Lesebücher dem Thema stets reichlich Platz ein. Friedrich Rückerts kurzes Mahngedicht *Beim Aufstehen* ist eincs der beliebtesten:

218 Lb VI SG (1911), S. 25–27.
219 Lb VI BL (1896), S. 92–95. Zuletzt in Lb VI SO/BL (1959), S. 161–164.
220 Ll dm BE (1918), S. 285.

Rein gehalten dein Gewand,
Rein gehalten Mund und Hand.
Rein das Kleid von Erdenputz,
rein von Erdenschmutz die Hand.
Kind, die äussre Reinlichkeit
ist der innern Unterpfand.[221]

Die «innere Reinlichkeit», hier in der letzten Zeile angetönt, sollte nach dem Willen des Schwyzer Schulbuchredaktors mehr Gewicht erhalten; so schreibt er das Gedicht ungeniert um:

Rein das Kleid von Erdenputz,
rein das Herz von Sündenschmutz!
Kinder, merket euch das fein:
aussen, innen, – alles rein![222]

Da ist das uns bekannte Hygieneprogramm in der einen, konservativen Spielart formuliert. Über dem Seelenheil des Kindes muss ängstlich gewacht werden, damit die Sünde schon im Frühstadium bekämpft werden kann. Die andere, mehr aufs Praktisch-Alltägliche ausgerichtete Version vertritt das Bündner Lesebuch, wo Joachim Jordans Gedicht die Kinder daran erinnert, *Was rein zu halten ist*: nicht nur der Mund, der keine unbedachten Worte sprechen soll, sondern auch das Haus, das man tüchtig putzen und das Herz, das sich «unnützer Lust» verschliessen soll.[223] Gutes Haushalten gehört ins selbe Kapitel, das heisst mit wenig auskommen und das einfache Leben ohne Neid auf die Reichen pflegen. Die Lesebücher zeigen ja, wie die wirklich Grossen alle höchst bescheiden lebten und ihrer Ökonomie Sorge trugen. Karl der Grosse bevorzugte einfache Tracht, Rudolf von Habsburg flickte sein Gewand persönlich und Königin Bertha von Burgund fertigte ihre Kleider selber an.

Zum guten «Betragen» des Kindes – die dritte Rubrik im Zeugnis – gehört vornehmlich ein bescheidenes, höfliches und dienstfertiges Auftreten. Den Schweizer Kindern erzählt Heinrich Zschokke vom Jockeli, den die Mutter ermahnt: *«Jockeli, zieh's Käppli ab!» So sagte Jockelis Mutter allemal, wenn ein Fremder durchs Dorf ging. Und Jockeli [...] gewöhnte sich, gegen jedermann, vornehm oder gering, fein freundlich und dienstfertig zu sein.*[224]

221 Lb IV ZH (1910), S. 84; Lb V BL (1912), S. 18; Lb VI GR (1912), S. 224.
222 Lb IV SZ (1911), S. 21.
223 Lb VI GR (1912), S. 235 f.
224 Lb IV BE (1911), S. 34–36.

Dank seinem gefälligen Wesen macht Jockeli Karriere: er geleitet höflich «den gnädigen Herrn», der unerkannt durchs Dorf geht und von den andern Bauernlümmeln belästigt wird. Der Herr findet Gefallen an Jockeli, behält ihn bei sich und setzt ihn schliesslich zu seinem Erben ein. Vielleicht war Jockeli ursprünglich gedacht als Pendant zum berühmten italienischen Hirtenbuben Felix, einer Hauptfigur der katholischen Erziehungsliteratur, dessen Aufstieg begann, als er einem Priester den Weg wies, und der sein Leben als Papst Sixtus V. beschloss.[225] Erstaunen mag, wie lange sich *Jockeli, zieh 's Käppli ab!* seit den Anfängen des 19. Jahrhunderts in den Schweizer Lesebüchern halten konnte, wie beliebt das Stück demnach bei den Erziehern war. Noch 1928 nimmt es Obwalden in sein neues Lesebuch für die 4. Klasse auf.[226] Der «gnädige Herr» kann weit in unser Jahrhundert hinein seine patriarchalische Rolle spielen, dicht neben den vielen Texten, die das grosse Lied der Freiheit singen. Mit dieser Freiheit ist stets die Unabhängigkeit nach aussen gemeint, während sich innerhalb der Schweiz die korporativen Strukturen zäh halten. Die Frage, was Demokratie für den Einzelnen im modernen Staat bedeuten könnte, stellt sich in den Lesebüchern um 1900 noch nicht, zumindest kommt der Begriff auf der hier untersuchten Stufe kaum vor. In Texten über die Landsgemeinde und die Aufgaben der Schweizer Gemeinden wird wohl von den politischen Rechten des Bürgers gesprochen, viel häufiger und eindringlicher aber von seinen Pflichten der Gemeinschaft gegenüber. Hinter ihnen müssen seine persönlichen Ansprüche zurücktreten. Unter dem Motto «Einer für Alle – Alle für Einen» ist oft von Solidarität die Rede, doch bleiben die Probleme sozialer Ungleichheit ausgespart.[227]

---

225 Im Gedicht *Felix* lässt Augustin Keller den Papst selber die Moral der Geschichte aussprechen: «Da sehet, sprach er dankgerühret, / Wohin das Käppleinziehen führet.», Lb VI AG (1897), S. 25; Lb IV UR (1916), S. 13 f.
226 Lb IV OW (1928), S. 24–26.
227 Vgl. V. Rutschmann, Für Freiheit und Fortschritt, Kap. 4.1.

Teil II: Die Lesebücher von 1920–1960

3. Die Schweizer Lesebuchautoren und die Heimatthematik

3.1. Die neuen Voraussetzungen

Zur Zeit des Ersten Weltkriegs und in den frühen zwanziger Jahren ändert sich die Textauswahl der nun erscheinenden Lehrmittel so stark, dass von einer neuen Generation, in unserem Zusammenhang der zweiten, gesprochen werden kann. In ihnen wurden einerseits die pädagogischen Impulse aufgegriffen, die zu Beginn des Jahrhunderts von den norddeutschen Schulreformern Heinrich Wolgast, Fritz Gansberg und Heinrich Scharrelmann ausgingen. Schilderungen eines genau beobachteten Kinderalltags sollten nun die bisherigen pädagogischen Geschichten von «guten» und «bösen» Taten und die daraus abgeleiteten moralischen Nutzanwendungen ersetzen. «Wer für die Jugend schreiben will, der muss sich bemühen, ein Stück Welt vom Standpunkt des Kindes aus darzustellen.»[1] Wie befreiend dieser neue Ton wirkte, zeigt der Kommentar von Otto von Greyerz zu Fritz Gansbergs Fibel *Bei uns zu Haus*:

Heureka! Ein neues Land ist entdeckt, das Kinderland. Endlich, endlich hat einer den Weg dahin gefunden. [...] Die Gansbergsche Fibel hat eine ganze Reihe von Werken befruchtet, die seit dem Glücksjahr 1905 aus dem bisher so lehmigen Schulboden hervorgeschossen sind.[2]

Und Olga Meyer erinnerte sich 1959:

---

1 Zit. nach Lexikon der Kinder- und Jugendliteratur 3, S. 269. Zur norddeutschen Schulreform vgl. G. Wilkending, Volksbildung und Pädagogik, S. 28 f.; G. Schmidt-Dumont, Kunsterziehungsbewegung und Reformpädagogik, S. 61–70; H. Mischke, Die Bremer Schulreformer Heinrich Scharrelmann und Fritz Gansberg, S. 71–77.

2 O. v. Greyerz, Der Deutschunterricht, S. 206 f.

Es war [...] Ende des Ersten Weltkriegs, Zeit des Umbruchs, auch auf dem Gebiete des Unterrichtens. Die Deutschen Scharrelmann und Gansberg machten von sich reden. Man griff in unseren Schulen nach Lesestoff wie «Berni», «Klein Heini», Bändchen, in denen die Welt des Kindes eingefangen war. Frische Luft – wenn auch nicht Schweizer Luft – wehte einem daraus entgegen.[3]

Die neue pädagogische Richtung lehrte, dass eine Sprache, die das Alltägliche für Kinder einzufangen sucht, auch treffende Mundartausdrücke einbeziehen dürfe und solle, wenn durch sie wenig anschauliche schriftsprachliche Wendungen ersetzt würden. Das passte gut zu den intensivierten Bemühungen, in der deutschen Schweiz die heimatlichen Dialekte zu fördern. Auch in den Lesebüchern des 19. Jahrhunderts hatten Mundarttexte ihren Platz. Nun aber stützten sich Mundart- und Heimatbewegung auf eine gemeinsame Ideologie, die Otto von Greyerz wiederholt formuliert hat und die zur Grundlage der Deutschschweizer Lesebücher werden sollte.

Unser Geist [...] kehrt mit dem Gebrauch der Mundart wieder in die Heimat seiner Bildung zurück und wird sich wieder bewusst, wo er eigentlich bodenständig und daheim ist. Der Gemeinbesitz einer solchen Volkssprache ist für einen Volksstaat wie die Schweiz von unschätzbarem Werte.[4]

Dieser «Gemeinbesitz» erschien aber schon zu Beginn des Jahrhunderts in seiner Existenzgrundlage bedroht. 1914 schrieb von Greyerz:

Die wirtschaftliche Not in übervölkerten Gegenden, die ungeheure Erleichterung des Verkehrs und Wohnortwechsels, das reissende Anwachsen der Städte, der ganze internationale Zug unserer Zeit arbeiten unaufhaltsam an der Zersetzung, Vermischung und Ausgleichung der charaktervollen Eigenart, die einst die Schönheit des reich-gegliederten deutschen Volkslebens ausmachte. [...] Unsere automobile und demnächst aeroplane Kapitalistengesellschaft kennt und sieht vom Erdboden bald nichts mehr als die internationalen Fahrstrassen und die polyglotten Grossstädte und Kurorte. Ihr Heimatgefühl verflüchtigt sich, selbst an der Sprache haftet es nicht mehr. Ihr Wesen ist entwurzelt, sie sind nirgends ganz daheim.[5]

Aus der düsteren Prognose ergab sich der Auftrag, der bedrohlichen Entwicklung zu begegnen. Lehrer, Jugendschriftsteller und Lesebuchautoren wurden aufgerufen, in der jungen Generation das Verständnis für die gefährdeten Werte zu wecken. Der Erste Weltkrieg hat an dieser Zukunftsperspektive nichts geändert, sie im Gegenteil

---

3 O. Meyer, Leid und Freud um die Entstehung des *Anneli*, in: Schule und Elternhaus 29, 1959, Heft 3.

4 O. v. Greyerz, Vom Wert und Wesen der Mundart, S. 226. Zu v. Greyerz und seiner Bedeutung für die Schweizerdichtung vgl. Ch. Linsmayer, Die Eigenschaft «schweizerisch», S. 404–407.

5 O. v. Greyerz, Der Deutschunterricht, S. 330.

noch akzentuiert angesichts der aufbrechenden sozialen Konflikte. In der Einleitung wurde Josef Reinharts 1922 formulierte Warnung vor dem «alle Tradition zersetzenden Zweckmenschentum» zitiert, das «in der Gleichmacherei unseres Volkscharakters, in der Verwässerung der Muttersprache» «die Not der drohenden Entheimatung» mit sich bringe.[6]

In der Romandie musste die Aufwertung der Deutschschweizer Mundarten zunächst als neue Erschwerung im eidgenössischen Umgang empfunden werden.[7] Dabei hatten die Kriegsjahre 1914–1918 nur zu deutlich gezeigt, welch gefährliche Sprengkraft unter Umständen in den kulturellen und sprachlichen Gegensätzen der Schweiz liegen könnte, dass deshalb das bessere Verständnis für die Eigenart der andern Landesteile bewusst gepflegt werden müsse. Der Genfer Romanist und Professor an der ETH in Zürich, Paul Seippel, ermahnte schon 1916 seine Mitbürger, die für welsche Ohren barbarischen Klänge deutschschweizerischer Mundart gelassen zu ertragen, weil sie auch als Zeichen der Unabhängigkeit von Deutschland gelten könnten:

Zuweilen mag ja diese rauhe Sprache unsern lateinischen Ohren nicht sonderlich angenehm klingen. [...] Heute erfreut es mein Herz, wenn ich [...] diese energischen Laute vernehme. Ich sage mir dann: Das ist unser Schutzwall. [...] Sie passt zu der Rauheit und Härte der deutschschweizerischen Landschaft. Sie erinnert an das Getöse des Gebirgsbaches, an den Föhn, der in den Tannenwäldern heult, an das Brüllen des Uristiers [...] Unsere Eidgenossen halten daran fest wie an ihrem kostbarsten Gut, weil sie wohl empfinden, dass das der unüberschreitbare Damm ist, der sie gegen die Überflutung aus dem Norden schützt.[8]

Die Deutschschweizer Lesebücher der zwanziger Jahre sind so gleichzeitig von den Leitvorstellungen der deutschen Reformpädagogik – kindgerechtere Lesetexte – und dem Bedürfnis nach speziell schweizerischer Profilierung geprägt. Mundart, Heimatthematik und auch eine wachere Aufmerksamkeit für die Vielfalt schweizerischer Lebensformen werden in den Lesebüchern aller Regionen in ähnlicher Weise aufgegriffen.

Die Themen- und Textauswahl änderte sich in den politisch so bewegten Jahren von 1920–1960 kaum, denn sie entsprach mit nur unwesentlich verschobenen Akzenten ebenso den Bedürfnissen der «Geistigen Landesverteidigung» und der schweize-

---

6 J. Reinhart, Das Lesebuch im muttersprachlichen Unterricht, S. 7 f.

7 Beunruhigung hatte hier schon 1904 die Gründung des Deutschschweizerischen Sprachvereins ausgelöst; vgl. H.-P. Müller, Die schweizerische Sprachenfrage, S. 23–36.

8 P. Seippel, Schweizerische Wahrheiten, S. 14 f. Der Vortrag *Vérités helvétiques*, Ende 1915 in Genf gehalten, war konzipiert als Gegenstück zu Carl Spittelers Versöhnungsappell *Unser Schweizer Standpunkt* von 1914; vgl. A. Berchtold, La Suisse romande, S. 238 f., 679 f.

rischen Selbstzufriedenheit der ersten Nachkriegsjahre. Mancher um die Zeit des Ersten Weltkriegs verfasste Heimattext wäre zwanzig Jahre später kaum anders geschrieben worden. Viele Lesebücher dieser Epoche sind denn auch besonders lange benützt worden: die für die Berner Mittelstufeklassen über dreissig Jahre, diejenigen des Kantons Zürich sogar mehr als vierzig Jahre lang von 1921 bis 1967/70. Auch einige Lesebücher der Romandie wurden nach gut dreissigjährigem Gebrauch wieder neu aufgelegt.[9]

Obwohl oder gerade weil die Schweizer Lesebücher dieser Generation in der Vermittlung spezifischer Heimatbindung eine Hauptaufgabe sehen, bleiben sie in Aufbau und thematischer Ausrichtung ganz in der Nähe der gleichzeitigen deutschen Produktion. Hermann Helmers[10] spricht vom bürgerlichen Gesinnungslesebuch, das mit Hilfe literarischer Texte einen Lehrgang in bürgerlicher Moral anstrebte, dabei viel mehr Wert auf Gemüt und Einfühlung als auf rationale Reflexion legte. Dieser Typus habe sich, so Helmers, überall im deutschen Sprachgebiet bis in die beginnenden sechziger Jahre gehalten und sei erkennbar an den emotionalen Titeln: *Des Lebens Gaben* etwa, oder *Das weite Tor*. Die Titel der Schweizer Lesebücher lauten sehr ähnlich. *Volle Ähren*, *Schau auf zu den Höhen* und *Heimetglüt* stammen aus den dreissiger Jahren; zwischen 1955 und 1960 erschienen unter anderen *Geh aus, mein Herz, und suche Freud*, *Weg und Steg* und *Da wird die Welt so munter …*[11]

Für Deutschschweizer Lesebücher gilt offenbar eine allerdings nirgends formulierte Faustregel, dass ungefähr die Hälfte der belletristischen Texte von Schweizer Autoren stammen sollte. Nach 1935 geht der Anteil an Texten zeitgenössischer deutscher Schriftsteller deutlich zurück, und die Tendenz zur Selbstversorgung auch auf diesem Gebiet steigt.[12] Erst Ende der fünfziger Jahre zeichnet sich dann allmählich eine Öffnung zur angelsächsischen, skandinavischen und neueren deutschen Literatur ab. Während sich für die Zeit der Jahrhundertwende die Darstellung der Lesebuchvielfalt von Kanton zu Kanton aufdrängte, erscheint es sinnvoller, in den von 1920 bis 1960 benutzten Lesebüchern einzelnen Themenkreisen nachzugehen: der Verwendung der Mundart und helvetischem Schreiben zuerst, dann dem Bild von der Heimat und schliesslich der Erziehung zum Schweizer Bürger, der auch der Unterricht in Schwei-

---

9 F. Levecque, La représentation du travail dans les livres de lecture, analysierte 1971 u. a. die Genfer Lesebücher *Heures claires* von 1936/1969 und *Fleurs coupées* von 1921/1955.

10 H. Helmers, Geschichte des deutschen Lesebuchs, S. 193–203.

11 Entsprechend lauten die Überschriften zu einzelnen Textgruppen: in *Schau auf zu den Höhen* z. B. «Wachsen und streben!», «Kämpfen und siegen!», «Wo Berge sich erheben!»

12 Unangefochten bleiben die deutschen Lesebuchklassiker, die norddeutschen Reformpädagogen und die als «Nachbarn» eingestuften Johann Peter Hebel, Peter Rosegger und Albert Schweitzer.

zer Geschichte zu dienen hatte. Die Lesebücher dieses Zeitraums wirken einheitlicher, doch gibt sich die kulturelle Vielfalt zu erkennen in der Weise, wie Heimattexte ausgewählt und Episoden aus der Schweizer Geschichte interpretiert werden.

3.2. Schweizer Schriftsteller und Mundarttexte seit 1920

Otto von Greyerz und Josef Reinhart sind als Hauptsprecher der Mundartbewegung schon zitiert worden; beide gestalteten den neuen Typus Lesebuch entscheidend mit. Während von Greyerz in seinen Schriften die Richtlinien festlegte, war Reinhart im Aargau, in Baselland und vor allem in Solothurn Mitherausgeber von mehreren Lesebüchern, in denen er auch als Schriftsteller mit einer Vielzahl von Gedichten und Texten präsent war.

3.2.1. Mundart als Heimatschutz

Wie Reinhart bei den Schülern für die gefährdete Heimat und ihre Sprache zu werben suchte, zeigt sein Spiel *Heimat und Fremde*, «für die Jugend» geschrieben, im Solothurner 5.-Klass-Lesebuch von 1920.[13] Einen jungen Burschen treibt es hinaus in die Fremde, er verlässt die Heimat, die «wie ein altes Mütterchen im Kopftuch, in der alten Tracht» auftritt und ihn zu halten sucht:

Lueg, i verzell der alti Gschichte!
Vom Huus, vom Wald will i der brichte,
und schöni Liedli will der singe.
Dört uss weisch nüt vo dene Dinge! [S. 110]

Doch der Junge verspottet sie, verlockt von der farbig gekleideten, glänzend geschmückten Fremde, die ihm ein besseres Land, ein volles Leben mit «Lust, Liebe, Ehre, Spiel und Tanz» verspricht. Das muss natürlich böse enden:

[...] ein Trugbild war der Fremde Glück.
Sie nahm ihn auf, als Jugendkraft
mit starken Armen täglich schafft.

---

13   Lb V SO (1920), S. 108–112.

Es geht die Jugendkraft vorüber,
die Augen werden trüb und trüber.
Nun ists mit fremdem Glücke aus:
du hast gedient! Geh nun nach Haus! [S. 111]

Gebrochen kauert der Wanderbursche am Wegrand und klagt, dass er Seele und Heimat verloren habe. Ein vertrautes Heimatlied erklingt nun im Hintergrund und lässt ihn den Rückweg finden. Er fällt in den Dialekt zurück:

Los, was ghöri für nes Lied!
O, wie das mi zuenem zieht! [S. 112]

Und die Heimat nimmt ihn gütig wieder auf, denn «nie isch's z'spot, wo ne Bursch i d'Heimet goht».

Die ängstlich-besorgte Kampfstimmung der Heimatschützer dieser ersten Nachkriegszeit drückt sich in der massiven Schwarzweissmalerei des Schülerspiels aus, in dem Mundart und «alte Tracht» als Verkörperung bedrohter Tradition ihren hohen Stellenwert haben.

Reinhart hat diesen alles Fremde so pauschal ablehnenden Text in spätere Lesebücher nicht mehr übernommen, weil er sich im Unterricht wohl nicht bewährt hatte. Vereinzelt bleiben auch andere Beiträge zum Thema Muttersprache: je ein Gedicht von Max von Schenkendorf und Reinhart, die beide ganz unkindliche Gedankenverbindungen wenig poetisch, dafür aber um so apodiktischer vorbringen.[14] Interessanter ist, welche Kantone diese Thematik aufgreifen: neben Solothurn und Baselland auch Basel-Stadt und – an der andern Sprachgrenze – Freiburg in seinem einzigen deutschsprachigen Lesebuch von 1938. Das Basler Lesebuch von 1947 zitiert einen Brief von Johann Peter Hebel, der den Wert des Dialektes als erster Sprache des Kindes hervorhebt, sodann Otto von Greyerz, nach dessen Worten die Mundart eine geistige Heimat des Kindes ist, «die es, auch wenn ihm die sichtbare entschwindet, mit fortnehmen kann über Länder und Meere». Schliesslich formuliert Traugott Meyer, der Herausgeber dieses Buches:

Wir wollen unsere Muttersprache genau kennenlernen [...] wir wollen im Sinn des wahrhaft Lebendigen an ihr weiterschaffen und weiterbilden [...] Hierin wurzelt der

---

14 M. von Schenkendorf, *Die Muttersprache*, Lb VI BL (1930), S. 114 f.; Lb IV–VI FR (1938), S. 49 f. Reinharts Gedicht gipfelt im Satz: «Frei blybe wott de Schwyzerma! / Soll drum sy eigni Sproch no ha!», Lb IV SO/BL (1959), S. 95. Zum «sprachlichen Heimatschutz» vgl. R. Schwarzenbach, Die Stellung der Mundart in der deutschsprachigen Schweiz, S. 131–135.

Heimatschutz, soweit er die Muttersprache angeht. Es ist ein heiligernster Dienst am Volk, für die geistige Heimat.[15]

Die Reihenfolge der Zeugen ist typisch, denn unter dem prägenden Einfluss von Hebel gedieh in Basel die Mundartdichtung früher und intensiver als in den meisten andern Kantonen. Die ältern Stadtbasler Lesebücher hatten schon aussergewöhnlich viele Dialekttexte enthalten; nun wurden die Mundartdichter des 19. Jahrhunderts von einer neuen Generation abgelöst – in ihr der beste wohl Dominik Müller –, doch blieb abgesehen vom Beinahebasler Hebel auch diese Auswahl ganz auf die Autoren der Heimatstadt beschränkt.[16]

Seit dem Ersten Weltkrieg erfasste eine Dialektwelle die Deutschschweizer Lesebücher und stieg dann Ende der dreissiger Jahre noch einmal kräftig an. Nur die Bündner Lesebücher verzichteten auf Mundarttexte: wohl aus praktischen Gründen, weil den Romanisch sprechenden Schülern der Unterricht in Deutsch nicht noch zusätzlich erschwert werden sollte. Auf die besonderen regionalen Traditionen und Voraussetzungen der Schweizer Mundartdichtung hat Otto von Greyerz in seiner knappen Darstellung von 1924 hingewiesen.[17] Für die Lesebücher boten sich zunächst vor allem Mundartgedichte an, die an drei Überlieferungsmuster anknüpften: an alte Kinderverse, die zu Beginn des Jahrhunderts in Bilderbüchern und mehreren Anthologien gesammelt erschienen;[18] an Schweizer Volkslieder, auch sie neu greifbar in der Sammlung *Im Röseligarte*, und schliesslich an alte eidgenössische Schlachtgebete und Schlachtlieder.[19]

Verfasserinnen und Verfasser von gemütvollen Dialektversen kamen nun, da kindliche Gefühle und Erlebnisse als Lesebuchstoff aufgewertet erschienen, auch in den Schulbüchern der Mittelstufe reichlich zu Wort. In der Ost- und Nordwestschweiz fanden die Aargauer Dichterin Sophie Haemmerli-Marti, Adolf Frey und etwas später auch Margaretha Schwab-Plüss grossen Anklang. Nur die Zürcher Schulbücher nahmen Ge-

---

15 Lb V BS (1947), S. 73 f. Traugott Meyer hat diesen «Dienst am Volk» auch selber ausgeübt und Dialektgedichte und -erzählungen geschrieben.

16 Theobald Baerwart und Fritz Liebrich sind mehrfach vertreten.

17 O. v. Greyerz, Die Mundartdichtung der deutschen Schweiz.

18 Schon *J. Staub's Kinderbüchlein* (seit 1843) und J. Hardmeyer-Jennys *Schweizer Kinderbuch* von 1881 enthielten alte Kinderverse. Es folgten 1902 die Anthologie *Kinderlied und Kinderspiel im Kanton Bern* von G. Züricher; 1907 das *Schweizer Kinderbuch* von O. v. Greyerz; 1908 und 1910 *Joggeli söll ga Birli schüttle* und *Hüt isch wider Fasenacht* von L. Wenger-Ruutz; 1913 *Unterm Holderbusch* von E. Schneider; 1915 *Am Brünneli, am Brünneli* von R. Suter; ebenfalls 1915 *Lueg und lis* von B. Steiner.

19 O. v. Greyerz, Zur Beurteilung von Jugendschriften, SLZ 50 (1905), S. 426 empfahl, dass den Kindern Schweizergeschichte zuerst «in der naiven Form der alten Chroniken», kombiniert mit den historischen Schlachtliedern geboten werden sollte.

dichte von Jakob Stutz, Eduard Schönenberger und Ernst Eschmann auf. Je stärker die Schriftsteller mit den Klangfarben ihrer Dialekte arbeiten, um so mehr drücken sie das Selbstverständnis einer oft sehr kleinen Heimatregion aus, bleiben damit aber auch auf sie beschränkt. Julius Ammann wandte sich ausschliesslich an die Appenzeller,[20] Georg Thürer und David Kundert an die Glarner,[21] und der Luzerner Theodor Bucher, der unter dem Pseudonym «Zyböri» schrieb, sprach besonders die Innerschweizer an.[22] Abgesehen von Hebel, dessen Präsenz sich in allen Lesebüchern dieser Jahre noch verstärkte, fanden nur die Mundartgedichte Meinrad Lienerts und Josef Reinharts den Weg in die Lesebücher aller Deutschschweizer Regionen, weil deren Mundart eine Kunstform aufwies, die über die regionalen Barrieren hinweg verständlich und doch natürlich blieb. Zudem trafen sie sehr genau die Themen und Töne, die man nun als typisch schweizerisch den Schülern vermitteln wollte. Von Reinhart übernahmen die Lesebücher mit Vorliebe besinnliche Lyrik, die in der Nachfolge Adolf Freys Bauerntum, Familie und Dorf und die Sehnsucht nach Geborgenheit in dieser Kinderheimat schildern.[23] Lienert fand mit seinem trutzigen Porträt der *Alten Schwyzer* am meisten Anklang:

Wer sind die alte Schwyzer gsy,
die fromme Heldeväter?
E röischi wildi Kumpany,
voll Für und Blitz sind's druf und dri,
äs wien äs glades Wätter.

Was sind die alte Schwyzer gsy?
So zäch wie bueche Chnebel,
Verschlosse wien än Opferbüchs,
durtribe wien äs Näscht voll Füchs
und gschliffe wie nü Sebel.[24]

Nicht von ungefähr machte das Gedicht von 1936 an in den Inner- und Ostschweizer Lesebüchern die Runde: seine letzte Strophe passte in das Klima der Geistigen Landesverteidigung besonders gut:

20 *D'Appezeller Isebahne*, Lb V AI (1929), S. 204 f.; *E-n-Appezellerhüsli*, ebd., S. 208.
21 G. Thürer, *Deheimed*, Lb IV GL (1949), S. 33; D. Kundert, *Mir Glarner*, Lb V GL (1953), S. 112.
22 *S'Alpehüttli*, Lb IV LU (1932), S. 209 f.
23 Eines der meistzitierten Gedichte von Reinhart heisst *Mys Briefli*. Zu Reinhart und dem Kreis der Solothurner und Aargauer Mundartdichter J. Joachim, A. Frey und S. Haemmerli-Marti vgl. F. Reinhardt, Josef Reinhart.
24 Lb VI ZH (1921), S. 199; Lb VI SZ (1936), S. 126.

Wie sind die alte Schwyzer gsy?
Schier gar wie hüt die junge.
Blöiss d'Stubeli sind nidrer gsy,
si hend si bucke müesse dri,
vorusse, wer het s'zwunge?

3.2.2. Mundart und Nostalgie

Neben dem Gedicht wird die Mundarterzählung eine Schweizer Spezialität der ersten Hälfte unseres Jahrhunderts, wobei wiederum die Nordwestschweiz mit Bern, Solothurn und Aargau als eigentliches Dialektzentrum auffällt. Die Mittelstufen-Lesebücher dieser Region enthalten seit den zwanziger Jahren zwischen 15 und 25 Prozent Mundarttexte, während die Lesebücher der Ost- und Zentralschweiz sich stets mit weniger als einem Zehntel begnügen. Von den drei grossen Berner Erzählern Jeremias Gotthelf, Rudolf von Tavel und Simon Gfeller konnten die Lesebücher Berns, Solothurns und des Aargaus reine oder nur leicht modifizierte Dialektbeiträge übernehmen, so die Skizzen aus Gfellers Bauernkinderwelt[25] und Tavels humorvolle Feuerwehrsatire «*Meichilche Wasser!*»[26] Dasselbe gilt für Reinharts reiche Produktion an Mundartgeschichten: auch sie bleiben in ihrer Verbreitung abhängig von den Mundartgrenzen, während einige seiner schriftsprachlichen Erzählungen unter die beliebtesten, um nicht zu sagen obligatorischen Stücke der Schweizer Erziehungsliteratur aufrückten.[27] Mundart kann auch zu gut geschrieben sein: im didaktischen Bemühen, einen möglichst reichen alten Wortschatz und ausgefallene Wendungen auszubreiten, strapazieren manche Verfasser die Schüler mit handlungsarmen, rein beschreibenden Texten. Auch Simon Gfeller ist da nicht auszunehmen. In *Hustage*, der Schilderung eines ersten warmen Frühlingstages, heisst es zum Beispiel:
Es hustagelet! [...] 's Läbe-n-erwachet i tusig Gstalte. [...] Am Waldchlammerehuuffe tuets nume so gräile. Am Gartehag gnagt scho-n-e Wäschpichüng i aller Strängi Holzwulle-n ab für-n-es neus Hüsli, u d'Härdgüeg hämele dervo, wi we si Chummer hätti e Zug z'versume.[28]

---

25 S. Gfeller, *Lehre wärche*, Lb V BE (1950), S. 119–124; *Wie 's Sömli errünnt*, Lb VI BE (1920), S. 34–36; Lb V SO (1939), S. 5 f.; auf Schriftdeutsch umgeschrieben erscheint dieser Text auch in Lb IV GL (1949), S. 99 f. und Lb IV GR (1955), S. 55 f.

26 Lb VI BE (1920), S. 197–201.

27 Vgl. Kap. 3.3.2., S. 245 f., 248.

28 Lb VI BE (1920), S. 4–6, Zitat, S. 4. Zur Gefahr, dass Mundartpflege in Traditionalismus erstarrt, vgl. R. Schwarzenbach, Die Stellung der Mundart in der deutschsprachigen Schweiz, S. 150–153.

Diese Art idyllischer Naturbeschreibung fand ebenfalls Nachahmer.[29] In den späten dreissiger Jahren erreichte die Dialektwelle ihren Höhepunkt. Sie wurde als Mittel zur Stärkung des Nationalsinns empfunden, und zugleich fühlten sich auch die kleineren Kantone zur Profilierung gedrängt. 1928 gab der Kanton Obwalden ein eigenes Lesebuch heraus, in dem natürlich das *Obwaldnerlied* abgedruckt wurde,[30] und 1938 erschien das einzige deutschsprachige Lesebuch des Kantons Freiburg. Eigenart wird zelebriert im Detail, und die Mundarttexte knüpfen nun noch häufiger an alte Traditionen an. *Wie es früher war* erzählt in Form einer Mundartübung das Thurgauer Lesebuch von 1940: es schildert den alten Brauch um 1850, nach dem die Grossmutter auf dem Bauernhof verantwortlich war für das Flachsäckerlein.[31] Im Glarner Lesebuch von 1949 nimmt ein Vater seinen Buben auf einen letzten Rundgang durch das verkaufte Haus des Grossvaters mit: Anlass, die Einrichtung eines alten Glarnerhauses im Detail zu schildern und die richtigen Dialektausdrücke vorzuführen, nicht ohne Spitze gegen die «fründe Ummefarer», die den Glarnern ihre schönen alten Sachen ablisten.

Hütigstags chüffed eim d'Züribieter all de schüne liggete Chäschte für guets Gäld ab.
Si säged ne Truhe und stelled's deheimed im Westibül uf.[32]

Mundart wird in der Zwischenkriegszeit zunehmend eingesetzt für heimatkundliche Rückblenden in die Lokalgeschichte, zur Schilderung alter Bräuche, für Sagen und Märchen.[33] Die St. Galler Lesebuchherausgeber zeigen sich hier schon früh engagiert, doch war es offenbar schwierig, geeignete Texte zu finden. Das Lesebuch der 5. Klas-

---

29 T. Meyer nennt ein besinnliches Stück Kindheitserinnerung *I dr Bettstygi*: «Jo, uf em Rai obe stoht no dr olt Nussbaum mit em Hornusselenäscht, und z'Fuessete het er non en Umpeissehuufen as wie früener. [...] Und am Bächli höcklet no all es Bachstälzeli und das wädelet mit em Schwänzli und glüüret ummen und schnäbelet gleitig und nimmt es Schlückli.», Lb V BL (1931), S. 54–56.

30 Lb IV OW (1928), S. 103 f.: «Ai gar äs gäbigs Ländli / hed iis d'r Liebgott g'macht, / vom Fräckmiind bis zum Briinig / hend d'Bärg drum umä Wacht.» Zu Mundartbewegung und Geistiger Landesverteidigung vgl. R. Schwarzenbach, Die Stellung der Mundart in der deutschsprachigen Schweiz, S. 137 f.

31 E. Keller, *Der Oberhof (um 1850)*, Lb V TG (1940), S. 183–185: «Scho usgends Hornig, wenn no's Schneewasser im Dachchenner gorglet, richt d'Grossmuetter i der obere Brügi 's Handeggeli zom Hamf- und Flachsasäie zweg.» O. Spielmann berichtet ähnlich breit über *En schöne, alte Bruch*: die «Sichlete» als Abschluss der Getreideernte, Lb IV SO (1929), S. 152–154.

32 K. Freuler, *Ds Grossvatters Hus*, Lb IV GL (1949), S. 29–33, Zitat, S. 31. Im selben Lesebuch schildert J. Hefti den Glarner *Fühnewacht*, S. 24 f., und H. Ammann lässt einen alten Arbeiter von früheren Arbeitsbedingungen in der Spinnerei erzählen: *Dr alt Spinner*, S. 145 f.

33 Vgl. K. Biedermann (1824–1894), *Wie die Familie Sulzer von Winterthur nach Baden reiste*, Lb V ZH (1921), S. 126–129. Auch die Solothurner Lesebücher der Zwanzigerjahre greifen auf die heimatlichen Skizzen und Anekdoten ihrer älteren Mundartschriftsteller J. Hofstetter (1825–1871), F. J. Schild (1821–1889) und B. Wyss (1833–1889) zurück.

se von 1921 enthält ein paar Sagen in St. Galler Mundart,[34] die jedoch in der nächsten Ausgabe von 1929 alle ersetzt werden durch Dialektmuster verschiedenster Färbung unter dem Titel *Alte Bräuche im Volksmund*. Ganz abgesehen von der Menge längst nicht mehr gebräuchlicher Begriffe für verschwundene Tätigkeiten und Gerätschaften dürfte die Lektüre den Schülern schon um 1930 nicht leicht gefallen sein: *Winn der Pfüh chunnt ga blouse n um Martini ummä, und das dürr Laub ab de Buächä n ahäfallt, gout alls vu Sargans und Mels und Wangs mit Bettziächä uffi und laubät. Der warme Pfüh tousät ä Zit lang Tag und Nacht, ass me dumm und korlous würdt, Chopfweh und d Struchä n überchunnt und eim d Nasä dä ganz Tag tropfät.*[35] Wenn im Appenzellerlesebuch von 1958 A. Isenring vom «Chlausezüüg» erzählt, überwiegt die Wehmut über verschwindendes Brauchtum: *I vyle Hüüser het de Züüg em Chreschtbomm möse Platz mache … S ischt schaad, ass me de Bruuch e lengeri mee uusgoo lot. E het guet is Lendli passt, sööd doch öseri Chlausebickli ond Dewisli nebes Bodestendigs.*[36] Das Aargauer 5.-Klass-Lesebuch von 1941 reserviert zwanzig Seiten für «Alte Volksbräuche und Sagen», die zumeist den Sagensammlungen von Heinrich Herzog und Arnold Büchli entnommen und in verschiedene Aargauer Dialekte übersetzt worden sind.[37] In der Innerschweiz überwiegen hier ebenso rekonstruierte Dialektfassungen von Alpsagen und Schilderungen des Alpaufzugs, des wichtigsten Ereignisses im Bergbauernjahr.[38]

Es fällt auf, dass – abgesehen nur vom letzten Beispiel – Mundartpflege hier stets vergangenheitsbezogen war, sich deckte mit Heimatschutzbestrebungen. Damit wurde sie auch als ein ernstes pädagogisches Geschäft betrieben, in dem für Spass kaum Platz war. Es sollte den Lesebuchautoren der sechziger Jahre vorbehalten bleiben, den didaktischen Wert von mundartlichen Sprachspielereien zu entdecken.[39]

---

34 Lb V SG (1921), S. 169–171, 192.

35 *Bettlaubet im Oberland*, Lb V SG (1929), S. 203. Ebenso schwer verständlich ist J. Kuratles Text *I will ötschis verzelle vom Törgga uisschella*, wo es in bodenständigster Mundart (von Wartau) um das Erlesen von Maiskolben geht, ebd.

36 Lb IV AI (1958), S. 66 f.

37 Lb V AG (1941), S. 99–117. Das Motiv der hilfreichen Zwerge, hier in den Sagen *Wie d'Erdmändli danket händ*, S. 102–104, und *De Schwärtfäger*, S. 113–115, verwendet, erscheint auch in andern Lesebüchern für Mundartfassungen besonders geeignet: Lb IV SO (1919), S. 121 f., *Härdmännlischichte* von J. Reinhart; Lb IV–VI FR (1938), S. 45 f., *Vo de Zwärgli im Burgerwald* in Murtener Mundart von E. Hertig.

38 Vgl. Die Unterwaldner Sage *Wie d'Schochtelenolp e Risi worden ist*, Lb V ZG (1932), S. 218 f.; *Der Wintersänn*, Lb IV GL (1949), S. 84 f. Eine Lektion in Mundart und Brauchtum ist die Erzählung *Oeberfahre* von W. Koller, Lb IV AI (1958), S. 39–41.

39 Vgl. Kap. 5.3.8., S. 369–371.

3.2.3. Alte Texte

Ebenfalls antiquarisch, aber doch authentischer mochten auf Schüler Zitate aus alten Chroniken, Lieder und Gebete der alten Eidgenossen wirken. Das Thurgauer Lesebuch von 1940 bringt die Sage vom *Glöcklein von Gachnang* im Wortlaut einer Chronik aus dem 17. Jahrhundert.[40] In das 6.-Klass-Lesebuch des Aargau von 1937 sind ein paar Strophen aus dem «Halbsuter»-Lied zur Schlacht bei Sempach und das *Schlachtgebet der alten Eidgenossen* aufgenommen.[41] Schon im Schaffhauser 6.-Klass-Lesebuch von 1916 findet sich das naivfromme und selbstbewusste *Vermahnlied* aus dem 16. Jahrhundert:

O usserwählte Eydgenossenschaft,
hab Gott vor ougen tag und nacht,
er het üch gän ein fryes land,
in dem ir alli nitturfft hand.
Er bscheert üch täglich wun und weid,
hüpsch huffen vech, das ist ein fröwd,
es gat im chrut bis an den buch,
wol uff den hohen alpen fruch.

Hier waren nun auch in leicht zu entziffernder Verfremdung eine Mundartform und ein Inhalt gegeben, die beide über die Regionen hinaus das nationale Selbstgefühl ansprachen:

Das land ist wol beschlossen yn,
dann Gott ist selbst der murer gsin,
ir seyd ein kreftig fürschtenthumb,
hend druf wol acht und dankt Gott drumb.
Sünd grüscht zum strit, wann kompt die zyt
und fürchtend tusend tüfel nüt,
bruchend nur ewer schwert mit muot,
so Gott woll, wird dann's end schon guot.[42]

---

40 *Heyliges Thurgoew* von 1671, Lb V TG (1940), S. 237–239.
41 Lb VI AG (1937), S. 140. Aus dem alten Sempacherlied sind die Strophen zitiert, die sich auf Winkelried beziehen. «Des adels her was feste, / in ordnung dick und breit: / Das verdross die frommen geste; / ein Winkelried, der seit: / ‹He, wend irs geniessen lan / min arme kind und frouwen, / so will ich ein frevel bstan.›» Zum *Schlachtgebet der alten Eidgenossen* vgl. Kap. 5.2.4., S. 333.
42 Lb VI SH (1916), S. 244 f.

1939 wurde dieses Lied für das Lesebuch wieder neu entdeckt: Das alte Bild der Festung, die Gott selbst den Eidgenossen errichtet hat, verbunden mit der Mahnung, auf das Erbe acht zu geben, es auch gegen aussen zu verteidigen, erhielt durch die Zeitumstände neue Aktualität.[43]

Als wenig später der damalige Bundespräsident Philipp Etter mahnende Worte «a d'Schwizer Jugend» richtete, tat er das auch im Dialekt. Dieser Text *Vo der Heimat* wird uns noch beschäftigen; hier sei nur vermerkt, dass der Aufruf an die Schweizer Kinder, auf ihre Weise zum Heimatschutz beizutragen, von zwei Lesebüchern dieser Jahre in seinem Mundart-Wortlaut wiedergegeben wird.[44]

An der Sprache erkennen sich die Schweizer auch im Ausland: dieses Erzählmotiv wird für die Lesebücher relativ spät entdeckt. Im Lesebuch für Baselland und Solothurn von 1959 berichtet Ernst Jucker von einer «Seltsamen Begegnung» in Sibirien. Ein kleines Mädchen spricht ihn auf Berndeutsch an, denn seine Familie, vor Generationen ausgewandert, gehört zu einer Gruppe Wiedertäufer, die sich in Russland nie assimiliert hat.[45] Ebenso rührend ist Ernst Zahns Erzählung *Das Volkslied*: da kann sich in Brasilien ein verwahrloster Kuhhirte ohne Papiere als Schweizer ausweisen, weil er sich noch vage an ein Lied erinnert, das «die Mutter gesungen hat». Dem alten Mann wird daraufhin sein Erbe zugesprochen.[46]

3.2.4. Helvetismen

Direkter als die oft allzu didaktisch den Dialekt zelebrierenden Mundartstücke nahmen auf die Schüler jene Erzählungen Einfluss, welche gleichaltrige Schweizer Kinder handeln und reden lassen. Die norddeutsche Reformbewegung ermunterte auch die Deutschschweizer Jugendschriftstellerinnen und -schriftsteller, absichtlich Helvetismen in ihre Texte einzubauen, um ihnen so zu atmosphärischer Dichte zu verhelfen. Die Lesebücher ihrerseits wählten aus diesen Werken mit Vorliebe Passagen aus, die anhand sprachlicher und emotionaler Identifikation in den jungen Lesern das Bild der Heimatwelt mitprägen und die Bindung an sie verstärken sollten. Hier kann nur anhand einiger weniger Beispiele aus dem grossen Textsortiment angedeutet werden, wie dieses Sprachmittel von verschiedenen Autoren eingesetzt und im Lesebuch ausgewertet wurde. Als zusätzliches sprachpädagogisches Ziel bezeichnete Fritz

---

43 Lb VI SG (1939), S. 90. Das Lied wird übernommen in Lb VI Benz (1964), S. 178.
44 Lb V AG (1941), S. 3; Lb V ZG (1954), S. 111; vgl. Kap. 3.4.1., S. 269.
45 Lb VI BL/SO (1959), S. 98–101.
46 Lb VI Benz (1955), S. 67 f.

Gassmann 1916, dass auch Schweizerkinder lernen sollten, «gesprochene und geschriebene Sprache als Einheit zu betrachten».[47]

Während noch Johanna Spyri in der Wortwahl nur diskrete Dialektanklänge einbaut und Ida Bindschedler in den oft zitierten *Turnachkindern* ganz darauf verzichtet, prägen Helvetismen den Stil von Elisabeth Müller und Olga Meyer wesentlich mit. Elisabeth Müller lässt Röbi seinen kleinen Bruder suchen:

«Wohl», hiess es endlich, «der Ernstli ist vor einer halben Stunde wie sturm zum Schulhaus gerannt.» «Ja, nein, dort ist er eben nicht [...] Ach, er ist weiss Trost in den Bach gefallen oder hat sich im Wald verlaufen.»[48]

Olga Meyer setzt ähnliche Mittel ein und gehört vor allem mit zwei Texten aus *Anneli* zu den meistzitierten Autorinnen. In *Grossmutters Namenstag* will Anneli eilig der Grossmutter gratulieren:

Die Türe der Grossmutter flog auf, und plumps – stand Anneli mit seinen nackten Füsslein mitten in der saftigen Nidelwähe. [...] «Du Grüsel du!» rief die Grossmutter, «kannst nicht aufpassen, wo du hinrennst? [...] Den Tritt in der Wähe kannst du jetzt essen, jawohl; man klopft doch an und läuft nicht so daher, wie ein kleines Ungeheuer. Wirst dann ein andermal schon aufpassen!»[49]

Lisa Wenger belässt in ihren Jugenderinnerungen an Bern alle direkte Rede in reinem Berndeutsch, mit dem Ergebnis, dass nur das Berner Lesebuch ihren an sich sehr hübschen Text aufnimmt.[50] Der eben zitierte Zürcher Lehrer Fritz Gassmann schrieb für sein 1921 erschienenes Lesebuch der 4. Klasse eine Reihe von Texten, in denen er einen heimatkundlichen Hintergrund auf dem Weg über ein Kindererlebnis zu erschliessen suchte. Einige dieser Beiträge bewährten sich so gut, dass sie noch heute im Heimatkunde-Lehrmittel der Stadt Zürich stehen.[51] In der Erzählung *Warum Hans das Heimweh bekam* schildert er ohne den sonst üblichen Überschwang einen Bauernhof im Zürcher Oberland. Knapp, aber plastisch sind die Bauernstube mit den zwei Webstühlen vor den Fenstern, die Schlafkammer, wo zwei Buben das Bett teilen und das Fenster nachts geschlossen bleibt, gezeichnet; schliesslich die Kinder beim Kartoffellesen und Viehhüten – beides bei Nebel keine wahre Freude. Wie Gassmann Helvetismen

47 F. Gassmann, Sprache und Erlebnis, S. 4.
48 *Der kleine Ernstli*, Lb IV SH (1923), S. 95–99, Zitat, S. 97.
49 Lb IV ZH (1927), S. 115.
50 Lb V BE (1950), S. 131–137, *Es passiert viel uf em Schuelwäg* und *Als die Schule brannte*.
51 *Die Spanisch-Brötli-Bahn*; Heimatkunde der Stadt Zürich (1969), S. 62–65, *Ein sonderbares Fuhrwerk, und was daraus geworden ist*, *Ein alter Brunnen*, Lb IV ZH (1967), S. 163–166.
52 Lb IV ZH (1927), S. 123–129, Zitat S. 127.

einsetzt, um den bäuerlichen Umgangston und den Gedankengang des Ferienbuben zu skizzieren, mag ein Beispiel zeigen:

Der Vetter teilte grosse Stücke Brot und Käse aus. Hans durfte nicht einmal sagen, dass er den Käse nicht gern habe; denn der Vetter hiess den Robertli ein schnäderfrässiges Bürschli, dem man keinen Käse geben sollte, nur weil er ein bisschen Rinde abgeschnitten hatte, statt sie bloss zu schaben.[52]

Das Stadtkind, das sich zunächst auf dem Lande schlecht zurechtfindet, dann aber um so freudiger das Bauernleben geniesst und rote Backen heimbringt, ist in der Schweizer Kinderliteratur eine geläufige Figur. Gassmann lässt dagegen seinen Helden unbekehrt nach Hause laufen, froh, dieser ungewohnten Umgebung entronnen zu sein. Heimweh wird hier für einmal des grossen Pathos entkleidet und dafür nicht minder wirkungsvoll im Nahbereich angesiedelt, der jedem Kind vertraut ist.

Die wenigen Beispiele mögen genügend belegen, was die Jugendautoren mit diesen absichtlichen Helvetismen bezweckten, und kaum einer von ihnen hat seither auf dieses Stilmittel verzichtet, das ja auch in Deutschland und Österreich seine Anhänger hatte und hat. Das unterscheidet sie, wie schon gesagt, von den Autoren der Romandie, die auf ein korrektes Französisch ohne Patois-Anklänge stets viel grösseren Wert gelegt haben. In folkloristischen Erzählungen tauchen höchst selten Mundarteinschübe auf, in direkter Rede einfacher Leute etwa, im Ruf des Berggeistes und natürlich im *Ranz des vaches*.[53] Obwohl es seit dem Ersten Weltkrieg nicht an Bemühungen gefehlt hat, den Schweizer Schülern die andern Landesgegenden in ihrer sprachlichen und kulturellen Eigenart näher zu bringen,[54] bleibt der Niederschlag in den Lesebüchern, was die Mehrsprachigkeit angeht, enttäuschend gering. Im St. Galler 6.-Klass-Lesebuch von 1924 steht ein Text *Von unsern Landessprachen und von Freiburg, der Zweisprachenstadt*,[55] der erkennen lässt, dass auch kurz nach dem Ersten Weltkrieg das Nebeneinander verschiedener Sprachen nicht als Chance, sondern als Konkurrenzsituation empfunden wurde.

Ein Kampf ists [...] den die 4 Sprachen um den Besitz unseres Landes ausfechten. Denn ihrer jede sucht seit undenklichen Zeiten auf Kosten der andern in unsere Gaue vorzudringen. [S. 209]

53 A. Cérésole erzählt die Waadtländer Sage *Le servant du lac Lioson*: da hört der Meistersenn nachts eine wilde Stimme rufen: «Pierro! ... laïva-te por écortsi!», Ll V GE (940), S. 264; Ll dm VD (1944), S. 177–180.

54 1919 erschien ein vierbändiges Gemeinschaftswerk *Schweizerische Lesestoffe – Lectures suisses – Letture svizzere* hg. von A. Alge (Die deutsche Schweiz), P. Martin (La Suisse romande), G. Anastasi (La Svizzera italiana) und Ph. Quinche (Recueil de poésies d'auteurs romands). Ziel der dreisprachigen Publikation war, mit Hilfe des Fremdsprachenunterrichts auf «Erhöhung des Verständnisses für anderssprachige Eidgenossen zu wirken.» Vorwort zu Bd. 1.

55 Lb VI SG (1924), S. 208–211.

Gefährdet sieht der Verfasser Ulrich Hilber vor allem den Deutschschweizer Bestand: «Wäre nicht der Gotthardklotz [...] man spräche heute weit gegen den Vierwaldstättersee und im Oberwallis buon giorno statt guten Tag.»

Das Französische, vergleichbar einem Strom, «flutete von alters her [...] in unser Land herein [...] bis ein breites Seebecken oder ein tiefes Flusstal Halt gebot.» Verwirrend erscheint ihm die Situation in der Stadt Freiburg, doch wenn er «von Heimweh ergriffen ob all dem fremden Wesen um ihn» in die Unterstadt hinabsteigt, kann er sich am «traulichen Deutsch» wieder aufrichten. Auch Alphons Aeby widmet in seinem 1938 für den Kanton Freiburg geschaffenen deutschen Lesebuch der Sprachvielfalt ein besonderes Kapitel. Seine Schüler waren ja wie keine sonst von dem Problem direkt betroffen.

In unserem Kanton Freiburg sprechen wir verschiedene Sprachen. Im Sense- und Seebezirk, in einem Teil der Stadt Freiburg und in Jaun haben wir alemannische Mundarten. In den entsprechenden Schulen dieser Gegenden lernt man das Schrift- oder Hochdeutsche. In den fünf andern Bezirken spricht man zum Teil welsche Mundarten oder patois; in den Schulen dieser Landstriche lernt man das Französische. Jeder Freiburger soll deutsch und französisch sprechen und schreiben lernen.[56]

Seine Textauswahl berücksichtigt denn auch alle Freiburger Dialekte: die Sensler, Murtener und Jauner Mundart, lässt darauf Octave Auberts Gedicht *Ma Patrie* folgen und führt das Sprachthema auf eine allgemeinere Ebene hinüber zu Gotthelfs Text *Die Sprache der Glocken.*[57]

3.3. Alt-neue Heimatbilder

Wenn in diesem Kapitel von den Themen zu reden ist, die von 1920 bis in die sechziger Jahre hinein die Schweizer Lesebücher geprägt haben, kann es nicht um eine gründliche Analyse der mehrfach beschriebenen und oft kritisierten Motivauswahl gehen.[58] Warum so lange eine bäuerliche Heimatwelt hier im Mittelpunkt stand, obwohl dies der schweizerischen Realität längst nicht mehr entsprach, ist schon

---

56   Lb IV–VI FR (1938), S. 41.
57   Ebd., S. 48.
58   O. Bucher, Die Familie im Lesebuch der deutschen Schweiz, hat die entsprechende Literatur bis 1978 aufgearbeitet. Vgl. auch D. Kehl, Heimat in Lesebüchern.

angedeutet worden. Vor allem die Lesebuchherausgeber, die selber noch in ländlicher Umgebung aufgewachsen waren und idyllische Erinnerungen an ihre Kindheit pflegten, waren der Ansicht, dass nur ein bäuerliches Heimatverständnis die Grundlage schweizerischer Erziehung sein könne: eine durch Naturliebe und Traditionspflege verstärkte Bindung an den «Heimatboden».[59] Das Bauerntum sahen sie jedoch gefährdet durch Industrialisierung und Landflucht, aber auch durch moderne städtische Kultureinflüsse.[60]

Diese Vorstellungen waren nicht neu. Sie tauchten schon im ausgehenden 19. Jahrhundert auf, waren und blieben auch Teil der politischen Propaganda der damals neu organisierten Bauernverbände in Deutschland und in der Schweiz.[61] Als konservative Gegenkraft zur Sozialdemokratie entwickelten sie in der Zwischenkriegszeit ihre Ideologie mit entsprechender Breitenwirkung. Für die Schweiz fasste sie der erste Bauernsekretär Ernst Laur 1922 prägnant und aggressiv verallgemeinernd zusammen:

Wir glauben und vertreten die Überzeugung, dass der bäuerliche Beruf mehr als jeder andere die Grundlage nicht nur des wirtschaftlichen, sondern auch des seelischen Gedeihens des Volkes bietet. Die Ruhe und Gesundheit des Landlebens, die Arbeit, die enge Verbindung mit der Natur und der starke Sinn für das Familienleben erleichtern in der Landwirtschaft die Entwicklung und Erziehung körperlich, geistig und sittlich gesunder Menschen.[62]

Wohl gebe es auch auf dem Land allerlei ungute Erscheinungen zu bekämpfen, vor allem den Alkoholmissbrauch.

Aber wie wenig fällt dies alles in Betracht [...] gegenüber den Zuständen, welche die industrielle und kommerzielle Entwicklung schafft mit ihrem Kapitalismus, dem Proletariat, mit der Grossstadt und ihrem Elend und Luxus, ihrem Laster und ihrer Versuchung, ihrem Egoismus, ihrer Überkultur und ihrer Entartung.

---

59 Von den zehn Teilen, die das Lb VI ZH (1921), S. 159–170 unter dem Titel «Heimat» zusammenstellt, beziehen sich die vier Gedichte ausdrücklich auf eine ländliche Welt; an Prosatexten sind die Erzählung *Heimat* von J. Bosshart, ein Ausschnitt aus J. Schaffners Roman *Die Erlhöferin* und von F. Marti *Heimatboden* aufgenommen. Zur antistädtischen Ideologie vgl. F. Walter, Les Suisses et l'environnement, S. 134–137.

60 Auffallend ist die Parallele zu den gleichzeitigen Bemühungen der Jugendschriftenbewegung Deutschlands; vgl. G. Schmidt-Dumont, Der Hamburger Jugendschriftenausschuss um 1900, S. 38 f.

61 Vgl. H.-J. Puhle, Agrarische Interessenpolitik, S. 143–212; E. Laur, Ein Leben für den Bauernstand, S. 27–33.

62 E. Laur, Bauernpolitik, S. 6 f.

3.3.1. Bauernwelt als Gegenbild

Gegen den drohenden innern Substanzverlust sollte auch die Schule ankämpfen. Josef Reinhart sah im Lesebuch ein über die Schulstube hinauswirkendes Erziehungsmittel: *Heute [...] will das Lesebuch seinen Platz als Volksbuch behaupten; es ist wohl das einzige Buch, das über dem Graben der Konfessionen, der Klassen steht; in ihm spiegelt sich der Geist eines harmonischen Lebens wieder, da finden sich die Menschen ohne Zwiespalt, ohne Hass zusammen zu dem [...] grossen Werke der Menschheit und Liebe, der Arbeit und Schönheitsfreude unter dem Zeichen der Kunst und Poesie. Käme nicht dem Lesebuch die Aufgabe zu, über allem Trennenden der Menschen ein Band zu weben aus dem Gedanken [...] der Heimatliebe, der Naturfreude, der Pietät für das Alter und der Vergangenheit?*[63]

Reinharts Lesebuchkonzept, seine Autoren- und Textauswahl wurde von den Lesebuchherausgebern in anderen Kantonen als vorbildlich empfunden, sie übernahmen vieles von dem kompetenten Kollegen und ersparten sich so auch die zeitraubende Suche nach neuen geeigneten Beiträgen.[64]

Die Ostschweizer Mittelstufen-Lesebücher dieser Jahre sind nach demselben Konzept aufgebaut, doch mit etwas anderen Gewichtungen im heimatkundlichen Bereich. Fritz Gassmann, der Herausgeber des Zürcher 4.-Klass-Lesebuches von 1921, war ein resoluter Anhänger der Norddeutschen Gansberg und Scharrelmann, nicht nur was die Methoden zur Förderung der kindlichen Sprachfähigkeit betraf.[65] Heimatkundliche Erzählungen können an konkreten Gegenständen oder an Beobachtungen der Kinder anknüpfen und dann in die Vergangenheit zurückführen, denn «alle Dinge haben eine Geschichte».[66] Gassmann selbst hat ja eine Reihe solcher sachkundlicher Beiträge über alte Gebrauchsgegenstände und frühere Lebensbedingungen verfasst, die nicht nur eine bäuerliche Umwelt betrafen. Einige dieser Texte sind auch von den Lesebüchern anderer Kantone während vieler Jahre wiedergegeben worden.[67] Gansberg hatte 1911 geschrieben:

Wir müssen uns mitfühlend in die Zustände des Menschenlebens versenken, wir müssen Freundschaft schliessen mit den Personen, von denen wir erzählen möchten;

---

63 J. Reinhart, Das Lesebuch im muttersprachlichen Unterricht, S. 3.
64 Reinhart redigierte während vielen Jahren die Jugendzeitschrift «Jugendborn»; die dort publizierten Erzählungen von Schweizer Autoren wurden oft in neue Lesebücher übernommen.
65 Vgl. F. Gassmann, Sprache und Erlebnis.
66 H. Mischke, Die Bremer Schulreformer, S. 74.
67 *Aus der Geschichte des Fahrrads*, Lb IV LU (1936), S. 128 f.; Lb IV LU (1964), S. 142 f.; *Ein alter Brunnen*, Lb IV GL (1949), S. 71 f. *Wärme und Licht in früherer Zeit*, Lb IV GR (1955), S. 8 f., vgl. Kap. 3.2.4., S. 240.

die Handlung beginnt mit der warmen Anteilnahme an der Lebenslage der beobachteten Person.[68]

Es ist auffällig, wie viele Schweizer Jugendschriftsteller nun mit Beiträgen dieser Art in den Deutschschweizer Lesebüchern vertreten sind. Hier waren und sind die Herausgeber der Lesebücher meist selber Lehrer, oft auch ihrerseits Autoren von Jugendschriften. Für diese Jahre ergibt sich deshalb eine breite Berührungsfläche mit Verena Rutschmanns Untersuchung zu den historischen Erzählungen und Romanen für Kinder und Jugendliche in der Schweiz.[69] Aus den Schriften von Robert Schedler, Niklaus Bolt und Josef Reinhart – um nur einige der wichtigsten Autoren zu nennen – werden geeignete Kapitel in die Lesebücher integriert.[70] Über die zu vermittelnden Vorstellungen von Heimat und Schweizertum herrscht in diesen Erzählungen und in den Lesebüchern ein so weitgehender Konsens, dass die Begriffe hier im Sinne von Verena Rutschmanns Analyse übernommen werden können. Hingegen fallen Unterschiede in Themenwahl und -behandlung auf, die mit dem Anthologiecharakter des Lesebuches zu tun haben. Die kurze Lesebuchgeschichte verträgt weder eine ausführliche Exposition noch eine differenzierte Darstellung von komplizierten Verhältnissen und Hintergründen oder einer Entwicklung über längere Zeit. Die Handlung muss auf wenige Szenen konzentriert ablaufen.

Weil es wenig sinnvoll wäre, hier die enorme Fülle heimatlicher Bauernschilderungen aufzuarbeiten, mögen einige Hinweise auf wichtigste Motive und meistzitierte Texte, die zu Lesebuchklassikern geworden sind, genügen. Natürlich haben die einzelnen Regionen der Schweiz ihre Präferenzen: die Ostschweiz insgesamt gibt dem Thurgauer Bauern und Schriftsteller Alfred Huggenberger den Vorrang, doch ist hier auch Peter Rosegger besonders beliebt, der in allen Heimatbelangen offensichtlich in der Schweiz ganz akzeptiert war. Zum Innerschweizer Bauernkind sprechen Theoder Bucher (Zyböri) und Meinrad Lienert, während in der grossen Region zwischen Bern, Aargau und Solothurn Josef Reinhart und Simon Gfeller dominieren, ohne dass deswegen die andern Schweizer Autoren wegfallen würden.

Stimmungsbilder und Erlebnisse des Bauernkindes fügen sich gut in den Jahreszeitenzyklus, nach dem die meisten Lesebücher weiterhin angelegt sind. Rosegger berichtet in *Als ich zum Pfluge kam* vom Stolz des Buben auf seine erste Selbständigkeit beim

---

68 Zit. nach H. Mischke, Die Bremer Schulreformer, S. 74.

69 Vgl. V. Rutschmann, Für Freiheit und Fortschritt.

70 Auszüge aus R. Schedler, *Der Schmied von Göschenen*, Lb VI ZH (1921), S. 171–187; N. Bolt, *Peterli am Lift*, Lb IV ZG (1936), S. 71–86; J. Reinhart, *Heinrich Pestalozzi*, Lb VI BL (1930), S. 166–175.

Pflügen, und Reinhart lässt in der Erzählung *Im Heuet* den Knecht Ögerli die Rolle des guten Geistes übernehmen, der dem Kinde die Augen für die Schönheiten der Natur öffnet. Der Solothurner Theodor Saladin beschreibt das Säubern der Wiesen im Frühjahr, und sein Stimmungsbild vom nächtlichen Gang durch einen Weinberg wirkt heute noch attraktiv.[71] Dasselbe gilt für die Texte Gotthelfs und Felix Möschlins, die vom drohenden Sommergewitter und von der Hast der Bauern sprechen, wenn sie ihr Heu noch einzubringen suchen. Die von Reinhart oft gelobte Kontinuität des Bauern-lebens durch die Generationen hindurch suchen neben ihm viele ins Bild zu bringen: Gfeller berichtet vom Eifer des noch kleinen Kindes, dem Vater zu helfen,[72] und Rosegger spannt in seiner Erzählung *Vom Urgrossvater, der auf der Tanne sass* den Generationenbogen weit aus: der alte Baum, der lange Zeit als Wahrzeichen in der Landschaft steht, ist Symbol dieser Dauerbindung zwischen Bauer und Land.[73]

Die wichtigste Erzählung in dem Zusammenhang stammt von Jakob Bosshart. Unter dem Titel *Heimat* oder *Hans Urech* nehmen sie ein gutes Dutzend Kantone in die Lesebücher für die 5. und 6. Klassen auf. Der Erzähler berichtet aus seinen Kinder-tagen, wie sein Vater ein schönes Bauerngut übernommen habe. Beim Einzug findet der Bub in der ausgeräumten Stube den Vater des früheren Besitzers in Trauer versunken.

Er war in dem Haus geboren, gross und alt geworden, hatte darin viel Leid, aber auch viel Glück erfahren und musste es nun verlassen – mit einer engen Mietswohnung in der Stadt vertauschen; statt seines weiten, sonnigen Hofes sollte er nun täglich eine dumpfe, enge Gasse vor Augen haben, nichts konnte er mehr sein eigen nennen, als etwa den Tisch, an dem er ass, und das Bett, worin er schlief. Das brach ihm schier das Herz.[74]

Jedes Jahr einmal kehrt der Alte wieder:

Langsam [durchschritt er] das ganze Gut. Keine Wiese, keinen Fleck Ackerland, nicht den ärmsten Winkel vergass er. Die Bäume begrüsste er wie gute Bekannte. [... Viele] waren ja wirklich seine Kinder, er hatte die Wildlinge in Wald und Hag gesucht, sie in guten Boden verpflanzt und edle Reiser darauf gepfropft. Andere stammten von seinem Vater, einige von seinem Grossvater her [...] musste er nicht im Frühling schon wissen, wie die Frucht eines jeden im Herbst aussehen und schmecken würde? [S. 162 f.]

Als sein Sohn nach Amerika auswandert, darf Hans Urech auf den Hof zurückkehren und da seine alten Tage verleben. Mit ihm kommt ein besonderer Segen ins Haus: es

---

71 Th. Saladins Beiträge erschienen im «Jugendborn» und fanden von da her Eingang in die Lese-bücher.

72 *Lehre wärche*, Lb V BE (1950), S. 119–124.

73 Lb V BE (1920), S. 80–86.

74 Lb VI ZH (1921), S. 161–167, Zitat S. 162.

war, «als ob alles, was er anschaute und berührte, besser gedeihe als sonst». Für die Kinder wird er zum wichtigen Vermittler:

Hans Urech [war] wie ein sprechendes, leicht verständliches Buch. Es gab keinen Baum, keinen Strauch, kein Gras und kein Kraut, das er nicht kannte; er hatte ihnen allen ihre Eigenheiten abgelauscht und redete von ihnen, wie von Menschen, sprach von ihren Tugenden und Fehlern, ihrer Genügsamkeit oder Begehrlichkeit, ihrem Dank und Undank, ihren Krankheiten und deren Bekämpfung. Alle Bauernregeln und Wetterzeichen waren ihm geläufig, die Vögel kannte er an ihrem Flug und Pfiff. [S. 106]

Bossharts Erzählung ist zu einem Schlüsseltext geworden, weil sich in ihr einige Dogmen der Heimatdichtung konzentrieren: die enge Naturverbundenheit alter Bauern schafft beinah magisches Wissen; nur auf dem Lande entsteht während Generationen eine echte Verwurzelung; keine städtische Bequemlichkeit wird je den Verlust stolzer bäuerlicher Unabhängigkeit wett machen. Dazu hat sich wohl Alfred Huggenbergers Gedicht *Fahnenflucht* einigen Generationen von Schweizer Schülern am intensivsten eingeprägt:

Ich kann dich nicht verstehen,
du Bauernsohn von altem Holz;
du schrittest hinterm Pfluge her
so sicher und so stolz!

Ich kann es nicht verstehen,
dass du zur Stadt den Schritt gewandt:
Hat dich ein letzter Blick ins Tal
nicht an die Scholle gebannt?[75]

[...]

Die Lesebücher sind sich einig: wer vom Land in die Stadt zieht, macht einen schlechten Tausch. Sie verschweigen, dass solche Entscheidungen oft unfreiwillig unter ökonomischem Zwang getroffen wurden.

3.3.2. Bergbauern und Auswanderung

Urbild des Schweizers bleibt weiterhin der fleissige, genügsame Bergbauer. Im Schwyzer Lesebuch von 1940 berichtet ein Beitrag von seinem harten Alltag: «Kartoffeln, Ziegenmilch und Polenta» sind seine Nahrung. Im Sommer riskiert er sein Leben beim Wildheuen, im Winter beim Holzfällen, doch hat er auch seine Freuden. «Die jungen Burschen messen ihre Kräfte im Schwingen, Steinstossen, Jodeln, Alphornblasen und

---

75 Lb V ZH (1921), S. 106. Das Gedicht übernehmen praktisch alle mittelländischen Kantone und die Innerschweiz in ihre Lesebücher.

Fahnenschwingen».[76] Die Texte *Garben eintragen* von Simon Gfeller und *Heimatboden* von Fritz Marti setzen diese Bilder literarisch um. «Die schwere Bürde beugte der tapferen Frau wohl den Nacken, aber die Seele blieb ungeknickt und spannkräftig.»[77] Hier schliesst Reinharts Erzählung *Brot* thematisch an, auch sie ein Standardstück der Lesebücher für das 6. Schuljahr.[78] Schauplatz ist eine Innerschweizer Passstrasse, wo der Erzähler auf einen ärmlich gekleideten, tüchtig ausschreitenden Wanderer trifft: der Mann hat es als kleiner Handwerker schwer im Leben, hat auch Unrecht erlitten, doch sein Ehrgefühl ist ungebrochen. Er strebt zu Fuss ins Walliser Heimatdorf zurück, um dort sein ererbtes Stücklein Land vor der Versteigerung zu retten: «Wenn ich denken könnt', ich dürfte noch einmal selber auf einem Stücklein Land Frucht ernten, ich mein', ich wollte nie mehr klagen.» (S. 19) Das Brot, das ihm der Erzähler schenkt, behandelt er mit grossem Respekt – im Gegensatz zu den lärmenden, übersatten Kurgästen, die in abschreckender Kontrastwirkung die Nacht durchzechen. Den Erzähler treibt es wieder in den frühen Morgen hinaus, einem Sonnenaufgang in erhabener, stiller Bergwelt entgegen.

In dieser Erzählung hat Reinhart die Kurzform für seine Gesinnung und pädagogische Absicht geprägt, und es ist bezeichnend, dass sie in den Lesebüchern seit 1920 ein so grosses Echo gefunden hat. Die Hauptfigur ist im Leben zu kurz gekommen, doch akzeptiert sie ihren bescheidenen Platz in der Gesellschaft, weil die Hoffnung bleibt, einmal das eigene Äckerlein bestellen zu können. Charakteristisch für den Schriftsteller ist auch die konfessionell nicht festgelegte Religiosität des Textes: man erinnert sich an seine Definition des Lesebuches als «einziges Buch, das über dem Graben der Konfessionen, der Klassen steht».

Spezieller Beliebtheit erfreuen sich weiterhin die Hirten- und Geissbubengeschichten in alter oder stilistisch etwas erneuerter Verpackung.[79] Wie glücklich das Bergkind lebt, wird ihm erst bewusst, wenn es aus seiner Welt gerissen wird. In Johanna Spyris Nachfolge steht Ernst Zahns Erzählung *Der Geiss-Christeli*. Der Bauernbub, Gegen-

---

76 *Aus dem Leben unserer Bergleute*, Lb IV SZ (1940), S. 24 f.

77 *Garben eintragen*, Lb VI ZH (1921), S. 13–15; F. Marti, *Heimatboden*, ebd., S. 159 f. Reinharts Dialekterzählung *Arm und doch no rych*, Lb V SO (1939), S. 130–135, will illustrieren, dass die einfache Hirtenfamilie glücklicher lebt als der unzufriedene, stets rechnende reiche Bauer.

78 Lb VI ZH (1921), S. 16–21. Die Erzählung steht auch in den Lesebüchern der Kantone Bern, Graubünden, St. Gallen, Zug und der Innerschweiz.

79 Noch immer hält sich *Moni, der Geissbub* von Johanna Spyri, Lb VI AG (1937), S. 108–110; Lb VI GR (1961), S. 28–30; P. Steinmann, *Balzli der Geissbub*, Lb IV GL (1949), S. 86–88 und Lb V Benz (1960), S. 162–165. In K. Wartmanns Geschichte *Tschanogg und seine Schafe*, Lb V GR (1934), S. 143–146, ist ausnahmsweise ein Mädchen die Hauptfigur neben dem alten Grossvater: ein *Heidi* nachempfundenes Paar.

figur zu Niklaus Bolts *Peterli am Lift*, mag die Arbeit in einem Hotel nicht annehmen und bricht sofort wieder aus; er kann nur in der freien Luft der Berge leben. Mit dem ihm eigenen Pathos schliesst Zahn:

In den Bergen [...] hocken Bauern und hungern und sehen weiter unten im Tal die Leute auswandern, die arm sind wie sie, und anderwärts ein leichteres Brot suchen, sehen es und bleiben sitzen – weil es nur einen Heimatboden gibt![80]

Wieder, wie in Bossharts *Hans Urech* fällt hier nebenbei das Stichwort «Auswanderung»; es ist behaftet mit dem Makel der freiwilligen Preisgabe von Heimat und bleibt für die Lesebücher über den Ersten Weltkrieg hinaus ein heikles Thema. Erst in den dreissiger Jahren wird es in seiner wirklichen Bedeutung aufgegriffen mit der eindrücklichen Passage aus Heinrich Federers Kindheitserinnerungen. Der Knabe beobachtet nachts die vorbeifahrenden Wagen von wegziehenden Familien:

«Wohin, Mutter?» «Nach Amerika! Sie haben keine Arbeit daheim. Ihre Heimat gibt ihnen nicht einmal Brot genug. In Amerika, heisst es, findet man Geld wie Heu. Aber schwer ist es, so von Dorf und Heim weg zu müssen.» [...] Ich verstand noch nichts von der wirtschaftlichen Not, die so rücksichtslos die Landeskinder von der warmen, heiligen Väterscholle in einen wildfremden Weltteil hinausjagt. Es waren zumeist Giswilerfamilien, die da auswanderten. Jahr für Jahr kam dieses Elend nun vor. Immer nachts flohen sie, als schämten sie sich vor ihrer Erde. [...] O der Hunger, der unbarmherzige Martinizins, die garstige Armeleutesuppe, die Verzweiflung, die ewig grüne Hoffnung, was die Nähe versagt, von jener märchenhaften Ferne über dem Meer zu bekommen.[81]

Der stilistische Unterschied zwischen den Heimatdichtern derselben Generation ist evident. Ernst Zahn, der massiv vereinfachend das Lob der Berge und ihrer Bewohner singt, war ein Jahr jünger als der Dichter Heinrich Federer, dessen psychologisch differenzierte und sprachlich anspruchsvolle Texte für die Schüler allerdings die schwierigere Lektüre sind. Zahn war bei den Lesebuchherausgebern des Mittellandes beliebt.[82] Obwohl er in Göschenen lebte, haben ihn die Innerschweizer Lesebücher nicht wirklich akzeptiert. Für sie ist Meinrad Lienert neben Federer der wichtigste Autor dieser Generation und Vermittler des gültigen Heimatbildes.[83] So authentisch

---

80 Lb VI BE (1920), S. 126–135.

81 *Die Auswanderung*, Lb VI Benz (1936), S. 114–116, Zitat S. 115. Der Text steht auch in den Lesebüchern für die oberen Klassen der Primarschule des Kantons Bern (1933) und des Thurgau (1941), sowie im Lb VI sabe (1970).

82 Zitiert werden v. a. die Gedichte *Chum Bueb und lueg dis Ländli a*, *Der Föhn* und *Not*.

83 Lb VI Benz (1955), S. 223–229 nimmt als einzige Schriftsteller Federer und Lienert unter die Biographien «Grosse Menschen – meine Vorbilder» auf.

wie Federer schildert Lienert in *Der Alpbach* ein Jugenderlebnis. Er hatte die Schule geschwänzt und sich im ausgetrockneten Bachbett der Alp vergnügt:

Es war ein prächtiger Frühlingsmorgen; nur ganz hinten im Tale, um die beiden Mythen, waren Wolkenschanzen aufgeworfen, die sich nach und nach zu ungeheuerlichen, schwarzen Bergen auswuchsen, in denen es unheimlich grollte.[84]

Der Knabe spielt, schläft auch eine Weile, bis er plötzlich auffährt:

Kaum einen kleinen Steinwurf ob mir kam, quer über das ganze Flussbett, etwas wie eine gelbe Riesenwalze unheimlich rasch und fast lautlos daher. Es war anzusehen, als würde ein ungeheurer Teppich von unsichtbaren Händen den Bergfluss herunter aufgerollt. Im Hui war ich auf. Die Haare standen mir zu Berge: ich kannte den hohen gelben Streifen nur zu wohl. Ein paar verzweifelte Sprünge, ein eichhörnchenflinkes Klettern – ich stand auf der Uferböschung zwischen den Erlen und Weiden. Im nämlichen Augenblicke wälzten sich schnalzend, rülpsend, schlurfend und gischtend die hochangeschwollenen Wasser des Bergflusses an mir vorbei talab. [S. 124]

Dass diese Erzählung zuerst von den Lesebüchern der Ostschweiz aufgegriffen worden ist, bevor sie 1932 vom Zuger 5.-Klass-Lesebuch übernommen wurde,[85] hat nichts mit Lienerts Beliebtheit zu tun, sondern mit einer gewissen Phasenverschiebung. Die Schulbücher der katholischen Kantone behielten wesentlich länger die alte religiös-moralisch ausgerichtete Erziehungsliteratur des 19. Jahrhunderts bei, bis Ende der zwanziger Jahre der Modernisierungsprozess langsam einsetzte. Nun integrierten die Zuger und die Luzerner Lesebücher auch die bewährtesten Texte von Gotthelf, Rosegger, Huggenberger und Bosshart. Zudem rückten jüngere katholische Jugendautoren aus der Innerschweiz nach: neben Lienert und Federer zum Beispiel Josef Maria Camenzind und – nach dem Zweiten Weltkrieg – Josef Konrad Scheuber.[86] So bleibt die Pflege des regionalen Heimatverständnisses nicht mehr auf Heiligenlegenden, Sagen und heimatkundliche Geographie beschränkt. Nach dem jetzt erprobten Jugendschriften-rezept präsentieren die neuen erzählenden Texte Kinder mit ihren lustigen und traurigen Erlebnissen, die ausdrücklich im Innerschweizer Alltag lokalisiert sind. Katholische und vaterländische religiöse Erziehung fallen zusammen, wenn etwa Camenzind eine Schar Buben schildert, die verzweifelt die Hosensäcke nach dem Rosenkranz absucht:

Der Lehrer aber schaut in die Klasse hinein und sagt nur: «Liebe Buben! Ein braver, tapf'rer Seedörflerbub gibt etwas darauf, dass er immer einen Rosenkranz bei sich hat, besonders jetzt im Rosenkranzmonat, verstanden?»[87]

84   Lb VI ZH (1921), S. 122–124.
85   Lb V ZG (1932), S. 212–214; Lb VI Benz (1936), S. 121 f.
86   Zu Scheubers Texten vgl. 3.4.3, S. 275, 277 f.
87   Lb IV LU (1936), S. 50–53, Zitat, S. 53.

Die Kurzgeschichte mit zügiger Handlung an genau umschriebenem Schauplatz, die unvermerkt Heimatkundliches vermittelt, ist zu einer Spezialität der Deutschschweizer Lesebücher geworden. Viele Schweizer Kinder haben das Tösstal zuerst durch Olga Meyers Anneli kennen gelernt; Lisa Wenger lässt vier Kinder auf einer Wanderung die Juralandschaft erleben; Paul Wehrli, Ernst Balzli und Scheuber schicken ihre Helden auf ereignisreiche Fusstouren und Schulreisen, sei das nun im Thurgau, am Vierwaldstättersee oder in den Bergen.[88]

3.3.3. Bauern und Berge in der Romandie

Die Lesebücher der Romandie pflegen diese Form der heimatkundlichen Kurzgeschichte weniger. Einerseits vermitteln sie kindliche Erlebnisse und Erfahrungen in Familie und Schule mit Texten bester französischer Tradition, unter anderen von Chateaubriand, Anatole France, Alphonse Daudet, Georges Duhamel, Charles Vildrac. Andererseits pflegen sie die Heimatthematik weiterhin vor allem in grösseren Gruppen beschreibender Texte zur Schweizer Geographie und Geschichte. Der Themenkreis Naturkunde und Jahreszeiten in Verbindung mit Bauerntum wird in den Lesebüchern der zwanziger und dreissiger Jahre vornehmlich mit Hilfe von heute kaum mehr bekannten französischen Schriftstellern behandelt: André Theuriet, die beiden Elsässer, die gemeinsam unter dem Namen Erckmann-Chatrian publizierten, und die besonders in den Freiburger Lesebüchern beliebten, stark religiös ausgerichteten Louis Mercier und Francis Jammes. Die in den gleichzeitigen Deutschschweizer Lesebüchern verfochtene Lehre von der allein seligmachenden bäuerlichen Heimatbindung und Arbeit auf dem Acker, in die der alte Bauer den Knaben initiieren muss, scheint nur in vereinzelten Texten auf.[89]
Dass auch diese Texte weniger eine Idylle preisen als den gefährdeten Bauernberuf propagieren sollen, zeigt ein Ausschnitt aus der Rede, die Bundespräsident Giuseppe Motta 1927 an der Fête des vignerons in Vevey hielt.

---

88 L. Wenger, *Vier junge Musikanten erfreuen einen Kranken*, Lb V AG (1941), S. 78–82; P. Wehrli, *Die Fusstour*, Lb V TG (1964), S. 50–59; E. Balzli, *Die Melker*, Lb IV LU (1964), S. 160–167; J. K. Scheuber, *Trotzli beschreibt die Schulreise über den Vierwaldstättersee*, Lb IV Benz (1964), S. 205–212.

89 J. Aicard, *Le petit laboureur*, Ll dm FR (1925), S. 132 f.; E. Moselly, *Le premier labour du petit Basile*, Ll V GE (1940), S. 107 f.; vgl. M.-T. Laurin, *L'âme paysanne*, Ll dm BE (1927), S. 279 f.: der Bauernsohn erlernt seinen Beruf spielend, «Il a aspiré à pleins poumons l'odeur salubre de la terre et senti déjà lui aussi dans son coeur la joie et l'orgueil du beau labour.»

Je crains que les Suisses n'aient commencé à délaisser certaines professions manuelles, et que nos jeunes gens n'encombrent trop les carrières libérales et commerciales, et les emplois publics. Un paysan et un ouvrier, intelligents et instruits, représentent une valeur sociale inestimable. Il ne faut pas abandonner la terre ni les métiers.[90]
In den zwanziger Jahren werden auch die ersten Beiträge von C.-F. Ramuz in die Genfer Lesebücher aufgenommen, und von nun an wird er das gültige Bild vom Westschweizer Bauer immer stärker mitbestimmen. Alfred Berchtold hat Ramuz' hohe Sprachkunst charakterisiert:

Ramuz, lui, renonce au folklore comme au pittoresque et à l'anecdote. [...] Son propos: donner au thème le plus général l'expression la plus caractérisée. [...] le thème est de partout et de toujours. Mais les personnages sont «situés» en un point défini de la carte du monde, enveloppés, conditionnés par un paysage bien reconnaissable.[91]

Wenn Berchtold hier die genaue Situierung von Ramuz' Figuren in ihrer Landschaft hervorhebt und betont, dass der Dichter sich einen Stil geschaffen habe «à l'image de son pays», nennt er damit auch zwei wichtige Gründe für seine Präsenz in den Lesebüchern. Kein anderer Schweizer Schriftsteller vermag in so knappen Texten ein ähnlich dichtes, suggestives Bild einer Schweizer Landschaft und der Menschen in ihr zu entwerfen. Dabei macht er aus den Bauern keine Idealschweizer, und seine Skizzen heben sich wohltuend ab von den ideologisch befrachteten Deutschschweizer Bauerntexten.

Julien rentrait de faucher. [...] Il ne regardait pas autour de lui, connaissant toute chose et jusqu'aux pierres du chemin, dans cette campagne où rien ne change, sinon les saisons qui s'y marquent par les foins qui mûrissent ou les feuilles qui tombent. Il songeait seulement que le dîner devait être prêt et qu'il avait faim.[92]

Die Arbeit der Bauern auf dem Feld und in den Reben, der Fischer am See, die Holzfäller im winterlichen Wald, Sennen und Schafhirte in den Bergen; Landschaft, See, Dörfer und Städte, Alltag und Feste: die Auswahl ist beliebig gross. Im Genfer Lesebuch von 1929 stehen schon einige Texte Ramuz'. Ausgiebig zitieren ihn in den vierziger Jahren die Lesebücher für den Berner Jura und das Waadtland.

Neben Ramuz, wenn auch weit unter dessen dichterischem Rang, steht Gonzague de Reynold. Er hat in seinen Porträts der Schweizer Landschaft, den *Cités et Pays Suisses* den Lesebüchern ideale Texte zur Verfügung gestellt, von denen einige denn

---

90 Ll dm BE (1927), S. 273; in Ll ds BE (1931), S. 311 f. ruft Bundesrat Jean-Marie Musy den Bauern beschwörend zu: «Ni l'esprit de classe, ni l'égoïsme professionnel ne sont dignes de toi qui es le conservateur des traditions, le défenseur du sol et le nourricier du peuple.»
91 A. Berchtold, La Suisse romande, S. 769.
92 Ll V GE (1940), S. 109.

auch zur klassischen Schulbuchlektüre der Romandie gezählt werden können; darunter zum Beispiel *Un village vaudois: Bursins* mit der Schilderung des Ausblicks über die grosse Landschaft:

Quand on est assis sur le mur, au soleil, on voit tout le grand paysage: les vignes, où l'ombre de la Côte, molle et longue, descend; au fond, le Jura, derrière d'autres villages qui sont aussi dans l'ombre; puis une campagne plate, avec des champs et des taillis; et puis le lac, rose à cause du soir, et puis les Alpes qui s'abaissent, – et puis le ciel qui se relève, clair comme les eaux.[93]

Durch Reynolds Vermittlung erscheint auch die deutsche Schweiz – Bern, Zürich, die Luzerner Landschaft, der Gotthard – in den Lesebüchern der Romandie. Seinem Heimatkanton Freiburg aber liefert er einige wichtige Texte der Selbstbestätigung; da steht zum Beispiel der bezeichnende Satz: «Ce sont les cantons qui ont fait la Suisse et non pas la Suisse qui a fait les cantons.»[94]

Die Darstellung des Bergbauern- und Hirtenlebens bleibt auch in den Westschweizer Schulen ein Hauptthema. Mit Ausnahme von Eugène Rambert werden die Alpenschriftsteller des ausgehenden 19. Jahrhunderts von einer jüngeren Generation allmählich abgelöst. Charles Gos beschreibt den Bergfrühling und die Wanderungen der Schafherden aus der Sicht des Bergsteigers,[95] Benjamin Vallotton erzählt vom Mittsommerfest in Taveyannaz in den Waadtländer Alpen,[96] und Maurice Zermattens Schilderungen seines Wallis werden seit den vierziger Jahren in die Lesebücher integriert.[97] 1953 ist das von ihm selbst verfasste Walliser Lesebuch *Le petit écolier valaisan* erschienen, ein Buch der Heimat, das mit seinen stilistisch einheitlichen Schilderungen aus kindlichem Alltag, von Bauernarbeit und Festen der Dorfgemeinschaft eine Seltenheit unter den Schweizer Schulbüchern geblieben ist.[98]

Doch auch hier sind Ramuz' Texte die weitaus eindrücklichsten, sei es ein Auszug aus *Le village dans la montagne* mit der Beschreibung des Dörfchens, des Alpaufzugs, der Schafschur, oder das suggestive Bild der Bergsturzwüste von Derborence und die unpathetische Charakterisierung der Sennen, *Ceux de là-haut*:

93 Ll V GE (1950), S. 18 f.
94 Ll dm FR (1955), S. 68–75, Zitat S. 72.
95 *Le printemps à la montagne*; *Le toupeau passe*, Ll dm VD (1944), S. 156 f., 176 f.; *La désalpe des moutons*, Ll V GE (1940), S. 180–182.
96 Ll V GE (1940), S. 217–220.
97 *La levée du bisse*, Ll dm VD (1944), S. 105–107.
98 Die Neuauflage von 1960 unter dem Titel *L'Ecolier valaisan* enthält auch einige Texte anderer Autoren. Nur im Tessin wurden auch auf der Mittelstufe von einem einzigen Autor verfasste Lesebücher verwendet: vgl. Doris Senn, «Bisogna amare la patria come si ama la propria madre».

Ce qu'ils font aujourd'hui, ils l'ont fait hier, ils le feront demain; toutes les journées pour eux se ressemblent. Ils sont tout seuls, pas de village alentour. Le maître a son tabac, le vîli aussi, et ils fument la pipe, c'est tout leur plaisir. Les jeunes, parfois se courent après, ou bien se battent, pour rire un peu; ou sortent des orguettes pour se jouer un petit air; après quoi, de nouveau, ils travaillent et dorment. La montagne non plus ne change jamais autour d'eux, étant immobile; et, qu'elle soit habillée de neige, ou bien revêtue de brouillard, ils la connaissent bien, ils ne la regardent pas.[99]

Wenn von den Gefahren der Berge die Rede ist, stehen jetzt neben den Berichten über losbrechende Naturgewalten eigentliche Alpinismustexte, in denen besonders die Genfer Lesebücher eine neue spannende Schülerlektüre entdeckt haben. Einerseits greift man jetzt Rodolphe Toepffers vergnüglich zu lesende Episoden von Bergwanderungen auf,[100] andererseits ist Daniel Baud-Bovy ein Meister in dieser zukunftsträchtigen Sparte. Er erzählt vom fröhlichen Aufbruch der Mannschaft, von der grossen Anstrengung und dem Sieg über sich selbst, vom faszinierenden Gipfelerlebnis.[101]

3.3.4. Stadt und Land

Wo hat in diesem so überwiegend ländlich gezeichneten Heimatbild die Stadt Platz? Da fällt zuerst die ausgewogene Textzusammenstellung in den Genfer Lesebüchern auf, mit besonders geeigneten, schönen Beiträgen von Philippe Monnier. *La Genève d'autrefois* erzählt, wie dörflich das Leben in der Stadt war, als sie noch ihren Mauerring hatte; *Ma maison* beschreibt den Blick über die Dächer der Genfer Altstadt, und *Enfance heureuse* ist Monniers Kindheit gewidmet, die er in einer düsteren Stadtwohnung verlebt hat:

Là-bas, dans un vieil appartement de la rue du Soleil Levant, obscur et morne, de longs corridors, une vaste cuisine, et je ne sais quelle odeur de pommes, d'usure et de lavoir, nous avons grandi, mes trois frères, ma petite sœur et moi, en une fête de tous les jours. [...] Je garde de mes parents [...] une image de jeunesse et de joie, comme je garde de cet antique logis, où jamais le soleil ne s'arrêta, les visions les plus claires et les impressions les plus lumineuses.[102]

---

99 Ll IV GE/NE (1957), S. 75 f.; *Le village dans la montagne*, Ll dm (1944), S. 102–105; *Derborance*, Ll ds BE (1945), S. 168–171; *Les faucheurs dans la montagne*, Ll IV GE (1929), S. 83–86.

100 R. Toepffer, *Au chalet, Arrivée à Trient, Une glissade*, Lb V GE (1950), S. 20 f., 171–174.

101 *Le départ pour la montagne*, Ll V GE (1940), S. 167 f.; *Au sommet du Mont-Blanc*, Ll IV GE (1929), S. 18–21. *La Dent du Midi*, ebd., S. 24–27, sowie *L'accident de l'Aiguille du Dru*, ebd., S. 21–23, berichten von Bergunfällen.

102 Ll V GE (1940), S. 159 f.; *Ma maison*, ebd., S. 96; *La Genève d'autrefois*, Ll III GE (1936), S. 58 f.

Der Neuenburger Guy de Pourtalès, den die Lesebücher vor allem mit seinen Skizzen zu Wasser- und Wetterstimmungen über dem weiten Seehorizont zitieren,[103] führt in der charmanten Erzählung *Gaspar des Fontaines* seinen kleinen Helden zu den Sehenswürdigkeiten der Berner Altstadt. Mit dem «Kindlifresser» auf der Brunnensäule unterhält sich Gaspar besonders gern:

[...] dès qu'on le regardait, il s'arrêtait de manger et faisait semblant d'être en pierre, le vieux rusé. «Est-il bon?» demandait Gaspar en contemplant pour la centième fois le monstre affamé. Et l'ogre clignait de son gros oeil blanc et répondait: «Excellent, ami Gaspar, excellent. Prends garde seulement que ton tour ne vienne bientôt.»[104]

So, wie Monnier und Pourtalès die städtischen Lebensräume schildern, werden sie vom Leser als wohnlich empfunden, das heisst als mögliche Heimat. Mit Ausnahme der Basler und St. Galler pflegen die Deutschschweizer Lesebücher der Zwischenkriegszeit diesen Aspekt zunächst auffallend wenig. Die Berner Lesebücher der zwanziger und dreissiger Jahre nehmen mit keinem einzigen Text Bezug auf die Stadt selbst. Erst die Neuauflagen von 1950 und 1955 bringen Beiträge von Lisa Wenger, die zur Vaterstadt einen ähnlichen Zugang öffnen wie *Gaspar* von Pourtalès,[105] und fast gleichzeitig nahm das Basler Lesebuch Carl Spittelers früheste Kindheitserinnerungen an *Ein wohnliches Gässlein* auf. Hingegen erschien schon 1930 im Lesebuch für Baselland Spittelers Beschreibung kindlicher Trauer um den Verlust der ersten vertrauten Umgebung.[106]

Die Zürcher Lesebücher von 1921 gewinnen dem Stadtleben wenig Positives ab. *Die Turnachkinder* von Ida Bindschedler und Olga Meyers *Der kleine Mock* werden zwar zitiert, doch nur in einem dieser Texte erscheint die Stadt selbst in günstigem Licht.[107] Dagegen weist ein *Brief aus der Grossstadt* auf all die bedenklichen Umstände hin, die damals wie heute mit einer Kindheit in der Stadt assoziiert werden. Der Bub, der an seinen Vetter schreibt, leidet mit seiner ganzen Familie unter dem Umzug in die Stadt. Die Wohnung im Mietshaus ist zu eng und ohne Aussicht, die Bewohner bleiben sich fremd, während man doch im Dorf Glück und Unglück miteinander geteilt hatte. Der Vater hat keine selbständige Arbeit mehr, die Mutter muss mitverdienen, und die Kinder dürfen keinen Lärm machen.

[Die Mutter] will aber doch nicht, dass wir uns stets auf der Gasse herumtreiben; darum besuchen wir seit Pfingsten den Jugendhort. [...] «'S ist ein Jammer», sagte

---

103 Zu den Seestudien von G. de Pourtalès vgl. Ll dm VD (1944).
104 *Gaspar des Fontaines*, Textes français II (1945), S. 23–25, Zitat S. 25.
105 *Z'Bärn*, Lb VI BE (1955), S. 65–69; *Es passiert viel uf em Schuelwäg*, Lb V BE (1950), S. 131–135.
106 Lb V BS (1947), S. 42 f., S. 87–89; Lb VI BL (1930), S. 119–123.
107 *Am Kornhausplatz*, Lb IV ZH (1921), S. 142 f.

die Mutter, «die Stadtbuben wissen nicht, was anfangen. Im Oberberg konntet ihr doch dem Vater in Scheune und Stall helfen; hier in der Stadt weiss ich euch kaum zu beschäftigen.»[108]

So bleibt das Bild der Stadt recht einseitig; ihre kulturelle und wirtschaftliche Bedeutung kommt nur im geschichtlichen Zusammenhang zur Sprache, während die Lesebücher der Romandie auch auf diesen Aspekt mehr Gewicht legen. Ramuz betont zum Beispiel, dass Lausanne als Zentrum einer grossen Agrarregion eine wichtige Funktion habe und doch das Gleichgewicht zu wahren verstehe *«entre l'élément citadin, qu'elle représente, et l'élément paysan, encore suffisamment nombreux et influent, qui est celui du Pays de Vaud».*[109]

Das Freiburger Lesebuch von 1925 versucht seinerseits, mit dem Text von Benjamin Vallotton *Citadin ou paysan* den Gegensatz zwischen Stadt- und Landleben auf ein paar einfache Formeln zu bringen und auch zu relativieren. Vallotton fasst die beiden Standpunkte in kurzen Passagen zusammen, die bis in die Einzelheiten des Satzbaus parallel laufen:

Le citadin: [...] Tous ces paysans qui se disent bonjour et causent, dans leur patois, de leur bétail et de leurs récoltes, qui se lèvent de bon matin et se couchent tôt le soir, [...] ça ne rentre pas dans mon genre. En ville, on jouit de plus de liberté, [...] la vie est plus facile qu'à la campagne. Il est vrai que l'air est moins pur, que la vie est très chère, mais, quand on accomplit son devoir, on peut être heureux partout.

Le paysan: [...] Tous ces gens qui se croisent sans se saluer, qui se couchent à minuit et se lèvent à neuf heures du matin, [...] ça ne rentre pas dans mon genre. La campagne c'est pénible. [...] On doit toujours penser à quelque chose: semailles, récoltes, soin du bétail, [...]. On n'a jamais fini, mais on est heureux tout de même, sous le beau ciel du bon Dieu.[110]

Bezeichnenderweise übernahm das Walliser Lesebuch von 1936 aus diesem Text nur die zweite Hälfte, das Lob des Bauerntums.[111] Hier wurde die Anziehungskraft der Städte auf die Gemüter der Jugendlichen offenbar als so bedrohlich empfunden, dass die Lesebücher mit speziell angefertigten Texten gegen den Sog ankämpfen. Ein Dialog im deutschsprachigen Lesebuch des Oberwallis von 1929 zeigt, welche Register dabei gezogen wurden:

Ich will nicht Bäuerin werden. [...] Ich gehe lieber in die Stadt. [...] Mist zetteln und Schweine füttern, wie schmutzig diese Arbeit ist! – Es gibt in der Stadt viel Schmutz

---

108 Lb V ZH (1921), S. 49–51, Zitat S. 50 f. Verfasser ist Jakob Keller, der Herausgeber des Lesebuches.
109 *Lausanne*, Ll dm VD (1944), S. 98 f.
110 Ll dm FR (1925), S. 118.
111 Ll de/m VS (1936), S. 235.

und viel Unrat, vielerlei Gruben, in die hinein ein junges, leichtes Kind vom Lande so bald geraten und sich beflecken kann, dass es zeitlebens viel weniger Ehre geniesst als die letzte Bauernmagd, die ärmste Bauersfrau. [...] Ihr Töchter, die ihr das leset, beherziget es wohl und lasset euch nicht täuschen durch den Schein des Schönen, Angenehmen in der Stadt. Der Schein trügt. Bleibt, wenn ihr Arbeit habet, daheim auf dem Lande, mit seinem einfachen Leben und seiner Gesundheit und mit seinem Frieden und seinem Glück für jede, die darnach strebt.[112]

Ein der Genfer Auffassung eher entsprechendes Bild von städtischem Leben entwerfen nur die Lesebücher der Kantone Basel-Stadt und St. Gallen. Basels Stolz auf seine alte Stadtkultur ist im ersten Teil dieser Studie aufgefallen.[113] In die 1924–1949 erschienenen St. Galler 6.-Klass-Bücher ist eine ausführliche «Landeskunde» integriert mit Texten zu den verschiedenen Schweizer Regionen und auch zu den grossen Städten Bern, Zürich, Basel und Genf. Während der Verfasser Ulrich Hilber die aufstrebenden Wirtschaftszentren Zürich und Basel etwas kühl behandelt, preist er die Bundesstadt Bern, wo «gross und ernst unser Bundeshaus von seiner hohen Warte ins schöne Schweizerland hinausschaut», die behäbigen Häuser ihn begeistern, weil sie von einem wachen Bürgersinn zeugten und «überall die freundliche Sorge, die alte Pracht aus Väterzeit zu erhalten», noch lebe.[114] Die Weltstadt Genf schliesslich präsentiert sich in ihrer wundervollen Lage an See und Rhone vor dem gewaltigen Mont Blanc, in ihrer eleganten Lebensart und als wichtiger Handelsplatz:

Eine uralte Wegwarte an belebter Völkerpforte war Genf; ein goldenes Tor wird es sein und bleiben für Handel und Wandel zwischen Nord und Süd, zwischen West und Ost. Als eine köstliche Perle hat es sich zuletzt zum Schweizerbund gefügt. Das wollen wir Ostschweizer daheim nie vergessen.[115]

In diesen Beiträgen ist nichts zu spüren von dem zuvor beobachteten Misstrauen gegenüber der Stadt. Sie wollen im Unterschied zu jenen gesinnungsbildenden Texten als Sachtexte über die vielfältige schweizerische Gegenwart informieren.

---

112   4. Sb V/VI VS (1929), S. 63 f.; vgl. M. Dutli-Rutishauser, *Bergheimat*, Lb VI Benz (1955), S. 40–42.

113   Vgl. Kap. 1.4.1., S. 89–92.

114   Lb VI SG (1924), S. 202 f.

115   Laura Wenger, *Eine Fahrt nach Genf*: Führend ist die elegante Weltstadt in der Uhrmacher- und Goldschmiedekunst, hier «sitzen die Uhrmacher und Goldschmiede so nahe und zahlreich beisammen, wie in St. Gallen zu Stadt und Land die Sticker und Spitzenkünstler», Lb VI SG (1924), S. 224–227.

3.3.5. Arbeiter und Industrie

Die verschiedenen Interpretationen zum Verhältnis Stadt–Land zeigen, wieviel Aktualität das Problem für die einzelnen Regionen gewonnen hatte. Dasselbe lässt sich von der Darstellung der Arbeiter und ihrer Berufswelt sagen. Für manche Herausgeber steckte darin ein Dilemma: aus ideologischen Gründen werteten sie zwar die Industriearbeit im Vergleich mit dem heimatverbundenen Bauerntum negativ, doch galt es gleichzeitig, auf die Schweizer Industrien lobend einzugehen, weil sie als Grundlage des modernen Wohlstandes längst unentbehrlich geworden waren. So zeichnen die Lesebücher einerseits das stereotype Bild desillusionierter Fabrikarbeiter; müde, sorgenvolle Gestalten strömen am Abend aus dem Fabriktor. Oft sind hier deutsche Texte übernommen worden, doch am extremsten formuliert Jakob Bosshart:

Feierabend! Aus den Toren strömt's,
tief am Boden, wortlos und bekümmert:
Was einst Lust und Seele war,
hat der harte Hammerschlag zertrümmert.[116]

Im Zürcher 5.-Klass-Lesebuch bringt Jakob Keller mit Hilfe einer Rückblende seine kritischen Vorbehalte gegenüber der Industriearbeit an. Die Lebensberichte einer alten Seidenweberin und eines Baumwollspinners aus dem Zürcher Oberland veranschaulichen den Schülern die prekären Arbeitsverhältnisse in der Textilindustrie im 19. Jahrhundert: Kinderarbeit bis zu fünfzehn Stunden täglich im Maschinensaal, minimale Löhne und die lebenslange Verpflichtung gegenüber dem Fabrikherrn.[117] Das Zuger Lesebuch von 1936 übernimmt zum selben Thema zwei Kapitel aus Olga Meyers *Anneli*, die neben die dunklen auch helle Akzente setzen.[118] In den dreissiger Jahren erreichen auch pessimistische Texte zur Arbeitslosigkeit die Schulbücher; sie stehen manchmal merkwürdig unvermittelt neben erbaulichen Geschichten, die als bestes Mittel gegen alle Not das richtige Gottvertrauen empfehlen.[119] Hingegen illustrieren Beiträge von Ernst Balzli und Heinrich Altherr, dass Arbeits-

---

116 *Der Dampfhammer*, Lb VI ZG (1936), S. 68.; vgl. auch B. Krey, *Fabrikschluss*, Lb VI Sld (1935), S. 372 f.

117 G. Peterhans-Bianzano, *Die Seidenweberin in der Fabrik*; J. Keller, *Aus der Jugendzeit eines Baumwollspinners*, Lb V ZH (1921), S. 107–112; H. Ammann, *Dr alt Spinner*, Lb IV GL (1949), S. 145 f.

118 *Der grosse Tag; In der Fabrik*, Lb VI ZG (1936), S. 65–67.

119 A. Künzli, *Woher das Glück kam*: ein armer Fabrikarbeiter erzieht seine acht Kinder mit Gottes Hilfe und Fleiss zu guten und erfolgreichen Menschen, Lb V ZG (1932), S. 5 f.

losigkeit die ungeschützten Arbeiter und Angestellten ganz unvorbereitet treffen kann.[120] Nur zwei mehrfach zitierte Texte befassen sich mit den Anfangsschwierigkeiten eines jungen Menschen beim Antritt einer Lehre: den ersten Tag in einer Werkstatt schildert Hermann Hesses präzis-eindrückliche Skizze *Am Schraubstock*, und Ernst Eschmann lässt seinen Toni, der eigentlich zum Zirkus möchte, lange, mühsame Stunden im Kontor bei einer Schreibarbeit verbringen, für die er nicht geschaffen ist.[121] In heimatkundlichem Zusammenhang dagegen sollen die Schüler positiv informiert werden über die wichtigsten Industriezweige ihres Kantons und der Schweiz: da hat sich seit Beginn des Jahrhunderts kaum etwas geändert, wenn auch die meisten Texte ausgewechselt worden sind. Neben vielen andern werden so die Firma Landis & Gyr im Kanton Zug, die Maschinenfabrik Sulzer in Winterthur, die Eisengiesserei und Maschinenfabrik Uzwil im Kanton St. Gallen porträtiert. Gesamtschweizerisch erhält die Uhrenindustrie im Jura am meisten Aufmerksamkeit.[122] In diesen Industriebildern wird stets betont, dass nur der hohe Stand der Schweizer Qualität die Schweizer Produkte konkurrenzfähig erhält. Auch das Schulbuch ruft zur «Schweizer Woche» auf, in der die Bevölkerung ihre Solidarität mit entsprechendem Einkaufsverhalten demonstrieren soll. Josef Reinhart hat auch dazu einen passenden Text verfasst:

[Wir müssen] in unserem Schweizerländchen, zwischen den grossen Nachbarn, unsere Arme rühren und einander helfen, wenn wir aufrecht stehen wollen. Alle die guten, schönen und nützlichen Sachen, die ihr in tausend freundlich geputzten, mit unserem Bilde geschmückten Schaufenster bewundert [...] sie alle wurden unter hartem Schweiss von Schweizerhänden mit Hammer und Zange, mit Rad und Nagel hergestellt. [... All diese Schweizersachen] möchten euch winken und sagen: Schiebt uns nicht bei Seite, [...] alle die Brüder, die für uns das Werkzeug geführt, wollen sich weiter rühren, und alle wollen helfen mit Herz und Kopf und Hand, dass unser Schweizerhaus mit seinen alten und neuen Sachen drinnen sich zeigen darf, herzhaft und allezeit.[123]

---

120 E. Balzli, *Vater Bernhard sucht Arbeit*, Lb VI Sld (1935), S. 373–375; Lb VI Benz (1964), S. 273–275; H. Altherr, *Alteisen*, Lb V SG (1947), S. 160–162.

121 H. Hesse, *Am Schraubstock*, Lb V BE (1920), S. 226–230; E. Eschmann, *Toni als Kaufmannslehrling*, Lb V ZH (1921), S. 115–117.

122 Am häufigsten verwenden die deutschsprachigen Lesebücher *Die Uhrmacherei in Le Locle* von M. Lienert.

123 Lb VI SG (1924), S. 231; Lb V ZG (1932), S. 62–64.

3.3.6. Unternehmer und Leistung

Wenn es um die Schweizer Gegenwart geht, betonen die Lesebücher immer den Konsens zwischen Arbeitern und Arbeitgebern; auch einige Unternehmerpersönlichkeiten werden zu Lesebuchfiguren, weil sie klein angefangen haben und dank Erfindungsgabe, zielbewusstem Fleiss und unverdrossener Ausdauer auch in schlechten Zeiten zum Erfolg aufgestiegen sind. Zu ihnen gehören Carl Franz Bally, der Begründer der Schuhfabrik in Schönenwerd, Adolph Saurer, der seine Textilmaschinenfabrik in Arbon im richtigen Moment auf die Produktion von Lastwagen umstellte, und Niklaus Riggenbach, der Erfinder und Erbauer der ersten Zahnradbahn auf den Pilatus.[124] Josef Reinhart und Fritz Aebli haben sich als routinierte Jugendautoren dieser Biographien angenommen und sie zu mehrfach zitierten Lesestücken verarbeitet. Riggenbach, von den dreien der meistgenannte, rückt in die Nähe von Louis Favre: Sie beide standen als Ingenieure im harten Kampf mit dem Berg, dem sie neue Verkehrswege abrangen. Die vielen Verluste beim Bau des Gotthardtunnels geraten im Rückblick in ein Licht heroischer Verklärung, und immer deutlicher avancieren nun die Arbeiter im Stollen zu den eigentlichen Helden.[125] Auffallend viele Texte behandeln in dieser Lesebuchgeneration die schweren Spreng- und Ausbrucharbeiten im Berg: den Gottharddurchstich, den Bau der Jungfraubahn, wozu sich Auszüge aus Niklaus Bolts *Svizzero* anboten, oder den Vortrieb eines Stollens für ein Elektrizitätswerk.[126] Im Text *Die Stollenfahrt* besucht sinnigerweise ein Senn mit dem Bauführer zusammen die Arbeiter im Berg, wo sie für das Stauwerk am Wiggis einen Schacht sprengen. Tief beeindruckt kehrt er ans Tageslicht zurück: «Es war ihm, als habe er jetzt das Reich der Arbeit so recht kennen gelernt.»[127] Stets betonen die Verfasser zwei Aspekte: die grossartig sich entwickelnde Technik und den Einsatz aller Beteiligten für ein Gemeinschaftswerk, das der Schweiz oder ganz Europa dienen wird. Auch die fertige Gotthardbahn wird von einem anonymen Dichter unter diesem Vorzeichen gesehen:

124 Zu C. F. Bally, vgl. J. Reinhart, *Ernst im Spiel*, Lb V SO (1939), S. 148–151, sowie F. Aebli, *Papa Bally*, Lb VI SH (1955), S. 95–98. Über Adolph Saurer, Lb V TG (1940), S. 176–179. N. Riggenbach, *La Montagnarde*, Lb VI BE (1920), S. 203–205; J. Reinhart, *Die erste Zahnradbahn*, Lb VI SG (1939), S. 338–341, und *Ein Leben der Arbeit*, Lb VI Sld (1935), S. 378–385.

125 Die Geschichte des Gotthardtunnels wird neu erzählt von August Strindberg, *Durchstich des Gotthardtunnels*, Lb VI TG (1949), S. 119–121. Zum Gotthard als «Zentrum der Schweiz», vgl. Kap. 3.3.7., S. 265 f.

126 Aus *Svizzero* übernehmen die 6.-Klass-Lesebücher der Kantone Zürich (1921), St. Gallen (1949), Bern (1955) und Schaffhausen (1955) geeignete Passagen.

127 Lb VI SG (1939), S. 41–44.

Wo die Gefahr einst den Säumer umgraute,
wenn in den Lüften das Föhnlied erklang,
zieht durch den Berg sich der sichergebaute,
Völker verbindende Schienenstrang.[128]

Das Bedürfnis nach spannender Lektüre aus technischen Bereichen wird in der Folge zunehmend durch Berichte über Fliegerabenteuer abgedeckt. Auch hier hat die Schweiz ihre eigenen Erfolgsautoren, die Piloten Walter Mittelholzer und Walter Ackermann.[129] Der «unbekannte Arbeiter» aber bleibt mit dem Thema «Bahn» verbunden: die ungezählten Bahnwärter, von deren Zuverlässigkeit im Alltag das Leben Tausender abhängt, liefern den Lesebüchern beste Beispiele für Pflichterfüllung. Das Gedicht *Der Weichensteller* von Karl von Berlepsch – unvergesslich die Zeile: «da liegt er, eine knöcherne Weiche» – macht in den Schweizer Lesebüchern die Runde.[130] Auch die älteren Schulbücher erzählten entsprechende Heldentaten, so von Bahnwärter Näpfli, dem es gelungen war, den Gotthardzug kurz vor der Katastrophe aufzuhalten.[131] Nun, in der schaurigen Geschichte *Der Nachtzug* von Isabella Kaiser, fahren die Reisenden ahnungslos Richtung Süden, an der zerfetzten Leiche des Mannes vorbei, der mit letzter Anstrengung einen Felsblock von den Schienen gewälzt hat.[132]

In den Lesebüchern um die Jahrhundertwende ist schon da und dort der Leitgedanke aufgefallen, dass die Schweizer heute zwar nicht mehr als Söldner ausziehen und sich auf Schlachtfeldern Ruhm erwerben können, dass aber an die Stelle des alten Kriegerheldentums das neue der Arbeit getreten sei. In der modernen Welt machen sie das Ansehen des Landes aus, und zu diesem Ansehen sollte auch jeder an seinem Platz einen Beitrag leisten.[133] Gerade die Lesebücher, die bis gegen die Mitte des 20. Jahrhunderts noch im Geschichtsteil den Kult der alten Schweizer Krieger eifrig weiterpflegten, mussten in irgendeiner Form auf die Diskrepanz zwischen diesem alten Ruhm und den so andern Wertmassstäben der Gegenwart eingehen. Da wählte noch 1953 das Zuger Lesebuch das Gedicht *Helden der Schweiz* von Ernst Stadlin, in

---

128 Lb VI SG (1949), S. 174.
129 W. Mittelholzer, *Ein Flugunfall in den Alpen*, Erzählungen für die Oberstufe II BE (1933), S. 73–77. Texte von W. Ackermann stehen in den meisten Lesebüchern.
130 Lb VI SO/BL (1930), S. 186 f. u. a.
131 *Pflichttreue*, Lb VI GL (1909), S. 216 f.; Lb IV AG (1912), S. 74 f.; *Der brave Mann*, Lb VI BE (1912), S. 166 f.
132 Lb VI Sld (1935), S. 114–119.
133 Vgl. Kap. 1.6.1., S. 145, sowie oben S. 259.

dem die Enkel die Ahnen fragen, was sie tun müssten, «dass wir zu euch hinan / ziehen die Heldenbahn, / Sieger im Streit?» Die Ahnen antworten:

«Jenen, die still im Land
regen die Arbeitshand,
Helden im Werkgewand,
Lorbeer gebührt!»

[...]

Heil dir, so lang als Held
jeder im Arbeitsfeld
Opfer dir zollt!
Denn auch des Landes Ehr'
schützen mit blanker Wehr'
Hände, von Arbeit schwer,
Herzen wie Gold![134]

Das alles vorzutragen im Versmass der Nationalhymne ...
Felix Möschlin gibt einer kurzen Erzählung den Titel *Der Held*: ein junger, nicht sehr kluger Bauernsohn hofft vergeblich, für seine Hellebarde auf fremden Kriegsschauplätzen noch Arbeit zu finden, weil ihm während seiner Schulzeit nur die Erzählungen aus der alten Schweizergeschichte eingeleuchtet haben. Er lässt schliesslich seine Waffen in Axt, Hacke und Schaufel umschmieden und bestellt von nun an fleissig sein steiniges Äckerlein. Sein einziger Kummer: «Ich wäre so gerne ein Held geworden», schwindet, als ihn ein Fremder «mit leuchtenden Augen» tröstet: «Du Dummer ... du bist ja einer ... hast du das noch nicht gemerkt ...?» Möschlin zieht die Bilanz: «Nun wusste er, dass er nicht schlechter war als die alten Eidgenossen.»[135]

3.3.7. Einheit trotz Vielfalt

Le corps d'une nation, c'est sa terre; son âme, s'est son peuple; sa vie, c'est son histoire.[136]
Gonzague de Reynold stellt diesen Satz an den Anfang eines staatsbürgerlichen Textes für die Freiburger Schüler der oberen Primarklassen. Er greift damit seine schon früh geprägte Leitidee auf, wonach eine Landschaft, die in ihr lebende Bevölkerung und ihre Geschichte in direkter Wechselwirkung zu einer morphologischen Einheit zusammenwachsen. Wenn er von der «nation suisse» spricht, bedeutet dies für den katholischen Aristokraten aus dem zweisprachigen Kanton Freiburg keine Absage an den Föderalismus. Im Gegenteil macht die historisch gewachsene Eigenständigkeit aller Kantone das Besondere der Schweiz aus:

---

134 Lb VI ZG (1953), S. 163.
135 4. Sb V/VI VS (1929), S. 70–72, Zitat S. 72.
136 *Pourqoui y a-t-il une terre suisse?*, Ll ds FR (1960), S. 254–258, Zitat S. 254.

Nos cités, nos cantons ne se sont point alliés pour se fondre ensemble dans le
creuset d'un Etat unificateur, centralisateur et tout-puissant. Ils se sont alliés pour
que chacun puisse mieux sauvegarder son indépendance intérieure, sa personna-
lité.[137]

Für die nationale Einheit, welche die Vielfalt auf einer höheren Ebene zusammen-
bindet, hat Reynold ein eindrückliches Bild gefunden. Er vergleicht die Schweiz mit
einer Kathedrale, die aus dem Granit der Alpen, der weicheren Molasse des Mittellandes und einheimischem Holz erbaut ist: «la fille même de la terre». An der Fassade
ist ein Gewimmel von Figuren zu sehen:

Il y a là tous les hommes et toute l'histoire, et tout ce qui existe de l'enfer au ciel [...]
dans l'intérieur vous trouvez ce qui donne à l'édifice l'unité, la solidité [...] et c'est à
l'intérieur qu'il faut se placer pour la comprendre et pour voir en elle une conception
de la vie et du monde. [...] Vingt-deux chapelles latérales: elles ont chacune leurs
saints, leurs images et leur histoire, mais l'autel est au centre et cet autel est l'âme, la
conscience et la volonté de la patrie.[138]

Wenn Reynold für die Vielfalt der Schweizer Lebensformen und die übergeordnete
Einheit Entsprechungen in der Landschaft sieht, ist das nicht neu, doch hat kein
anderer Schweizer Schriftsteller so konsequent – und lesebuchgeeignet – dieses
Stilmittel angewendet. In *Le chant de nos rivières et du Rhin* beschreibt er die Flüsse
seines Heimatkantons, die alle der «Mutter Aare» zueilen und mit ihr zusammen in
den Rhein, «ce héros, cet empereur, ce dieu» münden. Die Saane «wechselt dreimal
die Religion und dreimal die Sprache» und umschliesst wie ein Trauring seine Stadt
Freiburg, während die Sense «wie eine jodelnde Bäuerin» aus den Voralpen herunter-
steigt.[139] Interessant ist, dass Reynold als Freiburger nicht nur die Alpen zum Einheits-
symbol der Schweiz macht. Er, der aufgewachsen ist «dans le pays des collines», «à la
frontière des races, des religions et des langues», stellt fest, dass im einen Dorf ein
Patois romand, im andern Berndeutsch gesprochen werde, hier die Bauern katholisch,
dort protestantisch seien, «et pourtant le paysage est toujours le même».[140] Daraus
leitet er die Existenzberechtigung für die Schweiz ab:

Le Plateau suisse, que tant d'obstacles séparent de l'Allemagne et de la France, n'a
point de frontières entre les races qui l'habitent [...] du Vaudois comme du Bernois,

137 *Pourquoi y a-t-il une Confédération suisse?*, ebd., S. 259–262, Zitat S. 262. Zu G. de Reynold
    vgl. A. Berchtold, La Suisse romande, S. 690–709.
138 Ll dm BE (1927), S. 274 f.
139 Ll ds FR (1934), S. 200–202; Victor Hugo und nach ihm Jules Vuy haben den Rhein ebenso
    personifiziert; vgl. Kap. 2.3.1., S. 183.
140 *L'unité de la nature suisse*, Ll ds BE (1931), S. 300–302.

de l'homme de Fribourg qui se découvre devant les croix, comme de l'Argovien que le Rhin sépare du Souabe, elle a fait ce type unique: le paysan suisse.[141]

Einen andern Menschentypus haben nach Reynold die Alpen hervorgebracht: den «montagnard suisse», der auf sich selbst gestellt, vorsichtig, schweigsam und wenig gesellig seine Leidenschaften meistens zu zügeln verstehe, «[...] mais, quand elles éclatent, c'est comme le foehn quand il souffle, c'est comme les avalanches quand elles roulent. [...] L'Alpe est la force, le Plateau, la prudence; mais les lacs sont la douceur et la joie dans notre pays.» (S. 302)

Und auch die Seen entsprechen einander, in der Ost- und Westschweiz, diesseits und jenseits der Alpen, – so mahnt schliesslich die «unité de la nature suisse» ihre Bewohner:

Terre suisse, où tout semble différent, mais où tout est en parallèle, où tout met entre les hommes des forces d'équilibre et d'unité [...] une fois que [les hommes] ont pris possession de cette terre, ils sont obligés de vivre ensemble, de travailler ensemble, s'ils ne veulent qu'elle demeure stérile. [S. 302]

Aus diesem Fresko einer Nationallandschaft wären manche Einzelmotive herauszulösen und auf ihre Herkunft zu untersuchen. Zwei Andeutungen mögen genügen. Wenn Reynold von den selten, aber wuchtig ausbrechenden Leidenschaften der Bergler spricht, die an die Gewalt von Föhn und Lawinen gemahnen, verwendet er Symbole, die Uhland schon ähnlich eingesetzt hat.[142] Reynold erklärt wohl absichtlich mehrdeutig: «L'Alpe est la force» und spielt mit der inzwischen geläufigen Gleichsetzung, doch dem Lawinen- und Föhnmotiv haftet auch immer der reale Schrecken schwerer Zerstörungen in den Bergtälern an. Wie schon um 1900 erzählen auch die Lesebücher dieser Generation von solchen Katastrophen. Ihr Effekt ist insofern positiv, als sie die Solidarität unter den Eidgenossen wecken und Hilfeleistungen aus der ganzen Schweiz stets als schönste Beweise der nationalen Zusammengehörigkeit gebucht werden können. Im Gedicht *Not* verleiht Ernst Zahn diesem Empfinden seinen üblichen, heute pompös wirkenden Ausdruck, der offensichtlich dem Geschmack mancher Lesebuchherausgeber entsprach:

Nun pilgert durchs Schweizerland die Not.
Ihr Brüder, lasst sie nicht weilen!
Wir assen von jeher ein hartes Brot,
wir wussten 's von jeher zu teilen.

---

141 Ebd., S. 301.
142 Vgl. Kap. 2.4.2., S. 198.

Und findet im Troste sich Hand zu Hand,
wir wissen, wie wir es meinen:
«Du wildes, gewaltiges Vaterland,
wir lieben dich, da wir weinen!»[143]

«L'Alpe est la force» enthält auch die Assoziation der festen Burg; jenes Bildes, das sich schon in den älteren Lesebüchern als so stark erwiesen hat. Während dort die Alpen als Sitz der Freiheit schlechthin erschienen, zeichnet sich nun eine Akzentverschiebung ab. Seit 1885 war der Gotthard militärisch befestigt und bis zum Zweiten Weltkrieg zum Reduit der Schweiz ausgebaut worden. Die Vorstellung vom sichern, unerschütterlichen Zentrum des Landes dürfte sich, parallel zu diesem militärischen Ausbau, auf den Gotthard konzentriert haben. Sie findet während der Kriegsjahre 1939–1945 auch in den Lesebüchern ihren Niederschlag. 1943 nimmt das Lesebuch des Berner Jura das Gedicht Reynolds *Sur la forteresse du St-Gothard* auf, in dem die Befestigungsanlagen am Passübergang als Sinnbild «d'un esprit qui connaît son devoir et son droit» gerühmt werden.[144]

Neben der alten Rolle als Verkehrsweg und -hindernis, welches das technische Können jeder Epoche neu herausfordert, und der zweiten, neueren Funktion im Verteidigungsdispositiv erwächst dem Berg kurz vor und im Zweiten Weltkrieg eine dritte Symbolbedeutung aus der Tatsache, dass an ihm Rhein, Reuss, Rhone und Tessin entspringen. Sie fliessen in die vier Himmelsrichtungen weg und erreichen die vier Sprachregionen der Schweiz. Das St. Galler Lesebuch hat schon 1924 Goethes Betrachtung *Auf dem Gotthardhospiz* zitiert,[145] und im zwölf Jahre später erschienenen Innerschweizer Lesebuch baut Maurus Carnot den Gedanken in einem Schülerspiel *Mein Schweizerland* aus. Darin treten der Bergkönig, die vier Flüsse und die Boten der acht alten Orte auf, um gemeinsam die mehrsprachige, vielfältige Schweiz zu besingen, die am Gotthard ihren Ursprung und ihre Einheit findet.[146] Das Lesebuch des Berner Jura von 1943 seinerseits druckt die Ansprache ab, die General Guisan an einer Weihnachtsfeier im Gotthardgebiet an seine Truppen gerichtet hatte; sie enthält eine Quintessenz dieser Vorstellungen:

Le Saint-Gothard est le coeur de cette terre diverse et libre; les premiers foyers suisses naquirent au long des fleuves qui prennent leur source à ses flancs. Le Saint-Gothard est aussi le symbole de ces passages alpestres qui sont nôtres, que nous

143 Lb VI BE (1920), S. 151.
144 Ll V/VI BE (1943), S. 147 f.; vgl. G. P. Marchal, La naissance du mythe du Saint-Gothard, S. 44–53.
145 Lb VI SG (1924), S. 194.
146 Lb VI Benz (1936), S. 156–162.

gardons solidement et que, s'il le faut, nous défendrons de toutes nos forces et de tout notre coeur. [...] Ma confiance dans le pays, ma confiance dans l'armée sont inébranlables, au moment où je vois devant moi, pour la garde de notre Saint-Gothard, des unités romandes, alémaniques et tessinoises sur cette terre du Tessin sans laquelle notre pays ne serait pas ce qu'il est.[147]

3.4. «Was ist die Heimat dir?» – Die Erziehung zum Schweizer Bürger

Es geht in diesem Abschnitt nicht um die Darstellung des staatsbürgerlichen Unterrichts, der in die Lehrpläne der Oberstufe aller Schweizer Schultypen obligatorisch eingebaut ist. Was hier interessiert, sind seine Vorläufer auf der Mittelstufe, jene ersten Einführungs- und Konditionierungstexte, die dem Schweizer Kind den Staat, seine eigene Stellung und seine künftigen Aufgaben in ihm zeigen wollen. Dass auch hier die Lesebuchautoren von der Zwischen- bis zur ersten Nachkriegszeit mit besonderem pädagogischem Impetus an der Arbeit waren, erstaunt nicht. Die aufgegriffenen Themen sind zum grösseren Teil nicht neu, doch die Erfahrungen der Gefährdung sowohl wie der Verschonung während zwei Weltkriegen und die nationale Abwehrhaltung in der Zwischenkriegszeit wirkten zusammen mit dem nun schon mehrfach erwähnten Eifer, kindgerechte Einkleidungen für diesen wichtigen Stoff zu finden. Ausgangspunkt ist die Familie als erste und natürliche Heimat des Kindes, ein Kreis, der sich allmählich konzentrisch erweitert. Ein programmatischer Text im Zuger Lesebuch von 1954 fasst unter dem Titel *Was ist die Heimat dir?* zusammen:

Die Liebe von Vater und Mutter, die für dich sorgen.
Die Stube, in der du deine ersten Schritte lerntest.

[...]

Der Bach, der dir rauscht und zum Wandern dich lockt.
Der Baum, der Wald mit seinen heimlichen Wundern.

[...]

Die Hügel und Berge, die ferne dir winken.[148]

---

147 Ll ds BE (1945), S. 286–288, Zitat S. 287 f.; vgl. W. Möckli, Das schweizerische Selbstverständnis, S. 42.
148 *Geleitwort zur Zuger Wanderausstellung*, Lb V ZG (1954), S. 132.

Wenn sich dieser erste Lebenskreis erweitert, treten als bildende Instanzen «die Kirche, die dich die Wahrheit lehrt» und «die Schule, die deinen Geist weitet» hinzu, sodann «die Gemeinschaften von Gemeinde, Stand und Land, die dich schützen und vorwärts bringen». Zu einer weiteren Stufe gehören die Werte, welche diese Gemeinschaften auch emotional erlebbar machen:

Der Muttersprache heimlicher Klang.
Die Farben und Bräuche und Feste und Lieder, die den Alltag vergolden.
Das Buch der Ahnen, das von Helden erzählt und guten und bösen Tagen.
[...]
Die Erde, in der deine Lieben ruhen und in die auch du einmal gebettet sein wirst.

3.4.1. Gemeinde und Landsgemeinde

Dieser Aufbau des Heimatbegriffs ist weder neu noch spezifisch schweizerisch. Deutsche und französische Definitionen arbeiten dieselben Begriffsreihen heraus.[149] In den Lesebüchern der Romandie wird ein Gedicht von Octave Aubert mehrfach zitiert: «Ma Patrie» bedeutet da zuerst «la maison de ma naissance», dann «le joli petit village» und die Schule, wo die Lehrer das Kind zum Lernen aufforderten, die Umgebung des Dorfes und endlich «tout là-bas la montagne / où va paître notre troupeau».[150] Der Jurassier Virgile Moine betont in seinem Text mehr die zeitliche Dimension, die auch die deutschen Definitionen prägt: «La Patrie, c'est à la fois le passé, le présent et l'avenir». Die Vorfahren, «die unser Haus gebaut, unser Dorf gegründet, unser Land gerodet haben», gehören zu ihr, wie wir selbst und unsere Nachkommen.[151]

Weil der junge Bürger – bis nach dem Zweiten Weltkrieg nur der männliche – einmal auch in allen wichtigen Sachfragen sein Stimmrecht ausüben wird, muss er so früh wie möglich die Aufgabenverteilung im Staate kennen lernen. Wichtig ist vor allem die unterste Ebene politischer Mitbestimmung, die Gemeinde, wo das schweizerische Milizsystem am meisten auf die Mitwirkung seiner Bürger angewiesen ist. Aufhänger für diese Texte, auf die manche Lesebücher sehr viel Sorgfalt verwenden, kann ein Familiengespräch über die fälligen Steuern sein. Die Gemeinde ist für viele Dienste zuständig und gleicht einem grossen Haushalt. Die Schüler sind aufgefordert, sich beizeiten Gedanken darüber zu machen, wozu die Steuern dienen und was es alles

---

149 Vgl. den um und nach 1900 oft zitierten Text von H. Weber, Lb IV ZH (1910), S. 95 f.
150 Ll dm VD (1944), S. 63. Zur Gewichtung von Familie, Haus und ländlicher Umwelt in den späten Dreissigerjahren vgl. W. Möckli, Das schweizerische Selbstverständnis, S. 70–96.
151 Ll V/VI BE (1943), S. 142 f. Zu Moines Text vgl. Zusammenfassung, S. 314.

braucht, damit für Schulen und soziale Dienste, für Ordnung, Sicherheit, Strassenbau und Feuerwehr gesorgt ist, Wasser- und Stromzufuhr funktionieren. *Mache es dir zur Pflicht, einst ein guter Bürger deiner Gemeinde zu sein! Bewahre einen offenen Sinn für zeitgemässe Fortschrittsbestrebungen! Schaue nicht bloss darauf, was dir Nutzen und Vorteil bringt, sondern behalte die Wohlfahrt der ganzen Gemeinde im Auge!*[152]

Neben der Vielfalt demokratischer Einrichtungen, die sich in der Schweiz von unten her auf den Ebenen von Gemeinde, Stand und Land aufbauen, soll der junge Schweizer auch ihr Alter kennen lernen und erfahren, dass sie nur dann funktionieren, wenn die Bürger sich an die Spielregeln halten. Bestes Beispiel dafür sind die Landsgemeinden von Glarus und Appenzell, denn da wird Demokratie direkt miterlebbar. Das Luzerner Lesebuch für die 5. und 6. Klasse von 1942 beschreibt in der Diktion der Kriegsjahre den Aufzug zur Glarner Landsgemeinde, wo «ein Arbeitsvolk» zusammentritt, das «den Geruch der Ackerscholle, der Alphütte, der Werkstätte und Fabrik» mit sich trägt.[153] Zu den versammelten Männern – an die Möglichkeit des Frauenstimmrechts wird hier noch gar nicht gedacht[154] – spricht der Landammann:

Er ermahnte das Volk zu stiller Einkehr, zur Eintracht und zu gegenseitigem Verstehen. Der Geist der Väter sei es, der das Volk innerlich stark und gesund erhalte. [...] «Was die Mehrheit der Landleute beschliesst, das soll wahr und stet bleiben, und die Minderheit soll der Mehrheit folgen ohne Säumen. – Glarner! Bundesgenossen! Kein anderes Volk der Erde steht im Genusse so grosser Freiheit. Vergessen wir nie, dass die Väter diese Freiheit mit ihrem Herzblut erstritten haben! Möge auch das heutige Geschlecht [...] allezeit stark bleiben in der Treue zur Heimat!» [S. 270][155]

Auch den Genfer Schülern will das Lesebuch von 1940 einen Begriff geben vom Symbolgehalt der Appenzeller Landsgemeinde:

La liberté des citoyens s'affirme ici par la survivance d'une vieille tradition: le port obligatoire de l'épée, emblème d'indépendance [...] C'est bien le peuple qui est maître ici; la Landsgemeinde nous montre, visible et tangible, la Démocratie dans son auguste simplicité. Tout apparat, tout vain décor est banni. Sur leur tribune, comme le peuple à leurs pieds, les magistrats restent debout sous le grésil et la neige. Et dans la foule aux rangs pressés, toutes les distinctions sociales s'effacent; les différences

---

152 Lb VI LU (1942), S. 159.
153 Ebd., S. 268–271.
154 Die Diskussion um das Frauenstimmrecht hinterlässt in den Lesebüchern keine Spuren. Frauen sind stets im häuslichen Umkreis tätig, am Gespräch über Gemeindefragen dürfen sich jedoch Mutter und Mädchen beteiligen, Lb IV GL (1949), S. 187–192.
155 Vgl. die Landsgemeindetexte, Lb V UR (1921), S. 84–87; Lb VI SG (1924), S. 187–189.

individuelles se perdent dans la masse.[156] Während diese Texte die Schüler auf ihre zukünftige staatsbürgerliche Verantwortung hinweisen, gehen sie andere Probleme schon direkt an. Das Aargauer Lesebuch von 1941 druckt den schweizerdeutsch abgefassten Aufruf *Vo der Heimat* ab, den Bundespräsident Philipp Etter «a d'Schwizer Juged» gerichtet hatte:

[... ehr müend lehre,] as me scho i junge Johre e chline Heimat- und Naturschützler cha si, as me söll Sorg ha zu de Pflanze, gar zu de sältene Pflanze i de Bärge, as me söll lieb und guet si mit de Tierlene [...] und as me söll Ehrfurcht ha vor dem, was üsi Vätter inebouet händ i üsi Heimat mit vill Liebi und villä Opfere. Sone alti Chile oder es alts Rothus oder au es alts, schöns Buurehus isch scho es Stück Heimat- und Vatterlandsgschicht.[157]

3.4.2. Natur- und Heimatschutz

Naturschutz ist als Thema ansatzweise schon in den Lesebüchern um 1900 präsent und rückt im Lauf des Jahrhunderts immer stärker in den Vordergrund, gewinnt an Dringlichkeit bis hin zu schweren Anklagen gegen die heutige Umweltzerstörung. Während um 1900 die kleinen Mahngedichte an Kinder, nicht zu viele Blumen aufs mal zu pflücken, noch recht idyllisch anmuten,[158] verschärft sich bald der Ton: *Lasst ab Hand und Fuss von jeglichem Frevel an Pflanzen!* heisst es 1913 im Aargauer Lesebuch, und unter dem Titel *Recht so!* erzählt das Obwaldner Lesebuch von 1928, wie ein «dicker Herr» gebüsst wird, weil er und seine Familie zu viele Alpenrosen gepflückt haben.[159] Emanuel Riggenbach rühmt in einem mehrfach zitierten Text, wie der Nationalpark in der unberührten Bergwildnis des Unterengadins eingerichtet worden sei.[160] Das Zürcher Lesebuch ersetzt Riggenbachs Text 1956 durch einen wesentlich schärferen: *In vielen Tälern hat der Mensch den Wald fast vernichtet. Er hat manche Tiere ausgerottet, die früher unsere Berge belebt haben. Die Steinböcke waren in der*

---

156 H. Matthey, *A la Landsgemeinde*, Ll V GE (1940), S. 84 f.
157 Lb V AG (1941), S. 3; Lb V ZG (1954), S. 111.
158 So etwa F. Rückert, *Das Blumenpflücken*: «Du magst, so viel du willst, von Blumen immer pflücken, / um dich und was du willst, damit zu schmücken. / Dazu sind Blumen da, von dir gepflückt zu sein [...] Nur eines unterlass ich nicht, dir einzuschärfen, / dass du nicht pflücken darfst, nur um es wegzuwerfen.», Lb IV GR (1955), S. 60 und Lb IV ZG (1952), S. 15. Überall in den Deutschschweizer Lesebüchern sind die kleinen Gedichte von Johannes Trojan, *Sei bescheiden, Lass stehen!* und *Achtung vor dem Kleinen* zu finden.
159 Lb V AG (1913), S. 7–9; Lb IV OW (1928), S. 67 f.
160 Lb VI SG (1924), S. 276–278.

Schweiz längst ausgestorben. Der letzte Bär ist vor Jahrzehnten getötet worden. Der Luchs, der Wolf und der Lämmergeier sind verschwunden. Dem Adler, der Gemse und andern Wildtieren droht das gleiche Los. Manche schöne Alpenpflanze ist sehr selten geworden. Auch ihr droht die Ausrottung. Wie arm und leblos werden unsere Berge dann sein! Wie kann man da wehren?[161]

So erscheint die Einrichtung des Nationalparks als eine Notmassnahme im letzten Augenblick; dem Beitrag folgt der Spruch von einem Plakat des Naturschutz-Bundes: «Schändung der Pflanzen ist Schändung der Heimat.» Bitter liest sich *Heimat, wie schön bist du!* von Paul Pfiffner, der Buben und Mädchen auf einem Morgenspaziergang zu allen Spuren menschlicher Nachlässigkeit und des Unverstands führt: gefährliche Büchsen und Glasscherben im Wald, Stacheldraht, hässliche Deponien, alte Schuhe und Autoreifen im Bach.[162] Ein Kind fragt schliesslich bekümmert: «Vater, gibt's nicht auch Leute, die zur Schönheit unserer Heimat mehr Sorge tragen?» Es erhält die Antwort: «Gottlob gibt es solche, und zwar nicht wenige. Ihr selber gehört doch gewiss auch dazu!»[163]

Die Lesebücher aller Stufen suchen die Kinder für Naturschutzanliegen hellhörig zu machen: mit Tiergeschichten, informierenden Texten über die lebensnotwendigen Funktionen des Waldes etwa, oder über den Schutz von Seen, Flusslandschaften und Mooren. Daneben gilt es, die Schüler zu aktivieren. Dass sie sich auf Wanderungen korrekt verhalten, ist das Minimum, doch können sie auch für die heimatliche Natur direkt etwas tun, indem sie zum Beispiel mithelfen, wenn ein Waldstück angepflanzt wird.[164] Simon Gfellers Erzählung *Die Ehrentanne* enthält dagegen eine heute etwas merkwürdig anmutende Motivmischung: ein alter Bauer verkauft nach langem Zögern seine schönste Tanne, die als Wahrzeichen an der landwirtschaftlichen Ausstellung in Bern aufgerichtet werden soll. Weil der Baum «wie ein braver Soldat für das Vaterland» fallen soll, geben ihm die Schulkinder gleichsam das Geleit mit ein paar vaterländischen Liedern.[165]

Schwieriger ist es, die eigentlichen Heimatschutzanliegen kindgerecht umzusetzen, denn da bleiben auch die erwachsenen Mahner oft in vagen Ansätzen stecken, sehen

---

161 Lb VI ZH (1956), S. 116 f.
162 Lb VI SG (1939), S. 296–298.
163 Führend sind hier die Ostschweizer Kantone; seit den Vierzigerjahren erklären Beiträge im St. Galler 6.-Klass-Lesebuch und in den Thurgauer Lesebüchern den Wert natürlicher Seeufer, der Ried- und Moorlandschaften, Lb V SG (1947), S. 58, 78–80; Lb V TG (1940), S. 201 f.; Lb IV TG (1954), S. 147–150.
164 B. Bavier, *Die Pflanzenschule*, Lb IV GL (1949), S. 113–115; vgl. *Der grosse Tag des Waldes* von S. Lagerlöf, Lb V SO (1939), S. 36–39.
165 Lb VI Sld (1935), S. 73–76.

sich Widersprüchen gegenüber. P.-O. Bessire nahm 1931 in seinen *Ecolier jurassien* einen feierlichen Text vom Mitbegründer der Heimatschutzbewegung Georges de Montenach auf. Unter dem Titel *Les morts parlent* erhebt er Anklage gegen das unvermerkte Eindringen fremder Ideen und Sitten und gegen die Verschandelung der Schweizer Landschaft:

Vous laissez profaner vos montagnes, détourner vos rivières, massacrer vos sites les plus classiques et les plus enchanteurs, raser les humbles chalets où les paysans avaient mis quelque chose de leur visage et de leur cœur. Vous étendez sur tout votre pays le voile maussade de la banalisation cosmopolite, et si certaines des splendeurs qui vous ont été si généreusement données par le Créateur sont encore respectées, [...] c'est parce que vous pressez dans leur cadre les caravansérails et les kursaals.[166]

Dieser Text fehlt in den späteren Auflagen des Lesebuchs: begreiflich, denn die schweren Anklagen gingen ja an den Schülern vorbei, stehen auch im Widerspruch zum Lob des Unternehmergeists und zur Mahnung, «einen offenen Sinn für zeitgemässe Fortschrittsbestrebungen zu bewahren», wie sie in dem oben zitierten Text zum Gemeinde-leben ausgesprochen wurde. Bei näherem Zusehen steckt der Zwiespalt auch in Bundesrat Etters Text, wenn er die Schüler zur Ehrfurcht anhält vor allem, was die Väter «mit Liebe in unsere Heimat hineingebaut haben», denn derselbe immerwährende Bau- und Verbesserungstrieb der Schweizer bedroht ja nun gerade den alten Bestand.

Emil Schär, der Verfasser des Heimatkundeteils im Thurgauer 4.-Klass-Lesebuch von 1936, bezieht die Schüler viel direkter in das Thema ein. Sein Text *Schütze die Heimat!* spricht zuerst von einem mysteriösen Feind, der die Heimat schädigt:

Mit solchen Gegnern werden wir Viertklässler gewiss noch fertig. [...] Auf zum Kampf! – Nur gemach! Gegen wen zieht ihr aus? [...] Aha! Schon erraten! Ihr Mädchen und Buben seid die jungen Zerstörer eurer Heimat, die ihr so gern habt. Wie ist das nur möglich? Was man liebt, das zerstört man doch nicht.[167]

Es fällt auf, dass in allen Natur- und Heimatschutzbelangen die Mädchen genau so angesprochen werden wie die Knaben: hier wird an ihren Pflegeinstinkt appelliert und sind sie zur Mitverantwortung gerufen, die ihnen im politischen Bereich noch versagt bleibt. Mit Hilfe einer Skizze werden nun die Heimatkreise, die sich dem wachsenden Kind erschliessen, sehr didaktisch erläutert. So, wie in der engsten Familie alle auf einander Rücksicht nehmen sollen, denn «wer seine Mutter liebt, kann das, was ihr gehört nicht beschädigen oder auch nur missachten», so fordert Schär die Kinder auf,

---

166 Ll ds BE (1931), S. 295–297. Der Text ist Teil einer Ansprache, die Montenach 1908 an der Einweihung des Morgarten-Denkmals gehalten hatte.
167 Lb IV TG (1936), S. 234–238, Zitat S. 234.

Illustration zu E. Schärs Text *Schütze die Heimat.* Die Kreise stellen den wachsenden Heimatraum des Kindes dar, in dem es sich bewähren muss.

sich in die erweiterten Kreise des Zusammenlebens zu integrieren: zuerst in der Schule mit Kameraden und Lehrern, dann aber auch mit der Dorfgemeinschaft sich solidarisch zu fühlen. Heimatschutz wird hier umgedeutet in höfliches und hilfsbereites Benehmen. Der Schüler grüsst auf der Strasse respektvoll ältere Leute, trägt Erwachsenen den Koffer und sollte auch Verantwortungsbewusstsein entwickeln, wenn kein Erzieherauge über ihm wacht:

Wir werfen die auf die harte Strasse gefallenen Äpfel unter den Baum, damit kein Auto sie zerquetsche. Die seltene Küchenschelle pflücken wir nicht, weil auch andere sich an der herrlichen Blume freuen. Das freche Huhn im Salatbeet des fremden Gartens muss hinaus. Stetsfort trachten wir darnach, den grossen Leuten Freude zu bereiten. Ihre Heimat sei auch unsere Heimat. [S. 237]

Im fünften Kreis endlich siedelt Schär die Verpflichtung gegenüber dem Erbe früherer Zeit an und lässt seinen Text nun einmünden in den Heimatschutzgedanken, wie ihn auch die zuvor zitierten Beiträge formulieren.

Beim Wandern im Schatten des Hochwaldes denkt die Schülerschar an jene Zeit, da die Ahnen Setzlinge der Walderde anvertrauten, für sie, die Nachkommen. Der Klang der alten Glocken vom Kirchturm lässt uns die Freude ahnen, mit welcher die Alten zum erstenmal das helltönende Erz hören durften. Wie viel Liebe legte der längst vergessene Schlosser in das kunstvolle Schloss der Kirchentüre! [S. 238]

Dass die Schüler die Verantwortung für das Erbe noch gar nicht übernehmen können, deutet Schär an. Es scheine vermessen, «in den Viertklässlern schon Heimatschützler erblicken zu wollen». Er investiert in die Zukunft und schliesst hoffnungsvoll: «Wenn ihr diese Liebe [zu den fernen Ahnen] habt, so könnt ihr nicht zerstören, sondern erhalten; nicht verachten, sondern ehren. [...] Was man liebt, das zerstört man nicht.» (S. 238)

3.4.3. Patriotische Akzente

Fragt man sich, welche Aspekte des Schweizertums seit dem Ersten Weltkrieg den Pädagogen besonders wichtig waren, geben die Texte zum Ersten August die besten Hinweise. Längst musste ja der Ursprung des Nationalfeiertags nicht mehr erläutert werden, doch galt er als Tag der Besinnung auf wesentliche Anliegen des Staates und Aufgaben seiner Bürger. So produzierten Schweizer Schriftsteller für Jugend und Volk eine Flut von mahnenden und erbaulichen Erzählungen rund um das Fest. Die Lesebuchherausgeber trafen ihre Wahl natürlich jeweils sehr bewusst. Die Lesebücher der Romandie bevorzugen seit den vierziger Jahren deutlich zwei Texte: *Mon village a célébré ce soir* von Philippe Monnier und *La fête du 1er août* von Guy de Pourtalès.[168] Beide geben ein Stimmungsbild des Abends, wenn um acht Uhr die Glocken von Dorf zu Dorf einander antworten, die Dorfbewohner sich um die Feuer versammeln und gemeinsam singen. Monnier beschreibt liebenswürdig das patriotische Sentiment, das auch den Intellektuellen überkommt:

[...] tous les clochers de Suisse, ceux des cathédrales, des chapelles, des hameaux, des places, des confessions ont répondu au clocher de mon village. Et ç'a été, dans le

---

168   Vgl. auch N. Roger, *Le feu sur la montagne*, Ll V GE (1940), S. 246.

crépuscule, une voix immense dont les accents s'appelaient, se saluaient, s'unissaient
de coteau en coteau, liaient les frontières d'une chaine sonore, recouvraient le sol
d'un manteau d'harmonie [...] Nous avons chanté les vieilles chansons de notre pays
que nous ne nous rappelons pas même avoir apprises, que nous avons toujours
connues. [...] Nous avons chanté ces pauvres choses, mal rimées, mal pensées, que
d'autres chantent comme nous, et qui pour nous ne sont point des airs, point des
paroles, mais davantage.[169]

Pourtalès nimmt denselben Gedanken auf:

Et autour de ces feux villageois ou solitaires, les mêmes chants s'élèvent vers le ciel
pour exprimer avec de vieilles paroles usées ces mêmes sentiments de gratitude et de
beauté que chantent les vieilles pierres des cathédrales: la foi, l'espérance et l'amour.
Qu'elles se disent en français, en allemand, en romanche ou en italien, elles partent
d'une même âme et signifient un même destin.[170]

Für beide Schriftsteller ist die Augustfeier vor allem Zeichen der Verständigung über
die Sprachgrenzen hinweg. Die «schlecht gereimten, schlecht gedachten Lieder»
wollen nicht wörtlich genommen sein, vermitteln vielmehr wie die Glocken und die
Feuer eine nichtverbale Botschaft, die alle Schweizer erreicht.

Auch in deutschschweizerischen Lesebuchtexten ist die Augustfeier Anlass zur Besinnung auf Solidarität unter Schweizern, doch mehr im Sinn der sozialen Hilfe. Da
erzählt etwa ein Senn, vor dem Augustfeuer befragt, was denn «Eidgenossenschaft»
in Wirklichkeit bedeute, von der gesamtschweizerischen Hilfsaktion für ein 1932
niedergebranntes Dorf. Oder Buben opfern den für ihr Bundesfeuer mühsam zusammen-
getragenen Holzstoss, um einer armen Witfrau zu helfen.[171] Toleranz den anders
sprechenden und lebenden Eidgenossen gegenüber ist in einer Erzählung ausdrücklich thematisiert, die nicht am 1. August, wohl aber auf dem Rigi, im Anblick der
Berge spielt: dem altvertrauten Hintergrund für Einheitsappelle. Wieder ist der Spre-
cher ein Senn, der aber – und das ist neu – aus dem Ausland zurückgekehrt ist. Der
Senn lässt die beiden Buben, die ihn begleiten, sich umsehen:

«Schaut euch die Berge an und da auf dieser Seite die Dörfer und dann weit dort hinten,
hinterm Dunsthaufen, die Städte. [...] Wohnen dort Eidgenossen oder nicht? [...] Und

169 Ll V GE (1950), S. 15–18. Den ungekürzten Text bringt nur Ll ds BE (1945), S. 290 f.: «Le
     sentiment de la patrie» ist eine delikate Empfindung, die grosse Feiern und Worte scheut; wenn
     eine Dorfgemeinschaft auf ihre unbeholfene Weise die Feier begeht, kann sich das flüchtige Wesen
     einstellen: «Ce soir, dans mon village, la patrie s'était assise sur le pré.»
170 Ll dm VD (1944), S. 95 f. Eine Mischung aus den Texten von Pourtalès und Monnier fabriziert
     Ll dm FR (1955), S. 66.
171 *Höhenfeuer* nach A. Fux, Lb V SG (1947), S. 31; W. Augsburger, *Wie die Hubeldorferbuben doch*
     zu ihrem Augustfeuer kamen, Lb VI Benz (1936), S. 102–105.

jenseits des Gotthard, im Tessin?» – *«Auch das sind Schweizer»*, *tat ich begeistert. [...]*
«Und weiter hinten im Welschland! Sind das Eidgenossen oder nicht? Und da gegen
Aargau und Basel und gegen Zürich und Schaffhausen und St. Gallen und Thurgau und
Graubünden zu! [...] Und die Schweizer in der Fremde draussen, die, von der Not
getrieben, die Heimat verlassen mussten, sind das Schweizer oder nicht?»[172]
Der Senn liest dem Buben, der zuvor die Städter jenseits des Sees «fremde Hudeln»
genannt hat, die Leviten, denn wenn alle so dächten, «könnte man die Schweiz
zusammenpacken und sie auf dem ersten besten Markt verkaufen». Die Zeitstimmung
kurz vor dem Zweiten Weltkrieg prägt den Schlusssatz:
Ich habe drüben in Amerika Schweizer aller Sprachen unseres Landes getroffen und
habe gesehen, wie sie einander in der Not halfen, wie sie zusammenstanden, wie sie,
welsch oder nichtwelsch, heimkamen, die Heimat zu beschützen! [S. 39]
Innerhalb des Deutschschweizer Angebots spricht dieser Beitrag am deutlichsten von
den innereidgenössischen Spannungen, die in Krisensituationen keine Rolle mehr
spielen dürfen. Auch in dieser Erzählung geht es jedoch eher um den Stadt-Land-
Gegensatz als um die Sprachbarrieren zwischen den Landesteilen. Diese belasten die
Angehörigen der grossen deutsch sprechenden Mehrheit nicht wirklich und werden
darum weiterhin kaum formuliert.
Eine in den dreissiger Jahren aktuelle Variante einer Bundesfeiererzählung gibt Josef
Konrad Scheuber in *Trotzli tut alles fürs Vaterland.* Die Buben wollen auf ihrem
Augustfeuer die «Krise» verbrennen. Trotzli opfert eigenmächtig die Puppe seiner
Schwester als Krisenhexe und muss zur Strafe die Feier im Stubenarrest verbringen:
eine Situation, die Scheuber zuhanden seiner jungen Innerschweizer Leser pädago-
gisch gründlich ausschöpft.[173]
Eine gewichtige Textgruppe befasst sich seit dem Ausbruch des Ersten Weltkriegs mit
der Schweizer Wehrbereitschaft. Das Erinnerungsgedicht *Zum 1. August 1914* von
Felix Möschlin, wohl aus der damaligen Gefühlsaufwallung heraus geschrieben, wird
noch 1947 wieder aufgenommen.[174] Im Lesebuch des Berner Jura von 1931 preist die
Erzählung *Un premier août* von Charles Gos den äusserst harten Tag einer Artillerie-
rekrutenschule als beste Bundesfeier. Der Kommandant spricht am Schluss seine
Mannschaft an:
[...] ce soir vous êtes plus près de l'âme de la patrie que tous ceux qui banquettent et
portent des toasts. Soyez fiers d'être des artilleurs de montagne et n'oubliez jamais,
jamais ce 1er août; vous n'en aurez pas de plus beau dans votre vie entière.[175]

172 M. Camenzind, *Eine vaterländische Bergpredigt*, Lb VI SG (1939), S. 37–40, Zitat S. 38 f.
173 Lb V Benz (1960), S. 216–221.
174 Lb V GR (1934), S. 119 f.; Lb V SG (1947), S. 30.

Es fällt auf, dass dieses Lob der harten Soldatenerziehung zeitlich zu den Auswirkungen des Ersten Weltkriegs gehört. Das Berner 6.-Klass-Lesebuch von 1920 brachte schon von Charles Gos eine gleich gestimmte Erzählung, übrigens eine der raren Übersetzungen aus dem Französischen, während umgekehrt zwei entsprechende Szenen aus Robert Faesis *Füsilier Wipf* den Weg in Westschweizer Lesebücher gefunden haben.[176] Auch der Krieg selbst übt in diesen Jahren noch eine gewisse Faszination aus. In Hans Zulligers Bericht *An der Grenze* beobachtet ein Wachposten einen Luftkampf über französischem Grenzgebiet, erschüttert und zugleich beeindruckt vom Mut und technischen Geschick der am mörderischen Geschehen beteiligten Flieger.[177] Diese Schweizer Soldaten werden natürlich ihrerseits zu wichtigen Vorbildern im Lesebuch. Die Texte sehen sie einerseits im historischen Zusammenhang als direkte Nachfolger der Wache an der Nordgrenze während des Deutsch-Französischen Kriegs: so vor allem der Jurassier P.-O. Bessire in *La Sentinelle des Rangiers*.[178] Aber sie waren auch immer Bauern und Arbeiter, die lange Monate im Dienst ausharren mussten, während zuhause die Arbeit liegen blieb.[179] Den alten Freiheits- und Kampfwillen im Schweizer suchen patriotische Gedichte aufzurütteln. Am zitierbarsten erweist sich Meinrad Lienerts Gedicht *1. August:*

«Sag, Vater, was läuten die Glocken heut nacht?»
«Dass nimmer der Stolze den Stillen verlacht!»
«Sag, Vater, was gehen die Jauchzer durchs Land?»
«Weil immer ein Held noch den Drachen bestand!»
«Sag, Vater, was lodert am Berge, im Wind?»
«Das heilige Feuer der Freiheit, mein Kind!»[180]

Was hingegen im Zeichen der Geistigen Landesverteidigung entstanden ist, erinnert grösstenteils an Carl Spittelers Ausspruch, dass «der patriotische Rausch auf das Sprachzentrum entschieden ungünstig wirke».[181] An den einschlägigen Gedichten und

---

175   Ll ds BE (1931), S. 297–300, Zitat S. 300.
176   Ch. Gos, *Barboux ist tot*, Lb V BE (1920), S. 117–120; R. Faesi, *L'attaque de la colline*, Ll V GE (1940), S. 238–240; *En sentinelle* Ll V/VI BE (1943), S. 135–137.
177   Lb VI BE (1920), S. 171–174; Lb VI TG (1949), S. 30–33.
178   Ll ds BE (1931), S. 292–294; für die jüngeren Schüler formuliert V. Moine, *Le soldat suisse*, dieselben Gedanken, Ll IV BE (1943), S. 69–71. Natürlich befassen sich die Lesebücher der Kriegsjahre und jene der Grenzkantone besonders intensiv mit Mobilmachung und Grenzbesetzung in beiden Weltkriegen.
179   A. Schär, *Heimweh*, Lb VI BE (1920), S. 168–171.
180   Lb VI BE (1920), S. 174.
181   C. Spitteler, *Unser Schweizer Standpunkt*, S. 588.

Prosatexten der Zwischenkriegszeit fällt eine gewisse Hemmungslosigkeit im Eigenlob auf, wie wenn ein allgemeiner Konsens darüber bestanden hätte, dass in diesen Belangen der gute Zweck alle stilistischen und ideologischen Mittel heilige.[182] In der Erzählung *Der junge Schweizer* bietet Alphons Aeby 1938 den Mittelstufenschülern als Identifikationsfigur einen Freiburger Buben «wie er sein soll» an und zeigt ihn vor allem in seiner Begeisterung für die Schweizer Armee.[183] Kasimir wächst zweisprachig auf; während sein Vater 1916 Dienst leistet, führt seine tüchtige Mutter den Bauernhof. Kasimir hat Mitleid mit den schwerverwundeten Franzosen und Deutschen, die in Rotkreuzzügen in ihre Heimat zurückgebracht werden. Er unterhält sich mit ihnen, da er ja beide Sprachen kann, und beschenkt sie, denn «das Gutsein war Christenpflicht und gehörte ohne weiteres zu einem Schweizer».[184] Nachdem so das humanitäre Anliegen behandelt ist, kann Kasimir es nicht erwarten, selber Soldat zu werden. Unter seiner Führung bilden die Dorfbuben eine Soldatentruppe, und als die militärische Einheit des Vaters in der Nähe durchziehen soll, marschieren die Buben ihr entgegen. Doch zwei Generationen sind noch nicht genug: der altersgeschwächte Grossvater, der 1870 selber an der Grenze gestanden war, lässt sich sein Gewehr und das Käppi bringen und wird von den Knaben auf einem Leiterwagen mitgenommen. Im Moment, da der Greis seinen Sohn in der marschierenden Truppe grüssen will, bricht er tot zusammen. «Begleitet von Soldaten der Schweizerarmee hielt der General-Grossvater wie ein verstorbener Heerführer in Römerswil seinen Einzug.» So mündet die Erzählung in überaus handfeste Symbolik, damit jedes Kind begreife, wie eng das Schweizervolk mit seiner Armee verbunden ist.

Das Thurgauer Lesebuch von 1936 zeigt den Kindern, wie sie selber in Notzeiten aktiv werden können. Als «vaterländische Bäuerlein» bauen Schulkinder auf einem bisher ungenutzten Stück Bahndamm Gemüse an, während man fern im Elsass die Kanonen donnern hört und Züge voller Flüchtlinge und Soldatentransporte vorbeifahren.[185]

Für das 1942 erschienene Luzerner Lesebuch der oberen Primarklassen hat Josef Konrad Scheuber eine in diesem Moment höchst aktuelle Dokumentation zusammengestellt, die vor allem das einmütige Zusammengehen von Bevölkerung und Armee bei

---

182 Vgl. die zahlreichen Beispiele bei W. Möckli, Das schweizerische Selbstverständnis.

183 Lb IV–VI FR (1938), S. 273–284.

184 Ebd., S. 274; vgl. M. Marchand, *A la frontière*, Ll dm BE (1927), S. 297–299: da erweist ein kleines Mädchen an der Grenze einem deutschen Soldaten einen Gefallen und will keine Entschädigung: «Je suis Suissesse et j'aime mon prochain. Je n'ai pas besoin d'un cadeau pour faire mon devoir.»

185 Lb IV TG (1936), S. 129–132.

der Generalmobilmachung im September 1939 hervorhebt:[186] Im Gegensatz zum nie erwähnten General Wille ist General Guisan eine beliebte Figur in den Lesebüchern der vierziger Jahre, wobei er und die Armee stets als Garanten der Wehrbereitschaft auftreten.[187] Scheuber beschwört in seinem Text *Mobilisation* die alten Bilder herauf: *Urschweizerglocken rufen Sturm über das Land. «Man sollte in der ganzen Schweiz läuten», sagt mein Vater, «und beten – und dann losziehen: den Kleinen hilft Gott!» Er sagt mir, wie sie soeben in alle Berge und Alphütten hinauf Buben und Boten geschickt haben, die Älpler und Sennen herunterzuholen [...] Ich sehe sie herunterkommen, meine Landsleute, mit schwerem Schritt, halbgewachsenem Bart und ernsten Augen, und ich höre weit weg das Lied: «Schallt Kriegsgeschrei vom Tale, / der Älpler drob erwacht, / er steigt vom hohen Walle / und stürzt sich in die Schlacht.» [S. 172.]* Solidarität ist das grossgeschriebene alt-neue Thema. Rühren möchten die Kinderbriefe an Soldaten,[188] und der Einsatz im Landdienst geht die jugendlichen Leser besonders an. Während und nach dem Zweiten Weltkrieg verschiebt sich die Gewichtung der einzelnen Kriegsaspekte noch einmal: Kampfgeschehen an sich hat seine Attraktivität weitgehend verloren.[189] Immer mehr weisen die Lesebücher der folgenden Jahre auf die brutalen Auswirkungen des Krieges für die Zivilbevölkerung hin: ein Augenzeuge berichtet von der Bombardierung Schaffhausens,[190] und speziell die Lesebücher der Nordschweizer Kantone Basel-Stadt, Baselland und Solothurn schildern Flüchtlingsschicksale.[191] Wenn in den älteren Lesebüchern die Schweiz als ein Land mit besonderem humanitärem Auftrag präsentiert wurde, geschah dies gewöhnlich anhand des Übertritts der Bourbakiarmee in die Schweiz und – seltener – mit Texten zur Gründung des Internationalen Roten Kreuzes durch Henri Dunant. Nun gewinnt dieser Auftrag in neuen Erzählungen Aktualität.

---

186 Lb VI LU (1941), S. 293–304.

187 *Die Schweiz wählt ihren General*, ebd., S. 293 f.; Guisans Tagesbefehl vom 29. September 1941, Ll IV BE (1943), S. 69; H. Vallotton, *La nomination du général*, Ll ds BE (1945), S. 279–281.

188 J. K. Scheuber, *Das Soldatenpäckli*, Lb VI LU (1942), S. 299 f. und *Die Schweizerkinder schreiben Briefe an unsere Soldaten*, Lb IV AG (1952), S. 80 f.

189 Gedichte und kurze Texte über die Schrecken des Krieges sind schon längst in den Lesebüchern üblich, doch nun verschärfen sie sich deutlich; Lb VI ZH (1956), S. 188–191 bringt neu von Fritz Gansberg eine prinzipielle Verurteilung des Krieges.

190 Lb VI TG (1949), S. 203–207.

191 Lb V BS (1947), S. 315–321 hat zu dem Thema mehrere Texte; vgl. u. a. *René*, Lb V/VI BL (1956), S. 150 f.; Istvan Tollas, *Flucht*, Lb VI SO/BL (1959), S. 155–159. Vgl. Lb V Benz (1960), S. 193–201, sowie R. Blums Jugenderinnerungen *Die Grenze*, Lb VI GL (1958), S. 87–90.

4. Was die Geschichte lehrt

Im Jahre 1916 schrieb Johannes Jegerlehner im Vorwort zu seiner *Geschichte der Schweiz*, die er «der Jugend erzählt»:
Wer nicht alleweil in die reichen Tiefen unserer vaterländischen Vergangenheit hinabsteigt, vergisst gar oft über den Rechten die Pflichten der Gegenwart. [...] Und doch, wie gross und herrlich springen und rauschen die Quellen staatsmännischer Weisheit, von opferreicher Bruderliebe und Schweizertreue in den Gründen und Schächten unserer Geschichte. [...] Jawohl, das Volk, unsere Jugend vor allen, soll wieder Schweizergeschichte lesen und studieren und an dem kerngesunden frommen Geist der Urväter ein Ideal fassen, das Ziel und Richtung gibt ins Leben hinaus.[1]
1960 gibt Gonzague de Reynold im Freiburger Lesebuch die Definition: «Le corps d'une nation, c'est sa terre; son âme, c'est son peuple; sa vie, c'est son histoire.»[2]
Die beiden Zitate stecken nicht nur den zeitlichen Rahmen der hier interessierenden zweiten Lesebuchgeneration ab. Jegerlehners inzwischen so suspekt gewordene Verherrlichung des «gesunden Volkstums» klingt in vielen Lesebuchtexten dieser Epoche an; während er aber die Schweizer Geschichte als grosses Lehrbuch sieht, in dem sich der Erzieher die zur Förderung vaterländischer Gesinnung geeigneten Beispiele holen kann,[3] betont Reynold mehr den kontinuierlichen Ablauf, die historischen Entwicklungslinien, welche das Leben des Volkes formen und sich bis in die

---

1 J. Jegerlehner, Die Geschichte der Schweiz, S. 3 f.
2 Ll ds FR (1960), S. 254; vgl. Kap. 3.3.7., S. 262 f.
3 Wie verbreitet zur Zeit des Ersten Weltkriegs diese Zielsetzungen für den Geschichtsunterricht noch waren, zeigt ein Artikel zum Thema «Histoire et morale» in L'Educateur 52 (1916), S. 145–148, 161–163. Sein Verfasser A. Grandjean stellt unter Stichwörtern wie «La piété et le sérieux», «Humanité et générosité» etc. geeignete Beispiele aus der Schweizergeschichte zusammen. Auch Lb V SO (1920) ordnet noch nach diesem Schema historische Episoden und Anekdoten ein.

279

Gegenwart hinein fortsetzen. Auch hier ist die Ahnenreihe präsent, mehr aber «die Nation», die als Organismus vorgestellt wird. Seine früheren Schicksale haben ihn geprägt und wirken sich bis heute aus; sie müssen jeder Generation wieder vertraut gemacht werden, damit sie sich in diesem Körper heimisch fühle.

Seit 1920 schaffen sich die Kantone zunehmend spezielle Geschichtslehrmittel für die Mittelstufe der Primarschule an;[4] wo die Lesebücher weiterhin den historischen Bereich abdecken, geben sie sich nicht mehr mit der alten Anekdotenauswahl zufrieden. Sie wählen eine kontinuierliche Darstellung, die auch neuere Forschungsergebnisse mit einbezieht – vorausgesetzt, dass sie alte, liebgewordene Vorstellungen nicht zu stark tangieren. Auf grössere Zusammenhänge und kulturhistorische Aspekte wird mehr Wert gelegt. Manche Herausgeber integrieren nun auch Textpassagen aus der historischen Jugendliteratur. Sie kommen so dem Verlangen nach spannender, kindgerechter Präsentation und dem besonders in den Westschweizer Lesebüchern schon mehrfach beobachteten grösseren Bedürfnis nach sprachlichem Niveau entgegen.[5]

In diesem Kapitel erübrigt es sich, Schweizer Geschichte in ihrem für die Schuljugend standardisierten Ablauf nachzuzeichnen. Ergiebiger dürfte der genauere Blick auf einige ausgewählte Themen sein, welche in den einzelnen Landesgegenden verschieden beurteilt werden. Auch in der Auslegung historischer Ereignisse zeigt sich so föderalistische Vielfalt. Die Textauswahl der Lesebücher wird allerdings mit der Zeit kleiner, weil neue Geschichtslehrmittel entstehen.

4.1. Ur- und Frühgeschichte

4.1.1. Der Pfahlbaumythos

Schon in der Präsentation der Ur- und Frühgeschichte werden je nach Region, Kanton und Erscheinungsjahr der Lesebücher die Akzente sehr verschieden gesetzt. Wenn bis in die fünfziger Jahre ausgerechnet die Schilderung der Pfahlbausiedlungen am

---

4 Seit 1905 benützten die Kantone Waadt, Neuenburg und Genf das mehrfach wieder aufgelegte Geschichtslehrmittel von W. Rosier, *Histoire illustrée de la Suisse à l'usage des écoles primaires;* seit 1930 gab der Benziger Verlag neben dem Lesebuch ein Lehrbuch für die oberen Klassen der Primarschulen heraus als offizielles Innerschweizer Lehrmittel für die Fächer Naturkunde, Geographie und Geschichte. E. Burkhards *Welt- und Schweizergeschichte* von 1938 wurde in den Kantonen Bern, Basel und Aargau während vielen Jahren als Geschichtsbuch von der 5. Klasse an gebraucht.

5 Oft zitiert werden R. Schedlers *Schmied von Göschenen* und J. Reinharts Pestalozzi-Biographie; in der Romandie *La guerre du Feu* von J.-H. Rosny und P. Chessex' *Divico*.

ehesten übereinstimmen, obwohl es sie so nie gegeben hat, steckt darin nur scheinbar ein Paradox. In den letzten Jahren ist mehrfach beschrieben worden, wie sehr die Entdeckung der Pfahlbauten im Winter 1853/54 einem nationalen Bedürfnis entgegenkam. Dem jungen Bundesstaat lieferte Ferdinand Kellers Theorie einen höchst bedeutungsvollen «Beweis», dass vor Jahrtausenden alle Schweizerseen des Mittellandes von einem Volk mit einheitlicher Kultur besiedelt gewesen seien, dass also Deutschschweizer und Romands in fernster Vergangenheit doch gemeinsame Vorfahren gehabt hätten.[6] Die meisten Lesebücher zeichnen in Text und Bild liebevoll nach, wie auf festgefügten Pfahlrosten geschützte, sauber angelegte Wohnsiedlungen über dem Wasser entstanden. Ans Land führte ein Holzsteg, «une passerelle mobile» erklären die französischen Lesebücher, so dass die Menschen vor wilden Tieren und Feinden geschützt waren.[7] In idyllischen Familienszenen werden diese ersten Bauern samt ihren neu erworbenen Kenntnissen gezeigt: die Frauen beim Anpflanzen der Äcker, beim Feuermachen und Backen, Weben und Töpfern;[8] der Fischer «lehnt am Geländer» des Pfahlbaudorfs oder fährt mit dem Einbaum aus, die Kinder lernen schwimmen «wie die Fröschlein».[9] In den fünfziger Jahren werden die Verfasser dieser prähistorischen Skizzen zusehends vorsichtiger bei der Beschreibung der Pfahlbauten selbst, doch dauert es noch eine Weile, bis sich das neue Bild von der Ufersiedlung wirklich durchsetzt.[10] Die Jungsteinzeit bleibt aber dankbarer Realienstoff für Schüler im «Robinson»-Alter, um so mehr als stets neue Funde und Forschungsergebnisse die Kenntnisse erweitern und ihrerseits so spannend zu erzählen sind wie Detektivgeschichten. Der gesamtschweizerisch identitätsbildende Effekt, den man ursprünglich den Pfahlbauten und ihren Bewohnern zuschrieb, ist jedoch nicht mehr spürbar.

6 Vgl. A. Cattani, Spiegelungen einer historischen Vision, S. 99 f.; Ch. Osterwalder Maier, Die Pfahlbauidee, S. 103 f.; H. P. Treichler, Gründung der Gegenwart, S. 107–115; F. de Capitani, Die Suche nach dem gemeinsamen Nenner, S. 30 f.

7 A. Gobat, *Les villages lacustres*, Ll di VD (1924), S. 6–8; Ll dm BE (1927), S. 237.

8 Muster solcher urgeschichtlicher Erzählungen hat Primarlehrer G. Müller für das Lb IV BL (1932) verfasst. Er lässt z. B. eine Sklavin entdecken, dass aus Ton geformtes Geschirr im Feuer gebrannt werden kann, S. 179–181; die Grundidee der hübschen Erzählung übernimmt dreissig Jahre später E. Grauwiller in sein 1961 erschienenes Büchlein *Ruhu, der Höhlenbub*, S. 14–16. Die Erfindung gelingt hier aber einem Knaben.

9 Der Text von H. Rüegg wird noch 1930 vom Luzerner Lehrmittel *Bilder aus der Geschichte unseres Vaterlandes*, S. 6, zitiert.

10 Neue Interpretation in Lb V AG (1957), S. 134–136, sowie Lb IV TG (1954), S. 96; Lb IV ZG (1952), S. 134 f. bleibt vage; Lb V GL (1953), S. 121–124, Lb IV AI (1958), S. 127, Lb IV SG (1961), S. 118 f. behalten das alte Bild.

4.1.2. Die Helvetier als erste Schweizer

Wenn die Lesebücher auf die Schweiz im Übergang zur historischen Zeit zu sprechen kommen, variiert ihre Stoffauswahl stärker: noch zur Zeit des Zweiten Weltkriegs setzt in St. Gallen und Appenzell die Erzählung bei der Einwanderung der Alemannen ein, im Kanton Schwyz bei der Herkommenssage der Schwyzer. Das Bündner Lesebuch betont die rätische Vergangenheit, und die Schüler beider Basel werden mit Nachdruck an die einst hier siedelnden Rauriker erinnert, welche mit den Helvetiern zusammen ausgezogen waren und bei Bibrakte dasselbe Schicksal erlitten hatten. Die Lesebücher des Aargaus, von Zürich, Schaffhausen, Glarus und der Westschweiz wenden sich dagegen ausdrücklich den Helvetiern zu.

Freilich ist es eine grösstenteils irrige Geschichtsanschauung, wenn man «Helvetier» und «Schweizer» für gleichbedeutend hält. [...] Heldenmütige Tapferkeit und republikanische Freiheitsliebe waren allerdings den alten Helvetiern so gut wie den alten Schweizern eigen; aber in jenen die Eidgenossen wie in einem Spiegel zu sehen, ist eine arge Täuschung.[11]

Wenn hier Karl Dändliker auf die gefährliche Vorliebe populärer Geschichtsschreibung für falsche Parallelen hinweist, bezeichnet er recht genau, wo die Versuchung für den Historiker liegt, der sich an die Jugend wendet. Dändliker selbst hat dieser Versuchung auch immer wieder einmal nachgegeben: der Erzähler soll und kann die Kinder ja nur mit einer Schilderung fesseln, die für sie einen aktuellen Bezug hat.

In grosszügiger Ausdeutung der antiken Quellen erscheinen die Helvetier in den Lesebüchern als hochgewachsenes und starkes Kriegervolk: «Aus ihren blauen Augen leuchtete Entschlossenheit und Leidenschaft».[12] Die Glarner Schüler hören, dass die «römischen Handelsherren» den scharfen Verstand der Helvetier bestaunten, «die mit den Worten ebenso schlagfertig waren wie mit den Waffen».[13] Zur staatsbürgerlichen Lektion wird dann die Erzählung vom Aufstieg und Sturz des Orgetorix, der auf unrechte Weise das freiheitsliebende Volk unter seine Herrschaft bringen wollte. Er büsste seinen Verrat, wobei in Anlehnung an Julius Caesars Bericht verschiedene Todesarten für ihn in Frage kommen.[14] Im Zürcher Lesebuch hält sich während mehr als sechzig Jahren die düster-

---

11 K. Dändliker, Geschichte der Schweiz I, S. 44 f. Aegidius Tschudi, der seinerseits auf humanistische Tradition zurückgreift, hielt die Helvetier für die ursprünglichen und urfreien Vorfahren der Eidgenossen; vgl. B. Stettler, Tschudis schweizergeschichtliche Gesamtkonzeption, S. 80*–83*.

12 R. Laur-Belart, Lb V AG (1941), S. 167.

13 H. Thürer, Lb V GL (1953), S. 126.

14 «Der tückische Orgetorix aber wollte die Gelegenheit benützen, um sich zum König der Helvetier aufzuschwingen. Dies konnte ein freies Volk niemals zulassen. Man nahm ihn gefangen und wollte ihn zum Feuertod verurteilen. Doch seine Freunde befreiten ihn mit Gewalt. Schon drohte der

effektvolle Ballade *Orgetorix* des Solothurner Schriftstellers Alfred Hartmann.[15] Dem Gedächtnis Unzähliger lebenslänglich eingeprägt bleibt da das Bild der «im Ring auf grasiger Au» versammelten Männerschar. Wenn Hartmann den historischen Kenntnissen und dem Geschmack seiner Zeit entsprechend Versatzstücke aus verschiedensten Epochen zum nordisch-finstern Gemälde vereint, störte das so wenig, dass noch 1955 das Gedicht ins revidierte Zürcher Lesebuch übernommen wurde. Hartmann lässt die Mannen mit «wuchtiger Keule» und Speer antreten, doch bald darauf schlagen sie mit dem Schwert an den Schild; mit Recht fragt Orgetorix: «Was bauen wir Hütten auf schwankem Pfahl?», um kurz darauf in Anlehnung an Goethe aufzurufen:

Wo die Traube reift, wo die Mandel blüht,
wo des Mädchens schwarzbraunes Auge glüht,
wo nimmer die Schneeflocke fällt, –
Helvetiens Mannen, dahin, dahin,
in die gallischen Lande lasst uns ziehn!
Dem Starken gehört die Welt!

Wenn Orgetorix wiederum «in Ringes Mitte so finstern Blicks» erscheinen muss, weil über ihn «das Blutgeding» gehalten werden soll, ergreift Hartmann die Partei des Starken: der verdächtigte Führer stürzt sich ins Schwert, um mit seinem Blut seine Unschuld zu beweisen: «Wo fändet ihr seinesgleichen?» fragt der Dichter und lässt die heiligen Eichen beben ...

Nationalistische Untertöne schwingen mit, wenn vom Auszug der Helvetier und ihrem Zusammenstoss mit Julius Caesar die Rede ist. Der hoffnungsvolle Aufbruch eines ganzen Volkes, das seine Wohnstätten hinter sich in Flammen aufgehen lässt, übte eine vielleicht auch etwas kompensatorische Faszination auf Schweizer Schriftsteller beider Sprachgebiete aus.[16] Hingegen wird das Scheitern am römischen Widerstand recht verschieden verarbeitet. Den Ostschweizern erscheint Caesar zumeist, wie ihn Jeremias Gotthelf gesehen hat:

Das war ein hinterlistiger, kühner Mann, gleich tapfer mit dem Schwerte wie mit der Lüge. [...] Der treulose Römer hatte ein mächtiges Kriegsheer zusammengerafft und schlich ihnen nach, wie ein hungriger Wolf hinter der Herde schleicht.[17]

Bürgerkrieg auszubrechen, als es hiess: ‹Orgetorix ist plötzlich gestorben. Wahrscheinlich hat er sich aus Furcht vor dem Volksgericht getötet!›», schreibt H. Thürer in Lb V GL (1953), S. 128.

15 Lb V ZH (1896), S. 105–107, bis Lb V ZH (1955), S. 161–164.
16 Die Deutschschweizer Lesebücher lehnen sich hier zumeist an Gotthelf an; Ll di VD (1924), S. 245 f. bringt V. Rossels Gedicht *Le départ des Helvètes*.
17 Lb V ZH (1955), S. 166; Lb V GL (1953), S. 128–130; Lb V SH (1925), S. 64 f.

In Gotthelfs Version unterliegen im erbitterten Ringen bei Bibrakte die Helvetier erst, als Caesar die von Frauen und Kindern mit verteidigte Wagenburg in Brand stecken lässt – ein Detail, das Caesars eigener Bericht nicht enthält. Die Lesebücher der Regionen mit bedeutenden Siedlungsfunden aus der Römerzeit sehen Caesar dagegen als taktisch überlegenen, aber fairen Gegner, der den geschlagenen Helvetiern auch Lebensmittel liefern lässt, um ihnen das Überleben nach der Rückkehr in die zerstörte Heimat zu erleichtern.[18]

Auch die Westschweizer Schulbücher erzählen den Hergang der Schlacht in enger Anlehnung an Caesars eigene Schilderung; von 1942 an liefert dann Pierre Chessex' Roman *Divico* die zitierbarste Grundlage. Im Zentrum steht Divico, der als junger Häuptling der Tiguriner mit den Kimbern und Teutonen nach Gallien gezogen war und 107 v. Chr. die Römer bei Agen besiegt und unter dem Joch hindurchgeschickt hatte. Bei Bibrakte fällt der nun alt gewordene Anführer der Helvetier zusammen mit seinem Enkel, doch mit seinem heldenhaften letzten Kampf hat er den Rückzug seines Volkes gedeckt. Als die Römer endlich in die Wagenburg der Helvetier eindringen, ist sie fast leer. «Une fois encore, ils étaient joués.»[19]

4.1.3. Rätus, der erste Bündner

Weit in die Vergangenheit zurückprojizierte Identifikationen spielen auch in die Darstellung der Bündner Anfänge hinein, wenn Friedrich Pieth den Schülern die Herkommenssage von *Rätus* und seiner Etruskerschar erzählt, die vor den plündernden Galliern aus Italien in die Berge geflohen seien:

Die ältern Bewohner legten den Einwanderern keine Hindernisse in den Weg. Sie liessen sie ruhig neben sich wohnen. Sie sagten sich wohl: «Unser Land ist noch wenig bevölkert; da haben noch viele Leute Platz. Zwar möchten wir nicht jeden Hergelaufenen bei uns aufnehmen. Aber Leute, die um der Freiheit willen unser wildes Bergland aufsuchen, das können keine schlechten Menschen sein. Um der Freiheit willen seien sie uns willkommen.»[20]

In den Bergen müssen die Einwanderer allerdings ihre «schönen Künste und die feinen Sitten Italiens» ablegen und ein «rauhes, wetterhartes Volk» werden. *Kein Wunder! Denn sie hatten in der neuen Heimat mit Wind und Wetter, Wald und Wildnis zu kämpfen. Sie mussten sich gegen wütende Bergbäche und reissende Tiere*

---

18 Lb IV BS (1925), S. 158; Lb IV BL (1932), S. 202; Lb V AG (1941), S. 169.
19 Ll dm VD (1944), S. 73–80; Lb IV BE (1960), S. 212–216, übernimmt Chessex' Schilderung des ersten Zuges nach Gallien mit der Demütigung der Römer. Caesar bleibt ganz im Hintergrund.
20 Lb V GR (1934), S. 259.

wehren, die Herden hüten oder durch Jagd und Krieg sich Nahrung verschaffen. Dabei erstarkten sie aber an Leib und Mut. [...] Allmählich sind die eingewanderten Etrusker und die einheimischen Bewohner ein Volk geworden, das Volk der Rätier. Von ihnen hat unser Land den alten Namen Rätien erhalten. [S. 259]

Wie in den andern Landesteilen auch hier also das Bedürfnis nach einer Genealogie, die direkt hinaufführt zu einem starken, freiheitsdurstigen, schon «gut bündnerischen» Volk, zudem mit deutlichen Anklängen an das «Herkommen der Schwyzer». Schwierig zu verkraften ist dann allerdings die römische Unterwerfung der Alpenvölker. Während Pieth Orgetorix recht kühl beurteilt, denn «der Ehrgeiz dieses Mannes zerstörte seinen Ruhm und sein Leben», und auch das Schicksal der Helvetier rasch behandelt ist, lässt er die Rätier den Eroberern hoffnungslosen, aber heroischen Widerstand leisten.

Die Räter wehrten sich wie Männer, die den Tod nicht fürchten. Auch die Frauen sollen mitgekämpft haben. Und als sie alles verloren sahen, da schleuderten sie ihre kleinen Kinder in die Lanzen und Schwerter der Römer, damit sie den Tag der Knechtschaft nicht erleben. [S. 264]

Dem nun einsetzenden Zivilisationsprozess kann aber Pieth seine Anerkennung doch nicht versagen, denn von den Römern haben die Rätier ja auch ihre Sprache erhalten. Von spätrömischer Zeit an konnte sich hier das Christentum ungestört entwickeln, während «am grossen Reich der Römer [...] ein Wurm nagte», denn die Stürme der Völkerwanderung verschonten nur Rätien. (S. 267)

4.1.4. Alemannen und Burgunder

In dem Masse, wie die Erforschung der römischen Spuren in unserem Lande Fortschritte machte, räumten dieser Epoche auch die Lese- und Geschichtsbücher mehr Platz ein. Als Vorfahren wurden die Römer in der deutschen Schweiz jedoch nie empfunden. Anders natürlich die Alemannen. Die Schüler müssen wissen, dass sie ihre Sprache sprechen, ihre Siedlungsweise noch in manchem Dorf und Gehöft erkennen können, dass ihre Götter und Dämonen in den Namen der Wochentage, in Sagen und Bräuchen weiterleben. Das Basler Lesebuch von 1933 zitiert Jegerlehner, der im Alemannen das Urbild des unabhängigen Bauern auf seinem Hofe sieht: «Die Städte waren ihnen verhasst. Der Alemanne wollte auf seinem Siedelplatz eigener Herr sein und Ellbogenfreiheit haben. Sein Hof war ihm Erde und Himmel, ein und alles.»[21]

---

21 Lb IV BS (1933), S. 149.

Auch wenn immer wieder gesagt wird, dass das alemannische Volk sich in Freie und Hörige aufteilte, liegt doch die Hauptbetonung auf den demokratischen Strukturen, die sich die Alemannen in der Markgenossenschaft, einer Art Urlandsgemeinde gegeben hätten:

Die freien Alamannen versammelten sich oft, um über Dorf- und Landessachen zu beraten, Gericht zu halten und die Volksführer zu wählen. Nur wer seine Waffe, das Zeichen der Wehrhaftigkeit, bei sich trug, durfte stimmen.[22]

Das Zuger Lesebuch von 1936 beschreibt der allgemeinen Auffassung entsprechend die Alemannen als «wildes, kriegerisches Volk», das sich «durch Tapferkeit und Treue auszeichnete», und fügt hinzu: «Die Alemannen sind unsere Vorfahren.»[23] Auch Charles Foretay bringt in seinem Waadtländer Lesebuch von 1944 unter dem Titel *Les Alémanes* einen Text, der Meinrad Inglins *Jugend eines Volkes* entnommen ist und die Landnahme von Swit und seiner Sippe im Lande Schwyz schildert.[24] Dagegen erwähnt er die Burgunder nicht, die zur Zeit der Völkerwanderung die Westschweiz besiedelten. In der noch so stark nationalistisch ausgerichteten Geschichtsschreibung dieser Jahrzehnte zwischen 1920 und 1960 war ihr Ansehen gering, weil sie mit der älteren galloromanischen Bevölkerung friedlich zusammengelebt, sich ihr angepasst und auch ihre Sprache übernommen hatten. Jegerlehner sagt von ihnen:

Die Burgunder waren nicht von wilder, kriegerischer Art wie die Alamannen, vielmehr harmlos und sanftmütig [...] Die enge Berührung brachte es mit sich, dass die Freundschaft [mit den Römern] bald in Blutsverwandtschaft überging, zumal der Burgunder für die römische Kultur und Bildung sich sehr empfänglich zeigte und leicht anschmiegte. Er fand Gefallen an der schönen, wohlklingenden Sprache der Römer, die ihm bald ebenso flott von der Zunge floss.[25]

Diese Burgunder boten zu wenig Identifikationsmöglichkeiten. Für das Waadtländer Lesebuch bleibt hingegen das spätere Königreich Burgund mit der verehrten Reine Berthe die Epoche, auf die sich das selbstbewusste Pays de Vaud zurückführt.[26] Auch die katholischen Kantone der Voralpen und der Innerschweiz sehen in den Alemannen ihre Vorväter, doch ist für ihr Geschichtsbild die nun einsetzende Christianisierung wichtiger. «Höhlenbewohner, Pfahlbauer, Helvetier und Alemannen

---

22 Lb V GL (1953), S. 134; ähnlich Lb V AG (1941), S. 173.
23 Lb IV ZG (1936), S. 92.
24 Ll dm VD (1944), S. 81 f.
25 J. Jegerlehner, Die Geschichte der Schweiz, S. 23.
26 Vgl. *Le Bois de la Cigogne*, Ll dm VD (1944), S. 84–89, eine Erzählung um Reine Berthe von P. Chessex; vgl. Kap. 1.6.3., S. 155 f.

wussten nichts vom wahren Gott. Sie waren Heiden», heisst es im Urner Lesebuch von 1921, und das Luzerner Lesebuch von 1922 hält fest:

Einst hausten die Römer mit ihrem Kriegsvolke im Lande Helvetien. Damals wurden wohl Städte und Schlösser gebaut, [...] allein die Herzen der Menschen blieben dunkel und wild; denn das Licht des Evangeliums hatte sie noch nicht erleuchtet. Das Land lag noch in tiefem Heidentum.[27]

Als Bringer des wahren Glaubens, als Märtyrer, Einsiedler und Begründer der wichtigsten und reichsten Klöster der Schweiz erscheinen die Heiligen des Früh- und Hochmittelalters. Wieder weist die Art, wie die Lesebücher der einzelnen Kantone diese Thematik angehen, auf wesentliche Facetten regionalen Selbstverständnisses. Die katholisch geprägten Lesebücher rücken das Leben der Heiligen, ihre Missionstätigkeit, ihr Sterben und die Wunder an ihrem Grab ins Zentrum der Darstellung. Heilige auch der späteren Jahrhunderte sollen ja durch ihr Vorbild die jungen Menschen erziehen helfen, haben zudem als Schutzpatrone eine für die Gläubigen stets ansprechbare Präsenz.[28] Die zeitliche Dimension tritt vor dieser Präsenz zurück. Wie Beatus am Thunersee den Drachen des Heidentums vertrieb, die Angehörigen der Thebäischen Legion das Martyrium erlitten, wie die angelsächsischen und irischen Glaubensboten ins Land zogen, predigten und starben, ist Teil des grossen Heilsplans. Nach katholischer Vorstellung umfasst er ebenso das Wirken der Missionare, die im 19. und 20. Jahrhundert von Europa nach Übersee ausgingen.[29]

4.2. Die Klöster: ein kontroverses Thema

Manche Gebiete der Schweiz sind ursprünglich von Klöstern aus erschlossen worden: kolonisatorische Leistungen von benediktinischen Mönchen im frühen Mittelalter oder, später, des Zisterzienserordens. Diese Anfänge, oft zu Legenden und Sagen

27 Lb V UR (1921), S. 173; Lb IV LU (1922), S. 281.
28 In Lb V UR (1921), S. 12 wird «Der hl. Hermann Josef» vorgestellt: «Gelt, der kleine Heilige gefällt dir? Ruf ihn oft an, wenn's in der Schule nicht vorwärts will. Sei auch so keusch und rein und gehe oft ein paar Minuten zum guten, verlassenen Heiland in die Kirche. Das bringt dir Glück und Segen.»
29 Lb VI Benz (1955) stellt unter dem Titel «Grosse Menschen – meine Vorbilder. Erziehung zum strebsamen Menschen» 22 kurze Biographien zusammen, beginnend mit den Viten der Heiligen Verena und Wendelin, dann Kardinal Schiner, Bruder Klaus, Karl Borromäus, Theodosius Florentini, die Äbtissinnen Maria Theresia Scherer, die Helferin Florentinis, und Walburga Mohr; schliesslich Beiträge über Louis Favre, Henri Dunant, Giuseppe Motta, Heinrich Federer und Meinrad Lienert. Ll dm FR (1955), S. 24–26 berichtet von Missionaren, die in Uganda das Martyrium erlitten haben.

verdichtet, sind ihrerseits wichtige Elemente der lokalen und regionalen Tradition und werden als solche in die Lesebücher integriert.[30] P.-O. Bessire erzählt den Schülern im Berner Jura vom heiligen Germanus, dem Begründer des Klosters Moûtier-Grandval, wie er und seine Mönche den Menschen dieser Jurawildnis das Christentum gebracht und sie gelehrt hätten, das Land zu bebauen.[31] Glarus führt im Kantonswappen den heiligen Fridolin, den Mönch aus dem Kloster Säckingen, zu dessen Besitzungen das Glarnerland einst gehörte. Obwohl die Legende von ihm wenig Profiliertes erzählt, suchen die Lesebücher ihn wenigstens mit Hilfe einer Anekdote den Kindern nahe zu bringen.[32] Da sind Augustin Kellers Ballade und Meinrad Lienerts Erzählung von den Raben des heiligen Meinrad spannender, wenn sie schildern, wie die zahmen Vögel des Heiligen seine Mörder ihrer Strafe zuführen. In der Wildnis, wo seine Klause stand, entsteht bald darauf das Kloster Einsiedeln.[33]

Weitaus am reichhaltigsten sind die Quellen zur St. Galler Klostergeschichte. Nicht nur die Lesebücher der direkt betroffenen Kantone St. Gallen und Appenzell bringen ausführliche Nacherzählungen der Galluslegende, denn kein anderes Heiligenleben enthält so viele anschauliche Einzelszenen zum Christianisierungsprozess. Vor allem die Lesebücher konfessionell gemischter Kantone bemühen sich, ihren Schülern das mittelalterliche Kloster in seinen religiösen und kulturellen, aber auch ökonomischen und sozialen Funktionen zu erklären. Die meisten Schulbücher der Zwischenkriegszeit bleiben noch bei etwas trockenen Aufzählungen stehen und betonen neben der religiösen Bestimmung besonders die Arbeit der Mönche in Schreibstube und Klosterschule. In den fünfziger Jahren werden farbigere Szenen entworfen: ein Rundgang eines Klosterbesuchers etwa durch das bunte Gewimmel im Klosterhof und die ernste Ruhe der Klausur, wobei der Schilderung der St. Galler Klosterplan zugrunde liegt.[34] Im regen Betrieb um Stallungen und Werkstätten von Klosterknechten, Handwerkern und Bauern sollen die Schüler die Bedeutung der klösterlichen Ökonomie ahnen.[35]

---

30 Zur Gründung des Klosters Disentis vgl. Lb V GR (1934), S. 277–283. *Wie das Kloster Wettingen gegründet wurde*, Lb IV AG (1912), S. 146–148, und die Sagen zur Entstehung der Klöster Mariastein und Schönental, Lb V BS (1947), S. 169–172.

31 *La boucle miraculeuse*, Ll ds BE (1931), S. 249–253; *La Prévôté de Moutier-Grandval*, Ll dm BE (1927), S. 259–262.

32 Lb V GL (1953), S. 136 f. erzählt, wie Fridolin ein paar Buben beim Äpfelstehlen erwischt.

33 A. Kellers Gedicht stand bis zum Ersten Weltkrieg in vielen Deutschschweizer Lesebüchern, wurde dann allmählich abgelöst durch Lienerts Erzählung; vgl. Lb V SH (1925), S. 81 f.

34 Lb IV SG (1927), S. 92–97; Lb IV SG (1961), S. 132–138; Lb V GL (1953), S. 138–140; Lb V AG (1957), S. 150–153.

35 *Zinstag im Kloster St. Gallen*, Lb IV AI (1958), S. 136–138; in Lb IV ZG (1952), S. 157–159 steht derselbe Text, da aber im Kloster Kappel lokalisiert.

Wie sehr sich der Grundbesitz der Klöster im Lauf der Zeit dank unzähligen Schenkungen mehren konnte, betonen die meisten Texte. Das Aargauer Lesebuch von 1941 umschreibt den Güterstand des Klosters Muri, unterstreicht aber auch, dass die Bauern lieber von geistlichen als von weltlichen Herren abhängig waren, weil sie als Gotteshausleute in mancher Hinsicht besser versorgt gewesen seien.[36] Hier setzt auch Friedrich Pieth im Bündner Lesebuch an:

Bald wurde das Kloster [Disentis] der Sammelplatz frommer Männer. Sie unterrichteten das Volk in der christlichen Lehre, im Ackerbau und andern nützlichen Kenntnissen. [...] Die grossen Herren [...] bekümmerten sich wenig um das Wohl und Weh des Volkes. Die Geistlichen waren die einzigen, welche an seinem Schicksal teilnahmen und es im Unglück aufrichteten und trösteten. Hierdurch erwarben sie sich grosse Achtung. [...] Dazu kamen dann noch ihr Fleiss und ihre Arbeitsamkeit, die allen Bewohnern zum Beispiel dienten.[37]

Der Bauer, der sich in den Schutz des Klosters begab, wurde mit allem Nötigen versorgt und war zu vernünftigen Abgaben verpflichtet: «alles war mässig und billig», und wenn ihn einmal ein Missgeschick traf, «verfuhr man menschlich mit ihm».

Den Schülern der Basellandschaft soll St. Alban, das 1083 vor den Toren der Stadt Basel gegründete Kloster, einen Begriff von der Vielseitigkeit der zisterziensischen Landwirtschaft mit Bauernhöfen, Waldungen, Fischteichen und Mühlen geben.[38] In diesem informativen Text aus den dreissiger Jahren erfahren die Kinder auch einiges über die caritative Tätigkeit der Mönche, einen Bereich, der sonst eher zu kurz kommt. Sie hören sogar, dass die weitgespannten Wohltätigkeitspflichten eines Klosters, die Pflege von Kranken, Beherbergung von Pilgern und die Versorgung der Armen und Bedürftigen ohne beträchtliche Einkünfte gar nicht erfüllbar gewesen wären. Auch Pieth gibt zu bedenken, wie lebenswichtig die von Mönchen betriebenen Hospize auf unwirtlichen Alpenübergängen für die Reisenden waren,[39] im übrigen aber werden diese im Sozialgefüge des Mittelalters einst so wichtigen Hilfestellungen merkwürdig knapp und schematisch skizziert.

---

36 Lb V AG (1941), S. 174–176. In ähnlichem Sinne der Beitrag *Um das Heil der Seele*, Lb V BL (1931), S. 182–185.

37 Lb V GR (1934), S. 280 f.

38 Lb V BL (1931), S. 178–180. In Ll ds FR (1960), S. 224 f. berichten G. Pfulg über *Un monastère de chez nous, Hauterive* und R. Loup über *L'abbaye de la Fille-Dieu*, die Zisterzienserabtei nahe Romont.

39 *Alte Herbergen auf unsern Alpenpässen*, Lb V GR (1934), S. 298–302, handelt von den Hospizen auf dem Grossen St. Bernhard und St. Peter auf dem Septimer. Das Kloster Churwalden hatte die Aufgabe, die Strasse über die Lenzerheide zu sichern und die Reisenden zu beherbergen, ebd., S. 315–317.

Einige Verlegenheit im Umgang mit dem Thema «Kloster» ist den Lesebuchherausgebern protestantisch orientierter Kantone anzumerken. Während der Reformation waren hier ja viele religiöse Kongregationen aufgelöst worden, und die Erinnerung an die schwere innereidgenössische Krise im Zusammenhang mit der Aufhebung der Klöster im 19. Jahrhundert wirkt offensichtlich noch nach. Die Lesebücher von Bern, Genf und Waadt überlassen das heikle Sujet den Geschichtslehrmitteln und übergehen es auch in heimatkundlichen Zusammenhängen fast ganz.[40] Das Zürcher 5.-Klass-Lesebuch von 1921 verliert kein Wort über die Klöster im eigenen Kanton; sein Herausgeber Jakob Keller hält sich an das Kloster St. Gallen, dessen Anfänge und Aufstieg zur reichsten Abtei des Landes er kurz resümiert; auch im Zürichbiet war ihr Landbesitz beträchtlich, und viele Bauern hatten an St. Gallen Zins zu zahlen.[41] Darauf folgt aus Viktor Scheffels *Ekkehard* ein längerer Auszug: *Was die Herzogin Hadwig von Schwaben im Kloster St. Gallen erlebte*; ein sprachlich wohl zu schwieriger Text, dessen Tendenz schon in den ersten Abschnitten klar wird. Als der hohe Besuch sich ankündigt, schreckt Abt Cralo aus behaglichem Mittagsschlaf auf, «betrüblich überrascht, als wäre ihm eine Walnuss aufs Haupt gefallen» – und schon merkt der gewitzte Leser, dass sich diese Mönche in ihrem bequemen Wohlleben ungern stören lassen. Scheffels Schilderungen des reichen Klosterschatzes, der «Prunkgemächer des Abtes» und des üppigen Festmahls vertiefen diesen Eindruck.[42] Als letzter Beitrag zum Thema folgt noch Augustin Kellers Gedicht *Tango*: der kunstreiche, aber geldgierige Glockengiesser des Klosters sucht Kaiser Karl zu betrügen, doch die Strafe Gottes ereilt ihn durch sein Werk; die Glocke stürzt auf ihn und bricht ihm das Genick.[43]

Reinhold Frei bringt im Zürcher 6.-Klass-Lesebuch von 1921 eine kulturhistorische Skizze *Zürich im Jahr 1333*. Ein Knabe von Höngg, der erstmals die Stadt besucht, sieht natürlich auch das Chorherrenstift Grossmünster, die Fraumünsterabtei und das Predigerkloster, die als stattliche Bauten im lebensnah gezeichneten, bunten Bilderbogen stehen. Die Mönche aber präsentieren sich nicht vorteilhaft, in unwichtigen Geschäften: beim Predigerkloster eilt «ein dienender Bruder durch den angrenzenden Weingarten, um mit einer Klappe die Stare zu verscheuchen», und durch den Kreuzgang des Chorherrenstifts «[...] schlurfte ein dicker Bruder daher [...] und fragte [den

---

40 Ll dm VD (1944), S. 82–84 übernimmt eine Erzählung von G. de Reynold über die Gründung des Klosters St. Gallen; Ll V GE (1940), S. 71 f. erwähnt kurz Payerne, die ehemaligen Klöster im eigenen Kantonsgebiet aber bleiben ungenannt.
41 Lb V ZH (1921), S. 123 f.
42 Ebd., S. 124–132.
43 Ebd., S. 132 f. Auch die revidierte Ausgabe von 1955 enthält dieses Gedicht noch, dagegen entfällt nun der grösste Teil von Scheffels Erzählung und wird ersetzt durch eine ausführlichere, objektivere Darstellung des Klosterlebens.

Buben]: ‹Möchtest du etwa da die Zeichen lesen? Sieh, ich kann's auch nicht, und nur wenige von uns sind es imstande; schreiben kann schon gar keiner, nicht einmal unser Herr Probst. Ist aber auch unnütz.›»[44]

Die Schüler erhalten hier kein falsches historisches Bild, doch bleibt wohl hauptsächlich der Eindruck haften, dass die Mönche im Spätmittelalter dank ihren Besitzungen ein gemütliches, sorgenfreies Leben geführt hätten, das mit der ursprünglichen Bestimmung eines Klosters nichts mehr zu tun hatte. Begreiflich, dass hier nicht vom Nutzen einer Institution gesprochen wird, die während der Reformation aufgelöst worden war und deren Besitzungen der Staat der sogenannten «toten Hand» entzogen hatte.[45]

Im Waadtländer Lesebuch konzentriert sich die Darstellung des mittelalterlichen religiösen Lebens der engeren Heimat auf die Kathedrale von Lausanne und den Bischof, der einmal als Verkünder des ersten Gottesfriedens in dieser Region eine wichtige Rolle gespielt hatte.[46] Ähnliches gilt für die Lesebücher beider Basel, die den Bischof als Stadtherrn in seinen Beziehungen zum umwohnenden Adel einerseits und zu den Bürgern andererseits mehrfach erwähnen.[47]

Gerade da, wo die protestantischen Kantone das Kapitel «Kloster» abschliessen, wird es in den Lesebüchern der katholischen Landesteile erst eigentlich aufgegriffen und in die Biographien der grossen Männer der Gegenreformation integriert. Karl Borromäus brachte den Kapuzinerorden in die Schweiz und stiftete in Mailand das helvetische Kollegium, die wichtige Ausbildungsstätte für Schweizer Priester. Der Jesuit Petrus Canisius wirkte in seinen letzten Lebensjahren in Freiburg, und für den Erfolg der Gegenreformation in der Westschweiz war die Tätigkeit des Genfer Bischofs Franz von Sales entscheidend.[48] Schliesslich rufen die Lesebücher die rastlose Tätigkeit des Theodosius Florentini in Erinnerung, der im 19. Jahrhundert mit Hilfe von Maria Theresia Scherer die heute noch wichtigen Ausbildungsstätten Menzingen und Ingenbohl gründete und unter die Obhut der Lehrschwestern vom heiligen Kreuz stellte.[49]

---

44 Lb VI ZH (1921), S. 200–206, Zitat, S. 201, 203.
45 Die Kritik an den Klöstern und ihrem Besitz war in den ältern Lesebüchern schärfer formuliert worden. Im 1906 erschienenen Berner Realbuch für die Oberstufe *Für Kopf und Hand*, 1, S. 10 liest man: «Aber gerade dieser Reichtum wurde ihr [der Klöster] Verderben. Die Mönche wurden nämlich infolgedessen träge, stolz und herrschsüchtig. Von der alten, strengen Lebensweise wollten sie nichts mehr wissen, sondern sie ergaben sich dem Luxus und dem Müssiggang. So wurden aus den Stätten der Frömmigkeit und der Gesittung Stätten des Lasters.»
46 Ll di VD (1924), S. 13 f., 18–20; Ll dm VD (1944), S. 99 f.
47 Vgl. besonders Lb V BL (1931), S. 211–220, 236–241.
48 Kurzbiographien von Karl Borromäus, Petrus Canisius und Franz von Sales stehen im Lb VI Benz (1936), S. 188–198, 195–201; Lb VI ZG (1953), S. 201–203 gibt ein Porträt von Karl Borromäus.
49 Lb VI Benz (1936), S. 222–228.

4.3. Die Eidgenossenschaft: ein Hort der Freiheit?

In den Zwischenkriegsjahren und über den Zweiten Weltkrieg hinaus bleibt die Befreiungssage der Waldstätte womöglich noch betonter als früher Kern der Schweizer Geschichte. Das Luzerner Lesebuch von 1942 zitiert die selbstbewussten Zeilen von Heinrich Leuthold:

Euer Kleinstaat rage hervor durch Grossinn!
Zeigt der Freiheit Segen Europas Völkern!
Und durch Weisheit eurer Gesetze werdet ihnen ein Vorbild![50]

Während die Deutschschweizer Lesebücher nach Belieben Schillers *Tell* zur Verfügung haben, bemühen sich die Lesebücher der Romandie auf verschiedene, in der Aussage jedoch übereinstimmende Weise um die Darstellung des mythischen Anfangs auf dem Rütli. Das Genfer Lesebuch von 1940 zitiert Gonzague de Reynold:

Ils ont écouté, les hommes du pays, le conseil de Marguerite Herlobig: «Délivrez-vous vous-mêmes!» [...] Ils sont tous là. Ils sont autour de la croix. Alors, l'ancien chef du pays – le chef dépossédé par le bailli – Reding, se met devant la croix et tire son épée qu'il tient nue contre sa poitrine. [...] Le chef du pays jure sur les Evangiles; il jure à l'Empereur fidélité, aux lois et coutumes, obéissance. [...] c'est le renouvellement de l'antique alliance [...] qui, depuis des siècles, unit les vallées, les forêts, les montagnes et tous leurs habitants, armaillis, bûcherons, chasseurs et pêcheurs, nobles et paysans. [...] On prépare la délivrance. On allumera des feux sur les hauteurs; on prendra par surprise le château du bailli; on fera le bailli prisonnier; on le renverra sans lui faire du mal, sans toucher à sa femme, sans toucher à ses biens.[51]

Die Verklärung, die Reynold den ersten Eidgenossen angedeihen lässt, ist nicht neu, ist aber im Zug der Geistigen Landesverteidigung womöglich noch penetranter geworden. Die Männer auf dem Rütli erneuern einen uralten Bund, sie bleiben dabei treue Untertanen des Reiches, Gott und den Gesetzen gehorsam; sie holen sich ihre vom Vogt geschmälerten Rechte zurück, doch werden sie ihn und seine Familie unversehrt ziehen lassen. Das alles ergibt wohl ein höchst eindrückliches, das Selbstgefühl angenehm stärkendes Geschichtsbild, doch schafft es auch Schwierigkeiten, weil die so idealisierten Eidgenossen ja längst nicht immer entsprechend gehandelt haben. Wie sich die Lesebücher da behelfen, sollen ein paar Beispiele illustrieren. Das Dilemma hat schon Johannes von Müller beschäftigt, und seine lobenden oder tadelnden Urteile wirken deutlich nach.

---

50   Lb V/VI LU (1942), S. 282.
51   Ll V GE (1940), S. 325 f.

4.3.1. Der Kampf gegen den Adel und Österreich

Einfach macht man es sich zunächst bei der Beurteilung des Rittertums: Ursprünglich mit der Aufgabe betraut, das Land und die Bauern zu beschützen, vernachlässigten die Ritter ihre Pflichten nur zu bald, forderten aber dennoch den Zehnten und Frondienste von ihren Hörigen. In fast allen Lesebüchern folgt einer möglichst farbigen Schilderung des Ritterlebens auf der Burg mit Jagden und Turnieren die Beschreibung seiner Dekadenz. Dazu standen ja auch überreichlich Sagen und Gedichte zur Verfügung.[52]

Im Herbst stand schon wieder die Zehntfuhre vor der Trotte und verbitterte dem Landmann die Herbstfreude. Schloss der Tod seine Augen, forderte der Zinsherr gar noch den «Fall» oder das «Besthaupt». Das war des Verstorbenen bestes Stück Vieh. Oft war aber kein solches vorhanden, dann mussten die Hinterlassenen das beste Gewand des Verstorbenen hergeben.[53]

Die wirtschaftlichen Schwierigkeiten, in die so manche Adelsfamilie geriet, so dass sie ihre Ländereien den aufstrebenden Städten verkaufen mussten, begründen die Lesebücher mit der schlechten Haushaltführung der Ritter: in Kriegen, Fehden und Vergnügungen hätten sie ihr Vermögen verloren. Nun wollten sie den Bauern noch grössere Lasten auferlegen, nachdem sie schon ihre Felder in Fehdezügen zerstört hatten. Gewissenlos überfielen sie aus dem Hinterhalt reisende Kaufleute.[54] Im Vergleich mit ihnen kommen die Städte gut weg: den verschwendungssüchtigen Herren, die nicht selber arbeiten wollen, stehen die sparsamen, fleissigen Bürger gegenüber. Dass die Städte als Erben der Ritter ihre Herrschaftsrechte genau so ausübten, wird zunächst diskret übergangen. Im übrigen gab es ja auch einige «gute» Adelsgeschlechter, die in den Kämpfen gegen Österreich die Partei der Eidgenossen ergriffen. Angesichts der zerfallenen Burgen gibt Friedrich Pieth den Bündner Schülern zu bedenken:

Ihre [der Adeligen] Rechte und Besitzungen sind übergegangen an das Volk. Von vielen dieser Burgherren weiss man kaum den Namen mehr, und ihre Burgen sind längst zerfallen. [...] Sie ermahnen uns [...], die von vielen Burgherren unterdrückte

---

52 Lb V ZH bringt z. B. nach einem lobenden Text über den Herrn von Hegi, der als «adeliger Bauer» selbst den Pflug führte, die Sage vom bösen «Hagheer» aus dem Zürcher Oberland und die Gedichte *Der Burgbau* von G. Schwab und *Der Junker und der Bauer* von M. Richey, die beide die Arroganz der Adeligen thematisieren.

53 Lb IV ZH (1927), S. 177.

54 Vgl. ebd., S. 225 f., *Wie die Ritter Räuber wurden*; Lb IV ZG (1936), S. 98 f.; Lb V GL (1953), S. 146–150. Zur wissenschaftlichen Beurteilung der ökonomischen und sozialen Situation des Adels um 1300 vgl. R. Sablonier, Adel im Wandel.

und von unsern Vorfahren sauer erkämpfte Freiheit in Ehren zu halten. Sie bleibt nur da, wo Ordnung, Gerechtigkeit und Gesetz herrschen.[55] In allen Lesebüchern erscheint das 14. Jahrhundert als die erste, grossartigste Etappe der «Heldenzeit», als sich kleine bäuerliche Gemeinschaften in ihrem Freiheitsdrang gegen die habsburgische Übermacht erfolgreich zur Wehr setzten. Sie standen so sichtbar unter Gottes Schutz, dass ihr Verhalten offenbar in jeder Beziehung gut war. Man sah sie ihre Kenntnis des Geländes, ja den Berg selbst als Waffe benützen, im entscheidenden Moment ohne Bedenken dreinschlagen und auf Gott vertrauen. In geradezu idealer Weise illustriert und bestätigt die Schlacht am Morgarten dieses Bild, und da erstaunt es zunächst, dass sie von den Lesebüchern der Jahrhundertwende nicht konsequenter ausgewertet wurde. Wohl schildern sie alle Innerschweizer Schulbücher, doch die meisten Lesebücher der andern Kantone erwähnen sie nur beiläufig. Vor allem fehlen literarische Bearbeitungen des Themas, mit Ausnahme von Jeremias Gotthelfs Erzählung in *Der Knabe des Tell*. Das ist kein Zufall.[56] Schon zu Beginn des 19. Jahrhunderts hatte man nach einem Anknüpfungsdatum für ein schweizerisches Nationalfest gesucht und dabei unter anderem an Morgarten gedacht. Heinrich Zschokke und Louis Vulliemin hatten in ihren Darstellungen der Schweizer Geschichte den Kampf gegen Österreich in Parallele zu den Perserkriegen sehen wollen. Im älteren Lesebuch des Berner Jura ist Vulliemin zur Schlacht am Morgarten zitiert: «ce fut le combat des Thermopyles suisses plus heureusement [...] défendues que celles de la Grèce.»[57] In ganz anderem Sinn beriefen sich dagegen die Innerschweizer Orte zweimal auf Morgarten, als sie sich 1798 gegen die anrückenden Franzosen und später im Sonderbundskrieg gegen die Miteidgenossen zur Wehr setzten. Morgarten war «ihre» Schlacht, und 1865 waren zur Erinnerungsfeier nur die Vertreter der drei Urkantone eingeladen. Erst mit der Bundesfeier von 1891 wurde der Weg zur Versöhnung frei. Im Zusammenhang mit der Diskussion um das geplante Denkmal auf dem Schlachtfeld rückte Morgarten wieder ins Bewusstsein einer breiten Öffentlichkeit.[58] Die Gedenkfeier von 1915 machte die Erinnerung an die Schlacht vollends zum Schweizer Allgemeinbesitz. Von da an wird Morgarten für die Lesebücher obligatorisch, werden auch neue literarische Bearbeitungen des Themas gewagt.[59] Zudem passt nun die Schlacht besser als früher ins Konzept der Geschichtsdidaktik,

---

55 Lb V GR (1934), S. 309 f.
56 Zum Folgenden vgl. M. Schnitzer, Die Morgartenschlacht, S. 86–117.
57 Ll dm BE (1918), S. 139 f.
58 Vgl. Ch. Henggeler, «Der dritte Morgartenkrieg».
59 Vgl. die Gedichte von F. Spörri, *Den Helden von Morgarten*, Lb V AI (1929), S. 141 f. und den Auszug aus E. Tavan, *Morgarten*, Ll di VD (1924), S. 252 f.

denn im Unterschied zur Schlacht bei Sempach zeigt sie nicht den einzelnen, opfer-mutigen Helden; hier siegt «das Volk», das Kollektiv, das unwiderstehliche Kraft entfalten kann, wenn es einig ist und entschlossen handelt. *Mit unerhörter Kraft hatten die Schwyzer und ihre Verbündeten am Morgarten um ihre Freiheit gekämpft. Der Herrgott gab ihnen den Sieg über das stolze Ritterheer des Herzogs Leopold und bewahrte die Eidgenossen vor der österreichischen Knechtschaft. Die Menschen jener Zeit konnten es kaum fassen, dass einige hundert Bauern zu Fuss eine so zahlreiche, von Jugend auf in den Waffen geübte Ritterschar so vernichtend zu schlagen vermochten. Bürger und Bauern hoben die Köpfe und fassten Mut.*[60] Weniger gut ins Bild passt allerdings, dass Leopolds Zug als Strafexpedition gedacht war, weil die Schwyzer im Januar 1315 das Kloster Einsiedeln, mit dem sie um Weiderechte stritten, überfallen und geplündert hatten. Dieses Vorspiel erwähnen die Lesebücher nur beiläufig und verschweigen ganz, dass die Mönche nach Schwyz geschleppt und dort wochenlang gefangen gehalten worden waren, bis ihre Verwand-ten genügend Lösegeld für sie bezahlt hatten.[61] Andererseits müssen sich die Lesebücher jener Orte, die in dieser heroischen Zeit noch treue österreichische Parteigänger gewesen waren, Mühe geben, sowohl ihre damalige Loyalität wie auch den Wechsel zur Partei der Eidgenossen begreiflich zu machen. Man erinnert sich an die Zuger Anekdote: Noch 1315 hatte hier Herzog Leopold das Heer versammelt, mit dem er in die Katastrophe am Morgarten ziehen sollte. 1352 dann wurde die Stadt von den eidgenössischen Belagerern hart bedrängt; ihre Boten eilten nach Königsfelden und baten Herzog Albrecht, ihren Herrn, drin-gend um Beistand. Da habe jedoch der Herzog die Gesandten stehen lassen und sich nur um seine Jagdfalken gekümmert, «und schweren Herzens kehrten die enttäusch-ten Männer nach Hause zurück».[62] Das Basler Lesebuch erzählt seinerseits vom ursprünglich guten Einvernehmen zwi-schen der Stadt und den Habsburgern, das sich unter Herzog Leopold III. getrübt hatte: Als im Jahr 1376 der Herzog in der Stadt ein Turnier veranstaltete, brach ein schwerer Streit zwischen Rittern und Bürgern aus. Bestraft wurden danach nur die bürgerlichen Unruhestifter. «Herzog Leopold demütigte die Stadt aufs schwerste, und die ‹böse Fastnacht› liess die Basler jahrelang nicht mehr froh werden.»[63] Auch das

---

60 Lb V ZG (1954), S. 235.
61 Lb IV ZG (1952), S. 175: «Zudem hatten die Schwyzer wegen Grenzstreitigkeiten das Kloster Einsiedeln überfallen. Die Herzöge waren aber die Schirmvögte des Klosters.»
62 Lb V ZG (1954), S. 246 f.
63 Lb IV BS (1933), S. 166 f.

Lesebuch der Basellandschaft berichtet von den Parteikämpfen dieser Jahre, den wechselnden Allianzen inner- und ausserhalb der Stadt. Aus Basler Sicht ist der glanzvolle Auszug des Ritterheers im Sommer 1386 nach Sempach geschildert. Da hört man nichts von Winkelried, doch als ein Luzerner Bote die Nachricht vom Tod Herzog Leopolds und so vieler Ritter auf dem Schlachtfeld überbrachte, ging «ein erleichtertes Aufatmen» durch die Stadt, während «grosses Leid in die Häuser an der Rittergasse und auf den Burgen rings im Land» einkehrte.[64] Leopold war Basels Reichsvogt gewesen; nun konnten die Basler die Reichsvogtei selber erwerben und waren von da an dem Kaiser direkt unterstellt.

4.3.2. Eroberung des Aargaus als Sündenfall

Je höher die Lesebücher den Kampf der Eidgenossen um Freiheit und Unabhängigkeit bis zur Schlacht bei Näfels (1388) bewerten, um so deutlicher müssen sie – auch hier im Sinne Johannes von Müllers – die Entwicklung im 15. Jahrhundert vom moralischen Standpunkt aus verurteilen.[65] Ihre Unschuld verloren die Eidgenossen, als sie 1415 den Aargau eroberten und zum Untertanengebiet machten. «Hundert Jahre hatten die Eidgenossen gegen die Unterdrücker ihrer Freiheit gekämpft – und jetzt schickten sie selbst Vögte aus!»[66] So empört sich Hans Thürer im Glarner Lesebuch von 1958, und das St. Galler Schulbuch von 1939 kommentiert: *Die eidgenössischen Eroberer setzten sich einfach an die Stelle Österreichs und traten als Herren auf. Dies stand allerdings im Widerspruch zu ihrem bisherigen Streben, überall helfend einzuspringen, wo es galt, eine um Freiheit ringende Bevölkerung gegen ihren Landesherrn zu unterstützen. Sie hatten aufgehört, ein Hort der Freiheit zu sein. Das sollte sich einst bitter rächen.*[67] Die Lesebücher des direkt betroffenen Aargaus äussern sich hingegen zu diesem Ereignis betont zurückhaltend:

---

64 Lb V BL (1931), S. 205–211.

65 Die neuere Forschung hat diese moralische Betrachtungsweise aufgegeben und betont, dass die Städte und Länder die damals allgemein zu beobachtende Umstellung zur Territoriumsbildung mitvollzogen. Sie erst ermöglichte den Aufstieg der modernen Stadtstaaten und löste das mittelalterliche Lehenssystem ab; vgl. H. C. Peyer, Verfassungsgeschichte, S. 55–61; B. Stettler, Tschudis Darstellung des Konflikts zwischen König Sigmund und Herzog Friedrich von Österreich, S. 29*–40*.

66 Lb VI GL (1958), S. 168.

67 Lb VI SG (1939), S. 95; ähnlich Lb VI ZH (1956), S. 222; Lb VI GR (1936), S. 15 f.; Lb V ZG (1954), S. 266.

Gerne wären die damaligen Bewohner des Aargaus Eidgenossen gleichen Rechtes geworden. Doch ihr Land wurde zum Untertanengebiet erklärt und von Vögten verwaltet. [...] so blieb der Aargau [...] fast vierhundert Jahre lang Untertanenland der Eidgenossen.[68]

Der wohl zu erwartenden Schülerfrage, warum sich denn die Aargauer nicht gewehrt hätten, kann immerhin die Erzählung vom tapferen Verteidiger des Städtchens Baden entgegengehalten werden. Burkart von Mannsberg hielt auf der Burg «Stein» so lange wie möglich den anstürmenden Eidgenossen stand und handelte sich einen ehrenvollen Abzug ein, als die erhoffte österreichische Hilfe ausblieb.[69]

Was mit dem Sündenfall im Aargau begann, setzte sich fort im «alten Zürichkrieg». Dass Bern seine Herrschaft nach Westen hin ausbaute, die Urner und Obwaldner über den Gotthard nach Süden auszugreifen suchten, die Städte insgesamt die sie umgebende Landschaft aufkauften, das alles akzeptieren die Geschichtsinterpreten eher als den Interessenkonflikt, der zwischen Zürich und Schwyz um das Toggenburger Erbe ausbrach. Hier zeigte sich am deutlichsten, wie gefährlich konkurrierende Machtinteressen für die Gemeinschaft werden müssen.[70] Reinhold Frei übt im Zürcher 6.-Klass-Lesebuch scharfe Kritik am Zürcher Bürgermeister Rudolf Stüssi und seinem persönlichen Feind und Gegenspieler, dem Schwyzer Landammann Ital Reding. Die beiden liessen alle Vermittlungsversuche scheitern, während die Zürcher Landschaft schwer verwüstet wurde.

Es kam zuletzt so weit, dass die Zürcher beim alten Landesfeind Österreich Hilfe gegen die Schwyzer suchten. Das war abermals ein Unrecht und zwar ein grosses gegenüber allen eidgenössischen Bundesgliedern und hatte, wie jedes Unrecht, wieder schlimme Folgen.[71]

Er berichtet mit Entrüstung, wie die «verblendeten Zürcher» der österreichischen Besatzung in ihrer Stadt zujubelten und sich Pfauenfedern an die Mützen hefteten: «das tat jenen Zürchern, die immer noch gut eidgenössisch gesinnt waren, gar weh». Zürichs Ausbrechen aus dem Bund wird als vollendeter Landesverrat gesehen, der zudem keinen Nutzen brachte.

Die Stadt samt ihren verwünschten Gästen konnte das Landvolk nicht schützen vor der Wut der erbarmungslosen Feinde. Viele Bauern, die es gewagt hatten, ihren Hof

---

68 Lb V AG (1957), S. 166.
69 Ebd., S. 164–166; Lb V AG (1941), S. 184.
70 Auch diese Interpretation stammt aus viel späterer Zeit und projiziert Kriterien ins 15. Jahrhundert zurück, welche damals in der Form kaum Geltung hatten; vgl. H. C. Peyer, Verfassungsgeschichte, S. 64–66 und B. Stettler, Bündnisse im Wandel.
71 Lb VI ZH (1921), S. 215.

zu verteidigen, lagen erschlagen. Das erbitterte das Landvolk gegen die Stadt und besonders gegen Österreich.[72]

Die Zürcher Geschichtsschreibung, die sich in dem Lesebuch niederschlägt, trägt auch schwer daran, dass die Stadt bei dem verzweifelten Kampf gegen die Armagnaken bei St. Jakob an der Birs 1444 mit der falschen Seite verbündet war. Die Eidgenossen ihrerseits luden in diesem Krieg mit der Hinrichtung der Besatzung von Greifensee eine Schuld auf sich, die sie nach den Berichten aller, auch der Innerschweizer Lesebücher, schwer belastete.

Noch lange nachher betrachteten die Leute, wenn ein Kriegsunglück die Schweizer traf, es als eine Strafe Gottes für die ruchlose Tat zu Greifensee. Gar mancher seufzte in schwerer Kriegsnot: «O Gryfensee, o Gryfensee, wie ruch isch din rach!»[73]

Eine Folge des verlustreichen Krieges möchte Reinhold Frei doch positiv werten: *Beide Teile hatten eingesehen, dass sie zusammengehörten. Wenn es der Eidgenossenschaft gut gehen sollte, so mussten die einzelnen Glieder sich vertragen. Es durfte keines mehr wollen, als ihm gehörte. Zu beklagen ist nur, dass die führenden Männer diese Einsicht nicht vorher hatten. Es wäre dem Volke unendlich viel Elend erspart geblieben.*[74]

Im Gegensatz zu dieser schuldbewussten Rückschau interpretieren die andern Städte der alten Eidgenossenschaft ihre eigene Expansionspolitik im 14. und 15. Jahrhundert durchaus positiv. Das Zuger Lesebuch zum Beispiel legt Wert darauf, dass die Stadt mit ihren Untertanen milde verfahren sei.

Die Leute in den Untertanengebieten konnten in ihrer gemeindlichen Verwaltung mitreden und mitbestimmen. So herrschte fast immer und überall ein gutes Einvernehmen und Zufriedenheit zwischen der Stadt und den Bewohnern ihrer Vogteien.[75]

4.3.3. Kompensation für die «Untertanen»

Das umgekehrte Problem stellt sich den Lesebüchern der ehemaligen Untertanengebiete: der Umgang mit dem historischen Faktum, dass sie jahrhundertelang die Freiheit nicht hatten, auf die sich die Schweizer so viel zugut tun. Noch in der Zwischenkriegszeit und gerade bei der damaligen emotionalen Aufwertung des Freiheitsmythos drohte da das frustrierende Gefühl eines Währschaftsmangels aufzukommen, weil man sich für die Unabhängigkeit nicht gewehrt habe. Wie das Aargauer Lese-

---

72 Ebd., S. 217.
73 Lb V ZG (1954), S. 275; Lb VI GL (1958), S. 179.
74 Lb VI ZH (1921), S. 225.
75 Lb V ZG (1954), S. 268.

buch den Schülern Trost schafft in der Erzählung von der Verteidigung Badens durch Burkart von Mannsberg, so würdigt es auch den Bauernaufstand von 1653: Weil die Besteuerung durch die eidgenössischen Herren unerträglich hoch geworden sei, erhoben sich die Berner und die Luzerner Bauern. Sie konnten aber gegen die Zürcher Truppen, die unter General Werdmüller anrückten, nichts ausrichten. «Die Bauern fochten tapfer, aber sie unterlagen, weil sie schlecht bewaffnet waren. Sie machten dem General Werdmüller einen Friedensantrag. Sie verlangten nichts als ihre alten Rechte und Freiheiten.»

Die siegreichen Herren aber hielten strenges Kriegsgericht:

Die Regierungen wollten den Bauern jede Lust zu weitern Aufständen gründlich austreiben. [...] Sieben Bauern im obern Aargau wurden enthauptet. [...] Jeder ausgerückte Freiämtler musste dem Kriegsgericht in Mellingen drei Dublonen zahlen. Zwei Bauern von Villmergen und einer von Sarmenstorf wurden hingerichtet. Das Volk aber nannte sie viele Jahre noch seine drei Tellen.[76]

Es bleibt ihnen der Ruhm der Freiheitskämpfer. Dass dem Bauernaufstand im Aargauer Geschichtsbild eine kompensatorische Funktion zukommt, zeigt G. Fischers *Lied der Bauern im Lager bei Wohlenschwil*:

Die Herre vo Züri und Bärn,
vo Solothurn, Basel, Luzern:
Em Herrgott sind's uf e Sässel gsässe,
jez wänd sie de Bure go's Land vermässe,
die Herre vo Züri und Bärn.

[...]

Drum stoht halt de Burema uf,
in Harnisch und Strumhube druf!
Wachst d'Freiheit nümen im Schwizerland,
mer pflanzed si früsch mit der eigene Hand:
Drum stoht halt de Burema uf. [S. 187]

Das Thurgauer 5.-Klass-Lesebuch von 1940 ist ebenso auf der Suche nach Bauern, die einmal, wenn auch vergeblich, aufgestanden sind und zur Ehrenrettung des Kantons beitragen. Es greift sehr weit zurück und erzählt dramatisch von einem im Bewusstsein der Bevölkerung kaum verankerten Ereignis, das sich anno 992 im «Schaarenwald» bei Diessenhofen zugetragen habe:

---

76   Lb V AG (1941), S. 187.

Hier in dieser Gegend war es, wo vor beinahe tausend Jahren die freien Bauern des
Thurgaus gegen die Herren die Waffen trugen. Sie hatten sich vereinigt und geschwo-
ren, nimmer sich zu trennen von den Rechten, die von ihren Vätern sie erworben, den
Frondienst nicht zu leisten, den Leibfall nicht zu zahlen und niemals zu verzichten auf
das Recht des freien Manns, Eisen und Wehr zu tragen. Unter Heinz von Stein fochten
sie den 26. August des Jahrs 992 hier im Angesicht des herrlichen Stromes erbittert
und tapfer. [...] Aber am Abend schlichen versprengte Haufen von ihnen stumm und
ernst rhein- und thuraufwärts. [...] Verloren die Schlacht und im Herzen die düstere
Ahnung, von heute an den ehrlosen Weg der Knechtschaft gehen zu müssen, sie, das
freiheitsstolzeste Bauernvolk Helvetiens, sie und ihre Kinder in endloser Reihe, erge-
ben und stumpf, noch an die tausend Jahre.[77]

Dass der Thurgauer Regionalstolz die eigene, von spektakulären Volkserhebungen so
wenig getrübte Vergangenheit als Defizit empfand, wird noch verständlicher, wenn man
vergleicht, wie neben den Städten auch alle Länderkantone ihre Erinnerungen an
Freiheitskämpfe hegen, seien sie nun erfolgreich gewesen oder nicht. Glarus rühmt sich
der Schlacht bei Näfels; die Stadt St. Gallen und Appenzell schüttelten die Herrschaft
des Klosters in vielbesungenen Kriegen ab. Friedrich Pieth schildert über viele Seiten
hin Entstehung und Erstarken der drei Bünde, die seinem Kanton den Namen gaben.
Das deutschsprachige Oberwalliser Lesebuch von 1929 präsentiert den Schülern die
Sage vom übermenschlich starken Freiheitshelden Thomas Riedi in der Binen und die
Erzählung *Die Mazze* von Katharina Bürcher-Cathrein, in der das alte Walliser Symbol
der Volkserhebung gegen ungerechte Herrschaft eine wichtige Rolle spielt.[78]

Wie sehr in den vierziger Jahren auch das Waadtland immer noch von dem Problem
behelligt war, eine positive Einstellung zur früheren Abhängigkeit von Bern zu
finden, zeigen die Studien zum Föderalismus des Waadtländer Historikers Daniel
Lasserre. 1941 schrieb er, die Romandie verdanke ihre Zugehörigkeit zur Eidgenossenschaft allein der Initiative Berns, das wohl eine durchaus natürliche, ja normale
Expansionspolitik getrieben habe, «inspirée par la volonté de puissance, elle tend à la
domination sur tous ceux qu'elle peut atteindre et s'agréger». Im Gegensatz dazu
hätten jedoch die Waldstätte in ihrem Bund gleichsam die «Déclaration des Droits de
l'Homme» von 1789 vorausgenommen:

C'est [...] pour cela que la date de 1291 apparaît à nos yeux entourée d'une auréole
particulièrement brillante, tandis que celle de 1191 [d. h. der Gründung Berns] est

---

77   B. Eckendörfer, *Um den Schaarenwald*, Lb V TG (1940), S. 220 f.
78   K. Bürcher-Cathrein, *Die Mazze*, 4. Sb V/VI VS (1929), S. 232–235. Zu Thomas Riedi in der Binen
     vgl. Kap. 1.5.4., S. 137.

pour nous simplement un fait historique important, mais qui ne nous émeut ni ne nous frappe.[79]
Im Waadtländer Lesebuch von 1944 bleiben denn auch die «Geschichtsbilder» auf die alte Auswahl beschränkt. Sie führen von Königin Bertha zur Anekdote von der Gründung Freiburgs *Le duc de Zaehringen et le charbonnier* und zu Graf Peter von Savoyen, der als der eigentliche «père de notre patrie» bezeichnet wird.[80] Im Geschichtsbuch der Romandie ist der Erzählung von Major Davels misslungenem Handstreich gegen die Berner Herrschaft schon längst ein Ehrenplatz reserviert.[81]

4.4. Kriegsruhm und innere Krise

4.4.1. Die Burgunderkriege

Die vierzig Jahre von 1475 bis 1515 umfassen nach dem Urteil der Lesebücher eine zugleich ruhmreiche und höchst bedenkliche Phase der Schweizer Geschichte. Am Anfang der Kampf gegen Karl den Kühnen von Burgund – Höhepunkt des eidgenössischen Kriegsruhms und der Politik Berns, das in dieser Auseinandersetzung die treibende Kraft gewesen war. In den sonst von historischen Stoffen freien Berner Lesebüchern erinnern an den Sieg bei Murten das Spottgedicht *Karl der Kühne* von Hans Rhyn und die Hommage *Buebebärg* von Hans Zulliger. Rhyns Burgunderherzog trägt die in der Schweizer Chronistik üblichen Züge des hochmütigen Tyrannen:

Herr Karl schloff in den Panzerschuh.
«Ich rüttle sie auf aus ihrer Ruh.
Vergesst mir nicht Ketten und nicht den Strick!»
Sein Wort war schwer und höhnisch der Blick,
und er ging.[82]

Hans Zulligers Dialektgedicht über die Verteidigung Murtens durch Adrian von Bubenberg ist ein Dialog zwischen der Mannschaft und dem unerschütterlichen Bubenberg, der ausklingt in den Zweizeiler: «‹Sie stürme! Brüele, Murte müessi uber

---

79 D. Lasserre, Etapes du fédéralisme, S. 46.
80 Ll dm VD (1944), S. 84–95. R. Paquier erzählt in *Pierre de Savoie et le château de Chillon*, der Graf habe sich in dem festen Schloss, das er erbauen liess, besonders gerne aufgehalten.
81 W. Rosier, Histoire illustrée de la Suisse, S. 136–138. Das Lehrmittel wurde noch 1930 wieder aufgelegt.
82 Lb VI BE (1955), S. 25 f.; Lb VI BL/SO (1930), S. 131 f.

ga!› – ‹So lang mer Bluet u Läbe hei, git kene na!›»[83] Die meisten andern Deutsch-schweizer Kantone vermitteln ihren Schülern immer noch nur die dramatische Episode vom Freiburger Meldeläufer mit Hilfe von Johann Jakob Reithards Gedicht *Die Murtener Linde zu Freiburg*.[84]

Die schwere Krise des Bundes, die dem Sieg folgte, beschäftigt die Lesebücher dieser Generation stärker als jene um 1900. Seit dem Ersten Weltkrieg wächst die Aufmerksamkeit für soziale und wirtschaftliche Probleme, sowie die Einsicht, dass sie mit den Schülern gründlich durchbesprochen werden müssten. Das Thurgauer Lesebuch von 1949 erklärt, warum der Streit um die Burgunderbeute Städte und Länderorte so tief erbitterte.

Schon lange frass im Gebälk des Schweizerhauses ein gefährlicher Wurm, der Wurm der Zwietracht. Die Länderorte misstrauten den mächtig aufstrebenden städtischen Verbündeten. [...] auf ihren engen Raum beschränkt, kannten [sie] keine Zeit wirtschaftlicher Blüte. Die Städte aber wuchsen und dehnten den Raum ihres Herrschaftsbereiches. Handwerk und Handel liessen sie zu reichen und starken Gemeinwesen werden. Den Länderorten aber blieb als einzige wirtschaftliche Möglichkeit sozusagen nur der Krieg und das Söldnerwesen.[85]

Das Glarner Lesebuch von 1958 lässt die Länder argumentieren:

«Die Städter führen ohnehin an der Tagsatzung das grosse Wort und glauben, wir Bauern seien zu dumm, um mit Königen und Kaisern zu verhandeln. Wenn wir jetzt noch Freiburg und Solothurn aufnehmen, so sind wir Länderorte in der Minderheit und kommen bei der Verteilung der Burgunder Beute erst recht zu kurz.» Darin hatten sie nicht ganz unrecht, denn die Städte wollten den Kriegsgewinn nach Anzahl der Soldaten verteilen, welche jeder Ort in den Kampf geschickt hatte. Die Länder hingegen entgegneten, das sei nicht eidgenössisch; jeder Ort, ob gross oder klein, sollte gleichviel erhalten. So entstand ein tiefer Riss durch die Eidgenossenschaft: Hie Stadt! – Hie Land![86]

Wenn die Texte von der Angst der Länderorte vor dem wirtschaftlichen und politischen Übergewicht der Städte sprechen, formulieren sie ein Dauerproblem der Eidgenossenschaft bis in die Gegenwart, den Schülern ländlicher Gegenden wohl vertraut. In dieser Lesebuchgeneration wird die zentrale Figur jener Jahrzehnte, Niklaus von Flüe, womöglich noch wichtiger als früher.[87] Mehrere Erzählungen

---

83 Lb VI BE (1955), S. 26.
84 «Zu Freiburg auf dem Rathausplatz steht eine Linde», Lb VI ZH (1921), S. 232 f.
85 Lb VI TG (1949), S. 319.
86 Lb VI GL (1958), S. 195.
87 Vgl. Kap. 2.4.4., S.209–211.

schildern ihn, je nach Standort des Verfassers, als verantwortungsbewussten Staatsbürger und christlichen Krieger,[88] als frommen Einsiedler und wundertätigen Heiligen[89] oder als den grossen Schlichter im Streit um die Burgunderbeute.[90] Er hat nun deutlicher als früher auch die Rolle eines Warners vor der überdimensionierten Politik der damaligen Eidgenossenschaft.

4.4.2 Umstritten: Fremde Dienste und Grossmachtpolitik

Reislaufen und Pensionenwesen werden von den Lesebüchern verschieden kritisch beurteilt. Das Schwyzer Lesebuch von 1931 rechtfertigt den Söldnerberuf und setzt diesen Export von Arbeitskräften der modernen Abwanderung aus den Alpentälern gleich:
In den engen Bergtälern unserer Heimat konnten nicht alle Söhne der kinderreichen Familien Arbeit und Brot finden. Wie heute viele Leute vom Lande in die Städte und Fabrikorte ziehen oder ins Ausland wandern müssen, um ihren Lebensunterhalt zu verdienen, so verliessen in frühern Jahrhunderten ganze Scharen junger, kräftiger Schweizer Eltern und Heimat und traten als Krieger in den Dienst fremder Fürsten.[91]
Der Text gewinnt dem Reislaufen positive Seiten ab: die Krieger hätten nicht nur der Eidgenossenschaft zu ihrem einmalig hohen Ansehen als Militärmacht verholfen, auch ihre menschlichen Qualitäten seien ausserordentlich gewesen:
Sie verbreiteten den Ruhm schweizerischer Treue, Ehre und Tapferkeit in alle Länder und machten die Schweizer zu einem gefürchteten Kriegsvolke. Mit dem letzten Blutstropfen verteidigten sie auch gegen eine erdrückende Übermacht siegreich ihre Fahnen, treu dem ihrem Kriegsherrn abgelegten Eide. [S. 169]
Zudem brachten sie den sonst bitter entbehrten Wohlstand in die Heimat zurück:
Manch biedere Schweizer kehrten als vornehme, welterfahrene Männer nach langen Kriegsjahren in die alte Heimat zurück und dienten ihr mit weisem Rat in Amt und Würde. Die Ersparnisse, die sie aus der Fremde heimgebracht, und die ansehnlichen Pensionen, die sie noch immer für treugeleistete Dienste bezogen, machten es ihnen möglich, ihre alten Familiensitze zu vergrössern oder zu [...] stattlichen Herrenhäusern auszubauen. [S. 170]

---

88 K. S. Uhlig erzählt, wie Niklaus von Flüe das Kloster Katharinental vor Plünderung rettete, Lb V TG (1940), S. 217–220; vgl. P. Rück, Guillaume Tell face à Nicolas de Flüe, S. 37.

89 *Unser Landesvater*, Lb IV OW (1929), S. 119–126; F. Odermatt, *Die brennende Zunge*, Lb VI GR (1925), S. 125–134; A. von Segesser, *Bruder Klaus von Flüe*, Lb VI LU (1942), S. 128–135.

90 Ll V GE (1940), S. 330–332 übersetzt einen Text von Philipp Etter, *Nicolas de Flue*.

91 Lb V SZ (1931), S. 169.

Ähnlich argumentiert das Zuger Lesebuch von 1953. Die Innerschweiz blieb ja über Generationen hinweg noch auf diesen Erwerbszweig angewiesen. Zudem füllten die «Pensionen» die Staatskassen: «Je mehr dies der Fall war, desto weniger musste das Volk Steuern bezahlen».[92] Die Gefahren sittlicher Verrohung sehen auch sie. Das viele leicht verdiente Geld habe die «alte Einfachheit der Sitten und den alten Freiheitssinn verdorben», klagt das Walliser Schulbuch von 1929, das «freie Kriegsleben die jungen Leute zu Müssiggang, Genusssucht und Übermut» gereizt.[93] Viel vehementer nehmen die Lesebücher der Ostschweiz gegen das Reislaufen Stellung: da wirkt noch Ulrich Zwinglis Kritik nach.

Nach Jahren tollen Kriegslebens kehrten die Söldner wieder in die Heimat zurück, arbeitsscheu, liederlich, mit schlechten Sitten und ansteckenden Krankheiten behaftet. Wenn der gespickte Geldbeutel leer geprasst war, wurden sie Landstreicher, Diebe und Räuber, eine wahre Landplage.[94]

Im Zürcher Lesebuch weist Reinhold Frei den Regierungen noch grössere Schuld zu: *Hätten die regierenden Häupter ihre Pflicht getan, so würden sie das fremde Werberpack zum Lande hinausgeworfen haben. Aber leider waren sie die ersten, die fremdes Geld einsackten. Sie nahmen von den Fürsten grosse Jahrgelder, Pensionen, entgegen und erlaubten dafür das Anwerben der Landsleute. [...] «Da war eidgenössisches Fleisch wohlfeiler als kälbernes»,* schrieb entrüstet ein alter Geschichtsschreiber.[95] Mit einem der umstrittensten Pensionenempfänger, dem Zürcher Bürgermeister Hans Waldmann, befasst sich Frei denn auch sehr kritisch. Er erzählt, wie der junge, wegen Raufhändeln mehrmals gebüsste Handwerker zum Führer der Zürcher Truppen bei Murten und zum geschätzen Unterhändler mit fremden Regierungen aufstieg. Als Bürgermeister wollte er die Stadtzürcher und die Landschaft durch strenge Sittenmandate zu einem einfachen Leben zurückbefehlen, für sich selber aber nahm er jeden Luxus in Anspruch.[96] Seine Biographie lehrt die Schüler, dass eine selbstbewusste

---

92 Lb VI ZG (1953), S. 189; vgl. H. C. Peyer, Die wirtschaftliche Bedeutung der fremden Dienste für die Schweiz vom 15.–18. Jahrhundert.

93 4. Sb V/VI VS (1929), S. 410.

94 Lb VI SG (1949), S. 249. Lb VI GL (1958), S. 204 f., sucht beiden Seiten gerecht zu werden: Die wenigsten Schweizer sahen in ihrem neuen Beruf etwas Ungehöriges, doch die Folgen waren übel. «Mancher kehrte als Krüppel heim und verbrachte den Rest seiner Tage als Bettler. Schleichende und ansteckende Krankheiten, von Söldnern eingeschleppt, zerstörten das Glück vieler Familien.» Mit den schleichenden, ansteckenden Krankheiten ist wohl die Syphilis gemeint, die man im Schulbuch natürlich nicht mit Namen nennt.

95 Lb VI ZH (1921), S. 234 f.

96 Ebd., S. 235–240. Mit Waldmann beschäftigen sich in gleichem Sinne Lb VI TG (1949), S. 320 f., und Lb VI GL (1958), S. 197 f.

Bevölkerung die egoistische und geldgierige Willkür eines Mächtigen nicht hin-
nimmt, dass dem steilen Aufstieg des Ehrgeizigen der Absturz folgen und Waldmann
auf dem Schafott sterben musste, weil er zu viele seiner Landsleute geschädigt und
gekränkt hatte. Auch Friedrich Pieth spricht von Waldmann und den nicht nur in
Zürich erlassenen Sittenmandaten, mit deren Hilfe die Obrigkeit die ungebärdigen
Bürger und Landleute wieder besser unter Kontrolle nehmen wollte. Er benützt den
Anlass zu einer mahnenden kurzen Betrachtung:
*Solche Gesetze stellen die Behörden heute nicht mehr auf. Jedermann würde sie als
eine Bevormundung empfinden. Und doch möchte man wünschen, dass manche von
ihnen heute noch Beachtung fänden. Der Wohlstand, welcher in jenen Tagen zu Stadt
und Land herrschte, sollte dem Volk unserer Zeit ein Wink sein, in diesen Dingen
freiwillig das zu tun, was die alten Obrigkeiten befahlen.*[97]
Der Sittenzerfall war die eine bedenkliche Auswirkung des Söldnerwesens, die andere der ständige und schwer zu kontrollierende Aderlass an jungen Männern, die den
eigenen Truppen der Orte abgingen und zudem, von verschiedenen Parteien an-
geworben, Gefahr liefen, gegeneinander im Felde kämpfen zu müssen. Diese Situation, die im Lauf der oberitalienischen Feldzüge auch mehrmals Tatsache wurde,
regte Jakob Bosshart zur tragischen Erzählung *Die Schweizer* an. Zwei Brüder begegnen sich auf dem Schlachtfeld von Marignano, und ungewollt wird der eine zum
Brudermörder: eine dramatische Zuspitzung, welche den Text zum klassischen Lese-
buchstück prädestinierte.[98]
Die Beurteilung der Mailänder Feldzüge fällt den Lesebüchern nicht leicht: Pieth im
Bündner und Frei im Zürcher Lesebuch verzichten auf eine Darstellung dieser kurzen
Phase eidgenössischer Machtpolitik inmitten der schwer überblickbaren, wechseln-
den Allianzen zwischen Papst, Venedig, Mailand und Frankreich. Die wichtigste
Figur in diesem Verwirrspiel war der als entschiedener Parteigänger des Papstes zum
Kardinal aufgestiegene Walliser Matthäus Schiner. Er kommt in den Lesebüchern
merkwürdig wenig zur Geltung. Nur das Zuger Lesebuch schildert ausführlich, wie es
ihm gelang, dem Papst Schweizer Truppen für den Feldzug gegen die Franzosen in
Oberitalien zu verschaffen. Ihre Führung übernahm er selbst.[99] Maurice Zermatten
charakterisiert den tief frommen, aber auch sehr weltlich macht- und geldgierigen
Mann, an dem er typische Eigenschaften des Wallisers erkennt:

---

97 Lb VI GR (1925), S. 90.
98 Die Erzählung steht in den 6.-Klass-Lesebüchern der Kantone Bern, Baselland, Solothurn, St. Gallen,
    Glarus und der Innerschweiz. Von der Faszination des Söldnerhandwerks sprechen dagegen Ge-
    dichte wie A. Freys *Abschied*, Lb VI SG (1924), S. 70 f.
99 Lb VI ZG (1953), S. 183–188. Eine kurze Biographie Schiners steht im Lb VI Benz (1936), S. 180–182.

L'âme du Valaisan s'incarne dans Schiner. [...] Homme de foi profonde, il lutta sa vie entière pour son Dieu et son Eglise. [...] avide de gloire, besogneux d'argent comme les hommes d'un pays pauvre, il acquit gloire et fortune grâce à sa tenacité, à son travail, à son intelligence. Orgueilleux, inflexible, rude mais vif, intelligent, courageux, il eut tous les défauts et toutes les qualités des Valaisans.[100]

Schiner schuf sich viele Feinde in der Eidgenossenschaft. Er musste schliesslich das Wallis verlassen und verlebte die letzten Jahre in Rom. An der Niederlage von Marignano war er mitschuldig. Ihre komplizierten Hintergründe sind schwer zu erklären und werden für den Schulgebrauch reduziert auf die Feststellung, dass «in den Reihen der Eidgenossen wieder einmal Uneinigkeit» geherrscht habe, dass die Berner, Solothurner und Freiburger heimzogen, nachdem ihnen der französische König viel Geld versprochen habe. Am zweiten Tag der Schlacht gegen die zahlenmässig weit überlegenen Feinde und ihre neuen Geschütze mussten die Eidgenossen einsehen, dass der Kampf aussichtslos geworden war. «Es war keine Flucht, sondern ein wohlgeordneter Rückzug», betont das Glarner Lesebuch. «Die Ehre der Schweizersoldaten war also trotz der Niederlage ungeschmälert.»[101] Ein Trost war das kaum: «Beschämt und zornig kehrten die Geschlagenen in die Heimat zurück. Ihr Ruhm der Unüberwindlichkeit war verloren. Sie mussten sich fügen und die Herrschaft über Mailand Frankreich überlassen.»[102]

Doch so kann die Geschichte nicht schliessen. Das St. Galler Lesebuch, dem das letzte Zitat entnommen ist, fährt fort:

Die infolge ihrer Uneinigkeit selbst verschuldete Niederlage wies ihnen den Weg zur Besinnung und Einkehr. Sie sahen ein, dass ihr lockerer Bund darauf verzichten musste, in den Kämpfen der grossen Nachbarn mitzutun. Fortan blieben sie in allen europäischen Händeln neutral, das heisst unbeteiligt. Sie verzichteten auf Eroberungen und beschieden sich darauf, ein Kleinstaat zu bleiben. [S. 134 f.]

Da ist das neue Leitbild der Eidgenossenschaft formuliert, und es wird legitimiert durch zwei Aussprüche, «die ernste Mahnung des Bruder Klaus», auf die sich die Tagsatzung nach Marignano besonnen habe. Der eine: «Mischt euch nicht in fremde Händel ein» wird auch als Motto für das 20. Jahrhundert den Schülern eingeprägt. «Dem Grundsatz der Neutralität ist die Eidgenossenschaft bis auf den heutigen Tag treu geblieben». Den andern interpretiert das Glarner Lesebuch mit Blick auf die Gegenwart:

100 Ll dm VS (1960), S. 124 f.; vgl. auch Ll dm/s VS (1913), S. 190–192.
101 Lb VI GL (1958), S. 206 f. Auch der Militärschriftsteller P. de Vallière betont in seinem Text *La retraite de Marignan*, dass der französische König diesem wohlgeordneten Rückzug voll Bewunderung zugesehen habe, Ll ds BE (1945), S. 236–238.
102 Lb VI SG (1939), S. 134.

«Machet den Zaun nicht zu weit!» hatte Bruder Klaus gewarnt. *Jetzt erst erkannten die Eidgenossen den tiefen Sinn dieser Worte: Die Schweiz sollte keine Grossmacht sein, sondern ein kleines, aber freies Land.*[103]

4.4.3. Die Glaubensspaltung

Mit dem Schwabenkrieg oder den Mailänder Feldzügen schliessen die meisten 6.-Klass-Lesebücher der Ost- und der Nordwestschweiz ihr Geschichtspensum ab. So ist für unseren Untersuchungsbereich die Reformation gerade in den protestantischen Kantonen kein Thema,[104] während die Lesebücher der katholischen Innerschweiz und die der paritätischen Kantone Glarus und St. Gallen die Schweizer Geschichte bis ins 19. Jahrhundert zusammenfassen. Sie bemühen sich fast alle um eine neutrale, knappe Darstellung der Glaubensspaltung, offensichtlich im Bewusstsein, dass man sich da auf heiklem Gelände bewegt. Nur das Urner Lesebuch von 1914 erlaubt sich einige spitze Bemerkungen über Ulrich Zwingli: Er habe sich «ohne innere Berufung und reiflichere Überlegung zum Priester weihen lassen» und als Pfarrer von Glarus wie auch in Einsiedeln «nicht immer ein erbauliches Leben» geführt. In Zürich «fühlte er sich berufen, als Verbesserer der Sitten und des religiösen Lebens tätig zu sein», ohne sich um Bischof und Papst zu kümmern, «die doch von Christus den Auftrag haben, die Gläubigen im sittlichen und religiösen Leben zu lenken und zu leiten».[105] Dagegen hebt Hans Thürer im Glarner Lesebuch von 1958 hervor, Zwingli habe sich durch seine scharfen Predigten gegen das Reislaufen im Glarnerland manchen Feind geschaffen, und sucht dann den Schülern in einfachen Worten einen Begriff von der neuen Lehre zu geben.[106] Richtungweisend sollen aber viel mehr die versöhnlichen Szenen sein; die Kappeler Milchsuppe und die tapfere Tat des Solothurners Niklaus Wengi gehören dazu,[107] und auch die Begegnung der beiden Appenzellischen Parteien am *Scheidbach*, der Heinrich Federer die gültige Form gegeben hat:

Die Katholiken dachten: Das sind die, welche unsere Altäre zerschlagen. Und die

103   Lb VI GL (1958), S. 209.
104   Die Reformation Zwinglis wird hier auf der Oberstufe behandelt, eingeordnet in den grösseren europäischen Zusammenhang. In der Romandie gibt nur Ll V GE (1940), S. 336–338 einen Text zur Reformation, *Calvin à Genève* von A. Guillot.
105   Lb VI UR (1914), S. 133.
106   Lb VI GL (1958), S. 214–217.
107   Ebd., S. 217 f.; vgl. Lb VI SG (1949), S. 267 f.; Lb VI ZG (1953), S. 193 f.

Evangelischen: Das sind die, welche uns in alte Fesseln legen wollen. [...] Und der
Grimm würgte sie. «Lasst uns stürmen; hier hilft kein Reden mehr!»
Vor dem Kampf stimmen beide Parteien das alte Landsgemeindelied an.
«Die singen ein Luther-Lied!» – «Die singen ein Papstlied!» dachte man hüben und
drüben. [...] Als aber der letzte Vers, «Deiner Hände Werk sind wir», nach und nach
verklang, merkte jede Partei, dass die andere das gleiche Lied gesungen hatte. Ein
Staunen erfasste sie. – Das gleiche Lied! Das gleiche Lied! – Sind wir denn fortan nicht
ungleich durchs ganze Leben und alle Ewigkeit? Wieso das gleiche Lied? Und sie
erinnerten sich, wie sie vor der grossen Trennung in den gleichen Kirchen und auf dem
gleichen Landsgemeindeplatz zusammengekommen waren und die Obrigkeit gewählt, die
Gesetze gemacht, [...] und [...] sich hier für Freud und Leid Treue geschworen hatten.[108]
Nun kommen die Männer beider Lager zur Besinnung. Sie können sich gütlich einigen
und den Bach als Grenze der Einflussbereiche festlegen. «Aber nur die Bekenntnisse,
nicht die Liebe soll er scheiden.» Mehr als alle historischen Resümees dürfte eine
Erzählung dieser Qualität in den Schülern nachwirken. Erstaunlich nur, dass sich nicht
mehr literarische Verarbeitungen des Glaubenskonflikts in den Lesebüchern finden.

4.5. Franzosenzeit und 19. Jahrhundert

4.5.1. Der Untergang der Alten Eidgenossenschaft

Das Gegenteil gilt für die «Franzosenzeit». Der Untergang der Alten Eidgenossen-
schaft, die nach den Worten des St. Galler Lesebuches von 1924 «wie ein morscher
Bau» zusammenbrach,[109] als die französischen Truppen 1798 die Schweiz besetzten,
liefert gerade mit ihren lange nicht verwundenen Demütigungen, den Kriegs- und
Plünderungsszenen Stoff für unzählige Kurzgeschichten, Berichte und patriotische
Lieder «trotz allem». Die Kommentare werfen einerseits den Regierenden der Alten
Ordnung vor, dass sie mit harter Hand den Untertanen die längst fällige Freiheit
verweigerten und zum Beispiel den Patrioten Major Davel aufs Schafott schickten.[110]
Andererseits klagen sie die Waadtländer an, weil sie die Freiheit mit fremder Hilfe zu
gewinnen hofften. «Gar bald lernten selbst die Untertanenländer erkennen, dass die

108 Lb VI GL (1958), S. 220–222. Die Erzählung steht auch in den Lesebüchern von St. Gallen,
     Thurgau, Aargau und der Innerschweiz.
109 Lb VI SG (1924), S. 166.
110 Lb VI SG (1949), S. 260 f., 271–274.

Franzosen nicht in die Schweiz gekommen waren, um sie zu befreien, sondern des vielen Geldes wegen, das in der Schweiz lag», bemerkt das St. Galler Lesebuch von 1949, das auch Jakob Bollis Erzählung *Das Fähnlein flattert* abdruckt.[111] Drei währschafte Männer aus dem Zürichbiet sitzen da zur Zeit der Helvetik am Wirtshaustisch, versuchen im Gespräch, das Trauma dieser Jahre aufzuarbeiten, und reden wie Lehrer um die Mitte des 20. Jahrhunderts.

Wir haben den Feind nicht als geeinte eidgenössische Armee, sondern wie eine Horde feindlicher Brüder empfangen. [...] Weil uns die Einigkeit fehlte, darin liegt unser Selbstverschulden. [...] Auf die Nachricht, dass die Franzosen im Waadtland eingebrochen, rennt alles auseinander [...] Bern soll's allein machen! Feig und eidbrüchig wird es von den eidgenössischen Orten im Stich gelassen. Man schaut zu, wie es am Feind verblutet. [...] Welch armseliges Bild haben wir doch geboten im Vergleich etwa zu den Eidgenossen der Murtener Zeit.[112]

Es ist wohl bezeichnend für die Zwischen- und Nachkriegszeit, dass zur Beurteilung dieser Epoche das Kriterium der nationalen Selbständigkeit über jenes der sozialen Gerechtigkeit gestellt wird. Zwar hat man durchaus Verständnis für den Wunsch der Untertanengebiete nach Gleichberechtigung, doch hätte diese niemals mit fremder Hilfe erreicht werden dürfen. Der Text im St. Galler Lesebuch schliesst deshalb mit einem entsprechenden Blick auf die Schweiz von 1949:

Unsere Armee würde heute geschlossen jedem Versuch eines fremden Heeres, ins Land einzudringen, entgegentreten. Heute gibt es keine Untertanen mehr. Alle Schweizer sind vor dem Gesetze gleich. Wir wissen, dass die Schweiz ohne die Freiheit aller keine Schweiz mehr wäre. [S. 261]

Die führenden Männer der Helvetik kommen nicht nur in den Lesebüchern der Innerschweiz schlecht weg: Frédéric-César de Laharpe und Peter Ochs werden als Aufrührer bezeichnet, die Jahre der Helvetik als «Zeit der tiefsten Erniedrigung unseres Vaterlandes», deren Verfassung nach dem Entwurf von Ochs beim Volke höchstes Missfallen erregt habe.

Sie meinten: «Der Stier von Uri gab uns die Freiheit; der Ochs von Basel hat sie uns geraubt.» [...] Es tat ihnen weh, dass die selbständigen, zugewandten und untertanen Orte von einem Tag auf den andern aufgehoben und zu einem einzigen unteilbaren Staate zusammengeschmolzen wurden. Sie waren wohl Eidgenossen geblieben, aber keine Berner, Zürcher und Appenzeller mehr.[113]

---

111 Ebd., S. 261; Bollis Erzählung, S. 87–93.
112 Ebd., S. 90 f.
113 Ebd., S. 278; ähnlich Lb VI ZG (1953), S. 220 f. Das Berner Realbuch *Für Kopf und Herz* von 1906

Über das Faktum, dass 1798 die Alte Eidgenossenschaft so unwürdig zusammenbrach, trösten die Erzählungen von jenen Helden hinweg, die den aussichtslosen
Kampf doch aufnahmen, in ihm das Leben liessen. Der «Sterbende Löwe» in Luzern
erinnert an die Schweizer Gardisten im Dienst des französischen Königs, die 1792 bei
den Tuilerien fielen, als sie Ludwig XVI. «vor der mordlustigen und aufgehetzten
Menge schützten».[114] P.-O. Bessire schildert *La chute de Berne* und verweilt besonders bei General von Erlach und dem tapfern alten Schultheiss von Steiger,[115] während
Hans von Matt dem Volksaufstand in Nidwalden das Gedicht *Die junge Kompagnie*
widmet.[116] Grösste Zugnummer zum Thema ist in dieser Lesebuchgeneration Isabella
Kaisers Erzählung *Holi ho! Dia hu!*, weil sie ungehemmt bewährte Motive und
emotionale Effekte mischt: Der jodelnde Hirtenbub mit dem tapfern Herz, der sich
weigert, den bösen Franzosen den Weg zu weisen, wird erschossen; er stirbt, nach
einem letzten Gruss an seine Kühe.[117]

4.5.2. Unterwegs zur «humanitären Schweiz»

Die in den nächsten Jahrzehnten mühsam durchgekämpfte Umgestaltung der Eidgenossenschaft – vom kurzen ersten Ansatz zum Einheitsstaat über die Mediationsverfassung
Napoleons, Restauration und Regeneration zum neuen Bundesstaat von 1848 – hat
sich nicht in Lesebuchgeschichten umgesetzt. Die Schüler hören aber weiterhin von
den Männern, die damals im Dienste der Allgemeinheit Grosses leisteten: Heinrich
Pestalozzi, Konrad Escher von der Linth und General Dufour. Für die Neuausgabe des
Zürcher 6.-Klass-Lesebuches von 1956 hat Reinhold Frei ein ausführliches Lebens-
bild Pestalozzis verfasst und dabei die Zeitumstände kritisch kommentiert.[118] Während der Waisenvater Pestalozzi und die Ingenieure Konrad Escher und Louis Favre

hatte noch positiver geurteilt: «Mitten in den Wirren arbeiteten die helvetischen Staatsmänner eifrig
zum Wohle des Volkes. Philipp Stapfer, der Minister des Unterrichts, begründete die neue Volksschule. [...] Überall regte sich ein froher, frischer Geist. Die Helvetik ist eine Zeit der Aussaat
hoher, edler Gedanken. Diese selbst auszuführen, war ihr unmöglich. Es fehlte die Unabhängigkeit
von Frankreich; es fehlte das Geld, und es fehlten vor allem Ruhe und Friede im Lande.» (S. 90).

114 *Tapfer und treu*, Lb VI ZG (1953), S. 168; *La journée du 10 août 1792 à Paris*, Ll ds BE (1945),
     S. 244–246.
115 Ll ds BE (1949), S. 247–249.
116 Lb VI Benz (1955), S. 167 f.
117 Diese Erzählung findet sich in fast allen Deutschschweizer 6.-Klass-Lesebüchern.
118 Lb VI ZH (1956), S. 193–203. Die Pestalozzibiographie ersetzt den Auszug aus R. Schedlers
     Schmied von Göschenen in der alten Ausgabe. Freis Kritik gilt v. a. dem harten Regiment der
     Zürcher Obrigkeit über die Landschaft vor 1798.

schon um 1900 in den Lesebüchern allgemein genannt wurden, setzt sich erst nach dem Ersten Weltkrieg der Ruhm der beiden grossen Genfer Dufour und Henri Dunant in den Schulbüchern beider Landesteile wirklich durch. Das Luzerner Lesebuch von 1942 druckt Dufours Armeebefehl vom 27. November 1847 ab, denn nun akzeptieren auch die Innerschweizer, dass seine Grösse eben in dem Willen lag, den Krieg so schonend wie möglich zu führen.

Sobald [...] der Sieg für uns entschieden ist, so vergesst jedes Rachegefühl, betragt Euch wie grossmütige Krieger; denn dadurch beweist Ihr Euern wahren Mut. [...] Nehmt alle Wehrlosen unter Euern Schutz; gebt nicht zu, dass dieselben beleidigt oder gar misshandelt werden.[119]

Der Aufruf zur Versöhnlichkeit und Solidarität auch unter zerstrittenen Eidgenossen ist uns immer wieder als essenzielles Motiv der Geschichtsdarstellung begegnet. Die zwei Ereignisse im späteren 19. Jahrhundert, die als Anlass zu einer Ausweitung des humanitären Auftrags über die Landesgrenzen hinaus empfunden wurden, werden erst jetzt in den Deutschschweizer Lesebüchern erwähnt. Das lag wohl weniger an fehlender Bereitschaft als an mangelnden Texten. Eine Biographie Henri Dunants erschien 1936 im Innerschweizer Lesebuch für die oberen Primarklassen. Sie zeichnet sehr ehrlich das bewegte Leben nach, ist aber unattraktiv abgefasst, und erst *L'Ecolier jurassien* von 1945 kann einen Text von Fernand Gigon übernehmen, der auf Primarschüler zugeschnitten ist.[120]

Das andere Ereignis erregte die Schweizer Öffentlichkeit ungleich stärker und fand schon wenige Jahre später seinen Niederschlag in den Westschweizer Lesebüchern: am 1. Februar 1871 erlaubte der Bundesrat der von den Preussen geschlagenen und verfolgten Armée de l'Est, die Grenze bei Les Verrières im Jura zu überschreiten. Um die 80'000 zum Teil verwundete, erschöpfte und ausgehungerte Soldaten mussten auf Schweizerseite versorgt werden. Die Lesebücher der Romandie übernehmen die Berichte von Edouard Secrétan und Marc Monnier, die den erbarmungswürdigen Zustand der Soldaten schildern, den Schock, den diese Konfrontation mit dem Kriegselend für die Schweizer Bevölkerung bedeutete, und die spontane Hilfsbereitschaft, die er auslöste.[121] Aus Jakob Bossharts belletristischer Umsetzung dieses Ereignisses, der

119 Lb VI LU (1942), S. 150. Ll ds BE (1945), S. 261 f. zitiert Dufours Botschaft an die Tagsatzung im Oktober 1847; vgl. Kap. 2.4.4., S. 217 f.

120 Lb VI Benz (1936), S. 210–212; F. Gigon, *Henri Dunant à Solférino*, Ll ds BE (1945), S. 263–267; vgl. auch Ll V GE (1950), S. 142–146, M. Grange, *Henri Dunant et la fondation de la Croix-Rouge.*

121 E. Secrétan, *L'armée de l'Est*, Ll ds BE (1901), S. 69–71; Ll ds FR (1901), S. 139–142, sowie Ll ds VD (1908), S. 201–204; M. Monnier, *Le passage de l'armée française en Suisse, en 1871*, Lb ds BE (1931), S. 278–280; Lb ds BE (1945), S. 267 f.

Novelle *Schaniggel*, bringt das Zürcher Lesebuch einen Auszug.[122] Vor allem die Lesebücher des Berner Jura nehmen dieses Datum zum Anlass, von der Schweizer Armee und ihrem damaligen Dienst an der Nordgrenze zu sprechen – ein Dienst, der sich noch zweimal wiederholen sollte, – und betonen dabei die besondere demokratische Integrationskraft unserer Milizarmee.

Hilfsbereitschaft wird der vom Krieg mehrmals wunderbar verschonten Schweiz und den Schweizern von nun an als besondere Eigenschaft nachgesagt und zugetraut. Einige Texte hierzu sind schon zitiert worden: so etwa, wenn ein kleines Mädchen zum fremden Soldaten sagt: «Je suis une Suissesse et j'aime tous ceux qui souffrent.»[123] Im Bild, das die Schweizer von sich selbst entwerfen, hat dieser Zug bis weit über den Zweiten Weltkrieg hinaus eine besondere Rolle gespielt, und die Lesebücher haben das Ihre dazu beigetragen.

Zusammenfassung

Fassen wir zusammen, was sich in den Lesebüchern von 1920–1960 im Vergleich zu jenen der Jahrhundertwende am Bild der Schweiz und ihrer Regionen geändert hat, finden sich kaum neue Inhalte, wohl aber Akzentverschiebungen, die Aufmerksamkeit verdienen. Da ist zuerst die an neue didaktisch-pädagogische Erkenntnisse anknüpfende, speziell auf das kindliche Verständnis ausgerichtete Textproduktion zu nennen. Schweizer Jugendautoren, die sich im deutschsprachigen Landesteil auch oft aus Lehrerkreisen rekrutierten, lieferten sie und betonten das Schweizerische mit Hilfe von Dialekteinschüben und Helvetismen. Wenn sich dabei viele gut gemeinte Gebrauchstexte von wenig überzeugender sprachlicher Qualität entfalten konnten, ist das in der Deutschschweiz kaum je beanstandet worden. Bei dieser Textwahl fühlt man sich häufiger als bei derjenigen der Romandie an C.-F. Ramuz' Worte erinnert: «Nos muses portent des lunettes, des jupes longues, des pèlerines de drap noir et font l'école du dimanche.»[124] Die Westschweizer Lesebucheditoren sind hier anspruchsvoller und bewerten die gute sprachliche Form zumindest ebenso hoch wie inhaltliche Qualitäten der Texte, die nicht unbedingt von Schweizern stammen mussten. So schrieb P.-O. Bessire 1931 im Vorwort seines Lesebuchs *L'Ecolier jurassien*:

---

122   Lb IV ZH (1921), S. 163–167.
123   M. Marchand, *C'est ton prochain*, Ll V BE (1943), S. 150; vgl. Kap. 3.4.3., S. 277.
124   Zit. nach A. Berchtold, La Suisse romande, S. 658.

Nous reconnaissons que pour la vigueur de la pensée ou la noblesse des sentiments, nos écrivains romands ne le cèdent en rien à leurs confrères d'Outre-Jura. Malheureusement leur style n'est pas toujours à la hauteur de leurs intentions ou de leurs ambitions.[125] Einige von ihnen hätten sich immerhin durchgekämpft und einen «rang honorable dans les lettres françaises» erreicht. In den Lesebüchern der Romandie ist Patois nicht vorgesehen, kaum ein Thema, und wird höchstens einmal ganz sparsam in direkter Rede verwendet.[126]

Das Bemühen um kindgerechte Vermittlung von Heimatgefühl und –verständnis schlägt sich in Lesebuchtexten um jugendliche Identifikationsfiguren nieder, die zumeist in noch bäuerlichen Gegenden des Mittellandes oder in einer Bergbauern- und Hirtenwelt leben. In einem grossen Teil der deutschsprachigen Lesebücher dieser Generation erscheint die Stadt im Sog der Industrialisierung als Ort ungesunder Wohnverhältnisse und unbefriedigender Arbeit, während immer noch der genügsam, aber unabhängig sein Leben gestaltende Bauer zum Inbegriff des Schweizers und damit zum Gegenbild stilisiert ist, das der Realität je länger desto weniger entsprach. Eine Ausnahme machen die Lesebücher der Städte Basel und Genf, wie überhaupt im französischen Sprachbereich die Stadt als Zentrum und Vermittlerin von Zivilisation einen höheren Stellenwert hat. Die Zürcher Lesebücher dagegen beurteilen – wie schon ihre Vorläufer um 1900 – die eigene Stadt auffallend reserviert und bleiben auf die Landschaft ausgerichtet. In den Berner und Solothurner Lesebüchern dominieren die Anliegen des Heimatschutzes, wie sie Otto von Greyerz und Josef Reinhart der Jugend vermitteln wollten: konzentriert auf die Pflege der Mundart, alte bäuerliche Lebensformen und Brauchtum. Heimatschutz impliziert auch Naturschutz, ein Thema mit grosser Zukunft, vor allem, weil hier die Schüler je länger desto mehr zu direkter Mitarbeit aufgerufen sind.

In den dreissiger Jahren und während des Zweiten Weltkriegs ziehen sich auch die Lesebücher noch ausdrücklicher auf all das zurück, was als eigenständig schweize-risch empfunden wurde und den Schülern zur Gesinnungsbildung mitgegeben werden sollte. Dass die Eidgenossenschaft von Bauern gegründet worden sei, wird womög-lich noch stärker betont als früher und nun auch in der Westschweiz ideologisch verschärft formuliert. Seit 1943 lesen die Schüler des Berner Jura, die Männer auf dem Rütli seien mutig und fromm gewesen, «des paysans comme vos papas», und

---

125 Ll ds BE (1931), S. 4 f.
126 Nur G. Pfulg erwähnt in einem Beitrag über den Freiburger Dichter Abbé Bovet, dieser habe den Dialekt als seine eigentliche Muttersprache empfunden, Ll ds FR (1960), S. 221.

vielleicht hat Gilberte de Rougemont die Selbstversorgung der Schweiz in Kriegs-
zeiten im Auge, wenn sie die Väter rühmt, die sich für den Pflug entschieden hätten,
um die Freiheit zu erhalten: «Ils avaient discerné que seule la charrue / assure à la
patrie entière liberté.»[127]

Einer gewissen staatsbürgerlichen Früherziehung sollen Beiträge zu Aufbau und
Funktion der Gemeinde dienen, die als Familienhaushalt im Grossen beschrieben
wird, aber auch Kurzgeschichten und Auszüge aus der Schweizer Jugendliteratur wie
etwa Josef Konrad Scheubers Schilderung einer Schulreise seines Helden Trotzli aufs
Rütli:

*Mir war ganz eigen zumute, als wir den heiligen Boden betraten. [...] Bevor wir
fortgingen, sind wir unser fünf unter den alten Bäumen bei den drei Quellen zusammen-
gestanden und haben feierlich den Rütlischwur geschworen. [...] Es war uns heiliger
Ernst. Wir haben die Hände zusammengehalten wie die Rütlimänner von damals. Und
was wir versprochen haben, wollen wir halten, wenn wir auch einmal erwachsene
Männer sind.*[128]

Auch die im Lesebuch üblichen Ermahnungen zu gutem Betragen nehmen nun oft die
Form eines Pflichtenhefts für angehende Schweizer Bürger an, die sich so früh wie
möglich auf ihre spätere Mitverantwortung für das Gemeinwesen vorbereiten sollen.
Dazu schreibt Virgile Moine:

*En attendant, garçons, que vous soyez des citoyens, des soldats; fillettes, que vous
soyez des gardiennes du foyer et des traditions, préparez-vous, les uns et les autres, à
votre tâche de demain. [...] Préparez votre destin en faisant joyeusement ce que
l'école vous demande, source d'un patriotisme sans peur et sans reproche. Seul est
fort un pays où l'on ne boude pas à l'ouvrage, car le travail est une loi divine. Une
nation qui en a perdu le goût s'affaiblit, disparaît tôt ou tard.*[129]

Dass hier die traditionelle Rollenverteilung für Knaben und Mädchen noch ganz
unreflektiert vermittelt wird, erstaunt nicht und sei auch nur am Rande vermerkt. Wie
schon um 1900 gilt guter Arbeitseinsatz als wichtigste Qualität unter den Schweizer
Tugenden, die schon im Kindesalter eingeübt werden sollten. Die Lesebücher aller
Landesteile stimmen in diesem Punkt überein und stufen natürlich auch Ehrlichkeit
und Höflichkeit gleich hoch ein. In den katholischen Kantonen rangiert jedoch die

---

127 V. Moine, *La Patrie*, Ll V/VI BE (1943), S. 143; G. de Rougemont, *Aimons notre pays*, ebd.,
S. 270; das Gedicht schliesst mit dem Aufruf: «Restons toujours la race indépendante et fière / que
n'éprouva jamais la peur du lendemain.»
128 Lb IV Benz (1964), S. 210–212. Dieses Innerschweizer Lesebuch *Heimat* enthält die alten Muster
noch ganz ungebrochen.
129 V. Moine, *La patrie*, Ll V/VI BE (1943), S. 144.

pünktliche Ausübung der religiösen Verpflichtungen weit oben in der Prioritätenliste, während die Lesebücher der andern Regionen mehr Gewicht legen auf Innovation und Ausdauer im Anstreben hochgesteckter Ziele und zum Exempel Biographien von Schweizer Erfindern und Unternehmern heranziehen.

Geeignete Heimattexte prägen über die Kantonsgrenzen hinweg die Lesebücher je einer Sprachregion: in der Romandie sind das die Texte von C.-F. Ramuz und Gonzague de Reynold, in der deutschen Schweiz vor allem die Erzählungen von Josef Reinhart und Jakob Bosshart, sowie die Sagen in der Fassung Meinrad Lienerts. Dennoch bleiben die Lesebücher stark auf die Kantone bezogen, betonen noch nachdrücklicher als früher regionale Eigenart gerade dort, wo ihr Weiterbestand gefährdet sein mochte. In den zwanziger und dreissiger Jahren leisten sich auch so kleine Gemeinschaften wie Obwalden, das Oberwallis und die deutschsprachigen Gemeinden des Kantons Freiburg ein eigenes Lesebuch. So können Episoden aus der engern Heimatgeschichte, lokale Legenden und Sagen, kombiniert mit Textproben in der eigenen Mundart in den Unterricht auf der Mittelstufe eingebaut werden.

Zum Lernprogramm aller Kantone gehört aber ebenso eine im Vergleich zu früher vertiefte Beschäftigung mit den andern Landesteilen, wobei allerdings die sprachlichen Verständigungsprobleme innerhalb der Schweiz noch immer merkwürdig wenig thematisiert werden.

Während die geographisch geordneten Informationen ein buntes Bild der modernen Schweiz mit all seinen Stereotypien zeichnen, verraten sich in den Darstellungen der Schweizer Geschichte die tiefer sitzenden Unterschiede und divergierenden Blickwinkel innerhalb unseres föderalistischen Staates. Hier kommen sie stärker zum Ausdruck als früher, da sich nun der Unterricht nicht mehr auf die alte Auswahl erbaulicher Anekdoten und Taten einzelner Helden beschränkt, sondern Zustände und Entwicklungen zeigen will. Im Mittelpunkt dieser Geschichtsbetrachtung steht «das Volk», eine Körperschaft, die ihren Stammbaum hat, ihren eigenen Lebensgesetzen folgt, die recht, aber auch unrecht handeln kann.

Natürlich berufen sich die Lesebücher der verschiedenen Landesteile auf ihre eigenen Vorfahren in der Frühzeit. Sie schildern sie im Wettstreit mit den andern als besonders stark, unabhängig und freiheitsliebend, während sie die Zeit der römischen Herrschaft als Epoche zwischen politischer Unterdrückung und zivilisatorischem Fortschritt divergierend beurteilen. Da spielen die Sprachzugehörigkeit und Stolz auf römische Fundstätten im eigenen Kanton mit hinein. Die Gründungsgeschichte, die ihren Anfang auf dem Rütli nimmt, ist für alle Lesebücher dieser Generation unverrückbar festgeschrieben, während natürlich die Entwicklung zur acht- und dreizehnörtigen Eidgenossenschaft mit unterschiedlichen Akzenten versehen wird. In der Ostschweiz verdienen zum Beispiel die Appenzeller Freiheitskriege und der Zürichkrieg hohe Aufmerksamkeit, während Bern und mit ihm Solothurn und Freiburg die Schlacht bei Laupen und später die Burgunderkriege als Hauptereignis werten. Die Lesebücher der Romandie arbeiten getreulich mit am Rütlikult, erwähnen auch die Schlachten am Morgarten und bei Sempach, setzen aber im übrigen ihre eigenen Schwerpunkte in der Waadtländer und Genfer Tradition. Auffallend vorsichtig ist der Umgang mit konfessionell heikeln Kapiteln der Schweizer Geschichte, während Texten zur Stadt-Land-Problematik und zur als fragwürdig empfundenen Eroberungspolitik der Eidgenossen viel Platz eingeräumt wird.

Eine Auswahl an Geschichtsbildern, die der Erziehung junger Staatsbürger dient, kann und will nicht objektiv sein. Die hier aus den Lesebüchern herausgegriffenen Beispiele haben gezeigt, wie einerseits im föderalistischen Staat jede Region ihre eigenen Farbnuancen in die Bilder einträgt. Andererseits fällt aber auf, wie konstant während vierzig Jahren in dieser zweiten Lesebuchgeneration die Hauptgewichtungen bleiben. Vor kurzem hat Hansjörg Siegenthaler darauf hingewiesen, wie in den dreissiger Jahren, der Zeit krisenhafter Verunsicherung und anlaufender Geistiger Landesverteidigung, die Schweizer Geschichtsschreibung gleichsam kompensatorisch auf den Begriff der Kontinuität fixiert blieb.[130] Die Lesebücher bestätigen auf ihrer vereinfachend-populären Ebene diese Beobachtung. Am meisten Gewicht erhalten die Anfänge auf dem Rütli. An die ersten Eidgenossen, die rechtschaffenen Männer, die nichts anderes wollten, als ihre verbrieften Recht wahren, wird die Gegenwart des 20. Jahrhunderts direkt angeschlossen. Spätere schwere Krisen der Eidgenossenschaft können als Modellfälle dienen, an denen sich noch nachempfindbare, aber nicht mehr aktuelle Konflikte darstellen lassen. Letztlich zeigen sie alle, dass die Eidgenossenschaft nur auf der Basis der Verständigungsbereitschaft aller ihrer Mitglieder bestehen kann. Paul Budry formuliert das im Freiburger Lesebuch von 1960:

Les Suisses s'aiment peut-être aujourd'hui. Il y a eu des temps où ils ne s'aimaient guère, où ils se tapaient dessus, où ils se tiraient dessus. [...] A Morat, il tint à un fil que les Confédérés laissassent Berne et Fribourg se débrouiller sans eux. [...] Mais voici le fait original: pas de coup bas qui blesserait le Pacte. Celui-ci, on n'y touche pas. L'histoire suisse, ravagée de disputes, est le monument impressionnant de la fidélité quand même.[131]

Zugunsten der so angelegten Geschichtsbetrachtung fallen in den meisten Lesebüchern Epochen weg, mit denen in doppeltem Sinn kein Staat zu machen ist: die

---

130 Vgl. H. Siegenthaler, Die Rede von der Kontinuität, S. 422.
131 P. Budry, *Le peuple fraternel*, Ll ds FR (1960), S. 298 f.

langwierigen Glaubenskämpfe und die schweren sozialen Spannungen des späten 16., des 17. und 18. Jahrhunderts. Der Zusammenbruch der Alten Eidgenossenschaft wird fast überall emotional überlagert gezeichnet. Den eigentlichen, politisch hochbedeutenden Vorgang überdecken die Erzählungen vom heldenhaften und verzweifelten Widerstand gegen die andrängenden fremden Truppen. Spürbar, obwohl nicht direkt nachweisbar haben diese Episoden doppelt kompensatorische Funktion. Sie sind auch Ersatz für die ausgebliebene literarische Bewältigung der Ereignisse von 1847 und 1848, als die Kantone der Urschweiz noch einmal vergeblich kämpften und von den Miteidgenossen in den neuen Bundesstaat gezwungen wurden.

Wie der konfessionelle Konflikt und die Zeit des Kulturkampfs bleiben die sozialen Probleme und Spannungen um die Jahrhundertwende ausgespart. Hingegen passen Schilderungen vom Übertritt der Bourbakiarmee und vom Grenzschutz während zwei Weltkriegen gut zur Präsentation einer im Innern geeinten, nach aussen wehrhaften und humanen Schweiz, wie sie den Schülern von 1920 bis 1960 vermittelt werden soll. Gerade in einer Zeit, da stärkster sozialer Wandel Verunsicherung bewirkte, halten die Lesebücher an ihrem Bild der Schweiz fest, das Kontinuität und Einigkeit trotz allem demonstriert.[132]

---

132   Vgl. H. Siegenthaler, Die Rede von der Kontinuität, S. 420 f.

Teil III: Die Lesebücher von 1960–1990

5. Vom belletristischen Lesebuch zum literarischen Arbeitsbuch

5.1. Neue Impulse

Von 1920 bis 1960 änderten sich die Schweizer Lesebuchmuster nur wenig. Während nach 1945 in beiden Teilen Deutschlands die Lesebücher mit tendenziös national-sozialistischen Texten und Beiträgen von «belasteten Autoren» möglichst rasch verschwinden mussten, bestand eine derartige politische Notwendigkeit für die Schweiz nicht. Im Gegenteil herrschte hier zunächst eine offenkundige Selbstzufriedenheit, deren Weiterleben Peter Bichsel in seinem Aufsatz *Des Schweizers Schweiz* noch 1969 scharfsichtig-boshaft kommentiert hat:

Der Krieg hat unser Selbstbewusstsein gestärkt. [...] Wir sind überzeugt, dass es unser Verdienst ist, verschont worden zu sein: das Verdienst General Guisans und unser aller Verdienst, denn wir müssen mit unserer Armee und mit der Schönheit unseres Landes Gott beeindruckt haben.[1]

Aufrufe zur kritischen Selbstbesinnung und zur Revision von überholten nationalen Klischeevorstellungen wurden zwar schon im Lauf der fünfziger Jahre zu einem wichtigen Anliegen schweizerischer Schriftsteller und fanden in der Öffentlichkeit des französischen wie des deutschen Landesteils nachhaltigen Widerhall. Doch in den Lesebüchern wirkten sie sich noch längere Zeit kaum aus.

Auch in den deutschsprachigen Nachbarländern änderte sich trotz ausgewechselten Texten von der Konzeption her am Lesebuch zunächst nichts. 1953 stellte der Komparatist Robert Minder, französische und deutsche Lesebücher vergleichend, fest, das deut-

---

1 P. Bichsel, Des Schweizers Schweiz, S. 12 f. Vgl. A. Reszler, Mythes et identité de la Suisse, S. 66–82.

sche Lesebuch lebe «neben der Zeit».[2] Von 1960 an mehrten sich in Westdeutschland die Kritiken am überholten Gesellschaftsbild in den Schulbüchern, das immer noch nur das Bauerntum akzeptiere, die moderne Stadt dagegen als lebensfeindlich ablehne. Die wichtigsten Beiträge zur Diskussion um das deutsche Lesebuch der sechziger Jahre hat Hermann Helmers 1969 herausgegeben. 1966 stellte Anton Gail fest, dass das alte Volksschulbuch immer noch ein «moralisches Erbauungsbuch» sei mit der Absicht, «den Heranwachsenden gegen die moderne Arbeits- und Sozialwelt zu immunisieren».[3] Er und Helmers forderten im selben Jahr 1966, dass das Lesebuch zum «literarischen Arbeitsbuch» ausgeweitet werden müsse, zu einem «Informatorium der Wirklichkeit». Neben dichterischen Texten sollte es Berichte aus der Presse, Reportagen, Sachberichte und auch das Jugendbuch mit einbeziehen, auf diese Weise seine «weltöffnende Funktion» wahrnehmen und zur Auseinandersetzung mit der Welt, in der wir leben, anleiten.[4]

Zunächst wird nun zu untersuchen sein, wie in den sechziger und siebziger Jahren diese neue, erweiterte Lesebuchkonzeption einerseits, die Hinterfragung bisher unbestrittener patriotischer Werte andererseits von den Schweizer Lesebuchherausgebern umgesetzt wurde. Verzögerungen ergaben sich gewiss nicht nur aus einem unbeirrten Festhalten an alten Schemata, sondern auch aus der Verunsicherung heraus, die zu ausgedehnten Vernehmlassungsphasen führte. Besonders in Zeiten der Umstrukturierung pflegen sich in der Schweiz die ohnehin komplizierten Entscheidungsprozesse in die Länge zu ziehen. Wenn zum Beispiel der Kanton Zürich das 6.-Klass-Lesebuch von 1921 im Jahr 1956 nur leicht modifiziert wieder auflegte, die neuen Mittelstufen-Lesebücher erst 1967–1972 herauskamen, drückt sich darin die sehr schweizerische Vorsicht aus, wonach ein neues Lehrmittel erst nach sorgfältigster Prüfung das leider veraltete, aber doch altbewährte ersetzen dürfe.

Im Blick auf die Romandie fällt auf, dass in der Zeit von 1945–1980 nur die Kantone Bern, Freiburg und Wallis eigene neue Lesebücher herausgaben; in Freiburg und im Wallis, den konservativen katholischen Kantonen an der Sprachgrenze, wurden 1960 und 1961 noch Schulbücher nach traditionellen Mustern geschaffen, und im französischsprachigen Berner Jura, wo in diesen Jahren die separatistische Bewegung an Boden gewann, bestand ein besonderes Bedürfnis nach eigenen, auf die Region abgestimmten Lesebüchern. In den rein französischsprachigen Kantonen Waadt,

---

2 R. Minder, Soziologie der deutschen und französischen Lesebücher, S. 12.
3 A. Gail, Das Lesebuch – ein «Informatorium der Wirklichkeit»?, S. 195 f.; vgl. H. Helmers, Das Lesebuch als literarisches Arbeitsbuch; J. Ehni, Das Bild der Heimat im Schullesebuch; W. Schulz, Die Welt im Lesebuch.
4 A. Gail, ebd., S. 196–202.

Neuenburg und Genf dagegen wurde in den sechziger und siebziger Jahren die grundsätzliche Neugestaltung des Unterrichts in der Muttersprache diskutiert. Hier war die Rede von der gefährdeten Sprachkompetenz der Schulkinder, der man mit neuen Methoden aufhelfen müsse.[5] Im gemeinsam entwickelten Konzept, das die sechs Kantone der Romandie 1979 einführten, hatten Lesebücher im herkömmlichen Sinn keinen Platz mehr; das Kind sollte neben dem intensiven Sprachlehrgang möglichst bald mit einem attraktiven, stets wechselnden Bücherangebot vertraut werden, denn nur so könne ihm Lesen zum Vergnügen und Bedürfnis werden.[6]
So ergibt sich für unsere Studie die paradoxe Situation, dass in den Kantonen, wo am radikalsten neue Wege erprobt wurden, die ältesten Lesebücher stehen blieben, weil sie nicht ersetzt, aber auch nicht offiziell abgeschafft wurden. Wie eine Umfrage im Jahr 1984 ergeben hat, verschwanden sie nicht ganz aus dem Unterricht, wurden jedoch von den Lehrern markant weniger oft eingesetzt als in der Deutschschweiz.[7]
Dagegen wurden nun auch Lesebücher aus Frankreich zugelassen. So übernahm der Kanton Neuenburg für das 4. Schuljahr *Les couleurs de la vie* von Marcel und Jean Dardoise. Viele Schulen benützten auch den beliebten französischen Kinderroman *L'île rose* von Charles Vildrac an Stelle eines Lesebuches.
In der Folge wurde jedoch der Wunsch nach neuen Lesebüchern von der Lehrerschaft so dringlich formuliert, dass die Erziehungsdirektorenkonferenz der Westschweiz – mit Ausnahme des Kantons Waadt – auf ihren Entscheid zurückkam und eine neue Lesebuchreihe in Auftrag gab. Diese Lesebücher für das 3.–6. Schuljahr sind 1985 bis 1988 erschienen und werden ausser in der Waadt in allen französischsprachigen Schulen der Schweiz benützt.[8]
Ähnliche Konzentrationsbewegungen sind nach 1960 auch in der Deutschschweiz in Gang gekommen. Zur Planung überregionaler Lehrmittel gründeten einerseits die katholischen Kantone der Innerschweiz zusammen mit Appenzell Innerrhoden, Freiburg und Wallis die Goldauer Konferenz. Die Realisierung der Projekte samt dem

5   1972 nahmen die sechs Kantone der Romandie einen neuen Lehrplan an, 1979 wurde von ihnen als Grundlage für den Französischunterricht die im Buch *Maîtrise du français* dargelegte Theorie und Methode übernommen.
6   Auch in die neuere Lesebuchdiskussion des deutschen Sprachbereichs spielen diese Überlegungen stets mit hinein; vgl. Kap. 5.3.1., S. 347 f.
7   Vgl. Leselandschaft Schweiz, S. 183. Die 1971 erschienene Arbeit von F. Levecque, La représentation du travail dans les livres de lecture, beruht auf dem gänzlich veralteten Material der Genfer Lesebücher *Heures claires*, unveränderte Neuauflage von 1969, *J'aime lire* (1929/1966) und *Fleurs coupées* (1921/1955).
8   Für die hier interessierenden Schuljahre sind das die Lesebücher Français 4 *A fleur de mots* (1986), Français 5 *Sélectures* (1987) und Français 6 *Au fil des textes* (1988).

finanziellen Risiko übernahm zunächst der traditionsreiche Schulbuchverlag Benziger in Einsiedeln, dann seit 1969 sein Nachfolger, der ebenfalls private Lehrmittelverlag sabe. Andererseits entstand 1973 die Interkantonale Lehrmittelzentrale in Luzern (ilz), an der die staatlichen Lehrmittelverlage der Kantone Aargau, Bern, Basel-Stadt und Basel-Land, Glarus, Graubünden, Luzern, St. Gallen, Solothurn, Thurgau und Zürich beteiligt sind. Auch sie hat den Zweck, moderne und preiswerte Unterrichtsmittel zur überregionalen Verwendung herzustellen.

Wie in der Romandie mussten in der Deutschschweiz auf Grund der sprachdidaktischen Erkenntnisse der letzten zwanzig Jahre in erster Linie neue Sprachlehrmittel entwikkelt werden. Elly und Hans Glinz schufen für das Verlagsinstitut für Lehrmittel sabe das *Schweizer Sprachbuch*, das vom 2. bis zum 9. Schuljahr eingesetzt wird. Die ilz ihrerseits bietet heute für die Mittelstufe das neue Lehrmittel *Treffpunkt Sprache* von Bruno Good an. Im Unterschied zur Westschweiz wurde die Abschaffung der Lesebücher in der Deutschschweiz nie ernstlich diskutiert. 1988–1991 haben beide Unternehmen je drei neue Mittelstufen-Lesebücher herausgegeben, die didaktisch und thematisch auf die Sprachlehrmittel und Lesebücher der Unterstufe abgestimmt sind.[9] Ob und wie sich in den Lesebüchern von 1960 bis 1980 die Darstellung regionaler Eigenarten und nationalen Bewusstseins ändert, soll in Kapitel 5.2. untersucht werden. Im letzten Abschnitt 5.3. schliesslich wird dieselbe Frage an die seit 1980 erschienenen Mittelstufen-Lesebücher gestellt, insbesondere an die drei neuesten, eben jetzt vollständig vorliegenden Reihen der COROME für die Romandie, des Verlagsinstituts sabe und der ilz für die deutsche Schweiz.

5.2. 1960–1980: Zeit des Umbruchs

Die in den sechziger und siebziger Jahren geschaffenen Lesebücher sollen hier unter vier Aspekten genauer angesehen werden: Wie verändert sich der Kreis der Autoren? Welche Themen werden neu oder anders als bisher berücksichtigt? Welche Themen verschwinden? Was bleibt an schweizerischen Identifikationstexten und wie kommt die kulturelle Vielfalt der Schweiz zum Ausdruck?

---

9 Im Verlagsinstitut sabe ist 1988 Lb IV *Schnedderengpeng*, 1990 Lb V *Karfunkel* und 1991 Lb VI
   Gleitflug erschienen; Herausgeber aller drei Bände ist L. Müller. Die drei Mittelstufen-Lesebücher
   der ilz liegen seit 1990 vor: A. K. Ulrich hat Lb IV *Das fliegende Haus*, T. Schelbert Lb V *Spürnase*
   herausgegeben, während für das Lb VI *Turmhahn* P. von Bergen und U. Schnell verantwortlich
   zeichnen.

Prinzipiell wird der Aufbau der Lesebücher in diesen zwanzig Jahren noch nicht verändert. Das alte Lesebuchmuster bleibt in dem Sinn weiterhin gültig, dass die neu edierten Lehrmittel Erzählungen, Berichte und Gedichte zu einzelnen Themenkreisen bringen und nicht in Form von Arbeitsheften oder Ordnern, sondern als solid gebundene, sorgfältig mit künstlerischem Schmuck versehene Bücher vorliegen. Sie müssen Schweizer Geographie und Geschichte – von ein paar literarischen Begleittexten abgesehen – nicht mehr berücksichtigen, können auch den Lehrgang in deutscher Grammatik weglassen, weil dafür eigene Lehrmittel zur Verfügung stehen, sind also rein belletristische Lesebücher.

5.2.1. Neue Autoren – neue Themen

Die enge, auf die Schweiz konzentrierte Optik bricht auf; endlich finden Passagen aus international berühmten Kinderbuchklassikern wie *Tom Sawyer, Nils Holgersson* und *Emil und die Detektive* Eingang,[10] zudem Fabeln und Märchen aus den verschiedensten Kulturkreisen und auch Kurzgeschichten zeitgenössischer Schriftsteller aus Deutschland, Skandinavien, den Niederlanden und den angelsächsischen Ländern. Merkwürdig klein bleibt der Anteil an französischen und italienischen Autoren, während sie doch gleichzeitig für die Romandie und das Tessin so wichtig sind.[11] Viele dieser für die Deutschschweizer Lesebücher ausgewählten Texte internationaler Herkunft sind westdeutschen Anthologien entnommen.

Den bisherigen Lesebüchern warf die Kritik vor allem vor, dass sie den Schülern ein völlig veraltetes, kaum mehr existierendes Bild von Umwelt und sozialen Strukturen vermittelten. Hier suchen die Herausgeber und auch die für die Jugend schreibenden Schweizer Lehrer und Schriftsteller neu anzusetzen, ohne dass auch immer wirklich Neues entsteht. Die in der Schweiz angesiedelten Erzählungen nehmen auf moderne Verhältnisse und Lebensbedingungen einige Rücksicht und bleiben im Kern doch die alten moralischen Geschichten von Versuchung, kleinen Diebstählen und schlechtem

---

10 Während Ll IV GE (1929), S. 222–227, schon *Le truc de Tom Sawyer* brachte, erscheint dieselbe Episode *Tom streicht den Gartenzaun* erst in Lb V ZH (1972), S. 74–77, und Lb V BE (1973), S. 239–243; vgl. M. Twain, *Tom und Viktor*, Lb VI sabe (1970), S. 175–179; von E. Kästner, zuvor nur als Bearbeiter der Münchhausen- und Schildbürgergeschichten in den Lesebüchern gegenwärtig, bringt Lb VI sabe (1970), S. 186–188, *Emil reist nach Berlin*.

11 Die Ausnahme in den älteren Lesebüchern: einige besonders pädagogische Passagen aus E. de Amicis' *Herz*.

Gewissen, dummen Streichen, Feindschaften, aber auch kindlicher Grossmut und Tapferkeit.[12]

Auch in den Texten internationaler Herkunft werden altbekannte Hauptmotive, die in unserer Wohlstandsgesellschaft keinen Platz mehr zu haben scheinen, in die Dritte Welt verlegt. Der Tapfere, der ganz allein und unter Lebensgefahr einen Eisenbahnzug vor der sicheren Katastrophe rettet, heisst nun weder Bahnwärter Näpfli noch stammt er aus Isabella Kaisers Novelle *Der Nachtzug*, sondern ist ein Indiojunge aus den Anden, der als Farbiger von den geretteten Passagieren erst noch Undank und schwere Misshandlung erfährt.[13] Das Kind, das allein seine jüngeren Geschwister durchbringt, lebt nun in Indien.[14]

Die von den Herausgeberteams getroffenen Textauswahlen zur Schweizer Gegenwart bringen Kindheitserlebnisse, die zum Teil mit feiner Psychologie, mit pädagogischer Sorgfalt und oft etwas zu deutlich erhobenem Zeigefinger gestaltet und insofern also rundum schweizerische Produkte sind. Zudem hält man es immer noch für nötig, deutsche Texte der helvetischen Schulsprache in der Tradition von Olga Meyer und Elisabeth Müller anzupassen. So wird etwa ein «Rainer» in «Peter» umgetauft, der hübsche Text *Die Auswanderung* aus Ilse Klebergers Omageschichte auf schweizerische Verhältnisse umgeschrieben.[15]

5.2.2. Technik als Problem

Im modernisierten Themenspektrum erhalten «Sport» und «technischer Fortschritt» wesentlich mehr Gewicht als in den älteren Lesebuchgenerationen. Während wenige Texte sich mit den fragwürdigen Seiten modernen Massensports gründlich auseinandersetzen – vor allem *Der Läufer* von Siegfried Lenz und die anspruchsvolle Erzählung *Finale eines Stürmers* von Oliver Storz[16] – bleiben Ski- und Bergsport natürlich beliebte, vielfach wiederkehrende Themen, auf die wir noch zurückkommen werden.[17] In jedem Lesebuch handelt mindestens ein Beitrag von Flugzeugen und Piloten:

---

12 Oft zitierte und viel gelesene Erzählungen dieser Art stammen von T. Vogel, A. Keller, F. Brunner, E. Balzli, E. Schibli und M. Bolliger.

13 R. Ross, *Alfonso gibt nicht auf*, Lb VI sabe (1970), S. 206–214.

14 Bhabani Bhattatscharya, *Feigen*, ebd., S. 299–303.

15 *Peter und der Bagger*, nach C. Mückl, Lb IV LU (1964), S. 135–137; Lb IV BE (1972), S. 25–27. *Die Auswanderung* nach I. Kleberger, Lb V ZH (1972), S. 104–117; Lb V BE (1973), S. 227–236.

16 S. Lenz, *Der Läufer*, Lb VI ik (1970), S. 126–133; O. Storz, *Finale eines Stürmers*, Lb V SG (1975), S. 43–52.

17 Vgl. Kap. 5.3.3., S. 353–355.

spannende Fliegerabenteuer, angereichert mit technischen Details, als sportliche Herausforderung sind stets positiv geprägt, handle es sich um kühne Fallschirmspringer, in einem Fall sogar um eine Frau,[18] oder um Pionierleistungen wie den Alpenflug Oskar Biders, die Atlantiküberquerung Lindberghs.[19] Noch besser wirken Berichte über gewagte Flugeinsätze zur Rettung von Menschenleben: wenn der Helikopterpilot ein todkrankes Kind vom Ozeandampfer abholt oder unermüdlich Hilfsgüter in einem überschwemmten Katastrophengebiet verteilt.[20] Am besten aber, wenn Gletscherpilot Geiger im Einsatz steht, denn da gesellt sich zur Faszination technischer Daten, zur Bewunderung für Geigers Pioniergeist und sein Engagement im Dienst verunglückter Berggänger das weiterhin wirksame emotionale Element, dass der Schauplatz in «unseren Bergen» liegt.[21] Zwiespältiger ist das Verhältnis zum modernen Strassenverkehr. Da ist einerseits die neue Lesebuchfigur des Fernfahrers, der Tag und Nacht einen so verantwortungsvollen und unfallgefährdeten Beruf ausübt wie der Lokomotivführer. Dramatische Zwischenfälle mit beinah oder ganz katastrophalem Ausgang herrschen hier vor.[22] Andererseits fühlen sich die Herausgeber verpflichtet, zumindest einen Text zum tödlichen Verkehrsunfall eines Kindes bereitzustellen, weil sich ja leider dieses Thema in vielen Klassen aufdrängt und Verkehrserziehung nun zu den Pflichten der Schule gehört. Am eindrücklichsten behandelt es Stig Dagermans Kurzgeschichte *Ein Sonntagmorgen*,[23] während Max Frisch in *Glatteis* und Gerd Gaiser in *Ein Kind vor dem Wagen* von dem tiefen Schreck des Fahrers sprechen, der eine schwere Kollision und lebenslange Schuldgefühle ganz knapp hat vermeiden können.[24]

Seit 1960 wird die Technisierung der modernen Welt auch in anderen Zusammenhängen immer nachdrücklicher als zweifelhafter Gewinn für die Menschheit hingestellt. Volle Anerkennung findet sie eigentlich nur noch in Berichten über medizinische Errungenschaften.[25] Die Gefährdung der Natur durch überdimensionierte Eingriffe,

18 C. Duval, *Une parachutiste courageuse*, Ll ds BE (1964), S. 88–92.
19 O. Walter, *Bider, der Flieger*, Lb VI sabe (1970), S. 242–250; F. und K. Drake, *Lindberghs Flug über den Ozean*, Lb VI Sld (1964), S. 370–374.
20 S. Winter, *Rettung in letzter Minute*, Lb V ZH (1972), S. 68–71; H. Krammer, *Im Helikopter über die Wasserwüste*, Lb V SG (1968), S. 70–72.
21 H. Geiger, *Rettung aus der Luft*, Lb VI SO/BL (1959), S. 193–197; über ihn schreibt M. Zermatten, *Der Gletscherpilot*, Lb IV AG (1971), S. 70 f
22 M. L. Schroeder, *Hundert Zentner Eisenbolzen*, Lb VI sabe (1970), S. 201–203; W. Schmidli, *Nachtfahrer*, Lb VI ik (1970), S. 81–84 schildert einen Unfall auf der Autobahn und ein Eisenbahnunglück in *Was morgen ist*, Lb V BE (1973), S. 189–192.
23 Lb V BE (1973), S. 179–181; Lb V SG (1968), S. 25–29; Lb V ZH (1972), S. 64–68.
24 M. Frisch, *Glatteis*, Lb V ZH (1972), S. 62–64; G. Gaiser, *Ein Kind vor dem Wagen*, Lb VI ik (1970), S. 45–48.
25 Vgl. *La première réanimation*, Ll ds BE (1964), S. 133 f.

die letztlich auch den Menschen treffen müssen, hat schon Jakob Bosshart in einer viel zitierten Passage aus *Der sterbende Hof* geschildert. Seit 1970 macht der Text *Unfall auf Grande-Dixence* von Walter Matthias Diggelmann die Runde. Seine Hauptfigur, der halbwüchsige Jean, hat seine Mutter verloren und bangt um den Vater, der bei den Bauarbeiten am Staudamm verunglückt. Er formuliert das Missbehagen gegenüber einer Technik, die der menschlichen Kontrolle zu entgleiten droht:

Noch immer befiel ihn beklemmendes Angstgefühl in der Nähe der Bauplätze. Alles, was er hier sah, … die Betonmaschinen, die Zementsilos, die Wasserpumpstationen, die Druckrohre waren von so gewaltigen Ausmassen, dass Jean manchmal daran zweifelte, ob die Menschen, die sich daneben so winzig klein ausnahmen, auch wirklich die Macht darüber hatten. Er misstraute im Innersten […] den Ingenieuren, die mit Mensch und Maschine so selbstsicher wie mit Spielzeug umgingen.[26]

In Diggelmanns Erzählung sind Jeans Befürchtungen nur zu begründet und verdichten sich zur sozialen Anklage. Noch pessimistischer wird dann in den Lesebüchern der achtziger Jahre das Szenarium der Umweltzerstörung entworfen, an der alle Menschen der Konsumgesellschaft mitschuldig sind. Von der Hochstimmung, mit der vor hundert Jahren der Bau des Gotthardtunnels als Sieg der Technik über den Berg gefeiert wurde, ist man weit abgerückt.

Vielleicht hängt es mit dem irritierten Verhältnis zu unserer Lebensweise zusammen, dass es in den Lesebüchern dieser Jahre immer noch an guten Texten zur Arbeitswelt der Eltern mangelt. Bauernarbeit darf nicht mehr idealisiert werden; man zeigt sie hauptsächlich gefährdet durch Naturgewalten und von der Seuche im Stall, doch sollen einzelne Texte auch weiterhin das Glück des Naturerlebnisses in bäuerlicher Umgebung vermitteln.[27] Die Herausgeber sind diesem Thema gegenüber offensichtlich vorsichtig-zurückhaltend geworden, obwohl das Angebot an schönen Texten gross ist. Im Gegensatz dazu bleibt Hermann Hesses Schilderung *Am Schraubstock* in ihrer hohen Qualität offenbar die einzige zur Arbeit des Lehrlings an der Werkbank.[28] Der Arbeitstag des durchschnittlichen Angestellten und der Industriearbeiter kommt weiterhin kaum vor, es sei denn im einen und andern Schülerbericht.[29]

---

26 Lb V BE (1973), S. 199 f.

27 D. Gathen, *Wenn die Seuche wütet,* Lb IV Benz (1964), S. 110–114; H. Boesch, *Der junge Os,* Lb V SG (1968), S. 5–8; Lb V ZH (1972), S. 5–7.

28 Der Text wird seit 1920 in den Lesebüchern immer wieder abgedruckt.

29 Lb IV AA (1966), S. 150–158: Vier Schüler schildern den Arbeitsplatz ihrer Väter, darunter *In der Fabrik* und *Der Lokomotivführer.*

5.2.3. Die Aussenseiter, die Fremden

Dagegen ist das Interesse für Aussenseiter und sogar Aussteiger gewachsen. Sie haben auch in früheren Lesebüchern nie gefehlt, brauchte man sie doch allein schon, um den Kontrast zum fleissigen und zuverlässigen Bürger und Bauern gebührend darzustellen. Der Vagabund war auch unerlässliches Zubehör mancher Weihnachtsgeschichte, in der ja stets auch der Ärmste eine offene Tür finden soll. Der absolute Schlager dieses Genres war Simon Gfellers Erzählung *Zwölfischlegels Weihnachtsfeier*, die erst seit kurzem diskreteren Ausgestaltungen desselben Themas Platz macht.[30] Nun treten die Aussenseiter in neuer Funktion auf: sie können beneidenswert unabhängige Menschen mit grosser Lebenserfahrung und Naturkenntnis sein, wie Stefan Zweigs *Anton*, oder auch in Armut, ja Verwahrlosung noch ihren Stolz haben.[31] Hier sind der alte Artist und der Zirkusclown anzutreffen, die ihr Können über schlechte Zeiten hinweg gerettet haben.[32] In den meisten dieser Erzählungen sind Kinder die Vermittler zwischen der bürgerlichen Alltagswelt und den Randfiguren, weil sie unbefangen den Zugang finden zum nicht Normierten, anders Gearteten, das ihrer Phantasie Nahrung gibt.

Daneben erscheint der Umgang mit fremden, ausserhalb der Gemeinschaft stehenden Kindern als altes Thema, das in Zukunft aber besondere Virulenz entwickeln wird. In diesen Lesebüchern behandeln es drei Schweizer Autoren, und jeder arbeitet eine wichtige Facette des komplexen Problems heraus. Dolores Vieser erzählt vom *Heimkehrer-Büblein*,[33] dem gesundheitlich zarten, verwöhnten Kind, das ungewollt die groben Spielgefährten zu Quälereien provoziert. Max Bolligers *Romano* ist zur meistzitierten Darstellung des Themas geworden:[34] Ein zehnjähriger Bauernbub will mit dem gleichaltrigen Sohn des italienischen Knechts nichts zu tun haben; er versteht ihn nicht und ist eifersüchtig, weil Lehrer und Eltern dem Kleinen freundlich begegnen. Erste kleine Sticheleien wachsen sich zum üblen Streich aus, zum Unfall Romanos, der den Täter tief erschüttert und schliesslich die beiden Buben gute Freunde werden lässt. Paul Jenni schildert in *Mario* dieselbe schwierige Situation aus der Sicht des Fremden, der die Sprache nicht versteht, sich ausgelacht fühlt und trotz seinem Kontakt-

---

30 S. Gfellers Erzählung steht noch im Lb V BE (1973), S. 282–288.

31 S. Zweig, *Anton*, Lb VI ik (1970), S. 61–65; K. Paustowskij, *Der alte Mann im Bahnhofrestaurant*, ebd., S. 84–86.

32 T. Vogel, *Milli und Elastikum*, Lb V TG (1964), S. 152–156; H. Hochrain, *O mein Papa*; Lb VI ik (1970), S. 8–13, H. Böll, *Der Mann mit den Messern*, ebd., S. 84–86.

33 Lb IV Benz (1964), S. 237–243.

34 Lb IV ZH (1967), S. 47–50; Lb IV AG (1971), S. 38–40 und Lb IV TG (1980), S. 63–66.

bedürfnis keinen Zugang zu Gleichaltrigen findet.[35] In seinem einsamen, trotzigen Schmerz kann er das Heimweh auch mit dem Vater nicht teilen. Die Ansätze der drei Erzählungen werden in den Lesebüchern der achtziger Jahre wieder aufgegriffen und stark ausgebaut.

5.2.4. Abbau patriotischer Inhalte

Was verschwindet nach 1960 aus den Lesebüchern? Wenn den Schülern keine nationalistischen Vorurteile mehr eingepflanzt werden sollten, waren gerade jene Texte kritisch zu sichten, welche bisher gleichsam den Kern schweizerischer Schulbücher gebildet hatten. Im Innerschweizer Lesebuch für die 5. Klasse von 1960 *Da wird die Welt so munter ...* heisst zum letztenmal ein Text *Unser Rütli*, kann sein Verfasser Walter Käslin noch schreiben:

Jedem Schweizer ist die Rütliwiese heilig. Hier schwuren die Väter den ewigen Bund. [...] Hier wurde unser höchstes irdisches Gut, die Freiheit, unter Gottes mächtigen Schutz gestellt. Wahrlich, das Rütli ist die Wiege unseres lieben Vaterlandes.[36]

Das 4.-Klass-Lesebuch derselben Reihe greift vier Jahre später das Thema schon leicht verfremdet auf mit Josef Konrad Scheubers Schilderung einer Rütlireise aus Schülersicht.[37] Seither ist die einst so propagandakräftige Geschichte vom Kauf der Rütliwiese durch die Schweizer Jugend aus den Schulbüchern verschwunden. Nicht besser geht es den Texten zum Ersten August: die drei zwischen 1960 und 1962 herausgekommenen französischsprachigen Lesebücher für Freiburg, Berner Jura und Wallis übernehmen noch die früher besprochenen Texte von Philippe Monnier und Noëlle Roger;[38] das Innerschweizer Lesebuch für die oberen Primarklassen von 1955, das 1964 neu aufgelegt wurde, bringt Josef Schmids Gedicht *Augustfeuer* mit der beschwingten ersten Strophe:

Die Feuer flammen auf den Bergeshöhn;
die Glocken läuten und die Fahnen wehn,
und meine Seele wird zum Feuerbrand:
Wie bist zu gross, mein kleines Schweizerland![39]

---

35 P. Jenni, *Mario*, Lb V SG (1968), S. 19–25.
36 Lb V Benz (1960), S. 98.
37 Lb IV Benz (1964), S. 205–213; vgl. Zusammenfassung, S. 314.
38 Vgl. Kap. 3.4.3., S. 273 f.
39 Lb VI Benz (1955), S. 66.

Scheubers Erzählung von Trotzlis Vaterlandsfeier steht im eben erwähnten Innerschweizer Lesebuch von 1960.[40] Dann ist die Bundesfeier kein Lesebuchthema mehr, bis 1981 im Aargauer 5.-Klass-Lesebuch von «Ueli dem Schreiber» das Gedicht erscheint:

Ein Berner namens Hugo Meier
gedachte an der Bundesfeier
ein Höhenfeuer zu entzünden
und so die Freiheit zu verkünden.
Er trug, die Brust geschwellt von Stolz,
fast einen halben Zentner Holz
auf einen Gipfel hoch und schlank.
Doch als die Nacht herniedersank
mit Mondenschein und Sterngefunkel,
da blieb's auf Hugos Gipfel dunkel –
was auch nicht zu verwundern ist,
wenn man das Feuerzeug vergisst.[41]

Die patriotischen Zündhölzer sind in der Tat ausgegangen, verschwunden die Vaterlandslieder, Erinnerungen an eidgenössische Feste und Taten, die Beschwörung alter Schweizertugenden anhand der vererbten Exempelgeschichten. Wie rasch und gründlich dieser Abbau war, soll noch einmal ein Vergleich zeigen zwischen dem 1964 von Benziger für die oberen Primarklassen unverändert wieder aufgelegten Lesebuch aus dem Jahre 1955 und seinem Nachfolger, dem 1970 im Verlagsinstitut sabe erschienenen Lesebuch *Unterwegs* für das 6. Schuljahr. Meinrad Hensler, der Herausgeber des älteren Buches, stellte die Texte unter vier Titeln zusammen: «Mit Gott durchs Jahr und Menschenleben» – «In der Heimat – für die Heimat» – «Grosse Menschen – meine Vorbilder» und «Mein Beruf – Erfolg im Leben». Der zweite, der Heimat gewidmete Teil mit dem Untertitel «Erziehung zum guten Bürger» gibt ein Konzentrat dessen, was bisher unter «schweizerisch» verstanden worden war. (S. 127–178) Den Anfang machen Gottfried Kellers Lied *An mein Vaterland*, der Bundesbrief von 1291 in gekürzter deutscher Übersetzung, *Die Herkunft der Schwyzer* aus Schillers *Wilhelm Tell* und der *Schweizerpsalm* samt einem Bericht über seine Schöpfer, den protestantischen Dichter Leonhard Widmer und den Jesuitenpater Albrik Zwyssig, der das Gedicht vertonte. Es folgen drei altbekannte Anekdoten in der Fassung von Meinrad Lienert, welche die «gut schweizerischen» Tugenden Solidarität mit in Not geratenen feindlichen Nach-

---

40   Lb V Benz (1960), 216–222; vgl. Kap. 3.4.3., S. 275.
41   Lb V AG (1981), S. 40.

barn, Ehrlichkeit und Pflichterfüllung illustrieren;[42] darauf je eine Jugenderinnerung Heinrich Federers und Meinrad Lienerts[43] und die zwei Texte *Vom Gebetsruf in den Alpen* und *Der Wildheuer* – Motive, die seit Generationen für den gottesfürchtigen, hart arbeitenden und anspruchslosen Bergbauern stehen. Neun Erzählungen und Gedichte zu grossen Momenten der Schweizer Geschichte, inbegriffen auch einige memorable Taten der Schweizer in fremden Diensten,[44] und drei Stimmungsbilder aus den Tagen der Generalmobilmachung im Herbst 1939 runden das Kapitel historisch ab.[45] Von all diesen Texten übernimmt Pius Schwyzer, der Herausgeber von *Unterwegs*, nur zwei: Gottfried Kellers Gedicht und Heinrich Federers eindrückliche Beschreibung der Auswanderer, die nachts ihr Dorf verlassen. Man ist empfindlich geworden gegenüber patriotisch-hochgesinnten Tönen. So fällt auch das alte *Vermahnlied* an die «usserwählte Eydgenossenschaft» aus dem 16. Jahrhundert weg, in dem es heisst:

Sünd grüscht zum strit, wann kompt die zyt
und fürchtend tusend tüfel nüt,
bruchend nur ewer schwert mit muot,
so Gott woll, wird dann's end schon guot.[46]

An seiner Stelle steht das für die Lesebücher neu entdeckte *Gebetslied eines Schweizers* von Johann Caspar Lavater:

Lass uns sein ein Licht auf Erden
und ein Beispiel steter Treu,
frei, wie wir sind, andre werden,
und zertritt die Tyrannei!

Gib, dass alle sicher wohnen,
bis die Zeit die Pforte schliesst,
bis aus allen Nationen
eine nur geworden ist.[47]

Der kriegerische Aufruf zur Selbstbehauptung wird ersetzt durch die Bitte um Freiheit und Frieden für alle Menschen und die Mahnung zur Einsicht, dass das eigentliche Ziel in der Überwindung nationaler Schranken liege.

Verschwinden mussten auch die eigentlichen Heimaterzählungen, denen zuvor so

---

42 *Die braven Nidwaldner* kommen beim Brand von Luzern 1340 zu Hilfe, *Die ehrlichen Schweizer* bringen das ausgeliehene Gold- und Silbergeschirr des französischen Gesandten getreulich zurück, *Die pflichttreue Wache* hält sich strikt an ihren Befehl und lässt auch den König nicht passieren.

43 H. Federer, *Die Auswanderer*; M. Lienert, *Der Alpbach*.

44 H. Abt, *Die Schweizergarde in Rom und ihr Heldentod im Jahr 1527*; *Die Schweizer in fremden Kriegsdiensten* von M. Lienert erinnert an die Gardisten, die den französischen König Karl IX. 1567 vor den Hugenotten retteten.

45 Vgl. Kap. 3.4.3., S. 277 f.

46 Lb VI Benz (1955), S. 178.

47 Lb VI sabe (1970), S. 400.

grosses Gewicht zukam, Ernst Zahns schwerverdauliche Lyrik, zudem die Porträts verdienter Schweizer, die bisher besonders in katholischen Lesebüchern ihren festen Platz hatten. Josef Reinhart, Alfred Huggenberger und Simon Gfeller bleiben noch in einigen unprätentiösen, beschreibenden oder heitern Texten, auch im einen und andern Gedicht präsent.[48]

So sind ausdrücklich als schweizerisch markierte Texte, die überdauern, rasch gezählt. Das Interkantonale Lesebuch für die 6. Klasse, das 1970 im Zürcher Lehrmittelverlag herausgekommen ist, begnügt sich mit dem *Schlachtgebet der alten Eidgenossen*:

O Herr, wych nit mit Dyner Gnad!
Behüet die Eidgenossenschaft vor Schad;
Stryt für sie kunftig wie bishar,
trüw Eidgenossen wohl bewar.
Verlych inen rechte Einigkeit;
lass inen beschehen ganz kein leid
und tue sie dergstalt gwennen,
sie all fest zesamen halten
wie vor Zyten ir biderben Alten.
Ein Herz und Sinn wellist Du daneben
alt guot Eidgenossen iemer geben.[49]

Das Gebet «aus einer alten Chronik» hielt wohl dank dem Verfremdungseffekt seiner Sprachform der kritischen Beurteilung besser stand, bleibt zudem mit seiner Bitte um innere Einigkeit durchaus nachvollziehbar. Das *Schweizergebet* von Rudolf Hägni im 4.-Klass-Lesebuch der Innerschweiz von 1964 fügt sich in dieselbe Tradition ein, da seine Sorge vor allem der Bewahrung des äussern und inneren Friedens gilt, zudem auch einige speziell schweizerische Anliegen vorbringt:

Bewahr uns vor Hunger und Wassernot!
Schlage den Teufel der Selbstsucht tot!
Wehre dem Hochmut, segne den Fleiss! –
Dir sei Dank, Lob, Ehre und Preis![50]

---

48 Vgl. etwa J. Reinharts sachlichen Text *Auf der Alp*, Lb IV LU (1964), S. 167 f.; A. Huggenbergers Erzählung *Abenteuer im Kirschbaum*, Lb V SG (1968), S. 29–36 und sein Gedicht *Zweierlei Bauern*, ebd., 173 f.; S. Gfeller, *Ein seltsamer Ritt*, Lb V BE (1973), S. 123 f., und *Was der alte Waldhüter beobachtete*, Lb VI sabe (1970), S. 102 f.

49 Lb VI ik (1970), S. 263.

50 Lb IV Benz (1964), S. 144.

Auch die Westschweizer Lesebücher orientieren sich bis in die frühen sechziger Jahre noch an den alten Vorlagen. Von den staatskundlichen Texten des Freiburger Lesebuches aus dem Jahre 1960 war schon ausführlich die Rede.[51] Es enthält unter anderem A. Overneys *Hymne au drapeau*, dessen Pathos doch etwas rückständig gewirkt haben muss:

Ne crains pas, ô drapeau, drapeau du clair pays,
Car le Seigneur, dans la Cité, toujours, demeure;
Dresse ta blanche croix dans le ciel infini,
Car le Seigneur, dans nos coeurs forts, a sa demeure.[52]

Das Lesebuch für die 5. und 6. Klasse des Berner Juras von 1961 und sein Walliser Pendant von 1962 konzentrieren sich vor allem auf die eigene Region, nehmen aber auch ein paar wenige Schweizerstücke auf. Die jurassischen Schüler wurden weiterhin von Virgile Moine über *La patrie* aufgeklärt und konnten unter den Gedichten *Le serment des Suisses* von René Morax lesen:

Frères, nous sommes frères,
Hommes du même sang,
Fils de la même mère,
Epis du même champ.

Nous mettons en commun
Nos foyers et nos vies,
Un pour tous, tous pour un,
Une âme, une patrie.

Terre libre, ô ma terre,
Ici, nous le jurons,
Libres comme les pères,
Les fils te maintiendront.[53]

Das Walliser Lesebuch zitiert einen Text über die Schweizer von Gonzague de Reynold, der noch deutlich in die erste Hälfte unseres Jahrhunderts gehört:
C'est une très petite armée – [...] Mais derrière la petite armée entendez-vous frémir une multitude héroique: tous les morts anxieux qui soulèvent dans la nuit les dalles de

51 Vgl. Kap. 3.3.7., S. 262–264.
52 Ll ds FR (1960), S. 223.
53 Ll V/VI BE (1961), S. 315 f.

leurs tombes? Ceux du Morgarten qui faisaient rouler sur les cavaliers des blocs sourds et des troncs sonores; ceux de Saint-Jacques, [...] et ceux de Sempach, les briseurs de lances.

Da werden in Kürzestfassung die heroischen Taten der Schweizer Kriegsgeschichte durchgegangen, bis der Text ausklingt: «Petit pays, grande patrie; petite armée et grand courage; tout un peuple debout, qui attend son heure devant son histoire et sa terre.»[54] Diese drei 1960–1962 erschienenen Lesebücher für die katholischen Regionen der Romandie pflegen noch ein Bild der Schweiz, das in dem Moment schon deutlich in Frage gestellt war. In ihnen symbolisieren die Schweizerfahne und die Schweizer Armee weiterhin den Staat in einer Form, die den Tessiner Lesebüchern vertraut ist, so aber in den jüngsten Lehrmitteln der Deutschschweiz nicht mehr vorkommt.[55] Wie rasch in der Folge zumindest im Berner Jura der Abbau einsetzte, ist am 1964 edierten Lesebuch *Les belles années* abzulesen. Unter dem Titel «Patrie» übernimmt es aus dem viel umfangreicheren Vorgänger *L'Ecolier jurassien* von 1945 nur noch fünf Beiträge, von denen sich zwei auf den Jura beziehen und der einzige zeitgenössische Text Henri Guisans Wahl zum General schildert.[56] Die zuvor gestellte Frage: Was verschwindet nach 1960 aus den Lesebüchern? ist von der nächsten: Was bleibt (vorläufig) noch? offensichtlich kaum zu trennen. Versuchen wir, hier eine Bilanz zu ziehen: Die zu Beginn der sechziger Jahre edierten oder neu aufgelegten Lesebücher behalten die alten Muster noch bei; dann setzt von 1964 an der Abbau ein und vollzieht sich nun sehr rasch. Es bleiben nur ganz wenige Texte, die explizit zur Definition des «Schweizerischen» beitragen wollen; einer, höchstens zwei pro Lesebuch. Die früher wichtigen Texte über Schweizer Vorbilder und Anekdoten aus der Schweizergeschichte haben in den Lesebüchern keinen Platz mehr, dürften sich aber zum Teil erhalten haben in Geschichtslehrmitteln und in unzähligen Materialien zur Heimatkunde. Die Lesebücher der Romandie pflegen das Genre der Kurzbiographie weniger als früher, so dass zum Beispiel im 1964 erschienenen *Les belles années* von den früher obligatorisch zu behandelnden grossen Schweizern nur noch Heinrich Pestalozzi und Henri Dunant übrig bleiben. Neu hinzu kommt Gletscherpilot Geiger.[57] Nur das Aargauer 4.-Klass-Lesebuch von

54 Ll ds VS (1962), S. 42. G. de Reynold lebte 1880–1970.
55 Vgl. dazu die Arbeit von D. Senn, «Bisogna amare la patria come si ama la propria madre», sowie A. Melich, Comment devient-on Suisse?, S. 145.
56 Ll ds BE (1964), S. 53–57. Der Bericht stammt von Henri Vallotton, damals Präsident der Bundesversammlung.
57 A. Malche, *Pestalozzi à Stans*, S. 123–125; F. Gigon, *Henri Dufour à Solférino*, S. 127–131; M. Heer, *Avec son avion et son hélicoptère, Geiger a vaincu la montagne*, S. 118–121.

1971 enthält noch die Befreiungssage; so hat fürs erste auch Wilhelm Tell von den Lesebüchern in die Geschichtsbücher hinübergewechselt.[58]

5.2.5. Nach wie vor – die Berge

Die Berge bleiben das einzige Thema mit weniger expliziten, dafür aber dauerhaften Identifikationsmöglichkeiten. Den in früheren Texten so aufdringlich formulierten Stolz auf diesen «Besitz» leisten sich die neuen Lesebücher zwar nicht mehr. Dass gerade hier auch ohne Ausformulierung ein starkes Identitätspotential liegt, gibt Peter Bichsel im zitierten Aufsatz *Des Schweizers Schweiz* mit seinem Widerspruch zu erkennen: *Ich leide unter dem Föhn. Der Jura und die Alpen machen mir vor allem ein schlechtes Gewissen, weil ich immer das Gefühl habe, ich müsse sie besteigen und es doch immer wieder sein lasse. Ich habe mit nichts so viel Ärger wie mit der Schweiz und mit Schweizern. Was mich freut und was mich ärgert, was mir Mühe und was mir Spass macht, was mich beschäftigt, hat fast ausschliesslich mit der Schweiz und mit Schweizern zu tun. Das meine ich, wenn ich sage: «Ich bin Schweizer».[59]*

Das Thema Mensch und Berg ist eines der wenigen, zu dem gute alte und neue Texte vorliegen und die Herausgeber aus einer Fülle auswählen können, die sie in andern Bereichen vermissen müssen. Neben den als Schullektüre immer noch sehr geeigneten Alpsagen und den ebenfalls beinah unsterblichen Hüterbuberzählungen liefern nun vor allem Ski- und Bergsteigerreportagen spannende Lektüre. Guisto Gervasutti schildert in *La bataille avec la montagne*, wie gerade die äusserste Herausforderung durch den Berg den Kletterer nicht mehr loslässt:

La bataille qu'on livre là-haut pendant des heures et des heures, suspendu au-dessus de l'abîme, la vie attachée à un fil, pour forcer un passage de froide pierre ou tailler dans la glace une route vers le ciel, est un travail «digne des vrais hommes». [...] Et au jeune compagnon qui affronte pour la première fois les dures épreuves de l'Alpe, je rappellerai le mot d'un ami tombé sur une grande montagne: «Ose, ose toujours, et tu seras semblable à un dieu.»[60]

Mit dieser Verherrlichung des extremen Wagnisses und eines gefährlichen Heldentums bleibt das Walliser Lesebuch allerdings allein.[61]

---

58 Im neuesten Lesebuch für die 5. Klasse *Karfunkel* des sabe-Verlags (1990) erhält Wilhelm Tell wieder besondere Beachtung; vgl. Kap. 5.3.2., S. 350 f.
59 P. Bichsel, Des Schweizers Schweiz, S. 23.
60 Ll ds VS (1962), S. 149 f.
61 In den Deutschschweizer Lesebüchern erscheint der tollkühne Bergsteiger als Todeskandidat, so z. B. in H. Rhyns Gedicht *Der Kletterer*, Lb V BE (1973), S. 83.

Berichte über Bergungsaktionen für verunfallte Berggänger sind noch beliebter als reine Kletterreportagen, weil da der Kampf gegen die Zeit, gegen Kälte und Schnee zusätzliche Spannung bringt und der Heroismus im Dienste des Mitmenschen einen höheren Sinn erhält.[62] Besondere Tradition haben die wunderbaren Errettungen aus einer Gletscherspalte,[63] doch der Schweizer Hauptakteur im Bereich der Bergunfälle ist, wie schon erwähnt, Hermann Geiger, der Gletscherpilot, der sich zu einer modernen Vorbildfigur zu entwickeln scheint. An ihm fasziniert neben seinem unermüdlichen humanitären Einsatz auch das innovative technische Können, das ihn zum Pionier des Rettungsflugwesens werden liess. Den Lesebüchern bietet er so die glückliche Synthese der drei grossen Themen Berg, Technik und Dienst am Mitmenschen.[64]

5.2.6. Zum letztenmal: Jedem Kanton sein Lesebuch

Wenn die eigentlichen Schweizertexte in den Lesebüchern der sechziger und siebziger Jahre so stark reduziert und sorgfältig entschärft wurden, entsprach das der weit herum empfundenen Schwierigkeit, für Gesamtschweizerisches noch gültige Definitionen zu finden. Stärker bleibt die Aufmerksamkeit für regionale Eigenheiten, die sich am ehesten als funktionierende Gegengewichte zu einem überholten Patriotismus anboten.[65] Die meisten Lesebücher dieser zwanzig Jahre behalten denn auch wichtige Texte zum regionalen Selbstverständnis bei. Weil zudem längst nicht alle Kantone in dem Zeitraum ihre Lesebücher erneuerten, verstärkt sich der Eindruck der Vielfalt noch zusätzlich.

Am frühsten vollzog sich der Wechsel in St. Gallen. Das noch konventionell aufgebaute Lesebuch für die 4. Klasse von 1961 wurde schon vier Jahre später ersetzt durch ein neu konzipiertes Lehrmittel, in dem Texte aus der internationalen Kinderliteratur deutlich besser vertreten sind. Wohl sind manche Erzählungen noch redigiert und dem helvetischen Rahmen angepasst worden, doch ist Schweizerisches nirgends

---

62 Schön die bei aller Dramatik feine Erzählung H. Federers, *Der Bergführer*, Lb VI Sld (1964), S. 220–224.
63 Den wohl ältesten Bericht von Christian Linder nimmt Lb VI sabe (1970), S. 273–275 unter dem Titel *In der Gletscherspalte* wieder auf; neuer ist *Un sauvetage* von J.-R. Ullmann, Ll ds BE (1964), S. 79–82, sowie *Allein am Grand Combin* von L. Steinauer, Lb VI ik (1970), S. 121–126.
64 Vgl. F. Bérisal, *L'avion des neiges*, Ll ds VS (1962), S. 145–147.
65 P. Bichsel, Des Schweizers Schweiz, S. 26, signalisiert den Rückzug in ein rein regional geprägtes Heimatgefühl: «Wenn ich Schweiz meine, denke ich vorerst an den deutschsprachigen Jurasüdfuss, Kanton Solothurn.»

mehr aufdringlich betont.[66] Nur drei Sagen aus dem St. Galler Umkreis sind aufgenommen worden.[67] Vollends modernisiert erscheint die Auswahl im 5.-Klass-Lesebuch von 1968 mit Erzählungen von Georg Britting, Wolfdietrich Schnurre, Siegfried Lenz, auch Italo Calvino und nur noch sechs deutlich in der Schweiz angesiedelten Texten.[68] Die Zürcher Lesebücher für das 4. und 5. Schuljahr von 1967/72 bauen die alten Stoffe weniger radikal ab: Im Lesebuch für die 4. Klasse sind Anekdoten von berühmten Originalen der Zürcher Landschaft als vergnügliche Dialektstücklein zusammengestellt,[69] eine sehr geeignete Schullektüre, ohne den Anspruch, typisch Zürcherisches zu zeigen. Das 5.-Klass-Buch bringt unter dem Titel «Es war einmal ...» ein halbes Dutzend Sagen und Legenden aus dem Zürichbiet und den eindrücklichen Beitrag von Jakob Keller *Kinderarbeit in früheren Zeiten*, in dem der schwere Alltag jener Kinder beschrieben ist, die in den Textilfabriken des Zürcher Oberlandes arbeiten mussten.[70] Einen Gegenwartsakzent setzt dagegen Arthur Hänys Erzählung vom Tessiner Mädchen, das seine zwei Zürcher Vettern in der grossen Stadt Zürich besucht.[71] Das Thurgauer 5.-Klass-Lesebuch von 1964 enthält noch vier ausdrücklich im Kanton situierte Texte; die Schilderung einer Thurgauwanderung, auf der ein paar Schüler allerlei Überraschungen erleben, gibt dem Autor Paul Wehrli Gelegenheit, Heimatkundliches mit einfliessen zu lassen.[72] Die einzige Dialekterzählung berichtet vom Brand einer Seidenweberei im Jahr 1908, und nur zwei Gedichte Alfred Huggenbergers sind aus den früheren Lehrmitteln übernommen.[73] Zur selben Zeit – 1960 und 1964 – gab der Benziger Verlag für die in der Goldauer Konferenz zusammengeschlossenen katholischen Kantone der Innerschweiz, Appenzell Innerrhoden, Deutsch-Freiburg und Oberwallis zwei neue Lesebücher für das 5. und 4. Schuljahr heraus. Im 4.-Klass-Lesebuch *Heimat* stehen einzelne Textgruppen unter

66 Die Anpassungen beziehen sich auf Personennamen und Angleichungen an den helvetischen Wortschatz.

67 Aus den Flumserbergen *Das wilde Mädchen*, aus der Chronik von Wil *Die Sage vom Fetzfräulein*, Lb IV SG (1965), S. 130 f., 134–136.

68 Unter den Schweizer Texten: H. Federer, *Gefährlicher Eislauf*; H. Altherr, *Alteisen*; M. Inglin, *Indianerspiel*; zu P. Jenni, *Mario*, vgl. Kap. 5.2.3., S. 329.

69 *Vom Schnyder Wäch*, Lb IV ZH (1967), S. 167; R. Hägni, *De Paneeter-Buume*, ebd., S. 170; H. Hasler, *Es Schiffmestückli*, Lb V ZH (1972), S. 124–126. Von G. Keller ist *Der arme Schorenhans*, ebd., S. 123 f. übernommen, sowie *Gerichtstag bei Salomon Landolt*, Lb VI ik (1970), S. 48–50.

70 Lb V ZH (1972), S. 36–39. Ein kleines Nachwort betont: «Der Arbeiter ist heute nicht mehr von den Launen und der Gnade seines Fabrikherrn abhängig, sondern ein geachteter Mitarbeiter der Unternehmung geworden.»

71 Lb IV ZH (1967), S. 89–100.

72 Lb V TG (1964), S. 50–59.

73 K. Meier, *Dozmoll*, ebd., S. 90–92; A. Huggenberger, *Heimatfriede* und *'s Heimetdörfli*, ebd., S. 40 f.

Titeln wie «Ich lobe mir den Bauernstand» und «Das Bild der Heimat». Auf Innerschweizer Kinder zugeschnitten sind die vielen katholische Erziehungstradition vermittelnden Texte, in Verbindung mit den rund um den Vierwaldstättersee angesiedelten Erzählungen. Zu ihnen gehören unter andern die schon besprochenen Auszüge aus *Trotzli* von Josef Konrad Scheuber und *Eine Hosensackgeschichte* von Josef Maria Camenzind,[74] sowie im 5.-Klass-Lesebuch *Der Alpbach* von Franz Odermatt, *Meine erste Fahrt auf dem Vierwaldstättersee* von Heinrich Federer und *Unser Rütli* von Walter Käslin.[75] Mindestens ein spezifischer Text wurde zudem für jeden der beteiligten Kantone in das 5.-Klass-Lesebuch integriert: für Schwyz *Der Bergsturz von Goldau*, für Zug *Fahrt ins Höll-Loch*, für Unterwalden *Glasmacher und Glashütten*, für Uri *Der Kampf mit Schnee und Lawinen*, ein Bericht über die schwierige Sicherung der Gotthardbahn in den Wintermonaten.[76]

Das Luzerner Lesebuch für das 4. Schuljahr von 1964 legt dagegen mehr Gewicht auf Texte der Schweizer Kinderliteratur, bringt die Stadt unter dem Stichwort Verkehr ebenso zur Sprache wie das Alpleben und beschränkt die Heimatsagen und die Texte zu den Festen des katholischen Kirchenjahres auf einige wenige Beispiele.[77] Dass sich das Bedürfnis nach Selbstdarstellung im Lesebuch umgekehrt proportional zur Grösse des Kantonsgebietes verhalten kann, zeigt Appenzell Innerrhoden. Es hatte 1958 ein eigenes Lesebuch für die 4. Klasse *Mys Ländli* mit einem ausführlichen heimatkundlichen Teil und einem Querschnitt durch die umfangreiche Eigenproduktion an Dialektgeschichten und -gedichten herausgegeben. Für das 5. Schuljahr übernahm man das Innerschweizer Lehrmittel von 1960, stattete es jedoch mit einem speziellen Anhang aus, in dem Walter Kollers Gedicht *Innerrhode* den Anfang macht:

Mii Land ischt chlii ond eng begrenzt,
fascht ringelomm vo Beg i krenzt,
ond bogglig d'Wölt ond gäch de Bode,
erotischt gschwind: ischt Innerrhode!

Es folgen schon vor dem Ersten Weltkrieg gebrauchte Heimatstücke: unter andern das Gedicht zur Feier der Schlacht am Stoss «Was ziehen so freudig durchs hehre Land / die appenzellischen Söhne», die offenbar unsterblichen Erzählungen vom Äscher

---

74 Lb IV Benz (1964), S. 205–212, 226–228. Vgl. Kap. 3.3.2. und 3.4.3, S. 250 f., 275.
75 Lb V Benz (1960), S. 33 f., 96–98. Vgl. auch M. Marten, *Heini wird aus grosser Seenot gerettet*, ebd., S. 34–37.
76 Ebd., S. 99–121.
77 Von M. Lienert sind die Sagen *Der Alpsegen*, *Der kühne Melker* und *Die Pilatussage* aufgenommen.

Frenzli und Laseyer-Sepheli, der Innerrhoder Betruf, ein Blick in die Chronik der Appenzeller Bahnen und schliesslich, etwas redigiert, der alte Text von Josef Hautle über *Unsere Landsgemeinde*.[78] Auch das 4.-Klass-Lesebuch des andern Kantonsteils von 1966 setzt deutlich regionale Akzente: Walter Rotach erzählt in Herisauer Mundart und Heinrich Altherr in «Gääser Dialekt» heimatliche Anekdoten;[79] Appenzellersprüche, ein Mundartgedicht von Julius Ammann und Unterhältliches aus einer alten Chronik zeigen das Bemühen der Herausgeber, Appenzeller Eigenständigkeit im witzigen Sprachumgang den Kindern weiterzugeben.[80]

Schaffhausen, Glarus und Graubünden haben zum letztenmal in den fünfziger Jahren Lesebuchreihen für die Mittelstufe herausgegeben, das Bündner Buch für die 6. Klasse *Zum Licht* ist 1961 erschienen. Finanzielle Gründe mochten mitbewirken, dass diese Lehrmittel bis in die achtziger Jahre die Bedürfnisse der Schule abdecken mussten. Zudem blieb offenbar in den kleinen Kantonen und im Bündnerland das Bedürfnis nach traditioneller Selbstdefinition und nach Betonung der Eigenständigkeit stärker als das Drängen auf einen pädagogischen Wechsel. Wie in Appenzell werden hier den Schülern Identifikationsgeschichten und -gedichte, die auch noch aus dem 19. Jahrhundert stammen können, weitergegeben: *Der Gesang eines Schaffhausers* von Emil Wechsler und *Mir Glarner* von David Kundert gehören dazu, Dialekt überwiegt in Texten zu Brauchtum und in Jugenderinnerungen; Schaffhauser- und jetzt auch Bündner Lokalsagen werden in der Mundart genau bezeichneter Dörfer und Talschaften erzählt.[81]

Auch die Stadt Basel empfand offenbar kein Bedürfnis, ihre Lesebücher des 4. und 5. Schuljahres neuen Konzepten anzupassen. Hier wurde 1967 für die 4. Klasse das Lesebuch der dreissiger Jahre überarbeitet, ohne dass sich am Aufbau und an den thematischen Schwerpunkten etwas geändert hätte. Das Lesebuch I für die Sekundarschule – das heisst für das 5. Schuljahr – wurde nach 1947 nicht mehr verändert. Beide Lehrmittel sind ganz Basel-zentriert, berichten vom Verkehr auf dem Rhein, von der einstigen und heutigen Stadt, ihren Einrichtungen, Festen und Dichtern,

---

78 Anhang zu Lb V Benz (1960), S. 1*–22*.
79 Lb IV AA (1966), S. 105–118.
80 Ebd., S. 203: J. Ammann, *Schlettwetter*; *Aus der Appenzeller Chronik von Gabriel Walser*, ebd., S. 180 f.
81 Die alte Schaffhauser Sage *No e Wyli*, in «Staaner Mundart», Lb V SH (1955), S. 219 f.; R. Blum, *E tüüri Bölletünne* in Wilchinger Dialekt, ebd., S. 223 f. In Lb VI GR (1961), S. 218 f. gibt M. Schmid einer Gespenstergeschichte den Titel *Wie die Churer reden*; G. Fient erzählt die Prättigauer Sage *D'Ruebsteinä ob Pany*, ebd., S. 219–222.

insbesondere von «unserem Johann Peter Hebel» und Carl Spitteler.[82] Der Kanton
Baselland hat 1956 zum letztenmal ein neues Lesebuch für die Mittelstufe herausgegeben: es zeigt wie seine Vorgänger das Bedürfnis der Landschaft, sich gegen die
übermächtige Stadt abzugrenzen, mit Gedichten wie *Stadt und Land* von Margaretha
Schwab-Plüss und *Der Baselbieter Buur* von Ernst Vogt, mit Sagen und Dialektproben aus dem lokalen Umkreis.[83] Die belletristischen Texte wurden zum grössten
Teil andern Schweizer Lesebüchern entnommen, ein Blick auf die Kinderliteratur der
Nachbarländer noch nicht für nötig befunden. Hier wie im benachbarten Solothurn
standen die Herausgeber noch ganz im Bann Josef Reinharts und seiner Lesebuchkonzeption; ein Bedürfnis nach gründlicher Erneuerung zeigte sich auch in Solothurn
nicht mehr, nachdem 1959 das Lesebuch der 6. Klasse *Volle Ähren* in Neufassung
herausgekommen war.[84] Im übrigen blieben die Mittelstufen-Lesebücher bis in die
späten achtziger Jahre unverändert.

Im Aargau und im Kanton Bern setzte man sich dagegen gründlich mit der Neugestaltung der Lesebücher auseinander. 1964 erschien im Verlag Sauerländer das
Lesebuch für Sekundarschulen *Weite Welt*. Es führt in seinen anspruchsvolleren
Texten über das sechste Schuljahr hinaus, kann uns deshalb nur am Rand beschäftigen, doch steht es genau auf der Schwelle zur neuen Entwicklung. Es bezieht auf
wesentlich breiterer Basis internationale belletristische Texte mit ein; Profil erhält
daneben Schweizerisches in Jugenderinnerungen von Schriftstellern, Texten zu «Fest
und Feier»[85] und im Abschnitt «Sprache der Heimat». Speziell auf die Aargauer
Region sind die Dialekterzählungen von Josef Reinhart, Sophie Haemmerli-Marti,
Gottlieb Walter Lüthy und Robert Stäger zugeschnitten.[86] 1970 gab derselbe Verlag
für den Aargau und die Innerschweiz gemeinsam das 6.-Klass-Lesebuch *Unterwegs*
heraus, von dessen redimensioniertem Bild der Schweiz schon die Rede war. Hier sei

---

82 Von Hebel sagt der Herausgeber T. Meyer: «Er spricht unsere Heim- und Heimatgefühle aus wie
    kaum ein anderer.», Lb V BS (1949), S. 383. Carl Spittelers Kindheitserinnerungen an Basel,
    ebd., S. 302–305; vgl. Kap. 3.3.4., S. 255.
83 Das Gedicht «E Baselbieter Buurema / bin ich und will es bliibe», Lb IV/V BL (1956), S. 66 f.
    zeigt, wie noch in den Deutschschweizer Lesebüchern der Nachkriegszeit qualitative Mängel eines
    Textes kein Hindernis sind, wenn die Aussage als wesentlich empfunden wird.
84 Unter den neuen Texten der Ausgabe von 1959 fällt ein Bericht des Schweizer Artisten Grock,
    Zirkus – mein Leben auf, Lb VI SO (1959), S. 191–193.
85 Lb VI Sld (1964), S. 73–77; A. Frey, *Wie wir ehedem Silvester feierten*.
86 Die Themen sind alt: Tiergeschichten einerseits, andererseits schwere Menschenschicksale. In
    Fürio von S. Haemmerli-Marti fängt sich ein verspotteter rothaariger Jugendlicher aus schlechten
    Familienverhältnissen auf; in *Es Cherzli verlöscht* von G. W. Lüthy stirbt ein Kind, worauf der am
    Tod mitschuldige Vater dem Alkohol entsagt, Lb VI Sld (1964), S. 142–151.

nur noch auf den Text *Ein Blick zurück* von Adolf Haller verwiesen, der in einer anschaulichen kleinen Familienchronik die Lebenssituation einer Kleinbauernfamilie im Aargau des 19. und zu Beginn des 20. Jahrhunderts schildert.[87]

In den folgenden Jahren erschienen in den beiden Kantonen drei neue Mittelstufen-Lesebücher: 1971 für die Aargauer Viertklässler *Stein und Blume, Mensch und Tier* von Max Muntwyler und 1972/73 die Berner Lesebücher 4 und 5. Unter ihnen bietet das Lesebuch 4 des Kantons Bern die modernste Auswahl. Es macht zum Beispiel mit Texten von Ernst Eggimann und Peter Bichsel auf neue Weise das Recht der Kinder auf ihre Phantasiewelt geltend, zeigt sie auch im Konflikt mit den Ansprüchen der Erwachsenen, ohne dass dabei vorschnelle Urteile gefällt würden.[88] Gedichte von Christian Morgenstern, Josef Guggenmos und James Krüss weisen in ähnliche Richtung, wie endlich auch die Sehnsucht nach Reisen in ferne Länder den alten Heimwehkult ersetzen darf. Im Berner Lesebuch 4 stammen nur noch zwei Sagen direkt aus dem Bernbiet und Dialektgedichte fehlen. Dagegen lernen die Schüler einige europäische Volkslieder kennen.[89]

Max Muntwylers Lehrmittel schöpft zwar aus demselben Literaturangebot, wirkt aber im Vergleich konventioneller. Der Abschnitt «Aus Geschichte und Sage» bringt die altvertrauten Aargauer Stücke vom Bau der Habsburg über die Sage vom Egelsee bis zur Linde von Linn, die Gründungsgeschichte der Eidgenossenschaft darf nicht fehlen, und die Mundartvarianten des Aargaus werden in je einer Erzählung vorgestellt.[90] Zehn Jahre später ersetzte der Kanton Aargau die Lesebücher für die 4. und 5. Klasse durch nun radikal umgestaltete Lesebücher.

Im Unterschied zum Berner Lesebuch 4 bleibt das Lesebuch 5 von 1973 noch stärker heimatgebunden. Es stellt je ein gutes Dutzend Texte unter den Titeln «Aus vergangener Zeit» und «Land und Leute» zusammen. Da stehen wieder die alten, das Berner Geschichtsbild offensichtlich zentral betreffenden Texte: Jeremias Gotthelfs *Zwingherr von Brandis*, dann *Jordan von Burgistein* von Johann Howald, Hans Zulligers Gedichte *Loupe* und *Wappespruch*, sowie *Lehre wärche* von Simon Gfeller. Neu fürs Lesebuch entdeckt wurde Conrad Justingers Bernerchronik, aus der einige Textproben in leicht modifizierter Schreibweise die Schüler auch als Entzifferungsrätsel

---

87 Lb VI sabe (1970), S. 207–222.
88 P. Bichsel, *Die Erde ist rund*; E. Eggimann, *Der Astronaut fliegt*, Lb IV BE (1972), S. 11–18.
89 J. Streit, *Die Grindelwald-Zwerge* und *Die verfluchte Milch*, cbd., S. 122–126. Die Volkslieder stammen aus Island, Litauen, Ungarn und der Slowakei.
90 Vom alten Dorforiginal *De blind Fritz* erzählt L. Zulauf in Brugger Mundart, G. Schwarz beschreibt *Metzgete i der Müli* in Lenzburger Dialekt, R. Stäger steuert *Bim Bäumumtue* und das Gedicht *Us der Freiämter Wöörtertrucke* bei, Lb IV AG (1971), S. 116–123.

fesseln dürften, und ein Lebensbericht Erhard Küngs, des Baumeisters am Berner Münster, von Hans Rhyn.[91]

Wie schon gesagt wurde, ist in den Jahren 1960–1980 die Lesebuchproduktion der französischen Schweiz mager: die drei Kantone Waadt, Neuenburg und Genf waren mit der Umstrukturierung ihrer Lehrpläne beschäftigt, wollten zudem ganz vom Lesebuch als Anthologie loskommen. Die alten Bücher wurden zwar nicht aus dem Verkehr genommen, doch bleibt ungewiss, wieweit sie in den Schulen noch Verwendung fanden. Die zweisprachigen Kantone Bern, Freiburg und das Wallis behielten die Lesebücher bei, erneuerten sie auch alle ungefähr gleichzeitig in den späten fünfziger und ersten sechziger Jahren. Es hängt wohl weniger mit der zeitlichen Koinzidenz als mit der Lage an der Sprachgrenze zusammen, dass diese Lesebücher weiterhin auf die Darstellung der kulturellen Eigenart ihres Kantons grösste Sorgfalt verwenden.

1960 erschien das Walliser Mittelstufen-Lesebuch *L'Ecolier valaisan*, das der Schriftsteller Maurice Zermatten zum grössern Teil selber geschrieben hatte; ein Buch von an sich imponierender Einheitlichkeit, das aber ausschliesslich auf den eigenen Kanton konzentriert bleibt. Die Anordnung der Kapitel ist traditionell: sie beginnt mit der Schule und führt über Familie und Dorf zu den beiden wichtigsten übergeordneten Autoritäten, zur Kirche und zum Staat, der hier dem Kanton gleichgesetzt ist. Der kurze Text *Ma patrie* schliesst mit den Sätzen: «Ma patrie, c'est le Valais. La patrie, c'est aussi l'église et le cimetière, les vivants et les morts. Quand je serai grand, je serai soldat afin de défendre ma patrie.» Die Schweizerfahne auf der zugehörigen Illustration ist die einzige Anspielung auf den grösseren Rahmen. Im Text *Quelques moyens de défendre son pays* wird deutlich, wie heimatschützlerischer Eifer aus dem Wallis eine Art Volkskundemuseum machen möchte. Es gilt äussere und innere Übel abzuwehren: Plakatwände, hässliche Häuser, lärmige Fabriken stören die Harmonie der Landschaft, doch auch ein «commerçant malhonnête» kann dem Ansehen des Landes schaden. *Tout ce qui porte atteinte à la beauté, à la tranquillité de notre pays, à son honnêteté, à sa simplicité, à son silence, fait tort à la patrie. [...] L'abandon de nos costumes, de nos patois, de nos traditions nuit à notre renom de simplicité, d'originalité qui nous vaut la sympathie de tant de voyageurs.*[92]

Zwei Jahre später erschien das Lesebuch für die Oberstufe *Sur le chemin de la vie*, das in der belletristischen Wahl eine Horizonterweiterung brachte und gleichzeitig die Walliser Schwerpunkte deutlich setzte. Hier steht das Kapitel «Dieu premier servi»

---

91 Lb V BE (1973), S. 52–59; im Teil «Land und Leute» ist der Mensch in seiner Auseinandersetzung mit Berg und Hochwasser weiterhin das beherrschende Thema.
92 Ll dm (1960), S. 111, 122.

am Anfang, darin ein stimmungsvoller Text von Corinna Bille, *On prépare la Fête-Dieu*. Von C.-F. Ramuz, Gonzague de Reynold, Maurice Zermatten, auch von Rainer Maria Rilke stammen die nun sparsamer verwendeten Texte über das Wallis. Sie ergeben ein vielseitiges Porträt des Kantons und seiner Leute, in dem der Stolz auf seine «histoire passionnée, sanglante» aufscheint, wenn Reynold mit dem Pathos seiner Generation schreibt:

[...] l'histoire du Valais éclaboussée de sang, noircie par les flammes, enfiévrée par les clameurs du peuple, est belle et cruelle comme l'histoire de la Rhéthie alpestre ou des républiques italiennes.[93]

Zu diesem Bild gehört Kardinal Schiner ebenso wie die obligatorischen Texte über die *Bisses du Valais,* über Derborence und den Kampf der Kühe, *Un combat des reines*, die unter dem Titel «Choses de chez nous» zusammengestellt sind,[94] aber auch, moderner, die Schilderung eines Staudammbaus und, kritischer, *On arrache la vigne.*[95] Die stark katholische Prägung verbindet die Walliser mit den Freiburger Lesebüchern, welche für die Mittel- und Oberstufe 1955 und 1960 neu herausgegeben wurden und danach unverändert geblieben sind. Aus dem Vorgänger übernimmt das Lesebuch für die Oberstufe noch Texte von Auguste Overney über die Freiburger Kinder *Jacqui et Tititte*, die den Schülern in ihrer fröhlichen und frommen Angepasstheit und Heimatliebe als Vorbilder dienen sollten.[96] Wie eng sich Freiburgisches mit Religion und Vaterland verknüpfen liess, ist schon in früheren Kapiteln besprochen worden. Man fühlte sich mit diesen konservativen Wertungen dem Wallis besonders verbunden. So lobt im Lesebuch der Oberstufe ein Text *Trésors de nos Alpes* das Lötschental und seine Bewohner in einer Weise, die in den Lesebüchern der übrigen Schweiz nicht mehr denkbar wäre:

Ces hommes et ces femmes sont heureux d'une joie que rien jamais ne pourra leur arracher, la joie même des enfants de Dieu. [...] Ils ne s'attachent pas à ce qu'ils voient ailleurs [...] ils ont fait leur choix; ils le maintiennent et restent fidèles à Dieu et à leurs vallées, à leurs coutumes, à leur famille, à leur pauvreté qui n'est pas misère, mais simplicité, renoncement joyeusement accepté.[97]

1960–1964 erschienen im Berner Jura die neu bearbeiteten Lesebücher für die Mittel- und Oberstufe. Vor allem *Les belles années* von 1964, das *L'Ecolier jurassien* ersetzt,

---

93 Ll ds VS (1962), S. 34.
94 Ebd., S. 175–191.
95 R. Bazin, *On arrache la vigne* formuliert die Verbundenheit des Walliser Bauern mit seinem Rebberg und den Schmerz über seinen Verlust: «Quelque chose de familial, une richesse héréditaire et sacrée, périssait avec la vigne.», ebd., S. 95.
96 Ll ds FR (1960), S. 202–211.
97 Ebd., S. 38 f. Verfasser des Textes ist Mgr. F. Charrière.

ist in seiner Textwahl ein modernes, neuen Strömungen aufgeschlossenes Lesebuch. Es nimmt auf die Interessen der Schüler Rücksicht,[98] berichtet von Reisen, Forschungs-expeditionen und Sportlern, von Künstlern und modernen Berufen, sogar von der Arbeit in einem Filmstudio. Als bisher einziges Lesebuch schildert es zwei moderne Frauen bei ihrer Berufsarbeit als Airhostess und Fallschirmspringerin.[99] Im Vergleich zu den früheren Lehrmitteln sind die patriotischen Texte wesentlich reduziert; die beiden Lesebücher vermitteln gleichwohl ein ausgeprägtes Heimatbild, dem jedoch die religiöse Komponente fehlt. Alle ausgewählten Texte betonen die Eigenständigkeit der Jurahöhen, wobei einige klassische Stücke wie Virgile Rossels Gedicht *Mon Jura* und *Aimer son Jura* von P.-O. Bessire aus dem Vorgänger übernommen wurden. Doch kommen auch neue Texte hinzu, so von Charles Beuchat *Découverte du Jura*, eine Jugenderinnerung an eine Jurawanderung aus dem Nebel hinauf in die Sonne:

Nous nous sentions dans la lumière, nous participions de la lumière. Plus de nuage au ciel, à peine un semblant de brume à l'horizon lointain! Des sommets se succédaient, plus resplendissants les uns que les autres. On devinait, vers le sud-est, les Alpes. Silencieux, nous restions là, émus plus que de raison. La merveille opérait, la magie du terroir nous entrait au coeur et pour jamais.[100]

Das Bewusstsein der Bindung an die Schweiz soll den Schülern weiterhin vermittelt werden; dazu dienen immer noch am besten die Erinnerungen an Zeiten, in denen die Juragrenze zum Schutz des ganzen Landes bewacht werden musste, an den Übertritt der Bourbakiarmee und den Zweiten Weltkrieg. Daneben tritt die Zugehörigkeit des Juras zum Kanton Bern ganz zurück; bis zur Loslösung und Gründung des neuen Kantons Jura sollte es nicht mehr lange dauern.

Der kurze Rundgang hat wohl gezeigt, dass die Lesebuch-Landschaft der gesamten Schweiz zwischen 1960 und 1980 wieder vielgestaltiger und bewegter wirkt als zwanzig Jahre früher. Gewollt und ungewollt kommen noch einmal sprachliche und konfessionelle Unterschiede, konservative neben neuerungsfreudiger Pädagogik in wechselnden Kombinationen zum Ausdruck. Seit den späten achtziger Jahren sind sie in der ganzen Schweiz durch neue, interkantonale Lesebücher ersetzt worden.

---

98 Im Vorwort wird auf eine Umfrage unter Lehrern und Schülern hingewiesen, deren Ergebnisse man weitgehend berücksichtigt habe, Ll ds BE (1964), S. 5.

99 V. Baum, *Hôtesse de l'air* und C. Duval, *Une parachutiste courageuse*, ebd., S. 87–92.

100 Ll V/VI BE (1961), S. 66 f.; vgl. auch das Sonnett von H. Duvain: «Terre jurassienne, agreste et souveraine, / Je veux te célébrer au rythme du sonnet...», ebd., S. 314.

5.3. Eine neue Lesebuchgeneration: «Heimat» noch ein Thema?

In einer Presseorientierung der Interkantonalen Lehrmittelzentrale schreibt Peter von Bergen im März 1991 über sein neues 6.-Klass-Lesebuch:

Für unsere Epoche Bezeichnendes hat sich auch im «Turmhahn» niedergeschlagen. Die stabilitas loci, die Heimat als tragender Grund, von dem man ausgeht und zu dem man immer wieder zurückkehrt, ist aufgehoben. Der moderne Mensch ist das nicht festgelegte Wesen, sinnbildlich für diese Unstetigkeit ist seine Mobilität.[101]

Ist demnach «Heimat» kein Thema mehr?

5.3.1. Interkantonale «Arbeitsbücher zur Leseerziehung»

In verschiedener Hinsicht haben sich die Lesebücher der achtziger Jahre noch einmal stark geändert. Zunächst fällt die Konzentration auf dem Schulbuchmarkt auf. Die letzten nur für den eigenen Kanton bestimmten Mittelstufen-Lesebücher gaben der Thurgau 1980/85 und der Aargau 1981/83 heraus. 1985–1988 erschienen im Auftrag der Commission romande des moyens d'enseignements (COROME) die Lesebücher Français 3 bis Français 6. Inzwischen wurden in der Deutschschweiz von zwei Zentren aus überregionale Lesebuchreihen geplant: Einerseits auf privater Basis vom Verlagsinstitut für Lehrmittel sabe, das die Wünsche und Anregungen der in der Goldauer Konferenz zusammengeschlossenen katholischen Kantone aufgreift, seine Schulbuchproduktion aber auch ganz allgemein auf die Bedürfnisse der Deutsch-schweizer Volksschulen ausrichtet. Andererseits auf Initiative der Interkantonalen Zentralstelle für Lehrmittel und -koordination (ilz), die von zwölf Kantonen getragen wird und die Edition der einzelnen Schulbücher samt dem finanziellen Risiko jeweils einem kantonalen Lehrmittelverlag überträgt.[102]

Nach schweizerischem Brauch gehen Gemeinschaftswerken dieser Art komplizierte Vernehmlassungsverfahren voraus. Weil die Aufsicht über die Volksschulen weiterhin ein streng gehütetes Privileg der Kantone ist, nehmen sie alle ihr Mitspracherecht in Beratergruppen und Kommissionen auf verschiedenen Ebenen wahr, bringen ihre Vorbehalte und Ergänzungsvorschläge an. Themen und Texte, über die man sich nicht

---

101 P. von Bergen, Das Besondere des «Turmhahns», S. 6.
102 Die der ilz angeschlossenen Kantone Aargau, Bern, Baselland, Basel-Stadt, Glarus, Graubünden, Luzern, St. Gallen, Solothurn, Thurgau und Zürich sind frei in ihrem Entscheid, ob sie ein Lehrmittel übernehmen wollen.

einigen kann, müssen wegfallen, so dass gerade die Beiträge zu kontroversen aktuellen Fragen und Bereichen eventuell fehlen. Gleichzeitig möchte jede Region Eigenes ins Lesebuch einbringen. Wie sehr alle Koordinationsbemühungen auf diese Empfindlichkeiten Rücksicht nehmen müssen, zeigen die 1981 formulierten *Grundsätze für das Lehrmittelschaffen in der Goldauer Konferenz*. Das Papier hält als ersten dieser Grundsätze fest, dass die kantonale und kommunale Autonomie gewahrt bleiben müsse: «Die Kantone und Regionen bleiben aufgerufen, sich auf ihre Besonderheit zu besinnen und diese auch im Umgang mit den Lehrmitteln zum Ausdruck zu bringen.»[103]

Auch das Vorwort zu den Lesebüchern der COROME bescheinigt den neuen Lehrmitteln, dass sie «tout en garantissant une coordination de cet enseignement» den Lehrkräften genügend Spielraum lassen «assurant le respect des spécificités cantonales». Die Herausgeber der neuen Lesebücher setzen sich mit der inzwischen über zwanzigjährigen Lesebuchkritik intensiver auseinander als ihre Vorgänger. Hatte die Neuorientierung von 1960–1980 eine inhaltliche Horizonterweiterung und den Abbau rein nationaler Stoffe gebracht, greifen jetzt die Veränderungen tiefer. Ein «literarisches Arbeitsbuch zur Leseerziehung»[104] soll nun das frühere «traditionsbelastete Lesebuch mit seiner Tendenz, überholte Gesellschafts- und Moralvorstellungen zu konservieren» ersetzen.[105] Die Herausgeber von Lesebüchern für das 4. und 5. Schuljahr legen vor allem Gewicht auf die Förderung der Lesefähigkeit im erweiterten Sinn, eine nach neueren lernpsychologischen Einsichten komplexe, beim heutigen Medienangebot längst nicht mehr selbstverständlich gepflegte Fertigkeit.[106] Dazu gehört der Umgang mit möglichst verschiedenartigen Textsorten; neben Ausschnitten aus guter Kinderliteratur stehen reine Sach- und Gebrauchstexte vom Kochrezept bis zum Lexikonartikel, Kindergedichte, Anregungen zu Sprachspielen und Umsetzungen in dramatische Formen, eigene Schülerbeiträge. Die vielfältigen Möglichkeiten der modernen Printmedien erlauben wechselnde Schriftarten und -grade, Farben, verschiedene Satzspiegel, die besonders im 4.-Klass-Lesebuch (ilz) *Das fliegende Haus* vorbildlich eingesetzt sind. Bildgeschichten und Comics wie auch Illustrationen und Grafiken können im Zusammenspiel mit den Texten eigenständige Informationsaufgaben übernehmen; sie sollen «zur Auseinandersetzung anregen und wo nötig Gegenwelten zeigen, die im Text nicht vorkommen».[107]

103 Grundsätze für das Lehrmittelschaffen in der Goldauer Konferenz, verabschiedet von der Goldauer Konferenz am 11.3.1981, S. 2.
104 L. Müller, Lehrerhandbuch zu «Schnedderengpeng», S. 5.
105 A. K. Ulrich, «Das fliegende Haus», S. 2.
106 Die neueste Bestandesaufnahme für die Schweiz bietet die Studie «Leselandschaft Schweiz».
107 P. von Bergen, Das Besondere des «Turmhahns», S. 3.

Vor allem möchten die Herausgeber die Schüler zum Buch, zum Lesen als Freizeitbeschäftigung hinführen. «Le but essentiel de ce livre est, [...] de te mettre en appétit pour la lecture», heisst es im Vorwort zu *Sélectures*, dem 5.-Klass-Lesebuch der Romandie.[108] Alle neuen Lesebücher integrieren nicht einfach Passagen aus der modernen Kinderliteratur als geeignete Kurzgeschichten, sondern stellen Kinder- und Jugendbücher, eventuell auch ihre Verfasser, in Kurzbiographien vor. Die Leseproben lassen den Schluss oft absichtlich offen. Wer wissen möchte, wie es weitergeht, muss sich das Buch beschaffen. Die Schüler werden zu lustbetontem Lesen nach eigener Wahl ermuntert. Die alte Pädagogenangst vor dem «schlechten Buch» verblasst hinter der Einsicht, dass auch nicht ganz hochwertige Lektüre immer noch besser sei als unkontrollierter Fernsehkonsum und schwindende Lesefähigkeit.

Spass am Lesen ist Eines, kritisches Lesenlernen ein Zweites. Leo Müller, der Herausgeber der neuen Mittelstufen-Lesebücher des Verlagsinstituts sabe, umschreibt das Ziel des Leseunterrichts, «die Schüler zu selbständigem, motiviertem, kritischem und effizientem Lesen anzuleiten. Lesen führt zur Auseinandersetzung mit sich selbst, mit den Mitmenschen und mit der Umwelt.»[109]

Diesen Satz würden alle Lesebuchherausgeber unterschreiben. Während aber die neuen Lesebücher der Romandie die kritische Auseinandersetzung mit der Umwelt hauptsächlich in Sachtexten, Reportagen und Interviews aufscheinen lassen, bieten ihre deutschschweizerischen Pendants für das kritische Lesen mehr Texte der Kinder- und Jugendliteratur an, die typische Situationen des Zusammenlebens schildern.

In den Deutschschweizer Lesebüchern der frühen achtziger Jahre fiel die grosse Zahl der angesprochenen sozialen Probleme und Fehlentwicklungen besonders auf. Die Geschichten handelten von gedankenlos egoistischem Konsumverhalten der Durchschnittsbevölkerung, Verführung durch Werbung, fehlendem Verständnis für Schwache, Behinderte und Aussenseiter, vom anonymen Wohnen in der Grossstadt, von Umweltzerstörung und hybrider Technik: ein reichhaltiger Katalog. In den neuesten Lesebüchern sind diese Themen weiterhin präsent, doch nicht mehr so geballt. Man ist bescheidener geworden und betrachtet die Schule nicht mehr als «sozialreformerischen Nabel der Welt, von dem die Weltveränderung auszugehen hat».[110] So bleibt auch wieder mehr Platz für Humor und eine gewisse Zuversicht trotz allem.

108   Fr 5 CO (1987), S. III.
109   L. Müller, Lehrerhandbuch zu «Schnedderengpeng», S. 2.
110   P. von Bergen, Das Besondere des «Turmhahns», S. 2.

5.3.2. Sage und Märchen – die bleibenden Medien

Wie vertragen sich die neuen Konzepte der Lesebücher mit dem weiterhin bestehenden Auftrag, den Schülern die Schweiz und ihre nähere Umgebung als Identifikationsraum nahe zu bringen? Von unserem Leben im Staat ist nicht mehr ausdrücklich die Rede; der letzte Abgesang auf den Ersten August im Aargauer Lesebuch von 1981 ist schon zitiert worden.[111] Von «Ueli dem Schreiber» steht dort noch ein zweites Bernergedicht, das auf die verbreitete Spezies verantwortungsloser Schweizerbürger gemünzt ist:

Ein Berner namens Röthenmund
sass einst im schönsten Wiesengrund,
um nach dem Gang auf Wanderwegen
sich aus dem Rucksack zu verpflegen.
Nachdem er diese Tat vollbracht
und pfeifend sich davongemacht,
verblieben in den Esparsetten
vier abgebrannte Zigaretten,
zwei Büchsen, eine leere Flasche,
ein Zapfen, eine Plastiktasche,
diverse Eierschalen und
ein Hosenknopf von Röthenmund.
Ein altes Schwein kam dort vorbei
und grunzte: «Welche Menscherei!»[112]

Wenn positive Aussagen über die Schweiz und den Schweizer von den eigenen Schriftstellern nicht mehr geliefert werden, bleibt das Thema nationaler Identität – explizit in modernen Texten zumindest – ausgespart. Die letzten kantonalen Lesebücher für den Thurgau und den Aargau aus den frühen achtziger Jahren verzichten denn auch völlig auf Texte über die Schweiz als Ganzes und beschränken sich auf ihren Kanton, indem sie altvertraute, zum Teil neu erzählte Sagen und Anekdoten aus der Region, auch ein paar Dialektgedichte und Mundarterzählungen beibehalten.[113] Andere

---

111 Kap. 5.2.4., S. 331.
112 Lb V AG (1981), S. 185.
113 Sagen des Heimatkantons, Lb V TG (1985), S. 68–75; Lb V AG (1981), S. 70 f.; Lb IV AG (1983), S. 116–127. Lb IV TG (1980), S. 36–38 bringt T. Vogels Dialekterzählung *Vom Ross Lisi* und E. Nägeli, *Augschtenöpfel*, S. 117–119. Lb V TG (1985), S. 108, 133 übernimmt aus dem früheren Lesebuch A. Huggenbergers Gedicht *S'Heimetdörfli* und eine Anekdote von H. R. Fischer. Die Aargauer Lesebücher zitieren den Mundartautor J. Villiger, *Am Telifon*, Lb V AG (1981), S. 54.

Lösungen müssen hier die Herausgeber der neuen interkantonalen Lesebücher suchen. Sie wenden sich nicht mehr an die Schüler einer einzigen Region. Vor allem aber hat die Durchmischung der Bevölkerung so zugenommen, dass in den meisten Schulklassen Kinder verschiedener Herkunft und mehrerer Sprachen sitzen. Die Schule wird so zum Ort, wo im Kontakt mit dem Fremden die Aufmerksamkeit für die je eigene Art, aber auch Relativierung und Toleranz geübt werden müssen. Die Lesebücher für das 4. und 5. Schuljahr machen die Begegnung mit dem Andern deshalb zu einem Hauptthema. Alte und neue Märchen verschiedener Völker, Sagen und «Geschichten von früher» können helfen, das Verständnis für fremde und eigene Traditionen zu vertiefen, zugleich auch zeigen, dass Erzählmotive an keine Grenzen gebunden sind. An die Stelle der lokalen Gründungssagen treten daher nun eher Schweizer Varianten von Märchen; den Kindern vertraut und doch ungewohnt die Rumpelstilzchen-Version *Hans Öfeli-Chächeli*, anstatt Frau Holle: *Goldig Betheli und Harzebabi*, und aus der französischen Schweiz *Die Froschprinzessin*.[114]

Auch wandernde Sagenmotive können an einem bestimmten Ort sich ansiedeln und dort für die Menschen einen besondern Sinn erhalten. Der Herausgeber der sabe-Reihe Leo Müller stellt für die 4. Klasse zum Motiv des Grenzsteinversetzers, der nach dem Tode umgehen muss, bis ihn das richtige Wort erlöst, Sagen aus der Innerschweiz, dem Oberwallis und Freiburg zusammen.[115] Im 5.-Klass-Lesebuch der gleichen Reihe wird das Thema «Sagen» in zwei grösseren didaktisch gewählten und kommentierten Texteinheiten wieder aufgegriffen. Sagen sind als Spiegel früherer Lebensformen zu verstehen, sie drücken das Gerechtigkeitsempfinden ihrer Zeit aus und enthalten in phantastischer Verkleidung einen wahren Kern, dem wir nachspüren können. Müller gruppiert einige Beispiele um das Motiv Gerechtigkeit und Unrecht der Herrschenden: *Karl der Grosse und die Schlange* einerseits, *Der Stiefelreiter* und *Die Katze in der Milchtanse* zum Übermut der Klostervögte andererseits.[116]

Überraschen mag dann im gleichen Buch die Anwendung dieser Reflexionen auf die Tellensage. Die skandinavische Version vom Schützen Toko steht neben einem Auszug aus dem *Weissen Buch von Sarnen* und der Szene aus Schillers Drama. Ebenso viel Platz ist Beispielen von Werbung mit Wilhelm Tell eingeräumt; eine Umfrage vor dem Telldenkmal in Altdorf «Glauben Sie an Wilhelm Tell?» und Mani Matters Lied

Reiche Mundart, S. 60 f.; *Preiche*, S. 222 und die Erzählung *D Chrischtböim werdid all Jor chliner*, S. 156 f.; Lb IV AG (1983), S. 214, *Chinderrim zum Nomache* und *Woler Wulle*.

114 *Hans Öfeli Chächeli*, *Die Froschprinzessin*, Lb IV ilz (1990), S. 36–39; *Goldig Betheli und Harzebabi*, Lb IV sabe (1988), S. 166 f.

115 Lb IV sabe (1988), S. 168 f.

116 «Welche Geschichten sind Sagen?», Lb V sabe (1990), S. 153–157.

Si hei dr Wilhälm Täll ufgfüert runden diese Textgruppe ab. Die Auswahl ist längst nicht mehr revolutionär, für ein Schweizer Mittelstufen-Schulbuch aber doch erstmalig, und wird manchem Lehrer die Behandlung des da und dort noch als heikel empfundenen Themas erleichtern.[117]

Für Zehnjährige wäre dieses Vorgehen zu analytisch. Im 4.-Klass-Lesebuch der ilz-Reihe *Das fliegende Haus* weist Anna Katharina Ulrich die Viertklässler zuerst auf das Grundbedürfnis der Menschen nach Geschichten hin. Der Geschichtenerzähler, der seinen Zuhörern den Zugang zur Vergangenheit öffnet, ist eine grosse Vaterfigur – oder die Grossmutter, die dem kleinen Meinrad Lienert ihr Märlein erzählt.[118] Die zehn Schweizer Märchen und Geschichten von früher stehen im grossen Zusammenhang zwischen Ursprungsmythen verschiedener Völker und «Märchen aus unserer Zeit» in fünf Sprachen. Sie sprechen von stets wiederkehrenden Wünschen und Ängsten und ebenso von kaum mehr erhaltenen früheren Lebensumständen. Der Mann, der sich vom Teufel ein bequemes Leben erkauft hat und ihn nun überlisten muss, ist hier das Bäuerlein Malcovi in der Lenk.[119]

Der Jura, das Mittelland und die Voralpenlandschaft spielen als Hintergrund in einigen Sagen eine Rolle. So schenkt im 5.-Klass-Lesebuch der Romandie *Sélectures* der Teufel einem armen jurassischen Bauern und Uhrmacher eine «zu schwere» Kuh. Der Mann rettet seine Seele, indem er drei arme Dorfkirchen mit Turmuhren ausrüstet. Auf einen Schlag versinken die Kuh und ihre Nachkommen im Boden und lassen jene merkwürdigen Löcher im Juraboden, die «emposieux» zurück.[120]

Gerade in diesen interkantonalen Lesebüchern ist den Alpsagen weiterhin ein besonderer Platz eingeräumt. Im Bild der Berge lebt am ehesten noch die alte Symbolkraft weiter, erhält sich das identitätsstiftende Motiv, das wir als gesamtschweizerisch empfinden und akzeptieren. Und die Alpsagen erzählen von den Berggeistern, die den gottesfürchtigen und bescheidenen Menschen reich beschenken, am Habgierigen und Überheblichen aber, der ihre Gaben verschwendet, grausame Rache üben: aktueller Stoff angesichts unserer drängenden Umweltprobleme. Im *Turmhahn* erklärt Hannes Sturzenegger den Sechstklässlern den Sarganser Alpsegen als alte magisch-christliche Beschwörungsformel; in ihrem Bannkreis und im Schutze der angerufenen Heiligen sollten die bösen Mächte nicht aufkommen. In die anschliessende Textgruppe sind

117 «Der Tell sei uns gepriesen», ebd., S. 143–151.
118 H. Cordero, *Die Geschichtenerzähler*; Lb IV ilz (1990), S. 14 f.; M. Lienert, *Das Märlein der Grossmutter*, ebd., S. 49–51.
119 *Teufel und Malcovi*, Lb IV ilz (1990), S. 42 f.
120 C.-F. Landry, *La vache trop lourde*, Fr 5 CO (1987), S. 81–84.

bekannte Sagen wie *Blüemlisalp*, erzählt von Hans Manz, und *Der Lehenszins* von Meinrad Lienert aufgenommen.[121]

Die jüngeren Schüler führt dagegen Marbeth Reif mit ihrer modernen Erzählung *Das Gletscherkind* am besten an das Thema heran. Aus ihr übernehmen *Das fliegende Haus* (ilz) und *Karfunkel* (sabe) längere Passagen.[122] Zwei Buben, die allein eine Velotour unternehmen dürfen, begegnen dem verwunschenen Gletscherkind. Es kann nur alle sieben Jahre für ein paar Tage das Eis verlassen, in dem seine Familie zur Strafe für einst begangene Wildfrevel und Naturschändungen verschüttet liegt, ohne Ruhe zu finden. Die Geschichte kombiniert geschickt Sagenmotive mit heimatkundlichen Details zu einer heutigen Schweizerreise und den Anliegen des Umweltschutzes, gewinnt zudem Farbe aus dem Kontrast zwischen längst vergangener und gegenwärtiger Lebensweise.

5.3.3. Höhenwanderungen

Mit diesem Rezept bleibt Marbeth Reif nicht allein. Alle Lesebuchherausgeber sind sich stillschweigend einig, dass Heimatdarstellung heute nicht mehr offen patriotisch sein kann. Sie suchen sie den Schülern unaufdringlich verpackt in eine spannende Erzählung oder in Form eines originellen Sachtextes zu vermitteln. Als facettenreich erweist sich das alte Lesebuchthema «Schweizerreise und Tourismus». In den Lesebüchern der Romandie ist davon nicht mehr viel geblieben. Kurzporträts von Luzern und der Haute route du Jura demonstrieren den Zehn- und Elfjährigen hauptsächlich den Umgang mit Reiseprospekten, Stadt- und Fahrplan und Wanderkarte.[123]

Vergnüglich dagegen in den Deutschschweizer Lesebüchern die Landschaftsbeschreibungen und Wandertips aus alten Reiseführern:

Mitten in der Region des ewigen Schnees kann der Tourist, während er im Speisesaal bei dampfenden Schüsseln sich's wohl sein lässt, den Blick an den Gletschern, an den zackigen Rippen und Gräten des Gebirgsleibs weiden. Die Schau, die ehedem nur dem kühnen Gemsjäger und dem Alpenhirten beschieden war, fällt jetzt dem verweichlichten Städter ohne Entbehrung und ohne Mühe zu.[124]

---

121   Lb VI ilz (1990), S. 265–271.
122   Lb IV ilz (1990), S. 26–32; Lb V sabe (1990), S. 161–165.
123   *Au coeur de la Suisse: Lucerne*, Fr 4 CO (1986), S. 146–149; M. Chappaz, *La haute route du Jura*, Fr 5 CO (1987), S. 46 f.
124   *Riesen aus Fels und Firn*, Lb IV ilz (1990), S. 48; vgl. *Reisen in der Schweiz von anno dazumal: Auf Schusters Rappen*, Lb VI ilz (1990), S. 209 f.

Von den ersten Frauen, die im 19. Jahrhundert den Mont Blanc bestiegen, berichtet im *Turmhahn* ein Beitrag samt amüsanten Details, wie etwa die unerschrockenen Damen mit ihrer für derlei Unternehmungen ungeeigneten Garderobe zurecht kamen: *Sie liessen beim Aufstieg die Röcke an Stellen zurück, von denen ab keine Begegnungen mehr zu befürchten waren, und stiegen in der Unterkleidung oder in Reithosen weiter, die sie unter dem Rock angezogen hatten.*[125]

Keine neue Lesebuchreihe ohne moderne Bergtexte. Die Verfasser hüten sich wohl, das in ihnen mitklingende Heimatthema direkt anzuschlagen, doch scheint es implizit oder in ironischer Brechung auf. In Franz Hohlers absurd-komischer Geschichte *Wie die Berge in die Schweiz kamen* tauschen die Holländer mit den Schweizern Berge gegen Tulpenzwiebeln aus. Problemlos funktioniert der Versand der Zwiebeln. *Mit den Bergen war es etwas schwieriger. Da erinnerte sich Benedikt Matter an das alte Sprichwort «Der Glaube versetzt Berge». «Wir müssen es nur glauben», sagte er, «dann passiert es auch.» Da gingen alle Schweizer und Holländer einen Tag lang in die Kirche und glaubten ganz fest, dass die Berge von Holland in die Schweiz kämen, und siehe da, in Holland knirschte und krachte es, ein Berg nach dem andern riss sich vom Boden los, flog in die Schweiz und liess sich dort nieder. Endlich führten die Schweizer Bergbahnen und Skilifte in die Höhe, man hatte oben ein Aussicht auf andere Berge und konnte mit den Skis hinunterfahren, und nun kamen die Leute von weither, um hier Ferien zu machen.*[126]

Max Muntwyler wählt für das Aargauer Lesebuch von 1981 das bis dahin beliebteste Motiv der kühnen Rettungsaktion für einen verunglückten Touristen.[127] Zehn Jahre später überwiegen die Berichte von alpinistischen Hochleistungen, die jedem Handgriff und Schritt in Fels und Eis Spannung abgewinnen. Texte wie *Une grande victoire* von Roger Frison-Roche im 6.-Klass-Lesebuch *Au fil des textes* haben in Westschweizer Lesebüchern Tradition,[128] während bisher die Deutschschweizer ihren Schülern den Kletterer, der sein Leben mutwillig aufs Spiel setzt, in abschreckenden Beispielen vorführten.[129] Nun nimmt Tarcisius Schelbert Paul Etters Bericht von seiner höchst riskanten Wintererstbesteigung der Matterhornnordwand im Februar 1962 in sein 5.-Klass-Lesebuch *Spürnase* auf, blendet aber auch den Nachruf auf den wenige Jahre später tödlich verunglückten Alpinisten ein. In derselben Textgruppe

125 D.-H. Teichmann, *Die ersten Frauen im Hochgebirge*, ebd., S. 211 f.
126 Lb IV sabe (1990), S. 159 f.
127 P. Forrer, *Der Tote am Kingspitz*, Lb V AG (1981), S. 105–108.
128 Fr 6 CO (1988), S. 14–18; Fr 5 CO (1987), S. 177 bringt vom selben Autor *Première victoire*; vgl. Kap. 3.3.3., S. 254.
129 Vgl. H. Rhyn, *Der Kletterer*, Lb V BE (1973), S. 83.

finden die Schüler Alfred Böglis Reportage über eine Expedition ins Höhlensystem des Hölloch und eine Zeitungsnotiz *Höhlenforscher tot geborgen.*[130] Das 5.-Klass-Lesebuch der sabe-Reihe *Karfunkel* bringt aus Rudi Klapproths Jugendroman *Flucht durch die Nacht* eine ausführliche Leseprobe. Der Text *Der Ausflug zur Teufelswand* erzählt von zwei Jugendlichen auf heikler Klettertour im Gotthardgebiet und vor diesem landschaftlichen Hintergrund die Geschichte eines jungen Mädchens, das aus unhaltbaren Familienverhältnissen auszubrechen sucht.[131]

Während hier die altvertraute schweizerische Assoziation «Berg» und «Freiheit» nur eben anklingt, steht sie im 6.-Klass-Lesebuch der Romandie im Zentrum mehrerer Texte. Die eindringlichste Form gibt ihr C.-F. Ramuz in *Farinet ou la Fausse Monnaie*; von ihm übernimmt *Au fil des textes* die Beschreibung der Flucht aus dem Gefängnis von Sion.

On n'a pas couru la montagne depuis tout petit sans avoir appris comment faire, puis la liberté l'attendait là tout près et le regardait dans la lune, lui disant: «Tu y es presque, Farinet, encore un petit effort, c'est ça...»[132]

Es folgt eine Dramatisierung derselben Szene für den Schulgebrauch:

Regardez Sion, tout là-bas! [...] Toute une ville pour me retenir, avec un évêque, un Gouvernement, un château, deux châteaux. [...] Regardez comme ils vivent. Ils vivent étroit, petit. Ils vivent faux. [...] Là-bas le Rhône, c'est à moi. [...] A moi de nouveau. Et les montagnes, toutes les montagnes qui percent comme des dents hors des gencives, les unes devant les autres, toujours plus blanches. Tellement nombreuses qu'on ne peut plus les compter. C'est à moi, c'est pas à eux – ils dorment eux – les rochers et les sentiers, les cachettes [S. 169 f.].

Der historische Farinet ist ein Walliser Volksheld, weil er sich, in den Bergen versteckt, lange Zeit einer kleinlich-bürokratischen Staatsgewalt zu entziehen vermochte.[133] Es ist bezeichnend, dass die älteren Walliser Lesebücher von diesem Rebellen gegen staatliche und kirchliche Autoritäten noch nichts berichten. Jetzt tritt er auf und verhöhnt die Menschen, die unten im Tal «eng, klein und falsch» leben.

Hier symbolisieren die Berge nicht mehr die politische Freiheit unseres unabhängigen Staatswesens, welche die patriotischen Lieder und Texte des 19. und 20. Jahrhunderts bis nach dem Zweiten Weltkrieg meinten. Farinet befreit sich gewaltsam aus der engen, reglementierten Gesellschaft. Und Befreiung von den Zwängen unserer

---

130 Lb V ilz (1990), S. 49–69.
131 Lb V sabe (1990), S. 23–27.
132 Fr 6 CO (1988), S. 167 f. Adaptation des Textes von Ramuz durch P. Thurre.
133 Die Gesellschaft «Les Amis de Farinet» hat zu seinem Andenken ein Museum in Saillon (VS) eingerichtet.

übertechnisierten Zivilisation signalisieren auch die neuen Bergtexte, wenn sie schildern, wie der Alpinist die Herausforderung in Fels und Eis sucht.[134] Thematisch in der Nähe steht die Erzählung *L'homme sauvage* des Wallisers René Bille. Auch sie stellt einen einsamen und ungebunden durch die Berge streifenden Mann in den Mittelpunkt, der in eigenartiger Symbiose mit Tieren und Pflanzen lebt.[135] Die Schüler, an umweltkritische Lektüre gewöhnt, werden in diesen Texten vor allem die Gegenüberstellung von ursprünglicher, aber bedrohter Natur und moderner, zersiedelter Kulturlandschaft und Stadt wahrnehmen. Das Thema «Berg und Freiheit» erhält so eine weitere, zeitbedingte Konnotation: die Alpen, die einst die Freiheit schützten, müssen nun ihrerseits vor den Übergriffen der eindringenden Menschen geschützt werden.[136] Auf das Thema «Umweltzerstörung» wird noch zurückzukommen sein.

5.3.4. Regionales im Überregionalen

Weil die eben zitierten Texte speziell das Wallis betreffen, liegt nun die Frage nahe, wie und in welchem Umfang die neuen interkantonalen Lesebücher noch die kulturelle und regionale Vielfalt der Schweiz auszudrücken vermögen. Die drei Westschweizer Lesebücher suchen in Reportagen, Sachtexten und Erzählungen neben der überwiegend internationalen Ausweitung den engeren Rahmen der französischsprachigen Kantone zumindest punktuell einzubeziehen. Einige Sagen, Reise- und Bergtexte sind schon genannt worden; die wichtige Kurzgeschichte *La valise* von Jacques Chessex wird uns im Zusammenhang mit den Integrationsproblemen von Ausländern noch beschäftigen. Bleiben die etwas nostalgisch einen alten Waadtländer Bauern zeichnende Erzählung *Le vieil homme et le pommier* von Violette Petti,[137] eine Reportage über Ernst Rieder, den – letzten? – Maskenschnitzer im Lötschental,[138] der Bericht *Du pain* von Michel Schlup, der an das strenge Regiment der alten Herren von Neuenburg über Müller und Bäcker erinnert,[139] und Maurice Chappaz' Andekdote von *Pirrotin*, dem schlauen Walliserbuben, der sich weigert, auf die allzu primitiven

---

134 Freiheit wird kaum explizit erwähnt, ist aber in dem Stolz inbegriffen, aus eigener Kraft den Berg besiegt zu haben..

135 Fr 6 CO (1988), S. 110–112.

136 *Alerte aux casse-pieds*, ebd., S. 60 f.: Ein Vogel beklagt sich, dass er dauernd von Bergsteigern und Deltafliegern belästigt wird und nirgends mehr in Ruhe brüten kann.

137 Fr 5 CO (1987), S. 90–93.

138 F. Merçay, *Les masques du Lötschental. Le dernier des sculpteurs?*, Fr 6 CO (1988), S. 128–131.

139 Fr 5 CO (1987), S. 94–96.

Lehrmethoden seines Schulmeisters einzugehen.[140] An Brauchtum, das heute noch in der Form fröhlicher Kinderfeste weitergepflegt wird, erinnern Zeitungsberichte zum Niklaustag in Freiburg und zum Fastnachtsumzug in Bulle,[141] während ein Überblick mit graphischen Darstellungen über den heutigen Stand der Schweizer Viehzucht Oscar Bärs *Geographie der Schweiz* entnommen ist.[142] Nimmt man noch das Porträt des Freiburger Künstlers Jean Tinguely und den kurzen Text von Corinna Bille, *La raclette*, hinzu,[143] entsteht der Eindruck eines kunterbunten Mosaiks von Schweizer Impressionen, mit dem einzigen gemeinsamen Nenner, dass sie auf keinen Fall patriotisch wirken wollen.

Witzige Ausnahme ist hier allein das Chanson *La Venoge* von Jean Villard Gilles, abgedruckt in *Au fil des textes*. Mit liebenswürdiger Ironie zieht Gilles die Parallele zwischen dem Waadtländer Selbstbewusstsein und dem gemütlichen Flüsschen, während er sich zugleich vom grossen Ton der alten patriotischen Gesänge distanziert.

Un fleuve? En tout cas, c'est de l'eau
Qui coule à un joli niveau.
Bien sûr, c'est pas le Fleuve Jaune.
Mais c'est à nous, c'est tout vaudois,
Tandis que ces bons Genevois
N'ont qu'un tout petit bout du Rhône.

C'est comme: «Il est à nous, le Rhin!»
Ce chant d'un peuple souverain.
C'est tout faux! Car le Rhin déloge.
Il file en France, aux Pays-Bas,
Tandis qu'elle, elle reste là,
La Venoge!

Also nicht zum grossartigen Genfer Nachbarn, aber auch nicht zur kalten deutschen Schweiz wendet sich die Venoge:

Elle a compris! Elle a eu peur,
Quand elle a vu l'Orbe sa sœur
– Elle était aux premières loges –

---

140 Fr 6 CO (1988), S. 230.
141 Fr 4 CO (1986), S. 178–181.
142 Fr 5 CO (1987), S. 88 f.
143 *Jean Tinguely*, Fr 4 CO (1986), S. 23–25; C. Bille, *La raclette*, Fr 6 CO (1988), S. 286.

Filer tout droit par Yverdon
Vers Olten! elle a dit: pardon!
La Venoge!

Le Nord, c'est un peu froid pour moi.
J'aime mieux mon soleil vaudois [...]

Das Temperament des Flüsschens und des Waadtländers fasst Gilles schliesslich in die Strophe:

Pour conclure, il est évident
Qu'elle est vaudoise cent pour cent.
Tranquille et pas bien décidée,
Elle tient le juste milieu,
Elle dit: qui ne peut ne peut!
Mais elle fait à son idée.[144]

Vergleicht man in den beiden Lesebuchreihen der Deutschschweiz die Texte, welche auf einzelne Regionen Bezug nehmen, wird deutlich, dass die Herausgeber bei aller betonten Offenheit doch je für ein bestimmtes Publikum gearbeitet haben. In den Lesebüchern der ilz bleiben die örtlich eindeutig festgelegten Beiträge abgesehen von den schon genannten Märchen- und Sagenreihen recht selten. Als einzige hat es Anna Katharina Ulrich gewagt, das während so vielen Jahrzehnten überstrapazierte Thema «Hirtenbub» in ihr 4.-Klass-Lesebuch (ilz) zu integrieren. Sie bringt einen Ausschnitt aus Ulrich Bräkers Erinnerungen an seine Geissbubenzeit zum erstenmal im originalen Wortlaut, der den Kindern ohne Mühe verständlich sein dürfte.
Ja! ja! sagte jetzt eines Tags mein Vater: Der Bub wächst, wenn er nur nicht so ein Narr wäre, ein verzweifelter Lappe, auch gar kein Hirn. Sobald er an die Arbeit muss, weisst er nicht mehr, was er tut. Aber von nun an muss er mir die Geissen hüten, so kann ich den Geissbub abschaffen. Ach! sagte meine Mutter, so kommst du um Geissen und Bub. Nein! nein! Er ist noch zu jung.[145]
Gerade dank Bräkers ungewohnter Syntax und Wortwahl gewinnt der Text eine besondere Frische und Unmittelbarkeit zurück. Die illustrierende Zeichnung eines heutigen Hirtenbuben von sich und seinen Tieren steht zum Text in einer lebendigen Spannung, welche für dieses Lesebuch als Ganzes charakteristisch ist.
In das 5.-Klass-Lesebuch *Spürnase* derselben ilz-Reihe hat Tarcisius Schelbert einige

144   Fr 6 CO (1988), S. 20–22.
145   Lb IV ilz (1990), S. 44–47, Zitat, S. 44.

alte und neue Berichte und Begebenheiten aus verschiedenen Teilen der Schweiz eingestreut: Werner Wollenberger erzählt von dem kleinen Juradorf, in dem 1958 alle Bewohner schon am 2. Dezember Weihnachten feierten, um den grössten Wunsch eines todkranken Kindes zu erfüllen.[146] Aus dem Engadin stammt der Bericht von der letzten Bärenjagd im Jahr 1904, während in der Textgruppe um bedrohte Natur und Umwelt höchst aktuelle Beiträge zusammengestellt sind: über die schweren Unwetterschäden im Urnerland vom Sommer 1987 und Hansjörg Schneiders Impression *Die Aale wollen an Land* zur katastrophalen Rheinverschmutzung nach dem Brand von Schweizerhalle im November desselben Jahres.[147]

Von Sagen und Bergbeschreibungen immer abgesehen, sind auch im 6.-Klass-Lesebuch der ilz-Reihe nur zwei Erzählungen von Lokalkolorit inhaltlich mitgeprägt. Die Schriftstellerin Ruth Blum erinnert sich, wie sie als junge Lehrerin in Schaffhausen von ihren eigenen rheintüchtigen Schülern schwimmen lernte, und wie diese Umkehrung des Lehrer-Schüler-Verhältnisses für alle Beteiligten ein wertvolles Erlebnis war.[148] Der andere Text, *La Montagnarde* von Niklaus Riggenbach, ist ein alter Lesebuchbekannter, doch nehmen die Herausgeber ihn zu Recht wieder auf, weil er zu den raren humorvollen Exempeln für freundeidgenössische Hilfe über die Sprachgrenze hinweg gehört. Dem Ingenieur Riggenbach war beim verunglückten Transport über den Bielersee die 800 Zentner schwere neue Lokomotive «La Montagnarde» in Ufernähe abgesunken. Nach vergeblichen Bergungsversuchen mit Ochsengespannen sprang ihm ein Gemeinderat des Städtchens La Neuveville bei:

[Er] stellte sich mit seiner ganzen gemeinderätlichen Autorität vor die versammelte Menschenmenge hin, derselben auseinandersetzend, es sei da ein guter Freund und Miteidgenosse in schwerer Verlegenheit; bei ihrem Patriotismus fordere er sie auf, an die Seile zu gehen und den Versuch zu machen, ob nicht vernünftige Menschen das zu bewerkstelligen vermöchten, was das unvernünftige Vieh nicht habe leisten können. Dieser Appell an Vernunft und Patriotismus tat wahre Wunder. Mehrere hundert Menschen, Männer, Frauen und Kinder, sprangen an die Seile, und in wenigen Minuten war die schon beinahe untergegangene Lokomotive unter allgemeinen Hurrarufen ans Land gezogen.[149]

Es bleibt zu fragen, ob von ihrem Aufbau her die Lesebücher der ilz-Reihe auch Querverbindungen zum Heimatkunde- und Geographieunterricht ermöglichen. Nach

---

146 W. Wollenberger, *Janine feiert Weihnachten*, Lb V ilz (1990), S. 156–158.
147 D. Gaudenz, *Der letzte Bär in der Schweiz*, ebd., S. 205–207; N. Lindt, *Leise ist das Wasser gekommen, nicht laut*, S. 112–116; H. Schneider, *Die Aale wollen an Land*, S. 120 f.
148 R. Blum, *Angst vor dem Wasser*, Lb VI ilz (1990), S. 54–56.
149 Ebd., S. 220.

weiterhin gültigem Stoffplan sind ja im 4. Schuljahr Wohnort und Heimatgemeinde, im 5. der Heimatkanton und in der 6. Klasse die übrige Schweiz zu besprechen. Anna Katharina Ulrich stellt im *fliegenden Haus* in drei von fünf Kapiteln Material für solche Querverbindungen bereit; einerseits im schon besprochenen Abschnitt «Schweizer Märchen und Geschichten von früher», andererseits in den beiden gegenwartsbezogenen Teilen «Daheim und anderswo» und «Verstehst Du?», die von Alltagserfahrungen der Kinder in Familie und Schule, von der Begegnung mit Kindern anderer Herkunft und von Verständigungsmöglichkeiten handeln. Im Lesebuch für die 5. Klasse gruppiert Tarcisius Schelbert alle Kapitel um das Begriffsfeld Kommunikation: wie sie zwischen Menschen zustande kommt oder scheitert, wird auf verschiedenen Wegen gezeigt, muss oft aus verdeckten Spuren und verschlüsselten Zeichen herausgelesen werden. Die Schüler sollen bei der Lektüre ihre Sinne schärfen, sich eben eine *Spürnase* zulegen. Schelberts Stoffanordnung lässt den Benützern sehr viel Freiheit, und es entstehen in manchen Kombinationen überraschende Kontraste wie auch Übereinstimmungen zwischen Texten, die scheinbar nichts mit einander zu tun haben. Grössere thematisch zusammengehörige Textgruppen sind hier aber nicht vorgesehen, und mit Ausnahme von Umweltfragen scheint die Heimatthematik kaum auf.

Für das 6.-Klass-Lesebuch *Turmhahn* übernehmen Peter von Bergen und Urs Schnell einen Aufbau, der sich schon früher bewährt hat und den auch Leo Müller ganz ähnlich im neuen sabe-Lesebuch *Gleitflug* für dieselbe Altersstufe anwendet. Neben dem erzählenden Teil unter dem Motto «Die Dinge sehen, wie sie sind» interessieren die Themen Dritte Welt, Reisen und Verkehr, auch Sagen, etwas Science fiction und die eine und andere phantastische Geschichte. Horizonterweiterung ist das Hauptanliegen und lässt Heimatmotive zurücktreten.

Traditioneller sind die sabe-Lesebücher für die 4. und 5. Klasse angelegt, in denen Leo Müller die Querverbindungen zur Heimatkunde speziell herausarbeitet. Im Lehrerhandbuch zu *Schnedderengpeng* weist er darauf hin, dass mit den zwei Themenkreisen «Im Dorf und in der Stadt» und «Fürio» «die heimatkundliche Arbeit angeregt und unterstützt werden solle».[150] In *Karfunkel* folgt auf die schon besprochenen Kapitel über Tell und die Beurteilung von Sagen ein Abschnitt zu Tier- und Landschaftsschutz. Zu diesen Themen stellt Müller neben erzählenden Texten und Gedichten auch Zeitungsberichte, Dokumente, Grafiken und Abbildungen zusammen, die vorwiegend auf die Schweizer Bergregionen verweisen. Im Kapitel «Fürio» zeugen alte Dokumente aus Hitzkirch und Meiringen von den verheerenden Dorfbränden der

---

150 Lehrerhandbuch zu «Schnedderengpeng», S. 111.

Jahre 1665 und 1891; an Auszügen aus den Feuervorschriften des Altdorfer Dorfbüchleins von 1684 dürfen die Schüler rätseln:

Man soll kein Baadtstuben heützen, für dasshin so der Föehn kommen ist, by einem Guldi Buoss. Dessgleichen so sollent auch dan die Pfüster nit mehr bachen noch heitzen, weder in Pfüster- noch Haussöffen by einem Guldi Buoss.[151]

Heutige Gegenstücke sind der Zeitungsbericht aus dem «Vaterland» vom 1. Dezember 1987 über den Brand eines Geschäftshauses in Luzern und eine Reportage zur Einsatzbereitschaft einer modernen städtischen – hier der Zürcher – Berufsfeuerwehr. An das Verlagsinstitut für Lehrmittel sabe ist die alte Aufgabe vom Verlag Benziger übergegangen, Lesebücher für die katholischen Kantone der Deutschschweiz zu produzieren, die in der Goldauer Konferenz zusammengeschlossen sind. In den neusten Lesebüchern nun treten traditionell katholische Elemente des Innerschweizer Alltagslebens nur noch an wenigen Stellen hervor: Werner Kuhn kommt in seinem kleinen historischen Exkurs über das Feuer als «Freund und Feind» auch auf den Schutzpatron St. Florian zu sprechen, und eine graphische Darstellung zum Kirchengeläut von St. Martin, der katholischen Kirche im Luzernischen Hochdorf macht den Schülern deutlich, welche Funktionen jede der sechs Glocken hat. Mit Stundenschlag, je abgestuftem Läuten zu Gottesdiensten und Kirchenfesten, Hochzeiten und Todesfällen begleiten sie das Dorfleben. Die Martinsglocke zum Beispiel schlägt die vollen Stunden, läutet allein am Samstag und Sonntag um 12 Uhr mittags und während der Wandlung im Gottesdienst. Sie ruft im Sommer abends zum Wettersegen, und während starken Gewittern soll ihr Klang helfen, das Dorf vor Unheil zu schützen.[152]

Die Präsentation des Themas «Dorf und Stadt» erfolgt aus dem Blickwinkel des Dorfkindes.[153] Das Titelbild zeigt im Zentrum einen älteren, kräftigen Bauern mit geschulterter Sense, hinter ihm rechts ein schönes altes Bauernhaus, links eine angetönte Grossstadtskyline mit Wolkenkratzern und – nicht sehr motiviert – die Freiheitsstatue von New York. Im nun folgenden Märchen *Das Venediger Männlein* lockt die Stadt den armen Hirten wohl mit ihrem Reichtum, doch kehrt er bald und gern in seine bescheidene Heimat zurück. Die Grafik *Jahr des Berglers* illustriert das Nomadenleben der Urner Bauern, wenn sie früher während der Sommermonate ihr Vieh auf die verschieden hoch gelegenen Alpen trieben. Theodor Storms Gedicht *Die Stadt* kann daneben nur den Sinn haben, mit Hilfe eines stark kontrastierenden, fremden Heimatbildes die Wahrnehmung für die eigene Umgebung zu schärfen. Es fehlt denn auch nicht die

151 Lb IV sabe (1988), S. 122–137, Zitat, S. 127.
152 Ebd., S. 132, 134. Zur Strukturierung des Dorfalltags durch die Kirchenglocken vgl. U. Altermatt, Katholizismus und Moderne, S. 269–275.

Suggestivfrage: «Ob ich in dieser Stadt leben könnte?» Von Bernd Jentzsch stammt ein an sich sehr schöner, hier aber unsensibel auf schweizerisch umgeschriebener Text: Ein Stadtkind «erklärt» einem kleinen Mädchen vom Land mit einer Aufzählung grossartig klingender Wörter, wie Autokino, Grüne Welle, Parkhaus die Stadt, während dieses mit viel substantielleren Erlebnissen und Wörtern aus seiner eigenen Bauernsprache aufwarten kann.[154] Zwei anschliessende kurze Texte zu Wohnsituationen möchten ihrerseits eine gewisse Auflockerung von Klischeevorstellungen bewirken: auch in der Stadt kommen Gärten vor, in denen man spielen darf, während am Rand der Dörfer Wohnblöcke und Einkaufszentren aufschiessen und Väter in einer nahen Fabrik zur Arbeit gehen. Das letzte Drittel des Kapitels ist einem Hauptthema aller neuen Lesebücher reserviert: der drohenden Verödung unserer Welt, wo Bäume und alte Häuser Überbauungen weichen müssen, in den neuen Wohnblöcken dagegen ein Kontakt unter Nachbarn kaum zustande kommt.[155] *Karfunkel*, das 5.-Klass-Buch der sabe-Reihe, greift ebenfalls Fragen des Umwelt- und Naturschutzes auf, exemplifiziert an der Diskussion um die Wiederansiedlung einer während Jahren ausgerotteten Tierart – *Wer hat Angst vor dem Luchs* – und am Verschwinden vieler Vogelarten aus unserer landwirtschaftlich intensiv genutzten, meliorierten und ausgeräumten Kulturlandschaft.[156]

Die hier zusammengestellten Materialien korrespondieren mit Themen, die im heimatkundlichen Unterricht auf den entsprechenden Stufen vorgesehen sind. Die Lesebücher und dazugehörigen Lehrerhandbücher der sabe-Reihe enthalten auch Vorschläge zur Lektionsgestaltung und zusätzliche Dokumentationen zuhanden der Lehrer. So nimmt das heutige Lesebuch mit Reportagen und Sachtexten aller Art von neuem eine alte Aufgabe wahr, die in den «Gesinnungslesebüchern» in den Hintergrund getreten war.

Auch die didaktische Grundidee des modernen heimatkundlichen Unterrichts – heute zumeist in «Sach- und Umweltkunde» umgetauft – entspricht derjenigen des neuen Sprachunterrichts. Texteinheiten erhalten dann ihren Sinn, wenn ihnen ein Transfer auf die eigene Umgebung, die Frage «Wie ist das bei uns?» folgt. Die Schüler sollen

---

153 Ebd., S. 106–121.
154 Ebd., S. 112 f. Der Originaltext *Vorgestern hat unser Hahn gewalzert* von B. Jentzsch erscheint hier in wesentlichen Partien umgeschrieben unter dem Titel *Silvia und Annemarie*: die Mädchen tragen andere Namen, der dem Stadtkind unverständliche Ausdruck des «walzernden Hahns» wird ersetzt durch «Vorgestern hat unsere Aue gelammt». Es fragt sich, ob solche Eingriffe in die literarische Substanz eines Textes heute noch zu rechtfertigen sind mit dem Argument, das Original sei zu binnendeutsch; vgl. Lehrerhandbuch zu «Schnedderengpeng», S. 115.
155 P. M. Meyer, *Blöcke und Häuser*; R. Herfurtner, *Liftbekanntschaften*; K. Hutterli, *Fortschritt*, ebd., S. 116–121.
156 Lb V sabe (1990), S. 178 f., 183–186.

Gelesenes praktisch umsetzen, zum Beispiel in ihrer Umgebung entsprechende Spuren der Vergangenheit suchen, aufmerksam werden für ihre Umwelt und die Veränderungen, denen sie unterworfen ist. So – hofft man – könnte sich auch in einer modernen, mobilen Gesellschaft ein Gefühl der Zugehörigkeit, vielleicht sogar der Verwurzelung an einem Ort entwickeln: eine heutige Form des Gefühls und der Verantwortung für die Heimat. Die Lesebücher der ilz-Reihe verzichten auf so ausdrücklich heimatkundliche Kapitel, weil die ihr angeschlossenen Kantone für die Mittelstufe ihre je auf die eigene Region abgestimmten Lehrmittel bereit halten. Sie weichen den Umweltfragen nicht aus, konzentrieren sich aber mehr auf literarische Texte zu denselben Problemen.

5.3.5. Umweltsorgen

Die Sache gibt es schon längst. Zum eigentlichen Lesebuchthema ist sie erst vor gut zehn Jahren avanciert, dann aber sogleich wuchtig und finster-bedrohlich. Unter den Titeln «Natur und Umwelt», auch «Mensch und Umwelt» versammeln die Thurgauer und Aargauer Lesebücher der frühen achtziger Jahre Texte zu Luft- und Gewässerverschmutzung, verstopften Autostrassen, gedankenlosem Konsumverhalten und vor allem zur verschandelten Landschaft. Ein Text von Kurt Guggenheim trägt die Überschrift *Ein Park wird gemordet*; in Erwin Schneiters Gedicht *Überbautes Land* klingt Huggenbergers Tonfall nach:

Hier führten einst mit starken Händen
die Väter den geerbten Pflug. [...]
Dann krochen hungrig lange Strassen
ins stille, brachgelegte Land
und breitgefusste Häuser frassen
die Scholle, wo das Kornfeld stand.[157]

Kurt Hutterli definiert ironisch kurz den *Fortschritt*:

Früher konnten die Kinder	*Jetzt können sie*
in den Bäumen oben	*in den Häusern oben*
kleine Häuser bauen.	*kleine Bäume pflanzen.*[158]

---

157 Lb IV TG (1980), S. 133; K. Guggenheim, *Ein Park wird gemordet*, Lb V AG (1981), S. 195 f. Zum Eindringen der Problematik in das Bewusstsein der Bevölkerung vgl. F. Walter, *Les Suisses et l'environnement*, S. 250–264.
158 Lb IV TG (1980), S. 133 und Lb IV sabe (1988), S. 120.

Die Auswahl an Umwelttexten ist gross und wächst ständig. Heinrich Bölls Impression aus dem Ruhrgebiet *Nach der Schicht*[159] gehört dazu wie Peter Lehners deprimierendes Gedicht *Damals*,[160] Eberhard Schmidts alltägliche Erzählung *Die Strasse, in der Bäume standen* und Franz Hohlers bissige Fabel *Der Verkäufer und der Elch*, in der die Elche Gasmasken kaufen müssen, weil die Gasmaskenfabrik die Luft verpestet.[161] Im 5.-Klass-Lesebuch *Spürnase* erinnern die Katastrophenberichte zu Tschernobyl und zur Rheinverschmutzung daran, dass aus der Satire bitterer Ernst werden kann, und im neuen sabe-Lesebuch für die 6. Klasse *Gleitflug* wird die Linie in die Zukunft ausgezogen: Matthias Duderstadt entwirft da ein Szenarium für das Jahr 2045, nach dem Bäume und Tiere nur noch in einzelnen Exemplaren in eine mühsam entseuchte Welt hinübergerettet würden.[162] Heinz Wegmann kommentiert unser immer noch auf Wachstum ausgerichtetes Wohlstandsdenken:

es bitzeli gschnäller / es bitzeli höcher
es bitzeli richer / es bitzeli schöner
alles es bitzeli besser / vo allem es bitzeli meh
nu es bitzeli
aber bald isch es / es bitzeli meh als / es bitzeli
bald isch es / es bitzeli / zvil
und dänn isch es scho / es bitzeli / z schpat.[163]

Dem rücksichtslosen modernen Menschen steht in den neueren Lesebüchern der Indianer gegenüber: nicht mehr ein Wilder, der im besten Fall unsere Hilfe verdient, sondern der wahrhaft Kluge, der mit seiner Umwelt in Einklang lebt und die Weissen hart anklagt:
Die Weissen pflügen den Boden, fällen die Bäume und töten alles. Die Bäume sagen «Tut es nicht. Es schmerzt uns. Verletzt uns nicht.» Aber sie fällen den Baum und zerhacken ihn. Der Geist des Landes hasst sie ... Die Indianer verletzen niemals etwas, aber die Weissen zerstören alles. [...] Wie kann der Geist der Erde den weissen Mann lieben? [...] Wo immer der weisse Mann sie berührt, wurde sie wund.[164]

159 Lb IV AG (1983), S. 184 f.
160 Lb VI ilz (1990), S. 238.
161 E. Schmidt, *Die Strasse, in der Bäume standen*, Lb V sabe (1990), S. 182 f.; F. Hohler, *Der Verkäufer und der Elch*, Lb IV TG (1980), S. 125 f.; Lb V AG (1981), S. 184 f.; Lb VI sabe (1991), S. 190 f.
162 M. Duderstadt, *Erinnerungen aus der Zukunft*, Lb VI sabe (1991), S. 118–121.
163 Lb V ilz (1990), S. 110.
164 J. B. Cobb, *Klage einer Wintu-Indianerin*, Lb V TG (1985), S. 44.

Trotz aller düstern Zukunftsperspektiven bemühen sich heute die Lesebücher, nicht mehr so ausschliesslich pessimistische Umwelttexte aufzunehmen, wie in den frühen achtziger Jahren. Statt die Kinder all den übermächtigen Problemen gleichsam hilflos auszuliefern, weisen nun die Lesebuchautoren auch auf mögliche Fortschritte im Kleinen hin. Im Anschluss an die Reportage über die Verarmung unserer Kulturlandschaft erzählen die Schulkinder von Erstfeld vom Naturgarten, den sie 1985 um ihr Schulhaus anlegen durften.[165] Die bittern Indianerklagen ersetzt nun ein Bericht über die «Bohnenmaus»: mit ihrer Hilfe stöbern Indianerkinder schwer zu erntende Erdbohnen auf, lassen aber an Stelle des geplünderten Wintervorrats ein Geschenk für die Maus zurück.[166]

Im ilz-Lesebuch für die 4. Klasse erscheint das Thema «Umweltsorge» nicht ausdrücklich, doch umspielen es die «Märchen aus unserer Zeit», kleiden es auch einmal in eine Wunschvorstellung: im jugoslawischen Märchen von Dane Zajc, das dem Buch seinen Namen geliehen hat, bringt das «fliegende Haus» Bäume und Pflanzen in die graue Stadt,[167] und Heinrich Wiesners *Mann vom Mond* kehrt von der verwirrend lärmigen Erde erleichtert auf den Mond zurück:

Der Mann vom Mond sagte zum Arzt. «Die Luft ist so dick, ich bin dünnere gewohnt. Der grosse Lärm schlägt mir auf die Ohren. Auf dem Mond ist es still. Und all die vielen Dinge, die ich täglich sehen muss. Auf dem Mond gibt es nur das Mondkalb, das Mondschaf und die Mondblume.»[168]

Ungebremste Fortschrittsgläubigkeit ist in den Schweizer Lesebüchern auch früher oft als Gefahr für den Heimatschutz diagnostiziert worden; neu ist heute das radikale Misstrauen technischen Eingriffen gegenüber, wie es sich besonders in den deutschschweizerischen Lesebüchern manifestiert. Kein lobendes Wort mehr über bedeutende Industrien und ihre Pioniere, über Kraftwerk-, Tunnel- und Bahnbauten, über meliorierte Landschaft. Man wünscht sich zwar grosse Reisen, doch in die entsprechenden Kapitel sind nostalgische Berichte und Erzählungen zum frühen Tourismus, aus der Pionierzeit der Eisenbahn, der Luftschiffahrt und des Automobils aufgenommen. Die Faszination technischer Fortschritte konzentriert sich auf die Weltraumfahrt, die Mondlandung und einmal auch, ins Negative gewendet, auf die Challenger-Katastrophe.[169] Abenteuerliche Flugapparate der Science fiction sind salonfähiger als

165 Lb V sabe (1990), S. 189 f.
166 Ebd., S. 188 f.; Lb V ilz (1990), S. 122 f.
167 Lb IV ilz (1990), S. 54 f.
168 Ebd., S. 57.
169 «Nach dem Mond gegriffen?», Lb V sabe (1990), S. 101–115. In Lb V ilz (1990), S. 215–217 setzt
     T. Schelbert einen Zeitungsbericht über das «Challenger»-Unglück vom 28. Januar 1986 in Bezie-

die allgegenwärtigen modernen Verkehrsmittel Auto und Flugzeug.[170] Hier zeigen sich die Lesebücher der Romandie weniger skrupelbeladen: da darf ein Mann noch an seinem klapprigen Occasionswägelchen liebevoll basteln, wird den jungen Lesern ein Buch mit dem Titel *Les autos sauvages* empfohlen.[171]

Fassen wir zusammen: Zu Beginn der achtziger Jahre haben die Lesebuchherausgeber in eindrücklichen Textgruppen die massive Kritik am gedankenlos-umweltschädigenden Verhalten unserer modernen Gesellschaft aufgegriffen. Die neuesten Lesebücher differenzieren hier wieder mehr: sie räumen wohl den Umweltproblemen viel Platz ein, suchen aber auch in der Gegenüberstellung von alten und neuen Texten einige Aspekte der sich wandelnden Schweiz nicht nur negativ zu skizzieren. Sie liefern keine patriotisch-erbaulichen Bilder, wollen aber Hinweise geben, wie unsere Welt von der Vergangenheit mitgeprägt ist. «In jedem Ding steckt eine Geschichte»: das Motto, das Anna Katharina Ulrich für einen Abschnitt ihres Lesebuchs wählt, umschreibt auch das didaktische Leitbild, nach dem Lehrer und Schüler aufgefordert sind, selber Spuren der Vergangenheit nachzugehen, nachzudenken.

5.3.6. Familienmodelle

Ähnliches gilt für die Darstellung des «realen Hier und Heute», des Alltags, der immer häufiger Kinder ganz verschiedener sozialer und kultureller Herkunft in einer Klasse zusammenführt. In ihm hat das bisherige «Leitbild der patriarchalischen Lesebuchfamilie» seine Verbindlichkeit verloren.[172] Die Lesebücher ersetzen es durch eine Auswahl von Texten zu verschiedenen Möglichkeiten des Zusammenlebens und nicht mehr festgeschriebener Rollenverteilung. Die Lesebuchherausgeber haben zu diesen Themen die Wahl zwischen vielen neueren Texten von so renommierten deutschen und österreichischen Jugendautoren wie Christine Nöstlinger, Gudrun Mebs, Hanna Hanisch, Peter Härtling, Achim Bröger.[173]

hung zur Sage von Dädalus und Ikarus; vgl. auch Hergé, *Mondlandung 1968*, Lb VI ilz (1990), S. 234–237; *La conquête de l'espace*, Fr 5 CO (1987), S. 59 f.

170 P. Maar, *Der fremde Planet*, Lb VI ilz (1990), S. 339–342; C. Godet, *Le dossier des Soucoupes Volantes*, Fr 5 CO (1987), S. 22–25.

171 San-Antonio, *Agathe*, Fr 5 CO (1987), S. 200; die Buchempfehlung, ebd., S. 161.

172 A. K. Ulrich, «Das fliegende Haus», S. 2.

173 Unter den Texten von Ch. Nöstlinger vgl. besonders *Ein Brief an Leopold*, Lb V ilz (1990), S. 23 f.; Lb VI sabe (1991), S. 64 f.; G. Mebs, *Ostervater*, Lb V ilz (1990), S. 159–162, und *Meistens geht's mir gut mit dir*, Lb IV ilz (1990), S. 86–89, sowie Lb V sabe (1990), S. 51 f.; H. Hanisch, *Vielleicht wird alles noch einmal gut*, Lb V ilz (1990), S. 40 f.; P. Härtling, *Oma*, Lb IV ilz (1990), S. 244–250;

Ebenso aktuelle, höchst geeignete Lesebuchbeiträge stammen von ihren Schweizer Kollegen. In der Erzählung *Der Sonntagsvater* von Eveline Hasler kommt auf didaktisch direkt auswertbare Weise die Situation des Kindes zur Sprache, das zwischen den getrennt lebenden Eltern und verschiedenen Erziehungsmustern hin und her pendelt.[174] Hans Manz zeigt ein kleines Mädchen, das sich sein einsames Mittagessen jeweils mit imaginären «Gästen» – ihm vertrauten Gestalten vom Fernsehschirm – belebt.[175] Ursula Eggli schildert prägnant und unsentimental den harten Weg eines auf den Rollstuhl angewiesenen Mädchens zur Selbständigkeit, während Emil Zopfi die erste spannend erzählte und psychologisch differenzierte Computergeschichte beisteuert.[176] Von Beat Brechbühls Erzählungen wird noch ausführlicher zu reden sein, wie auch von den Spezialisten der witzigen kurzen Form, der Kindergedichte, Nonsense-Geschichten und Fabeln, die heute für Deutschschweizer Kinder ein lustiges und zugleich nachdenklich stimmendes Angebot bereit halten.

5.3.7. Zwischen den Kulturen

Deheime sy mer deheim
wenn aui deheime chöi säge
mir sy deheim
wenn mer deheime sy
seit eis
äs syg deheime nid deheim
isch deheime
niemer meh deheim[177]

Das Gedicht von Ernst Burren fasst in Kurzform, was die Texte zu Familienproblemen ausbreiten; es steht im 4.-Klass-Lesebuch der ilz Reihe am Anfang des Kapitels «Anderswo daheim» und führt in einen zweiten, ebenso aktuellen Problemkreis ein, in die Begegnung von Schweizer Kindern mit Schulkameraden aus andern Ländern.

Alter John, Lb V ilz (1990), S. 17–21; Lb VI sabe (1991), S. 66–69.; A. Bröger, *Oma und ich*, Lb V ilz (1990), S. 200–202.

174 Lb V sabe (1990), S. 61–66.

175 Lb IV sabe (1988), S. 146–148; Lb VI ilz (1990), S. 32–35.

176 U. Eggli, *Selbständig*, Lb IV ilz (1990), S. 89–92; *Im Rollstuhl*, Lb VI ilz (1990), S. 23–28; E. Zopfi, *Der Computerdieb*, Lb V ilz (1990), S. 171–176; *Der Notenskandal*, Lb VI sabe (1991), S. 111–115.

177 Lb IV ilz (1990), S. 96.

Alle Lesebuchreihen nehmen heute das Thema auf, werben um Verständnis für die schwierige Situation der Kinder zwischen zwei Sprachen und Kulturen. Die Kinder selber erinnern sich vor allem an das erste traumatische Erlebnis, wenn sie in der neuen Umgebung die Sprache nicht verstanden und zu den Gleichaltrigen keinen Kontakt aufbauen konnten.[178] In einen schwierigen Identitätskonflikt gerät auch das Kind, das im Gastland zweisprachig aufwächst, sich aber weder da noch in der Heimat der Eltern richtig akzeptiert fühlt. Im selben Lesebuch schildert die Griechin Elena Torossi diese Situation. Sie lässt stellvertretend für das Mädchen Katerina, das mit seinen Eltern ins griechische Heimatdorf zurückkehrt, die Katze Minu dort erste schlechte Erfahrungen machen. Eine griechische Katze faucht sie an: «Verschwinde! Wer einmal seinen Ort verlässt, für den gibt es keinen Platz mehr!»[179]

Das 5.-Klass-Lesebuch der sabe-Reihe nimmt Heinrich Wiesners kurzen Text *Der Fremdling* auf, der die Schüler beeindrucken wird:

Feridun ist in der Schweiz geboren. Seine Eltern arbeiten in der Schweiz. Die Klassenkameraden sagen: «Du bist ein Türke!» und lassen ihn nicht an ihren Spielen teilnehmen. Als er seine Ferien in der Türkei verbringt, rufen ihm türkische Kinder zu: «Du Deutscher!» und lassen ihn nicht an ihren Spielen teilnehmen. «Wer bin ich nun?» fragt Feridun.[180]

Die beiden Lesebücher für das 6. Schuljahr können differenzierter auf den kulturellen Zwiespalt eingehen: Das vierzehnjährige Mädchen Ayse wäre in der Türkei vielleicht schon verheiratet; hier muss sie sich in einer Zürcher Kleinklasse für Fremdsprachige mühsam Grundkenntnisse in Deutsch aneignen. Das Mädchen lebt in zwei verschiedenen Frauenrollen. Von ihrem Lehrer ermuntert, emanzipiert sie sich in der Schule, zu Hause aber muss sie ohne Widerspruch dem Vater gehorchen und ihre Brüder bedienen, denn «der türkische Mann arbeitet zu Hause nicht». Sie hat keine Schweizer Bekannten, erlebt im Gegenteil viel misstrauische Abwehr von Schweizern und könnte sich ein Leben im türkischen Heimatdorf doch nicht mehr recht vorstellen.[181] Ein wichtiger Text, weil er ohne Sentimentalität für Toleranz wirbt und mit Hilfe des Gegenbildes die Schweizer Schüler über unser eigenes Selbstverständnis nachdenken lässt.

Im 6.-Klass-Lesebuch der Romandie stellt Jacques Chessex' Kurzgeschichte *La valise* in schonungsloser Härte die Lage des Nordafrikaners vor, der bei einem

---

178 *Als Türke in der Schweiz*, Ebd., S. 103, sowie S. 139, wo das Mädchen Sebastiana von seinem grossen Sprachproblem erzählt.
179 E. Torossi, *Minus Rückkehr*, ebd., S. 104–106.
180 Lb V sabe (1990), S. 84.
181 S. Schmassmann, *Ayse, 14: Ben tüküm – Ich bin Türkin*, Lb VI ilz (1990), S. 97–100 und Lb VI sabe (1991), S. 74–76.

Schweizer Bauern Arbeit sucht. Beim Essen, vor dem Teller mit heissem Speck, wird der Fremde bleich:

Le dégoût lui noue la gorge. Son assiette est pleine, mais il ne mange qu'une pomme de terre, puis une autre ... Le père Demierre attend ce moment. Il se met à crier. «Dis donc, l'Arabe, on n'est pas à l'hôtel, ici! Tu ne penses pas que ma femme va te faire du couscous tous les jours! Tu vas manger ce lard et ces choux. Sinon tu peux reprendre ta valise. Il y a des gens moins difficiles que Monsieur qui seraient contents de travailler chez moi!» [182]

Von Misstrauen und Abwehrreflexen dem Fremden gegenüber, aber auch von beschämter Einsicht und erfreulichen Kontakten über Sprach- und Rassenschranken hinweg sprechen am besten einige Schülertexte, wie sie in das 5.-Klass-Lesebuch der ilz-Reihe integriert sind. [183] Am besten deshalb, weil hier gleichaltrige Schweizerkinder Episoden erzählen, die den lesenden Schülern genau so begegnen könnten. Auf ein äusserst heikles Seitenthema zur Gesamtproblematik geht im selben Lesebuch ein Text von Beat Brechbühl ein. Da bricht in einer bis dahin friedlichen Schülerschar plötzlich der unversöhnliche Hass eines alten Nationalitätenkonflikts auf, mit einem Satz des neuen Schülers: «Mein Vater sagt, Kurden sind Schweine und keine Türken.» [184]

Die 4.-Klass-Lesebücher können das Verständigungsproblem noch relativ einfach auf sprachlicher Ebene mit Umkehrspielen und Anekdoten zu Missverständnissen dank mehrdeutiger Wörter angehen. Kurze Texte in anderen Schriften und Sprachen versetzen das lesende Schweizer Kind momentweise in die Rolle des Fremdlings, der nicht versteht. [185] Der Solidarität mit den Andern, die hier im kleinen Rahmen der Schule gezeigt wird und im direkten Kontakt zu üben ist, entspricht im grossen die Solidarität mit der Dritten Welt. Dazu finden sich Texte in den Lesebüchern aller Stufen, von anrührenden Kindergeschichten für die kleineren Schüler zum anspruchsvollen Bericht für Sechstklässler über die Lebensbedingungen der Ärmsten und Kinderarbeit in den Entwicklungsländern. Die Lesebücher der Romandie bevorzugen hier Reportagen: ein Interview mit einem Amazonasforscher oder einen Zeitungsartikel *Pourquoi le racisme?* [186] Die Texte haben mit unseren Schweizer Realitäten kaum mehr etwas zu tun und führen deshalb über den Rahmen dieser Studie hinaus.

---

182 Fr 6 CO (1988), S. 93 f.

183 *Die Fahrradpanne*, sowie *Essen bei [...]*, Lb V ilz (1990), S. 34 f.

184 B. Brechbühl, *Schulbesuch*, ebd., S. 98–102.

185 Lb IV sabe (1988), S. 62–67; in Lb VI ilz (1990), S. 52–97 sind kurze erzählende Texte auf Griechisch, Slowenisch, Französisch, Italienisch und Türkisch eingebaut, wobei die Schüler auch mit den fremden Schriftbildern konfrontiert werden.

186 Fr 6 CO (1988), S. 96–109.

5.3.8. Sprachspiele – Verstehst du?

Vom Stellenwert der Mundart und der helvetisch geprägten Schriftsprache in den Lesebüchern von 1920–1960 ist schon ausführlich die Rede gewesen, und es bleibt zu untersuchen, ob und wie die beiden Spielarten unserer Sprache in den heutigen Lesebüchern eingesetzt werden.

Da fällt zunächst auf, dass die Dialekterzählungen mit antiquarisch-anekdotischem oder besinnlichem Inhalt letztmals noch in den Thurgauer und Aargauer Lesebüchern der frühen achtziger Jahre anzutreffen, heute jedoch ganz verschwunden sind. Das 4.-Klass-Lesebuch *Schnedderengpeng* bringt im Gegenteil Louise Müllers alte Mundart-geschichte *D Bäbitaufi* in schriftdeutscher Übersetzung.[187]

Einen kleinen, aber nicht unwichtigen Platz beanspruchen kritische Mundartgedichte, wie die schon zitierten *Deheime* von Ernst Burren und *es bitzeli* von Heinz Wegmann; dazu gehören Hans Derendingers *kiosk*, das die wenig kontaktfreudige Schweigsam-keit der Schweizer apostrophiert, *Stell's Färnseh ab* von Heidi Nef-Braunschweig und *Mier good's guet* von Adolf Winiger.[188] Die beiden 5.-Klass-Lesebücher erweisen Mani Matter ihre Reverenz, indem sie *d'Türe* und *Si hei dr Wilhälm Täll ufgfüert* aufnehmen.[189]

Die ganze ältere, heute als betulich empfundene Mundartliteratur ist aus den Lese-büchern verschwunden. Seit die Sprachpädagogik den Wert des spielerischen Um-gangs mit Sprache entdeckt hat, kommen nun aber endlich auch hier die witzig sprachschöpferischen Möglichkeiten des Dialekts, Nonsensegedichte, alte Abzähl-und Schnellsprechverse zur Geltung. Mundart ist unsere Alltagssprache, in der wir uns im Doppelsinn des Wortes unterhalten können. Max Muntwyler hat in seine Aargauer Lesebücher von 1981 und 1983 erste Proben aufgenommen, wie etwa Josef Villigers Gedicht *Woler Wulle*, das für Schweizer Ohren witzig endet:

Jetzt chani   *und sider*
halt z Wole   *hani*
ke Wulle   *e Wulle*
mee hole   *uf Wole.*[190]

187   Lb IV sabe (1988), S. 135–137.
188   H. Derendinger, *kiosk* und H. Nef-Braunschweigs Gedicht *Stell's Färnseh ab*, Lb V ilz (1990), S. 6, 136; A. Winiger, *Mier good's guet*, Lb VI sabe (1991), S. 48.
189   M. Matter, *d'Türe*, Lb V ilz (1990), S. 230; *Si hei dr Wilhälm Täll ufgfüert*, Lb V sabe (1990), S. 151.
190   Lb IV AG (1983), S. 214.

Die neuen Lesebücher ziehen die Linie weiter in ihren viel umfangreicheren Sprach-kapiteln. Spiele mit der Sprache in vielen Formen wollen die Kinder zu eigenen Ausdrucksmöglichkeiten ermuntern. Sie sind vor allem für den mündlichen Unter-richt gedacht und beziehen die schweizerische Sprechweise mit ein. Franz Hohler erzählt eine seiner skurrilen Wegwerfgeschichten zweisprachig, auf Schriftdeutsch und daneben witziger und konziser im Dialekt: *Ein schöner Nachmittag* tönt anders als *E glatte Nomittag*, wenn «e Badwanne und e Huusapotegg» zusammen aus-gehen.[191] Im 4.-Klass-Lesebuch *Das fliegende Haus* ist ein Kapitel dem «Geschichten erfinden» gewidmet; da sagt Franz Hohler: «Woher kommen Geschichten? [...] Geschichten kommen aus Köpfen [...] Aus euren Köpfen». Seine Wegwerfgeschichten möchten zum Nachahmen reizen, und Jürg Schubiger erzählt *Die Geschichte von den Geschichten, die es noch nicht gibt.*[192]

Spielerisches um Buchstaben, Laute und Wörter ist heute in allen Lesebüchern reichlich vertreten. Das Genre in der Nachfolge von Christian Morgenstern ist in den siebziger Jahren für die deutschsprachige Kinder- und Jugendliteratur entdeckt und von Schweizer Schriftstellern – unter ihnen zuerst von Peter Bichsel, Franz Hohler und Hans Manz – wesentlich mitgeprägt und gefördert worden.[193] Aus Max Huwylers *ABC-Büchlein mit Eselsohren* übernimmt *Das fliegende Haus* neben Dialektverslein – «De Chrigeli wett, / de Chämifäger / chiemti durs Chämi / durab i d Chuchi.» – so schöne Sachen wie: «Juhui! / Jer Jehrer ist krank, / jeute ist jeine Jule! [...] Und am Jontag / ist jer Jehrer / wieder jesund. / Jeider, jeider!»[194] Von Hans Manz übernehmen mehrere Lesebücher die amüsant-blödsinnigen *Achterbahnträume*: «8 / W8soldaten / bew8en / W8eln in Sch8eln / und l8en [...]»,[195] und Franz Hohlers *Instriktionen* wirken in ihrer Unverständlichkeit doch sehr schweizerisch:

(im Befehlston zu lesen)
1. Durch Beistab angewatzte Formzecke haben sich im Bezackschlirpf in die den Standklimmungen zugepflinzten Schmitzkuben zu hucken.

[...]

---

191 Lb IV ilz (1990), S. 215.
192 Ebd., S. 209–222.
193 Die erste Anthologie moderner Kinderlyrik mit Schweizer Beiträgen gab E. Borchers unter dem Titel *Das grosse Lalula* 1971 (München: Ellermann) heraus. Entsprechende Sammlungen für Schweizer Kinder stellten wenige Jahre später A. K. Ulrich, *En Elefant vo Äntehuse* 1975 (Zürich: Atlantis) und B. Brechbühl, *Der Elefant im Butterfass* 1977 (Zürich: Benziger) zusammen.
194 Lb IV ilz (1990), S. 160.
195 H. Manz, *Achterbahnträume*, Lb V TG (1985), S. 202 und Lb V sabe (1990), S. 13.

9. Verandel?
(Nicht? Ich auch nicht.)[196]

In *Karfunkel* werden die Fünftklässler ebenfalls zum Selber-Dichten aufgemuntert, denn so ist das keine Kunst. Die Vorbilder ihrer Limerickversuche stammen offensichtlich aus César Keisers Feder und zieren in ausgewählten Exemplaren das 6.-Klass-Lesebuch *Gleitflug* der sabe-Reihe:

Da gab es das Bethli von Laufen
das fand einen Ameisenhaufen.
Es teilte ihn fein
in Sitzplätze ein
und tat sie an Lehrer verkaufen.[197]

Der didaktische Nutzen dieser spielerischen Texte muss kaum noch einmal betont werden. Mit Hilfe von Spass und Spiel können Zugänge zur Sprachphantasie der Kinder geöffnet werden. Dazu gehören Umsetzungen vom gelesenen Text in mündliche Formen, eventuell in Handlung, und umgekehrt. Auch hier geht es zuletzt um die Fähigkeit, sich mitzuteilen und zuzuhören. Am Gespräch sind Schüler und Lehrer und über das Medium Lesebuch auch gleichaltrige Kameraden und Schriftsteller beteiligt. Es ist natürlicherweise helvetisch geprägt, obwohl die Schriftsprache bevorzugt wird. Wenn Kinder aus ihrem Alltag berichten, etwa den über eine Stunde langen Schulweg vom abgelegenen Hof mit Seilbahn und Schulbus ins Dorf hinunter beschreiben,[198] wenn sie von ihren Begegnungen mit Ausländern erzählen oder selbst beobachtete und erlebte Arbeits- und Freizeitsituationen schildern, dann sind diese kurzen Texte auch Momentaufnahmen heutigen Lebens in der Schweiz aus Kindersicht.[199]

Unter den Schriftstellern, die hier den Dialog mit den Schülern aufnehmen, das eine und andere Motiv zur Erzählung ausformen oder eine charakteristische Situation im Kurztext beleuchten, ist vor allen Hans Manz zu nennen. Seine Gedichte und Prosatexte verzichten auf regionale Bezüge, weisen aber stets auf Grundkonstellationen des Alltags, die alle Kinder ähnlich erleben. Zum Beispiel Erwachsene, die in einer Unterhaltung mit Kindern die Sprecher- und Zuhörerrollen sehr einseitig verteilen:

---

196   Lb V ilz (1990), S. 252.
197   Lb VI sabe (1991), S. 13.
198   Lb IV sabe (1988), S. 48 f.; das Mädchen geht in Gurtnellen zur Schule.
199   Lb IV ilz (1990), S. 93–95, 206; Lb VI sabe (1991), S. 126–129, berichten Schüler von ihren Hobbies.

Verstehst du?	*nein, das verstehst du nicht,*
«Du bist noch zu klein,	*verstehst das nicht,*
um das zu verstehen,	*noch nicht.*
das kannst du noch nicht verstehen,	*Verstanden!»*[200]

Eines seiner Hauptanliegen ist die Erziehung der Schüler zum kritischen Lesen. Im 4.-Klass-Lesebuch (ilz) erzählt er *Eine Geschichte ist nie nur eine Geschichte*: fünf Kurztexte schildern dieselbe Begebenheit von verschiedenen Personen und Standpunkten aus.[201] Dazu passt sein Gedicht, das dem 6.-Klass-Lesebuch der ilz-Reihe *Turmhahn* als Motto vorangestellt ist:

Was im Buche steht,
lass es nicht stehen.
Man kann die Worte so oder so drehen.
Also, leg sie auf die Goldwaage,
oder beweg sie mit einer Frage.

Nimm dir Zeit zu verweilen,
lies zwischen den Zeilen,
auch ein kurzes Gedicht hat viele Seiten.
«Es war einmal ...» meint – vielleicht – heutige Zeiten.

Buchstabieren allein genügt nicht.
Lies einen Satz, wie in einem Gesicht,
wie, und warum er dir etwas zeigt,
und wo er verstummt und was er verschweigt.[202]

Ebenso direkt spricht Franz Hohler die Kinder an. Er ist bei der heutigen Schweizer Kindergeneration wohl einer der bekanntesten Autoren dank seinen «Spielhaus»-Sendungen «Franz und René» im Schweizer Fernsehen. Wie eine solche Sendung Schritt für Schritt entsteht, erzählt er in ausführlicher Reportage im 4.-Klass-Lesebuch (ilz), auch dies eine Anweisung, wie zwar nicht zwischen den Zeilen, aber zwischen den Bildern gelesen werden kann – eine sinnvollere Medienerziehung als das übliche Pauschalurteil gegen die Übermacht der Television.[203]
Der ausgesprochen helvetische Tonfall, den die Schweizer Kinderliteratur unter der

---

200 Lb IV ilz (1990), S. 136.
201 Ebd., S. 170 f.
202 Lb VI ilz (1990), S. 6; Lb IV ilz (1990), S. 166.
203 Lb IV ilz (1990), S. 182–193.

Führung von Elisabeth Müller und Olga Meyer seit den zwanziger Jahren hatte und der sich während eines guten halben Jahrhunderts halten konnte, ist aus den Lesebüchern verschwunden. In der heutigen Generation von Lesebuchautoren hat hingegen besonders Beat Brechbühl einen Stil gefunden, der den schweizerischen Gesprächston leicht ironisierend, in keinem Moment verniedlichend einfängt. Fast alle neuen Lesebücher profitieren von den *Schnüff*-Geschichten, aus denen sie längere Passagen übernehmen. Der Bub wächst in kleinbäuerlichen Verhältnissen auf, und Brechbühl schildert seine kleinen Nöte und Streiche mit so viel Humor und Durchblicken auf helvetische Verhaltensweisen, dass erwachsene Leser sich bei der Lektüre wohl noch besser unterhalten als die Kinder. *Reise mit Hüten* heisst das Kapitel, das Anna Katharina Ulrich in ihr 4.-Klass-Lesebuch aufnimmt. Schnüff hat am Vortag der Schulreise Sorgen, weil dieser Unternehmung jeweils mühsame häusliche Diskussionen vorausgehen:

Da wollte man die neuen Turnschuhe – nein, da mussten die guten Halbschuhe dran, weil man weit gehen müsse. Da wollte man das Hemd mit den roten Streifen – nein, da musste es das blaugemusterte sein, das langweilige, weil ... Da wollte man die ganz kurzen, fast neuen Hosen – nein, da musste man die halblangen vom Vorjahr anziehen, weil ... Da wollte man sich eine anständige Frisur bauen – nein, dazu waren die Haare zu kurz.[204]

Wenn dann die Reise mit Hüten organisiert wird und zum Entsetzen der Lehrerin ein neuer Majorshut auf Bubenohren als Spott auf die Schweizer Armee ausgelegt werden könnte, ist zumindest Schnüff getröstet und der Leser schmunzelt. Der Majorshut allerdings kommt in pitoyablem Zustand heim; dafür wird der arme, schwachbegabte Kerl, der seinem Vater das Wrack zurückbringen muss, erstmals von seinen Kameraden begleitet und unterstützt. Da zeigt sich noch deutlicher die Qualität von Brechbühls Schreiben für Kinder. Er kann Stimmungen und Eindrücke am Rand des bewussten Erlebens – etwa die Gemütslage der Hauptakteurin in *Der Elefant im Butterfass* oder Schnüffs scheue Zuneigung zu einer schwerkranken Mitschülerin – einfangen, ohne sie zu zerreden, aber auch einem dramatisch aufbrechenden Konflikt zwischen Kindern harte Konturen geben.[205]

Aus dem Textangebot heutiger Schweizer Autoren wählen demnach die Lesebuchherausgeber möglichst vielseitig aus. Eine betont helvetische Schreibweise ist aber kaum mehr ein Kriterium für die Wahl. Im Gegenteil: Autoren wie Eveline Hasler,

---

204 Ebd., S. 228–236, Zitat, S. 228.
205 Aus den *Geschichten vom Schnüff* übernehmen Lb V sabe (1990), S. 87 f. *Das fremde Mädchen*; Lb VI ilz (1990), S. 18–23 und Lb VI sabe (1991), S. 94–97 *Anstelle des zweiten Briefes von Schnüff*; Lb IV ilz (1990), S. 119–134 *Ein Kinderroman im Lesebuch: Der Elefant im Butterfass*. Zu *Schulbesuch*, Lb V ilz (1990), S. 98–102 vgl. Kap. 5.3.7., S. 368.

Jürg Schubiger und Heinrich Wiesner verzichten auf ausdrückliche Helvetismen und behalten doch einen schweizerischen Tonfall bei. Das liegt an Winzigkeiten: Schubiger nennt eine seiner phantastischen Kurzgeschichten *Wie man eine Hilfe findet* und gibt mit dem unbestimmten Artikel seine Herkunft zu erkennen. Der helvetische Kinderbuchton der Zwischen- und Nachkriegszeit wird heute nicht mehr geschätzt. Hingegen hält sich bei vielen Lehrern die Vorstellung, dass Lesebuchtexte die eine, «richtige» Schulsprache vermitteln sollten. Ihr zuliebe werden immer noch Texte von bekannten Autoren ungeniert redigiert und schweizerischen Verhältnissen «angepasst».

5.3.9. Rollenbilder

Am Anfang dieses Kapitels war die Rede vom neuen Lesebuch, das als Arbeitsbuch zur Leseerziehung überholte Gesellschafts- und Moralvorstellungen abstreifen will. Es kann wohl auch heute seine Funktion als «eine Art von zivilem Katechismus»[206] nicht negieren und spiegelt wie seine Vorläufer in den neu formulierten pädagogischen Zielen und in der Themenwahl ein Stück heutiger Schweizer Schulrealität. Da drängt sich zum Schluss die Frage auf, welcher Platz den alten Fixpunkten schweizerischer Erziehung – gutem Betragen, Ordnungssinn, Fleiss, Pflichterfüllung und Bescheidenheit – noch zukommt, wie sie sich verändert haben und wie die heutige Forderung nach neuen Rollenbildern erfüllt wird.

Am gründlichsten verändert hat sich die Darstellung des Respektverhältnisses zwischen Kindern und Erwachsenen. Bis in die sechziger Jahre hinein kommt im Lesebuch Kritik an Eltern und Lehrern kaum vor, während die Kinder stets an ihre Pflicht zur Dankbarkeit gemahnt werden. Wohl gibt es traurige Geschichten von trinkenden Vätern (nie von pflichtvergessenen Müttern), als abschreckende Ausnahmefälle und Anlässe für gute Taten. Erste leise Relativierungen tauchen in den Lesebüchern der siebziger Jahre auf. Von 1980 an ist der Umschwung nicht mehr zu übersehen. Nun nehmen in den Erzählungen die unangenehmen Zeitgenossen unter den Erwachsenen überhand: gehetzt und mit Vorurteilen behaftet, reagieren sie misstrauisch-gehässig auf Kinder und Aussenseiter, die sich nur mit Phantasie, Selbständigkeit und Mut zu ungewöhnlichen Entscheidungen selber weiterhelfen können. Die lesenden Schüler werden gefragt: «Was hättest du in dieser Situation getan?» und müssen ihrerseits Lösungen suchen. Auch Eltern und Lehrer haben ihre Eigenheiten und Launen, sind oft schwierig im täglichen Umgang, und endlich dürfen die Kinder zu ihren eigenen

---

206 A. K. Ulrich, «Das fliegende Haus», S. 2.

wechselnden Gefühlen stehen, ohne sich deswegen in Gewissensqualen zu verstricken. Hans Manz formuliert für die Missetäter von einst:

Sogar die liebsten Kinder sind böse Kinder,
verwünschen den Vater ein für allemal ins Pfefferland,
beerdigen in ihren Träumen den Bruder,
hoffen, der Teufel würde die Schwester holen
und die Mutter würde für immer verloren gehen.

Sogar die bösesten Kinder sind liebe Kinder,
pfeifen den Vater aus dem Pfefferland zurück,
lassen den Bruder wieder auferstehen,
jagen dem Teufel die Schwester ab,
und lösen die Mutter auf dem Fundbüro aus.[207]

Pädagogische Weisheiten alten Stils können nun die Schüler amüsieren, so etwa die beiden Bilderbogen «vom artigen Lottchen» und «von der unartigen Emma» im 6.-Klass-Lesebuch *Turmhahn*.[208] Manche Erziehungssprüche werden als bequeme Formeln und Ausflüchte der Erwachsenen entlarvt. Wörter wie Ordnungsliebe, Fleiss und Pflichterfüllung können kaum mehr ohne Anführungszeichen im Lesebuch stehen, doch von der Sache, die sie meinen, sind die Pädagogen nicht dispensiert. Sie sind auch hier weiterhin auf gute Texte angewiesen, die sich als Grundlage für ein Klassengespräch eignen. *Aufräumen* von Martin Auer gehört zu diesen Beiträgen: er zeigt für Kinder gut nachvollziehbar das Dilemma eines Knaben, der von sich aus das Durcheinander in seinem Zimmer in Ordnung bringen möchte. Auf Befehl der Mutter aber kann und mag er nicht aufräumen.[209]

Heikler steht es um den «Fleiss», die höchstgepriesene Tugend alter Lesebuchgenerationen. Er ist in die gefährliche Nähe jenes Gewinnstrebens geraten, das den verbissen seinen Geschäften nachjagenden modernen Menschen vom genügsamen Indianer unterscheidet. Mario Grasso apostrophiert es in der Fabel vom *Fischer Pelikan*, und in einer Indianeranekdote hören die Weissen zwar das Geräusch eines zu Boden fallenden Geldstücks, aber nicht das Zirpen der Grille.[210]

---

207 Lb V sabe (1990), S. 50; vgl. G. Mebs, *Meistens geht's mir gut mit dir*, Lb IV ilz (1990), S. 86–89 und Lb V sabe (1990), S. 51 f.

208 Lb VI ilz (1990), S. 68 f.

209 Lb IV ilz (1990), S. 84; Lb V sabe (1990), S. 48 f.; vgl. R. Schupp, *Ordnung muss nicht sein*, Lb IV AG (1983), S. 4–8.

210 M. Grasso, *Pelikan, der Fischer*, Lb IV TG (1980), S. 134 f.; Lb IV AG (1983), S. 80; W. Kauer erzählt die Geschichte neu unter dem Titel *Der Fischer*, Lb VI sabe (1991), S. 121 f.; vgl. *Der*

Fleiss und das pünktliche Erledigen von Pflichten an sich sind kein Thema mehr. An die Stelle einer früher absolut gesetzten Arbeitsmoral tritt viel mehr die subjektive Befriedigung, die einer selbstgewählten, gut gelösten Aufgabe folgt. Die Arbeitswelt hat denn auch in den Lesebüchern für das 6. Schuljahr nicht mehr das frühere Gewicht. Statt Texten zur Berufswahl bringt das Lesebuch *Gleitflug* der sabe-Reihe Beiträge zum Thema Freizeit. Junge Leute berichten von ihren Hobbies, die viel Einsatz erfordern und deshalb weit bessere Erfolgserlebnisse vermitteln als alle Konsumangebote.[211] Mit positiv gezeigten Möglichkeiten aktiver Freizeitgestaltung möchten die Lesebuchherausgeber gegen das abstumpfend-passive Konsumdenken ankämpfen, das sich ihnen im Fernsehapparat verkörpert. Kein Lesebuch ohne kritische Fernsehtexte, die Schüler, Lehrer und Eltern sensibilisieren möchten, indem sie auf die ungute Wirkung überflüssiger Werbung, auf Mord und Verbrechen als Unterhaltung, wie auf die Gefahr absterbender Kommunikationsfähigkeit innerhalb der Familie zielen.[212] Gudrun Pausewangs Erzählung *Binders Sonntag gefällt mir besser* stellt dem Fernseh-Einerlei den grösseren Unterhaltungswert eines selbstgestalteten Familienprogramms gegenüber,[213] während Eveline Hasler in *Bücherlill und Flimmerbill* auf witzige Weise den Bildungsvorsprung skizziert, den man sich mit Lesen erwerben kann.[214] Angst, aber auch Abgebrühtheit den brutalen Fernsehfilmen gegenüber kommentieren Alfons Schweiggert im Text *Mord* und Susanne Kilians Gedicht *Im Fernsehen gestern*.[215] Daneben sind Beiträge positiver Medienerziehung wie Franz Hohlers Repotage *Franz und René oder Wie entsteht eine Fernsehsendung?* im 4.-Klass-Lesebuch der ilz-Reihe selten.[216] Zu einem Politikum hat sich seit einigen Jahren die feministische Kritik am veralteten Frauenbild im Lesebuch ausgewachsen.[217] Ihr Rechnung zu tragen, liegt im

Papalangi hat keine Zeit; R. Dirx, *Ihr Weissen seid verrückt*, Lb V AG (1981), S. 218–221. F. Hetmann, *Geräusch der Grille – Geräusch des Geldes*, Lb V TG (1985), S. 154 f.; Lb VI sabe (1991), S. 188 f.

211 Lb VI sabe (1991), S. 126–130.
212 Das Thema ist erstmals aufgegriffen mit U. Wölfel, *Geschichte vom Schaumbad*, Lb V AG (1981), S. 41; E. A. Ekker, *Fernsehmärchen*, ebd., S. 13 f.; vgl. H. Manz, *Fernsehabend*, Lb VI ilz (1990), S. 105.
213 Lb IV AG (1983), S. 14–22; Lb V sabe (1990), S. 40–44.
214 Lb IV ilz (1990), S. 196–202; Lb VI sabe (1991), S. 133–138.
215 A. Schweiggert, *Mord*, Lb V ilz (1990), S. 316 f.; S. Kilian, *Im Fernsehen gestern*, Lb V sabe (1990), S. 123; Lb VI ilz (1990), S. 315.
216 Lb IV ilz (1990), S. 182–193.
217 Vgl. u. a. S. Buholzer-Schmid, *Das Bild der Frau im Lesebuch*; J. Spirig-Zünd, *Wie mädchenfreundlich sind unsere Lesebücher?*; *Rollenbilder im Jugendbuch. Tagungsbericht der 13. Schweiz. Jugendbuchtagung 1981 in Gwatt*, Bern 1981.

Interesse aller Herausgeber, doch müssen sie zu bedenken geben, dass gute «mädchen-freundliche» Texte, die geschlechtsspezifische Rollenbilder vermeiden, immer noch recht selten sind. Immerhin bringen heute die Lesebücher wesentlich mehr Texte von Autorinnen und ist auch erstmals die Redaktion eines deutschschweizerischen Lese-buches für die Mittelstufe einer Frau anvertraut worden.[218] Leo Müller gibt einem recht biederen Text Annemarie Nordens zur Mithilfe der Brüder im Haushalt etwas mehr Profil durch ein Inserat aus dem «Urner Wochenblatt» von 1887, das er in den Text einrückt:

Bei einem älteren Wittwer wünscht ein älteres Frauenzimmer, bescheidenen christ-lichen Wesens und guten Willens, als Haushälterin einzutreten. In Hausgeschäften sowie in jeder Handarbeit seit Jahren geübt, hofft sie mit hilfreichem Fleiss auf diese Art eine bescheidene Existenz zu erhalten.[219]

Da haben es die Frauen in den letzten hundert Jahren doch schon weit gebracht! Eine gute Relativierung zum Thema Mädchen- und Knabenarbeit bringt der anschliessende Text *Nähen und Wassertragen* von Cecil Bødker: der kleine Äthiopier Dimma greift selbstverständlich zu Nadel und Faden, um sein Hemd zu flicken, und lässt ebenso selbstverständlich seine Schwester schwere Wasserkanister schleppen. Der Engländer Thomas ist darüber empört:

«Das ist doch viel zu schwer! Wir hätten sie tragen sollen.» «Sie ist daran gewöhnt», grinste Dimma. «Glaub mir, es ist enorm, was die schleppen kann! [...] Wasserholen ist Weiberarbeit. [...] Jungen und Männer tragen kein Wasser. Das tun nur Frauen und Mädchen.» «Quatsch!» rief Thomas. «Ich habe schon oft Wasser geholt. Auch mein Vater tut das. Man kann doch nicht danebenstehen und zuschauen, wie sich die Frauen abquälen!» Nun war Dimma an der Reihe, sich zu ärgern. Aber er sagte nichts. Es gab so viele Dinge, die die Fremden gerade umgekehrt machten, fand er, so viel war bei ihnen anders als bei normalen Menschen![220]

Deutlich zugenommen haben die Erzählungen um weibliche Hauptfiguren, die sich aktiv und unabhängig mit Schulkameraden beiderlei Geschlechts auseinandersetzen, und ebenso die Schilderungen unüblicher Rollenverteilung in der Familie, wenn zum Beispiel der Vater als Künstler, die Mutter als Juristin arbeitet.[221] Unterhaltsam, wenn

---

218 A. K. Ulrich hat vor dem 4.-Klass-Lesebuch *Das fliegende Haus* Lesebücher für die 2. und 3. Klasse der ilz herausgegeben. Diese stufenübergreifende Editionstätigkeit ist ebenfalls ein Novum.

219 A. Norden, *Mutter braucht Hilfe*, Lb V sabe (1990), S. 54–58.

220 Ebd., S. 58–61.

221 A. Bröger, *Hände bunt wie Ostereier*, Lb VI ilz (1990), S. 95–97. Mädchen in führender oder zentraler Rolle zeigen U. Wölfel, *Pfeifenkonzert*, Lb IV AG (1983), S. 34–37 und Lb V sabe (1990), S. 133–135 und B. Brechbühl, *Der Elefant im Butterfass*, Lb IV ilz (1990), S. 119–134.

auch nicht ganz so differenziert gestaltet Mira Lobe das Rollentauschmotiv in der Erzählung *Das ist Weibersache, sagt der Papa.*[222] Erfrischend umgekehrt die Kurzgeschichte von Hans Manz *Was soll das Pfand in meiner Hand?* Da flieht Adam aus einer bis zum Ersticken weiblichen Geburtstagseinladung.[223] Ein kurzer Text im 4.-Klass-Lesebuch (ilz) reduziert das Thema auf knappste, witzig-nachdenkliche Form unter dem Titel *Worte kann man drehen – zwischen den Zeilen kann man lesen*:

Was ist an diesen Sätzen falsch?
Der Mann bügelt die Hemden.
Die Frau bringt den Zahltag nach Hause.
Das Mädchen spielt Fussball.
Der Knabe weint.
Der Mann kocht das Mittagessen.[224]

Am Anfang desselben Lesebuches steht das Indianermärchen vom Riesen Gluskabi, der das stärkste Wesen auf Erden sucht, um sich mit ihm zu messen, bis er sich vom Brüllen eines Säuglings geschlagen geben muss. Nur die junge Mutter Nigawes kann das kleine Ungetüm beruhigen.
«Grossmutter», sagte Gluskabi, «du hast recht gehabt. Ich kann Dzidziz nicht besiegen.» Dann lächelte Gluskabi. «Aber auch er ist nicht das mächtigste Wesen auf der Erde. Dzidziz ist nicht stärker als Nigawes.» [S. 25]

Zusammenfassung

In den dreissig Jahren von 1960 bis 1990 haben sich die Schweizer Lesebücher gründlicher verändert als in den vierzig Jahren davor. In einer ersten Phase setzten sich noch keine prinzipiell neuen Konzepte, wohl aber thematische Umorientierungen und Horizonterweiterungen durch. Texte der deutschen, österreichischen, angelsächsischen und skandinavischen Jugendliteratur wurden nun in die Lesebücher der Deutschschweiz integriert, während die Rezeption von Autoren des romanischen Sprachbereichs weiterhin fast ausschliesslich auf die Lesebücher der Westschweiz beschränkt

222 Lb VI ilz (1990), S. 76–82.
223 Ebd., S. 52 f.
224 Lb IV ilz (1990), S. 169.

blieb. Themen aus den Bereichen Sport und Technik erhielten mehr Gewicht, aber auch kritische Beurteilungen.

In der französischen Schweiz war die Lesebuchsituation zwiespältig: die drei Kantone Waadt, Neuenburg und Genf arbeiteten an einem neuen Unterrichtskonzept, das auf Lesebücher verzichten wollte, stellten es aber den Lehrern frei, die alten Lehrmittel weiter einzusetzen. Für den Berner Jura, das Wallis und Freiburg kamen zu Beginn der sechziger Jahre zum Teil revidierte ältere, zum Teil neu gestaltete Lesebücher heraus, die ein konservatives Bild der Schweiz mit je stark ausgebauten, auf den eigenen Kanton bezogenen Kapiteln kombinierten.

Zwischen 1965 und 1980 haben St. Gallen, Thurgau, Zürich, Bern und Aargau neue kantonale Lesebücher herausgebracht. In ihnen sind die patriotischen Beiträge im Vergleich zu früheren Ausgaben deutlich reduziert. Die Texte zum Ersten August, wie auch die «Taten Grosser Schweizer» verschwinden bis auf wenige diskrete Stücke. Das Bergthema hingegen behält seine Bedeutung, wird aber nicht mehr aufdringlich, sondern unausgesprochen zum schweizerischen Selbstverständnis in Beziehung gesetzt. Während nur ganz wenige Texte nationale Identität noch offen und gültig auszudrücken suchen, legen die Herausgeber mehr Gewicht auf regionale Sagen, Anekdoten und Dialektproben, wie das in diesen letzten kantonalen Lesebüchern noch möglich ist. Für die Innerschweiz gab der Verlag Benziger 1960–1970 neue Mittelstufen-Lesebücher heraus; unter ihnen wirkt das in Zusammenarbeit mit dem Verlag Sauerländer 1970 produzierte 6.-Klass-Lesebuch deutlich modernisiert und von patriotischer Literatur entlastet.

In den andern Kantonen wurden die alten Lehrmittel der fünfziger Jahre weiter benützt, in denen noch das betont nationalistische Schweizbild der älteren Lesebuchgeneration vorherrscht. Allgemein fällt auf, dass in kleinen, traditionsgebundenen Kantonen zum Lesebuchbestand weiterhin lokalpatriotische Texte gehörten, die in den grossen, industrialisierten Gebieten des Mittellandes nicht mehr denkbar gewesen wären. In ihrer Variationenbreite zeugen so die bis 1985 im Unterricht eingesetzten Mittelstufen-Lesebücher noch von der Vielfalt der Regionen, ihrer Schulbetriebe und ihrer Selbstdarstellung.

Im Lauf der siebziger Jahre werden die Umweltprobleme unserer Zeit ein Lesebuchthema ersten Ranges. Aufrufe zu verantwortlichem Verhalten der Natur und der menschlichen Gemeinschaft gegenüber haben an sich eine lange Tradition in den Schweizer Lesebüchern. Nun ersetzen sie weitgehend die früheren patriotischen Texte. Die Herausgeber wollen die junge Generation für die kommenden gewaltigen Aufgaben des Umweltschutzes sensibilisieren. In den frühen achtziger Jahren tun sie in diesem Bereich beinahe zuviel. Im an sich löblichen Bestreben, die Fehlentwicklungen unserer Kultur aufzuzeigen, bieten sie den Kindern fast ausschliesslich pessimistische Zukunftsvisionen und Gedichte voller Resignation.

1980–1985 gaben die Kantone Aargau und Thurgau noch einmal eigene Lesebücher für das 4. und 5. Schuljahr heraus. Gleichzeitig brachten die Bemühungen um ein neues Lesebuchkonzept auf interkantonaler Ebene wichtige Resultate. Intensivierte Bestrebungen zur Schulkoordination über Kantonsgrenzen hinweg und auch ökonomische Zwänge ermöglichten drei Reihen von überregionalen Lesebüchern, die das Gebiet der ganzen Schweiz abdecken: eine neue, die heutige Lesebuchgeneration. Für die Romandie erschienen die Mittelstufen-Lesebücher Français 4–6 in den Jahren 1986–1988. Ihnen waren die Bände für die Unterstufe vorausgegangen. Ebenso in der Deutschschweiz: hier gaben gleichzeitig die staatlich finanzierte Interkantonale Lehrmittelzentrale und das privat produzierende Verlagsinstitut für Lehrmittel sabe Lesebuchreihen für die 2.–6. Klasse heraus. Seit dem Frühsommer 1991 liegen beide Serien vollständig vor.

In den drei neuen Lesebuchreihen sind nicht mehr in erster Linie gesinnungsbildende Lesestücke, sondern Texte verschiedenster Form und Aussage zu literarischen Arbeitsbüchern zusammengestellt. Sie nehmen Bezug auf den erweiterten Sprachbegriff der modernen Linguistik und wollen den Schülern Lesekompetenz, wie man sie heute versteht, vermitteln. Im Umgang mit verschiedenen Textsorten, mit Umsetzungen in Reden und Handeln, sollen die Kinder kritisch lesen, zuhören und urteilen lernen. Das Lesebuch will zudem zwischen den Schülern und dem für sie bereitliegenden Angebot an Kinder- und Jugendliteratur vermitteln, weil bekanntlich nur selbständiges, lustbetontes Bücherlesen dem Kind zu dauernder Lesefähigkeit verhilft.

In diesen neuen Lesebüchern ist für patriotische Texte so wenig Platz wie in ihren unmittelbaren Vorgängern. Sie können auch nicht so selbstverständlich wie die älteren kantonalen Lesebücher auf regionale Traditionen eingehen. Zu diesem Problem suchen die drei Lesebuchreihen je eigene Lösungen. Für die Schüler der Romandie wählen die Herausgeber eine kleine Zahl von Berichten, Erzählungen und Anekdoten aus den ländlichen Gegenden der Westschweiz, ohne sie thematisch in einen grösseren Zusammenhang einzuordnen. Die Lesebücher der sabe-Reihe stellen Texteinheiten mit heimatkundlichen Themen vor, die sich auf die ländlich-katholischen Teile der Deutschschweiz beziehen. Kernstück in diesem Zusammenhang ist die Dokumentation zur Tellsage im 5.-Klass-Lesebuch. Die Lesebücher der ilz-Reihe bleiben weniger regionsgebunden. Sie bringen alte und moderne Schweizer Märchen, Sagen und Geschichten, die eher verschiedene Erzählformen und wandernde Erzählmotive zeigen als eine bestimmte Gegend charakterisieren wollen.

Als Ort nicht ausgesprochener, wohl aber noch erinnerter nationaler Identifizierung bleiben die Berge. Sie sind als variantenreiches Motiv in allen Lesebüchern präsent, sei es in Berichten über die Anfänge des Tourismus, in einem Text von C.-F. Ramuz oder in einer modernen Fabel Franz Hohlers. Sie verkörpern wohl noch Freiheit; nicht mehr als grossartiges Symbol und Hoffnungszeichen politischer Freiheit, sondern als Ort, wo sich der Mensch für Stunden von den Reglementierungen des modernen Lebens frei fühlen kann. Sie sind andererseits auch ein Ort gefährdeter Natur, die vor menschlichen Übergriffen geschützt werden muss.

Heimat – das Wort ist in den vorangehenden Lesebuchgenerationen offenkundig zu stark strapaziert worden und kann heute nicht mehr direkt eingesetzt werden. Die Frage, ob und wie heute in den Lesebüchern von Heimat geredet werden soll, stellt sich den Herausgebern auch aus der aktuellen Situation heraus. Was kann unter diesem Begriff in einer Schulklasse behandelt werden, in der Kinder aus mehreren Kultur- und Sprachkreisen und mit sehr verschiedenen sozialen und familiären Voraussetzungen zusammenkommen? Rückblicke in die Vergangenheit sind da nur sinnvoll, wenn sie sich für das Kind sichtbar in der Gegenwart noch auswirken oder ihr durch Kontrastwirkung Profil geben.

Wichtiger ist die Darstellung von Heimat als «Solidaritäts- und Aktionsraum»,[225] in dem man mit andern Menschen zusammen lebt und für den man auch Verantwortung trägt. Diese Komponente des Heimatbegriffs hatte ja schon für frühere Lesebuch-generationen grosse Bedeutung. Nun tritt Umweltschutz als Schwerpunktthema immer mehr an die Stelle des Patriotismus, wird aber nicht mehr ganz so pessimistisch abgehandelt, wie noch vor wenigen Jahren. Die Umweltprobleme sind zwar nicht kleiner geworden, doch will man die Schüler nicht mehr nur düstern Zukunfts-bildern ausliefern. Die Lesebücher weisen wieder mehr auf positive Gegenstrategien hin, wo auch der persönliche Einsatz im Kleinen einen Sinn hat.

Die Begegnung mit Kindern fremder Herkunft im Schulzimmer macht Schweizer Schüler auf kulturelle Unterschiede – und damit indirekt auf ihre eigene Art – aufmerksam. Die Lesebücher stellen eine Auswahl guter Texte von Jugendbuch-autoren bereit, die von Schwierigkeiten und Chancen solcher interkulturellen Begegnungen sprechen und Verständnis für den Fremden zu wecken suchen. Das Ziel ist Solidarität als erhoffte Grundlage eines neuen Heimatgefühls für das Kind, das sich im fremden Land zurechtfinden muss.

Mundart wird in den neuesten Lesebuchreihen nur ganz sparsam eingesetzt. Nicht mehr denkbar sind in diesen interkantonalen Lesebüchern jene anekdotisch-antiquarischen Erzählungen in Dialekten, deren Wortschatz und Aussprache schon jenseits der Kantons-

---

225 Vgl. V. Rutschmann, Für Freiheit und Fortschritt, Kap. 3.1.

grenze kaum mehr verstanden würden. Es bleiben ein paar zeitkritische Mundartgedichte. Zudem hat die neue Linguistik den Wert von Sprachspielen und Improvisationen in der Alltagssprache auch für diese Schulstufe neu entdeckt.

Das Gespräch mit den Schülern repräsentieren in den neuen Lesebüchern einerseits Schülertexte zu verschiedenen Themen; andererseits reden Autoren wie Hans Manz und Franz Hohler die Kinder direkt an, greifen wohl auch die eine und andere Anregung von ihrer Seite auf. In Texten dieser Art schlägt sich heutige schweizerische Realität inhaltlich und sprachlich nieder. Während früher Herausgeber und Lehrer in den Lesebüchern nur die korrekte Schweizer Schulsprache dulden wollten, wird heute der originale Ausdruck höher eingeschätzt. Das helvetische Deutsch der Generation Elisabeth Müllers und Olga Meyers ist hingegen in den Lesebüchern abgelöst worden. Die heutigen Schweizer Jugendbuchautoren pflegen einen neutraleren Stil, der im ganzen deutschen Sprachraum ohne Mühe verstanden wird. Unter den Schweizer Büchern, die deutlich schweizerisch mit liebenswürdig selbstironischen Anklängen geschrieben sind, fallen Beat Brechbühls *Geschichten vom Schnüff* auf; sie bieten inhaltliche und sprachliche Identifikationsmöglichkeiten, die von den Lesebuchherausgebern auch entsprechend genutzt werden.

Auch wenn die Lesebuchkritik während Jahren die Abschaffung des «Gesinnungslesebuches» forderte, können sich Lesebücher von pädagogischen Kriterien – und damit eben von der Einflussnahme auf das Kind – nicht dispensieren. An den alten Erziehungsmustern hat sich jedoch Wesentliches geändert: Traditionelle Bürgertugenden wie Fleiss, Arbeitsamkeit und Pflichterfüllung treten hinter dem erzieherischen Anliegen zurück, die Kinder zu unabhängig urteilenden, aber sozial denkenden Erwachsenen heranzubilden. Wohl wären Ordnungsliebe, Pflichtbewusstsein und guter Arbeitseinsatz in der Schule erwünscht, doch mit entsprechenden Texten tun sich die heutigen Autoren schwer. Heikel steht es auch um den sprichwörtlichen schweizerischen Arbeitseifer, der nicht mehr angepriesen werden darf, sogar verdächtig in die Nähe eines verpönten Profitdenkens gerückt ist.

Vor allem müssen die Lesebuchherausgeber heute das veränderte Rollenbewusstsein moderner Frauen berücksichtigen. Dass sie sich hier Mühe geben, ist unverkennbar, nur stehen ihnen noch nicht sehr viele geeignete Texte zur Verfügung. Da bleibt für eine nächste Lesebuchgeneration noch einiges zu tun.

Verzeichnis der Abkürzungen

HBLS   Historisch-biographisches Lexikon der Schweiz. Band 1–7.
        Neuenburg 1921–1934.

NZZ   Neue Zürcher Zeitung

SLZ   Schweizerische Lehrerzeitung

SLiZ   Schweizerische Lehrerinnen-Zeitung

SPZ   Schweizerische Pädagogische Zeitschrift

Literaturverzeichnis

1. Primärliteratur

1.1. Vorgänger und Vorlagen

Eberhard, Gerold: Lesebuch für die Mittel- und Oberklassen schweiz. Volksschulen, enthaltend den stufenmässig geordneten Lernstoff für den vereinigten Sprach- und Realunterricht, von G. E. Erster Theil, mit 22 Holzschnitten. 8. Aufl. Zürich: F. Schulthess 1871.

Eberhard, Gerold: Lesebuch für die Mittel- und Oberklassen schweiz. Volksschulen, enthaltend den stufenmässig geordneten Lernstoff für den Sprach- und Realunterricht, von G. E. Zweiter Theil, mit 23 Holzschnitten. 7. Aufl. Zürich: F. Schulthess 1872.

Helvetia. Liederbuch für Schweizerschulen. Unter Mitwirkung schweiz. Dichter und Komponisten, hg. von Benjamin Zweifel. St. Gallen: 1893. [34. Aufl. Zürich: Gebr. Hug 1906].

Jütting, Wilhelm und Hugo Weber: Anschauungsunterricht und Heimatkunde für das 1.–4. Schuljahr mehrklassiger Schulen. Grundsätze, Lehrstoffe und Lehrproben. 6. Aufl. von Richard Börner. Leipzig 1899.

Rüegg, Heinrich: Bilder aus der Schweizergeschichte für die Mittelstufe der Volksschulen. Hg. von J. J. Schneebeli. 8. ill. Ausg. Zürich: Schulthess, 1892.

Scherr, Thomas: Lesebüchlein für das vierte Schuljahr. Vom Erziehungsrathe des Kantons Zürich als obligatorisches Lehrmittel erklärt. Zürich: Orell Füssli 1867.

Scherr, Thomas: Lesebüchlein für das fünfte Schuljahr. Vom Erziehungsrathe des Kantons Zürich als obligatorisches Lehrmittel erklärt. Zürich: Orell Füssli 1867.

Scherr, Thomas: Lesebüchlein für das sechste Schuljahr. Vom Erziehungsrathe des Kantons Zürich als obligatorisches Lehrmittel erklärt. Zürich: Orell Füssli 1968.

Schuler, Melchior: Lesebuch für Schweizer-Kinder von 10 bis 14 Jahren, zum Schul- und Hausgebrauch. Erstes Bändchen. I. Gleichnisse und Erzählungen. II. Stoff zu Denk- und

Schreibübungen. Zürich: F. Schulthess 1837.

Schuler, Melchior: Lesebuch für Schweizer-Kinder von 10 bis 14 Jahren, zum Schul- und Hausgebrauch. Zweite Abtheilung. Vaterländische Erzählungen. Zürich: F. Schulthess 1837.

Schuler, Melchior: Die Thaten und Sitten der alten Eidgenossen, erzählt für die vaterländische Jugend in Schule und Haus. 1. Abtheilung: vor der Reformation. 3. neu bearb. und vermehrte Ausg. Zürich: F. Schulthess 1839.

Senn, Wilhelm: Heimat und Volk in Poesie und Prosa. Basel: Druck der Vereinsdruckerei 1884.

1.2. Kantonale Schul- und Lesebücher

Aargau:

Lb IV AG (o. J.) Erstes Lehr- und Lesebuch für die Gemeindeschulen des Kantons Aargau, von Gerold Eberhard. Dritter Teil (Viertes Schuljahr). 2. Aufl. Aarau: Sauerländer o. J.

Lb V AG (1892) Lehr- und Lesebuch für die Aargauischen Gemeindeschulen. V. Schuljahr. Bearb. von F. Hunziker und J. Keller. Zürich: Orell Füssli 1892. (H. R. Rüeggs Sprach- und Lehrbücher für Schweiz. Volksschulen).

Lb VI AG (1892) Lehr- und Lesebuch für die Aargauischen Gemeindeschulen. VI. Schuljahr. Bearb. von F. Hunziker und J. Keller Zürich: Orell Füssli 1892. (H. R. Rüeggs Sprach- und Lehrbücher für Schweiz. Volksschulen).

Lb IV AG (1896) Lehr- und Lesebuch für die Aargauischen Gemeindeschulen. IV. Schuljahr. Bearb. von F. Hunziker und J. Keller. Zürich: Orell Füssli 1896. (H. R. Rüeggs Sprach- und Lehrbücher für Schweiz. Volksschulen).

Lb IV AG (1912) Lesebuch für die Gemeindeschulen des Kantons Aargau. Viertes Schuljahr. Verf. von Karl Killer. Bilder von Jakob Wyss und J. Villiger. Aarau: Kant. Lehrmittelverlag 1912.

Lb V AG (1913) Lehr- und Lesebuch für die Gemeindeschulen des Kantons Aargau. Fünftes Schuljahr. Verf. von Karl Killer. Textillustrationen von Eugen Steimer. Aarau: Kant. Lehrmittelverlag 1913.

Lb VI AG (1937) *Schau auf zu den Höhen.* Lesebuch für das 6. Schuljahr der aargauischen Gemeindeschule, verf. von Hans Mülli. Bilder von Guido Fischer. Aarau: Kant. Lehrmittelverlag [1937].

Lb V AG (1941) Lesebuch für die Gemeindeschulen des Kantons Aargau. Fünftes Schuljahr. Verf. von Karl Killer. Ill. von Paul Eichenberger. 4. umgearb. Aufl. Aarau: Kant. Lehrmittelverlag 1941.

Lb IV AG (1952) *Traute Heimat.* Lesebuch für die 4. Klasse der aargauischen Gemeindeschulen. [Hg.] Hans Mülli. (Ill. von Felix Hoffmann). 2. Aufl. Aarau: Kant. Lehrmittelverlag 1952.

Lb V AG (1957) *Aus Welt und Heimat.* Lesebuch für die fünfte Klasse der aargauischen Gemeindeschulen. [Hg.] Paul Erismann. 2. Aufl. Aarau: Kant. Lehrmittelverlag 1957.

Lb IV AG (1971) *Stein und Blume, Mensch und Tier.* Lesebuch für die vierte Klasse. [Hg.]
Max Muntwyler. (Zeichnungen: Roland Thalmann). Aarau: Kant. Lehrmittelverlag 1971.

Lb V AG (1981) *Lesebuch 5.* Lesebuch für die 5. Klasse der Primarschule. [Hg.] Max
Muntwyler und Josef Rennhard. (Ill.: René Villiger). Aarau: Lehrmittelverlag des Kant.
Aargau 1981.

Lb IV AG (1983) *Lesebuch 4.* Lesebuch für die 4. Klasse der Primarschule. [Hg.] Max
Muntwyler. (Ill.: Roland Thalmann). Aarau: Lehrmittelverlag des Kant. Aargau 1983.

Appenzell Ausserrhoden (vgl. St. Gallen):

Lb AA (1937) Heimatbuch für junge Appenzeller. Eine Sammlung heimatlicher Lesestoffe
für Schule und Haus. Zusammengest. von Walter Rotach. Hg. von der Landesschulkommission von Appenzell A. Rh. 2. Aufl. Herisau: Schläpfer 1937.

Lb IV AA (1966) Lesebuch für die vierte Klasse der Primarschulen des Kantons Appenzell
A. Rh. (Zusammengest. von W. Metzger, H. Altherr, H. Frischknecht, K. Kern,
H. Meier. Ill. von W. Stäheli) Hg. von der Landesschulkommission Appenzell A. Rh.
Herisau: Schläpfer 1966.

Appenzell Innerrhoden:

Lb V AI (1905) Lesebuch für die Primar-Schulen des Kantons Appenzell Innerrhoden.
Fünftes Schuljahr. Appenzell: Genossenschafts-Buchdruckerei 1905.

Lb IV AI (1907) Lesebuch für die Primar-Schulen des Kantons Appenzell Innerrhoden.
Viertes Schuljahr. Appenzell: Genossenschafts-Buchdruckerei 1907.

Lb IV AI (1925) Lesebuch für die Primar-Schulen des Kantons Appenzell Innerrhoden.
Viertes Schuljahr. Appenzell: Genossenschafts-Buchdruckerei 1925.

Lb V AI (1929) Fünftes Schulbuch für Primarschulen. Im Auftrage der Landesschulkommission Appenzell I.-Rh. Mit zahlreichen Ill. Einsiedeln: Benziger 1929.

Lb IV AI (1958) *Mys Lendli.* Innerrhoder Lesebuch. Viertes Schuljahr. Hg. von der
Landesschulkommission Appenzell Innerrhoden. Appenzell: Genossenschafts-Buchdruckerei 1958.

Lb V Benz (1960) *Da wird die Welt so munter ….* Schulbuch für die fünfte Klasse. (Red.:
Walter Käslin. Geschichtsteil: Beda Ledergerber). Mit Anhang für Appenzell
Innerrhoden. Einsiedeln: Benziger 1960.

Basel-Stadt:

Lb VI BS (1893) Lesebuch für die Sekundarschulen des Kantons Basel-Stadt. Zweiter Teil
(Sechstes Schuljahr). 3. Aufl. Basel: R. Reich 1893.

Lb IV BS (1901) Lesebuch für die Primarschulen des Kantons Basel-Stadt. Viertes Schuljahr. 5. Aufl. Basel: R. Reich 1901.

Lb V BS (1905) Lesebuch für die Sekundarschulen des Kantons Basel-Stadt. Erster Teil
(Fünftes Schuljahr). 5. umgearb. Aufl. Basel: Helbing und Lichtenhahn 1905.

Lb IV BS (1925) Lesebuch für die 4. Klasse der Primarschule. Basel: Lehrmittelverlag des
Erziehungsdepartements Basel-Stadt 1925.

Lb IV BS (1933) Lesebuch für die 4. Klasse der Primarschule. 2. veränd. Aufl. Basel: Lehrmittelverlag des Erziehungsdepartements Basel-Stadt 1933.

Lb IV BS (1942) Basler Lesebuch für die vierte Klasse der Primarschule. Basel: Lehrmittelverlag des Erziehungsdepartementes Basel-Stadt 1942.

Lb V/VI BS (1947) Basler Lesebuch I für die Sekundarschule. Im Auftrag der Lehrmittelkommission bearb. von Traugott Meyer. Ill. Heiri Strub. Basel: Lehrmittelverlag des Kantons Basel-Stadt 1947.

Lb IV BS (1967) Basler Lesebuch für die vierte Klasse der Primarschule. (Bilder von Niklaus Stoecklin). 3. Aufl. Basel: Lehrmittelverlag des Kantons Basel-Stadt 1967.

Basel-Landschaft:

Lb VI BL (1896) Lesebuch für die Oberklassen der Primarschule (Repetier- bezw. Halbtagschule) des Kantons Basellandschaft. Bearb. von der solothurnischen Lehrmittel-Kommission. Solothurn: Gassmann 1896.

Lb V BL (1912) Lesebuch für das fünfte Schuljahr der Primarschule des Kantons Basellandschaft. (Verfasser: A. Fischli, H. Bührer, K. Weber, H. Kern, F. Leuthardt). 3. Aufl. Im Staatsverlag. Liestal: Lüdin 1912.

Lb VI BL (1930) *Volle Ähren.* Lesebuch für die sechste Klasse der Primarschule. Bearb. von Leo Weber, Josef Reinhart, Albert Fischli. Ausg. für den Kanton Basel-Landschaft. Solothurn: Gassmann 1930.

Lb V BL (1931) Lesebuch für das fünfte Schuljahr der Primarschule des Kantons Basellandschaft. (Verfasser: A. Fischli, W. Buser, G. Müller, E. Zeugin. Zeichnungen: H. Bertschinger und G. Müller). 7. Aufl. Im Staatsverlag. Liestal: Lüdin 1931.

Lb IV BL (1932) Lesebuch für das vierte Schuljahr der Primarschule des Kantons Basellandschaft. (Verfasser: A. Fischli, W. Buser, G. Müller, E. Zeugin. Zeichnungen: H. Bertschinger und G. Müller). 5. Aufl. Im Staatsverlag. Liestal: Lüdin 1932.

Lb IV/V BL (1956) Lesebuch für die vierte und fünfte Klasse der basellandschaftlichen Primarschulen. (Hg. von C. A. Ewald, W. Hug, F. Jundt, W. Schaub). Liestal: Kant. Lehrmittelverwaltung Baselland 1956.

Lb VI SO/BL (1959) *Volle Ähren.* Lesebuch für das sechste Schuljahr der Kantone Solothurn und Baselland. 3. neu bearb. Aufl. Solothurn: Gassmann 1959.

Bern:

Für Kopf und Herz. Zweiter Teil. Realbuch für die dritte Stufe der Primarschulen des Kantons Bern. Bern: Kant. Lehrmittelverlag 1906.

Lb V BE (1910) Lesebuch für die mittleren Klassen der Primarschulen des Kantons Bern II: Fünftes Schuljahr. 4. Aufl. Bern: Kant. Lehrmittelverlag 1910. [1. Aufl. 1896].

Lb IV BE (1911) Lesebuch für die mittleren Klassen der Primarschulen des Kantons Bern I: Viertes Schuljahr. 4. Aufl. Bern: Kant. Lehrmittelverlag 1911. [1. Aufl. 1895].

Lb VI BE (1912) Lesebuch für die mittleren Klassen der Primarschulen des Kantons Bern III: Sechstes Schuljahr. 4. Aufl. Bern: Kant. Lehrmittelverlag 1912. [1. Aufl. 1896].

Lb IV BE (1916) Lesebuch für das vierte Schuljahr der Primarschulen des Kantons Bern.

[Hg. von Walther Läderach; Ill. von Rudolf Münger]. Bern: Staatlicher Lehrmittelverlag 1916.

Lb V BE (1920) Lesebuch für das fünfte Schuljahr der Primarschulen des Kantons Bern.
[Ill. von Rudolf Münger]. Bern: Staatlicher Lehrmittelverlag 1920.

Lb VI BE (1920) Lesebuch für das sechste Schuljahr der Primarschulen des Kantons Bern.
[Ill. von Rudolf Münger]. Bern: Staatlicher Lehrmittelverlag 1920.

Lb IV BE (1933) *Mein guter Kamerad*. Ein Lesebuch für Kinder des vierten Schuljahres
mit Bildern von Fred Stauffer. (Zusammengest. von H. Cornioley, W. Huber, H. Sommer). Bern: Staatlicher Lehrmittelverlag 1933.

Lb V BE (1950) *Heimat*. Erzählungen und Gedichte für das fünfte Schuljahr der bernischen
Primarschulen. (Hg. von E. Berger, H.-R. Egli, M. Gygax, H. Matter, R. Witschi.
Holzschnitte von Fritz Buchser). Bern: Staatlicher Lehrmittelverlag 1950.

Lb VI BE (1955) *Geh aus, mein Herz, und suche Freud*. Lesebuch für das sechste Schuljahr der bernischen Primarschulen. (Hg. von E. Berger, H.-R. Egli, M. Gygax,
H. Matter, R. Witschi. Holzschnitte von Fritz Buchser). Bern: Staatlicher Lehrmittelverlag 1955.

Lb IV BE (1972) Lesebuch 4. (Hg. von H.-R. Egli, E. Müller, S. Nyffeler, H. Raaflaub,
E. Saurer. Ill. von Hugo Wetli). Bern: Staatlicher Lehrmittelverlag 1972.

Lb V BE (1973) Lesebuch 5. (Zusammengest. von P. Burri, R. Immer, P. Schuler,
R. Tobler. Ill. von Walter Ottinger). Bern: Staatlicher Lehrmittelverlag 1973.

Lb VI BE (1973) Lesebuch Oberstufe I. (Hg. von P. von Bergen, R. Perren, P. Schuler).
Bern: Staatlicher Lehrmittelverlag 1973.

Ll ds BE (1901) *Le trésor de l'écolier*. Livre de lecture à l'usage des écoles primaires
françaises du canton de Berne. Cours supérieur. 3e éd. Berne: Librairie de l'Etat 1901.

Ll dm BE (1918) Livre de lecture destiné aux écoles primaires du Jura Bernois, par
H. Gobat et F. Allemand. Cours moyen. 10e éd. Berne: Librairie de l'Etat 1918 [1e éd.
1885].

Ll dm BE (1927) *Notre camarade*. Choix de lectures à l'usage des écoles primaires. Cours
moyen. [Ed.] Marcel Marchand. Berne: Librairie de l'Etat 1927.

Ll ds BE (1931) *L'Ecolier jurassien*. Choix de lectures à l'usage des écoles primaires.
Cours supérieur. [Ed.] P.-O. Bessire. Berne: Librairie de l'Etat 1931.

Ll IV BE (1943) *Messages*. Vers et Proses. IVe année. Textes choisis par A. Rumley,
H. Devain, A. Surdez, J.-R. Graf, P. Rebetez, P. Erismann, R. Stähli. Bois gravés de
Laurent Boillat. Berne: Librairie de l'Etat 1943.

Ll V/VI BE (1943) *Notre camarade*. Choix de lectures à l'usage des écoles primaires Ve et
VIe années. [Ed.] Marcel Marchand. Berne: Librairie de l'Etat 1943.

Ll ds BE (1945) *L'Ecolier jurassien*. Choix de lectures à l'usage des écoles primaires.
Degré supérieur. [Ed.] P.-O. Bessire. 2e éd. Berne: Librairie de l'Etat 1945.

Ll IV BE (1960) *Messages*. Livre de lecture et grammaire à l'usage de la quatrième année
scolaire. [Ed.] H. Devain, P. Henry, A. Perrot, R. Stähli, M. Turberg. Berne: Librairie de
l'Etat 1960.

Ll V/VI BE (1961) *Horizons nouveaux*. Livre de lecture à l'usage des cinquième et sixième années scolaires. [Ed.] Ch. Jeanpretre, J. Monnerat, R. Stähli, P. Terrier, J. Zbinden. Berne: Librairie de l'Etat 1961.

Ll ds BE (1964) *Les belles années*. Livre de lecture à l'usage du degré supérieur de l'école primaire. Textes choisis par H. Devain, P. Henry, A. Pécaut, J.-P. Pellaton, R. Stähli. Berne: Librairie de l'Etat 1964.

Freiburg:

Ll dm FR (1890) Livre de lecture pour les écoles primaires du canton de Fribourg. Degré moyen. [Ed. Raphaël Horner]. Einsiedeln: Etablissements Benziger [1890].

Ll ds FR (1901) Livre de lecture pour les écoles primaires du canton de Fribourg. Degré supérieur. [Ed. Raphaël Horner]. Einsiedeln: Etablissements Benziger 1901.

Ll dm FR (1925) Livre de lecture pour les écoles primaires du canton de Fribourg. Degré moyen. Fribourg: Dépôt central du matériel d'enseignement et des fournitures scolaires 1925.

Ll ds FR (1934) *Mes lectures*. Ecoles primaires du canton de Fribourg. Degré supérieur. Manuel d'enseignement officiel. Fribourg: Dépôt central du matériel scolaire 1934.

Ll dm FR (1955) *Lecture et poésie*. Livre de lecture degré moyen des écoles primaires du canton de Fribourg. Fribourg: Département de l'Instruction publique 1955.

Ll ds FR (1960) *Mes lectures*. Degré supérieur des écoles du canton de Fribourg. Fribourg: Département de l'Instruction publique 1960.

Lb IV–VI FR (1938) Lesebuch für die Mittelstufe (4., 5. und ev. 6. Klasse) der deutschen Primarschulen des Kantons Freiburg. (Hg. von Alphons Aeby). Freiburg: Schulmaterialien-Verlag 1938.

Genf:

Ll ds GE/VD (1908) Anthologie scolaire. Lectures françaises à l'usage des collèges secondaires, écoles supérieures et écoles primaires supérieures. [Ed.] Louis Dupraz et Emile Bonjour avec la collaboration de Henri Mercier. Lausanne: Payot 1908.

Ll dm GE/NE (1910) Livre de lecture à l'usage des écoles primaires de la Suisse romande par A. Gavard. Ouvrage adopté par le Département de l'Instruction publique des cantons de Neuchâtel et de Genève. Nouvelle éd. Genève: ATAR [1910].

Ll ds GE (1911) Livre de lecture à l'usage du degré supérieur des écoles primaires par L. Mercier et A. Marti. Ouvrage adopté par le Département de l'Instruction publique du canton de Genève. Genève: ATAR [1911].

Ll IV GE (1929) *J'aime lire*. Livre de lecture destiné à la 4e année de l'école primaire du canton de Genève. Genève: Département de l'Instruction publique 1929.

Ll III GE/NE (1936) *Heures claires*. Livre de lecture à l'usage de l'enseignement primaire. Troisième année. [Ed.] Adolphe Marti. Adopté par les Départements de l'Instruction publique de Genève et Neuchâtel. Lausanne: Payot 1936. [1e éd. 1916].

Ll V GE (1940) *Fleurs coupées*. Choix de textes littéraires pour le 5e degré de l'école primaire. Ill. de Henri Meylan. Genève: Département de l'Instruction publique 1940.

Ll V GE (1950) *J'aime lire*. Choix de textes pour le 5e degré primaire. Ill. de Mme Olga

Arthur-Rewald. Genève: Département de l'Instruction publique 1950.
Ll IV GE/NE (1957) *Heures claires*. Livre de lecture à l'usage de l'enseignement primaire.
Quatrième année. [Ed.] Adolphe Marti. Adopté par les Départements de l'Instruction
publique de Genève et Neuchâtel. Lausanne: Payot 1957.

Glarus:
Lb IV GL (1908) Obligatorisches Sprachlehrmittel für die Primarschulen des Kantons
Glarus. Das Buch der IV. Klasse. Unter Mitwirkung der Lehrmittelkommission bearb.
von Jakob Heer. Zeichnungen von Robert Hardmeyer. Glarus: Verlag der Erziehungs-
direktion 1908.
Lb V GL (1908) Obligatorisches Sprachlehrmittel für die Primarschulen des Kantons
Glarus. Das Buch der V. Klasse. Unter Mitwirkung der Lehrmittelkommission bearb.
von Kaspar Hefti. Zeichnungen von Robert Hardmeyer. Glarus: Verlag der Erziehungsdirektion 1908.
Lb VI GL (1909) Obligatorisches Sprachlehrmittel für die Primarschulen des Kantons
Glarus. Das Buch der VI. Klasse. Unter Mitwirkung der Lehrmittelkommission bearb.
von Peter Britt. Zeichnungen von Robert Hardmeyer. Glarus: Verlag der Erziehungsdirektion 1909.
Lb IV GL (1949) *Deheimed*. Lese- und Arbeitsbuch für das vierte Schuljahr der
glarnerischen Primarschulen. Bearb. von Oskar Börlin und Kaspar Zimmermann, ill.
von Heinrich Pfenninger. Glarus: Verlag der Erziehungsdirektion 1949.
Lb V GL (1953) *Landauf – landab*. Lese- und Arbeitsbuch für das fünfte Schuljahr der
glarnerischen Primarschulen. Bearb. von Oskar Börlin, Florian Riffel und Hans Thürer.
Ill. von Alfred Kobel und Lill Tschudi. Glarus: Verlag der Erziehungsdirektion 1953.
Lb VI GL (1958) *Schweizerland – Heimatland*. Lese- und Arbeitsbuch für das sechste Schuljahr der glarnerischen Primarschulen. Bearb. von O. Börlin, S. Rhyner, H. Thürer, K.
Zimmermann. Ill. von Felix Hoffmann. Glarus: Verlag der Erziehungsdirektion 1958.

Graubünden:
Lb IV GR (1909) Lesebuch für die deutschen Primarschulen des Kantons Graubünden.
IV. Schuljahr. Hg. vom Kleinen Rat. (Hg. von Paul Conrad und Andrea Florin). 4. Aufl.
Davos-Platz: Buchdruckerei Davos 1909.
Lb V GR (1910) Lesebuch für die deutschen Primarschulen des Kantons Graubünden.
V. Schuljahr. Hg. vom Kleinen Rat. (Hg. von Paul Conrad und Andrea Florin). 4. Aufl.
Schiers: Walt und Fopp 1910.
Lb VI GR (1912) Lesebuch für die deutschen Primarschulen des Kantons Graubünden.
VI. Schuljahr. Hg. vom Kleinen Rat. (Hg. von Paul Conrad und Andrea Florin). 4. Aufl.
Davos-Platz: Buchdruckerei Davos 1912.
Lb VI GR (1925) Lesebuch für die deutschen Primarschulen des Kantons Graubünden.
VI. Schuljahr. Hg. vom Kleinen Rat. (Hg. von P. Conrad, J. B. Gartmann, F. Pieth).
5. Aufl. Chur: Manatschal Ebner 1925.
Lb V GR (1934) Lesebuch für die deutschen Primarschulen des Kantons Graubünden.

V. Schuljahr. Hg. vom Kleinen Rat. (Hg. von P. Conrad, J. B. Gartmann, F. Pieth).
7. Aufl. Chur: Bischofberger 1934.

Lb VI GR (1936) Lesebuch für die deutschen Primarschulen des Kantons Graubünden.
VI. Schuljahr. Hg. vom Kleinen Rat. (Hg. von P. Conrad, J. B. Gartmann, F. Pieth).
6. Aufl. Samaden: Engadin Press 1936.

Lb IV GR (1955) *Komm mit.* Bündner Lesebuch IV. Schuljahr. (Red.: Stefan Disch und
Christian Ruffner). Chur: Kant. Lehrmittelverlag Graubünden 1955.

Lb V GR (1955) *Weg und Steg.* Bündner Lesebuch V. Schuljahr. (Red.: Stefan Disch und
Christian Ruffner). Chur: Kant. Lehrmittelverlag Graubünden 1955.

Lb VI GR (1961) *Zum Licht.* Bündner Lesebuch VI. Schuljahr. (Red.: S. Disch, L. Knupfer,
Chr. Ruffner. Ill. von G. P. Luck). Chur: Kant. Lehrmittelverlag Graubünden 1961.

Luzern:

Lb IV LU (1922) Viertes Schulbuch für Schweizerische Primarschulen des Kantons
Luzern. Mit zahlreichen Illustrationen. Kant. Lehrmittelverlag Luzern. Einsiedeln:
Benziger 1922.

Bilder aus der Geschichte unseres Vaterlandes. Obligatorisches Lehrmittel für die obern
Klassen der Primarschulen. Gedruckt auf Anordnung des h. Erziehungsrates des Kantons Luzern. 2. Aufl. Luzern: Kant. Lehrmittelverlag 1930.

Lb IV LU (1936) *Lueg is Land.* Viertes Schulbuch für die Primarschulen des Kantons
Luzern. Auf Anordnung des Erziehungsrates. (Bearb. von Franz Fleischlin). Luzern:
Kant. Lehrmittelverlag 1936.

Lb V/VI LU (1942) *Heimatland.* Lesebuch für die Oberklassen der Luzerner Primarschulen. Auf Anordnung des Erziehungsrates. (Hg. von W. Maurer, H. Brunner, E. Degen,
F. Fleischlin, G. Willi, A. Muff). Luzern: Kant. Lehrmittelverlag 1942.

Lb IV LU (1964) *Werden und Wachsen.* Lesebuch für die vierte Primarklasse. Im Auftrage
des Erziehungsrates bearb. von Franz Mosele. Luzern: Kant. Lehrmittelverlag 1964.

Neuenburg:

Ll dm NE (1892) *La patrie.* Lectures illustrées du degré moyen des écoles primaires par
C.-W. Jeanneret. Premier recueil (de 9 à 12 ans). 5e éd. La Chaux-de-Fonds/Lausanne/
Zurich: Orell Fussli 1892.

Ll dm GE/NE (1910) Livre de lecture à l'usage des écoles primaires de la Suisse romande
par A. Gavard. Ouvrage adopté par le Département de l'Instruction publique des
cantons de Neuchâtel et de Genève. Nouvelle éd. Genève: ATAR o. J. [1910].

Ll III GE/NE (1936) *Heures claires.* Livre de lecture à l'usage de l'enseignement primaire.
Troisième année. [Ed.] Adolphe Marti. Adopté par les Départements de l'Instruction
publique de Genève et Neuchâtel. Lausanne: Payot 1936.

Ll IV GE/NE (1957) *Heures claires.* Livre de lecture à l'usage de l'enseignement primaire.
Quatrième année. [Ed.] Adolphe Marti. Adopté par les Départements de l'Instruction
publique de Genève et Neuchâtel. Lausanne: Payot 1957.

Les couleurs de la vie. Livre de lecture. Lectures degré moyen 4e année. [Ed.] Marcel

Dardoise et Jean Dardoise. Ouvrage adopté par le Département de l'Instruction publique du Canton de Neuchâtel. Paris: hatier 1960.

Vildrac, Charles: L'île rose. [Adaptation par M. Picard]. Illustrations d'Hervé Lacoste. Paris: Armand Colin 1966.

St. Gallen:

Lb V SG (1888) Lehr- und Lesebuch für die mittleren Klassen schweizerischer Volksschulen. Hg. von H. R. Rüegg. Zweiter Teil. Fünftes Schuljahr. Ausgabe für den Kanton St. Gallen. (Bearb. von E. Balsiger, H. Wiget, J. Kuoni, U. Früh). Zürich: Orell Füssli 1888. (H. R. Rüegg's Sprach- und Lehrbücher für die Schweizerischen Volksschulen).

Lb VI SG (1888) Lehr- und Lesebuch für die mittleren Klassen schweizerischer Volksschulen. Hg. von H. R. Rüegg. Dritter Teil. Sechstes Schuljahr. Ausgabe für den Kanton St. Gallen. (Bearb. von E. Balsiger, H. R. Rüegg, U. Früh, J. Schelling). Zürich: Orell Füssli [1888]. (H. R. Rüegg's Sprach- und Lehrbücher für die Schweizerischen Volksschulen).

Lb V SG (1898) Lesebuch für das fünfte Schuljahr der Primarschulen des Kantons St. Gallen. Im Auftrage des Erziehungsrates verf. von J. C. Benz, C. Zäch, J. Bucher. Lichtensteig: A. Mäder 1898.

Lb IV SG (1901) Lesebuch für das vierte Schuljahr. Im Auftrage des Erziehungsrates des Kantons St. Gallen verf. von C. Benz, C. Zäch und J. Bucher. 2. Aufl. Altstätten: Buchdruckerei des *Rheintaler Allgemeiner Anzeiger* 1901.

Lb V SG (1911) Lesebuch für das fünfte Schuljahr der Primarschulen des Kantons St. Gallen. Nach Vorlage der kant. Lehrmittelkommission hg. vom Erziehungsrate des Kantons St. Gallen. (Bearb. von C. Benz und C. Zäch). Lichtensteig: A. Maeder 1911.

Lb VI SG (1911) Lesebuch für das sechste Schuljahr der Primarschulen des Kantons St. Gallen. Nach Vorlage der kant. Lehrmittelkommission hg. vom Erziehungsrate des Kantons St. Gallen. (Bearb. von C. Benz, G. Felder, C. Zäch). St. Gallen: Buchdruckerei der *Ostschweiz* 1911.

Lb V SG (1921) Lesebuch für das fünfte Schuljahr der Volksschule des Kantons St. Gallen. Nach Vorlage der Lehrmittelkommission hg. vom Erziehungsrate. (Bildschmuck von A. M. Bächtiger und W. Schneebeli). Rorschach: E. Löpfe-Benz 1921.

Lb VI SG (1924) Lesebuch für das sechste Schuljahr der Volksschule des Kantons St. Gallen. Nach Vorlage der Lehrmittelkommission hg. vom Erziehungsrate. (Bilder von A. M. Bächtiger und W. Schneebeli). Laupen b. Bern: Polygraphische Gesellschaft 1924.

Lb IV SG (1927) Lesebuch für das vierte Schuljahr der Volksschule des Kantons St. Gallen. Nach Vorlage der Lehrmittelkommission hg. vom Erziehungsrate. (Bildschmuck von A. M. Bächtiger, W. Schneebeli, P. Pfiffner). St. Gallen: Fehr 1927.

Lb V SG (1929) Lesebuch für das fünfte Schuljahr der Volksschule des Kantons St. Gallen. Nach Vorlage der Lehrmittelkommission hg. vom Erziehungsrate. (Bildschmuck von A. M. Bächtiger, W. Schneebeli, H. Lumpert). Rorschach: E. Löpfe-Benz 1929.

Lb VI SG (1939) Lehr- und Lesebuch für das 6. Schuljahr der Primarschule des Kantons St. Gallen. Nach Vorlage der Lehrmittelkommission hg. vom Erziehungsrate. (Ill.:

A. M. Bächtiger, M. Eberle, H. Lumpert et al.) St. Gallen: Fehr 1939.

Lb IV SG (1946) *Unsere Heimat*. Lesebuch für das vierte Schuljahr der Primarschulen des Kantons St. Gallen. Nach Vorlage der Lehrmittelkommission hg. vom Erziehungsrat. (Ill.: A. Saner, R. Nüesch). St. Gallen: Fehr 1961.

Lb V SG (1947) St. Galler Heimatbuch. Lesebuch für das fünfte Schuljahr der Primarschulen des Kantons St. Gallen. Nach Vorlage der Lehrmittelkommission hg. vom Erziehungsrat. (Ill.: A. Saner, W. Koch, M. Eberle et al.). St. Gallen: Leobuchhandlung 1947.

Lb VI SG (1949) Schweizer Heimatbuch. Lesebuch für das 6. Schuljahr der Primarschulen des Kantons St. Gallen. Nach Vorlage der Lehrmittelkommission hg. vom Erziehungsrat. St. Gallen: Fehr 1949.

Lb IV SG (1965) Lesebuch für das 4. Schuljahr. (Hg. nach Vorlage der Kant. Lehrmittelkommission Mittelstufe vom Erziehungsrat des Kantons St. Gallen). St. Gallen: Staatlicher Lehrmittelverlag 1965.

Lb V SG (1968) Lesebuch für die 5. Klasse. (Zusammengest. und bearb. von H. Haselbach, W. Steiger, K. Spiess. Ill.: Felix Hoffmann. Hg. nach Vorlage der kant. Lehrmittelkommission Primarmittelstufe vom Erziehungsrat des Kantons St. Gallen). St. Gallen: Kant. Lehrmittelverlag 1968.

Schaffhausen:

Lb V SH (1910) Lesebuch für die Primarschulen des Kantons Schaffhausen. 5. Schuljahr. Hg. von der Kant. Lesebuchkommission. Stein a. Rhein: Kant. Lehrmittelverlag 1910.

Lb IV SH (1915) Lesebuch für die Primarschulen des Kantons Schaffhausen. 4. Schuljahr. Hg. von der Kant. Lesebuchkommission. 2. Aufl. Schaffhausen: Kant. Lehrmittelverlag 1915.

Lb VI SH (1916) Lesebuch für die Primarschulen des Kantons Schaffhausen. 6. Schuljahr. Hg. von der Kant. Lesebuchkommission. Schaffhausen: Kant. Lehrmittelverlag 1916.

Lb IV SH (1923) Lesebuch für die IV. Klasse der Primarschulen des Kantons Schaffhausen. Im Auftrage der kant. Lehrmittelkommission hg. von G. Kugler. Schaffhausen: Meier [1923].

Lb V SH (1925) Lesebuch für die V. Klasse der Primarschulen des Kantons Schaffhausen. Im Auftrage der kant. Lehrmittelkommission zusammengest. von G. Kugler. Schaffhausen [1925].

Lb VI SH (1929) Lesebuch für die VI. Klasse der Primarschulen des Kantons Schaffhausen. Im Auftrage der kant. Lehrmittelkommission zusammengest. von G. Kugler. Schaffhausen: K. Bachmann 1929.

Lb IV SH (1947) Lesebuch für die IV. Klasse der Elementarschule des Kantons Schaffhausen. Im Auftrage der kant. Lehrmittelkommission gestaltet von Hans Hunziker. (Ill. von Rudolf Frauenfelder). Schleitheim: Stamm 1947.

Lb V SH (1955) Lesebuch der V. Klasse der Elementarschule des Kantons Schaffhausen. Im Auftrage der kant. Lehrmittelkommission gestaltet von Hans Metzger. Schaffhausen: Kant. Lehrmittelverlag [1955].

Lb VI SH (1955) Lesebuch der VI. Klasse der Elementarschule des Kantons Schaffhausen. Im Auftrage der kant. Lehrmittelkommission gestaltet von Hans Friedrich. Schaffhausen: Kant. Lehrmittelverlag [1955].

Schwyz:

Lb IV SZ (1878) Viertes Schulbuch für die Primarschulen des Kantons Schwyz. Auf Anordnung des Erziehungsrathes. Kantonal-Schulbücherverlag. Einsiedeln: Benziger 1878.

Lb V SZ (1895/1911) Fünftes Schulbuch für Primarschulen des Kantons Schwyz. Im Auftrage des Erziehungsrates. Mit zahlreichen Illustrationen. Einsiedeln: Benziger 1895. [7. Aufl. 1911 unverändert].

Lb IV SZ (1911) Viertes Schulbuch für Primarschulen. Im Auftrage des Erziehungsrates. Mit zahlreichen Illustrationen. 7. Aufl. Einsiedeln: Benziger 1911.

Lb IV SZ (1930) Viertes Schulbuch für Primarschulen. Im Auftrag des Erziehungsrates des Kantons Schwyz. 3. Aufl. Einsiedeln: Benziger [1930].

Lb V SZ (1931) Fünftes Schulbuch für Primarschulen. Im Auftrage des Erziehungsrates des Kantons Schwyz. Mit zahlreichen Illustrationen. 2. Aufl. Einsiedeln: Benziger 1931.

Lb IV SZ (1940) Viertes Schulbuch für Primarschulen. Im Auftrage des Erziehungsrates des Kantons Schwyz. Mit zahlreichen Illustrationen. 4. verb. Aufl. Einsiedeln: Benziger [1940].

Solothurn:

Lb IV/V SO (1875) Lesebuch für die mittlern Klassen (4. u. 5. Schuljahr) der Primarschulen des Kantons Solothurn. Der vereinigte Sprach- und Realunterricht. [Hg. von Bernhard Wyss]. Solothurn: Gassmann 1875.

Lb IV/V SO (1910) Lesebuch für die mittlern Klassen (4. u. 5. Schuljahr) der Primarschulen des Kantons Solothurn. 7. Aufl. Solothurn: Gassmann 1910.

Lb V SO (1920) Lesebuch für die Primarschulen des Kantons Solothurn. Fünftes Schuljahr. Bearb. im Auftrage des Erziehungs-Departementes durch die kant. Lehrmittelkommission. 1. Aufl. Solothurn: Gassmann 1920.

Lb IV SO (1929) *Unterm Lindenbaum.* Lesebuch für die Primarschulen des Kantons Solothurn. Viertes Schuljahr. Bearb. im Auftrage des Erziehungsdepartementes von Leo Weber und Josef Reinhart. Solothurn: Gassmann 1929.

Lb VI SO (1930) *Volle Ähren.* Lesebuch für die sechste Klasse der Primarschule. Bearb. unter Mitwirkung der Solothurnischen Lehrmittelkommission von L. Weber, J. Reinhart, A. Fischli. Solothurn: Gassmann 1930.

Lb V SO (1939) *Heimetglüt.* Lesebuch für die fünfte Klasse der Primarschulen. Bearb. im Auftrage des Erziehungs-Departementes, unter Mitwirkung der kant. Lehrmittelkommission, von L. Weber und J. Reinhart. Solothurn: Gassmann 1939.

Lb VI SO/BL (1959) *Volle Ähren.* Lesebuch für das sechste Schuljahr der Kantone Solothurn und Baselland. 3. neu bearb. Aufl. (Bearb. von W. Aeschbacher, A. Bangerter, P. Scholl, G. Wyss, P. Jenny). Solothurn: Gassmann 1959.

Thurgau:

Lb IV TG (1885) Schulbuch für den sprachlichen und realistischen Unterricht in thurgauischen Primarschulen. IV. Schuljahr. Zürich: Orell Füssli 1885. (H. R. Rüegg's Sprachund Lehrbücher für die Schweizerischen Volksschulen).

Lb VI TG (1899) Schulbuch für den sprachlichen und realistischen Unterricht in thurgauischen Primarschulen. VI. Schuljahr. Zürich: Orell Füssli 1899. (H. R. Rüegg's Sprachund Lehrbücher für die Schweizerischen Volksschulen).

Lb IV TG (1910) Lesebuch für das vierte Schuljahr. Bearb. von der thurgauischen Lehrmittelkommission (A. Weideli, A. Debrunner, H. Zwinger. Buchschmuck von C. Roesch und O. Albrecht). Frauenfeld: Huber [1910].

Lb V TG (1911) Lesebuch für das fünfte Schuljahr. Bearb. von der thurgauischen Lehrmittelkommission (A. Weideli, A. Debrunner, A. Milz. Buchschmuck von P. Tanner, O. Albrecht, A. Schmid). Frauenfeld: Huber [1911].

Lb VI TG (1912) Lesebuch für das sechste Schuljahr. Bearb. von der thurgauischen Lehrmittelkommission (A. Weideli, A. Debrunner, A. Milz. Buchschmuck von P. Tanner, O. Albrecht, A. Schmid). Frauenfeld: Huber [1912].

Lb IV TG (1936) *Heimat.* Lese- und Arbeitsbuch für das vierte Schuljahr. (Bearb. von F. Heuer, J. Mauch, E. Schär. Ill. Hans Witzig). Frauenfeld: Thurgauischer Lehrmittelverlag 1936.

Lb V TG (1940) *Thurgau.* Lese- und Arbeitsbuch für das fünfte Schuljahr. Im Auftrage des Erziehungs-Departementes bearb. von der kant. Lehrmittelkommission II (E. Bauer, B. Eckendörfer, F. Heuer et al. Ill. K. Peterli). Frauenfeld: Thurgauischer Lehrmittelverlag 1940.

Lb VI TG (1949) *Schweizerland.* Lese- und Arbeitsbuch für das sechste Schuljahr. Im Auftrage des Erziehungsdepartementes bearb. von der kant. Lehrmittelkommission II (E. Bauer, B. Eckendörfer, F. Heuer et al. Ill. T. Glinz und P. Bösch). Frauenfeld: Thurgauischer Lehrmittelverlag 1949.

Lb IV TG (1954) *Heimat.* Lesebuch für das vierte Schuljahr. Im Auftrage des Erziehungsdepartementes bearb. von der Lehrmittelkommission II (E. Bauer, H. Brauchli, J. Diethelm et al. Ill. H. Ess). Frauenfeld: Thurgauischer Lehrmittelverlag 1954.

Lb V TG (1964) *Thurgau.* Lesebuch für das fünfte Schuljahr. Bearb. von M. Tobler, H. Brauchli, E. Thalmann. Ill. J. Schedler. Frauenfeld: Thurgauischer Lehrmittelverlag 1964.

Lb IV TG (1980) Lesebuch 4. (Bearb. und zusammengest. in den Jahren 1977–1980 von der Lehrmittelkommission II: R. Stibi, H. Brauchli, T. Kappeler et al. Ill. E. Zellweger-Schroer). Frauenfeld: Thurgauischer Lehrmittelverlag 1980.

Lb V TG (1985) Lesebuch 5. Klasse. (Zusammengest. 1982–1985 von der Lehrmittelkommission II: T. Kappeler, K. Alder, M. Bauer et al). Frauenfeld: Thurgauischer Lehrmittelverlag 1985.

Unterwalden (vgl. die Schul- und Lesebücher des Kantons Schwyz):

Lb IV NW (1930) Viertes Schulbuch für Primarschulen. Im Auftrage des Erziehungsrates Nidwalden. Mit zahlreichen Illustrationen. 2. Aufl. Einsiedeln: Benziger [1930].

Lb V NW (1931) Fünftes Schulbuch für Primarschulen. Im Auftrage des Erziehungsrates
Nidwalden. Mit zahlreichen Illustrationen. 2. Aufl. Einsiedeln: Benziger 1931.

Lb IV OW (1928) Viertes Schulbuch. Obligatorisches Lehrmittel für die Schulen
Obwaldens. Auf Anordnung des hohen Erziehungsrates. Sarnen: Louis Ehrli 1928.

Uri (vgl. die Schul- und Lesebücher des Kantons Schwyz):

Lb VI UR (1900) Lesebuch für die Oberklasse der Primar-Schulen des Kantons Uri. Hg. im
Auftrag des h. Erziehungsrates. Altdorf: Huber 1900.

Lb VI UR (1914) Lesebuch für das sechste und siebente Schuljahr der Primarschulen des
Kantons Uri. Im Auftrage des h. Erziehungsrates hg. anlässlich der Landesausstellung
Bern 1914. Altdorf: Huber 1914.

Lb IV UR (1916) Lesebuch für das vierte Schuljahr der Primarschulen des Kantons Uri. Im
Auftrage des h. Erziehungsrates hg. vom kath. Lehrerverein Uri. 2. Aufl. Altdorf:
Huber 1916.

Lb V UR (1921) Lesebuch für das fünfte Schuljahr der Primarschulen des Kantons Uri. Im
Auftrage des h. Erziehungsrates verf. vom Kant. Lehrerverein Uri. Altdorf: Urner Kant.
Lehrmittelverlag 1921.

Waadt:

Ll di VD (1903) Livre de lecture à l'usage des écoles primaires. Degré intermédiaire. Par
Louis Dupraz et Emile Bonjour. Ouvrage adopté par le Conseil d'Etat du Canton de
Vaud. Lausanne: Imprimerie de la Société Suisse de publicité 1903.

Ll ds VD (1908) Anthologie scolaire. Lectures françaises à l'usage des collèges secondaires, écoles supérieures et écoles primaires supérieures. [Ed.] Louis Dupraz et Emile
Bonjour avec la collaboration de Louis Mercier. Lausanne: Payot 1908.

Ll di VD (1915) Livre de lecture à l'usage des écoles primaires. Degré intermédiaire. Par
Louis Dupraz et Emile Bonjour. Ouvrage adopté par le Conseil d'Etat du canton de
Vaud. 4e éd. Lausanne: Société Suisse de publicité 1915.

Ll di VD (1924) Lectures à l'usage des écoles primaires. Degré intermédiaire. [Ed.] Emile
Bonjour. Ill. par E. Elzingre et F. Bovard. Ouvrage adopté par le Département de
l'Instruction publique du canton de Vaud. Lausanne: Payot 1924.

Ll dm VD (1944) Lectures à l'usage du degré moyen des écoles primaires. [Ed.] Charles
Foretay. Ill. de Charles Clément. Lausanne: Payot 1944.

Wallis:

Ll dm FR/VS (1890) Livre de lecture pour les écoles primaires du canton du Valais.
Degré moyen. Livre obligatoire pour les écoles françaises du Canton du Valais. Sion:
Dépôt central du matériel d'enseignement et des fournitures scolaires. Einsiedeln:
Benziger [1890].

Ll dm/s VS (1913) Livre de lecture à l'usage des écoles primaires du Canton du Valais.
Publié par les soins du Département de l'Instruction publique. Cours moyen et supérieur. Une centaine d'illustrations. Sion: Dépôt du matériel scolaire 1913.

Ll de/m VS (1936) Livre de lecture à l'usage des degrés élémentaire et moyen des écoles primaires du Canton du Valais. 3e éd. Ed. par le Département de l'Instruction publique du Canton du Valais 1936.

Ll de/m VS (1953) *Le petit écolier valaisan.* Textes de Maurice Zermatten. Ill. de Charles Menge. A l'usage des degrés élémentaire et moyen des écoles primaires. Ed. par le Département de l'Instruction publique du Canton du Valais. Sion: Gessler 1953.

Ll dm VS (1960) *L'écolier valaisan.* Textes de Maurice Zermatten et choix d'écrivains. Ill. de Charles Menge. A l'usage du degré moyen des écoles primaires. Sion: Gessler 1960.

Ll ds VS (1962) *Sur le chemin de la vie.* Livre de lecture pour le degré supérieur des classes primaires valaisannes. Ed. par le Département de l'Instruction publique du Valais. Sion: Imprimerie Sierroise 1962.

3. Sb IV VS (1913) Drittes Schulbuch für die Deutschen Volksschulen des Kantons Wallis. Obligatorisch erklärt vom kant. Erziehungsamt. Mit zahlreichen schwarzen und farbigen Bildern. Sitten: Kant. Lehrmittelverlag. Einsiedeln: Benziger 1913.

4. Sb V/VI VS (1929) Viertes Schulbuch für die Volksschulen des Kantons Wallis. Sitten: Kant. Lehrmittelverlag. Einsiedeln: Benziger 1929.

Zug:

Lb IV ZG (1903) Viertes Schulbuch für die Primarschulen. Im Auftrag des Erziehungs- rates. [Ausgabe für den Kanton Zug]. Mit zahlreichen Illustrationen. Einsiedeln: Benziger 1903.

Lb V ZG (1912) Fünftes Schulbuch für Primarschulen. Im Auftrag des Erziehungsrates. [Ausgabe für den Kanton Zug]. Mit zahlreichen Illustrationen. 2. Aufl. Einsiedeln: Benziger 1912.

Lb VI ZG (1926) Sechstes Schulbuch für Primarschulen. Im Auftrag des Erziehungsrates. [Ausgabe für den Kanton Zug]. Mit zahlreichen Illustrationen. 9. Aufl. Einsiedeln: Benziger 1926.

Lb V ZG (1932) Lesebuch für die fünfte Klasse. Hg. vom Erziehungsrat des Kantons Zug. (Bearb. von Anton Künzli und Fridolin Stocker. Ill. M. Annen). Zug: J. Speck-Brandenberg 1932.

Lb IV ZG (1936) Lesebuch für das vierte Schuljahr. Hg. vom Erziehungsrat des Kantons Zug. (Bearb. von Anton Künzli, Karl Ulrich et al. Ill. M. Annen). Zug: J. Kündig 1936.

Lb VI ZG (1936) Lesebuch für das sechste Schuljahr. Hg. vom Erziehungsrat des Kantons Zug. (Bearb. von Anton Künzli und A. Renner. Ill. M. Annen et al.). Zug: Graph. Werkstätte Eberhard Kalt-Zehnder 1936.

Lb IV ZG (1952) Lesebuch für das vierte Schuljahr. Hg. vom Erziehungsrat des Kantons Zug. (Bearb. von A. Künzli, F. Stocker, P. Glur, H. Bossard. Ill. M. Annen). Zug: J. Kalt-Bucher 1952.

Lb VI ZG (1953) Lesebuch für das sechste Schuljahr. Hg. vom Erziehungsrat des Kantons Zug. (Bearb. von Anton Künzli und A. Renner). 2. Aufl. Baar: J. Dossenbach Erben 1953.

Lb V ZG (1954) Lesebuch für das fünfte Schuljahr. Hg. vom Erziehungsrat des Kantons Zug. (Bearb. von A. Künzli, E. Bachmann, C. Ulrich). 2. Aufl. Zug: Graph. Werkstätte Eberhard Kalt-Zehnder, 1954.

Zürich:

Lb IV ZH (1896) Sprachlehrmittel der Alltagsschule, bearb. von Adolf Lüthi. Lesebuch für das vierte Schuljahr. Obligatorisches Lehrmittel für die Primarschulen des Kantons Zürich. Zürich: Verlag der Erziehungsdirektion 1896. [1. Aufl. 1891].

Lb V ZH (1896) Sprachlehrmittel der Alltagsschule, bearb. von Adolf Lüthi. Lesebuch für das fünfte Schuljahr. Obligatorisches Lehrmittel für die Primarschulen des Kantons Zürich. Zürich: Verlag der Erziehungsdirektion 1896. [1. Aufl. 1892].

Lb VI ZH (1896) Sprachlehrmittel der Alltagsschule, bearb. von Adolf Lüthi. Lesebuch für das sechste Schuljahr. Obligatorisches Lehrmittel für die Primarschulen des Kantons Zürich. Zürich: Verlag der Erziehungsdirektion 1896. [1. Aufl. 1893].

Lb V ZH (1906) Sprachlehrmittel der Primarschule, bearb. von Adolf Lüthi. Lesebuch für das fünfte Schuljahr. Obligatorisches Lehrmittel für die Primarschulen des Kantons Zürich. 6. Aufl. Zürich: Verlag der Erziehungsdirektion 1906.

Lb IV ZH (1910) Sprachlehrmittel der Primarschule, bearb. von Adolf Lüthi. Lesebuch für das vierte Schuljahr. Obligatorisches Lehrmittel für die Primarschulen des Kantons Zürich. 7. Aufl. Zürich: Verlag der Erziehungsdirektion 1910.

Lb VI ZH (1912) Sprachlehrmittel der Primarschule, bearb. von Adolf Lüthi. Lesebuch für das sechste Schuljahr. Obligatorisches Lehrmittel für die Primarschulen des Kantons Zürich. 6. Aufl. Zürich: Verlag der Erziehungsdirektion 1912.

Lb IV ZH (1921) Zürcher Lesebuch für das vierte Schuljahr von Fritz Gassmann. Obligatorisches Lehrmittel für die Primarschule des Kantons Zürich. Zürich: Verlag der Erziehungsdirektion 1921.

Lb V ZH (1921) Zürcher Lesebuch für das fünfte Schuljahr von Jakob Keller. Obligatorisches Lehrmittel für die Primarschule des Kantons Zürich. Zürich: Verlag der Erziehungsdirektion 1921.

Lb VI ZH (1921) Zürcher Lesebuch für das 6. Schuljahr von Reinhold Frei. Obligatorisches Lehrmittel für die Primarschule des Kantons Zürich. Zürich: Verlag der Erziehungsdirektion 1921.

Lb IV ZH (1927) Zürcher Lesebuch für das vierte Schuljahr von Fritz Gassmann. Bilder von Martha Riggenbach-Schmid. Verbindliches Lehrmittel für die Primarschule des Kantons Zürich. 2. Aufl. Zürich: Verlag der Erziehungsdirektion 1927.

Lb V ZH (1927) Zürcher Lesebuch für das fünfte Schuljahr von Jakob Keller. Holzschnitte von Fritz Buchser, Farbendruck von Dora Hauth. Verbindliches Lehrmittel für die Primarschule des Kantons Zürich. 2. Aufl. Zürich: Verlag der Erziehungsdirektion 1927.

Lb VI ZH (1927) Zürcher Lesebuch für das sechste Schuljahr von Reinhold Frei. Holzschnitte von Fritz Buchser. Verbindliches Lehrmittel für die Primarschule des Kantons Zürich. 2. Aufl. Zürich: Verlag der Erziehungsdirektion 1927.

Lb V ZH (1955) Zürcher Lesebuch für das 5. Schuljahr von Jakob Keller. Holzschnitte von Fritz Buchser, Farbendruck von Dora Hauth. Verbindliches Lehrmittel für die Primarschule des Kantons Zürich. 6. Aufl. Zürich: Kant. Lehrmittelverlag 1955.

Lb VI ZH (1956) Zürcher Lesebuch für das 6. Schuljahr von Reinhold Frei. Holzschnitte von Fritz Buchser. Verbindliches Lehrmittel für die Primarschule des Kantons Zürich. 6. Aufl. Zürich: Kant. Lehrmittelverlag 1956.

Lb IV ZH (1967) Lesebuch 4. Klasse. (Zusammengest. und bearb. durch die erziehungs-
rätliche Redaktionskommission A. Lüssi, K. Meili, H. Eidenbenz et al. Ill. von Sita
Jucker). Zürich: Lehrmittelverlag des Kantons Zürich 1967.
Lb V ZH (1972) Lesebuch 5. Klasse. (Zusammengest. und bearb. von M. Bolliger, R. Gub-
ler, W. Güttinger et al. Ill. von Roland Thalmann). Zürich: Lehrmittelverlag des Kantons Zürich 1972.

1.3. Interkantonale Lesebücher

Benziger Verlag Einsiedeln:
Lb VI Benz (1930) Lehrbuch für die obern Klassen der Primarschulen. Im Auftrage des
Erziehungsrates. Mit zahlreichen Bildern und mehrfarbigen Beilagen. Einsiedeln:
Benziger 1930.
Lb VI Benz (1936) Lesebuch für die obern Klassen der Primarschulen. Im Auftrage des
Erziehungsrates. Mit zahlreichen Bildern. 3. Aufl. Einsiedeln: Benziger 1936.
Lb VI Benz (1955) Lesebuch für die obern Klassen der Primarschulen. Im Auftrage des
Erziehungsrates. (Zusammengest. von Meinrad Hensler. Bilder von Heinrich Danioth).
Einsiedeln: Benziger 1955. [Unveränderte Neuauflage 1964].
Lb V Benz (1960) *Da wird die Welt so munter* .... Schulbuch für die fünfte Klasse. (Red.
Walter Käslin. Geschichtsteil: Beda Ledergerber. Textzeichnungen von Robert Wyss.
Farbtafeln zur Naturkunde von Pia Roshardt). Einsiedeln: Benziger 1960.
Lb IV Benz (1964) *Heimat.* Lesebuch für die vierte Klasse. (Red. Wernerkarl Kälin.
Textzeichnungen von Werner Hofmann). Gemeinschaftswerk der Interkant. Lehrmittel-
konferenz (Goldauer Konferenz). Einsiedeln: Benziger 1964.

Verlag Sauerländer & Co. Aarau:
Aus vergangenen Tagen. Ein Lesebuch zur vaterländischen Geschichte für Schweizer-
schulen. Im Auftrage des Schweiz. Lehrervereins hg. von G. Guggenbühl und Alfred
Mantel. Aarau: Sauerländer 1924.
Lb VI Sld (1935) Schweizer Lesebuch für Sekundarschulen. Hg. von Josef Reinhart,
Arthur Frey, Leo Weber. Aarau: Sauerländer 1935.
Lb VI Sld (1964) *Weite Welt.* Lesebuch für Sekundarschulen, hg. von Josef Rennhard,
ill. von Josef Welti. Aarau: Sauerländer 1964.

sabe Verlagsinstitut für Lehrmittel:
Lb VI sabe (1970) *Unterwegs.* Lesebuch für die 6. Klasse, mit weiterführenden Texten.
(Textred. Pius Schwyzer, Bildred. Franz Bächtiger). Hg. von der Interkant. Lehrmittel-
konferenz. Zürich: sabe 1970.
Lb IV sabe (1988) *Schnedderengpeng.* Lesebuch für das 4. Schuljahr. (Red.: Leo Müller.
Grafische Gestaltung/Ill. Martin Eberhard). Zürich: sabe 1988. (Schülerbuch und
Lehrerkommentar).

Lb V sabe (1990) *Karfunkel*. Lesebuch für das 5. Schuljahr. (Red.: Leo Müller. Grafische Gestaltung/Ill. Martin Eberhard). Zürich: sabe 1990.

Lb VI sabe (1991) *Gleitflug*. Lesebuch für das 6. Schuljahr. (Red.: Leo Müller. Ill. J. Capek, B. Chiquet, L. Diehl, M. Eberhard et al). Zürich: sabe 1991.

ilz Interkantonale Lehrmittelzentrale:

Lb VI ik (1970) Lesebuch 6. Klasse. Interkant. Lesebuch der Kantone Appenzell AR, Glarus, Graubünden, St. Gallen, Thurgau und Zürich. Zusammengest. und bearb. von H. Altherr, St. Disch, H. Haselbach et al. Ill. Felix Hoffmann. Zürich: Lehrmittelverlag des Kantons Zürich 1970.

Lb IV ilz (1990) *Das fliegende Haus*. Interkant. Lesebuch für das vierte Schuljahr. Hg. von Anna Katharina Ulrich. (Gestaltung: Heinrich Fleischhacker und Käthi Bhend. Lehrmittel der ilz). Zürich: Lehrmittelverlag des Kantons Zürich 1990.

Lb V ilz (1990) *Spürnase*. Interkant. Lesebuch für das fünfte Schuljahr. [Hg.] Tarcisius Schelbert. (Gestaltung und Ill. Josef und Annemarie Schelbert. Lehrmittel der ilz). Zürich: Lehrmittelverlag des Kantons Zürich 1990.

Lb VI ilz (1990) *Turmhahn*. Lesebuch für die 6. Klasse. (Red.: Peter von Bergen und Urs Schnell. Graphische Gestaltung und Ill. Eugen Götz-Gee und Kurth Wirth. Lehrmittel der ilz). Bern: Staatlicher Lehrmittelverlag 1990.

Interkantonale Lesebücher der Romandie:

Ll ds RO (1889) Livre de lecture à l'usage des écoles de la Suisse romande par B. Dussaud et A. Gavard. Degré supérieur. 5e éd. Ouvrage adopté par les cantons de Berne, Vaud, Neuchâtel, Fribourg et Genève. Lausanne: Payot 1889.

Ll di RO (1890) Livre de lecture à l'usage des écoles de la Suisse romande, par F. Renz. Degré intermédiaire. Ouvrage adopté par la commission intercantonale pour les cantons de Berne, Vaud, Genève et Neuchâtel. Lausanne: Payot 1890.

Histoire illustrée de la Suisse à l'usage des écoles primaires par W. Rosier. Ouvrage adopté pas les Départements de l'Instruction publique des cantons de Vaud, Neuchâtel et Genève. Lausanne: Payot; Genève: Burkhardt 1905.

Textes français I. [Ed.] par Maurice Budry et Ernest Rogivue. (Textes... choisis sous la direction d'une commission désignée par la Conférence romande des chefs de départements de l'instruction publique). Lausanne: Payot 1944.

Textes français II. [Ed.] par Edmond Pidoux, Ernest Rogivue, Alfred Wiest. (Textes... choisis sous la direction d'une commission désignée par la Conférence romande des chefs de départements de l'instruction publique). Lausanne: Payot 1945.

Fr IV CO (1986) *A fleur de mots*. (Français 4 P). Auteurs: S. Charrière, St. Germanier, Th. Guerrier et al. Avec la collaboration scientifique de M. Corbellari. Ill. S. Francia. Ouvrage réalisé sur mandat de la commission romande des moyens d'enseignement (COROME). Ed. par l'Office romand des éditions et du matériel scolaire. Genève: Imprimeries Populaires 1986.

Fr V CO (1987) *Sélectures*. Français 5. Auteurs: P. Berger, M.-J. Fornoni, M. Fumeaux et al. Avec la collaboration de A. Pasquier et P. Theytaz. Ill. P. Rapo. Ouvrage réalisé sur mandat de la commission romande des moyens d'enseignement (COROME). Ed. par l'Office romand des éditions et du matériel scolaire. Fribourg: Imprimerie Saint-Canisius 1987.

Fr VI CO (1988) *Au fil des textes*. Français 6. Auteurs: M. Fumeaux, L. Paineau, Ch. Roux, A. Vidal. Avec la collaboration scientifique de A. Pasquier et P. Theytaz. Ill. M.-A. Gorret. Ouvrage créé sur mandat de la Commission romande des moyens d'enseignement (COROME). Ed. par l'Office romand des éditions et du matériel scolaire. Sion: Gessler 1988.

2. Sekundärliteratur

Aargau – «Land der Mitte». Beilage der Neuen Zürcher Zeitung, vom 10. April 1989, 1–50.

Ab Egg, Gottfried: Beiträge zur Geschichte des Urner Schulwesens. Zug 1895.

Achermann, Emil: 100 Jahre Lehrerseminar Hitzkirch 1868–1968. Ein Beitrag zur Luzerner Schulgeschichte. Luzern 1968.

Albisser, Hermann: Ein Beitrag zur Luzernischen Schulgeschichte. Luzerner Kantonal-Lehrerkonferenz 1849–1949. Luzern 1956.

Allemann, Fritz René: 25 mal die Schweiz. Panorama einer Konföderation. 3. Aufl. Zürich/München 1977.

Altermatt, Urs: Katholizismus und Moderne. Zur Sozial- und Mentalitätsgeschichte der Schweizer Katholiken im 19. und 20. Jahrhundert. Zürich 1989.

Altermatt, Urs: Der Weg der Schweizer Katholiken ins Ghetto. Die Entstehungsgeschichte der nationalen Volksorganisationen im Schweizer Katholizismus 1848–1919. 2. Aufl. Zürich 1991.

Andrey, Georges: Auf der Suche nach dem neuen Staat (1798–1848). In: Geschichte der Schweiz und der Schweizer, 527–637.

Angst, Kenneth und Alfred Cattani: Die Landi. Vor 50 Jahren in Zürich. Erinnerungen – Dokumente – Betrachtungen. Stäfa 1989.

Anliker, René und Victor Schmid: «Frei und auf ewig frei!» Politische Identität im Schweizer Geschichtsbuch der Volksschule. Zürich 1980.

Arlettaz, Gérald: Libéralisme et société dans le canton de Vaud 1814–1845. Fribourg/Suisse 1980. (Etudes et recherches d'histoire contemporaine. Série historique, 7).

Auf dem Weg zu einer schweizerischen Identität 1848–1914. Probleme – Errungenschaften – Misserfolge. Hg. von François de Capitani und Georg Germann. Freiburg/Schweiz 1987. (8. Kolloquium der Schweizerischen Akademie der Geisteswissenschaften 1985).

Bächtiger, Franz: Konturen schweizerischer Selbstdarstellung im Ausstellungswesen des 19. Jahrhunderts. In: Auf dem Weg zu einer schweizerischen Identität, 207–243.

Bandi, Hans Georg und Karl Zimmermann: Pfahlbauerromantik des 19. Jahrhunderts.
Hg. von Alexander Tanner. Zürich 1980.

Barrelet, Jean-Marc et Jacques Ramseyer: La Chaux-de-Fonds ou le défi d'une cité horlogère 1848/1914. La Chaux-de-Fonds 1990.

Barrelet, Jean-Marc: L'enseignement de l'histoire suisse dans les écoles primaires du canton de Neuchâtel au XIXe siècle. Extrait du Musée Neuchâtelois No 4 (1991), 236–249.

Bausinger, Hermann: Heimat in einer offenen Gesellschaft. In: Die Ohnmacht der Gefühle. Heimat zwischen Wunsch und Wirklichkeit. Hg. von Jochen Kelter. Weingarten 1986, 89–115.

Beiträge zur Lesebuchdiskussion und zum Thema Lesen in der Schule. In: Schweizer Schule 69 (1982), Nr. 5.

Berchtold, Alfred: La Suisse romande au cap du XXe siècle. Portrait littéraire et moral. 2e éd. Lausanne 1966.

Berchtold, Alfred: Wilhelm Tell im 19. und 20. Jahrhundert. In: Lilly Stunzi: Tell. Bern 1973, 167–253

Bergen, Peter von und Urs Schnell: «Turmhahn» (Lesebuch für das 6. Schuljahr). In: Unterlagen zur Presseorientierung der Interkant. Lehrmittelzentrale vom 8. März 1990.

Bergier, Jean-François: Naissance et croissance de la Suisse industrielle. Berne 1974. (Monographies d'Histoire suisse, 8).

Bergier, Jean-François: Die Wirtschaftsgeschichte der Schweiz. Von den Anfängen bis zur Gegenwart. Zürich 1983.

Bergier, Jean-François: Guillaume Tell. Mesnil-sur l'Estrée 1988.

Bessire, Paul-Otto: Histoire du Jura bernois et de l'ancien Evêché de Bâle. Préface de François Lachat. Nouv. éd. Moûtier 1977.

Bessire, Paul-Otto: La Question jurassienne. Porrentruy 1919.

Biaudet, Jean-Charles: La révolution vaudoise de 1845. Leçon inaugurale prononcée 1945 à la Faculté des lettres de l'Université de Lausanne. Lausanne 1946. (Collection des études de lettres, 6).

Biaudet, Jean-Charles: Cent cinquante ans d'histoire vaudoise. In: Publications de l'Université de Lausanne 1 (1948), 25–40.

Biaudet, Jean-Charles: Der modernen Schweiz entgegen. In: Handbuch der Schweizer Geschichte 2, 871–986.

Bichsel, Peter: Des Schweizers Schweiz. Zürich 1969.

Bielmann, Jürg: Die Lebensverhältnisse im Urnerland während des 18. und zu Beginn des 19. Jahrhunderts. Basel 1972. (Basler Beiträge zur Geschichtswissenschaft, 126).

Bilder und Leitbilder im sozialen Wandel. Hg. vom Schweizerischen Sozialarchiv. Zürich 1991.

Bleuler-Waser, Hedwig: Funken vom Augustfeuer. Anregungen zur nationalen Erziehung in der Schweizerfamilie. Bern 1916.

Boesch, Paul: Aus der Geschichte des Schweizerischen Lehrervereins. Zürich 1935. (Schriften des SLV, 15).

Boltanski, Luc: Le bonheur suisse, d'après une enquête réalisée par Isac Chiva, Ariane Deluz et Nathalie Stern. Paris 1966.

Bonjour, Edgar und Albert Bruckner: Basel und die Eidgenossen. Geschichte ihrer Beziehungen. Zur Erinnerung an Basels Eintritt in den Schweizerbund 1501. Basel 1951.

Boschung, Moritz: Die Strohflechterei im Sensebezirk. Die Geschichte einer bedeutenden Heimindustrie im 19. Jahrhundert. In: Beiträge zur Heimatkunde 1977, 118–159.

Bossard, Carl: Bildungs- und Schulgeschichte von Stadt und Land Zug. Eine kulturgeschichtliche Darstellung der zugerischen Schulverhältnisse im Übergang vom Ancien Régime zur Moderne. Zug 1984.

Braun, Peter: Neue Lesebücher – Analyse und Kritik. (1972/75). In: Heinz Geiger (Hg.): Lesebuchdiskussion, 76–82.

Braun, Rudolf: Sozialer und kultureller Wandel in einem ländlichen Industriegebiet. Erlenbach-Zürich 1965.

Bucher, Erwin: Die Bundesverfassung von 1848. In: Handbuch der Schweizer Geschichte 2, 987–1018.

Bucher, Erwin: Die Geschichte des Sonderbundskrieges. Zürich 1966.

Bucher, Oswin: Die Familie im Lesebuch der deutschen Schweiz. Eine inhaltsanalytische Untersuchung zum Themenbereich «Familie» in deutschschweizerischen Schullesebüchern. Diss. Freiburg. Freiburg/Schweiz 1979.

Büchler, Hermann: Drei Schweizerische Landesausstellungen. Zürich 1883. Genf 1896. Bern 1914. Diss. Bern. Bern 1970.

Buholzer-Schmid, Sabeth: Das Bild der Frau im Lesebuch. Eine inhaltsanalytische Untersuchung von acht schweizerischen Oberstufen-Lesebüchern. Diplomarbeit. Zürich 1975.

Buol, Conrad: Erziehung zur Demokratie in der schweizerischen Volksschule. Zürich 1950.

Byland, Max, Heinz Hafner, Theo Elsasser: 150 Jahre Aargauer Volksschule 1835–1885. Aarau 1985.

Camartin, Iso: Vermessenes Zuhause. Zwischen Heimatgefühl und Kosmopolitismus. In: Neue Zürcher Zeitung, vom 10./11. Januar 1987, 37.

Capitani de, François: Beharren und Umsturz (1648–1815). In: Geschichte der Schweiz und der Schweizer, 447–526.

Cattani, Alfred: Spiegelungen einer historischen Vision. Pfahlbau – Gelehrtenstreit und Verankerung im Volksbewusstsein. In: Neue Zürcher Zeitung, vom 21./22. April 1990, 99 f.

Cent cinquante ans d'histoire vaudoise 1803–1953. Publié par la Société vaudoise d'Histoire et d'Archéologie. Lausanne 1953. (Bibliothèque historique vaudoise, 14).

Chevallaz, George: Cent ans d'instruction publique dans le canton de Vaud. In: Paul Decker: Ecole normale du canton de Vaud, 9–49.

Chuard, Jean-Pierre: Davel, naissance et culte du héros. In: Histoire et légende. Six exemples en Suisse romande: Baillod, Bonivard, Davel, Chenaux, Péquignat et Farinet. Lausanne 1987, 23–37. (Mémoires et documents publiés par la Société d'histoire de la Suisse romande 3e série, 16).

Compte rendu du premier Congrès scolaire suisse tenu les 13, 14 et 15 juillet 1896 à Genève sous les auspices du comité directeur genevois de la Société pédagogique romande. Genève 1897.

Cornioley, Hans: Beiträge zur Jugendbuchkunde. Aarau 1966.

Dändliker, Karl: Geschichte der Schweiz mit bes. Rücksicht auf die Entwicklung des Verfassungs- und Kulturlebens von den ältesten Zeiten bis zur Gegenwart. Bd. 1. 2. Aufl. Zürich 1885.

Dahinden, Martin: Das Schweizerbuch im Zeitalter von Nationalsozialismus und Geistiger Landesverteidigung. Diss. Zürich. Bern 1987.

Dahrendorf, Malte: Eine neue Lesebuchgeneration: Das Lesebuch als Antwort auf eine konkrete gesellschaftliche Situation. (1973). In: Heinz Geiger (Hg.): Lesebuchdiskussion, 171–207.

Davatz, Jürg: Glarner Heimatbuch. Glarner Geschichte für die Schulen des Kantons Glarus. Glarus 1980.

Daxelmüller, Christoph: Literarische Mündlichkeit – Mündliche Schriftlichkeit. Anmerkungen zum Weltbild und zur Weltdeutung mittelalterlicher und nachmittelalterlicher Exempelautoren. In: Lutz Röhrich und Erika Lindig (Hg.): Volksdichtung zwischen Mündlichkeit und Schriftlichkeit, 125–145.

Decker, Paul: Ecole normale du canton de Vaud. Notice historique. Lausanne 1933.

La découverte des Alpes. Ed. Jean-François Bergier et Sandro Guzzi. Actes du Colloque Latsis 1990. Basel 1992. (Itinera, 12).

Deplazes, Gion: Geschichte der sprachlichen Schulbücher im romanischen Rheingebiet. Diss. Freiburg/Schweiz. Luzern 1949.

Dettling, Alois: Geschichte des Volksschulwesens im Kanton Schwyz in den vergangenen fünfzig Jahren 1849–1899. Einsiedeln 1899.

Dierauer, Johannes: Geschichte der Schweizerischen Eidgenossenschaft 1 (bis 1415). Gotha 1887.

Ehni, Jörg: Das Bild der Heimat im Schullesebuch (1967). In: Hermann Helmers (Hg.): Die Diskussion um das deutsche Lesebuch, 248–336.

Eisner, Manuel: «Wer sind wir?». Wandel der politischen Identität in der Schweiz 1840–1987. In: Bilder und Leitbilder im sozialen Wandel, 29–65.

Ermatinger, Emil: Dichtung und Geistesleben der Deutschen Schweiz. München 1933.

Ernst, Fritz: Vom Heimweh. Zürich 1949.

Ethische Perspektiven: «Wandel der Tugenden». Hg. von Hans-Jürg Braun. Zürich 1989. (Zürcher Hochschulforum, 15).

Farquet, Maxence: L'école valaisanne de 1830 à 1910. Histoire et organisation. Thèse Fribourg/Suisse. Sion 1949.

Flüeler, Niklaus: Der missbrauchte Rhein. Untersuchungen zu einem problematischen Thema der Geschichte deutsch-französischer Beziehungen. Diss. Zürich. Zürich 1966.

Frei, Daniel: Das schweizerische Nationalbewusstsein. Seine Förderung nach dem Zusammenbruch der Alten Eidgenossenschaft 1788. Diss. Zürich. Zürich 1964.

Frei, Daniel: Mediation. In: Handbuch der Schweizer Geschichte 2, 841–867.

Frey, Paul: Die zürcherische Volksschulgesetzgebung 1831–1951. Ein Beitrag zur Geschichte der zürcherischen Voksschule. Zürich 1953. (Zürcher Beiträge zur Geschichtswissenschaft, 18).

Gail, Anton J.: Das Lesebuch – ein «Informatorium» der Wirklichkeit? In: Hermann Helmers (Hg.): Die Diskussion um das deutsche Lesebuch, 102–205.

Gamper, Rudolf: Die Zürcher Stadtchroniken und ihre Ausbreitung in die Ostschweiz. Forschungsgeschichte, Überlieferung, Analyse der Chroniktexte. Zürich 1984. (Mitteilungen der Antiquarischen Gesellschaft in Zürich, 52, Heft 2. 148. Neujahrsblatt).

Gassmann, Fritz: Sprache und Erlebnis. Gedanken zur Aufsatz- und Lesebuch-Frage. Zürich 1916.

Gautschi, Willi: Geschichte des Kantons Aargau 3: 1885–1953. Baden 1978.

Gavard, Alexander: Schweizerische Landesausstellung Genf, 1. Mai – 15. Oktober 1896. Offizieller Führer. Deutsche Bearbeitung von Georg Luck. Genf 1896.

Geiger, Heinz (Hg.): Lesebuchdiskussion 1970–1975. München 1977. (Uni-Taschenbücher, 641).

Geschichte der Schweiz und der Schweizer. Red. Beatrix Mesmer. Studienausgabe in einem Band. Basel/Frankfurt a. M. 1986.

Geschichte des Kantons Freiburg 2. Hg. von Roland Ruffieux. Freiburg/Schweiz 1981.

Gesellschaft in der industriellen Revolution. Hg. von R. Braun, W. Fischer, H. Grosskreutz, H. Volkmann. Köln 1973. (Neue Wissenschaftliche Bibliothek, 56).

Graus, Frantisek: Europa zur Zeit der Schlacht bei Sempach. In: Jahrbuch der Historischen Gesellschaft Luzern 4 (1986), 3–15.

Greiner, Trudi: Der literarische Verkehr zwischen der deutschen und welschen Schweiz seit 1848. Diss. Bern. Bern 1940.

Greverus, Ina-Maria: Auf der Suche nach Heimat. München 1979. (Beck'sche Schwarze Reihe, 189).

Greyerz, Hans von: Der Bundesstaat seit 1848. In: Handbuch der Schweizer Geschichte 2, 1019–1267.

Greyerz, Hans von: Nation und Geschichte im bernischen Denken. Vom Beitrag Berns zum schweizerischen Geschichts- und Nationalbewusstsein. Bern 1953.

Greyerz, Otto von: Zur Beurteilung von Jugendschriften. In: Schweizerische Lehrerzeitung 50 (1905), 425–444.

Greyerz, Otto von: Der Deutschunterricht als Weg zur nationalen Erziehung. Eine Einführung für junge Lehrer. Leipzig 1914. (Pädagogium, 3).

Greyerz, Otto von: Die Mundart als Grundlage des Deutschunterrichts. 2. verbesserte Aufl. Aarau 1913.

Greyerz, Otto von: Die Mundartdichtung der deutschen Schweiz geschichtlich dargestellt. Leipzig 1924. (Die Schweiz im deutschen Geistesleben, 33).

Greyerz, Otto von: Sprache. Dichtung. Heimat. Studien, Aufsätze und Vorträge über Sprache und Schrifttum der deutschen Schweiz und der östlichen Alpenländer. Bern 1933.

Grosser, Hermann: Das Schulwesen von Appenzell Innerrhoden. In: Archiv für das schweizerische Unterrichtswesen 48 (1962), 7–65.

Gruber, Eugen: Geschichte des Kantons Zug. Bern 1968. (Monographien zur Schweizer Geschichte, 3).

Gruner, Erich: Politische Führungsgruppen im Bundesstaat. Bern 1973. (Monographien zur Schweizer Geschichte, 7).

Gruner, Erich: Die Einkommenslage des schweizerischen Industriearbeiters im 19. Jahrhundert. In: Gesellschaft in der industriellen Revolution, 291–320.

Gruner, Erich: Die Stellung des Schweizer Arbeiters in Fabrik und Familie während des 19. Jahrhunderts. In: Gesellschaft in der industriellen Revolution, 127–146.

Gschwend, Hanspeter: Das aargauische Schulwesen in der Vergangenheit. Berichte – Quellen – Zeittafeln. Aarau 1976.

Haas, Alois: Mystik und Politik. Bruder Klaus und die Mystik in der Schweiz. In: 500 Jahre Stanser Verkommnis, 101–119.

Häsler, Alfred: Gotthard. Als die Technik Weltgeschichte schrieb. Frauenfeld 1982.

Hamm-Brücher, Hildegard: Wie es im Schulbuch steht. (1964). In: Hermann Helmers (Hg.): Die Diskussion um das deutsche Lesebuch, 73–83.

Handbuch der Schweizer Geschichte 1 und 2. Zürich 1972/1977.

Hard, Franz Xaver: Der eidgenössische Erziehungssekretär. Bestrebungen zu einer gesamtschweizerischen Schulkoordination im Jahre 1882. Diss. Zürich. Zürich 1974.

Helbling, Barbara: Der Held von Sempach. In: Schweizerische Zeitschrift für Geschichte 31 (1981), 60–66.

Helbling, Hanno: Gehalt und Deutung der Schweizer Geschichte. In: Handbuch der Schweizer Geschichte 1, 1–25.

Heller, Geneviève: «propre en ordre». Habitation et vie domestique 1850–1930: l'exemple vaudois. Lausanne 1979.

Heller, Geneviève: L'école vaudoise entre l'identité suisse et l'identité cantonale. In: Auf dem Weg zu einer schweizerischen Identität, 245–271.

Helmers, Hermann (Hg.): Die Diskussion um das deutsche Lesebuch. Darmstadt 1969. (Wege der Forschung, 251).

Helmers, Hermann: Geschichte des deutschen Lesebuchs in Grundzügen. Stuttgart 1970.

Henggeler, Christoph: «Der dritte Morgartenkrieg». Zur Entstehungsgeschichte des Morgartendenkmals. Das 1. Morgartenschiessen von 1912. Die 600-Jahr-Feier von 1915. Diss. Zürich. Zürich 1990.

Henk, Dieter: Schulpädagogen in der zweiten Hälfte des 19. Jahrhunderts. Weinheim 1981. (Studien und Dokumentationen zur deutschen Bildungsgeschichte, 18).

Herger, Thomas: Aus dem Schul- und Erziehungswesen des Kantons Uri. In: Archiv für das schweizerische Unterrichtswesen 29 (1943), 20–28.

Herger, Thomas: Die Schul- und Erziehungsbehörden im Kanton Uri 1848–1948. SA aus: Rechenschaftsbericht des Erziehungsrates Uri über die Jahre 1946 und 1947.

Histoire de Genève des origines à 1931. Publié par la Société d'histoire et d'archéologie de Genève. Vol. 2: De 1798 à 1931. (Ed. Paul-Edmond Martin). Genève 1956.

Histoire de l'instruction publique dans le canton de Neuchâtel de l'origine à nos jours. Ouvrage publié à l'occasion de l'Exposition nationale suisse Berne 1914 par le

Département de l'instruction publique. Neuchâtel 1914.

Histoire et belles histoires de la Suisse. Guillaume Tell, Nicolas de Flüe et les autres, des Chroniques au cinéma. Actes du colloque tenu les 6 et 7 mai 1988 à l'Université de Lausanne. Basel 1989 (Itinera, 9).

Hugger, Paul: Nationale Identität im Spiegel schweizerischer Autobiographien des 19. Jahrhunderts. In: Auf dem Weg zu einer schweizerischen Identität, 185–205.

Humm, Bruno: Volksschule und Gesellschaft im Kanton Zürich. Die geschichtliche Entwicklung ihrer Wechselbeziehung von der Regeneration bis zur Gegenwart. Diss. Zürich. Affoltern a. A. 1936.

Hunziker, Otto (Hg.): Geschichte der Schweizerischen Volksschule 3. Unter Mitwirkung zahlreicher Mitarbeiter. Zürich 1882.

Hunziker, Otto: Handbuch der Schweizerischen Schulgesetzgebung. Zürich 1883.

Hunziker, Otto: Das Schweizerische Schulwesen; geschichtliche Entwicklung und gegenwärtige Verhältnisse; hg. anlässlich der Weltausstellung in Chicago. [Zürich] 1893.

Im Hof, Ulrich: Ancien Régime. In: Handbuch der Schweizer Geschichte 2, 673–784.

Im Hof, Ulrich: Die Entstehung einer politischen Öffentlichkeit in der Schweiz. Struktur und Tätigkeit der Helvetischen Gesellschaft. Frauenfeld 1983.

Innerschweiz und frühe Eidgenossenschaft. Jubiläumsschrift 700 Jahre Eidgenossenschaft. Red. Hansjakob Achermann, Josef Brülisauer, Peter Hoppe. Bd. 2: Gesellschaft. Alltag. Geschichtsbild. Olten 1990.

Jaccard, Robert: La révolution industrielle dans le Canton de Vaud. Etude d'histoire économique. Lausanne 1959.

Jegerlehner, Johannes: Die Geschichte der Schweiz. Der Jugend erzählt von J. J. Zürich 1916.

Joris, Elisabeth: Die Schweizer Hausfrau: Genese eines Mythos. In: Schweiz im Wandel, 99–116.

Jost, Hans Ulrich: Bedrohung und Enge (1914–1945). In: Geschichte der Schweiz und der Schweizer, 731–819.

Jost, Hans Ulrich: Identität und nationale Geschichte. Die Schweizergeschichte unter dem Einfluss der «Geistigen Landesverteidigung». In: Widerspruch, Heft 13, Juli 1987, 7–20.

Jost, Hans Ulrich: Politique culturelle de la Confédération et valeurs nationales. In: Peuples inanimés, avez-vous donc une âme? 19–38.

Junker, Beat: Die Bundesfeier als Ausdruck nationalen Empfindens in der Schweiz um 1900. In: Geschichte und politische Wissenschaft. Festschrift für Erich Gruner zum 60. Geburtstag. Hg. von Beat Junker, Peter Gilg, Richard Reich. Bern 1975, 19–32.

Junker, Beat: Geschichte des Kantons Bern seit 1798. Bd. 1: Helvetik, Mediation, Restauration 1798–1830. Bern 1982.

Junod, Louis: Considérations sur la révolution vaudoise de 1798. In: Publications de l'Université de Lausanne 1 (1948), 5–22.

Kälin, Meinrad: Die obligatorischen Lehrer-Konferenzen des Schulkreises Einsiedeln-Höfe innert den ersten 50 Jahren ihres Bestandes (1849–1899). Einsiedeln 1899.

Kälin, Urs: Strukturwandel in der Landsgemeinde-Demokratie. Zur Lage der Urner Magistratenfamilien im 18. und im frühen 19. Jahrhundert. In: Schweiz im Wandel, 171–190.

Kälin, Wernerkarl: 100 Jahre Lehrerseminar des Kantons Schwyz. 1856–1956. Gedenkschrift. Einsiedeln 1956.

Kälin, Wernerkarl: Der Kantonshauptort Schwyz und seine Lehranstalten. 1: Von der Klösterlischule zur Kantonsschule. 2: Das kantonale Lehrerseminar in Rickenbach. Einsiedeln 1981. (Schwyzer Hefte, 19 und 20).

Kaenel, Philippe: Le mythe de la reine Berthe au XIXe siècle Suisse romande. In: Unsere Kunstdenkmäler 13 (1982), 404–410.

Klaus, Fritz: Basel-Landschaft in historischen Dokumenten. 3. Teil: Im Zeichen des Fortschritts 1883–1914. Liestal 1985. (Quellen und Forschungen zur Geschichte und Landeskunde des Kantons Baselland, 20/3).

Koller, Thomas: Volksbildung, Demokratie und Soziale Frage. Die Zürcher Demokratische Bewegung und ihre Bildungspolitik in den Jahren 1862 bis 1872: Idee, Programm und Realisierungsversuch. Diss. Zürich. Zürich 1987.

Kost, Franz: Volksschule und Disziplin. Die Disziplinierung des inner- und ausserschulischen Lebens durch die Volksschule, am Beispiel der Zürcher Schulgeschichte zwischen 1830 und 1930. Zürich 1985.

Kreis, Georg: Der Teil und das Ganze – Zum partikularen Charakter schweizerischer Nationaldenkmäler. In: Unsere Kunstdenkmäler 35 (1984), 10–22.

Kreis, Georg: Die besseren Patrioten. Nationale Idee und regionale Identität in der französischen Schweiz vor 1914. In: Auf dem Weg zu einer schweizerischen Identität, 55–74.

Kreis, Georg: Zeitgeist damals und heute. In: «Zeitgeist». Hommage à Richard Kissling. Ausstellungskatalog. Altdorf 1988.

Kreis, Georg: Rütlischwur oder Bundesbrief? Das allmähliche Werden einer Geburtsstunde. In: Neue Zürcher Zeitung, vom 28. Juli 1988, 15.

Kreis, Georg: Un plébiscite de tous les jours? Renouvellement formel et informel de la Confédération helvétique. In: Histoire et belles histoires, 53–62.

Kreis, Georg: Mythos gegen Mythos. Zur Debatte um die Gründungsjahre 1291, 1307 und 1848. In: Neue Zürcher Zeitung, vom 5./6. Januar 1991, 54.

Labhardt, Ricco: Wilhelm Tell als Patriot und Revolutionär (1700–1800). Wandlungen der Tell-Tradition im Zeitalter des Absolutismus und der französischen Revolution. Diss. Basel 1947. (Basler Beiträge zur Geschichtswissenschaft, 27).

Labhardt, Ricco: Tells revolutionäre und patriotische Maskeraden. In: Lilly Stunzi: Tell, 89–106.

Lasserre, David: Etapes du Fédéralisme. L'expérience suisse. Préface de W. E. Rappard. Lausanne 1954.

Laur, Ernst: Bauernpolitik. 3. Aufl. Aarau 1925

Ernst Laur (1871–1964). Ein Leben für den Bauernstand. Ein Beitrag zur schweizerischen Wirtschaftsgeschichte von 1890 bis 1960. Hg. von Oskar Howald und Hedwig Abegg. Aarau 1971.

Leselandschaft Schweiz. Eine Untersuchung über das Leseverhalten von Kindern und

Jugendlichen unter dem Einfluss von Buchangaben und Leseförderung. Hg. vom Schweizerischen Jugendbuch- Institut. Projektleitung Verena Rutschmann. Zürich 1988.

Levecque, François: La représentation du travail dans les livres de lectures. Essai d'analyse de contenu des livres de lecture de l'enseignement public genevois. Genève 1971. (Cahiers du service de la recherche sociologique, 5).

Lexikon der Kinder- und Jugendliteratur. Hg. von Klaus Doderer. 3 Bde. Weinheim 1975–1982.

Lexikon der Pädagogik in drei Bänden. Hg. von Hch. Kleinert, H. Stucki, R. Dottrens et al. Bern 1950–1952.

Lindig, Erika: Lesebücher im Überlieferungsgefüge traditioneller Erzählstoffe. Beobachtungen am Beispiel der Deutschlesebücher Baden-Württembergs. In: Lutz Röhrich und E. Lindig (Hg.): Volksdichtung zwischen Mündlichkeit und Schriftlichkeit, 163–176.

Linsmayer, Charles: Die Eigenschaft «schweizerisch» und die Literatur der deutschen Schweiz zwischen 1890 und 1914. In: Auf dem Weg zu einer schweizerischen Identität, 403–426.

Locher, Markus: Den Verstand von unten wirken lassen. Schule im Kanton Baselland 1830–1863. Diss. Basel. Liestal 1985. (Quellen und Forschungen zur Geschichte und Landeskunde des Kantons Baselland, 23).

Lüthi, Adolf: Begleitwort zu den obligatorischen Sprachlehrmitteln der zürcherischen Primarschule. Zürich 1903.

Lüthi, Adolf: Aus der Schule, für die Schule. Zürich 1911.

Marchal, Guy P.: Die frommen Schweden in Schwyz. Das «Herkommen der Schwyzer und Oberhasler» als Quelle zum schwyzerischen Selbstverständnis in 15. und 16. Jahrhundert. Basel 1976. (Basler Beiträge zur Geschichtswissenschaft, 138).

Marchal, Guy P.: Leopold und Winkelried – Die Helden von Sempach oder: Wie ein Geschichtsbild entsteht. In: Arnold von Winkelried. Mythos und Wirklichkeit, 71–111.

Marchal, Guy P.: Nouvelles approches des mythes fondateurs suisses: l'imaginaire historique des Confédérés à la fin du XVe siècle. In: Histoire et belles histoires, 1–24.

Marchal, Guy P.: Die «Alten Eidgenossen» im Wandel der Zeiten. Das Bild der frühen Eidgenossen im Traditionsbewusstsein und in der Identitätsvorstellung der Schweizer vom 15. bis ins 20. Jahrhundert. In: Innerschweiz und frühe Eidgenossenschaft 2, 307–403.

Marchal, Guy P.: La naissance du mythe du St–Gothard ou la longue découverte de l'«homo alpinus helveticus» et de l'«Helvetia mater fluviorum» (XVe siècle – 1940). In: La découverte des Alpes, 35–53.

Martin, Ernst: Johann Heinrich Pestalozzi und die alte Landschaft Basel. Zur Wirkungsgeschichte der pestalozzischen Pädagogik. Liestal 1986. (Quellen und Forschungen zur Geschichte und Landeskunde des Kantons Baselland, 24).

Meier, Fritz: Sturmläuten für die Aargauer Schule. Weiss-Blätter mit Variationen zur Entstehung des aargauischen Schulgesetzes von 1835. Aarau 1986.

Mélanges Père Girard. Gedenkschrift zur Erinnerung an das Zentenar seines Todes. Publ. par le Comité du centenaire du célèbre pédagogue fribourgeois. Fribourg/Suisse 1953.

Melich, Anna: Comment devient-on Suisse? Enfants et apprentissage politique. Thèse Lausanne. Lausanne 1979. (Mémoires et documents de l'Institut de Science politique, 11).

Mesmer, Beatrix: Reinheit und Reinlichkeit. Bemerkungen zur Durchsetzung der häuslichen Hygiene in der Schweiz. In: Gesellschaft und Gesellschaften. Hg. von Nicolai Bernard und Quirinus Reichen. Bern 1982, 470–494.

Mesmer, Beatrix: Nationale Identität – einige methodische Bemerkungen. In: Auf dem Weg zu einer schweizerischen Identität, 11–24.

Mesmer, Beatrix: Ausgeklammert – Eingeklammert: Frauen und Frauenorganisationen in der Schweiz des 19. Jahrhunderts. Basel 1988.

Métraux, Guy S.: Le Ranz des vaches. Du chant des bergers à l'hymne patriotique. Lausanne 1984.

Meyer, Kurt: Die Gestaltung der Luzerner Volksschule von 1848–1910. Bern 1975. (Europäische Hochschulschriften, Reihe III. Geschichte und ihre Hilfswissenschaften, 49).

Minder, Robert: Soziologie der deutschen und französischen Lesebücher. In: Hermann Helmers (Hg.): Die Diskussion um das deutsche Lesebuch, 1–13.

Mischke, Horst: Die Bremer Schulreformer Heinrich Scharrelmann und Fritz Gansberg. In: Geralde Schmidt-Dumont (Hg.): Von den Anfängen der Jugendschriftenbewegung, 71–77.

Möckli, Werner: Das schweizerische Selbstverständnis beim Ausbruch des Zweiten Weltkrieges. Diss. Zürich. Zürich 1973.

Mösch, Johannes: Die solothurnische Schule seit 1840. Bd. 4 (1856–1861). Olten 1950.

Mösch, Johannes: Das solothurnische Primarschulgesetz von 1873. Sein Werden im Rahmen der Zeitgeschichte. Olten 1953.

Mösch, Johannes: Der Schulvogt. Der Kampf für und gegen ein eidgenössisches, zentralistisches Primarschulgesetz 1882. Olten 1962.

Moser, Heinz, Franz Kost, Walter Holdener: Zur Geschichte der politischen Bildung in der Schweiz. Stuttgart 1978.

Müller, Hans Peter: Die schweizerische Sprachenfrage vor 1914. Eine historische Untersuchung über das Verhältnis zwischen Deutsch und Welsch bis zum Ersten Weltkrieg. Wiesbaden 1977. (Deutsche Sprache in Europa und Übersee, 3).

Münch, Paul: Parsimonia summum est vectigal – Sparen ist ein ryche gült. Sparsamkeit als Haus-, Frauen- und Bürgertugend. In: Ethische Perspektiven: «Wandel der Tugenden», 169–187.

Mützenberg, Gabriel: Education et instruction à Genève autour de 1830. Thèse Genève. Lausanne 1974.

Naville, François-Marc-Luc: Mémoire en réponse à la question suivante, proposée par la Société genevoise d'Utilité publique: Quels moyens pourait-on employer dans l'enseignement public pour dévelloper dans les élèves l'amour de la patrie suisse? Genève 1839.

Öchsli, Wilhelm: Gedenkblatt für die Fünfhundertjährige Schlachtfeier von Sempach 1386–1886. Der schweizerischen Schuljugend gewidmet zur Erinnerung an die Eidgenössische Winkelried-Stiftung. Einsiedeln 1886.

Osterwalder Maier, Christin: Die Pfahlbauidee: eine Geschichtsinterpretation macht Geschichte. In: Neue Zürcher Zeitung, vom 21./22. April 1990, 103 f.

Panchaud, Georges: Les écoles vaudoises à la fin du régime bernois. Thèse Lausanne. Lausanne 1952.

Panchaud, Georges: Une offensive des libéraux «éclairés» au début du XIXe siècle: L'introduction de l'enseignement mutuel. In: Nouvelles pages d'histoire vaudoise. Préface d'Henri Meylan. Lausanne 1967, 213–266. (Bibliothèque historique vaudoise, 40).

Peuples inanimées, avez-vous donc une âme? Images et identités suisses au XXe siècle. Ed. Bernard Crettaz, Hans Ulrich Jost, Rémy Pithon. Lausanne 1987. (Etudes et mémoires de la section d'histoire de l'Université de Lausanne, 6).

Peyer, Hans Conrad: Verfassungsgeschichte der alten Schweiz. Zürich 1978.

Peyer, Hans Conrad: Die wirtschaftliche Bedeutung der fremden Dienste für die Schweiz vom 15. bis 18. Jahrhundert. In: Wirtschaftskräfte und Wirtschaftswege. Festschrift für Hermann Kellenbenz. Hg. von Jürgen Schneider. Bamberg 1878. Bd. 2, 701–716.

Peyer, Hans Conrad: Die Schweizer Wirtschaft im Umbruch in der zweiten Hälfte des 15. Jahrhunderts. In: 500 Jahre Stanser Verkommnis, 59–70.

Peyer, Hans Conrad: Wurde die Eidgenossenschaft 1291 gegründet? In: Neue Zürcher Zeitung, vom 5./6. Januar 1991, 53 f.

Pieth, Friedrich: Bündnergeschichte. 2. Aufl. Chur 1982.

Puhle, Hans-Jürgen: Agrarische Interessenpolitik und preussischer Konservatismus im wilhelminischen Reich (1893–1914). Ein Beitrag zur Analyse des Nationalismus in Deutschland am Beispiel des Bundes der Landwirte und der Deutsch-Konservativen Partei. Hannover 1967.

Reinhardt, Fred: Josef Reinhart. Motive und Persönlichkeit. Bern 1976. (Sprache und Dichtung, 23).

Reinhart, Josef: Die Pflege des bäuerlichen Geisteslebens. Aarau 1921.

Reinhart, Josef: Das Lesebuch im muttersprachlichen Unterricht. Aarau 1922.

Reinhart, Josef: Würdigung seines schriftstellerischen Schaffens. Aarau 1958.

Reszler, André: Mythes et identité de la Suisse. Genève 1986.

Rickenbach, Walter: Geschichte der Schweizerischen Gemeinnützigen Gesellschaft 1810–1960. Zürich 1960.

Ris, Roland: Die Ausbildung eines sprachlichen Bewusstseins in der deutschen Schweiz 1890–1914. In: Auf dem Weg zu einer schweizerischen Identität, 353–381.

Röhrich, Lutz und Erika Lindig (Hg.): Volksdichtung zwischen Mündlichkeit und Schriftlichkeit. Tübingen 1989. (ScriptOralia, 9).

Röhrich, Lutz: Volkspoesie ohne Volk. Wie «mündlich» sind sogenannte «Volkserzählungen»? In: L. Röhrich und Erika Lindig (Hg.): Volksdichtung zwischen Mündlichkeit und Schriftlichkeit, 49–65.

Rossel, Virgile: Histoire littéraire de la Suisse romande des origines à nos jours. Ed. illustrée. Neuchâtel 1903.

Rück, Peter: Guillaume Tell face à Nicolas de Flüe au XVe et XVIe siècles. In: Histoire et belles histoires de la Suisse, 25–51.

Ruffieux, Roland: Die Schweiz des Freisinns (1848–1914). In: Geschichte der Schweiz und der Schweizer, 639–730.

Ruffieux, Roland: L'industrie des pailles dressées en Gruyère au XIXe siècle: Histoire d'une décadence. In: Annales fribourgeoises 47 (1966), 143–162.

Ruffieux, Roland et Walter Bodmer: Histoire du Gruyère en Gruyère du XVIe au XXe Siècle. Fribourg/Suisse 1972. (Etudes et recherches d'histoire contemporaine. Série historique, 4).

Rumpf, Marianne: The legends of Bertha in Switzerland. In: Journal of the Folklore Institute 14 (1977), 181–195.

Rutgers, Rutger Jan: Les rapports entre la Suisse alémanique et la Suisse romande de 1848 à 1895. Fribourg/Suisse 1984. (Etudes et recherches d'histoire contemporaine. Série historique, 9).

Rutschmann, Verena: Fortschritt und Freiheit: Nationale Tugenden in historischen Jugendbüchern der Schweiz. Zürich 1994.

Ryser, Heinz: Johannes von Müller im Urteil seiner schweizerischen und deutschen Zeitgenossen. Basel 1964. (Basler Beiträge zur Geschichtswissenschaft, 94).

Sablonier, Roger: Adel im Wandel. Eine Untersuchung zur sozialen Situation des ostschweizerischen Adels um 1300. Göttingen 1979. (Veröffentlichungen des Max-Planck-Instituts für Geschichte, 66).

Sablonier, Roger: Innerschweizer Gesellschaft im 14. Jahrhundert. Sozialstruktur und Wirtschaft. In: Innerschweiz und frühe Eidgenossenschaft 2, 11–233.

Sagenerzähler und Sagensammler der Schweiz. Hg. von Rudolf Schenda unter Mitarbeit von Hans ten Doornkaat. Bern 1988.

Salamin, Michel: Le Valais de 1798 à 1940. Sierre 1978.

Scandola, Pietro: «Schule und Vaterland». Zur Geschichte des Geschichtsunterrichts in den deutschsprachigen Primarschulen des Kantons Bern. Diss. Bern. Bern 1986.

Schaffhausen: Beilage der Neuen Zürcher Zeitung, vom 27. Juni 1989, S. 65–86.

Scharrelmann, Heinrich: Aus meiner Werkstatt. Präparationen für Anschauungsunterricht und Heimatkunde. Hamburg 1909.

Schaufelberger, Walter: Der Alte Schweizer und sein Krieg. Studien zur Kriegsführung vornehmlich im 15. Jahrhundert. Zürich 1952.

Schaufelberger, Walter: Krieg und Kriegertum im eidgenössischen Spätmittelalter. In: 500 Jahre Stanser Verkommnis, 37–58.

Schaufelberger, Walter: Die Zeit des Sempacherkrieges aus militärischer Sicht. In: Arnold von Winkelried. Mythos und Wirklichkeit, 33–70.

Schelbert, Tarcisius: «Spürnase» (Lesebuch für das 5. Schuljahr). In: Unterlagen zur Presseorientierung der Interkant. Lehrmittelzentrale vom 8. März 1990.

Scheller, Hans Ulrich: Das Bild des Mittelalters an den Zürcher Volksschulen. Ein Beitrag zur Geschichte des Geschichtsunterrichtes und der volkstümlichen Historiographie. Zürich 1973.

Schenda, Rudolf: Stand und Aufgaben der Exemplaforschung. In: Fabula 10 (1969), 69–85.

Schenda, Rudolf: Volk ohne Buch. Studien zur Sozialgeschichte der populären Lesestoffe 1770–1910. München 1977.

Schenda, Rudolf: Der gezügelte Bauernphilosoph … oder Warum Kleinjogg (und manch anderer Landmann) kein Freund des Lesens war. In: Schweizerisches Archiv für Volkskunde 76 (1980), 214–228. (Festschrift für Arnold Niederer).

Schenda, Rudolf: Mären von Deutschen Sagen. Bemerkungen zur Produktion von «Volkserzählungen» zwischen 1850 und 1870. In: Geschichte und Gesellschaft 9 (1983), 26–48.

Schenda, Rudolf: Volkserzählung und nationale Identität. Deutsche Sagen im Vormärz (1830–48). In: Fabula 25 (1984), 296–303.

Schenda, Rudolf: Die drei Telle aus dem Modejournal: Bemerkungen zu einer Schweizer Sage bei den Brüdern Grimm. In: Neue Zürcher Zeitung, vom 16./17. November 1985, 70.

Schenda, Rudolf: Auf der Liederjagd. Ludwig Uhland in der Schweiz. In: Neue Zürcher Zeitung, vom 20./21. Februar 1988, 67 f.

Schenda, Rudolf: Fleissige Deutsche, fleissige Schweizer. Bemerkungen zur Produktion eines Tugendsyndroms seit der Aufklärung. In: Ethische Perspektiven: «Wandel der Tugenden», 189–209.

Scherr, Ignaz Thomas: Ein Kampf für Bildung und Freiheit: J. Thomas Scherrs Erlebnisse im Zürichbiet, 1825 bis 1842. Nach Quellen bearb. von Willibald Klinke. Zürich 1940.

Schib, Karl: Geschichte der Stadt und Landschaft Schaffhausen. Hg. vom Historischen Verein des Kantons Schaffhausen. Schaffhausen 1972.

Schläpfer, Walter: Appenzell Ausserrhoden. (Von 1597 bis zur Gegenwart). Appenzeller Geschichte. Hg. vom Regierungsrat Appenzell ARh. Bd. 2. Herisau 1972.

Schlegel, Alfred: Schulgeschichte der Stadt St. Gallen. St. Gallen 1959.

Schlegel, Johann Jakob: Die Schweizerischen Lehrerbildungsanstalten. Kurze Geschichte, Organisation und Statistik derselben. Zürich 1874.

Schmid, Christian: Das Seminar Küsnacht. Seine Geschichte von 1832–1982. Küsnacht 1982.

Schmidt-Dumont, Geralde (Hg.): Von den Anfängen der Jugendschriftenbewegung. Die Jugendschriftenausschüsse und ihr «Vorort» Hamburg um 1900. Weinheim 1990. (Informationen Jugendliteratur und Medien, 1. Beiheft).

Schnitzer, Maria: Die Morgartenschlacht im werdenden schweizerischen Nationalbewusstsein. Diss. Zürich. Zürich 1969.

Schulz, Wolfgang: Die Welt im Lesebuch. Aus einer Untersuchung des Berliner Arbeitskreises Didaktik. In: Hermann Helmers (Hg.): Die Diskussion um das deutsche Lesebuch, 28–43.

Schwarzenbach, Rudolf: Die Stellung der Mundart in der deutschsprachigen Schweiz. Studien zum Sprachgebrauch der Gegenwart. Frauenfeld 1969. (Beiträge zur schweizerdeutschen Mundartforschung, 17).

Schweiz im Wandel. Studien zur neueren Gesellschaftsgeschichte. Festschrift für Rudolf Braun zum 60. Geburtstag. Hg. von S. Brändli, D. Gugerli, R. Jaun, U. Pfister. Basel 1990.

Seippel, Paul: La défence de notre indépendance intellectuelle. Rapport présenté à la 1e assemblée de l'Association nationale des Universitaires suisses, Berne, le 15e novembre 1915. SA aus Wissen und Leben 9 (1915).

Seippel, Paul: Schweizerische Wahrheiten. In: Schriften für Schweizer Art und Kunst 61/62. Zürich 1917.

Senn, Doris: «Bisogna amare la patria come si ama la propria madre.» Nationale Erziehung in Tessiner Lesebüchern seit 1830. Zürich 1994.

Siegenthaler, Hansjörg: Die Rede von der Kontinuität in der Diskontinuität des sozialen Wandels – das Beispiel der dreissiger Jahre. In: Schweiz im Wandel, 419–434.

Specker, Alfred: Studien zur Alpenerzählung der deutschen Schweiz. Zürich 1920.

Spirig-Zünd, Jolanda: Wie mädchenfreundlich sind unsere Lesebücher? Untersuchung der im Kanton St. Gallen verwendeten Lesebücher vom 3. bis zum 6. Schuljahr. Kriterium: Gleichbehandlung der Geschlechter. Widnau 1988.

Spitteler, Carl: Unser Schweizer Standpunkt. In: Gesammelte Werke 8, 577–594. Zürich 1947.

Stadler, Peter: Der Kulturkampf in der Schweiz. Eidgenossenschaft und Katholische Kirche im europäischen Umkreis 1848–1888. Frauenfeld 1984.

Stadler, Peter: Pestalozzi. Geschichtliche Biographie. Von der alten Ordnung zur Revolution (1746–1797). Zürich 1988.

Staehelin, Andreas: Helvetik. In: Handbuch der Schweizer Geschichte 2, 785–839.

Staehelin, Heinrich: Geschichte des Kantons Aargau 2: 1830–1885. Baden 1978.

500 Jahre Stanser Verkommnis. Beiträge zu einem Zeitbild. Hg. vom Historischen Verein Nidwalden und dem Historisch-Antiquarischen Verein Obwalden. Stans 1981.

Steiger, A.: Die Pflege des nationalen Sinnes in unserem Volke. Referat an der Jahresversammlung der Schweizerischen Gemeinnützigen Gesellschaft zu Trogen, den 18. September 1889. In: Schweizerische Zeitschrift für Gemeinnützigkeit 29 (1890), 6–28.

Stern, Martin: Das historische Festspiel – Integration um den Preis scheinhafter Identität. In: Auf dem Weg zu einer schweizerischen Identität, 309–335.

Stettler, Bernhard: Tschudis schweizergeschichtliche Gesamtkonzeption und deren Entstehung. Einleitung zu Aegidius Tschudi, Chronicon Helveticum 1, 1968, 79*–109*.

Stettler, Bernhard: Das Verhältnis zwischen Urschrift und Reinschrift. Einleitung zu Aegidius Tschudi, Chronicon Helveticum 1a, 1970, 13*–53*.

Stettler, Bernhard: Studien zur Geschichtsauffassung des Aegidius Tschudi. Einleitung zu Chronicon Helveticum 2, 1974, 7*–100*.

Stettler, Bernhard: Tschudis Bild von der Befreiung der drei Waldstätte und dessen Platz in der schweizerischen Historiographie. Einleitung zu Chronicon Helveticum 3, 1980, 9*–192*.

Stettler, Bernhard: Untersuchungen zur Entstehung des Sempacherbriefs. Einleitung zu Chronicon Helveticum 6, 1986, 14*–91*.

Stettler, Bernhard: Landfriedenswahrung in schwieriger Zeit – Zürichs äussere Politik zu Beginn des 15. Jahrhunderts. Einleitung zu Chronicon Helveticum 7, 1988, 11*–119*.

Stettler, Bernhard: Tschudis Darstellung des Konflikts zwischen König Sigmund und Herzog Friedrich von Österreich, sowie der Eroberung des Aargaus. Einleitung zu Chronicon Helveticum 8, 1990, 23*–49*.

Stettler, Bernhard: Bündnis im Wandel. Gedanken zu «700 Jahre Eidgenossenschaft». In: Neue Zürcher Zeitung, vom 5./6. Januar 1991, 55 f.

Strübin, Eduard: Baselbieter Volksleben. Sitten und Brauch im Kulturwandel der Gegenwart. Basel 1952.

Stunzi, Lilly: Tell. Werden und Wandern eines Mythos. Bern 1973.

Suter, Beat: Arnold Winkelried, der Heros von Sempach. Die Ruhmesgeschichte eines Nationalhelden. Diss. Zürich. [Zürich] 1977. (Der Geschichtsfreund, Beiheft 17).

Teuteberg, René: Basler Geschichte. Basel 1986.

Thomke, Hellmut: Patriotische Dramatiker des ausgehenden 19. Jahrhunderts. Der junge Rudolf von Tavel und Arnold Ott. In: Auf dem Weg zu einer schweizerischen Identität, 337–352.

Thürer, Georg: St. Galler Geschichte. Kultur, Staatsleben und Wirtschaft in Kanton und Stadt St. Gallen von der Urzeit bis zur Gegenwart. 2 Bde. St. Gallen 1972.

Tomkowiak, Ingrid: Traditionelle Erzählstoffe im Lesebuch. Ein Projekt zur Schulischen Geschichtenpädagogik zwischen 1770 und 1920. In: Fabula 30 (1989), 96–110.

Treichler, Hans Peter: Gründung der Gegenwart. Porträts aus der Schweiz der Jahre 1850–1880. Zürich 1985.

Treichler, Willi: Mittelalterliche Erzählungen und Anekdoten um Rudolf von Habsburg. Bern 1971. (Geist und Werk der Zeiten, 26).

Tschudi, Aegidius: Chronicon Helveticum. Bearb. von Bernhard Stettler. Quellen zur Schweizer Geschichte. Neue Folge, Abt. 1, Chroniken VII/1–8, 1a, 2a. 1968–1990.

Ulrich, Anna Katharina: «Das fliegende Haus» (Lesebuch für das 4. Schuljahr). In: Unterlagen zur Presseorientierung der Interkant. Lehrmittelzentrale vom 8. März 1990.

Utz, Peter: Die ausgehöhlte Gasse. Stationen der Wirkungsgeschichte von Schillers «Wilhelm Tell». Königstein 1984. (Hochschulschriften Literaturwissenschaft, 60).

Vial, Jean-Claude: Fribourg et la révision de la Constitution fédérale de 1872. Fribourg/ Suisse 1977. (Etudes et recherches d'histoire contemporaine, 35).

Vischer, Eduard: Die Wandlungen des Verhältnisses der Schule zu Kirche und Staat in Basel von der Mitte des 18. bis gegen das Ende des 19. Jahrhunderts. Zürich 1930 (Schweizer Studien zur Geschichtswissenschaft 15, Heft 3).

Vischer, Eduard: Aargauische Frühzeit 1803–1852. Gesammelte Studien von E. V. Aarau 1976. SA aus Argovia 88 (1976).

Voegtle, Otmar: Der Kanton St. Gallen auf dem Weg zur Verfassung von 1890. Diss. Zürich. Zürich 1969.

Walter, François: Les Suisses et l'environnement. Une histoire du rapport à la nature du XVIIIe siècle à nos jours. Carouge-Genève 1990.

Walter, François: Lieux, paysages, espaces. Les perceptions de la montagne alpine du XVIIIe siècle à nos jours. In: La découverte des Alpes, 14–34.

Weber, Hugo: Die Pflege nationaler Bildung durch den Unterricht in der Muttersprache. 2. Aufl. Hg. von Richard Körner. Leipzig 1891.

Weiss, Richard: Das Alpenerlebnis in der deutschen Literatur des 18. Jahrhunderts. Horgen-Zürich 1933. (Wege zur Dichtung, 17).

Weiss, Richard: Volkskunde der Schweiz. Grundriss. 2. Aufl. Erlenbach-Zürich 1978.

Wilkending, Gisela: Volksbildung und Pädagogik «vom Kinde aus». Eine Untersuchung zur Geschichte der Literaturpädagogik in den Anfängen der Kunsterziehungsbewegung. Weinheim 1980.

Willi, Claudio: Calvenschlacht und Benedikt Fontana. Chur 1971. (Historia raetica, 1).

Arnold von Winkelried. Mythos und Wirklichkeit. Hg. von G. P. Marchal, W. Schaufelberger, A. Steiner, H. Thommen. Nidwaldner Beiträge zum Winkelriedjahr 1986. Stans 1986.

Wolgast, Heinrich: Das Elend unserer Jugendliteratur. Ein Beitrag zur künstlerischen Erziehung der Jugend. 7. Aufl. Worms 1950.

Zelger, Franz: Heldenstreit und Heldentod. Schweizerische Historienmalerei im 19. Jahrhundert. Zürich 1973.

Zurfluh, Kurt: Gotthard. Als die Bahn gebaut wurde. Fotos: Adolphe Braun. Zürich 1982.

Register

Z